社科文献 **SSAP** 学术文库

| 文史哲研究系列 |

转型时期的
社会与国家

以近代中国商会为主体的历史透视

TRADE ASSOCIATIONS IN MODERN CHINA
UNDERSTANDING SOCIETY AND STATE
IN A COUNTRY UNDERGOING TRANSITION

（修订本）

朱英　著

社会科学文献出版社
SOCIAL SCIENCES ACADEMIC PRESS (CHINA)

出版说明

社会科学文献出版社成立于 1985 年。三十年来，特别是 1998 年二次创业以来，秉持"创社科经典，出传世文献"的出版理念和"权威、前沿、原创"的产品定位，社科文献人以专业的精神、用心的态度，在学术出版领域辛勤耕耘，将一个员工不过二十、年最高出书百余种的小社，发展为员工超过三百人、年出书近两千种、广受业界和学界关注，并有一定国际知名度的专业学术出版机构。

"旧书不厌百回读，熟读深思子自知。"经典是人类文化思想精粹的积淀，是文化思想传承的重要载体。作为出版者，也许最大的安慰和骄傲，就是经典能出自自己之手。早在 2010 年社会科学文献出版社成立二十五周年之际，我们就开始筹划出版社科文献学术文库，全面梳理已出版的学术著作，希望从中选出精品力作，纳入文库，以此回望我们走过的路，作为对自己成长历程的一种纪念。然工作启动后我们方知这实在不是一件容易的事。对于文库入选图书的具体范围、入选标准以及文库的最终目标等，大家多有分歧，多次讨论也难以一致。慎重起见，我们放缓工作节奏，多方征求学界意见，走访业内同仁，围绕上述文库入选标准等反复研讨，终于达成以下共识：

一、社科文献学术文库是学术精品的传播平台。入选文库的图书必须是出版五年以上、对学科发展有重要影响、得到学界广泛认可的精品力作。

二、社科文献学术文库是一个开放的平台。主要呈现社科文献出版社创立以来长期的学术出版积淀，是对我们以往学术出版发展历程与重要学术成果的集中展示。同时，文库也收录外社出版的学术精品。

三、社科文献学术文库遵从学界认识与判断。在遵循一般学术图书基本要求的前提下，文库将严格以学术价值为取舍，以学界专家意见为准绳，入选文库的书目最终都须通过各该学术领域权威学者的审核。

四、社科文献学术文库遵循严格的学术规范。学术规范是学术研究、学术交流和学术传播的基础，只有遵守共同的学术规范才能真正实现学术的交流与传播，学者也才能在此基础上切磋琢磨、砥砺学问，共同推动学术的进步。因而文库要在学术规范上从严要求。

根据以上共识，我们制定了文库操作方案，对入选范围、标准、程序、学术规范等一一做了规定。社科文献学术文库收录当代中国学者的哲学社会科学优秀原创理论著作，分为文史哲、社会政法、经济、国际问题、马克思主义等五个系列。文库以基础理论研究为主，包括专著和主题明确的文集，应用对策研究暂不列入。

多年来，海内外学界为社科文献出版社的成长提供了丰富营养，给予了鼎力支持。社科文献也在努力为学者、学界、学术贡献着力量。在此，学术出版者、学人、学界，已经成为一个学术共同体。我们恳切希望学界同仁和我们一道做好文库出版工作，让经典名篇，"传之其人，通邑大都"，启迪后学，薪火不灭。

社会科学文献出版社

2015 年 8 月

社科文献学术文库学术委员会

（以姓氏笔画为序）

作者简介

朱英，1956 年生，湖北武汉人。现任华中师范大学中国近代史研究所教授、博士生导师、教育部长江学者特聘教授。曾担任华中师范大学历史文化学院院长、中国近代史研究所所长、辛亥革命史研究会理事长，日本东京大学客座研究员、台湾政治大学客座教授、香港中文大学访问学者，并应邀赴美、加、法、澳、日、韩、新加坡等国出席学术研讨会和讲学。主要从事中国近代史研究，研究方向为中国近代社会经济史、辛亥革命史、中国近代商会史，先后主持国家社科基金重大招标项目、教育部跨世纪优秀人才项目以及国家清史纂修工程专项课题；出版《辛亥革命时期新式商人社团研究》、《中国早期资产阶级概论》、《晚清经济政策与改革措施》、《近代中国商会、行会及商团新论》、《近代中国商人与社会》、《商民运动研究（1924～1930)》等多部学术专著，在《中国社会科学》、《历史研究》、《近代史研究》等海内外学术刊物发表论文近 200 篇。研究成果曾多次获得教育部全国高校人文社会科学优秀成果奖和湖北省人文社会科学优秀成果奖。

内容提要

在清末至民初的重要转型时期，近代中国的"社会"与"国家"均出现了前所未有的发展变化，而且相互之间一度建立了某种新型互动关系，对近代中国从传统向现代的演变产生了不容忽视的深刻影响。本书即以商会这一新式商人社团为主要考察对象，从一个侧面透视近代中国社会与国家的发展变化及其新型互动关系的具体影响。在清末诞生的商会虽仍在某些方面保留了传统色彩，但其契约性自治规则、近代民主原则，以及相对独立之经济职能、"司法"职能、政治活动、报刊舆论工具等，明显反映出不同于传统旧式商人组织的近代特征，集中体现了近代中国民间社会的新发展；而商会之所以能够诞生并具备这些自治权利，又与清末民初国家推行的改革举措，尤其是对民间社团的大力扶植与支持密不可分，从中也不难看出这一时期"国家"的重要改变与影响。"国家"与"社会"的良性互动，使得在民族危机不断加深的近代中国，民族资本主义获得初步发展，政治改良也提上议事日程，尤其引人注目的是出现了民间社会发展的"黄金时代"，甚至依稀可见近代市民社会的雏形。但令人不无遗憾的是，这种良性互动关系未能得以长期维持，加之社会自身存在种种难以克服的缺陷，导致近代中国始终无法孕育出成熟的市民社会，也无从根本改变一以贯之的强国家弱社会的结构性特征，更难以使近代中国走上独立富强的发展之路。

Abstract

The period spanning late Qing dynasty and early Republican era was a time of profound transformations that saw unprecedented changes to both "society" and "state", and new ways in which the two interacted with each other. These developments had far-reaching consequences for China's transition toward modernity. In this book the author tries to understand both these developments and their social and historical ramifications by looking closely at the role of trade associations, an emergent type of social organization during this transitional period. While China's earliest trade associations, which first appeared in late Qing, retained some of the features of traditional trade groups, they were also clearly distinct from these insofar as they were committed to self-governance based on contractarian principles, to modern democratic principles, and engaged in activities in areas such as economics, the "judiciary", politics, public relations and communications. These organizations provided a window on how civil society evolved and grew in modern China. Both the establishment of trade associations at this time and the considerable measure of autonomous self-rule they were allowed to enjoy owed a great deal to reform policies that had been designed to support non-governmental organizations. These policies help illustrate the important changes the "state" was undergoing at this time and their effects. Against the backdrop of deepening existential and other crises China was then facing, such mutually-beneficial relationship between the "state" and "society" made possible the burgeoning of fledgling capitalism, put progressive political reform on the agenda, brought about-this is especially notable-something of a "Golden Age" in the development of the non-governmental sphere to which the earliest civil society organizations can arguably traced. Unfortunately, those positive developments were short-lived. A functionally mature civil society never came to be due to a host of adverse social conditions. And the combination of a powerful state and a relatively anemic society kept the country off the development path toward independence and prosperity.

目　录

Contents

序　一

章开沅

市民与市民社会近些年已逐渐成为国内外学术界研讨的热点，人们多以为是由于西方（特别是美国）史学界的影响。其实，在我们这代人的记忆里，20 世纪 50 年代中期国内史学界早已讨论过与此相关的问题。当时可以争鸣的学术问题真是屈指可数，所以有人讥之为"五朵金花"。其中的一朵"金花"，即有关中国资本主义萌芽问题的许多争论，都涉及市民和市民斗争。后来这一问题的争执又延伸到太平天国史研究，在关于太平天国革命性质问题的讨论中，也涉及有无市民力量参加及其作用如何等。甚至在另一朵"金花"——中国近代史分期的讨论中，不时也出现过有关市民与市民斗争的论述。但是这场讨论为时不久，一是由于缺乏深入的研究作为讨论的基础，二是因为 1957 年以后政治形势的变迁，泛意识形态化使仅余的"五朵金花"也迅速凋零，以致长期以来人们多少有些回避市民和市民斗争这类提法，而严格保持着与《中国革命和中国共产党》之类的经典言论一致。

其实当年那些或多或少肯定市民和市民斗争的学者，主观上也是力图运用马克思主义研究中国历史，至少是力图用中国历史来印证马克思主义有关社会发展阶段理论的正确。但他们（其中也包括少年孟浪的我）在不同程度上忽略了马克思是西方人，没有意识到马克思主要依据欧洲（特别是西欧和中欧）历史所提炼的某些理论框架，并不完全适合中国等东方国家的历史实际。平心而论，"以论带史"以及与此相近的毛病，在争论双方的文章中都找得出来。所以多年以后，有些西方学者还在说我们是"眯着眼睛找资本主义萌芽"，而国内史学界却几乎已将40年前这场不大不小的争论遗忘了。

我很羡慕现今活跃于国内外史坛的中青年学者，他们是在新的历史条件下和新的基础上从事这一课题的研究。他们再也不会"眯着眼睛找资本主义萌芽"，更不必担心被扣上什么"反对×××思想"之类的政治帽子。他们只要愿意潜心于切实的学术研究，便可以提出自己的真知灼见，参加任何新学术领域的讨论。当然，也不应该以虚无主义的态度对待前人的研究成果，那些论著至少可以提供一些资料线索和研究思路，即令是错误也可使现今的研究少走一点弯路。

据我多年的了解，朱英研究清末民初的市民社会与公众领域这一课题，具有相当坚实的基础。十余年来，他从整理卷帙浩繁的苏州商会档案着手，一直坚持从事商会研究，不仅发表有关论文近20篇，而且出版专著两部，已在国内外商会研究领域处于先进行列。这些年西方学者讨论近代中国市民社会和公众领域颇为热烈，有肯定其存在者，也有否定其存在者。但我发现争论双方都很少涉及商会问题，更谈不上认真利用商会资料。这是由于《天津商会档案汇编》（上、下册）和《苏州商会档案丛编》（第1辑）出版较迟，他们还来不及认真阅读和充分利用。也有些美国学者，由于感到中国学者（主要是大陆学者）在商会研究方面已处于领先地位，便转而寻找其他有待开发的文献资源（如人事档案、民事诉讼档案等）。然而无论如何，研究近代中国市民社会与公众领域（不论其有无）而忽略商会档案的利用，毕竟是一个重大的缺陷。因此，像朱英这样长期坚持商会研究并且掌握大量商会原始资料的学者参与讨论，一定可以使有关近代中国市民社会与公众领域的研究更加深入，也更加切合中国国情。

反过来说，探索市民社会与公众领域问题又可以拓宽商会研究的思路，使汗牛充栋的商会资料得到更为充分的利用。近代中国商会一经诞生，便极力向社会生活的各个层面渗透，期望在政府与民众之间发挥更大的作用。商会档案中有关这方面的记载甚多，但由于数量既多而且零散，估计已被利用者不过20%～30%而已。记得1982年在美国芝加哥的一次学术会议上，我首次向海外介绍天津和苏州商会档案的史料价值，当即引起不少中外学者的关注。但也有一家报纸以轻蔑的口吻批评我："对若干商会档案的研究，据以说明全盘结论，那是很大的缺陷。"我相信，当时这位批评者没有也不可能认识这批商会档案的真面目，因为他当时还没有进过天津档案馆和苏州档案馆的大门。当然，我也不认为这批商会档案可以涵盖清末民初社会的全盘，但不能不指出，在研究这一时期社会全盘性问题时，如果不认真研究商会档案，那才是"很大的缺陷"。毋庸置疑，朱英的这部新著，将从新的角度再一次显示商会问题的重要和商会档案的价值。

国家（政府）与社会的关系也是一个过去研究不够而又极为重要的问题。丧权辱国的清朝政府诚然是腐朽而又残暴的，但在特定的历史条件下为了自救却又不得不采取某些顺应时势的政策措施。在近代商会创办的过程中，清朝政府就曾起过积极的主导作用，因而本书作者从国家（政府）与社会的关系着眼，采用了"扶植"、"倡导"、"保护"等正面词语。历史表明，当时如果没有清朝商部和各级政府的倡导，各地商会就很难如此迅速建立并且不断拓展自己的活动空间。但是，商会势力的增长与活动空间的延展，又必然或多或少冲击固有的统治秩序，并且在不同程度上影响权力与利益的再分配。因此，作为旧体制的国家便难免又要对新兴的商会加以种种限制乃至压抑。不过，由于晚清中央政府的腐败和权力日益下移，商会仍能在各种限制中获得生存和发展。

由此便引发出国家（政府）与社会的互动关系问题。如果属于良性互动，则国家（政府）和社会两获其利；如果属于恶性互动，则两受其害，将形成对抗、冲突，引起激烈动荡，乃至一方消亡或两方俱亡。历史学家的职业分工，限定他们主要是解释过去而不是预言未来，但只要是把握历史的真实，探索具有终极意义的课题，并且尽量给以合理的诠释，便有可能对现实与未来提供某些借鉴。朱英在本书出版以后，将与他的同事一起继续研究近代中国官、绅、商、学之间的关系，这是一个涵盖面更宽并且具有重要意义的课题。长期以来，我们简单地将国家只视为专政的工具，而忽略了国家与社会的关系还有其他更为丰富的内容。在近代中国，官、绅、商、学是极为活跃而又影响极大的重要角色，研究他们之间错综复杂的互动关系，探索其发展流变，检讨其优劣得失，并且给以较为合理的解释，应当也是一项很有意义的学术工作，希望他们能够取得新的丰硕成果。

历史是已经打上句号的过去，但史学则是永无尽期的远航。真正的历史学家从来不会自满，因为他们的航行永远没有尽头。

鼠年之春于武昌桂子山新居

序　二

邓正来

　　长期以来，近代中国研究的主要讨论，若从支配性的解释模式转换的角度来看，基本上可以被划分为两个阶段：第一个阶段居支配地位的，乃是"传统的停滞的中华帝国论"；第二阶段的支配性论点形成于对第一阶段的论点质疑的讨论中，它认为中国自身的历史逻辑表明，中国始终处于不断地向资本主义发展的变迁之中，其发展与西方国家的近代早期经历相类似。当然，需要强调指出的是，在这两个阶段的支配性模式的转换过程中，还存在种种传承过渡性质的理论解释模式。

　　在第一阶段持续的讨论中，论者立基于不同的问题结构而大体上形成了三大学术解释模式。简而论之，一是在 20 世纪中叶以前，以 E. Balazs 为开端，继而为西方诸多汉学家（包括较早在西方接受训练的一些中国学者）所提出的"士绅社会"解释模式。该模式基本上认为，中国拥有一个在文化上同质的精英，即所谓的士大夫，他们同帝国紧密勾连，因此这一统治阶级具有一种不曾断裂的延续性（the uninterrupted continuity）；[1] 而他们所具有的种种保守性质，也使他

---

[1]　参见 J. W. Esherick & M. B. Rankin, eds., *Chinese Local Elites and Patterns of Dominance*, Berkeley: University of California Press, 1990, pp. 2 – 5。这里所说的较早接受西方训练的中国学者主要是指瞿同祖、张仲礼和何炳棣等，相关研究的中文文献可参瞿同祖《中国法律与中国社会》，中华书局，1981；张仲礼《中国绅士：关于其在 19 世纪中国社会中作用的研究》，上海社会科学院出版社，1991；等等。

们成了阻碍中国实现技术现代化与经济发展的重要障碍，终使中国社会处于停滞状态。这种解释模式显然是以马克斯·韦伯的中国观为理论资源。① 二是以费正清为首的"哈佛中国学派"所提出的"西方冲击—中国回应"解释模式。这种模式以传统与近代截然两分的近代化理论为依归，② 指出西方资本主义社会是一个动态的近代社会，而中国社会则是一个长期处于停滞状态的传统社会，缺乏自身发展的动力。因此，只有经过西方资本主义社会的各种冲击，中国传统社会才有可能在回应这种冲击中逐渐摆脱困境，获得发展。③ 三是中国史学界于 20 世纪 50 年代初以后形成的"封建主义"解释模式。此一模式主要以斯大林的"五种生产方式"的公式为理论基础，认为历代王朝统治下的中国社会基本上处于无变化的状态；明清生产方式的特征乃是家庭农业与小手工业的紧密结合，而这种生产方式阻碍了先进的资本主义因素的发展。④

---

① 关于马克斯·韦伯的"中华帝国静止观"，可参马克斯·韦伯《儒教与道教》，洪天富译，江苏人民出版社，1995；马克斯·韦伯《新教伦理与资本主义精神》，于晓、陈维刚等译，三联书店，1987。韦伯在将中国与西欧进行比较的过程中力图理解中华帝国，虽说获得了很多成就，但他未能回答为什么中国不能进入资本主义的生产与工业的现代化。

② 对于"西方冲击—中国回应"模式中传统与近代二元观的讨论和批判，较为精要的分析，详参 Paul A. Cohen, *Discovering History in China*, New York：Columbia University Press, 1984；W. T. Rowe, *Hankow：Commerce and Society in A Chinese City, 1796 - 1889*, Stanford：Stanford University Press, 1984；黄宗智《中国经济史中的悖论现象与当前的规范认识危机》，载黄宗智《中国农村的过密化与现代化：规范认识危机及出路》，上海社会科学院出版社，1992。

③ 关于"西方冲击—中国回应"模式的阐释，参见 John King Fairbank（费正清），*The United States and China*, Cambridge, MA：Harvand University Press, 1958；费正清等人的 *East Asia：The Modern Transformation*, Boston：Houghton Mifflin, 1965。依据该模式进行的研究，详参 Mary Clabaugh Wright（芮玛丽），*The Last Stand of Chinese Conservatism*, Stanford：Stanford University Press, 1957；Albert Feuerwerker（费维恺），*China's Early Industrialization*, Cambridge, MA：Harvard University Press, 1958；以及 P. Clyde 与 B. Beers 的 *The Far East：A History of the Western Impact and the Eastern Response, 1830 - 1965*, Prentice-Hall, 1966。对相关研究的评论，参阅侯且岸《当代美国的"显学"——美国现代中国学研究》，人民出版社，1995，第 55 ~ 57 页。

④ 黄宗智：《中国经济史中的悖论现象与当前的规范认识危机》，载黄宗智《中国农村的过密化与现代化：规范认识危机及出路》，第 132 ~ 133 页。具体观点也可见黎澍《关于中国资本主义萌芽问题的考察》，《历史研究》1956 年第 4 期；傅衣凌《明清封建土地所有制论纲》，上海人民出版社，1992。

上述第一阶段关于"传统的停滞的中华帝国"的论断，由于种种原因，在各自的学术脉络中遭到了不同程度的挑战和批判。最早对上述论断提出质疑的，可能是中国史学界于 20 世纪 50 年代初便提出而于 80 年代又有发展的"近代中国资本主义萌芽"的论点。这个解释模式认为，中国社会在明清时期并不是停滞的，而是充满着种种资本主义预兆的变迁，与西方国家的发展经历相类似；而且，中国资本主义发展的自主性逻辑是在西方帝国主义的入侵后才被打断的。[①] "哈佛学派"的"西方冲击—中国回应"模式则在 60 年代末期首先遇到了政治上的批判，此后又在两个向度遇到了史实及理论的挑战和批判，并被所谓"近代早期"的解释模式起而替代。例如，他们指出了明清时期人口大量增长、物价上涨、经济上渐增的货币化趋势以及农村社会中经济竞争增多等事实，基本上可以与西方近代早期的发展等而视之。同时一些西方论者也从理论上批判了"西方冲击—中国回应"模式所依据的传统与近代截然两分的近代化理论，指出了这种外向型模式的西方中心论的色彩。[②] 然而，对于所谓"士绅社会论"的批判，最早是由日本学者做出的，随后由西方学界所提出的"地方史的研究进路"（approaches from local history）扩展并拓深。这些论者通过把关注点从国家控制或国家精英地位转移到地方社会的精英面相，指出了中国的精英尤其是地方精英并非只是所谓的士绅，而更包括那些依地方活动及财富等资源的不同而形成的商人及地方强人等竞争性精英，而这些多种类型的精英间的变迁关系以及他们与国家间的复杂关系，说明了近代中国精英并非那种同质

---

① 参阅曾景忠《中国近代史基本线索讨论述评》以及《历史研究》编辑部和近现代史编辑室《国内史学界关于近代中国资产阶级的研究》，均载宫明编《中国近代史研究述评选》，中国人民大学出版社，1986，第 1~30、111~135 页。

② 这方面的论著，参阅 Philip A. Kuhn, *Rebellion and Its Enemies in Late Imperial China*: *Militarization and Social Structure*, *1796 - 1864*, Cambridge: Harvard University Press, 1970；黄宗智《华北的小农经济与社会变迁》，香港：牛津大学出版社，1994；黄宗智《长江三角洲小农家庭与乡村发展》，中华书局，1992；Paul A. Cohen, *Discovering History in China*, New York: Columbia University Press, 1984。

性极高的士大夫，揭示出了近代中国社会内在发展的动力。[①]

虽说上述"封建主义"与"资本主义萌芽"的模式、"西方冲击—中国反应"与"近代早期"的模式以及"士绅社会"与"地方精英"的解释模式间构成了针锋相对的论辩，而且每一论辩的后者都对前者形成了有效的冲击，更在解释模式的论辩中推进了近代中国史的研究，但是，如果我们并不满足于这些解释模式的论辩，而对其相同方面进行追究和反思，我们则可能发现它们有可能实际上依据的是同一个"规范认识"。一如黄宗智所指出的，由于"封建主义"及"西方冲击—中国回应"模式都将"停滞"与前商业化相联系，而"资本主义萌芽"及"近代早期"模式则更强调近代化与商品化的正面相关性，所以这些经济解释模式的论辩中贯穿着同一个"规范认识"，即商品化会导致近代化。[②] 需要强调指出的是，正是对这种支配不同解释模式的"规范认识"有所意识，近代中国研究者才有可能揭示出具体模式论辩背后的具体规范认识，并通过对近代中国材料的实证研究，证明这种规范认识的危机和指出解决这一危机的出路，[③] 形成多元规范认识的局面。

---

① J. W. Esherick & M. B. Rankin, eds., *Chinese Local Elites and Patterns of Dominance*, Berkeley: University of California Press, 1990; W. T. Rowe, *Hankow: Commerce and Society in A Chinese City, 1796 – 1889*, Stanford: Stanford University Press, 1984, and *Hankow: Conflict and Community in A Chinese City, 1796 – 1895*, Stanford: Stanford University Press, 1989; M. B. Rankin, *Elite Activism and Political Transformation in China: Zhejiang Province, 1865 – 1911*, Stanford, CA: Stanford University Press, 1986; D. Strand, *Rickshaw Beijing: City People and Politics in the 1920s*, Berkeley: University of California Press, 1989.

② 黄宗智：《中国经济史中的悖论现象与当前的规范认识危机》，载黄宗智《中国农村的过密化与现代化：规范认识危机及出路》。当然，黄宗智所指出的"商品化与近代化"这种规范认识，实际上我们可以从法国史学家布罗代尔分析西方经济史的研究中发现。例如，布罗代尔指出，过去支配人们思想的是这样一种观念，即市场就是资本主义，而且竞争与垄断是资本主义的两极；然而布氏却认为这种观念是错误的，只是亚当·斯密和马克思论点的支配所致，因为市场并不为资本主义所独有，而且竞争与垄断是不断斗争的两个结构。其间只有垄断这一结构才是"资本主义"。详参阅布罗代尔（Fernand Braudel）《资本主义的动力》，杨起译，香港：牛津大学出版社，1993；布罗代尔《15～18世纪的物质文明、经济和资本主义》（三卷本），顾良、施康强译，三联书店，1993。

③ 黄宗智：《中国经济史中的悖论现象与当前的规范认识危机》，载黄宗智《中国农村的过密化与现代化：规范认识危机及出路》。

这可能是知识增长或学术提升的一种路径，更为重要的是，这种知识论的角度有可能打破那种所谓"探寻历史真实"的史学观与"依外在观念"规范史料的史学观之间的人为的割裂状态，进而清醒地意识到人的知识的限度。

朱英先生所著《转型时期的社会与国家——以近代中国商会为主体的历史透视》（以下简称《透视》）一书，在我看来，便是上文所言史学脉络中及知识论下的关于近代中国的知识增长或学术提升路径的一项努力。这是因为《透视》所设定的主题乃是从近代中国商会出发，对中国社会转型时期的国家与社会关系做出历史透视，而探寻商会史料所依据的则是"市民社会"解释模式。我们可以从《透视》的这个主题中洞见历史研究的一个基本理由，即有关人类事务的一切可靠知识都要立足于已经成为历史的种种事件；社会结构与社会进程并非突生性的，而是时间意义上的历史过程，因此对相关历史的探究成为必要。① 换言之，从《透视》的这一主题中，我们可以发现学术界对中国当下社会转型中涉及的国家与社会关系的问题的思考，同时也能看到学术界对这个问题进行回答时所主要采取的市民社会的研究进路；② 更为重要的是，我们可以从中真切地认识到朱英先生试图从中国社会转型的历史进程中对这个问题做出回答的努力。

《透视》上述主题的设定，又基本上源出于朱英先生对与上述近代中国史学研究传统紧密相关的两个问题的思考。一是关于史学界这些年来对近代中国商会的研究。他明确认为近代商会研究虽说在中国

---

① 查尔斯·蒂利：《历史学家在怎样做（和做什么）?》，载单天伦主编《当代美国社会科学》，社会科学文献出版社，1993，第50~51页。

② 西方市民社会研究的文献，请参阅我与 J. C. 亚历山大合编的《市民社会的研究》（即将出版）；国内市民社会研究的文献，请参阅我编辑的《国家与社会——中国市民社会的研究》（即将出版）。编者按，此处所言两本书已经出版，即邓正来、J. C. 亚历山大编《国家与市民社会：一种社会理论的研究路径》，中央编译出版社，1999；邓正来《国家与社会：中国市民社会研究》，四川人民出版社，1997。

史学界有了很大的进展，但鉴于大多数研究仍限于对商会的性质、特征及作用的一般性讨论，并没有突破原有的研究框架，从而不可能立基于这些研究对其所设定的主题给出确当的回答；而西方在这一方面的研究又大体尚未展开，所以需要"不断思考如何在自己个人和史学界已有成果的基础上，进一步拓深对商会的研究"，① 这就是他所称之近代商会与国家关系的市民社会研究。二是关于晚近国内外学界对市民社会的研究。他也大体上确当地指出了国内学术界对市民社会的研究基本上局限于理论层面而忽略了对这一问题的实证性历史观照，从而使这一研究本应具有的历史支持缺失；② 而西方近代中国研究专家在运用市民社会解释模式讨论近代中国的问题时基本上忽略了商会这一当在市民社会框架中具有重要意义的一维，从而不足以证明市民社会解释模式的效力。

正是基于上述思考，我个人认为，朱英先生的《透视》通过采用市民社会研究进路而对近代中国商会与国家的关系所做的实证性的历史分析，有可能在近代中国史研究和市民社会研究两个学术领域做出贡献。首先，依据市民社会研究进路，有可能提出新的问题。例如，根据一般的分析，近代中国商会由于在形成和运作诸方面都在一定程度上依凭国家，所以以往的研究一般都认定商会对国家的依赖性。然

① 关于中国史学界研究近代中国商会方面所获得的成就，请参阅朱英先生为此著作所写的"导论"。

② 我曾撰文专门指出中国市民社会研究中所存在的这个问题："市民社会与国家"的关系，在大陆论者那里，更多地被设想为一种基于各自所具有的发展逻辑和自主性而展开的良性互动关系，是一种能拓展为实现民主政治的可欲的基础性结构。因此，市民社会与国家的良性互动关系对于中国大陆论者来讲更是一种目的性状态……从而他们的研究多趋向于对此一状态的构设以及如何迈向或达到这一状态的道路的设计。……尽管中国市民社会论者通过理论上的分析而认识到了作为研究范式的市民社会的意义，但他们将作为研究范式的诉求仅仅停留在理论主张上或与前此的解释模式的论辩上，而未能根据这种新的研究范式，亦即"市民社会与国家"的范式，对中国现代化进程的国家与社会间的真实互动关系进行解释和分析，进而也不可能对照这一研究范式之于中国境况的解释效力予以证明。请参阅拙文《〈市民社会的研究〉序言》，《中国书评》（香港）总第 7 期，1995 年 9 月。

而，从市民社会研究的角度看，我们便有可能发现商会发展过程中的自主逻辑以及它与社会的复杂关系、与国家间的互动或紧张，而通过对这些新问题的分析，便有可能对既有的认识做出修正或否定。其次，从近代中国商会出发来探究国家与社会的关系，至少把握住了市民社会概念中的核心即各种结社或社团的意义，从而弥补了西方"地方史研究进路"中基本上只强调"地方精英"（local elites）而忽略各种新型商会之重要性的不足，当然也对中国当下市民社会研究缺乏历史实证分析的现状做出了补充。再次，《透视》的研究更为重要的一个贡献，可能在于它对市民社会研究进路的解释效力本身构成了一次验证，因为前些时候西方的一些中国研究专家对将市民社会模式运用于近代中国的研究采取了批判的态度。[①] 但是这里存在一个重要的未决问题：是这些研究本身因忽略商会等重要因素而导致的问题，还是市民社会解释模式的问题？对此，我们或许可以通过《透视》的具体研究做出一定的证明。最后，黄宗智曾经撰文指出近代中国史上的一个颇有影响力的悖论现象，即"没有公民权利发展的公众领域扩张"；[②] 但必须指出的是，关于这一经验现象的研究和分析尚不充分。因此，《透视》的研究可能会有助于证明这一悖论现象是否存在。如果存在，则有可能揭示出其背后的规范性认识。例如，"大规模的商品化，必定导致市民社会或市民社会的发展，必定促使市民权利的发展"，并对这种将它自己陷入困境的规范性认识进行反思，进而揭示出可能的出路。当然，上文所言《透视》的"可能"贡献，亦即其所采用的市民社会解释模式在上述各方面的努力，还需要更多的学界

---

① *Modern China* 于 1992 年 5 月 9 日召开了"中国研究中的范式问题"学术讨论会第三次会议，与会者中，魏斐德和黄宗智等人从不同的角度对将市民社会模式运用于近代中国的研究进行了批判，参阅 *Modern China*, April 1993。又见阿里夫·德利克《当代中国的市民社会与公共领域》，《中国社会科学季刊》（香港）总第 4 期，1993 年 8 月。

② 黄宗智：《中国经济史中的悖论现象与当前的规范认识危机》，载黄宗智《中国农村的过密化与现代化：规范认识危机及出路》，第 153～155 页。

同仁加以学术的评判。

最后，坦率而言，我必须指出朱英先生的《透视》所采用的市民社会模式本身所可能具有的限度，其间最突出的问题便是，在具体的研究中，如果处理不当，就有可能将作为解释模式的市民社会误作现实中的社会现象，进而有意无意将国家和市民社会分别做实体化及同质化的处理。然而，这种实体化和同质化的国家和市民社会无论是在历史中抑或现实中都不存在。而且，在不同的关系领域，国家和市民社会有可能采取不尽相同的关系模型，一如"地方史研究进路"所揭示的那样，地方精英在中国不同区域因所具资源的不同而会在获得或维护其精英地位方面采取不同的策略，这也表现在其与社会或国家的关系之中。[1] 又如"嵌在社会中的国家观"所标示的那样，国家实际上处在社会之中，因为在具体的事例中，所谓的国家往往代表着社会的利益与另一方所谓的国家发生关系，而就所谓的社会来讲，反之亦然。[2]

依凭"市民社会"解释模式对近代中国与当代中国进行研究所涉及的问题太大，所需讨论的东西也太多。上述所论只是我在自己的研究过程中始终提醒自己注意并加以思考的一些问题，现在将这些思考中与朱英先生的《透视》一书相关的问题整理出来发表在这里，并没有对《透视》加以苛求的意思，而主要是请读者在阅读朱英先生这部精心研究的著作时，也能将这些问题纳入阅读的过程，结合朱英先生的研究，去思考这些问题并推进此一领域的研究。我以为，这一定也是朱英先生对读者的期望。因为在无涯的学术研究传统中，任何一项具有真正学术意义的具体研究，只能是其间的一个阶段性成果，而非

---

① J. W. Esherick & M. B. Rankin, eds., *Chinese Local Elites and Patterns of Dominance*, Berkeley: University of California Press, 1990, pp. 17 – 24.

② J. S. Migdal, A. Kohli & V. Shue, eds., *State Power and Social Forces: Domination and Transformation in the Third World*, Cambridge: Cambridge University Press, 1994, pp. 1 – 36.

终结性的结论，因此它所揭示的更应当是在其基础上进一步拓深研究的趋向。正是立基于这样的学术态度，我们有理由相信，朱英先生以近代中国商会为主体对社会与国家间的互动关系所做的历史研究，一方面将成为此后近代中国研究所不可忽略的一项知识基础，另一方面也将构成其他论者在进一步研究中的学术论辩对象，而这就是朱英先生这部学术著作对学术发展的真正贡献所在，也是我应允为《透视》作序的根本原因。

第一章

导　论

一　研究缘起及旨趣

为便于读者对本书体例框架及内容的了解，有必要首先将此项研究的缘起和笔者的基本构想向读者略做介绍。

此项研究系国家教育委员会人文、社会科学研究"八五"重点规划项目之一，项目的名称为"近代中国商会研究"。1991 年底笔者申报这一项目时，只是计划对近代中国的商会从纵横两方面加以探讨，并无其他更多的设想。但近几年来，随着史学界研究近代中国商会的迅速进展，以及自己研究工作的深入，加之国外有关研究的最新发展，自己对此项研究有了一些新的想法。之所以产生新的想法，乃是为了使此项研究具有更高的学术价值，不至于与已有的成果雷同，同时也是为了结合国际学术界有关的最新研究进展，提出自己的一些见解，权作对于海外学者有关研究的一种回应。

近代中国商会史是近十年来国内史学界中国近代史研究中发展十分迅速的一个新领域，但在此之前则基本上是一个研究空白。国外学者在这方面的研究领先了一步，不过成果也相当有限。20 世纪 70 年代，日本学者曾田三郎在《历史学研究》杂志第 422 号上发表了《商会的设立》一文。随后，另一位日本学者仓桥正直撰写了一篇题为《清末商会与资产阶级》的论文，比较详细地论述了清末商会的特点及作用。原文刊于日本历史学研究会编印的《1976 年度历史学研究会大会报告》，中译文载《中国近代经济史研究资料》（1984 年下半年）。除此之外，美国学者爱德华·罗兹（Edward Rhoads）在其撰写的《1895 ~ 1911 年的广州商人组织》一文中，也曾以较多的篇幅论述了清末的广州商会。[①] 尽管外国学者撰写的有关商会的论文也为数甚少，但相对于中国当时的研究状况，仍可说是先行了一步。

1982 年初，笔者考入华中师范学院历史系，攻读中国近现代史专业研究生，在导师章开沅、刘望龄等先生的安排下参与整理编辑苏州商会档案。由于读本科期间，各种近代史教材中均未提及商会，因而对商会的情况毫无了解。查阅国内的近代史论文和专著目录，也未见到一篇全面论述近代中国商会的文章，专著更是付诸阙如。只是在 1981 年纪念辛亥革命 70 周年的国际学术讨论会上，皮明庥先生提交了一篇讨论武昌首义期间武汉商会和商团的论文；另还有其他若干篇论述江浙、上海、广东资产阶级的论文，提到这些地区的商会，但未展开做详细论证。因此，近代商会在当时仍然是中国近代史研究中的一个薄弱环节。

然而，当时已有一些著名学者意识到商会研究的重要学术价值，大力呼吁尽快开展对近代商会的研究。章开沅教授即曾多次在有关的学术讨论会上谈及商会研究的意义，并在数篇论文中阐明商会在近代中国的重要地位与影响，同时还从方法论的高度就如何研究商会提出

---

① 此文原载 Mark Elvin & Skinner G. William, eds. , *The Chinese City Between Two Worlds*, California：Stanford University Press, 1974。中译文见中南地区辛亥革命史研究会编印《辛亥革命史研究会通讯》1982 年第 11 期。

了颇具启迪性的独到见解。此后，近代商会开始逐渐引起一部分近代史研究者的重视，并很快成为近代史研究，尤其是近代中国资产阶级研究中的一个热门领域。

1983年，徐鼎新先生在《中国社会经济史研究》杂志上发表《旧中国商会溯源》一文。据笔者所知，这是大陆学者发表的第一篇较详细地集中论述近代商会性质、特点及作用的论文。1985年以后，学术杂志发表的有关商会的论文日渐增多，其中既有许多从不同角度对近代商会进行论述的文章，也有对苏州、天津、上海等地区商会做个案研究的力作。1986年，还在苏州举办了以近代中国商会与资产阶级为主题的学术讨论会。近几年来，有关近代中国商会的研究进一步取得可喜的成果。1989年，将近190万字的《天津商会档案汇编（1903～1911）》上下两册，由天津人民出版社出版。1993年，300多万字的《天津商会档案汇编（1912～1928）》共计四册，也得以出版。1991年，华中师范大学出版社还出版了约120万字的《苏州商会档案丛编》第1辑。另外，卷帙浩繁的上海商会档案也早已完成编辑工作，即将公开出版。这些商会档案的出版，为研究者深入探讨近代中国的商会提供了极为珍贵的大量第一手资料。与此同时，研究近代中国商会的学术专著在近年也开始陆续出版。1991年，上海社会科学院出版社出版了徐鼎新先生与钱小明先生合著的《上海总商会史》。1993年，上海人民出版社出版了虞和平先生撰写的《商会与中国早期现代化》。同年还有由巴蜀书社出版、笔者与马敏先生共同撰写的《传统与现代的二重变奏——晚清苏州商会个案研究》。

上述有关商会论文的发表和专著的出版，一方面表明商会研究已取得了相当一批成果，这自然是近年来中国近代史研究中的一大收获；但另一方面，也给商会研究的进一步深入提出了新的课题。笔者自1982年开始，即将近代中国的商会作为主要研究方向之一，至今已发表有关商会的论文近20篇，并与马敏先生合著《传统与现代的二重变奏——晚清苏州商会个案研究》一书。1991 年由中国人民大学出版社出版的拙著《辛亥革命时期新式商人社团研究》，也以相当大的篇幅对商会进行了论述。在此情况下，笔者自承担国家教委人文、社会科学研究"八五"规划项目"近代中国商会研究"后，即不断思考如何在自己和史学界已有成果的基础上，进一步拓展对商会的研究。如果仍按过去的研究思路，只是将自己原有的成果加以整理和补充，自然可以比较轻松地完成这一项目。但笔者自感这种做法意义不大，期望能在本项目的研究中，从新的角度提出自己的一些新见解。另据笔者所知，南京大学历史系的蔡少卿先生也承担主持同样的研究项目，并且也是国家教委人文、社会科学研究的"八五"规划项目。同一研究项目分别由两个大学的研究者承担，这种情况在过去是很少有的。它一方面表明商会研究越来越受到史学界的重视，另一方面也给这一项目的承担者提出了更高的要求。如果我们都仍然采用传统的研究方法，按以往的思路进行研究，势必会大同小异，唯有创新才能避免这种现象。

然而，从新角度提出新见解并非易事，这实际上是给自己出难题。正因为如此，笔者尽管原已具有多年研究商会的基础，但承担这一项目之后，并未马上动笔撰写此书，而是苦苦思考，寻求商会研究的新突破口，以使这一项目的最终研究成果具有更高的学术价值。

二　商会与市民社会研究

最近几年，有关近代中国的市民社会和公共领域（或称公民社会和公众领域）等问题，成为国内外学者共同关注的一个重要研究课题。对这一课题的探讨，似乎又是西方的学者，特别是美国研究中国近代史的学者领先了一步。美国学者不仅就这一问题发表了许多论文，而且多次举办有关学术讨论会，展开了热烈的讨论。在美国出版的《近代中国》（*Modern China*）杂志，还在 1993 年 4 月号上推出了探讨这一课题的专辑。无论是在国外或国内举行的有关学术讨论会，谈及近代中国的市民社会和公共领域，也是西方学者更为活跃，而国内的学者却只能简单地做一些回应，并无较为成熟的研究成果，无法直接对有关问题提出自己的系统见解。这显然是一大缺陷。

西方学者对清末民初中国市民社会和公共领域的探讨，自身存在明显不同的观点。一部分学者认为，清末民初的中国在许多方面已出现了类似于西方市民社会那样的情况，对于推动中国近代化发挥着重要的潜在的作用，如晚清时期士绅精英的活动、民国时期的社团政治、五四运动以后工人与学生的抗议示威和斗争传统等。还有学者分析了晚清时期中国已经产生游离于政府控制的商人组织及公共机构，如圣仓、普济堂、育婴堂、善堂等，认为这类机构的非官僚特征日益增强，在地方社会颇具影响，最终成为批评政府政策的场所。上述各方面的研究成果，以美国学者取得的成就及影响最为突出。其中较早的有萧邦齐（R. Keith Schoppa）的《中国精英与政治变迁——二十世纪早期的浙江省》，其后则有罗威廉（William T. Rowe）的《汉口：一个中国城市的商业与社会，1796~1889》和《汉口：一个中国城市的冲突与社团，1796~1895》两部有关中国城市史的专著；另有玛丽·兰金（Mary Backus Rankin）的《中国士大夫的活动与政治变迁：1865~1911 年的浙江省》、戴维·斯特兰德（David Strand）的《人力车的北京：20 世纪 20 年代的市民与政治》等；此外，还有杜赞奇（Prasenjit Duara）的《文化、权力与国家——1900~1942 年的华北农村》以及有关对晋、直、鲁新政的研究成果。

但也有相当一部分西方学者，包括美国研究中国近代史的资深学者如魏斐德（Frederic Wakeman）、孔飞力（Philip Kuhn）等人提出，近代中国有其完全不同于西方的发展特点，并不存在类似于西方的市民社会和公共领域，因而用源于西方的市民社会和公共领域概念来分析近代中国的历史，是不恰当的，也是十分危险的，很容易造成误导。魏斐德曾经明确指出："像黄宗智一样，我发现把哈贝马斯的概念应用于中国非常困难。因为，虽然从1900年起公众领域一直在不断扩大，但是在中国并没有出现如通常所断言的那种民权与国家相对立的局面。相反，国家则在不断成长，大多数中国公民似乎主要从义务和互相依赖而非权利和责任的角度来看待社会的存在。"① 还有的学者如黄宗智（Philip C. C. Huang）则试图用"国家—社会"之间的"第三领域"这一概念对近代中国进行分析，避免用市民社会和公共领域等容易引起歧义的概念。尽管西方学者相互之间存在截然不同的观点，但他们对有关问题的研究却已形成自己较为系统的看法，明显地走在了国内学者的前头。

国内学者在西方学术界热烈讨论中国的市民社会和公共领域问题时，起初似乎显得有些无能为力，不仅没有共同的话语，更无直接研究这一课题的成果，因而无法对西方学术界提出的有关问题做出应有的回应。近年来，国内学者对市民社会和公共领域的研究逐渐予以重视。但目前参与探讨这一问题的大多是政治学、社会学、文化学等学科的学者，他们或侧重于从学理层面对市民社会的概念及有关理论的发展加以论述，或主要就时下和将来的中国如何发展市民社会的问题进行探讨。其中一个比较明显的倾向，是针对20世纪80年代末的"新权威主义"理论提出不同的看法，希望随着中国改革进程的发展，建构一种新的国家与社会间的关系，使两者达到良性互动状态。② 而历史学尤其是研究中国近代史的学者对这一课题仍重视不够，为数极

---

① 魏斐德：《历史变化的模式：1839～1989年中国的国家与社会》，载李侃如（Kenneth Lieberthal）等主编《对现代中国的看法》，阿蒙克，1991；魏斐德：《清末与近代中国的公民社会》，载汪熙、魏斐德主编《中国现代化问题——一个多方位的历史探索》，复旦大学出版社，1994。

② 邓正来、景跃进：《建构中国的市民社会》，《中国社会科学季刊》（香港）总第1期，1992年11月。

少的两三篇论文只是强调近代中国由于各方面原因，难以产生西方那样的市民社会；至于系统的实证研究，迄今仍未见有成果问世。

笔者认为，国内学者尤其是史学研究者，亟须加强对近代中国市民社会和公共领域这一课题的探讨。开展此项研究，并非亦步亦趋，被西方学术界牵着鼻子走，也不是为了赶时髦，故意迎合西方学者，而是此项研究有其不可否认的学术价值和现实意义。在国内外学术交流日趋频繁的今天，当外国学者十分热烈地讨论近代中国的市民社会和公共领域等有关问题时，中国学者却置之不理，这并不是正常现象。时下的中国已不同于过去的封闭时代，学术研究也应该在广泛和及时的国际交流中进行。特别是涉及类似于近代中国市民社会和公共领域等有关中国历史问题的研究时，中国学者不仅应当做出回应，而且应该进行更为深入的研究，提出自己系统的学术见解，否则，又将有可能出现过去那种"敦煌在中国，而敦煌学在国外"的不正常现象。同时，我们也应当承认，国内史学界对中国近代史的研究，长期以来一直忽视对与国家相对应的社会进行探讨，较少以"国家—社会"这一构架考察近代的中国，因而是近代史研究中十分明显的一个薄弱环节。如果我们从"国家—社会"这一新视角观照近代中国历史，或许会对一些有关的重要问题得出新的认识，进而推动中国近代史研究进一步向纵深发展。

因此，我们应该以客观而平实的态度，对待西方学者从事的有关近代中国市民社会和公共领域的研究。正如章开沅教授在为马敏的《官商之间——社会剧变中的近代绅商》一书写的序言中所说的那样，中国学者既不能跟着西方学者惯用的理论概念兜圈子，也不应对西方学者的学术成果持贬抑和排拒态度。"西方学者对于'市民社会'、'公众领域'的讨论，可以促使我们从固有的'线索'、'分期'、'高潮'、'事件'等空泛化格局中解脱出来，认真研究中国走出中世纪并向现代社会转型的曲折而又复杂的历史过程，现代化的主要载体及其如何产生、演变，以及它的活动空间与活动方式等等。"

还应说明的是，近些年来西方学者之所以热衷于对中国市民社会和公共领域进行探讨，并非完全出于意识形态方面的原因。如果就总体而言，不容否认，西方世界研究市民社会热的出现，与20世纪80年代末全球性的政治事变有着比较密切的联系。但就西方汉学界对中国清末民初的市民社会与公共领域的探讨来说，则主要是侧重于学理层面，应视为西方汉学界在学术研究方面值得重视的新进展。如同有的学者所分析的那样，20世纪70年代美国汉学界经历了由"西方冲击—中国回应说"、"传统—近代"二分模式向"中国中心观"的转变，开始关注对中国近代历史发展本土要素分化组合的再认识，"但是尚没有寻求到一个足以和以往理论相抗衡、用以描述中国本地情境中的'内部取向'的合理性"。到80年代，美国汉学界的一部分学者模糊地认识到："一个更为规范性的社会学理论——'市民社会'范畴似可作为研究变化着的社会空间概念、精英与世俗文化之关系等等问题的有力工具，特别是对于深化'中国中心观'的本土认知取向有极为特殊的意义。"[1] 随着1989年蜚声世界的德国社会学家哈贝马斯（Jurgen Habermas）的名著《公共领域的结构转换》被译成英文，"市民社会"的概念即开始频繁地用于西方汉学界对中国近代史的研究。

不仅如此，西方不少研究中国近代史的历史学家，也自觉地将其探讨近代中国市民社会和公共领域这一课题与所谓意识形态问题分离开来，强调其学术价值和学理追求目的。例如美国学者罗威廉即始终反对把"市民社会"概念变成意识形态化的政治工具，并坚持将其限定为一种历史性的描述。[2] 由此可见，我们不能像20世纪50年代对

① 杨念群：《近代中国研究中的"市民社会"——方法及限度》，《二十一世纪》（香港）总第32期，1995年12月。
② 杨念群：《"市民社会"研究的一个中国案例——有关两本汉口研究著作的论评》，《中国书评》（香港）总第5期，1995年5月。

待西方的现代化理论那样，认为西方汉学界对中国的市民社会研究也完全是别有政治目的，进而加以政治性的批判或者根本不予理睬。

就西方学者近几年来的有关具体研究而言，其对近代中国市民社会和公共领域的探讨，虽然已取得了值得重视和借鉴的成果，但也有若干不足。笔者不成熟的看法是：西方学者往往比较重视提出自己的理论构架，而对有关的史实考察不够详尽。像类似近代中国是否存在市民社会这样的争论，只有对与此相关的史实进行全面考察和分析之后，才能得出合乎实际的结论。这并不是说西方学者完全没有考察有关的史实，只不过显得薄弱一些，另外还有某些比较重要的情况则尚未予以充分重视。其原因或许如同上引章开沅先生为马敏著作写的序言所说："美国学者思想活跃，重视通过个案研究寻求理论解释，常能为我们提供若干新的视野、思路和参照系统。但由于社会文化背景的深刻差异，以及中文资料的艰深难解，他们的陈述与判断有时又难免流于片面与粗疏。"确实，西方学者的研究有其长处，他们善于提出自己的一套理论体系，也善于以比较敏锐的学术眼光选取有价值的新研究课题。即使是做个案研究，也能以小见大，对一些有影响的传统观点提出独到的见解。不过，在研究中国历史方面，中国学者也有自己的优势。传统文化的熏陶，对国情的熟悉，特别是掌握文献资料更为全面，均非一般外国学者所能完全具备。如果再通过学术交流，以西方学者之长补己之短，当会使我们的研究更为深入。因此，尽管中国学者对市民社会和公共领域的探讨晚于西方学术界，但只要发挥自己的优势，认真开展对这一课题的深入研究，定能取得使国际学术界重视的成果。

西方学者对近代中国市民社会和公共领域的探讨，为近代中国商会研究也提供了新的思路。以往的商会研究，视野比较狭窄，主要是就商会而研究商会，侧重于考察商会的性质、作用及局限。这种研究在起步阶段当然是必要的，但随着研究的进一步深入，如仍停留徘徊于目前的状况，则显然是不够的。从市民社会和公共领域研究中，我们不难发现，对商会的研究，完全可以从"国家—社会"这一新的角度切入，探讨清末民初的中国是否出现脱离于国家直接控制的、相对独立的社会空间及公众领域，考察国家与社会的互动关系及其特点，分析其所产生的各种社会影响。由此新角度切入的商会研究，与西方学术界热烈讨论的近代中国市民社会问题，也有着不可分割的联系。笔者认为，近代中国社会在许多方面确有其不同于西方的发展特点，因而在近代中国寻求与西方完全相同的市民社会，不啻削足适履，难免失之机械或片面。但这并不排除在近代中国有可能出现合乎市民社会本质特征的社会组织和公共领域；同时，近代西方国家市民社会产生的道路，也不是凝固不变的单一模式。其他国家的社会条件虽然在许多方面不同于西方国家，但也完全有可能以其独特的方式，萌生出具有市民社会特征的社会组织和领域。对近代中国商会的新探讨，将有助于我们对上述问题得出初步的答案。

最后还需要说明的是，尽管市民社会并不能简单地化约为独立自治的民间社团，但综观目前众说纷纭的各种市民社会概念，都认为脱离国家直接控制、拥有独立自主权和民主契约规则的民间社会组织，是市民社会的最主要内容。有的学者甚至直接将独立的经济社团作为市民社会的主要特征。例如，早期的亚当·弗格森（Adam Ferguson）在《市民社会的历史》一书中，即是"将以商业为目的的社团（association）——这些社团并不似那种原始的社团——视为市民社会的特征"。① 当代学者阿尔弗雷德·斯特潘（Alfred Stepan）也指出，市民社会除指各种各样的社会运动外，主要是"来自各阶层（如律师、记者、工会和企业

---

① 爱德华·希尔斯（Edward Shils）：《市民社会的美德》，载邓正来、杰弗里·亚历山大（Jeffrey C. Alexander）主编《国家与市民社会：一种社会理论的研究路径》（增订版），上海人民出版社，2006，第34页。

家）的市民组织，试图在各种安排的整体框架中建构自身，从而得以表达自己的思想并促进自身的利益"。① 所以，将商会以及相关的社团组织作为考察对象，虽然只是从一个主要的侧面进行剖析，却可以在很大程度上对近代中国的市民社会问题做出回答。

西方学者在探讨近代中国市民社会的过程中，恰恰忽略了对商会这一最重要的新式民间社团做深入细致的考察。上列西方学者研究近代中国市民社会与公共领域问题的主要成果中，除个别偶尔提及商会外，大都较少涉及商会。有的学者虽然提到商会，却是将商会看作国家与社会之间的第三领域中的中间组织。例如，黄宗智即认为："新型商会是国家与社会同时卷入到第三领域新制度里的范例。这些组织由商人们组成，但它们是因国家政策的倡导（1904 年）而成立的，并且是按政府的方针进行运作的。……这些新型商会与地方政府机构密切合作，在范围广泛的行政、半行政和非行政事务方面，确立起制度化的权威。……单纯参照国家或社会是无法把握商会的意义的。"② 这种观点是否正确，看来尚值得商榷。

因此，以商会为主体透视近代中国转型时期社会自身的发展变化以及社会与国家的互动关系，不仅有可能，而且有必要。从某种意义上或许可以说，在"国家—社会"这一新的理论框架之下对商会重新进行考察，既能使已有的商会研究进一步走向深入，同时又能为研究近代中国的市民社会提供一个新的视野。特别是在目前中国学者有关近代中国市民社会的实证研究仍相当缺乏的情况下，此项工作更有其

---

① 阿尔弗雷德·斯特潘：《市民社会、政治社会和国家：三个政体领域中的军事政治》，载邓正来、J. C. 亚历山大编《国家与市民社会：一种社会理论的研究路径》，中央编译出版社，1999，第 409 页。该书的编者邓正来先生为便于笔者撰写此书时参照有关的论著，特将该书出版前的清样惠寄于我，在此谨致谢忱。

② 黄宗智：《中国的"公共领域"与"市民社会"？——国家与社会间的第三领域》。原文载于美国出版的 *Modern China*，April 1993，中译文载邓正来、J. C. 亚历山大编《国家与市民社会：一种社会理论的研究路径》，第 420～443 页。

学术价值。正如杨念群所言："中国'市民社会'理论的构设仍需从历史个案的研究中寻求验证和资源，研究的对象领域也不应局限于框架的构设与问题的提出上，而应在具体事例的考察中完善其总体命题的论证。"① 本书即是笔者在这方面的初步尝试。

---

① 杨念群：《近代中国研究中的"市民社会"——方法及限度》，《二十一世纪》（香港）总第 32 期，1995 年 12 月。

第二章

清末以前中国的强国家弱社会特征

国家与社会是一对互相联系的历史范畴，也可以看成是一对合体中不可分割的两个分体。这里所说的国家，并非一个独立的概念，而是与社会一词相对应的特定国家概念，或曰政治国家，具体说来主要指国家机构。所谓社会，在这里也是与国家相对应的特定范畴，而不是广义的社会概念，它指的是不受国家直接控制的独立自治组织和非官方领域，即市民社会。马克思的著作中，论及上述特定的国家与社会这一对概念时，对国家即有时称政治社会或政治国家，有时亦简称国家。对社会一词则或称市民社会，或直接简称社会。[①] 本书也是在这一意义上使用国家与社会这一对特定的概念。为了能更清晰地了解清末民初中国社会的发展变化，有必要对清末以前中国社会的基本特征略做论述。因此，本章即主要介绍这方面的情况。

尽管无有关的论文和专著对这方面的情况做专门论述，但众所周知，在封建专制主义中央集权统治下，中国自古即表现出强国家弱社

---

① 俞可平：《马克思的市民社会理论及其历史地位》，《中国社会科学》1993 年第 4 期。

会的基本特征。可以说，直至 19 世纪末，中国并不存在任何类似西方那样脱离国家控制的独立自治社会。封建专制统治以其极为严密的方式，一直延伸到社会的最基层，这称得上是中国不同于西方的一个显著特点。以下从乡村和城市两个方面做一些具体的阐释。

一　封建国家对乡村基层社会的多重控制

自秦朝开始，中国即建立了统一的封建专制主义中央集权统治。不仅中央政府各种机构较为完备，皇帝拥有至高无上的权力，而且中央对地方的行政统治也十分严密。秦朝的地方行政体制是郡县制。郡为地方最高一级政权，郡守由中央任命，主管一郡之政治、经济、军事、司法各项事务。郡以下设若干县，万户以上的县设县令，不满万户的设县长，也均由中央政府任命，并绝对听命于中央政府，实际上也就是绝对听命于皇帝。汉承秦制，地方政权基本上仍然是采用郡县制度。三国两晋南北朝时期，开始推行州、郡、县三级地方行政体制。隋朝为加强中央政府对地方的控制，减少地方机构的层次，将州、郡、县三级制改为州、县二级制，同时削减了地方行政官吏的职权和人数。到明、清两代，地方行政机构主要是省、府、县制，县衙门为地方基层行政机构。

有人认为，中国封建专制主义中央集权统治是以县为地方基层行政，一县之中又往往平均只有五名正式行政官员，不可能代表国家行使税收、治安等一系列政府行政管理职能，并对县以下的基层实行直接统治或控制。真正帮助封建政府行使管理广大乡村民众职能的是地主绅士（又作士绅、缙绅）的自治。这种缙绅自治系中国封建社会的中层结构，下层结构则是宗法家族，宗法组织也能够与政府管理衔接。① 也就是说，

---

① 金观涛、刘青峰：《开放中的变迁：再论中国社会超稳定结构》，香港：香港中文大学出版社，1993，第 29 ~ 32 页。

在中国封建社会中，同样存在国家不能直接控制的基层社会，而这种基层社会的整合，是通过缙绅自治和宗族自治进行的。因此，相对于国家行政官员的直接控制而言，中国封建社会中县以下的缙绅自治和宗族自治社会，似乎称得上是独立自治的民间社会。

实际上在隋朝以前，中国的专制主义中央集权统治，在县以下还有一套较为完善的乡村基层行政管理体制，只是有的论著未将其列入封建国家正式的行政体制。从秦朝开始，在县以下即建立了乡（亭）、里等基层行政权力体制。乡设"有秩"，系乡的主管官吏，另设"三老"掌管封建教化，设啬夫掌管诉讼、赋役，设游徼掌管巡察缉捕。里设里正，负责掌管一百家。里以下则按什、伍组织编制户籍。除此之外还有亭，每十里设一亭，亭长执掌治安警卫，兼管民事。表2-1所列即为秦代县以下地方行政管理体制，从中可以看出中国封建专制主义中央集权统治对基层社会的控制程度。

表 2 - 1　秦代县以下地方行政管理体制

名称	县	乡	亭	里	什	伍
组成单位	若干乡	十亭	十里	十什	二伍	五户
主管官吏	令或长	有秩等	长	正	长	长

资料来源：王汉昌、林代昭《中国古代政治制度史略》，人民出版社，1985，第49~50页。

汉代对乡村基层社会的控制，与秦代大体相似。《资治通鉴》第25卷记载："汉制，五家为伍，伍长主之；十伍为里，里魁主之；十里为亭，亭长主之；十亭为乡，有乡佐、三老、有秩、啬夫、游徼各一人，乡佐、有秩上赋税，三老主教化，啬夫主争讼，游徼主奸非。"汉代的编户制度也更为严密，并将户籍管理的优劣作为考察地方官政绩的一项重要内容。《后汉书·百官志五》所载汉代的有关规定为："什主十家，伍主五家，以相检察，民有善事恶事，以告监官。"经严格登记编户，官府详细记录了所属居民的年龄、性别、社会关系、土地财产以及身高、肤色等，由此便于征收赋税和征发徭役。每年八月还要核查一次，禁止随意迁居他处。通过上述县、乡、亭、里、什、伍的层层权力体制，封建政府得以使专制主义中央集权统治的触角，延伸至农户家庭这一最基层的社会单位。广大民众都不同程度地为国家所束缚控制，正如马端临在《文献通考·自序》中所说的那样："役民者官也，役于官者民也。郡有守，县有令，乡有长，里有正，其位不同而皆役民者也。"

隋代以后为防止地方势力扩充，加强专制政府对乡村社会的有效统治，将乡级行政管理权收归至县。及至明清，县一直是地方最基层的行政机构，但县衙的朝廷命官却为数不多。按照清代的县制，一般情况下县衙设县令一人，执掌全县的行政诸要务。县令之下设吏、户、礼、兵、刑、工六房，法定行政人员有县丞、主簿、教谕、典史等佐属官。吏役系具体办事人员的统称，包括书吏和衙役，从本地乡民中招募而来，无官俸，只有工食银两。在法定行政人员之外，县衙中往往还有幕友、长随、官亲等，也发挥着重要作用。他们虽然不是法定行政人员，无官府薪俸，但其功能却得到朝廷默认。[1] 尽管如此，以县作为基层行政机构，似乎确实难以实现对广大乡村社会的直接控制。因而从表面观之，这与当时封建专制主义中央集权削减地方势力，加强对乡村社会进行有效统治的初衷不无矛盾。

然而，封建专制政府仍通过行政手段强制推行保甲制，继续对乡村社会进行十分严密的控制。有的论者将始于秦汉而延续至隋代前期的乡亭里制，视为中国古代乡村行政权力体系的第一个历史形态，将保甲制作为古代乡村基层行政体系的第二个历史形态；并指出这一体制一直延续到明清，其间虽名称、形式有所变化，如隋唐称乡里，宋为保甲，元为村疃，明为里甲，清为保甲和里甲并存，但实

---

① 毕建宏：《清代州县行政研究》，《中国史研究》1991 年第 3 期。

质相差无几。^① 应该说明的是，保甲并非中国古代封建国家正式行政
系统的最基层，将其视为乡村基层行政体系的第二个历史形态还值得
推敲。还有的论者在论述清初的保甲制时，认为"里社和保甲是清朝
封建政权的基层组织"，^② 这种说法看来也需斟酌。

　　不过，推行保甲制却可以说是中国封建国家管理和控制乡村基层
社会的一种行政措施。北宋王安石变法时期，保甲制已趋完善。其具
体做法是：在基层乡村对民户加以编制，十家为保（小保），设保长；
五小保编为一大保，设大保长；十大保又编为一都保，设都保正和副
保正。保以下的民户则编为甲，无论主户和客户，凡一家有两丁以上
的选一人为保丁。明代还以"黄册"和"鱼鳞册"配合实施里甲制。
所谓"黄册"即户籍册，因封面为黄色而得名，系以户为单位，详记
乡贯、姓名、年龄、丁口、田室、资产，并根据职业规定人户的籍
属，主要是军、民、匠、灶四籍。"鱼鳞册"则是对每乡土地绘图予
以详细登记。明代的里甲制与保甲制大同小异，规定民户每110户编
为里，设里长10人，选丁、粮多的地主担任，轮流为首，十年一轮。
其余的100户编为10甲，每甲10户，设甲长1人。里长与甲长的职
责均为协助县衙办理所在里甲内的赋役及民事。

　　清初仍沿袭明制，实行里甲制，但同时也推行保甲制；尤其是雍
正年间摊丁入亩之后，里甲制渐趋废弛，更重视保甲制。因此，《东
华录》（雍正朝，卷9）也特别强调当时的"弭盗之法，莫良于保
甲"。清代的保甲制甚为严密，规定以十户为一牌，十牌为一甲，十
甲为一保。牌设牌头，甲设甲长，保设保正，其目的显然是便于对基
层乡村社会进行严格的控制。另外还规定，每户"给印信纸牌一张，
书写姓名、丁男口数于上，出外注明所往，入则注其所来，面生可疑

　　① 徐勇：《中国古代乡村行政与自治二元权力体系分析》，《中国史研究》1993年第4
期。
　　② 戴逸主编《简明清史》第1册，人民出版社，1980，第280页。

之人，非盘诘的确，不许容留……月底令保正出具无事甘结，报官备查"。①

由于保甲不是封建国家的正式基层行政权力系统，那些保正、甲长也不是经朝廷任命的行政官员，因而很容易使人认为保甲是独立于封建国家直接控制的社会基层组织。特别是清代，保甲制普遍推广，保甲组织的功能日趋扩大，不仅保留了原有催粮与编查人户两种主要职能，还承担了各种地方公务，如负责处理和上报地方词讼、殴斗案件，承办州县官府的飞差杂役，以及负责灾荒赈济、安置难民等事务。可以说，清代的保甲组织已渗透到社会基层行政的各个方面，承担着封建统治的各种职能。"凡一州县分地若干，一地方管村庄若干。其管内税粮完欠、田室争辩、词讼曲直、盗贼生发、命案审理，一切皆与有责。遇有差役所需器物，责令催办。所有人夫，责令摄管。稍有违误，扑责立加。终岁奔走，少有暇时。乡约、里长、甲长、保长，各有责成，轻重不同。凡在民之役大略如此。"② 保甲组织在乡村基层社会发挥着上述重要的作用，更易使人将其看作独立自治的民间社会。

但是，事实并非如此简单。保正、甲长等保甲组织的实际操纵者虽然不是朝廷命官，但也非独立社会力量的代表人物（事实上当时也不可能形成独立的社会力量），而是那些在当地有田产、有权威的大地主，即所谓的绅士。从社会地位看，这些有名望的绅士属于统治阶级的成员，也是封建国家的主要统治基础。封建国家给予绅士许多一般百姓所不能享受的特权。例如清代的绅士，可参加官方的礼仪，国家法律保护其不受平民侵犯，并可免服徭役，免纳一定限额以下的田赋，一部分绅士还可得到国家发给的月例银。③ 所谓"一食廪，二免

①　《清朝文献通考》第 22 卷《职役二》，考 5051，浙江古籍出版社，1988。
②　《清朝文献通考》第 22 卷《职役二》，考 5045。
③　张仲礼：《中国绅士：关于其在 19 世纪中国社会中作用的研究》，上海社会科学院出版社，1991，第 32～44 页。

丁粮，三地方官以礼相待"，① 简明扼要地说明了绅士是享有封建国家给予的一系列特权而不同于一般民众的特殊阶层。如果没有封建国家给予的这些特权，绅士也不可能在保甲组织中发挥作用。因为"绅权只有依附着政府权力才能存在"，换言之，也可谓"绅权是政府权力或者皇权的延长"；② 而封建国家之所以不惜给予绅士各种特权，乃是为了使绅士能顺从地代官府对乡村基层社会进行管理和控制。张仲礼先生在较全面地考察了 19 世纪的中国绅士之后指出："绅士受命于官宪而办事，或协助官府办事"，"充当了政府官员和当地百姓之间的中介人"。③ 因此，绅士并非独立的社会集团，而是依附于封建国家，与官府有着唇齿相依的密切关系，并为封建国家效力的一个特殊社会阶层。可以说，保甲组织的管理运作，从表面上看似乎带有某种自治的色彩，但实际上完全是按封建国家的指令行事。它虽然不属于国家正式行政系统，却是封建国家的行政系统在乡村基层社会的重要补充。封建国家正是依赖绅士操纵的保甲组织，对广大乡村基层社会加以控驭。"这种建立于村庄之上、落实于人户之中的保甲制度，成为清代后期统治者统治广大乡村，维护和加强封建专制主义中央集权的得力工具。"④ 绅士与国家的这种关系，如同弗兰兹·迈克尔为张仲礼的《中国绅士：关于其在 19 世纪中国社会中作用的研究》一书撰写的导言所说："绅士同国家的关系有双重性质，既支撑国家，又为国家所控制。"

当然，有些绅士偶尔也与地方官发生一些矛盾，并往往以地方利益代表的姿态与官府交涉斡旋，但这些矛盾不是因绅士为基层社会争取独立和自治权而引起，多半是请求酌量减免赋税和劳役，或遇有灾荒请求官府予以赈济等事，因而并不具有任何新的意义。

---

① 王德昭：《清代科举制度研究》，香港：香港中文大学出版社，1982，第 36 页。
② 胡庆钧：《论绅权》，载吴晗、费孝通《皇权与绅权》，天津人民出版社，1988，第 125、126 页。
③ 张仲礼：《中国绅士：关于其在 19 世纪中国社会中作用的研究》，第 57~58 页。
④ 孙海泉：《论清代从里甲到保甲的演变》，《中国史研究》1994 年第 2 期。

保甲之所以称不上是与国家相对应的独立社会，不仅仅在于它不具备独立性，更重要的是其内部运作并不依据契约规章，更谈不上具有任何民主制度，而且乡村农民只有封建国家所规定的纳税和服役的义务，没有丝毫的自主和个人权利。所以，保甲制至多只是封建国家通过绅士控驭乡村基层社会的一项行政性措施，与真正独立自治的市民社会可谓风马牛不相及。

在中国历史上的乡村基层社会中，更带有某种自治色彩的是保甲制之下宗族或家族的内部控制与管理。有的论者将其作为中国社会最基层的组织，认为宗法宗族家庭与绅士操纵的保甲制相衔接，实现了中国这样一个超级农业社会的整合。[①] 家庭是社会的细胞，宗族或家族则是以血缘、亲缘关系为纽带形成的扩大的家庭。中国的宗族制也源远流长，"古代的父权制宗法关系的残余，至宋明以后得到加强，逐渐形成以族长权力为核心，以家谱、族规、祠堂、族田为手段的严密的宗族制度。在清代，这种以血缘关系为纽带的宗族组织遍布全国城乡，成为封建的社会结构的有机组成部分"。[②] 宗族制之所以形成，与中国高度发达、长期延续的分散小农经济不无关系。由于某一家庭世世代代生活在同一区域，久而久之即繁衍出一个扩大了的家庭；加上个体小农家庭十分脆弱，难以克服诸多困难，家族组织则可以在很大程度上发挥类似社会或社区的互补功能，提供社会帮助与社会保护，并实行社会控制。所以，宗族制成为维系家庭乃至基层社会的一个重要的补充方式。

宗族制度是以传统封建儒家伦理为组织原则建立起来的，按辈分、德行、威望、官爵推举的族长为一族之主，掌握着很大的权力。族内一般依照昭穆亲疏分为若干支，支下分"房"，设有房长。宗族

---

① 金观涛、刘青峰：《开放中的变迁：再论中国社会超稳定结构》，第 31 ~ 32 页。
② 戴逸主编《简明清史》第 2 册，人民出版社，1984，第 13 页。

内部制定有全族人员必须严格遵守的族规、宗约或家训，祠堂则是祭祖和处理族中事务的场所。族人发生纠纷，不得先行告官兴讼，须在祠堂内按族规家法进行调解，如若"不告各支长而竟［径］告官者，无论曲直，必须至祠内，重责重罚"。[①] 而族内的调解处置往往具有很强的约束力，族人不得不从。"如退有后言，擅敢兴讼者，祠主责治，公议量罚。"严重者在家谱中除其名，祠墓不许与祭，由此在家族内部就再难以立足，故而一般都不敢违反族规，更不敢漠视宗族的调解处置。显而易见，宗族制具有很强的威慑力和凝聚力。日本社会学家富永健一曾评论说："中国宗族的特征，是比日本的同族远为紧密的内部结合体和封闭性，它实行外婚制，拥有祭祀祖先的祠堂和族产、族谱、族规、族训，在这一点上说，它是非常有力地制度化了的亲族群体。"[②]

宗族组织虽然具有上述内部自我管理特征，俨然是一个小社会，但它也不是完全自治而与国家相对抗的独立民间社会。就一般情况而言，宗族乃是人类社会组织最直接和最原始的形态，其与国家组织似乎存在天然矛盾。但是，"中国宗法家族组织已不是简单的血缘团体，而是以儒家伦理为组织原则建立起来的基础单位。儒家意识形态以伦理为本位，把国家看作家庭的同构体，有效地消解了宗法家族组织与国家组织的对抗"。[③] 不仅如此，中国的宗族组织与封建国家也有着较为密切的关系。从国家方面来说，主要是利用遍布城乡的宗族组织，辅助官府统治之不足，因而从法律上对宗族制度予以保护，确认族长所拥有的权力，以达到对社会细胞进行间接而有效的控驭。清代乾隆年间，江西官府即曾颁布《选举族正族约檄》，晓谕所属各州县造册

---

① 《竹溪沈氏家乘》第 7 卷《祠规》，转引自戴逸主编《简明清史》第 2 册，第 17 页。
② 富永健一：《社会结构与社会变迁——现代化理论》，董兴华译，云南人民出版社，1988，第 221 页。
③ 金观涛、刘青峰：《开放中的变迁：再论中国社会超稳定结构》，第 31 页。

上报祠堂数目和族长姓名，由官府给以官牌，正式授予族长、族正管束族人的权力。于是，"族房之长，奉有官法，以纠察族内子弟。名分即有一定，休戚原自相关……自然便于觉察，便于约束"。[①] 封建国家正是以"保甲为经，宗族为纬"交织而成的统治网，作为统治和控制乡村基层社会的有力工具。同时，封建国家还利用宗族组织保证基本的赋税徭役来源。

从宗法组织看，其族权系经封建国家的提倡和保护才得以形成发展，内部维系也完全依靠封建的纲常伦理。可以说，宗族制度与封建政权相结合，才有其存在与发展的前提条件。因此，宗族组织无不向族人灌输封建礼教，强调族人的言行举止必须绝对服从封建国家。作为对封建国家给予其保护的回报，族长还须将监督族人完课税、服徭役，承办官府差委各事作为自己的要务。正因为如此，梁启超不仅不认为中国的宗族制度有可取之处，反而强调与西方国家相比，此乃中国人之一大缺点。他指出，中国人"有族民资格而无市民资格。吾中国社会之组织，以家族为单位不以个人为单位"，此与西方国家不无差异。由其所致，"彼之所发达者，市制之自治；而我所发达者，族制之自治也"。[②] 不难看出，宗族组织这样的内部自我管理，与独立自治的市民社会和公共领域也相差甚远，根本不能与之相提并论。

二　封建国家对城市基层社会的严密控驭

城市作为封建专制主义统治的重心，更是封建国家严密控制的区域。中国封建社会的城市不同于西欧中世纪城市的一些传统特点，也

---

① 陈宏谋：《选举族正族约檄》，载贺长龄编《皇朝经世文编》第 58 卷，上海广百宋斋，道光六年（1826）铅印本。

② 梁启超：《新大陆游记（节录）》（1904 年 2 月），载李华兴等编《梁启超选集》，上海人民出版社，1984，第 432 页。

更利于封建国家对城市基层社会实施严密的控驭。

在西欧，中世纪的城市大多不是在古代城市的基础上发展起来的。古罗马帝国崩溃后，西欧的绝大部分城市也被毁灭。中世纪初期采邑制的推行使西欧封建庄园遍布各地，形成领主分裂割据局面，仍无作为工商业中心的城市建立。到 11 世纪，西欧封建社会生产力获得一定发展，剩余农产品增多，手工业逐渐从农业中分离出来。伴随着社会分工的发展，交换更加频繁，一部分工商业城市才开始兴起。

西欧中世纪新兴城市建立之初，因系在封建主的领地上，一般都要受封建主管辖，封建主视城市为其私有财产，肆意勒索高额地租，搜刮城市的财富。城市市民为求得生存与发展，不得不与封建主展开激烈的斗争。例如，11 世纪意大利的米兰城起义，起义者驱逐了封建主；法国琅城居民武装起义，杀死了大主教。除了武装反抗，还有些城市以金钱赎买的方式，摆脱封建主管辖，获得自治权，发展成独立的自治城市。这些城市依据原来马克公社的形式，组织自治机关，有的仍继续自称"公社"。虽然西欧中世纪新兴城市自治权利的大小多少，在西欧各国间并不相同，但总体说来其自治的基本特征乃是与东方各国封建城市不同的一大特点。在这种自治的城市中，很容易萌生和发展出独立自治的市民社会与公共领域。

中国的城市则绝大多数是古代城市的延续，很少类似西欧那样主要是由手工业者和商人建立的工商业城市。中国也没有任何一个城市取得摆脱封建政权控制的独立自治，而是始终在中央集权王朝的严密统治之下，并且大多是封建统治的重心所在。这些城市的兴衰，很大程度上取决于封建行政建制等级的高低和规模的大小。中国封建社会城市毫无自治权利的这一特征，再加上封建国家对城市居民的严密监控，也使城市中难以形成类似西欧中世纪的市民等级。因此，独立于封建国家控制的公共领域和市民社会在当时很难产生。

对于一般城市居民，官府也采用保甲制予以监控。由于城市人口与乡村农户相比较，具有一定的流动性特点，因此官府在城市实施保甲制，特别注意加强对流动人口的控驭。清初即严格规定必须"出注所往，入注所来，如户有迁移，随时报明，换给户牌"。[1] 除此之外，官府还对城市的手工业和商业予以控制，使工商业者无法独立自主地从事有关经济活动，也难以发展成为类似西方国家那样的独立自治的市民等级。在中国的封建社会中，城市内的手工业和商业有很大一部分一直受封建王朝控制。统治者很早就推行限制私人手工业和商业的"禁榷制度"，以便发展官营手工业。不论商业还是手工业，只要是销路广、生产和运销的数量多、利润大，官府即限制私人经营。例如日常生活的必需品食盐，不仅制作须由世隶官府匠籍的灶丁进行，而且贩卖也是由获朝廷谕准之盐商专营，一般私人手工业者和商人均不得从事获利甚大的食盐制作和销售。而那些世隶官府匠籍的灶丁和谕准之盐商，则在许多方面必须受到官府的严格限制与控制，也不能自行其是。铁制品在封建社会小农经济中占有重要地位，因为生产工具须用铁制作，所以封建统治者也禁止一般私人手工业者和商人经营，完全由官府垄断。其他如炼铜业、铜器制造业、酿酒业、造船业、窑冶业等，也都不同程度地由官府垄断经营。

为发展官营手工业，控制民间手工业者，封建统治者还建立了所谓匠籍制度。这种制度对那些技艺较高的手工业者发展自己的经营，扩大实力而向自治的市民等级转化，无异于一副沉重的枷锁。按照匠籍制的规定，凡在籍手工工匠，均不准转营他业，世代沿袭。他们不仅失掉了经营自由，有的甚至失去了迁徙的自由，必须定期进行徭役性劳作。大批手工业者被纳入官营经济体系，其劳动成为封建经济闭关自守和自给自足的一个环节。被迫在官营手工业中劳作的民匠，分

---

[1] 《嘉庆会典》第 11 卷，道光二年（1822）刊本。

为轮班匠和住坐匠，以轮班匠为主，每年都必须到指定地区的官营手工业中当班。据不完全统计，明代前期北京、南京两地官营手工业占有的工匠即多达 30 万人左右。此外还有作为工匠助手的民夫，按一匠五夫算，30 万工匠须征 150 万民夫。[①] 明末至清，官营手工业虽呈现出逐渐衰落的趋势，但仍是封建国家阻遏民间手工业发展和限制手工业者自由行动的一大束缚。

不过，在中国的城市中也有由工商业者组成的行会，带有某种特定的自治色彩。与西方国家的行会大体相似，中国古代城市中的行会，也分为手工业者和商人组成的行会两种。但中国行会的自治权十分有限，尤其是政治方面的权利和管理城市社会生活的自治权，与西欧中世纪的行会相比，则极为缺乏，几乎谈不上具有这方面的权利。这种差异是由封建中国与中世纪西欧在政治、经济以及上述城市发展等多方面的不同特点决定的。中国行会的具体名称主要有公所、会馆。一般来说，在明末至清代，由手工业者组成的行会多称公所，同帮商人组成的行会则多称会馆；但也有少数例外者。而且，并非所有的会馆都是行会组织，有的会馆只具有同乡会性质。另外还有些行会以堂、庙、殿、宫、会等命名。

据一些零散史料，可知中国至迟在 8 世纪末的中唐，已开始有行会组织的雏形存在。当时实行坊市制，同一行业均集中在一条街市上，各行设有"行头"或"行首"，承担管理有关事务，但其组织十分松散。宋代虽未实行坊市制，同一行业者并不聚集在一条街市上，但行会组织却渐趋严密。有的称团，有的称行，凡市肆"不以物之大小，皆置为团行"，"京都有四百十四行"。[②] 明末至清，随着商品经济的发展，行会组织已趋于发达，几乎在各大中城市都有会馆、公所

---

① 许涤新、吴承明主编《中国资本主义发展史》第 1 卷，人民出版社，1985，第 114 ~ 115 页。

② 彭泽益：《中国行会史研究的几个问题》，《历史研究》1988 年第 6 期。

等行会组织建立。

行会是封建城市商品经济已有一定发展，但又并不十分充分的产物。商品经济的发展，必然导致商品生产者之间的竞争，而行会正是为了防止竞争、排除异己、保护同业的既得垄断利益而建立的组织。所以，行会的自我管理主要限于这方面的内容。同时，行会是通过近乎野蛮的强制性手段，迫使同行业者严格遵守行规，在其内部具有浓厚的封建等级和宗法关系色彩，很大程度上带有非民主甚至是非人道的特征。下面以清代的行会为例，对其内部的自我强制管理内容略做说明。

其一为严格限制同行业者招收学徒和使用帮工的数目。有的以缴纳行规钱的经济手段对此予以限制。苏州梳妆公所规定："无论开店开作，欲收学徒，遵照旧规入行，由店主出七折大钱三两二钱。"学徒满师如欲入行，也须有"伙友司出七折大钱六两四钱"。① 更多的是严格规定收徒人数，如湖南长沙京刀业行规规定："带学徒弟者，三年为满，出一进一。"② 广东佛山石蜡笺纸业行规也议明："每店六年教一徒，此人未满六年，该店不准另入新人。"③

其二为限制作坊、店铺开设地点及数目，还限制外地人在本地开店设铺。有的行会规定同一街市的数家之内不得新开同类店铺，如长沙戥秤业行规规定："嗣后新开店者，必须上隔七家，下隔八家，双户为一，违者禀究。"明瓦业行会也议定："我等开设店铺者，每街两头栅内，只准开设一家，不准开设二家。"④ 还有的行会仍以经济手段限制新开店铺，尤其是对外地人限制更严。苏州小木公所规定，外来开业者须交纳行规钱四两八钱，本地开业者减半，不交而私自开业者

---

① 江苏省博物馆编《江苏省明清以来碑刻资料选集》，三联书店，1959，第119页。
② 彭泽益编《中国近代手工业史资料》第1卷，三联书店，1957，第190页。
③ 转引自王宏钧等《广东佛山资本主义萌芽的几点探讨》，《中国历史博物馆馆刊》1980年第2期。
④ 彭泽益编《中国近代手工业史资料》第1卷，第195页。

加倍。巧木公所规定，如有外县"来城冒充本城巧木之徒"，开张后加倍交纳行规钱。[1] 长沙靴帽业行规更明确规定："一与外处同行来此合伙开店者，罚银五两，戏一台，仍然毋许开店。"木业行规规定："内行不得与外行合伙，倘合伙，查出议罚。"[2]

其三为规定统一的手工业产品和各类商品的价格、规格和原料分配。凡货价银码经过行会议定，同行均须严格遵守，如有违反，"一经查悉，轻则酌罚，重则禀官请究"。苏州蜡烛公所即规定由"同业公定时价，毋许私加私扣"。[3] 染坊业行会章程在产品规格方面则做了如下说明："吾行洋蓝吪布染坊一业，向有成规：一、议原布对开；一、议洋标对开；一、议斜纹三开；一、议粗布三开。"[4] 对于手工业原料的分配，长沙明瓦业行会议定的要求是："我行货物，因时价昂贵，如有城厢内外到得有货者，知悉者必须晓众，公分派买，毋得隐瞒独买，如有隐瞒独买者，公议罚钱二串入公，货仍归公派买。"[5]

其四为制定统一的工资水平。在这方面，许多行会的规定甚为详细。据苏州染业拟定的行规："一、议管缸司长，每月工俸钱三千文；一、议蓝头司长，每月工俸钱二千六百文；一、议石头司长，每月工俸钱二千二百文；一、议帮司长，每月工俸钱一千八百文；一、议众司工俸，准加不准减。"[6] 另外，各业对帮工的工价，也根据不同的工种和工作量，做了固定不变的规定，以便对帮工进行强制约束。

直至19世纪后半期，上述几个方面仍是行会的主要管理职能。在19世纪70~90年代，行会在行业分工方面仍多有限制。例如，苏州的玉器手工业行会规定：做长器者只能做长器，做圆器者则只能做圆器，

---

① 江苏省博物馆编《江苏省明清以来碑刻资料选集》，第108、114页。
② 彭泽益编《中国近代手工业史资料》第1卷，第180页。
③ 江苏省博物馆编《江苏省明清以来碑刻资料选集》，第217页。
④ 江苏省博物馆编《江苏省明清以来碑刻资料选集》，第63页。
⑤ 彭泽益编《中国近代手工业史资料》第1卷，第192~193页。
⑥ 《苏州商会档案》第391卷，第14页，苏州市档案馆藏。

"向做灯架者，不得越做洋镜；向做洋镜者，不得越做灯架"。① 这种分工的日趋细密，使行帮、行会的数目越来越多。对新开坊铺，也有如同以往上、下须各隔数家的规定，如有违反，"公同阻逐"。在手工业产品和各种商品价格方面，也仍有统一规定，既"不得高抬时价"，也不准"私行减价"，查出"公同议罚"。另对产品规格、原料分配、生产规模、工价标准等，行会也都有严格规定。本章所引彭泽益先生的大作，曾对这一时期的行会进行过较详细的考察和论述，这里无须赘言。

由上可知，行会的所谓自治职能，主要是对本行业内部招徒、设店以及产品价格、原料分配进行严格限制，与我们通常所说的社会自治存在很大的不同。行会也不是依照自愿的原则，对其成员的个人权利予以充分考虑，而是通过强制手段进行严密控制。手工业者和商人如未加入本行业的行会，就不能开坊设店。一旦加入，则必须严格遵守行规。如有违反，不仅会遭到重罚，甚至会带来灾难性后果。下面所引的一则史料即反映了行会的这一特点："苏州金箔作，人少而利厚，收徒只许一人，盖规例如此，不欲广其传也。有董司者，违众独收二徒。同行闻之，使去其一，不听。众忿甚，约期召董议事于公所。董既至，则同行先集者百数十人矣。首事四人，命于众曰：董司败坏行规，宜寸磔以释众怒。即将董裸而缚诸柱，命众人各咬其肉，必尽乃已。四人者率众向前，顷刻周遍，自顶至足，血肉模糊，与溃腐朽烂者无异，而呼号犹未绝也。"② 在一个工商业组织内部，竟发生如此野蛮的草菅人命事件，这充分说明了行会对个人主体意识和权利的肆意摧残和践踏。

从中国行会的起源看，它也主要不是为了适应手工业者和商人的

① 江苏省博物馆编《江苏省明清以来碑刻资料选集》，第 120 页。
② 黄钧宰：《金壶七墨·金壶逸墨》第 2 卷《苏州金箔作》，转引自段本洛、张圻福《苏州手工业史》，江苏古籍出版社，1986，第 147 页。

自治而成立的。尽管不能完全否认中国行会的产生与工商业者维护自己的经济利益有一定关系，具有某种独特的经济职能，尤其是在清代这一职能愈趋明显，但中国的行会主要是封建国家为控制手工业者和商人，保证国家的税收来源，强制工商业者联合成立的组织。因此有的论者指出，唐宋之际"行"的出现，系"政府为了对工商业者进行科索，为了便于征调工商业者的徭役，强制工商业者按照其所属的行业组织起来的"。① 另据有关记载，宋代"市肆谓之行者，因官府科索而得此名。不以其物之大小，但合充用者，皆置为行"。② 按照官府的规定，各业手工业者和商人必须"各自诣官投充行人，纳免行钱，方得在市卖易。不赴官自投行者有罪，告者有赏"。于是，"京师如街市提瓶者必投充茶行，负水担粥以至麻鞋、头发之属，无敢不投行者"。③ 这表明最初的行会并非工商业者自发的组织，而是官府为便于对工商业者进行科索、征购所设。所以，工商业者一开始即被迫入行，大户、小户乃至行商、摊贩，均必须编入各行。这种情况，与保甲制实际上并无多大差别，只不过是按不同行业将手工业者和商人予以编制。

此后的行会，其自身经济职能虽逐渐加强，但在某种程度上仍然是封建国家利用的工具。官府依然利用行会包收包缴各种捐税。厘捐作为太平天国之后最重要的捐税之一，也多由行会包缴，由此保证了封建国家财政税收的来源。其具体办法是：各地方官府强令各业行会负责认捐包缴，然后由各行会按所定厘捐税额向本业各户摊征，定期收解当地的厘捐局。有的行会在行规中对此还做了严格规定。如长沙鱼虾业行规即有类似条文："凡运货到埠售卖，均照大宪定章，抽厘

① 傅筑夫：《中国工商业的"行"及其特点》，载《中国经济史论丛》下册，三联书店，1980，第417页。
② 耐得翁：《都城纪胜》，"诸行"，转引自许涤新、吴承明主编《中国资本主义发展史》第1卷，第132页。
③ 许涤新、吴承明主编《中国资本主义发展史》第1卷，第132页。

缴局，不准私卖过载，偷漏厘金，有碍税课。违者，查获加倍议罚。"① 行会通过承担包缴捐税为封建官府服务，官府则以行政权力对行会予以保护，相互之间的关系十分密切。

此外，封建国家往往还要求行会承值各种官差，如长沙砚业须承办文武科场、天地礼坛一切大小工程；铁器业承应各衙月差并文武科场、城门贡院，以及秋审镣铐等。其他各业，如碓坊业承办科场食米，成衣业承办军装，染坊业承染差布，都或多或少须承值各色官差。有的"行业虽小，差务浩大"，而且因官府给价不足甚或根本不给，有些行会常遭赔贴，不得不对其成员强收帮差钱。②

与此同时，封建国家还利用行会将工商业者组织在一起，使其在一定程度上起保甲稽查作用，以巩固其封建统治。特别是在太平天国之后，许多行会还将此列入了行规。如长沙的一些行会不但配合地方官府"约束"手艺工匠，而且在行规中强调，对外来贩贸及帮工者，必须严密稽查，"倘有形迹可疑，即行革逐"，"以杜匪徒混入之弊"。有的行会在行规中规定："乡师来城，务须确实查明，取具同行人保结，方准入行。"还有的要求"外来客师，需投召募，俾知来历，免混匪人，召募承认，方准入行"。"各师不投召募，恐匪借艺混杂。倘若事觉，彼即潜逃，牵累同行，祸害不小。故外来者必查明方可收用，违者送究。"③

而行会内部的强制管理之所以能够维持，也即行规能够对有关的手工业者和商人产生约束作用，在很大程度上也离不开封建国家的干预和保护，这种情况到19世纪中后期仍是如此。遇有违反行规内部不能处置时，行会往往请求官府判决惩处。官府的判决则大多是以行规为依据，按行会的请求对违规者予以处罚，从而使行规在某种程度

① 彭泽益：《十九世纪后半期的中国财政与经济》，人民出版社，1983，第209页。
② 彭泽益：《十九世纪后半期的中国财政与经济》，第212~213页。
③ 彭泽益：《十九世纪后半期的中国财政与经济》，第215页。

上具有了一定的法律效力。例如，1885 年长沙有一姓蒋者，违反刻字业无论远近"总要七八家之外，方可开张"的规定，自行开设一店铺，结果被行众控告到县，县衙即照行规定案。又如，1880 年奉化人江某到宁波求售伞骨，宁波伞骨匠首聚集同行出面干涉，"拉货擒人"，禁止江某在当地贩卖。江某告至府署。尽管此次非由行会向官控告，但官府的判决仍然是维持行规："谕令奉化人此后如至宁波销售，必须随众入行。如不入行，不准潜来宁波生事。"① 而入行之后，自然必须严格遵守行规。正是有了封建国家做后盾，行会才得以对同行业者产生强制性的约束力。一旦行规的强制约束失去效力，行会也就土崩瓦解了。另一方面，行会主动争取对封建统治的依存，也更使封建国家得以利用行会控制手工业者和商人。

当然，不能因为行会与官府的相互关系十分密切，就认为二者之间没有任何摩擦和矛盾。有时为承值官差和缴纳捐税，行会也与官府发生冲突。例如，1875 年天津一些行业的商人为反对加征土货卡税，就曾公议关闭各行店，拟以罢市相抵制。② 1890 年广东地方官府在汕头抽取厘税时，也曾遭到潮帮商人通过公所进行的暗中抵制。不过，相对前述行会、官府二者之间的相互利用与依存关系而言，这种矛盾冲突显然居于次要的位置。而且，这种矛盾如同宗族组织与官府的摩擦性质一样，不是行会为了争取真正独立的自治权所引发，只是行会希望其成员在经济上减少一点负担。

综上所述，无论从行会内部的强制管理与垄断性，还是从其外部与官府的密切依存关系看，行会都称不上是类似市民社会的独立自治组织。因而有的论者认为："这种组织历来都依恃封建政权的支持去进行活动，同时也就是封建政权在城市进行统治和榨取的工具。"③ 这

---

① 彭泽益：《十九世纪后半期的中国财政与经济》，第 204 页。
② 《津沽消息》，《申报》1875 年 3 月 30 日，第 1 版。
③ 彭泽益：《十九世纪后半期的中国财政与经济》，第 176 页。

一结论虽对行会自身的经济职能有所忽略，但也从一个重要的侧面概括了行会的功能之一。

在中国古代，还有一些称为社或会的松散组织，与封建国家没有那么密切的关系，但这些组织也并非具有市民社会特征。在中国历史上，被称为社或会的松散组织可谓源远流长，而且形形色色、性质不一。"社"的含义，古代即有多种解释，有的是指土地之神，有的则是指古代乡村基层行政地理单位。顾炎武曾在《日知录》第 22 卷"社"条中说："社之名起于古之国社、里社，故古人以乡为社。"还有的是指民间在社日举行的各种迎神赛会。《古今类书纂要》第 2 卷《时令部·社日》对这一意义上的"社会"做过如下的解释："社无定日，以春分后戊日为春社，秋分后戊日为秋社。主社神曰勾芒。民俗以是时祭后土之神，以报岁功，名曰社会。"另外，古代的社也指信仰相同、志趣相投者结合的团体，即顾炎武所说的"后人聚徒结会亦谓之社"。

在明代，各种社与会已较为盛行，尤其是诗社和文社甚多。① 顾炎武在《日知录》中说："万历末，士人相会课文，各立名号，亦曰某社某社。"据陈宝良考察，明代这类文社的出现，在嘉靖年间即已初露端倪，其中湖州的"湖社"可为一例。只是明末张溥创设"复社"之后，文社方始蔚然成风。明代不仅有文人士大夫的讲学会与诗文社，还有其他名目繁多的民间结会，其中包括善会、城市游民的结社以及游戏、怡老之会等。

之所以说古代的这些社或会并不具有市民社会的特征，不仅是因为其组织较为松散，缺乏严密的契约规章，更重要的是这些社与会的内部运作与活动内容，与市民社会相去甚远，也不具备类似市民社会那样较为广泛的自治权利。明代文人士大夫的讲学会与诗文社，从名

---

① 陈宝良：《明代的社与会》，《历史研究》1991 年第 5 期。

称即可知其性质。主要是一批志趣相投的文人聚集在一起，相互讲学及谈诗论文，即使对现实有所不满也不过发发牢骚而已。有的文社还要求其成员不得妄论政事，如复社即曾规定"毋巧言乱政，毋干进辱身"。从内部成员的相互关系看，组成诗社和文社的文人士大夫，除志趣相投外，还有其他一些非常重要的维系因素，这就是血缘关系、姻缘关系和师生关系，此与市民社会的契约关系原则也大相径庭。至于民间的一般结会，与文人士大夫的诗社和文社又有所不同，它只是以一种互助的形式联络同一地域内乡村贫民的感情，多是遇到经济困难时才发起与人结会，甚至算不上正规的团体。善会则多为士大夫与佛教僧人组合而成，具有以佛家之善，行儒家仁义的特色。城市游民的结社，实际上是城市流氓的组织，在某种程度上带有现代意义的黑社会色彩。

因此，即使古代的社与会同封建国家没有比较密切的关系，也不是具有全面自治职能的民间独立社会，并同样受到封建国家的管制，地方官府可以随时封禁各种社与会。明代文人士大夫组成的诗社和文社，在万历初年和天启年间就曾两次遭到严禁，影响较大的复社也在崇祯年间一度被禁。清代初期，封建统治者对民间的社与会予以限制，特别是对文人士大夫的讲学、结社进行更为严厉的禁止。顺治十七年（1660），清政府即以"士习不端，结订社盟，把持衙门，关说公事，相煽成风"为由，[①] 公开严禁明末以来在江南士人中较为流行的结社活动。

从上述各方面内容可知，19 世纪末以前的中国，在封建专制主义中央集权统治之下，国家对乡村和城市基层社会的控制都十分严密，政治中心、意识形态中心、经济中心在很大程度上重合为一，封建国

---

① 《清世祖实录》第 131 卷，转引自陈宝良《明代的社与会》，《历史研究》1991 年第 5 期。

家的各级行政机构不仅垄断了各种资源的直接控制权，而且对几乎全部社会生活实行着严格而全面的控驭。在这种情况下，民间社会力量及其组织要么遭到抑制摧残，要么被封建国家利用作为控制社会的补充工具，否则就无法存在，因而不可能发展成为真正独立自治的社会。封建国家的干预权力达到了广泛无边、无所不在的程度，社会的力量则极其微弱，缺乏真正的独立自主权。在这种强国家弱社会的模式中，尽管从表面上看似乎存在某些拥有一定独立性的社会组织，但可以说已被国家合为一体。到 20 世纪初，中国持续近两千年而无大变的这种状况才开始出现变化，虽然这种变化与近代西方国家相比仍显得很不充分，但在当时已十分令人瞩目。

第三章

清末之际国家对社会的扶植

就近代的情况而言，国家与社会是一对相辅相成、互相对应的范畴，两者的关系十分密切。但是，国家对市民社会的酝酿、产生与发展，在不同的国度，以至同一国度的不同时代和不同历史条件下，却往往会产生相异的影响。因此，对这一问题需要做具体的考察与分析，不能简单笼统地一概而论，否则将失之偏颇。

一 国家对社会孕育的三种影响

从中外的历史看，国家对市民社会或是民间社会的孕育与建构所产生的影响，不外乎以下三种情况。

第一种情况，是国家对社会的酝酿和生成并未发挥特别明显的作用。尽管在这方面国家也具有一定的影响，但并非决定性因素，主要是社会自身发展壮大到一定程度之后独立建构而成。由这种方式生成的社会，自身的力量一般都比较强大，对国家的依赖性也较少，而独立性则比较明显，对国家的制衡作用也比较突出。

第二种情况，是国家对独立社会的孕育与建构，产生了非常明显的阻碍与破坏作用。这种情况的形成，一般都是由于国家通过各种强制性的政策和措施，自上而下地实行严密的控制，特别是将社会的基层组织也纳入其严格控制，使社会无法形成自己独立的生成与活动空间，从而也就难以建构起脱离国家直接控驭，具有自治权利和独立性质的社会。

第三种情况，是国家出于特定的目的，有意识地实施有关政策，对于具有一定独立性的市民社会或是民间社会的产生，起明显的推动作用；有的则是无意识地推行若干具体措施，为具有一定独立性社会的孕育创造了有利的客观环境，也从各方面促进了社会的生成与发展；还有的甚至为独立社会的建构提供了某些制度性和法律性的保障，主动直接地倡导成立民间社会组织，在推动社会的孕育和建构方面，发挥了更为突出的作用与影响。

上述第一种情况，大多是发生在自下而上实现内源型现代化的西欧国家。这些国家往往具有城市自治的渊源与传统，资本主义一般都产生较早，而且发展较快，并拥有力量较为强大的市民阶层，是现代化过程中强有力的经济中坚力量。在这些国家中，现代化是通过社会自身力量的内部创新，经历漫长过程的社会变革得以实现的。之所以称内源型现代化，乃是因为"内源的现代化是一个自发的、自下而上的、渐进变革过程"，"它的原动力即现代生产力是内部孕育成长起来的，具有较强的自我发挥能力。工业化投资主要来自本国内部积累，从而本国资产阶级起主导作用。经济生活通过不断扩展的市场来实现自我调节，而政府的职能主要是保证经济的自由运转"。① 在自发完成现代化的过程中，这些国家的市民阶层也相应地自发建构起市民社会，这两者是互为促进、互为依存，并共同发展起来的。其所出现的

① 罗荣渠：《现代化新论——世界与中国的现代化进程》，北京大学出版社，1993，第123~124页。

这一发展道路，显然与西欧国家的历史传统与经济发展的一系列特点，有着十分密切的关系。

第二种情况则一般发生在实行专制主义中央集权统治以及封闭的高度一元化国家，而且往往是一些落后的封建国家，或者是相对而言现代化发展比较滞后的半封建半殖民地国家。中国在漫长的封建社会中即是如此。如前所述，封建统治者为了维护其统治地位，通过各种手段和措施，自上而下均实行严密的控制，严禁民间结社，连行会与宗族组织也被纳入封建国家机器控驭的范围。在这种情况下，独立的民间社会由于国家多方面的压抑和阻碍，自然难以孕育形成，更谈不上获得比较迅速的发展。

第三种情况大多是发生在外源型现代化国家中特定的某个历史时期。这些国家原本也比较落后，现代化的发动远远滞后于西欧的经济发达国家。而且，这些国家由于经济发展比较落后，市民阶层的力量也比较薄弱，其自身内部往往并不具备发动现代化的经济原动力，只是在遭受西方列强的侵略，国家面临存亡绝续的危机时，统治者为了致富求强和救亡图存，同时也为了维持自己日益衰弱的统治，主动向西方或是其他现代化先行一步的国家学习，自上而下地推行一系列现代化的改革，尤其是将发展民族资本主义放在相当重要的位置。近代中国的情况在很大程度上即是如此，其内部因素尽管在早期现代化的过程中也发挥着比较重要的作用，但现代化的推动力显然主要是来自外部世界。在推行现代化改革的过程中，这些国家实施的许多新政策和新措施，往往为市民社会或是独立民间社会的孕育创造了有利的客观环境，甚至直接推动了市民社会的形成与发展。与此十分相似的现象，在清末的中国也曾一度出现。

当然，有些国家的统治者并非在主观上具有扶植市民社会孕育萌生的意图，有的也不了解市民社会究竟有何功能与作用，还有的甚或仍反对具有独立自治性质的市民社会产生，但其推行的改革措施所产生的实际效果，却在客观上确实为市民社会的产生提供了过去所没有的环境与条件。类似的这种情况，也应当视为国家对市民社会的孕育与建构，产生了不容忽视的影响。

探讨市民社会的孕育与形成，不能不涉及上述问题，因而学者们对此也较为重视。1993 年 8 月，上海历史学会和《中国社会科学季刊》（香港）杂志社在上海联合举办了"市民社会与中国现代化"学术讨论会。会上，与会代表就国家在建构市民社会中的作用问题进行了讨论，认为市民社会的生成大抵有两种主要模式：一种模式是市民社会自发地孕育和形成，它与国家的关系经历了三个不同的发展阶段，即"体制外抗衡——一体化发展—体制内自治"，这是内源型现代化早发国家市民社会生成的一般情形；另一种模式与之相异，即市民社会的发育和成长与国家的作用密不可分，外源型现代化后发国家大都具有此特征。由于缺乏推动现代化的社会中间力量，后发国家在发展经济中扮演着很重要的角色。国家的这种推动作用与市民社会的形成有直接的关联，因为市民社会诸要素的发展正是以市场经济为基础的。故而，在后发展国家自上而下的运作是市民社会发展的一个重要面向。[①] 上述两个方面的情况，都是就国家对市民社会的生成所起作用的大小而言的，没有涉及国家阻碍市民社会形成的负面影响。事实上，这方面的负面影响在有些国家中也是非常突出的，它直接关系到这些国家能否孕育出市民社会。因此，如果全面论述国家对市民社会生成的多重影响，应该注意包括前面所介绍的三方面的情形。

下面，我们即对本书所限时间范围内近代中国的有关情况，做一番具体考察。

---

① 景跃进：《"市民社会与中国现代化"学术讨论会述要》，《中国社会科学季刊》（香港）总第 5 期，1993 年 11 月。

二　晚清中国国家的演变

　　所谓晚清中国国家的演变，并非从广义上探讨这一时期中国的发展变化，而是就本书所指特定范畴的国家，对其在晚清出现的某些演变略做论述。具体而言，实指当时清政府的发展演变。之所以在这里需要对这一问题略做说明，是因为它与近代中国的国家对社会孕育与生成影响的变化，有着相当密切的关系。

　　一般来说，论及中国的国家与社会之间的关系，许多学者都会强调中国封建国家对社会的扼杀作用，不仅不认为国家曾经产生过扶植社会的作用，而且视国家为阻碍社会孕育和发展的最大障碍。在中国漫长的封建时代，这种情况确实十分明显，也极为突出。所以，许多论者得出上述结论是具有充分史实依据的，从总体上看并不为错。

　　但是，如果不加区分，不对不同历史时期的情况做具体考察和分析，认为在中国历史上，国家自始至终都只是对社会的发育和生长起严重的阻碍乃至扼杀作用，无任何积极影响可言，则似乎又与史实不尽相符，至少是与本书所述时限内清末的史实不能完全吻合。

　　清末的具体情形，与上节介绍的国家对社会孕育与生成的几种影响中的第三种情况十分相似。这一时期，国家之所以对社会生成的影响发生了与以往明显不同的变化，正是因为国家自身发生了某些令人瞩目的变化，其所推行的政策和措施迥然不同于长期以来中国封建王朝的专制统治方式，所产生的影响自然也与过去判然有别。

　　清末之际，清朝统治者的思想观念与政策措施发生重大变化并非偶然。实际上，在此之前即已经历了半个多世纪的发展演变。众所周知，中国是一个具有数千年悠久历史传统的古老帝国，源远流长的中华民族曾经创造了显赫于世的先进文明，中国封建时代社会经济的发展也曾在较长时期内处于世界领先地位，一直令国人感到骄傲和自豪。但同时国人也产生了长期难以克服的夜郎自大思想，习惯于以"中国中心观"看待世界。流行已久的"天下国家观"和"夷夏之辨"的理论，便是这一思想的集中反映。就连来华的西方传教士对此也感受极深。意大利传教士利玛窦在《中国札记》一书中即曾写道："因为不知道地球的大小而又夜郎自大，所以中国人认为所有各国中只有中国值得称羡。就国家的伟大、政治制度和学术的名气而论，他们不仅把别的民族都看成野蛮人，而且看成是没有理性的动物。在他们看来，世界上没有其他地方的国王、朝代或者文明是值得夸耀的。"① 至鸦片战争前，中国经济与社会的发展虽已远远落后于西欧许多资本主义国家，但这种"中国中心观"的思维定式仍无改变，清王朝仍奉行闭关自守的愚昧政策，从而严重束缚了统治者的变革趋新精神。

1840 年的鸦片战争以中国惨遭失败，签订丧权辱国的《南京条约》而告终。这次前所未有的强烈刺激，本应成为促使清朝统治者摆脱"中国中心观"，正确认识中国与世界，进而推行现代化改革以赶上西方强国的机遇。但是，颟顸的清王朝在挑战和机遇面前却依旧不为所动，没有任何变革的举措。第一次鸦片战争后的这种情况，如同梁启超所说："此后二十余年，叠经大患，国中一切守旧，实无毫厘变法之说也。"② 实事求是地说，鸦片战争后的中国并非没有出现过具有某种变法意义的思想，1842 年魏源在《海国图志》中提出的"师夷之长技以制夷"，即是学习西方先进技术以抵抗外来侵略的口号。但在战后 20 年中，清政府却确实是"一切守旧"，没有及时做出积极反应，进行任何形式的变革。

---

① 利玛窦、金尼阁：《利玛窦中国札记》（上），何高济等译，中华书局，1983，中译者序言，第 13 页。

② 林志钧编《饮冰室文集》（六），中华书局，1989，第 21 页。

19 世纪 50 年代中期，第二次鸦片战争爆发，中国的失败更加惨重。圆明园被付之一炬，园内的奇珍异宝被抢劫一空；京都沦陷，天子仓皇出逃，不得不再次签订屈辱的城下之盟，真可谓创巨痛深，振聋发聩。此前爆发的太平天国农民运动，也以摧枯拉朽之势严重威胁着清王朝的统治。如此严重的内忧外患，使清朝统治集团中开始有人意识到，非革故鼎新，学习西方先进的科学技术，不仅无法抵御外侮，"内乱"也难以平定。于是，到 60 年代初，为了"近之剿办长江逆匪，远之备御外侮"，清政府着手引进西方的机器设备，创办近代军用工业。这是清王朝变革趋新的第一步，也是史学家通常所说的"洋务运动"的发端，在当时则被称为所谓"同治中兴"。其时限从 60 年代开始，至 1894 年中日甲午战争爆发止。

不过，清政府的这一变革趋新，并未给民间社会的孕育与发展创造有利的环境。虽然洋务运动自 70 年代初，已从单纯兴办近代军用工业发展到近代军民用工业同时并举，但清政府在这一时期仍没有实施鼓励发展商办私营企业的政策，更谈不上支持民间成立各种独立自治的社团组织。其兴办近代民用企业所采取的办法，是非常独特的"官督商办"和"官商合办"等方式。官督商办是由官方提供部分官款作为垫支资本，同时指定官僚或与官方有一定联系的商人出面承办，向民间商人招募资本，然后由企业以经营所得，陆续归还垫支的官款。官商合办则是由代表清政府利益的官僚与商人相互协议，订立合同，各认股份，按股份比例分配盈利或负担亏损。官商合办的形式出现较晚，在洋务运动时期并不普遍，所以官督商办实际上是比较普遍的一种形式。客观地说，官督商办的方式，在起初曾对中国资本主义的发展产生过一定的积极影响。但是，清朝洋务官僚在官督商办企业中竭力排挤商股，侵夺商权。清朝各级政府也大肆盘剥商股，致使商人遭受严重损失，这对民间商人是一种极大的摧残。此外，清政府还通过"官督"的方式，依然将私人资本严密地控制在国家政权的直接管辖范围之内，使私营企业根本无法获得顺利发展。无怪乎曾经参与官督商办企业的郑观应事后感叹："名为保商实剥商，官督商办势如虎。"

在近代，私营资本主义经济的充分发展，工商业者亦即资产阶级力量的壮大，是市民社会生成的前提条件之一。因为市民社会是建立在市场经济条件下的，没有私营资本主义的充分发展，就不可能建立发达的市场经济；同样，没有私营资本主义的充分发展，也不可能出现强大的资产阶级。而洋务运动时期，清政府尽管有所变革，却不仅没有建立正常且发达的资本主义市场经济，而且仍然压制私营企业的发展，并对民间商人屡加盘剥，实际上对市民社会的生成也仍然是起了阻碍作用。

在爆发于 1894 年的甲午战争中，中国又败于一向被自己视作"蕞尔岛国"的日本，作为清政府苦心经营洋务运动的主要成果的北洋水师全军覆没，清政府还被迫签订了更为屈辱的《马关条约》，在朝野所引起的震动也更大。经过这一沉重的打击，清政府的变革才又向前迈进了一步。

《马关条约》签订后，清廷曾发布上谕说："嗣后我君臣上下，惟期艰苦一心，痛除积弊，于练兵、筹饷两大端，实力研求，亟筹兴革，毋稍懈志，毋务虚名。"① 清廷起初强调的是练兵和筹饷，而各级官吏奏陈自强大计，则纷纷呼吁发展工商实业。不少官员认为，中国在甲午战争中之所以战败，其重要原因之一乃是中国积贫积弱，而积贫积弱则是因为工商业不发达。所以，中国欲自强，就必须大力发展工商实业。随后，清廷也表示应该"以恤商惠工为本源"。特别值得重视的是，这一时期的清朝统治集团内部已开始有人意识到，若欲发展工商实业，不能只注重于官办或官督商办企业，而应鼓励发展商办

---

① 沈桐生辑《光绪政要》第 21 卷，上海崇文堂，宣统元年（1909）铅印本，第 12 页。

私营企业，否则仍将难以取得成效。有的以修建铁路为例，阐明：
"若复狃于官督商办之说，无事不由官总其成，官有权，商无权，势
不至本集自商，利散于官不止……于商情终形隔膜。"[1] 还有的就发展
矿业提出，应该"一切仍听商办，以联其情"。[2] 在各级官员的呼吁
下，清政府对待商办私营企业的态度，在甲午战后稍有改变，由以前
的限制和压抑，变为一定程度地允许并鼓励民间商人创办私营企业。
虽然在实行过程中仍有相当的局限，但可以视为清政府经济政策的一
个重要转变，对于推动这一时期商办工商业的发展，以及工商业者力
量的壮大，产生了某些积极的影响。不过也要看到，甲午战后的清政
府并未鼓励商人成立独立的民间社团组织，也没有给工商业者的合法
地位提供法律上的制度性保障。由此说明，这一时期清政府的变革趋
新仍比较有限，尤其是对促进市民社会的孕育所起的作用，不能估计
过高。

紧接其后的戊戌变法运动，是一次涉及政治、经济、文化教育等
多方面内容，致力于中国早期现代化的资产阶级性质的重要改革。此
次改革在某种程度上可以看作清政府不断发展演变的又一具体表现。
在改革过程中，出现了许多学会和其他性质的民间社团组织；维新派
创办的非官方报刊，作为民间舆论机关在当时也为数不少；清廷的上
谕还曾饬令设立商会这一新型商人组织。其发展趋向，对于市民社会
的孕育将不无裨益。但是，戊戌变法却昙花一现，很快即归于失败，
大多数改革措施只是限于纸上谈兵。

关于戊戌变法的失败原因，不少论著已从许多方面进行过分析。
笔者认为，其中的一个重要原因，是戊戌变法时期的清政府并未从整
体上实现变革趋新的转变。清朝统治集团内部，反对改革的顽固保守

---

① 《刘坤一遗集》，第 883 页，转引自宓汝成编《中国近代铁路史资料》第 1 册，中华
书局，1963，第 203 页。
② 朱寿朋编《光绪朝东华录》（四），中华书局，1958，总第 3723 页。

派的力量，明显强于支持改革的新派官僚。光绪皇帝虽然支持改革，但并无实权，各项改革的诏令难以得到切实的贯彻落实。同时，改革涉及统治集团内部的权力之争，有关的举措又过于急促，威胁到在清廷掌握实权的慈禧太后的统治地位。所以，这场改革很轻易地即被剿杀，不仅"戊戌六君子"血洒菜市口，而且连年轻有为的光绪皇帝也从此遭到软禁。

20世纪初"新政"的实施，则是清政府自上而下从整体上推行的一次改革。与戊戌变法所不同的是，"新政"时期在清朝统治集团内部已基本上不存在反对改革的顽固保守派。庚子之役中国再次战败，议和期间清廷在西方列强的强烈要求下不得不惩办所谓"主战祸首"，在庚子之役中主张向列强宣战的顽固保守派，从中央到地方，遭到格杀、革职、监禁或流放等处置的达百余人，其影响已一落千丈。在清廷执掌实权的最高统治者慈禧太后，尽管在几年前还残酷地镇压了戊戌变法，但此时也意识到不进行改革，清朝的统治将难以为继，因而也不得不支持推行改革，并成为"新政"的发动者和实际主持者。1901年1月，在慈禧的授意下，清廷颁布了"变法"上谕，宣称："世有万古不易之常经，无一成不变之治法。"饬令军机大臣、大学士、六部、九卿、出使各国大臣、各省督抚等，"各就现在情形，参酌中西政要，举凡朝章国故、吏治民生、学校科举、军政财政，当因当革，当省当并，或取诸人，或求诸己，如何而国势始兴？如何而人才始出？如何而度支始裕？如何而武备始修？各举所知，各抒所见，通限两个月内，详悉条议以闻"。① 慈禧虽然远远称不上是一个具有远见卓识的改革家，但她对待"新政"的态度，直接影响到这一改革的发动和进程，绝不可小视。至少她对"新政"持赞同态

① 故宫博物院明清档案部编《义和团档案史料》（下），中华书局，1959，第914~916页。

度，即可使"新政"的推行，不像戊戌变法那样遭受清廷最高统治者的阻挠和反对，甚或使变法很快就陷于失败。不仅如此，慈禧的态度对清朝众多官僚也颇具影响，使一般官僚不敢公开对"新政"改革持反对态度。

另一方面，在各种因素的推动之下，这一时期的清朝统治集团内部，还出现了一批资产阶级化的新官僚，这是清政府发展演变的新趋向。这批资产阶级化的新官僚大多是在地方上握有实权的汉族督抚大员，但清朝中央也不乏此类人物，连满族官员中有少数人也发生了类似的变化。其中有早先的洋务派，如张之洞、刘坤一、袁世凯、周馥等人；有清朝驻外公使，如孙宝琦、胡惟德、梁诚等人；有清朝出国考察大臣，如端方、载泽、戴鸿慈、达寿、李家驹等人；另外还有一些比较开明的满汉大臣，如善耆、锡良、岑春煊、林绍年、沈家本、张百熙等人。他们的思想意识出现了很大的变化，已明显不同于以往的封建官僚。他们在经济上主张发展民族工商业，特别是支持发展商办私营企业；在政治上主张改变君主专制制度，实行君主立宪制；在文化教育方面要求废除科举制，发展近代新式教育。他们当中的许多人出任督抚大吏，拥有地方实权，是清末"新政"的积极倡导者和实行者。可以说，清末"新政"的推行，与清朝统治集团内部出现这样一批资产阶级化的新官僚有密切关系。他们的地位与影响非同一般，故每有建言即为朝廷重视和采纳。清政府在"新政"期间的绝大部分改革措施，都是接受这些资产阶级化的新官僚所提建议而出台的。加之他们拥有地方实权，"新政"改革措施的落实，也多依赖他们贯彻推行。

从清末"新政"改革的内容，也可以看出这一时期清政府的变革趋新较诸以往更为突出。尽管当时的清王朝在日益高涨的革命浪潮冲击之下，统治地位已极不稳固，处于衰朽阶段，但它在垂危之际推行的"新政"改革，不论就其深度和广度而言，还是就其实际社会影响而言，都称得上是有清一代最重要的一次改革。

这里我们不准备详细论述清末"新政"改革的各方面内容，只是强调说明，"新政"改革的内容不仅与传统的封建性质的改革存在明显的不同，具有显而易见的近代特征，较诸戊戌变法也更为全面。尤其是许多更具有资本主义性质的改革措施，在戊戌变法时期并未实施，而在清末"新政"时期则得以付诸实行。在政治上，戊戌变法时期并未实行改变封建君主专制、开国会、设议院的变革，而清末"新政"时期清政府却下诏明令实行"预备立宪"，定期召开国会。谘议局、资政院以及地方自治，在戊戌变法时期也不曾出现。在经济上，戊戌变法时期虽也曾推行发展民族工商业的措施，但远不及清末"新政"时期全面深入。"新政"时期制定颁行了中国第一批具有资本主义性质的近代经济法规，从法律上保护和鼓励投资兴办近代企业，这在戊戌变法时期是没有过的。在教育方面，戊戌时期尽管设立了一些新式学堂，但也远不及"新政"时期数量众多。科举制的废除、旧学制的改变以及新学制的制定，更是在清末"新政"时期才得以实现的。因此，如果就客观内容而言，清末"新政"的性质应该与戊戌变法一样，属于资本主义性质的改革。它从一个侧面说明，此时的清政府从整体上也出现了初始嬗变的迹象，已与过去传统的封建专制王朝有所不同。

清末"新政"改革的社会影响，特别是对于推动中国早期现代化的发展，也较诸戊戌变法更为广泛和突出。其原因不仅在于清末"新政"改革的内容更为全面，而且在于戊戌变法为时过于短促，绝大部分改革措施根本未及实行，变法即告夭折，故而难以产生实际影响。"新政"的推行长达十年，影响及于社会诸多领域，如果不是辛亥革命推翻了清王朝，这一改革也许还会继续进行下去。即使是就本书所关注的有关对市民社会孕育生成的影响看，清末"新政"的作用也远远超过戊戌变法。

前曾提及，戊戌变法对于孕育近代中国市民社会这方面的影响，几乎可以说是微乎其微，而"新政"改革则在客观上对市民社会的孕育起到了明显的促进作用。尽管当时的清政府在主观上并无孕育市民社会生成这一意图，但实际上却起到了这样的作用。

在经济上，这一时期的清政府大力实施奖励工商、振兴实业的政策，尤其是倡导民间兴办实业，并从法律上给予各种保护。其结果是国家在一定程度上放弃了对经济生活的超常干预，承认了商人独立的合法社会地位，同时也承认了工商业者拥有一个相对独立的经济活动领域。更值得重视的是，当时的清政府为了促进实业的发展，还主动倡导商人成立民间社团性质的商会等新式组织，允许这些新式社团享有一定的独立性和"法人"地位，从而又为商人提供了相对独立的社会活动空间。这样，就为市民社会的孕育创造了有利的客观环境与条件。

在政治上，清政府推行了"预备立宪"的改革，并仿照西方资本主义国家的制度，将实施地方自治作为预备立宪的一项重要具体内容，自上而下在全国各地予以推广。随着地方自治的实施和各种民间有关自治团体的成立，清政府对社会的控制和管理也发生了前所未有的重大变化。其中比较突出的一个改变，是清政府开始将地方上的许多事务，逐渐交由有关的民间自治团体自行管理。非官方的独立社会活动领域由此得到进一步拓展，也为市民社会的生成更进一步地提供了有利的条件。上述各方面的具体情况，下面两节还将做更为详细的论述，这里只是附带提及。

应该说明的是，晚清时期的清政府虽然不断呈现出趋新演变的面貌，特别是"新政"时期在清朝统治集团内部出现了一批资产阶级化的新官僚，清政府也倾全力推行具有资本主义性质的重大改革，表明当时的清政府已与以往实行专制主义中央集权统治的封建王朝有所不同，同时，"新政"改革对于推动中国早期现代化的发展，在许多方面确实产生了明显的积极影响，也为市民社会的孕育创造了有利的客观环境，这些都应该予以肯定；但是，清政府的演变趋新，在清末仍只能说是处于初始阶段，此时的清政府也远未达到发展成为一个资产阶级性质的政权的程度。事实上，通过改革的方式，实现自身性质转化的演变，对于当时的清政府来说是不大可能的。因为当时的清政府在内部许多方面都不具备实现这一重大转变的条件，而且外部环境尤其是西方各国列强的阻挠与破坏，也使得中国难以产生一个资产阶级性质的政权。且不说清朝统治者无法实现这一转变，就是以孙中山为首的资产阶级革命派在推翻清王朝后建立的南京临时政府，也由于受内外各种因素的制约，只存在了短短的数月时间。

正是由于清政府在清末也只是处于初始嬗变的阶段，远未发展成为一个资产阶级性质的政权，所以，它推行的具有一定资本主义性质的"新政"改革仍很不彻底；而且，在改革的过程中，为了继续维护满族王公大臣的特权，清政府的一些改革举措经常出现极为严重的失误，导致丧失民心，造成其合法性权威的急剧丧失。同时，"新政"改革虽然为市民社会的孕育创造了有利的客观环境，但另一方面清政府又试图采取一些强制性的措施，限制民间社团组织的发展，结果又阻挠了市民社会更为充分的拓展，并使得近代中国的市民社会与西方一些国家的市民社会相比较，具有明显的孕育不成熟和发展不充分等严重的局限性。对于正负两方面的影响，都应予以重视，不能仅偏重一方面而忽略了另一方面，否则仍将难免失之偏颇。

三　独立经济活动领域的形成

没有脱离国家直接控制和干预的独立经济活动领域，商办的私营资本主义企业就无法获得充分发展，与此相应的结果是资产阶级难以取得独立的地位，形成为一支独立的社会力量，也就谈不上孕育出一个具有自治权利的市民社会，因为资产阶级是市民社会的中坚力量。甲午战争前中国商办近代工矿交通运输业得不到充分发展，工商业者的力量有限，看不出市民社会得以孕育的迹象，很大程度上即是由于国家对经济活动仍实行超常的控制和干预，严重限制和阻碍了私人资本的积累与扩大，束缚了私营企业的顺利发展。

洋务运动时期，清政府采取的官督商办方式曾吸引了大量的私人资本。但就整体而言，私人资本并未因此获得迅速发展，相反还屡屡遭受盘剥勒索。清政府之所以采用这一方式，其目的之一就是借民间商人的资本缓解兴办洋务企业资金不足的困难。起初，清政府主要是创办大型军用企业，耗资甚巨，加之当时对内兴兵镇压太平天国农民起义，对外偿付战争赔款，导致国库空虚、财政上左支右绌。同时，军用工业没有民用工业支撑也难以维持。因此，清政府转而筹划创办近代民用企业以"开财源之道"。但原本极度竭蹶的财政，又何来大宗资金兴办新的企业？在此情况下，清政府只得与民间商人合作，利用商人手中的资金解决经费困难，并在商人中罗致近代民用企业的经营管理人才，所谓官督商办的方式遂由此产生。

当时，不少商人已积累了一定的资金，尽管开始时对官督商办的方式心存疑虑，但许多商人还是愿意投资入股的。因为私人近代企业在洋务运动时期还只是刚刚开始出现，为数并不多。更重要的是，由于半殖民地半封建社会的恶劣环境，私人创办企业不仅要受到外国资本主义的排斥和倾轧，还要遭到封建守旧势力的阻挠。各级地方官吏和豪绅的盘剥以及捐税的苛扰，也使其难以负担和抵御。19 世纪 60年代至 70 年代，就曾多次有民间商人拟发起创办近代新式煤矿和航运业，结果均因封建势力的阻挠而未能如愿。而由清政府洋务派大官僚出面创办近代企业，则可减少若干阻力，有时甚至还能取得某些优惠待遇。所以，商人希望通过这种"官督"方式，获得官方的庇护，以便争取单纯依靠自身力量所难以获取的利益。另外，清朝一些有影响的洋务派官僚为了争取商人投资入股，一再声明官督商办企业"赖商为承办，赖官为维持"。具体地说，就是"由官总其大纲，察其利病，而听该商等自立条议，悦服众商"。① 如果能照此办理，商人在官督商办企业中将拥有较大的自主权，又何乐而不为呢？于是，商人向官督商办企业投资入股日渐踊跃。1882 年全年中，许多官督商办企业的股票，在上海股市的价格始终维持在票面额之上。据有的学者估计，洋务运动中期官督商办企业所招商股即多达 1000 万元以上。

然而，官督商办的方式最终却不仅未能使商股获利，反而使众多商人大受其害，并演变成为清政府控制和干预民间商人经济活动的新手法。在许多官督商办企业中，清政府任命的督办、会办等洋务官僚出尔反尔，完全置"商务应由商任之，不能由官任之"的承诺于不顾，采取各种手段加强对企业的控制，排斥和压抑商股，大肆侵夺商权。结果是官凌驾于商之上，一手把持用人及经营管理大权，使企业的"商办"性质日见削弱，官商矛盾趋于激化。早先制定的官督商办企业"盈余与官无涉"的原则，也变成"商得若干之利，官亦取若干之息"。非但如此，清政府还经常强令企业捐纳报效，随意提取企业资金。许多洋务官僚也利用职权，擅自动用甚或大量侵吞企业资金。结果，不少官督商办企业最后或沦为官僚私产，或被外国资本兼并，或被收归官办。如一度办得很有起色的开平煤矿被英商吞并，电报局改归官办，招商局和织布局变相成为洋务派大官僚盛宣怀的私产，"致商民百万资本尽付东流"。

由上可知，清政府在洋务运动时期仍然对经济活动实行直接的控制和干预。其手法之一，是限制和阻挠民间商人独自创办近代工矿企

---

① 《李文忠公全书·奏稿》第 30 卷，光绪三十一年（1905）刻本，第 31 页；《李文忠公全书·译署函稿》第 1 卷，第 39 页。

业。例如，为禁止商人自行开矿，清朝制定了一系列措施，有的地方官府还详拟章程，声称凡有私自开矿者，"或经访闻，或被告发，定行一律照律究办，决不宽贷"。① 其手法之二，是如上所述以官督商办的方式吸引商人投资入股，然后在企业中对商股进行控制和盘剥。当时，中国尚无具有近代意义的商律、商法从法律上对商股的利益予以保障，因而清政府的各级官僚可上下其手，随意对商股进行劫掠。正如郑观应在《盛世危言后编》第 12 卷中所说："中国尚无商律，亦无商法，专制之下，各股东无如之何。"这种新的控制和干预方式虽与以往的情况有所不同，其后果却是大同小异。因此，在当时也不可能出现独立的经济活动领域，更不能提供适于孕育市民社会的经济土壤。

甲午战争之后，特别是 20 世纪初的"新政"时期，清政府认识到振兴实业对于致富图强有着不容忽视的重要意义，力图采取新措施促进实业的发展，其经济政策发生了明显的变化。首先是从限制和阻挠民间商人独自创办私营近代企业，变为鼓励和保护商办私营企业的发展，对经济活动的直接控制与干预也大为削弱。

当时，清朝统治者对官督商办阻碍工商业发展的种种弊端也有所认识，表示此后将摒弃这种方式，听任商家自行经营和管理，官府只予以保护，不加干预。1903 年，清朝在中央各部之外新设立了商部，作为统辖农工商实业的最高管理机构。商部设立伊始，即公开宣称："招商设立铁路、矿务、工艺、农务各项公司，先行试办。……所有商股获利或亏耗等事，臣部除奖励及饬追逋欠外，其余概不与闻，并不用'官督商办'名目，亦不派监督、总办等员，以防弊窦。"② 从实际情况看，在此之后，清政府的经济政策在总体上也基本是以奖励

① 中研院近代史研究所编《矿务档》第 2 册，台北：中研院近代史研究所，1960，第 882 ~ 883 页。

② 刘锦藻编《清朝续文献通考》第 126 卷，商务印书馆，1955，第 1406 页。

实业商办为主。清廷还曾迭发谕令："著各直省将军督抚通饬所属文武各官及局卡委员，一律认真恤商持平，力除留难延搁各项积弊，以顺商情而维财政。倘有不肖官吏，仍前需索留难，著即随时严查参办，勿稍徇纵。"①

在清朝鼓励和保护商办私营企业发展的政策下，19世纪末20世纪初商办工业出现了一次小小的发展高潮，不仅私营企业的数量大量增加，而且资本总额迅速扩大，首次超过了官办与官督商办企业的资本总额。更重要的是，清政府经济政策的这一重要转变，在很大程度上标志着国家放弃了对经济生活的直接控制和干预，从而在中国历史上第一次出现了独立于政治生活之外的经济生活，也即不受国家直接控驭的经济活动领域开始产生。而独立经济活动领域的形成，则正是孕育市民社会所不可缺少的经济土壤。

其次，这一时期的清政府还通过制定颁行商法和各种经济法规，较大程度地为这种独立的经济活动领域提供制度性的法律保障。

一般说来，国家即使不对经济活动特别是各个企业的内部运作进行直接的干预或控制，也并非意味着国家对经济生活完全放任自流而不加以任何管理，即使是在资本主义相当发达的西方国家也不是如此。国家在管理经济方面的作用，体现于利用其独有的公共权威，根据经济发展的规律，制定有关的法律和法规，保证经济生活的正常运行。可以说，经济法规是社会经济生活正常运转的重要保障。一个国家如果没有完善的经济法规，不仅政府不能有效地管理社会经济，而且经济生活本身也难以走上正轨，得到顺利的发展。在中国漫长的历史上，直到清末的"新政"改革以前，谈不上制定颁行具有近代意义的经济法规。各级官吏都可以凭其个人意志和好恶，对工商业者任意进行摧残和盘剥。工商业者则苦于投诉无门，没有法律依据为其所遭

---

① 《德宗景皇帝实录》第520卷，中华书局，1987年影印本，第16页。

受的勒索而求得任何补偿。

20世纪初，随着私营资本主义经济的逐步发展，朝野上下的一部分有识之士，很快意识到制定和实施经济法规的重要作用；清政府也开始推行"新政"，从沿袭已久的重农抑商转为实行奖商恤商政策，力图参照西方国家的成例，通过颁布经济法规保障实业获得正常的发展。1902年，清廷颁发的上谕就曾指出："近来地利日兴，商务日广，如矿律、路律、商律等类，皆应妥议专条。"同时，还要求各出使大臣"查取各国通行律例，咨送外务部"，并谕令袁世凯、刘坤一、张之洞等督抚大吏"慎选熟悉中西律例者，保送数员来京，听候简派，开馆编纂"。[①] 1903年4月清廷在谕饬设立商部时，又"派载振、袁世凯、伍廷芳先订商律，作为则例。俟商律编成奏定后，即行特简大员，开办商部"。[②] 商部设立后，也对制定和实施经济法规十分重视。于是，中国历史上第一批初具近代意义的经济法规得以应运而生。

自1904年初颁布《商人通例》、《公司律》，到清朝覆亡的整个"新政"时期，清政府制定和颁行的经济法规虽称不上十分完备，但也包括10余类，近20项，而且各项法规的实施细则尚未计算在内。其内容涉及工商综合类、商标、矿冶、铁路、金融、商品赛会（即博览会）、度量权衡、经济社团以及奖商恤商等许多方面。[③] 这批经济法规的颁行，在近代中国经济法制史上具有不可忽视的重要历史地位，它使工商业者首次得到法律的承认与保护，因而在某种意义上可称之为工商业者的一次人身解放。例如《公司律》明确规定：商办私营企业与官办、官商合办企业处于平等地位，"享一体保护之利益"。还规

---

① 朱寿朋编《光绪朝东华录》（五），总第4388页。
② 朱寿朋编《光绪朝东华录》（五），总第5013页。
③ 有关清末经济法规的详细情况，请参阅拙文《论清末的经济法规》，《历史研究》1993年第5期。

定商人的正当经营活动，均一律受国家各有关法规的保护，各级官府和吏役不得任意横加干预，更不准借机向商人敲诈勒索。

清末的经济法规与西方资本主义国家的有关法规相比较，虽然在许多方面仍具有较大的局限性，如种类不够全面，内容也不够详尽，但它们的颁行，在很大程度上标志着清政府对待社会经济生活，已从以往的直接干预和控制，变为宏观上的间接调控管理，这是清政府经济政策的又一重大转变。清末经济法规的实施，在当时产生了明显的积极影响。其具体作用主要是使商人获得了应有的各项权利，其社会地位显著提高，并由此进一步推动了私营资本主义企业的发展。清末的报刊也曾载文指出："我国比年鉴于世界大势，渐知实业为富强之本，朝野上下，汲汲以此为务。于是政府立农工商专部，编纂商律，立奖励实业宠以爵衔之制，而人民亦群起而应之……不可谓非一时之盛也。"① 由此可见，对于清末经济法规制定颁行的积极影响，时人已有明显的感受。

此外，清末经济法规的颁行，对于近代中国市民社会的孕育，也具有一定的积极作用。尽管清政府制定经济法规时在主观上并无这一意图，但实际上在这方面仍产生了某些影响，而且这种影响对市民社会的孕育是一个较为重要的因素。它主要表现在为独立的经济活动领域提供了制度性的法律保障，而独立经济活动领域是市民社会赖以生成所不可缺少的前提之一。在清末"新政"时期，由于清政府经济政策的变化，独立的经济活动领域已开始出现；但如果没有经济法规为其提供制度性的法律保障，则很可能因为政府有关政策的再次变化而迅速消失。有了法律依据，具有独立性的经济活动领域才能取得应有的合法性和稳定性。即使政府的政策发生改变，市民社会也能够以法律为依据，理直气壮地为维护自身权益以及自身的独立性而与国家相

① 《中国最近五年间实业调查记》，《国风报》第 1 年第 1 号，1910 年 1 月。

抗衡，在一定程度上保护自身不被国家所侵蚀。类似的情况，在清末民初都曾发生过。这说明清末经济法规的实施，对于市民社会的孕育及发展，都产生了比较重要的影响。

四　独立社会活动空间的产生

许多有关的论著都认为：在中国历史上，以中央高度集权的大一统，是构建市民社会的巨大障碍；中央高度集权的专制主义空前发达并长期存在，是中国封建社会的最大特征之一。在这种政治体制下，国家通过从中央到地方的权力机关，对社会进行十分严格和全面的控制，达到无所不在的地步。社会体现出强烈的一元化倾向，不存在独立的社会活动空间，任何带有独立趋向的社会力量，或者说任何与这种政治体制不和谐的社会因素，都将被通过各种手段消除。证诸中国古代封建社会的历史，这些说法基本上是可以成立的。但及至清末的"新政"改革时期，通过清政府推行地方自治，专制主义中央集权统治发生了明显的变化。国家将基层社会的许多管理权限都下移到民间，从而产生了具有相对独立性的社会活动空间，为市民社会的孕育创造了有利的客观环境。耐人寻味的是，清末的这一重大变化，虽然与民间社会力量的努力争取不无联系，但主要是通过国家自上而下的改革才得以实现的。

19 世纪末，维新派的一些代表人物就开始宣传地方自治思想。如湖南的维新派在变法期间成立了南学会，梁启超、谭嗣同、黄遵宪等人在会中"轮日演说中外大势、政治原理、行政学等，欲以激发保教爱国之热心，养成地方内治之气力"，并强调首先"必须自治其身，自治其乡，再由一乡推之一县一府一省，可以成共和之郅治，臻大同之盛规"。① 20 世纪初，为了改变中国积贫积弱的衰败状况，包括立

---

① 《南学会第一次讲义》，《湘报》第 5 号，光绪二十四年二月十九日（1898 年 3 月 11 日）。

宪派、革命派（主要是留日的革命学生）、商人甚至清朝统治集团内部的一部分人，无不宣传和鼓吹地方自治，将其作为致富图强与救国救亡的一项重要措施。迄今为止，学术界已对立宪派、革命派的地方自治思想进行过一些论述，但对清政府的地方自治政策及其影响却较少涉及。实际上，地方自治在清末的最后几年间已成为清政府的重要改革措施之一，而且地方自治普遍推行于全国各地，也是在清政府通过行政渠道由上而下的倡导之后。

清政府之所以推行地方自治，其主观动机当然不是开拓一个独立的社会活动空间，以便孕育市民社会，这一后果只是其推行地方自治的客观影响。从有关史料可以看出，清政府推行地方自治的原因，其一是希望通过学习西方国家的政治制度，仿行地方自治，以革除积弊而致强救亡。清朝统治者曾阐明，泰西强国之所以能"上下相维，内外相制，主权伸而民气和，举国一心，以日进于富强者"，其主要原因就是在于实行"地方分治之制"。还有些清朝官员强调，中国"使无地方团体实行自治制度，图功程效，其道无由。是宜取鉴列邦，举行新制"。① 其二是推行地方自治，为实施宪政奠定基础。清朝的一些高官大吏上奏请行地方自治，几乎无不呼吁"非立宪无以自存，非地方自治无以植立宪之基本"。② 清廷颁发的上谕也曾明确指出："地方自治为立宪之根本，城镇乡又为自治之初基，诚非首先开办不可。"③ 其三是通过实行地方自治，弥补官治之不足和剔除弊端，使官治与民治同时并行，"无上下隔阂之虞，用能百事俱兴，众心一致"。

1905 年，上海和其他少数地区的绅商，在清朝地方政府的支持下

---

① 故宫博物院明清档案部编《清末筹备立宪档案史料》下册，中华书局，1979，第711~712、715 页。
② 故宫博物院明清档案部编《清末筹备立宪档案史料》下册，第722 页。
③ 刘锦藻编《清朝续文献通考》第395 卷《宪政三》，第11458 页。

开始成立有关团体或机构，将地方自治付诸实践。1906 年，清朝政府正式宣布仿行宪政，随后拟定九年"预备立宪"期间应办事项，也将地方自治列为其中的一项主要内容，并具体规定：光绪三十四年（1908）颁布城镇乡地方自治章程，宣统元年（1909）筹办城镇乡地方自治，设自治研究所，颁行厅州县地方自治章程，1912 年内城镇乡地方自治须达到初具规模，第八年则城镇乡、厅州县地方自治均须"一律成立"。由此可知，清政府是按城镇乡行政区划分为两个步骤实施地方自治。其具体规定是：凡府厅州县治城厢地方为城，其余市镇村庄屯集等地方，人口满 5 万以上者为镇，不满 5 万者为乡。府厅州县城区的地方自治，于光绪三十四年自治章程颁布之后即筹备进行，乡镇俟府厅州县自治初具规模后相应实行。不过，在实施过程中有些地区也曾稍做变通，城镇乡自治同时并行。如江苏省各厅州县镇乡"多相联接，户口向称殷繁，镇之于乡，竟至多难区别"。因此，两江总督和江苏巡抚联名奏准"各镇乡人民有陈请提前兴办者，亦惟由该管地方官详核呈报，酌予照行"。[①]

　　光绪三十四年底（1909 年初），《城镇乡地方自治章程》奏准颁行。根据该章程的规定，凡城镇各设议事会、董事会，乡设议事会，负责办理自治事宜。城镇议事会议员一般以 20 名为定额，如该地人口较多酌情递加，以 60 名为限。乡议事会议员按当地人口多寡而定，一般不超过 20 名。议员均由所在城镇乡选民互选产生，凡有本国国籍、年满 25 岁、居本城镇乡 3 年以上、年纳正税或本地公益捐 2 元以上的男子，均具有选民资格。董事会一般设总董 1 名，董事 1 ~ 3 名，名誉董事 4 ~ 12 名，也系从选民中推选。

　　特别值得指出的是，该章程基本上是按照西方国家立法和执法两

---

　　① 《苏州市民公社档案选辑》，载《辛亥革命史丛刊》第 4 辑，中华书局，1982，第 56页。

权分立的原则，设立经办地方自治的组织机构。议事会的职责与权限，类似于立法机构，拥有制定自治法规的权力；董事会则是具体执行办事机构。章程还规定议事会和董事会应互相监督。"议事会于城镇董事会或乡董所定执行方法，视为逾越权限，或违背律例章程，或妨碍公益者，得声明缘由，止其执行。"若城镇董事会或乡董坚持不改，移交府厅州县议事会公断，直至最后交谘议局评议决断。与此相应，议事会议决事件有逾越权限、违背律例及妨碍公益者，董事会也有权呈明理由，拒绝执行，"交议事会复议"。若议事会不服，照上述办法移交公断。① 这样，即可在很大程度上避免把持权柄、独断专行的弊端。

该章程对议事会和董事会决定重要事项所开会议的有关规定，也体现了较为浓厚的近代民主色彩。议事会每季度举行一次会议，"非有议员半数以上到会，不得议决"；"凡议事可否，以到会议员过半数之所决为准"。会议准予旁听，所议事件如关涉议长、副议长、议员本身，或其父母妻子兄弟，该员均不得与议。董事会每月举行一次会议。"会议时，非董事会职员全数三分之二以上到会，不得议决。"议事会议长、副议长、议员等也到会，但不参与议决，其他规定则与上述议事会会议相同。② 这种以多数人意见为准绳的决断方式，显然是仿行西方的资产阶级民主制度。

关于地方自治的范围，《城镇乡地方自治章程》规定得相当广泛：学务方面，经办中小学堂、蒙养院、教育会、劝学所、宣讲所、图书馆、阅报社以及其他有关学务之事；卫生方面，包括清洁街道，蠲除污秽，设医药局、医院、医学堂、公园、戒烟会和办理其他关于卫生之事；道路工程方面，包括改正、修缮道路，建筑桥梁，疏通沟渠，

---

① 故宫博物院明清档案部编《清末筹备立宪档案史料》下册，第 733 页。
② 故宫博物院明清档案部编《清末筹备立宪档案史料》下册，第 734、736 页。

建筑公用房屋，设置路灯等；实业方面，包括改良种植、牧畜及渔业，设立工艺厂、工业学堂、劝工厂，改良工艺，整理商业，开放市场，保护青苗，筹办水利，整理田地等；公益善举方面，包括救贫、救荒、保节、育婴、施衣、放粥，成立救生会、救火会，施义棺义冢，保存古迹等措施；公共营业方面，包括开办电车、电灯、自来水等业务；此外，还包括各地"向归绅董办理，素无弊端之各事"。①以上内容虽不涉及行政立法权和监督行政权，但仍比较广泛，包括地方文教、卫生管理权、农工商务管理权、民政管理权、市政管理权和公益事业的管理权。将这些管理权下移民间，实为前所未有，随之自然会形成具有一定独立性的社会活动空间。

为了"讲习自治章程，造就自治职员"，使地方自治得以尽快实行，清政府又于1909年上半年颁布自治研究所章程，饬令在各省省城及府厅州县设立自治研究所。其中，省城研究所限年内成立，府厅州县研究所俟省城研究所第一届听讲员毕业后，派赴各属一应创办。各省城研究所由自治筹办处遴派通晓法政之人员充任讲员；府厅州县研究所所长和讲员，从省城听讲毕业人员中分别派充。自治研究所宣讲的内容，按规定有奏定宪法纲要、法学通论、现行法制大意、谘议局章程及选举章程、城镇乡地方自治章程、调查户口章程以及其他有关地方自治的规章与办法。除此之外，还将"城镇乡应办自治各事，演为白话，刊布宣讲，以资劝导"。②

自治研究所成立后，培养了不少自治人才。如湖南省开办自治研究所，召集各厅州县"品学兼优，富于经验，素有乡望之士绅"270余人，"以各国自治制度及法规，分拟门目，列为学科"，研习八个月毕业。③

---

① 故宫博物院明清档案部编《清末筹备立宪档案史料》下册，第728~729页。
② 《宪政篇：宪政编查馆奏核议城镇乡地方自治章程并另拟选举章程折》（1909年1月18日），《东方杂志》第6年第1期，1909年2月15日。
③ 《湖南巡抚岑春蓂奏湖南奏办地方自治设立自治研究所情形折》（1909年8月12日），载故宫博物院明清档案部编《清末筹备立宪档案史料》下册，第749页。

较为偏僻的甘肃省也成立了自治研究所，挑选省城政法学堂 30 余名学生入所研究，另分行各厅州县每处至少选送两人前往听讲，"俾各以其所得，广为传习，庶几因势利导，可收事半功倍之效"。[①] 天津和广西等地，在自治章程颁布以前就已创办自治研究所，并取得了一定成效。广西自治研究所 1908 年开办，半年时间即有 190 人毕业。第二年又分区创办多处。"饬令阖省各厅州县，考选品学素优之士绅入所研究……教以自治制度及与自治有关系之法政学科。"毕业之后，"派回本籍传习研究，以期普及"。[②]

《城镇乡地方自治章程》颁布之后，清廷还曾发布上谕特别强调：城镇乡为自治初基，亟应首先开办，"著民政部及各省督抚，督饬所属地方选择正绅，按照此次所定章程，将城镇乡自治各事宜，迅即筹办，实力奉行，不准稍有延误"，并要求"内外各衙门按限妥筹次第举办，毋得始勤终懈，以致贻误实行立宪之期"。[③] 字里行间，可见清廷实施地方自治的迫切态度。许多督抚大吏及所属官员，也对推行地方自治比较重视。"内外臣工，所日汲汲者，地方自治也。"如广西巡抚张鸣岐饬令设立全省自治局作为筹办总汇之区，接着又命各厅州县分设地方自治筹办公所。湖南巡抚岑春蓂将原奏章程及增订施行细则，印发各属一体遵照执行，并拟定办事期限表，分年筹备。安徽巡抚朱家宝"饬司道折中定议，拟自本年（宣统二年）六月起至明年六月止，将镇乡自治一并筹办"。其他偏僻之乡，也"统限三年底一律告成"。[④] 四川总督赵尔巽积极督促成都、华阳两县于 1910 年设立议事会和董事会，

---

① 《陕甘总督长庚奏甘肃设立地方自治筹办处并地方自治研究所情形折》（1910 年 10 月 1 日），载故宫博物院明清档案部编《清末筹备立宪档案史料》下册，第 751 页。

② 《广西巡抚张鸣岐奏广西奏办地方自治情形折》（1909 年 4 月 21 日），载故宫博物院明清档案部编《清末筹备立宪档案史料》下册，第 744 页。

③ 中国第一历史档案馆《光绪朝上谕档》第 34 册，广西师范大学出版社，1996，第 368～369 页。

④ 《安徽巡抚朱家宝奏安徽第四届筹办宪政情形折》（1910 年 9 月 29 日），载故宫博物院明清档案部编《清末筹备立宪档案史料》下册，第 782 页。

其余 30 多个厅州县，"均一律依限告成"。至宣统二年（1910）八月其奏报朝廷止，"综计成立者，城会四十九处，镇会十四处，乡会一十七处"，并"随时核其成绩，促其进行，以符合力推行之旨"。①

综上所述，清政府并未停留于口头上标榜地方自治，而是制定了具体实施步骤，饬令成立新的具有近代特征的民间自治机构，还辅之以其他一些有效的措施。各省督抚大吏作为地方实权派，大多数也对督促推行地方自治比较重视。因此，通过清朝上下内外合办推动，地方自治在短时间内即由先前试行于少数地区，迅速扩展至全国各地，很快形成一股地方自治的热潮。

通过推行地方自治，清政府将原由国家严密控制的学务、卫生、道路工程、实业、市政、公益善举、公共营业等许多方面的相当一部分管理权下放到民间，主动让出一个非官方的独立社会活动空间，这表明清末的专制主义中央集权统治发生了明显的变化。其趋势显然不是将基层社会的管理更加集权于国家，而是让权于民间社会。这样，市民社会便有可能在这种脱离国家直接控制的独立社会活动领域中孕育而成。

五　倡导设立新型商办民间社团

如同许多论著所说的那样，在中国封建社会的历史中，历代统治者都对社会进行十分严格和全面的控制，不允许民间成立具有真正独立性的团体或组织；城市中仅有的行会以及农村中的宗族，也都在相当程度上直接或间接地受到国家的控驭。在这种情况下，根本不可能孕育出脱离国家直接控制而具有独立自治特征的市民社会。

然而，在清末"新政"期间，清政府在这方面的政策也发生了令

---

① 《四川总督赵尔巽奏四川第四届筹办宪政情形折》（1910 年 10 月 1 日），载故宫博物院明清档案部编《清末筹备立宪档案史料》下册，第 793 页。

人瞩目的变化。这一时期，清政府鼓励发展私营资本主义企业，放弃了对经济的超常控制和干预，从而促使脱离政治生活的独立经济活动领域开始形成；并以颁布经济法规的方式，为这种独立的经济活动领域提供了某种制度性的法律保障。清政府还大力推行地方自治，其客观后果是产生了在很大程度上脱离国家直接控制的社会活动空间。这些都为市民社会的生成创造了有利的社会环境。然而，清政府在"新政"期间所实行的改革措施中，对于推动市民社会形成影响最为直接的举措，应该是改变历代封建统治者严格限制和禁止民间成立独立社会组织的一贯做法，转而主动倡导和鼓励商人设立新型商办民间社团，允许这些社团享有较大的独立性和自治权，而且给予某些商办民间社团以"法人"地位，从法律上加以保护。这相对于过去的封建统治而言，不能不说是一个重大变革。

当时，清政府最为重视也倡导最力的新型商办民间社团是商会。从后来的实际情况看，商会也是近代中国社会影响最大、市民社会特征最突出的新型商人组织。可以说，商会在 20 世纪初得以诞生，与清政府的倡导、鼓励有着非常密切的关系。

早在 19 世纪末，维新派的一些代表人物、工商界的有识之士乃至清朝统治集团内部的个别开明官吏，都曾呼吁设立商会。但是，由于当时清廷对创设商会的意义认识不足，这一舆论呼吁终 19 世纪一直未能付诸实现。例如，1895 年的《公车上书》即已提出设立商会。1898 年，清朝詹事府少詹事王锡蕃也建议在沿江沿海各埠创立商会，"专以联络各项商业为急务，讲求出进口货物之利弊，详达各商家之隐情"，与商务局相辅而行，并与地方官随时妥议，"其保全华商之权利，裨益甚多，商务必蒸蒸日上"。① 与此同时，康有为多次向光绪皇

---

① 《詹事府少詹事王锡蕃片》（1898 年 9 月 8 日），载国家档案局明清档案馆编《戊戌变法档案史料》，中华书局，1958，第 389~390 页。

帝上奏折，请求朝廷下旨谕饬各省兴商学、办商报、设商会，以推动实业迅速发展。光绪皇帝也曾接受这一建议，谕令沿江沿海各省督抚，照此办法开办商会。但是，商会的设立在当时并不顺利，有些地区虽开始筹备，但均未真正成立。不久，戊戌变法宣告失败，设立商会之事亦遭延宕。

20世纪初的"新政"改革期间，在清朝统治集团内部，有更多的官吏意识到设立商会的重要影响。朝廷也开始对此予以重视，但其并非为了孕育市民社会，而是为了促进实业的发展。1902年，盛宣怀奉命会同商约大臣吕海寰在上海与英、美等国谈判修订商约，目睹上海"洋商总会如林，日夕聚议，讨论研求，不遗余力"，而华商向无商会或类似商会的商业会议公所，虽有行帮公所和会馆，但"互分畛域，涣散不群，每与洋商交易往来，其势恒不能敌"。有鉴于此，盛宣怀于当年专门上了一道奏折，阐明"中国商业之不振，大率由于商学不讲，商律不谙，商会不举，而三者之中，尤以创设商会为入手要端"。① 作为清朝重臣的袁世凯，在分析中国和西方国家商业衰盛判然有别的原因时，也指出泰西诸国"各埠均设商会，国都设总商会，以爵绅为之领袖，其权足与议院相抗。并特设商务部专理其事。其经商他国者，则为置领事以统辖之，驻兵舰以保卫之。……故商人有恃无恐，贸易盛而国以富强"。中国的情况则与之相反，不仅商人力薄资微，无商会从中维持，而且"官吏复轻为市侩，斥为末民，平时则听其自为懋迁，遇事辄不免多方抑勒"，致使商人避官吏几如虎狼。"若不亟图整顿，恐中国商利外溢，将益重江河日下之忧。"②

直接推动清廷谕饬各省创设商会，后来又发挥了明显倡导作用

---

① 盛宣怀：《请设上海商业会议公所折》（1902年10月），载《愚斋存稿》第7卷，1932年思补楼藏版，第35~37页。

② 《创设东省商务局拟定试办章程折》（1901年11月4日），载天津图书馆等编《袁世凯奏议》（上），天津古籍出版社，1987，第343页。

的，是清朝新设立的商部。商部于 1903 年 9 月正式设立不久，就决定仿照西方国家的商会模式，倡导华商尽速成立商务总会和分会。次年元月，商部上了一道《商部奏劝办商会酌拟简明章程折》，强调："纵览东西诸国，交通互市，殆莫不以商战角胜，驯至富强。而揆厥由来，实皆得力于商会。……现在体察情形，力除隔阂，必先使各商有整齐划一之规，而后臣部可以尽保护维持之力。则今日当务之急，非设立商会不为功。"①清廷准如所请，很快即批准了商部拟定的《商会简明章程》，并谕令各省督抚晓谕商人，劝导设立商会。随后，商部还向各省颁发劝办商会谕帖，大力宣传设立商会的重要作用。

从商部及一些官员所上奏折中可以明显看出，清政府主动倡导商人成立商会的根本目的，在于有效地促进实业的发展。特别是商部的主事官员，清楚地意识到开埠通商之后商务的发展面临着前所未有的新形势。"计近数十年间，开辟商埠至三十余处，各国群趋争利，而华商势涣力微，相形见绌，坐使利权旁落，浸成绝大漏卮。故论商务于今日，实与海禁未弛以前情事迥异。"②因此，必须通过设立商会等新举措，迅速促进中国民族工商实业的进步。而商会之所以能促进实业发展，在于"商会者，所以通商情，保商利，有联络而无倾轧，有信义而无诈虞"。具体说来，商会可以发挥以下两方面的作用。其一是联络商情，使官与商的关系获得改善，共谋工商之振兴。商部向各省颁发的劝办商会谕帖即曾说明："商会一设，不特可以去商与商隔膜之弊，抑且可以去官与商隔膜之弊，为益商务，良非浅鲜。"同时还强调通过成立商会，可使"上下一心，官商一气，实力整顿，广辟利源"。1904 年底，商部还在京师和上海设立商会

---

① 《商务：商部奏劝办商会酌拟简明章程折》，《东方杂志》第 1 年第 1 期，1904 年 3 月 11 日。

② 《商务：商部奏劝办商会酌拟简明章程折》，《东方杂志》第 1 年第 1 期，1904 年 3 月 11 日。

接待处，制定《商部接见商会董事章程》，规定商会董事可随时赴商部所设接待处，禀告有关商务重要事宜，吏役不得刁难阻遏，违者予以严厉处罚。其二是改变工商各业相互隔膜、涣散不群的行帮格局，使工商业者联为一气，剔除"识见狭小，心志不齐，各怀其私，罔顾大局"的陋习。通过商会这一新型商人组织的联络和协调，各业商人"有整齐划一之规"，由散而聚，进而消除隔阂，结为一体，工商由此得以振兴。[①]

为了达到上述目的，商部拟定了《商会简明章程》26条，经朝廷谕准于1904年元月颁布施行。该章程规定：凡属商务繁富之区，不论系省垣或城埠，均应设立商务总会；商务发达稍次之地则设商务分会；前此所设商务公所等类似的商人组织，一律改为商会。当时，有些地区的商人对设立商会的意义有比较充分的认识，在商部倡导之前即已成立了类似商会的组织。例如，上海商人在1902年即由盛宣怀奏准，成立了上海商业会议公所。天津商人也于1903年设立了天津商务公所。但是，也有一部分地区的商人起初尚持观望态度。这主要是因为洋务运动时期商人遭受盘剥勒索而心有余悸，对清政府的这一措施仍缺乏信心。于是，商部又反复加以宣传和倡导，一些省份的地方官员也向商人迭加劝谕，以促成各地商会的早日成立。

例如，商部曾将部颁商会章程寄发天津商务公所，希望"速联合绅商，斟酌时宜，参照沪会章程，克日举办报部"。后又致函直隶总督袁世凯，咨请在津速设商会。在京师，《商会简明章程》颁行之后，起初只有银钱业商人予以响应，成立了一个汇兑庄金银号的行业商会，实际上仍属于行业性组织，与联络工商各业之商会的性质并不相同。商部认为京师系"首善之区"，应"先行劝办商会，以为各省之倡"，遂主动派员访觅声望素孚的商董，"亲行接见，面为晓谕，俾知

举办商会，实为联络团体、挽回利权起见"，① 使京师商务总会随后得以成立。成都的商人对清政府倡导设立商会之举，因"恐有摊捐，兴办迟迟"。嗣经成都劝业道"剀切劝谕，几于舌敝唇焦，又将华商素习涣散之弊害，将来兴办商会之利益，演说数番，该商等始知所感奋"，② 于 1904 年成立了商务总会。"奉天自开办商务总局以来，首以设立商务总会为宗旨，当向各商推诚布公，设法开导"，③ 并由盛京将军赵尔巽出面，转请商部奏准创立了奉天商务总会。

由上可见，清政府为了振兴工商，对倡导劝谕各地商人成立商会这一新型民间社团称得上不遗余力。与此同时，更多省份的商人对设立商会的重要性也有了比较深刻的认识。尤其是 1905 年的大规模抵制美货运动中，商会发挥了十分突出的协调和领导作用，使各地商人对商会的功能及其效应更为赞赏，遂争先恐后积极筹备成立本地的商会。因此，各地商会如雨后春笋，层出不穷。到清朝覆亡前，除西藏等个别地区外，全国各省的商人都成立了商会，而且数量众多。其中，商务总会 50 余个，商务分会 800 余个，商务分所为数更多，从通商大埠到中小城镇总计约有 2000 个，蔚为大观，成为近代中国林林总总的民间商人社团中诞生最早，而且最为普及、影响也最大的商人团体。

更值得重视的是，新成立的商会经商人不断努力和抗争，基本上保持了民间法人社团的性质，具有较强的独立性和自主性，也表现出明显的自愿和民主原则，突出地体现出以契约性规章维持其内部运作的特征。这说明商会是近代中国最具市民社会特点的社会组织。有关商会的这些具体情况以及其所具有的市民社会特征，本书将另辟专章

① 《商部奏劝办京城商会并推广上海商会情形折》，《东方杂志》第 1 年第 5 期，1904 年 7 月 8 日。
② 王笛：《试论清末商会的设立与官商关系》，《史学月刊》1987 年第 4 期。
③ 《商务：商部奏奉天设立商务总会折》，《东方杂志》第 3 年第 7 期，1906 年 6 月 25 日。

做详细的论述，这里姑且从略。

除倡导商人设立商会之外，"新政"时期的清政府还曾主动劝谕商人成立其他一些商办民间社团。有些社团组织，官府虽未主动倡导，系由商人自身禀请准允设立，清朝大多也予以支持。所以，清末"新政"时期是中国历史上第一次出现民间商办社团的繁荣兴盛时期。

1906年，商部上奏朝廷，说明"华船行驶，关卡留难，官差需索，遇事涉讼，往往隐受亏损，不得申理"，而洋船却独享不平等条约有关条款的保护，畅行无阻，因此亟宜设立商船公会，"俾华船与洋商一律同享保护"。① 商部初定《商船公会章程》13条，指明设立商船公会的宗旨是"专为保护整顿中国航业"，规定由航运业商人禀呈商部批准，视各埠航运业繁简，酌量情形，分设商船公会总会和分会。各商船公会"有直接保护商民船只之责"，承担置备船旗、船照、船牌，发给船户收执。"凡船业商人有不能申诉各事，商船公会体查属实，应向地方官衙门秉公申诉。"② 该章程后经商部重加修订，增补为18条，于1906年奏准正式颁行。修订章程仍特别强调保护华商船户，规定"凡领旗牌行照之船，运载货物，照章完纳厘税，如遇关卡留难需索及地方差役抑勒等，应即查明保护"。③

1907年，由清朝工、商二部合并改组而成的农工商部，又制定颁布了《农会简明章程》。农工商部的奏折阐明："农会之设，实为整理农业之枢纽。综厥要义，约有三端：曰开通智识，曰改良种植，曰联合社会。"④《农会简明章程》共23条，规定各省于省垣所在地设立农务总会，府厅州县酌设分会，其余乡镇、村落、市集等处，次第酌设分所。"凡一切蚕桑、纺织、森林、畜牧、水产、渔业各项事宜，

---

① 《交通：商部奏筹办商船公会酌拟章程折》，《东方杂志》第3年第5期，1906年6月16日。

② 《商部核定商船公会章程》，《东方杂志》第3年第1期，1906年2月18日。

③ 《商船公会章程十八条》，《东方杂志》第3年第5期，1906年6月16日。

④ 《苏州商会档案》第73卷，第28页，苏州市档案馆藏。

农会均酌量地方情形，次第兴办。"

在此之后，商船公会和农会等民间社团也相继在各省成立。至1908年清政府全面推行地方自治，又促进了各省许多商办民间自治团体的诞生。据有的学者统计，清末各地见于记载的商人自治团体有近50个，实际上远不止此数。不少自治团体也具有较为明显的市民社会特征，苏州商人成立的自治团体甚至直接取名为"市民公社"，以建立独立自治的"社会"为其主要宗旨。

需要说明的是，清末的农会虽非完全由商人组成的社团，但其中也有为数不少的商人，一部分商人还担任了重要的领导职务。另有一些农会，则系由商人直接发起成立。例如江苏苏州的农务总会，泰州、通州、锡金（无锡）等地的农务分会，福建福安的农务分会，广东广州的农务总会以及嘉应、香山等地的农务分会，都是由当地商会或是商董出面发起创办的。湖南、广东、河南、奉天等省农务总会的总理、协理等主要领导人，也均由商界头面人物担任。在广东嘉应州农务分会的30名董事中，商界人士占了相当大的比例，共计11人。[1]就这些具体情况而言，清末的农会在某种程度上似也可称为商办的新型民间社团。而农会及商船公会的成立，与商会一样都是在清政府的倡导之下得以实现的。所以，在清末出现商办民间社团的兴盛局面，与当时清政府有关政策的改变有着非常密切的关系。

还有一些商办社团，并非由清政府率先倡导成立，而是由商人禀请成立，大多也得到清朝中央有关各部及地方官员的支持，得以顺利诞生，并同样享有合法地位，受到官府的保护。例如，1905年上海商人响应当时思想界讲求体育、养成国民尚武精神，以救亡图存的号召，禀请设立了体育会，这是近代中国最早的新式商办体育组织。不

---

[1]　有关清末农会的详细情况，请参阅拙文《辛亥革命前的农会》，《历史研究》1991年第5期。

久，在清朝上海地方官员的支持下，沪商体育会又扩建为商团，成为拥有枪支弹药的准武装性团体。上海商团建立后，产生了广泛的示范效应，其他许多地区的商人竞相仿效，也先后成立了商团以及类似的商人武装组织。商团和类似的商人武装团体在清末诞生，是中国历史上商人自治能力与权利得以进一步扩大的又一具体表现；同时，也明显增强了商人的力量和影响，进一步拓展了商人独立的社会活动空间。

除商团之外，清末的商人还曾建立文化教育、学术研究、卫生消防以及改良风俗等各类具有较大独立性的新型社团，使非官方的独立社会活动空间扩展到各个重要领域。而这些商办社团的成立，大多也得到清政府的支持。由此表明，当时的清政府对待民间社团的态度，与以往封建专制主义中央集权的统治者确实大不相同。

上面的论述，比较充分地证明了作为国家权力机构象征的清政府，在清末的"新政"改革时期，发生了以往封建王朝所没有的重要演变。随着这一演变，清政府的许多政策也出现了前所未有的变化，在多方面产生了较为深刻的社会影响。其中，独立经济活动领域的形成、独立社会活动空间的产生以及新型商办民间独立社团的成立等几个方面的影响，则为近代中国市民社会的孕育创造了有利的客观环境以及所需的相关条件。

这些事实同时还说明，在中国漫长的历史长河中，即使是封建国家，也并非自始至终对社会只是实行强制扼杀和高度严密的直接控制。至少在清末这一特定的历史时期内，国家不仅未对民间社会力量进行绞杀，相反还在经济、政治、社会等各个方面实施了各种新政策，在客观上为民间社会力量的发展提供了前所未有的大好时机。从整个中国封建社会的历史发展进程看，清末堪称民间社会力量发展的鼎盛时期。与此相伴随，近代中国的市民社会在这一时期也初具雏形，并很快即在社会生活的各个领域中发挥了相当重要的作用。由此也可以说，对于近代中国市民社会的雏形在清末的生成，当时的国家非但没有像传统的封建专制主义中央集权那样多方予以抑制与扼杀，而且在客观上起了明显的推动作用。这样一种情况，或许可以视作类似近代中国后发展型的半殖民地国家中，市民社会的孕育萌生所不同于西欧发达国家的独特方式。

当然，如果单纯依靠国家的扶植，社会自身没有相应的发展，市民社会也难以孕育形成。因为市民社会的最大特点，就在于它是脱离国家直接控制和干预的自治领域，因而不可能由国家一手包办。即使国家有意识地要促成市民社会形成，但如果社会自身始终不具备这方面的基础和能力，也仍将难以付诸实现；更何况"新政"改革时期的清政府在主观上并无这一意图，只是在客观上创造了孕育市民社会的有利环境。所以，近代中国的市民社会雏形在清末得以萌生，既与国家的扶植有比较密切的关系，又与社会自身的发展存在不可分割的、内在的本质联系。

第四章

清末之际社会自身的发展

　　西欧许多国家的近代历史表明，在其市民社会的孕育与形成的过程中，国家并未发挥决定性的作用，而主要是社会自身发展到一定程度之后，从其内部自发孕育进而得以生成市民社会。因此，在近代西欧许多国家中，市民社会能否形成，关键取决于社会自身的发展程度，而不在于国家实行的政策是否为市民社会的形成提供了有利的环境。

　　近代中国的情况则与西欧许多国家存在十分明显的差异。中国封建时代的历史特别漫长，达数千年之久，世界上几乎没有一个国家能够与之相比；中国封建时代的专制主义中央集权统治体制的完整严密与皇权的高度集中，也堪称世界封建政治史上的典型。国家对基层社会的各种直接与间接控制方式，在世界各国中均属少见。在这种政治环境里，中国历史上也难以出现社会的独立发展机遇，严重缺乏自治的渊源与传统。所以，社会自身的发展一直非常缓慢，力量也十分有限。直至近代，类似的情况仍然比较突出。如果单纯通过社会自身的发展，是不可能孕育出独立自治的市民社会的。于是，国家的有关政策与统治方式有无改变，是否为市民社会的孕育创造了有利的客观环境与条件，在很大程度上关系到市民社会能否萌生，这是近代中国与西欧许多国家市民社会的形成所不同的一个突出特点。

不过，在近代中国特殊的历史条件下，国家虽然对市民社会的孕育具有非常重要的影响，但这并不意味着社会自身的发展，对市民社会的萌生完全不起作用。事实上，如果没有社会自身的发展，仅仅依靠国家有关政策创造的有利环境与条件，同样也不能直接孕育出市民社会。因为国家的有关政策只是提供了外部条件，而市民社会的真正形成，同样也在很大程度上依赖于社会自身内部条件的相应发展。近代中国与近代西欧许多国家的不同之处在于，市民社会的孕育与形成，取决于国家与社会两方面因素的共同影响，而且这两方面的因素缺一不可。从实际情况看，尽管在中国历史上社会的自身发展极其缓慢，但进入近代以后，随着时代的变迁与内外多种新因素的影响，社会自身的发展较诸以往也确实出现了前所未有的新态势，并且在市民社会的孕育过程中发挥了不容忽视的作用。下面从几个方面对晚清时期社会的自身发展做一简略的论述。

一　新兴工商业的产生与发展

近代西欧许多国家之所以能通过社会的自身发展孕育出市民社会，自然有其多方面的原因。其中的一个重要原因，乃是不受国家直接干预和控制的资本主义经济出现较早，发展也十分迅速，为市民社会的形成奠定了必需的经济基础。因此，资本主义经济的产生与发展，既是市民社会得以孕育形成的前提之一，也在某种程度上可以视为社会自身在经济领域中获得发展的一个具体表现。

反观近代中国的资本主义经济，虽然较诸旧的封建经济仍始终显得十分微弱，发展也很缓慢，但毕竟业已产生，在晚清也曾获得了一定的发展。这方面的具体情况学术界已进行过比较充分的研究，出版的有关著作为数不少。这里应该说明的是，近代中国的特殊历史环境，使得中国资本主义经济的产生与发展，也呈现出与近代西欧国家不同的特点。

近代中国的资本主义经济，是新式商业先于近代工业产生，而且发展速度和规模也较诸工业更为突出。商业资本原本即是最古老的一种资本形态，有着悠久的发展历史。早在中国沦为半殖民地半封建社会之前，商业的发展即占据一定的优势。但是，商业资本优先发展并非中国所独有的现象，其他许多国家也是如此。马克思在《资本论》中曾经指出："不仅商业，而且商业资本也比资本主义生产方式出现得早，实际上它是资本在历史上更为古老的自由的存在方式。"① 应该注意的是，这里所说的不是资本主义性质的新式商业，而是前资本主义商业。资本主义性质的商业，一般是随着工场手工业和机器工业的发展，原有旧式商业与之发生密切联系，职能相应变化而逐渐形成的。因此，资本主义商业的出现，与资本主义生产不可分离，它是产业资本"派生的或特殊的职能"，"以各种不同的形式从属于产业资本"。②

西方国家资本主义产生和发展的全过程，可以证实资本主义商业基本上是随工业发展的需要而同步发展的。尽管在资本原始积累时期，有些国家和地区的商业一度超前发展，但都未能持久。如意大利、葡萄牙、西班牙和荷兰等国，在 16～18 世纪时商业相当繁荣，并先后充当过欧洲霸主，但由于缺乏资本主义工业做基础，在短时期内都相继衰落。英国、法国、德国和美国则是商业和工业同步发展，凭借其坚实雄厚的工业基础后来居上，商业公司也遍及全球，成为分割世界的新霸主。

---

① 《资本论》，载《马克思恩格斯全集》，第 25 卷，人民出版社，1974，第 363 页。
② 《资本论》，载《马克思恩格斯全集》，第 26 卷第 3 册，第 519 页。

中国商业资本的发展特点在于，它不仅作为一种古老的资本很早即已产生，而且作为近代资本主义性质的新式商业资本，也先于本国的近代产业资本出现。近代中国最早产生的新式商业，不是以本国的现代工业为基础，而是附在外国产业资本的"皮"上。这种现象，在按历史发展常规产生资本主义的西欧国家是不曾有过的。

众所周知，近代中国的民族资本主义工业发端于19世纪70年代，清政府创办的军用洋务企业最早也是在60年代才诞生。而近代中国资本主义性质的新式商业，却在第一次鸦片战争之后的40～50年代，随着中国逐渐沦为西方资本主义工业品销售市场和农产品、原料供应地就已开始出现。在广州、厦门、上海被辟为通商口岸之后，这些城市的许多华商即开始兼营洋货，有的甚至专营洋货，与资本主义生产发生了比较密切的联系。例如在1843年的广州，"开设洋货店户者，纷纷不绝"，仅在回文街等处就达200余家。厦门开埠后不到一年时间，何厝、卓畸等地也有不少华商"开设行店，专同外商买卖"。[①]

尤其是在上海，开埠之后不仅出现了经销洋货的新式商业行业，一些传统行业也逐渐发生变化，从旧式商业向新式商业演变。19世纪50年代，上海的商业中就已出现一些过去所没有的新式行业。大约在1850年，上海即诞生了第一家专营洋布的同春洋货号。此后专业洋布店逐年增加，到50年代后期已达十五六家。1858年振华堂洋布公所的成立，标志着这一新式行业已经形成。新兴的五金业店铺也在60年代初开始建立，此后不断增设，至19世纪末已达57家。行业初具规模，内部分工也较细。除此之外，上海新形成的商业行业还有西药业、颜料业、呢绒业等。一部分经营农产品购销业务的旧商业，也逐渐改变了性质。例如，原有的旧式丝茶行栈，在鸦片战争后即与外商

---

① 参见从翰香《关于中国民族资本的原始积累问题》，《历史研究》1962年第2期。

洋行直接发生了密切联系，性质逐渐发生变化，建立了一批不同于以往的新式丝茶行栈。据记载，19 世纪 70 年代初，上海已有 76 家丝栈和丝号。另因适应上海开埠之后船舶修造和租界营建事业的需求，原有的木材行开始经营进口洋松，其营业对象也发生了变化。[①]

　　之所以说第一次鸦片战争后在一些通商口岸出现的经销洋货和从事农产品出口贸易的商业，是不同于旧式商业的、具有资本主义性质的新式商业，首先在于它已被纳入世界资本主义的运行轨道，发挥着重要的职能资本作用。其交换对象是外国产业资本和中国的城市消费者，而不是像旧式商业那样，交换对象主要是农民和手工业者。其次，新式商业的利润来源也与前资本主义商业有着明显的区别。其利润主要是来自购销差价，而不像旧式商业那样，主要是凭借封建势力以及与高利贷资本相结合，以贱买贵卖的手段获取利润。最后，新式商业大都程度不同地建立了新型资本和劳动的关系，经营方式发生了前所未有的变化。因此，新式商业虽然在许多方面仍不免带有前资本主义的痕迹，但已在很大程度上具备了资本主义商业的一些主要特征。

　　近代中国的新式资本主义商业产生之后，其发展速度相当快。特别是进出口贸易的增长，带动了新式商业的持续发展。上海是进出口贸易的中心，从 19 世纪 60 年代起进出口货值即逐年增长，1863 年达到 1 亿两白银，是 1844 年的 34 倍多。1865 ~ 1900 年，又由 1. 21 亿海关两增至 3. 89 亿海关两，共计增长了 221%。[②] 广东的情况也是如此。1875 年，广东全年进出口货值不到 0. 24 亿海关两，1880 年为 0. 28 亿海关两左右。到 1895 年，即猛增至 1 亿多海关两。1905 年以后，每年都超过 1. 5 亿海关两，个别年份还接近 2 亿海关两。[③] 又如，

①　参见黄逸平《近代中国经济变迁》第七章，上海人民出版社，1992。
②　黄苇：《上海开埠初期对外贸易研究》，上海人民出版社，1961，第 138 页。
③　邱捷：《辛亥革命前资本主义在广东的发展》，《学术研究》1983 年第 4 期。

在华中物资集散地与外贸转口中心之一的汉口，"光绪二十年（1894年）以前，每年贸易不过三千万两左右。自光绪二十年以至光绪三十一年，十年之间，每年贸易额竟达一万万两以上"。[①] 进出口贸易的增长虽然意味着洋货输入增加，但中国土货的出口额也同时扩大，因而也是民族资本商业发展的表现。例如，1865～1900年，上海土货输入总值，自 0.23 亿海关两增至 0.67 亿海关两，增加了约 191%；土货输出总值则从 0.38 亿海关两增至 1.08 亿海关两，共增加了约 184%，而且土货输出入的总额几乎占到常年进出口货物总额的一半。[②] 在其他一些通商口岸，土货的出口也是逐年增加。在汉口，1861～1910年，进口贸易总值从 0.103 亿海关两增至 0.57 亿海关两，出口贸易总值也从 0.13 亿海关两增至 1.11 亿海关两。[③]

对外贸易的扩展势必带动国内商业的发展。随着流通市场的扩大和经营商品种类的增加，新的商业行业也很快兴起并获得迅速发展。以上海为例，19 世纪 80 年代即有洋布店 60 多家，以后逐年增加，1900 年增至 130 余家，至 1913 年更多达 300 家左右。[④] 新兴的西药店在 1894 年也出现了 6 家，1911 年增至 28 家，资本额由 46 万元增至566.6 万元，增长 1131.7%；营业额自 58 万元增至 439 万元，增长656.9%。五金商店自 1862 年开始出现，到 1900 年也达到了比较可观的数量，总计 58 家，以后逐年增加，到 1914 年已增至 141 家。[⑤] 广

---

① 王维新：《最近汉口粮价跌落的检讨》，《汉口商业月刊》第 2 卷第 4 期，1935 年 4月 10 日。

② 罗志如：《统计表中之上海》，《国立中央研究院社会科学研究所集刊》第 4 号，1932，第 87 页。

③ 张克明：《汉口百年来进出口贸易之分析》，《汉口商业月刊》第 2 卷第 2 期，1935年 2 月 10 日。

④ 上海市工商行政管理局、上海市纺织品公司棉布商业史料组编《上海市棉布商业》，中华书局，1979，第 1～15 页。

⑤ 丁日初：《辛亥革命前的上海资本家阶级》，载中华书局编辑部编《纪念辛亥革命七十周年学术讨论会论文集》上册，中华书局，1983，第 288 页。

东也相继出现了许多新的商业行业，如洋庄丝行（经营机制丝出口）、蒸梳行（保险业）、轮渡行（蒸汽船内河航运）、金山庄（专营美洲进出口货物）等。武汉同样产生了洋布、洋纱、五金、华洋百货、颜料和西药等一批新的商业行业。

从有关具体情况看，19世纪末20世纪初是新式商业发展最为迅速的时期。这一方面是因为进出口贸易的增长，另一方面是由于现代航运和铁路运输的发展，加速了城乡之间的经济交流，新式商业开始扩展渗透到铁路、航路沿线的偏僻地区。例如1904年胶济铁路建成通车之后，原来缺少商业活动的山东益都县杨家庄，即因铁路所经而发展成为"商业繁盛的集镇"。每逢烟叶上市，"外地客商设庄收买，邻近村民肩挑车载，集此出售"。在莱芜县口子镇，通过火车运输，每年从博山县运进棉纱、布匹、窑货和杂货等工业品，而当地的麻、小麦、花生等农产品亦依赖铁路远销新泰、泰安等地，商业往来空前繁忙，"贸易之盛，非县城及其他市镇可比"。①

官办、官督商办和商办等民族资本工业自19世纪70年代产生之后，同样也获得了发展，但相对而言商办私营企业的发展速度，在甲午战争前不及官办和官督商办企业。据不完全统计，甲午战争前1872～1894年的20余年间，中国有资本额可查的共计72家近代厂矿企业，其中商办53家，资本额470.4万元；官办、官督商办企业虽然只有19家，但资本额却达1620.8万元。② 这一时期商办的私营企业尽管数量不断增加，超过了官办和官督商办企业，但总体实力仍相当有限，其资本额只占整个厂矿企业总资本额的22.4%，而官办、官督商办企业的资本额则占77.6%。

---

① 张国辉：《辛亥革命前中国资本主义的发展》，载中华书局编辑部编《纪念辛亥革命七十周年学术讨论会论文集》上册，第194页。
② 严中平等编《中国近代经济史统计资料选辑》，科学出版社，1957，第93页。本书引月时去掉了中外合办和虚假的源昌机器五金厂各1家。

私营近代厂矿企业的迅速发展，也是在 19 世纪末和 20 世纪初这两个时期。1895～1900 年，出现了第一次民间投资兴办民族工业企业的热潮。这 6 年间设立的商办厂矿数和资本总额，都远远超过了过去 20 多年的商办厂矿，而且这些厂矿的规模也比过去大得多，其资本总额已开始超过官办和官督商办企业，取得了主导地位。据汪敬虞先生早年编辑的《中国近代工业史资料》第 2 辑下册的有关史料统计，甲午战争后 1895～1900 年的 6 年间，资本在万元以上的厂矿企业共计 104 家，其中商办企业 86 家，资本额 1779.7 万元；官办、官督商办企业 18 家，资本额 534.5 万元。如进一步计算，可以看出甲午战争后 6 年与甲午战争前的 20 余年这两个时期中，官办、官督商办与商办企业资本额的比例发生了较大变化。商办私营企业的资本额由原占总资本额的 22.4% 上升到 76.9%，而官办、官督商办企业资本额所占比例则从 77.6% 下降至 23.1%。这表明在甲午战争后的短短 6 年中，商办私营企业不仅数量明显增加，更重要的是资本额较诸甲午战争前的 20 余年增长近 3 倍，实力大为增强，已在整个中国近代工业中居主导地位。

另据杜恂诚先生修订补充的统计，1895～1900 年中国新设工矿企业共计 124 家，其中商办 107 家，官办、官督商办 15 家，官商合办 2 家。总资本额不包括两家官商合办企业在内，共 2432.7 万元。其中，商办企业的资本额为 2026.5 万元，占总资本额的 83.3%；官办、官督商办企业的资本额只有 406.2 万元，仅占总资本额的 16.7%。[①] 如果这个统计更接近史实，那么这一时期新设商办企业资本额所占比重更大，数量也更多。

到 20 世纪初，民族工业较以前获得更加迅速的发展，出现了规

---

① 杜恂诚：《民族资本主义与旧中国政府（1840～1937）》，上海社会科学院出版社，1991，第 33 页。

模更大的第二次民间投资兴办厂矿的热潮。1901 年新创立的商办民族工矿企业即有 16 家，到 1905 年更多达 43 家。不仅私人开设工厂的厂数和投资金额大大增加，而且投资范围较前更为广泛。除原有的缫丝业、棉纺织业、火柴业有较大发展外，烟草、肥皂、电灯、玻璃、锅炉、铅笔、化妆品等行业也都相继有私人资本投资的工厂建成投产。

不过，在半殖民地半封建的特殊历史环境下，近代中国民族工业的发展仍面临着重重困难。中国近代民族工业的产生，主要不是按照历史发展的常规，从简单分工、工场手工业过渡到机器大工业。其原因在于中国的手工工场不发达，鸦片战争后尚未进入工场手工业时期；外国资本主义的入侵，又打断了中国资本主义萌芽的自身发展进程，使其难以完成经工场手工业向大机器工业的过渡。尽管在中国并不乏手工工场向大机器工厂过渡的实例，但这种现象普遍发生于大机器工业在中国已经出现之后，而不是之前。因此，中国的大机器工业与手工工场并无不可分割的继承性。由于自身基础薄弱，在初期完全依赖从国外引进机器设备，甚至某些生产原料也必须靠进口，处处受西方资本主义的限制和束缚，技术也比较落后，始终无法建立起自己独立的一整套工业体系。所以，到 19 世纪末 20 世纪初，中国的民族工业虽然获得了初步发展，但布局失调的状况并无明显改观，依然是步履维艰，面临着重重的压迫和阻力。

近代中国商业发展的处境则与工业稍有不同。一方面，大批商人通过经营洋货，从日趋扩大的西方国家对华贸易中赚取相当可观的利润；另一方面，中国的民族工业兴起之后，商人也开始经营民族工业产品。即使中国人民掀起抵制洋货的斗争使洋货销路受阻，但因民族工业产品畅销，商人仍可获利。另外，按照经济发展的一般常规，随着近代工业的兴起，商业的作用与性质都会相应发生变化。正如马克思所指出的那样："在资本主义社会以前的阶段中，商业支配着产业；在现代社会里，情况正好相反。"① 也就是说，在近代工业产生之后，商业即失去先前的独立作用，从属于产业并为之服务。但是在中国，近代工业产生后商业却仍然保持着某种独立发展的趋势。这不仅因为近代中国的工业不是很发达，而且由于存在大量的手工业，商业资本仍继续支配手工工场及一些规模较小的工厂。

于是，相对于工业而言，近代中国商业的发展更为迅速，中国的资本主义也随之出现工业不甚发达、商业畸形发展的经济格局。即使是在上海、广州、天津、武汉等近代工业相对来说发展较快的通商大埠，也是商业资本的数量远远超过工业资本，商业资本家不仅经济实力比工业资本家雄厚，商人的人数也大大多于工业资本家。与此相适应，商人在社会生活的各个领域中也显得更为活跃。由此可以说明，为什么在清末出现为数众多的商人社团，而由工业资本家单独组织的社团却为数甚少。据目前所见文献，到清末，全国只有天津、四川、湖南等极少数地区的工业资本家独立组织了名为工会的社团，而且社会影响非常有限。多数地区的工业资本家，则仍以"商"的身份加入商会等商人社团。鉴于这种情况，有些地区的商人在清末已经认识到："今各地皆有商会，而独无工会，是一大缺点也。"他们建议召集工界人士，"演说利害之理由，唤起公共之观念"，多设与商会相似的工会社团。② 还有的主张先在商会中附设工会，作为权宜之计，以便进一步劝导工界明白事理者主持其事。也有商人提出将商会加以扩充，改组为农工商会。

上述史实表明，到 19 世纪末 20 世纪初，近代中国的新式工商业不仅早已出现，而且获得了一定的发展，特别是商业的发展更为突

---

① 《资本论》，载《马克思恩格斯全集》第 25 卷，第 369 页。
② 晦鸣：《论说：论商人宜筹扶助工人之策》，《南洋商务报》第 44 期，1908 年 7 月 13 日。

出。尽管近代私营工业的发展并不是很顺利，但也已压倒官办和官督商办工业而占据主导地位。由此可以说明，这一时期的中国，新式工商业的产生和发展，已为市民社会的孕育和萌生奠定了不可缺少的经济基础。另外，近代中国资本主义的发展特点，对中国市民社会形成其独具的某些不同于西欧早期市民社会的特点，也产生了直接的影响。

二　近代中国资产阶级的形成

19 世纪末 20 世纪初，随着资本主义工商业的发展，近代中国的资产阶级也得以初步形成。而资产阶级是否形成，则是一个国家能否建构市民社会的另一个重要因素。

西方研究中国近代史的一部分学者曾认为，中国直至辛亥革命以前，由于资本主义发展不充分，尚未形成一个独立的资产阶级，并以此否认辛亥革命是一场资产阶级性质的革命。中国台湾的一些学者，也持有类似的看法。中国大陆学者在 20 世纪 80 年代以前，对近代中国资产阶级的研究缺乏深入、全面的探讨，而且受"左"的思想的影响，对资产阶级往往是立足于批判，因而在这个问题上也未能得出令人信服的结论。80 年代以降，中国大陆史学界对近代中国资产阶级的研究日趋重视，十余年间不仅发表了大量的有关论文，还出版了一些颇具分量的专著。这些为数众多的研究成果从不同的角度说明，辛亥革命前的中国的确已形成了一支作为独立社会力量的资产阶级队伍。不过，对于近代中国资产阶级究竟在辛亥革命前的哪一个具体时间形成，中国大陆史学界似乎仍持有不同的见解。下面对几种主要的观点做一些介绍和分析，并就这个问题谈一点个人看法。

第一种意见认为，随着 19 世纪七八十年代中国民族资本主义近代工业的产生，中国的资产阶级即已相应形成。① 持此观点的论者并未就这一问题展开详细说明，只是引用列宁和毛泽东的两段话作为主要依据。列宁指出："社会上一部分人占有全部土地，那就有了地主阶级和农民阶级；如果社会上一部分人拥有工厂，拥有股票和资本，而另一部分人却在这些工厂里做工，那就有了资本家阶级和无产者阶级。"② 毛泽东在《中国革命和中国共产党》一文中指出："中国民族资本主义发生和发展的过程，就是中国资产阶级和无产阶级发生和发展的过程。"③

就一般情况而言，上引列宁和毛泽东的论述本身都没有错，问题是我们应该如何理解。任何一个阶级，从其产生到最终形成都有一个历史发展过程。起初所产生的只能是这个阶级的一部分成员，当其成员越来越多，并且通过自己的组织和政党，凝聚结合成为一个统一的整体，相互之间有了明确的阶级认同感，并以独立社会力量的姿态出现，才能说已经发展成为一个真正的阶级。因此，不能将某个阶级一部分成员的出现，直接说成是某个阶级的形成。

如前所述，在近代中国，资本家的出现是比较早的。自从 1840 年第一次鸦片战争之后，受外国资本主义入侵的影响，中国就产生了资本主义性质的新式商业，一些传统商业也逐渐向新式商业转化。那些经营新式商业的商人，可以说就是商业资本家。与传统商业向新式商业转化相伴随，一些传统商人也逐渐向近代商业资本家转化。19 世纪 70 年代以后，又诞生了民族资本主义工业，出现了工业资本家，而且人数不断增加。这些工商业资本家出现之后，虽然在社会经济生活中占有不容忽视的地位，但尚不具备独立阶级队伍的基本特征和自

---

① 魏永理：《中国近代经济史纲》上册，甘肃人民出版社，1983，第 320 页。

② 《青年团的任务》（1920 年 10 月 2 日），载《列宁全集》第 39 卷，人民出版社，1986，第 304 页。

③ 《中国革命和中国共产党》（1939 年 12 月），载《毛泽东选集》第 2 卷，人民出版社，1991，第 627 页。

觉意识，彼此没有紧密的组织联系，被隔绝分散在为数众多且互相排斥的会馆、公所等行会之内，力量也比较有限。因此，在引进西方机器设备、肇始中国工业化的过程中，不可能发挥应有的主导作用，而是由国家政权及其统治集团中的一部分开明改革派以推行洋务运动的方式，扮演了工业化的发动者和组织者的角色，资本家只是担任了配角。

马克思和恩格斯都曾对阶级形成的发展过程做过论述，前引列宁和毛泽东的两段话，实际上也指的是资产阶级内部成员即资本家的产生，并不能理解为资产阶级已形成。认为伴随着中国民族资本主义近代工业的产生，中国资产阶级即已形成的观点，直接将少数资本家的出现等同于整个资产阶级的形成，显然是将两个不同的问题混淆了。从目前情况看，这一观点也未得到学者们的重视和赞同。

第二种意见认为，戊戌变法时期资产阶级上层已经形成，"以康有为为首的资产阶级维新派，主要是被民族资产阶级上层呼唤出场的"。当时，民族资产阶级中下层"没有形成独立的政治力量"，"还只能处于前者的附庸和助手地位，远未能在政治上、经济上拥有独立的发言权"。①

以往的有关论著，大多也认为民族资产阶级上层充当了戊戌变法时期的维新派和辛亥革命时期立宪派的阶级基础，民族资产阶级中下层则是革命派的阶级基础。其理由是维新派和立宪派主要代表和反映民族资产阶级上层的利益与愿望。革命派则是民族资产阶级中下层的代言人。第二种意见认为戊戌变法时期民族资产阶级上层已经形成，主要依据就是代表民族资产阶级上层利益的维新派已经登上了历史舞台。而民族资产阶级中下层"没有形成独立的政治力量"，则主要表现为革命派在当时的历史舞台上尚未跃居主角地位。这里姑且不谈维

---

① 胡绳：《从鸦片战争到五四运动》下册，人民出版社，1981，第498~499页。

新派和立宪派是否仅仅代表民族资产阶级上层的利益，革命派是否只是代表民族资产阶级中下层的利益，即使承认这一点，也很难说维新派登上历史舞台，就标志着民族资产阶级上层已经形成。因为这涉及另外两个不能混淆的问题，即阶级的政治代表与阶级主体不能等同。在一般情况下，一个阶级的政治代表和阶级主体的产生发展，并非同步，而是往往有超前或滞后的现象，所以也不能不加区别地等同视之。在近代中国，由于社会动荡频仍和各派政治力量消长急剧，代表和被代表者之间发展脱节的状况更为突出。如果单以政治代表出现，就断定其所代表的那个阶级或阶层已经形成，这在政治思想超前产生，社会物质基础滞后发展的近代中国，难免有失偏颇。

考察戊戌变法时期资产阶级本身的发展程度，也很难说当时已经形成一个能以独立社会力量姿态出现的资产阶级。不容否认，当时的资本家在人数上已进一步增多，实力也有所加强，但他们彼此之间仍仅限于行业或乡谊等十分狭隘的联系，组织的发展程度几乎没有什么变化。思想上尚无明确的阶级认同感，也就是说仍不具备自觉的阶级意识。因此，不能说资产阶级已经形成。资本家在戊戌变法期间的表现，是与其发展状况相吻合的。由于没有形成独立的社会力量，我们看不到各行业的资本家互相联合起来，在戊戌变法这样一次如此重大的社会变革中，集体表露自己的态度和采取统一的行动。当时，也没有任何一个资本家的统一组织或机构，代表整个工商业者的利益，直接表达他们的要求，领导他们参与变法运动。从整体上看，似乎工商业者对戊戌变法并未予以多大的关注，几乎看不到他们的有关言论和行动，只有少数资本家以个人身份参与了一些变法活动。而在 20 世纪以后的历次重大政治运动和经济活动中，工商业者却无不以独立社会力量的姿态，互相协调配合，公开表明其政治态度，并采取相应的统一行动。从这一重要侧面，即可看出戊戌变法时期的资本家尚未形成一支独立的资产阶级队伍。

第三种意见认为，近代中国的资产阶级形成于 19 世纪末 20 世纪初。因为戊戌变法以前，投资于商办新式企业的大多数人的经济利益和政治态度，基本上没有脱离原来买办、地主和官僚的地位与立场，只是开始有了不同程度的转化。所以，不能说已经形成了一个独立的资产阶级。到 19 世纪末 20 世纪初，民族资本主义经济有了较大增长，资本家数量相应增加，出现了一批资产阶级、小资产阶级知识分子，民族资产阶级跃上了政治舞台。此时，作为一支独立阶级队伍的资产阶级才真正形成。[1]

从以上介绍可以看出，第三种意见从四个方面做了说明，是论述近代中国资产阶级形成较为全面的一种观点，其视野和角度较前均有拓展，不仅涉及作为资产阶级政治代表的资产阶级、小资产阶级知识分子，而且直接考察了资产阶级主体的自身发展态势，因而更有说服力，得到多数学者的首肯。目前，大部分近代史教材和有关著作都采用了这一观点。不过，这一观点仍稍显不足，主要表现为对资产阶级主体的考察尚欠充分，特别是未从资产阶级的组织发展和思想意识方面进行分析。另外，19 世纪末 20 世纪初的时间界定，似乎也过于宽泛。

对于这一问题，我曾在 1987 年写过一篇论文，提出近代中国资产阶级的初步形成时间为清末的 20 世纪初。这篇文章主要是从当时资产阶级思想意识和组织程度的新发展着手，依据有关史实从新的视角进行论述的。之所以说近代中国的资产阶级形成于 20 世纪初，是因为这一时期的资本家已明显萌发了过去所没有的群体认同感，对自己的历史地位与时代使命也获得了比较清晰的认识，民族意识和爱国精神趋于高涨，并产生了强烈的合群合力思想，因而已初步具备了近代资产阶级的思想意识。另外，这一时期资本家的组织程度也明显提

---

[1]　林增平：《中国民族资产阶级形成于何时》，《湖南师院学报》1980 年第 1 期。

高，成立了商会这一联结工商各业的新式社会团体。商会诞生后，改变了以往公所、会馆各立门户的分散隔绝状况，有史以来第一次将各行各帮的工商业者凝聚成为一个相对统一的整体。各省商会密切配合，协调行动，又进一步使全国的工商业者联结成一个整体网络。新兴的资产阶级不仅通过商会联成一个有着共同政治经济利益的社会集团，而且获得了社团"法人"地位，进而能够采取种种办法将自己的势力和影响层层渗透到社会生活的各个领域。在抵制美货、收回利权、国会请愿运动中，工商业资本家大都通过商会表达自己的意志和愿望。可以说只是在商会成立之后，资产阶级才真正有了为本阶级利益说话办事的统一组织机构，从此他们不再以个人或落后的行帮形象，而是以新式社团的姿态出现在社会舞台上。因此，商会的成立是近代中国资产阶级初步形成的一个重要标志。① 这一观点提出之后，受到史学界的重视，也得到许多学者的认同。

迄至目前，对近代中国资产阶级在清末的 20 世纪初已经初步形成的结论，史学界似已无多大争议。需要说明的是，近代中国资产阶级的来源，与近代西欧国家的资产阶级也存在较大的差异。概括地说，其主要差异在于，近代中国的资产阶级主要不是在原有手工业和工场手工业比较发达的基础上，由手工工场主和包买商演变而成，它的前身主要也不是类似西欧那样的市民阶层，而是一部分与手工业没有密切联系的官僚、地主和商人。这一方面是中国原有资本主义萌芽比较幼弱以及社会发展特点所致，另一方面则是受西方资本主义入侵的影响，形成了中国民族资本主义独特的产生和发展道路。

在西欧许多国家，中世纪兴起的新式工商业城市大多具有程度不

---

① 参见拙文《从清末商会的诞生看资产阶级的初步形成》，《江汉论坛》1987 年第 8 期。

同的自治权利。城市中的居民，即是所谓的市民阶层，多数也是手工业者和商人。他们原来大都是封建庄园中的农奴，有的系逃出庄园来到城市。当时，许多独立自治的城市规定农奴如在城市中居住满一年，即可取得自由人资格。也有的市民是以向封建主交纳代役租为条件而进入城市的。除原有在城市形成过程中即有的一部分手工业者和商人，较早进入城市的许多农奴，也逐渐成为商人、作坊主等独立的小商品生产者，而较晚进入城市的农奴则大多成为徒弟、帮工。但即使是徒弟、帮工，出师后如有一定积蓄，也可成为师傅自行开业。所以，马克思和恩格斯说："从中世纪的农奴中产生了初期城市的城关市民。"随着工商业的进一步发展，资本主义因素日趋增长，又从这个市民阶层中产生了最初的资产阶级分子，并逐渐形成一个力量强大的资产阶级。当然，从市民阶层转变成近代资产阶级，同样也有一个长期的发展斗争过程。马克思和恩格斯对此也曾有过如下的论述："资产阶级的这种发展的每一个阶段，都伴随着相应的政治上的进展。它在封建主统治下是被压迫的等级，在公社里是武装的和自治的团体，在一些地方组成独立的城市共和国，在另一些地方组成君主国中的纳税的第三等级；后来，在工场手工业时期，它是等级君主国或专制君主国中同贵族抗衡的势力，而且是大君主国的主要基础；最后，从大工业和世界市场建立的时候起，它在现代的代议制国家里夺得了独占的政治统治。"①

　　中国的情况则与此不同。在中国历史上，从来都不存在具有独立自治权利的工商业城市。资本主义萌芽虽然在 16 世纪末 17 世纪初即已出现，但发展十分缓慢，规模也很小，直到鸦片战争前仍未进入工场手工业阶段。鸦片战争后西方资本主义势力的入侵，又强行斩断了中国原有资本主义萌芽的自然发展进程。除少数能够为外国资本主义

---

① 《共产党宣言》，载《马克思恩格斯选集》第 1 卷，人民出版社，1995，第 274 页。

所利用，与外国资本主义发生密切联系者得以继续发展外，中国原有的手工业大多衰落不振，失去了正常发展的机会。因此，不仅中国资本主义萌芽的发展程度不足以孕育出近代资产阶级，而且当时的中国也没有出现西欧近代资产阶级前身那样的强大市民阶层。这一特点，决定了近代中国的资产阶级不可能由市民阶层发展而来。

上节所述近代中国资本主义的独特产生道路，则使得一部分原与手工业没有直接联系的官僚、地主和商人（包括买办），成为中国资产阶级的前身。第一次鸦片战争后，受入侵的西方资本主义的影响，通商口岸的一部分旧式商人在丰厚利润的吸引和刺激下，开始经营西方机器工业品，与资本主义发生了密不可分的联系，各方面相应出现了变化，也逐渐转变成为近代商业资本家。

近代中国工业资本家的来源在这方面表现得更为突出。中国早期的机器工业是通过购买西方资本主义国家的机器设备而产生的。资产微薄的小业主或小商人往往力不能及，只有那些原来虽与手工业没有联系，但已有较多积累的官僚、地主、买办和大商人才能胜任。考察中国民族资本主义兴起和初步发展阶段的一些主要近代工矿交通运输企业的创办人和主要投资人的社会身份，即可看出这一特点。据各方面的不完全统计，1872～1913年，华资25家纱厂的41个创办人和主要投资人中，有地主和官僚26人，商人5人，另有10人是买办。1895～1913年，华资28家面粉厂的30个创办人和主要投资人中，有地主和官僚11人，买办10人，商人9人。1872～1913年，华资12家轮运公司的15个创办人中，有地主和官僚9人，商人2人，买办4人。另外，同一时期毛纺、缫丝、榨油、卷烟、水电、水泥、煤矿等7个行业共计80家企业的103个创办人中，有地主和官僚67人，占65.0%；商人15人，占14.6%；买办21人，占20.4%。[①] 1913年后

---

① 详见拙著《中国早期资产阶级概论》，河南大学出版社，1992，第27～28页。

地主和官僚所占比例下降，商人比例增加，但近代中国资产阶级来源构成的基本格局仍未根本改变。

　　20 世纪初资产阶级的初步形成，与当时中国市民社会雏形的萌发有着十分密切的关系。但是，在考察近代中国市民社会萌发的过程中，应该特别注意中国的特殊国情与资产阶级独特的发展道路。在一般情况下，论述欧洲市民社会的产生，往往会涉及市民阶层。因为欧洲的近代资产阶级是从市民阶层演变而来，而近代资本主义的发展、资产阶级的产生与形成，又与欧洲市民社会的建构有着密切的关联，可以说两者是相辅相成、同步而行的。有的学者曾认为，中国历史上不能产生市民社会的原因之一，乃是在于"中国传统社会强烈的东方特点，在中国历史上从来没有形成过一个类似于西方历史上的完善的市民阶层"。[①] 中国没有产生如同西欧那样的强大市民阶层，这一结论并没有错，本书前述有关内容对此也做过简略论述。问题在于，欧洲的市民社会并非直接由中世纪的市民阶层所建构，而是随着资本主义的发展，市民阶层演变成为近代资产阶级之后形成的。马克思对此曾做过说明。他在深入考察欧洲市民社会的产生发展后明确指出，真正的市民社会是随同资产阶级发展起来的。[②] 因此，欧洲市民社会产生的直接基础是资本主义经济和资产阶级的形成，中世纪市民阶层与市民社会的产生之所以有一定的关联，仅仅在于它是资产阶级的前身，这方面马克思和恩格斯在《共产党宣言》中也曾做过论述，说明"从中世纪的农奴中产生了初期城市的城关市民；从这个市民等级中发展出最初的资产阶级分子"。他们还直接指出："中世纪的城关市民和小农等级是现代资产阶级的前身。"[③] 但是，从市民等级演变发展出近代

---

　　① 夏维中：《市民社会：中国近期难圆的梦》，《中国社会科学季刊》（香港）总第 5 期，1993 年 11 月。
　　② 俞可平：《马克思的市民社会理论及其历史地位》，《中国社会科学》1993 年第 4 期。
　　③ 《马克思恩格斯选集》第 1 卷，第 273、297 页。

的资产阶级，这只是欧洲资产阶级的发展模式。这种发展模式在世界上虽具有相当的代表性，但并不意味着在各方面历史环境不同于欧洲，尤其是没有市民等级的近代中国，就不可能形成资产阶级，也不可能形成市民社会。

上面已经阐明，近代中国的资产阶级在 20 世纪初即已初步形成，只是其前身并非市民等级，而是由一部分投资兴办资本主义工商企业的旧式商人、地主、官僚和买办演变而来。因此，尽管中国没有出现欧洲那样的市民等级，但仍然形成了近代意义的资产阶级。如前所述，探讨近代市民社会的产生，关键在于考察是否形成了资产阶级，而不是只注重于有无市民等级。换言之，近代中国虽然没有市民等级，但由于形成了资产阶级，就有可能形成类似于市民社会这样的社会生活领域。当然，资产阶级的形成只是市民社会出现的前提之一，还需要结合其他因素，特别是对有关具体史实详加考察，才能得出近代中国是否存在市民社会的结论。

同时，近代中国的资产阶级主要不是从市民等级发展而成，而是由旧式商人、地主、官僚和买办演变而来，故而与欧洲的近代资产阶级相比较，近代中国的资产阶级在许多方面都具有较为突出的局限性，尤其是独立性尚欠充分，表现出持续的过渡特征与不纯粹性。所以，即使他们能够建立在一定程度上类似欧洲那样的市民社会，也势必会表现出各种不同于欧洲市民社会的诸多弱点。这方面的情况，本书将在后面集中加以论述，此处暂且从略。

三 晚清商人思想意识的发展演变

晚清商人近代思想意识的萌发与增长，也是社会自身在近代中国发展变化的一个重要反映。这方面的发展变化，对近代中国能否形成一种类似于西方那样的市民社会，也有着直接的关系。因为行动受思想的制约，如果社会自身的思想意识没有明显的变化，其行动也将与以往无多大区别，从而谈不上相应地出现新的社团组织和开展新的政治经济活动。

晚清商人思想意识发展变化的具体表现之一，是其具有近代特征的民族主义爱国思想在 20 世纪初期获得明显的萌发增长。

促使一部分商人近代民族主义爱国思想萌发的原因，主要是 19 世纪末 20 世纪初帝国主义列强对中国进行疯狂的蚕食鲸吞和瓜分豆剖，致使具有数千年悠久文明历史的中华民族处在亡国灭种的危急关头，这不仅使爱国志士对祖国的前途命运忧心如焚，而且使相当一部分商人将眼光从一己之身家财产移注于祖国和民族的存亡绝续。此外，帝国主义经济侵略的加剧和加深，更直接使广大商人的生计每况愈下，进而产生具有自身特点的商人民族主义爱国思想。

需要说明的是，中华民族具有数千年文明的历史，早在秦汉时期汉民族即形成了共同的语言和文字、共同的经济生活与文化，因此中国人民的国家观念、民族意识、民族感情产生已久，爱国主义传统也源远流长。但是，祖国和民族都是历史的范畴。不同时代的人们对祖国和民族有着不同的理解，因而不同时代的民族主义和爱国主义，也有着相异的内涵。晚清商人的民族主义爱国思想，虽然主要体现在经济方面，具有经济民族主义的特点，但也是其由旧趋新，走出中世纪踏上近代化历程的产物。因此，晚清商人的民族主义思想同样也在一定程度上包含着近代民族、国家、国民观念等新内容，属于资产阶级民族主义的历史范畴。

例如，晚清时期已有一部分商人将中国看作各民族统一完整的国家，并且意识到"国家为人民之集合体"，[①] 而不是视中国为某一个王朝统系世代相袭的天下。所以，晚清商人的民族主义思想，既非为

---

① 《苏州商会档案》第 297 卷，第 36 页，苏州市档案馆藏。

封建统治者尽忠，也不是专注于复兴汉族王朝统系，而在于整个中国的富强和整个中华民族的复兴，其国家观念已经明显地打破了以往狭隘的地域限制。据 1903 年 5 月 3 日《苏报》记载，旅居上海的两粤绅商为抗议法国图谋侵占广西而在广肇公所集会。当一董事声称"公所为广肇两府商务而设，国家大事不得干预"时，在座诸商马上"群起大哗，痛诋该董事无爱国心"，并争相演说云："人皆知广西事即广东之事，救广西即救两粤，救两粤即救全局。"这一事例足以表明，晚清商人中已有一部分人的近代国家与国民观念在迅速增强。

随着民族主义爱国思想的萌发、增长以及组织程度的不断加强，晚清时期的商人在行动上也较诸以往表现出明显的不同。他们开始以前所少见的热情积极投身于历次反帝爱国运动，尤其是在抵制洋货与收回利权运动中发挥了越来越重要的作用，成为一支影响突出、不容忽视的新兴社会力量。有关这方面的具体情况，将在本书后面的第七章第一节做比较详细的论述。

然而，也应该指出，晚清时期商人民族主义思想的萌发与增长，在各地区的发展程度并不一致。通商大埠的经济比较发达，特别是像上海那样的大都市，西方近代文化的传播也最为迅速。因而身处通商大埠的商人，其民族主义思想的萌发与增长更为显著，上海商人在这方面的表现更是居全国领先地位。而在那些地理位置比较偏僻，经济和文化不发达的地区，商人的思想意识在这方面的发展变化则相形见绌，远不及通商大埠的商人。即使是在通商大埠，晚清商人的民族主义思想发展也不充分，仍在很大程度上受制于自身经济利益得失的影响，体现在行动上则是难以做到态度坚决地将反帝爱国运动坚持进行到底，表现出比较明显的动摇性和妥协性。

联结团体与合群合力思想的产生，也是晚清商人思想意识发展变化的一个重要体现。

历史上中国的商人一直是行帮林立、涣散不群，除了按行业组成的公所和按籍贯设立的会馆等行帮组织外，并无统一联结各行各业的共同机构；而且各行帮组织之间壁垒森严，互分畛域，使得本属同一整体的商人被分隔在互不相连乃至相互排斥的狭小帮派之中。这种状况严重阻碍了商人成为一支独立的整体社会力量，对于商业的发展也极为不利；特别是在面临帝国主义咄咄逼人的经济侵略的情况下，处境原已十分艰难的商人更加无法依靠整体力量与强大的外国资本相抗衡。因此，联结团体以改变过去那种隔阂涣散的落后状态，成为摆在商人面前的一项紧迫任务。

20世纪初的商人，已有相当一部分自身也在思想上意识到这一问题的严重性和迫切性，他们非常急切地希望打破行帮壁垒，联成一个统一的整体。有的大声疾呼："中国商人素无合群思想"，"团体未立，势涣力微，有利不能兴，有害不能除，长此不变，恐有江河日下之势"。[①] 有的则清醒地指出：由于自身相互隔绝，缺乏联络和沟通，"不特官与商不相联合，即商与商亦何尝联合；不特彼业与此业不相联合，即同业之中亦何尝联合"，其结果是"不但对外的竞争瞠乎其后，即对内的竞争亦每况愈下"。[②] 此时，更多的商人意识到必须尽快加强各行各业的联合，改变以往的分散隔绝状况。如果依然故我，"再阅十年"，"恐华商无立足之地"。[③] 这种强烈的危机感，在当时无疑成为驱使商人联结团体与合群合力的一股强大推动力。

因此，许多商人呼吁"四方同志，联络众城［诚］，公益维持，和衷共济"。[④] 20世纪初，不少地区商界中的许多有识之士还认识到成立商会这样联结各行各业的新式社会团体，可以帮助商人达到合群合力以及振兴商务的目的。于是，设立商会的呼声在当时的一些通商

---

① 《萍乡商会简明章程》，《华商联合报》第21期，1909年12月27日。
② 江义修：《论阅华商联合报之有益》，《华商联合报》第2期，1909年3月21日。
③ 《苏州商会档案》第3卷，第25页，苏州市档案馆藏。
④ 《苏州商会档案》第391卷，第14页，苏州市档案馆藏。

大埠中几乎可以称得上是此起彼伏。1900 年 3 月出版的第 5 期《江南商务报》即刊登一篇文章，阐明"欲兴商务，必以各设商会，始行之有效，各商会再联一大商会，庶由点成线，由线成面，内可与政府通商人之情况，外可与各国持商务之交涉，非设商会不为功也"。还有许多地区的商人，意识到"各省立商会，无非以唤醒我商民结大团体，以谋商业之发达"，① 因为"提纲挈领，保卫维持，俾商务日有进步者，实惟商会是赖"。②

显而易见，联结团体与合群合力思想萌发，是促使 20 世纪初的商人成立各种新式社会团体的一个重要思想因素。不仅商会的创办如此，其他许多新式商办社团的产生，也都在很大程度上归因于商人这一思想意识的变化。例如，清末的苏州商人之所以积极主动地设立商团，就是因为他们在思想上认识到"亟宜振刷精神，固结团体，去畏葸之积习，弭隐患于无形"；"力矫柔弱，以振起国民尚武之精神，而结成商界完全之团体"。③ 由此可以说，晚清时期商人思想意识的发展变化，对于近代中国市民社会雏形的出现，也有着非常直接的影响。

自治自立思想的产生与发展，是晚清时期商人近代意识萌发的另一个具体反映。

中国历史上的商人一直未曾得到法律的有力保护，在政治上无任何权利可言，在经济上则不得不托庇于封建势力，加之长期以来社会地位十分卑贱，深受压抑和摧残，因而商人在过去大都自惭形秽，自治自立的思想也难以萌发。到 20 世纪初，随着上述商人各方面思想的发展变化和重商思潮的蔚然成风，以及商人自身经济实力的增长，

① 《汉口组织纱业公会叙言并简章十条》，《华商联合报》第 18 期，1909 年 9 月 12 日。
② 《苏州商会档案》第 391 卷，第 15 页，苏州市档案馆藏。
③ 《苏州商务总会为倪开鼎等禀请试办苏商体育会呈文及清商部等批示》（1906 年 8 ~ 10 月），载华中师范大学中国近代史研究所、苏州市档案馆合编《苏州商团档案汇编》（上），巴蜀书社，2008，第 3 页。

其自治自立的意识也开始逐渐显露。

　　除此之外，促使晚清商人自治自立思想萌发的重要事件，是1901年兴起并在1903年发展到高潮的拒俄运动，1905年的抵制美货运动则进一步拓展了一部分商人的自治自立思想。据1903年4月30日的《苏报》报道，拒俄运动期间上海绅商与爱国知识分子联合进行抗争，初步意识到要抵御外侮，保护中国的领土和主权，主要应该依靠国民自身的力量，不能寄希望于第三国，也不能单纯依赖政府，故而呼吁"欲抵拒外祸，保固内权，亦非可望诸他人，其责任惟在我国民而已"。斗争之初由商人参加组织的四民总会（后改称国民总会），还自称为"地方议事厅之先声"，期待其集会议事的场所——张园获得美国著名的"费城独立厅"那样的历史荣誉；同时还表示："本会团结已固，势力已强，则本会可与各国政府直接交涉。"时人也惊喜地称道："此吾中国之独立钟声也。"

　　对于一部分商人思想意识的这种重要变化与行动表现，当时的社会舆论多有肯定和赞赏。《浙江潮》杂志即曾发表一篇时评，首先指出作为四民之首的"士"所具有的缺陷，阐明"吾中国有最可悲最可痛之一事，则以士为四民之首，又不能自成一社会，而又与他社会离而绝之，若判天渊而不可合，故日日言社会改革，言社会发达而终无效"；接着对"本埠绅商有四民公会之议"大加称赞，认为"国民进步，当于是焉视之"。这篇时评还强调指出："兹会之设……国民之机关在是矣。而自士社会以待合于其他种种各社会，以造成一致之精神，与一致之风气，则又所谓国魂也。"①《中外日报》1901年3月28日登载的一篇来函也表示："鄙意此事（指拒俄运动——引者注）与其官争于上，不如商争于下，似为得力。"反映出对商人力量的信赖。

　　随后的抵制美货运动期间，商人的自治自立思想进一步增强。商

---

① 《时评：四民公会》，《浙江潮》第5期，1903年6月15日。

界的一些有识之士在斗争中公开宣称："天下只有自立，决无依赖他人之道。"全国各地的商人则以独立社会力量的姿态，联合起来共同行动，掀起了一场全国规模的反帝爱国运动，充分显示出商人所独立蕴藏的政治能量。有些地区的商人还声明：抵制美货"亦一无形之战也"，"不必依赖政府"，而应"专恃民气"，以国民"自力抵制之"。①

与此同时，扩商权，争取自治自立，也成为一部分商人的强烈愿望。当时即有商人表示："商会者，联商情，开商智，以扩商权也。"② 据1905年7月8日的《时报》记载，在抵制美货运动中，商人所奔走呼吁的"鼓民气"、"结民力"、"广开会议，联络全国"成为日后自治自立之基础，可以说是对"扩商权"一语的具体解释。

晚清地方自治思潮的兴盛，从另一方面增强了商人的自治自立思想。20世纪初，思想界的爱国志士开始大力宣传地方自治思想，将地方自治视为救亡图存的一项重要措施，使之成为颇有影响的一股进步思潮。一部分商人也躬逢其盛，萌发了地方自治思想。有的意识到"地方自治为目前救病之急药，救灾之急赈"，③ 认为地方自治是自强御侮所急不可缓的举措。还有的甚至在一定程度上看到"清廷人势岌岌，不复可有为"，表示"非仿文明各国地方自治之制，不足以图强"。④

值得重视的是，晚清的商人不仅萌发了自治自立思想，而且相应采取了一些实际行动，力争将这一思想付诸实践。例如许多地区的商人都成立了不同名称的地方自治团体，并仿照西方国家的方式积极开展地方自治活动，在许多方面都争取到比较可观的自治权利，同时也

---

① 丁又辑《1905年广东反美运动》，《近代史资料》1958年第5期。
② 《余姚商务分会简章》，《商务杂志》（绍兴）第2年第1号，1910年3月10日。
③ 姚文楠等编《上海县续志》第13卷"杂记三"，文庙南园志书局，1918年刻本，第36页。
④ 李平书：《且顽老人七十岁自叙》，中华书局，聚珍仿宋排印本，第23页。

在城市社会生活中发挥了不容忽视的重要影响。这从另一个方面证明，晚清商人思想意识的发展变化，确实与近代中国市民社会雏形的产生不无关联。

晚清商人思想意识发展变化的具体表现，除上述几个方面外，在其他一些方面也有所反映。例如，晚清商人政治参与思想的发展变化，虽然相对说来不是很显著，但与以往相比也同样出现了某些应予重视的变化。尽管当时的商人就整体而言，仍未摆脱"在商言商"这一传统古训的束缚，政治参与思想表现不是很强烈，但随着近代国民观念的萌发，也有一部分开明的商人开始对政治较为关心，对清王朝的封建专制统治表示不满，希望改变国民不能预闻国家政事，完全由清朝统治者独断专行的政治格局。特别是资产阶级立宪派大造舆论，不断抨击封建君主专制制度的种种弊端，宣传近代君主立宪制的诸多优越性，使"报章之所论列，莫不以此为请"。① 立宪派的大力宣传与社会舆论的一致要求，对商人政治参与思想的萌发产生了明显的影响。商界中的一部分有识之士随后也要求改变封建君主专制制度，实行具有资产阶级政治体制特征的君主立宪制。

在实际行动上，一部分商人也积极参与了清末的政治运动。声势和影响均受到舆论关注的国会请愿运动，可以说是清末最重要的一次政治运动。商界作为一支独立的社会力量，由商会选派代表参加了这场敦请清廷速开国会、加速宪政改革步伐的政治请愿运动，并单独以商界的名义向清廷都察院递交了三份请愿书。这一事例说明，晚清商人的政治参与思想也较过去有所变化。

民国时期，随着清朝封建专制统治被推翻和民主政治的不断发展，商人的政治参与思想也愈益增强。其具体表现是一部分商界领袖

---

① 《考察宪政大臣达寿奏考察日本宪政情形折》（1908 年 8 月 7 日），载故宫博物院明清档案部编《清末筹备立宪档案史料》上册，第 25 页。

人物开始公开宣称商人应该突破"在商言商"这一传统古训的束缚，直接争取政治参与的权利。因此，在民国时期的一系列重大政治事件中，都可以看到商人颇有影响的政见与主张，商界实际上已成为各派政治力量关注和争取的重要对象。此外，民国时期的商人还开始独立开展各种政治活动。例如，民国初年由商会代表商界从事的调和党派政争，即体现了商人在政争中的影响。20世纪20年代以商界为主体在上海召开的"国是会议"，提出"废督裁兵"等一系列政治主张，则是商人在"直接民权"思想支配下，开展"国民自决"运动的一次重要尝试。其后的组织"民治委员会"行动，更是商人直接干预国家政治的非凡之举，引起各界人士的广泛关注。连毛泽东也曾专门撰文，称赞这一非凡举动是商人"三年不鸣，一鸣惊人的表示"。① 不难看出，清末民初商人政治参与思想的产生与发展，对于近代中国市民社会独立开展政治活动也具有重要的影响。

对自己历史地位的重新认识以及时代使命感的萌发，也应看作晚清商人思想意识发展变化的一个重要方面。

自古以来，士农工商的排列定位在中国历史上几乎成为一成不变的模式。商人处于最低层，被"卑之曰市井，贱之曰市侩，不得与士大夫伍"。举凡论及商人的文字，也似乎大都是锱铢必较、唯利是图等充满贬抑意味的字眼，商人可以说毫无社会地位可言。这种状况自然使商人自感卑微。有些商人尽管经商致富家拥巨资，也仍然得不到相应的荣誉和地位。到了近代，商业贸易的重要作用逐渐为世人所知，而且随着新兴工商业的发展，商人的地位日渐突出，传统的四民排列事实上已失去其社会基础。商人对自己的历史地位也随之有了新的认识。从有关史料可以看出，20世纪初的商人已开始以四民之首自居。他们认为："上

---

① 毛泽东：《北京政变与商人》，《向导》第31、32期合刊，1923年7月11日。

古之强在牧业，中古之强在农业，至近世强在商业。"[1] 商人长期形成的自卑心理在这一时期也明显得到消除，有的进而表示："我们经商的人，生在这西历一千九百余年，叫什么二十世纪实业竞争的时代，也真尊贵的很了。……天下最有活泼的精神，最有发达的能力，能够做人类的总机关，除了商，别的再没有这种价值了。"[2] 字里行间虽然不无夸大之意，但也表明当时的商人已明显意识到时代赋予自己的历史使命。正是这种时代使命感的萌发，促使商人以新的姿态主动释放自己的能量，在此后近代中国风云变幻的社会舞台上演出一幕幕活剧。

以上主要从新兴工商业的产生与发展、近代中国资产阶级的形成以及晚清商人近代思想意识的萌发演变三个方面，论述了清末之际社会自身的发展。可以说，社会自身在这三个方面的变化与发展，在清末都达到了前所未有的程度。有些方面的变化虽然在清末以前即已开始出现，但其发展程度远不足以孕育市民社会的雏形。例如新兴的私营工商业尽管在 19 世纪中后期即已产生，但发展缓慢，规模有限，一直不及官办和官督商办企业。直至 19 世纪末 20 世纪初，私营工商业获得了两次发展高潮，才在企业数量和资本规模等方面都大大超过官办和官督商办企业。新兴的工商业者虽然也诞生较早，但在 20 世纪以前始终未能形成一支独立的阶级队伍，处于分散隔阂的行帮之中，无法以独立社会力量的姿态开展社会活动。到 20 世纪初，新兴的工商业者始得以初步发展成为一支独立的整体社会力量，亦即形成具有近代意义的资产阶级。至于商人近代思想意识的萌发与增长，则更是在 20 世纪初才在各个方面有比较明显的具体表现。

这些事实表明，近代中国市民社会的雏形之所以在 20 世纪初的清末开始孕育萌生，一方面是因为当时的清政府推行"新政"，各项

---

① 《论说：兴商为强国之本说》，《商务报》第 8 期，1904 年。
② 《经商要言》，《中国白话报》第 9 期，1904 年。

政策都在不同程度上发生了较大的变化，为市民社会的孕育创造了有利的客观环境；另一方面是因为社会自身在 20 世纪初出现了前所未有的重要变化，为市民社会雏形的孕育奠定了所需的经济基础、阶级基础与思想基础。正是这两方面因素的相互作用，共同推动了近代中国市民社会雏形的萌生。

第五章

商会的市民社会特征

从本书第二章所论述的内容看，中国似乎并不具备产生像西方国家那样的市民社会和公共领域的条件。一些论者也据此断定，中国历史上没有也不可能出现类似于西方市民社会的组织或自治领域。这里涉及的一个重要问题是，在不具备与西方国家相同的历史环境的情况下，能否产生本质上类似于西方的市民社会和公共领域。换句话说，西方国家市民社会的产生方式，是否就是市民社会产生的唯一模式。本章即首先对这一问题略做说明。

一　市民社会发展模式检讨

笔者认为，市民社会是从欧洲的历史发展中演绎出来的概念，作为社会存在或学术术语，市民社会可以视为欧洲历史发展的产物。因此，论及市民社会时许多学者都会将其与西方的历史发展联系起来，这是很自然的，也是无可非议的。但是，如果将欧洲市民社会的产生看作固定不变的单一模式，则往往会误入简单化、绝对化的思维定式，以致闭塞视野，束缚思路。其结果是将欧洲市民社会的产生作为凝固不变的范型，凡合乎这一范型者即为是，不合者则为非，从而忽略了各国之间的差异。

有的论者之所以认为中国不论在历史上还是在当代，都不可能产生市民社会，就是因为中国始终不曾具备西欧孕育市民社会的各方面条件。在其具体的论述过程中，首先是列出欧洲市民社会发展的模式，认为欧洲中世纪产生了具有相对独立的合法自治地位以及内部平等这两大特点的城市，出现了市民阶级。其后，资产阶级通过革命推翻封建君主统治，取得了统治权。从 19 世纪三四十年代开始，地方自治在资本主义这一新的社会制度下逐步恢复、完善，由此建立欧洲的市民社会。同时还认为，中国历史上从来不存在严格意义上的市民阶级，而且是以中央高度集权为基础的大一统国家，不存在任何带有独立倾向的社会因素，因此也就不可能产生类似于西方的市民社会。①

这里我们暂且不谈以上所概述的欧洲市民社会发展的模式是否正确，其思路即首先值得推敲。很显然，以上结论是以欧洲的历史确定市民社会发展的唯一模式，然后将中国的历史套入这一模式，找出中国历史发展与这一模式不同的某些因素，就简单地断言中国不可能产生市民社会。这样的逻辑判断，未免失之偏颇。

从各国历史发展的事实看，市民社会的产生，在不同的国家必然有其不同的特点。即使是欧洲各国市民社会的产生与发展，也并非只有一种凝固不变的单一模式。中国的情况就更有其不同于西方国家的特点。对此，已有论者做过说明，指出"市民社会在不同的历史阶段以及不同的文化背景和国别，其含义、构成、作用和性质也会有所不同。市民社会绝对不是一种自然的和不变的东西，而是一种历史现象；不是一致的共同模式，而是具有特质的社会现象"。② 我们认为，

① 夏维中：《市民社会：中国近期难圆的梦》，《中国社会科学季刊》（香港）总第 5 期，1993 年 11 月。

② 邓正来、景跃进：《建构中国的市民社会》，《中国社会科学季刊》（香港）总第 1 期，1992 年 11 月。

这样的认识对于启迪我们的思路，帮助我们更全面地理解各国市民社会产生发展的特点不无裨益。

由于欧洲各国之间政治经济的发展同样不平衡，资本主义的发展状况和资产阶级的成长情况也并不完全相同，所谓西方市民社会的发展模式，甚至在欧洲的一些国家中也难以完全套用。且不说俄国的情况与西欧有多大差异，也不说地中海沿岸某些城市首先出现的资本主义及市民社会的萌芽后来趋于夭折，即以德国与其近邻英、法两国相比较，差别之处也是显而易见的。在英、法资产阶级已经取得比较充分的发展之后，德国的资产阶级却相形见绌，甚至连荷兰的资产阶级也比人数众多的德国市民强大。在这种情况下，德国市民社会的产生自然也有其独特的方式。

不可否认，市民社会确实存在共同的本质特征，但它的酝酿和产生，在各个国家和地区的具体情况绝非千篇一律。就其产生和发展而言，有些基本情况是各国共同具有的；但由于各国在历史传统、社会结构、文化素质以及民族心理、地理环境等许多方面的不同特点，再加上不同的时代条件和国际国内形势，市民社会在各个国家和地区的产生有其独特的风貌，绝不能简单地以某种单一的模式硬套各国的历史。这里涉及比较研究的方法论问题，无论对于历史学研究还是其他学科而言，不同国家的相互比较均不失为一种行之有效的研究方法，但运用这一方法如有不当，也极易导致简单化和片面性。从市民社会的产生看，一些颇相类似并且保存到近代的社会历史因素，在不同的国家并未产生完全相同的作用；而某些看似相异的因素，在不同的国家却又产生了相近的影响。这就要求我们在研究市民社会的过程中，既要善于同中见异，又要善于异中见同，准确地把握共性寓于个性、一般寓于个别的辩证关系。

简而言之，中国的历史和现实与欧洲的历史发展相异甚多，这是人所共知的事实，但并不能由此简单地推论出中国不论在何时，都无法孕育出有市民社会特质的相对独立于国家的社会，只有在对中国的历史与现实做出全面的考察和分析之后，才能对此得出符合实际的结论。另外，中国的市民社会必定具有中国的特点，不能因为与西方国家的市民社会有所不同，就否认中国曾经产生过有市民社会特征的组织和公共领域。

还需要说明的是，如同本书第二章所论述的那样，中国古代确实不存在脱离封建国家控制而真正独立自治的民间社会，甚至也不具备有利于萌发市民社会的诸种因素。这与西方国家相比较，的确是中国市民社会产生的困难所在。然则也要看到，西方国家在中世纪同样不曾产生市民社会，所谓市民社会完全是近代化的产物。另一方面还要看到，中国发展到近代，特别是进入 20 世纪初之后，各方面的情况都发生了明显的变化，从国家和社会两方面考察，都与古代大不相同。近代的中国虽然是由古代的中国发展而来，但毕竟与古代的中国迥然相异，出现了以往不曾有过的各种新的情况和条件。对于近代中国的巨大变化，当时的人们也有明显的感受。李鸿章即称之为中国"三千年未有之大变局"；梁启超则谓之为前所未有的"过渡时代"。当时的人们尽管因受历史的局限，对当时的变迁难以做出科学的分析，却有切身体验。我们现在探讨中国历史上是否出现过类似市民社会的组织和领域，更应对近代中国的发展变化给予充分的重视，不能片面地以为古代中国的历史条件难以孕育出市民社会，近代中国也必然是如此。

西方的一些学者，对于近代中国是否出现类似近代西欧那样的市民社会也表示怀疑。一部分学者认为，与西欧社会历史环境完全不同的近代中国，不可能产生与西欧相似的市民社会。美国学者魏斐德等人即是持这样的观点。① 他们强调，既然近代中国不可能产生类似

---

① Frederic Wakeman, "The Civil Society and Public Sphere Debate," *Modern China*, Volume 19, Number 2, 1993.

西欧那样的市民社会，也就不能用西方的市民社会理论来分析近代中国的历史。否则，将会出现如同中国一句成语所描绘的情景：削足适履。

即使是曾对19世纪汉口的商人行会和慈善团体进行过深入探讨，并认为当时的中国已经存在公共领域的美国学者罗威廉，也小心谨慎地避免在其有关研究成果中使用市民社会这一概念。尽管他认为19世纪中后期汉口的商人行会和一些慈善团体已具备了较多的独立自治特征，并曾于1990年专门撰写过《近代中国的公共领域》一文，[1]但实际上他也不赞成近代中国曾经出现类似西方的市民社会这种说法。然而，罗威廉研究19世纪中后期汉口商人行会和慈善团体的一些结论，也引起了西方一部分学者的非议，这些学者认为是他赋予了这一时期汉口商人行会和慈善团体独立自治的特征，而事实上它们并不具有这一特征。对此，笔者基本上赞同。本书第二章已曾对行会表面上的自治特征进行过分析，这里无须再加论述。

1993年，罗威廉针对美国一部分学者的批评，撰写了《晚清帝国的"市民社会"问题》一文。这篇论文的标题用了"市民社会"一词，似并非表明他赞同或是认定晚清时期的中国已产生了市民社会；相反，他也认为，期望中国或者其他非西方国家，具有或者应该具有学者们从"市民社会"这一概念中衍生和抽象出来的价值观念、制度结构等复杂特征，很可能是冒昧地把"市民社会"看作一种超越各国文化特征的所谓"普遍"的社会政治发展途径。而在中国这样一个与近代欧洲早期历史有着重大区别的国度，似乎不存在他们可以同等认可的发展模式。然而，罗威廉仍然坚持其与另一部分学者诸如玛丽·兰金等人的看法，即在中国清代和民国时期存在某些与市民社会

①　William T. Rowe, "The Public Sphere in Modern China," *Modern China*, Volume 16, Number 3, 1990.

相关联（仅仅是相关联而不是完全相同）的现象，这就是他们所说的公共领域。① 玛丽·兰金对此也有数篇专文进行过论述。

上述西方学者的不同见解，实际上仍可归结为市民社会的发展途径和模式这一焦点问题。多数西方学者认为近代中国不可能产生类似近代西欧那样的市民社会，主要依据是近代中国历史的发展与近代的西欧有着完全不同的特点。这种推断所蕴含的结论意味着只有西欧才能产生市民社会，凡是与西欧历史条件不同的国家，则不可能产生市民社会；即使出现了类似情况，也因与西欧的市民社会不完全相符而被否认具有市民社会的本质特征。这显然是忽略了市民社会的产生和发展除具有共同的特征外，在不同的国家还有不同的特征。

从西方学者的有关论文中，不难看出他们在讨论近代中国的市民社会问题时，还在一定程度上受主观情理的制约。尤其是美国研究中国史的学者，过去长期受费正清学派的影响，以"冲击—反应"的理论框架看待近代中国的历史，认为中国是一个停滞不变的社会，自身缺乏发展动力，只是在西方势力的刺激之下才做出一定反应，得到有限的发展。在世界范围内颇有影响的著名思想家马克斯·韦伯，很早也持中国社会内部缺乏发展动力的观点。美国新一代研究中国历史的学者成长起来之后，对传统的"冲击—反应"这一理论框架提出了有力的挑战。他们通过一系列深入具体的研究，认为中国自身也具有社会发展的动力，较早即存在许多潜在的现代化因素，或者说是有利于现代化发展的社会因素。同时，这些因素在近代中国社会的发展过程中产生了至关重要的影响。罗威廉研究 19 世纪汉口商人行会和慈善团体的著作，或许可以说是这方面的代表作之一。随着一批新的研究成果问世及其对传统"冲击—反应"理论框架的突破，西方学者特别

---

① William T. Rowe, "The Problem of 'Civil Society' in Late Imperial China," *Modern China*, Volume 19, Number 2, 1993.

是美国学者对中国历史的研究，在原有基础上向前迈进了一大步。不过，也许是有些学者矫枉过正，太过于强调中国社会内部因素的作用和影响，又引起西方学术界新的批评。

在探讨近代中国是否产生市民社会的问题时，一些学者即十分小心地避免遭受来自上述两方面的批评。罗威廉在《晚清帝国的"市民社会"问题》一文中，就说明了研究这一问题的两难处境。其原因在于西方的学者们研究这一问题，除了受内在的学理因素影响外，还受到道德的困扰。他们如果断定中国应该发育过市民社会，似乎是把自己局部的文明发展道路视为其他国家必须与之相一致的普遍发展模式，则有可能会因西方中心观或是种族中心主义而感到内疚。另一方面，如果以历史文化的区别为理由，只注重中国内部的发展因素及作用，完全不理会西方的影响，则又难免有东方文化主义之嫌。尽管罗威廉近年来发表的有关论著对此较为注意，但他仍未免因此而受到责难。其《近代中国的公共领域》一文所遭受的批评，即是说他以一种中国中心观，重新转向对现代化的单线性"发现"，是将先验的假设置入历史。所以，在《晚清帝国的"市民社会"问题》一文中，他虽以晚清中国的有关史实，从经济发展、公共管理、自治组织、文化与政治思想、公众舆论等方面，说明当时的中国出现了明显的变化，产生了许多与市民社会相关联的"公共领域"，但他又不得不花费笔墨一再做两方面的表示：一方面认为晚清的中国确有发展，并在某些方面与近代的欧洲颇为相似；另一方面又担心如果认为晚清中国也曾出现与近代西欧相似的公共领域乃至市民社会，是以西方的发展模式强加于东方的中国。因而他仍然强调中国与西方发展的相异之处，不敢断定中国也曾产生市民社会，并在该文的结尾申明，他所提供的论据绝不是为任何"西方文化—政治优越性"的普遍观点辩护。

这种情感因素的影响，显然不利于近代中国市民社会问题的深入探讨。我们认为，最重要的是依据史实得出结论。市民社会最早是起源于西欧，市民社会理论也是滥觞并发展于西方学者，用其分析东方国家的历史演变与发展并无不可，但要注意同中见异和异中见同，防止简单化与片面性。罗威廉说过，使用外界产生的概念去分析一种既定的文化，也许不仅仅是方便，还在于它具有独特的启示。对此我们也表示赞同。

然而，我们颇为不解的是，西方学者在热烈讨论近代中国的市民社会或公共领域问题时，为何对商会这一重要的民间新式商人社团组织未予以应有的重视，甚至许多有关的论著根本不曾提及。这或许是由于资料的限制，或许是由于主观上的忽略，对商会的具体情况缺乏足够的了解。我们认为，在清末民初的中国最具有市民社会特征的组织就是商会。因此，探讨近代中国的市民社会和公共领域问题，不能不对商会进行全面深入的考察。

二　新式社团商会的诞生

近代中国的商会虽然也属工商业组织，却是不同于行会的新式社会团体。它正式诞生于 1904 年。在此之前的 1902 年，上海曾出现名为商业会议公所的组织，1903 年天津也曾设立商务公所。其与行会相比尽管具备了一些新的因素，但较诸商会，两者之间仍存在明显的差异。有的论者认为上海商业会议公所是近代中国最早的商会，忽略了商业会议公所与商会的差异，对此笔者曾在早先出版的一部著作中做过较为详细的说明，这里不再论述。[①]

近代中国的商会虽然迟至 1904 年才诞生，其发展却极为迅速。

---

① 参见拙著《辛亥革命时期新式商人社团研究》，中国人民大学出版社，1991，第 61~63 页。

到清末，除个别省份外，在各省垣及通商大埠，都成立了商务总会，府、厅、州、县等中小城市则成立有商务分会。有些商务比较发达的州、县，所设分会还不止一处。1906 年，上海商务总会总理曾铸呈文商部，说明"凡贸易丰盛各村镇，均欲遵章请设分会"，请明定分会章程。商部表示："现在风气日开，群情渐臻鼓舞，多设一处，自可多获一处之益。……遇有禀请设立分会之处，应即随时转禀本部，不得稍有阻遏，致拂商情。"[①] 同时，为了避免引起纷争，商部制定了《商会章程附则》六条，规定原则上一州、县"每属只准设立一分会，其设会所在，不论系城埠，系村镇，总以在该州、县中商务最盛之地为断"。但又说明："各省商务情形不同，往往一州、县中商务繁富之区不止一处，彼此相同，无可轩轾，自应量予变通，两处均准设立分会。惟须实系水陆通衢，为轮船、铁路所经，商货辐辏之处，方得援照办理。"[②] 有此变通之法，一些位于轮船、铁路沿线水陆通衢的州、县，即成立了两个商务分会。

在县以下的乡镇，还成立有商务分所。1906 年，江苏锡金商务分会总理周廷弼禀告商部，阐明："商会之设，所以联络商情，惟大多数之联络，必积小多数之联络以成之，积村堡以成乡镇，积乡镇以成县邑。苟乡镇之商不能互相联络，则居县邑而言联络，非失之范围狭小，即失之呼应不灵。"为此进一步提出："就各乡镇凡有商铺荟聚之处，次第筹设分会之分会，借广联络，而资调查。此项乡镇分会，统隶属于县城分会，分之则各自为部，合之则联成一气。譬如身之使臂，臂之使指，部位分明，血脉联属，毫无扞格不通之弊，然后可实收联络之效。"[③] 显而易见，当时的商人希望大至商埠，小至各州县村

---

① 《苏州商会档案》第 69 卷，第 17 页，苏州市档案馆藏。
② 《苏州商会档案》第 12 卷，第 2 页，苏州市档案馆藏。
③ 《商部为设商务分所札苏商总会》（1906 年 11 月 15 日），载章开沅等主编《苏州商会档案丛编》第 1 辑，华中师范大学出版社，1991，第 73 页。

镇，所有的商家均能紧密联结起来。商部准如所请，将"分会之分会"定名为商务分所，规定"嗣后各府州县中，如已设立商会，而各村镇尚有续请设立者，即令定名为商务分所，与各该处总、分会设法联络"。①

这样，作为近代新式商人社团的商会，在清末即形成商务总会、商务分会和商务分所这三级组织体制。从这三级体制的关系看，一般都是分所隶属分会，分会又隶属总会，相互之间宗旨相同，规章一致，组成一个层层统属、不可分割的有机整体。在中国历史上，此前还不曾有过这种上自通商大埠，下至乡镇，且相互联结的民间社团网络。它的诞生，无疑是中国社会在近代发展的一个重要体现。

清末民初，各地商会还积极酝酿联合成立全国性的商会组织——华商联合会。1907 年，由上海商务总会、上海商学公会和预备立宪公会联合发起的第一次商法草案讨论会在沪举行。全国各地 80 多个商务总、分会派代表参加了这次盛会。会上除讨论自拟商法事宜外，还一致决定发起成立华商联合会，并拟定了筹建全国华商联合会意见书及简章。意见书指出："吾国商人，病涣散久矣，甲与乙不相谋，此业与彼业不相浃，此埠与彼埠不相闻，情势日益暌，能力日益弱，受压于官吏，受制于外人，循是不改，莽莽尘球，无复我华商立足地矣。比年以来，开明之士稍稍悟其非，翻然讲合群之理，海内外各埠，以次设立商会。……商与商集合而成商会，其在今日明效大验，诸公既知之稔矣。若会与会联合而成大会，效力之大，必有十百于今日商会者。以积极言，则权利之请愿，实业之发达，力厚而事易举。以消极言，则外力之侵佚，官吏之压制，合谋而势不孤。凡此皆与会诸公所日夜往来于心目中而思得一当者也。区区之愚，以为宜乘今日

①《商部为设商务分所札苏商总会》（1906 年 11 月 15 日），载章开沅等主编《苏州商会档案丛编》第 1 辑，第 73 页。

组织一华商联合会，为海内外各埠商会总机关，为我全体华商谋极大幸福。"① 所拟华商联合会简章，规定联合会由海内外各埠商务总会、商务分会联合而成，凡经商部认可成立的商务总会、分会，分别举代表二人和一人，各大公司、银行有法人资格者，亦可入会。联合会的宗旨是：为各埠商会交通总机关，谋各埠商会办法之统一，谋华商公共利益并去其阻碍。

此次商法草案讨论会后，华商联合会并未宣告正式成立，由上海商务总会和新加坡华商总会分别负责筹备事宜。1909 年 3 月，上海商务总会根据第一次商法草案讨论会上各地商会代表的提议，创办了《华商联合报》，以便"联合商界，振兴实业"，争取华商联合会早日成立。同年底在上海举行的第二次商法讨论会，再次商议了组织华商联合会的有关事宜，决定"以此事责诸《华商联合报》馆办理"，馆内附设"华商联合会办事处"，报刊的名称相应改为《华商联合会报》。1911 年 6、7 月间，华商联合会办事处已决定于是年召开华商联合会正式成立大会。当时联合会办事处致天津商务总会函透露："蒙海内外各商会同声赞成，现在入会签名者约得二百七十余处，今年拟开会成立。"② 但不久以后，因武昌起义爆发，各地局势动荡，华商联合会的成立大会又不得不延迟。

尽管由于种种原因，华商联合会的正式成立延宕了几年时间，但全国各地商会对此事一直未曾放弃，而且随着国内外形势的发展，更多的商会进一步认识到成立全国商会联合会的重要意义。辛亥革命后不久，全国商会联合会的成立很快即被再次提上议事日程。不少工商业者意识到："我国幅员广大，各地商会往往因交通未便，声气难通，

---

① 《筹建全国华商联合会意见书及章程》（1907 年 12 月），载天津市档案馆等编《天津商会档案汇编（1903~1911）》上册，天津人民出版社，1989，第 292 页。

② 《全国华商联合会致津商会函请速告是否参加全国华商联合会》（1911 年 6 月 30 日、7 月 16 日），载天津市档案馆等编《天津商会档案汇编（1903~1911）》上册，第 294 页。

而物品之产额、销路素无统计，苟有全国商会联合机关，则商情可以联络，调查易于着手，至政府施行之商政，与议订之商法、商税、商约等项，其利害关系全国者，尤得广征意见，协力筹维，然后商人之障害可除，商业之振兴可望。……时至今日，无论对内对外，皆决不可无全国商会联合之机关。盖有此机关则视线远大，规划周宏，一致进行，众擎易举。"① 1912 年 6 月，汉口商务总会和上海总商会再次发起成立全国商会联合会，并拟定了"组织大纲"，同时致函天津、奉天、广州、重庆等地的商务总会征求意见，各会均表示"极端赞成"。于是，借同年 11 月工商部在北京召开临时工商会议之机，上海商会代表王震和汉口商会代表宋炜臣、盛炳纪等，联合与会的 41 个商会的 64 名代表，举行了成立全国商会联合会筹备会。筹备会经过讨论，一致赞同立即成立中华全国商会联合会（以下简称"全国商联会"）。

当时，工商部曾拟将各地商会的总、分会名目取消，统称商会，另再设立各省商会联合会，而不设全国商会联合会。但与会的各商会代表均表示反对，强烈要求尽快成立全国商联会，并拟定了全国商联会章程，议定在北京设全国商联会本部，在上海设总事务所，各省和各侨埠均设分事务所。随后，宋炜臣、王震等三人领衔呈文工商部，声明："环观世界趋势，商战日激，我国商人虽经失败于前时，自当争雄于后日。然苟无总集之机关，合群力以竞进，则商务既无发达之望，即商战难操胜利之权。言念前途，良堪危虑，再四筹维，惟有组织中华全国商会联合会。"同时，呈文还要求工商部对全国商联会"核准立案，并分别咨令各地方行政官厅知照"。② 同年 12 月，工商部即发文批准设立全国商联会。紧接着，上海总商会推举总理周金箴、

① 《中华全国商会联合会缘起》（1912 年 11 月），载叶万忠、林植霖《中华全国商会联合会第一次代表大会（上）》，《历史档案》1982 年第 4 期。
② 《中华全国商会联合会缘起》（1912 年 11 月），载叶万忠、林植霖《中华全国商会联合会第一次代表大会（上）》，《历史档案》1982 年第 4 期。

协理贝仁元和王震为全国商联会总事务所的总干事，于 1913 年 1 月任职启印。至此，全国性的商会组织经过数年的酝酿筹备终于得以正式成立。不久，各省和各侨埠的分事务所也相继设立。至 1913 年 8 月底，已设立分事务所的地区有江苏、直隶等 19 省和霹雳、日惹两侨埠。到 1914 年 3 月全国商联会第一次大会召开时，已是"各省各侨埠事务所均次第成立"。

这一时期，商会的组织层次与清末相比略有变化，名称也稍有不同。从组织层次看，清末没有成立全国性的商会，各省的商务总会是最高层次的商会组织。由于在省垣及同一省份的通商大埠均可设立商务总会，许多省份的商务总会不止一个。例如，清末的江苏即有上海、江宁、苏州和通崇海泰等多个商务总会，每个商务总会只能对所属的分会起指导作用，而不能作为全省各地商会的领导机关。民初全国商联会成立后，成为名副其实的全国最高层次的商会组织，发挥着联络全国各省商会的中枢作用。1914 年袁世凯政府颁布的《商会法》，对全国商联会竟只字未提，意在取消已经成立的全国商联会，因而激起众多商会的强烈反对。在此情况下，1915 年修订的《商会法》，不得不承认各省商会有权共同设立全国商联会。各省商会的组织层次，与清末大体相似。1914 年颁布的《商会法》曾规定：各省城、各商埠及其他商务繁盛之区域，得设立商会，另在省城设立商会联合会。有关施行细则还要求取消原来的商务总、分会名称，限于六个月内一律改组，统称为商会，而且规定每县以设一会为限。如一县原有数个商会者，仅保留一处，余或裁撤，或改为该县商会分事务所。原来的商务分所则一律裁撤，如地方较为繁盛，改为该县商会分事务所。由于这些规定遭到许多商会的反对，1915 年修订的《商会法》做了某些修改，规定各省最高行政长官所在地及工商业总汇之各大商埠设立的商会，称为总会，其余地方设立者统称商会，商会以下可设分事务所。同一行政区域如工商繁盛，也可设立一个以上的商会。对各省设立商会联合会之事虽未再提及，但在此之前已经成立的全国商联会各省分事务所，实际上承担了各省商会联合会的职责。于是，此后的商会形成了全国商联会及其各省分事务所、总商会、商会及其分事务所这样的组织层次，相互之间的联系较诸清末更为密切。

从商会的发展速度和规模看，在清末的几年即已十分可观。到1912 年，全国各地除西藏等少数几个地区外，都相继成立了商务总会、商务分会和商务分所。但有关这一时期全国商会的数字，由于资料记载比较零散，且统计数据不一致，学术界的意见也略有出入。有的学者根据《中国年鉴》（第一回）中的"各省商会详表"、"农工商部统计表"、"第一次农商统计表"等资料，按年代统计，认为到1912 年，全国已有 57 个商务总会，871 个商务分会，总、分会合计共 928 个。[①] 另有学者主要根据《中国年鉴》（第一回）和《中华民国二年第二次农商统计表》中的商会表，按年代和省份整理排列，得出的数字是：到1912 年，全国共计有商会 922 个，其中商务总会 49个，商务分会 873 个。[②] 尽管上述统计略有不同，但可以肯定，到1912 年，全国的商务总会、分会已多达 920 余个。这个统计数尚未包括商务分所在内，因目前所见各种资料均未统计全国商务分所的数字，所以具体有多少不得而知。从有关情况看，商务分所的数字肯定会多于商务分会。以清末的苏州商务总会为例，其下属有梅里、平望、江震、盛泽、常昭、昆新、东唐等 8 个商务分会，分会之下又有同里、震泽、菉溪、黎里、周庄、东乡、巴城、陈墓镇等 10 余个设于集镇的商务分所。据此推断，如果加上商务分所，1912 年全国商会的总数大约为 2000 个。

———

① 徐鼎新：《旧中国商会溯源》，《中国社会经济史研究》1983 年第 1 期。
② 王笛：《关于清末商会统计的商榷》，载《中国近代经济史研究资料》第 7 辑，上海社会科学院出版社，1987，第 111 页。

　　清末民初的商会，其成员主要是工商业者，尤以商人居多，这是与近代中国工业不发达、商业畸形发展的经济格局相适应的。当时的工商业者自身对其工与商的身份也无明显区分，工矿交通运输业资本家均自称为"职商"或"商人"，所以一般都把清末民初的商会笼统地称为商人的新式社团组织。各个商会对其成员的资格都有一定的限制，其中最重要的一条就是必须在当地经商。例如，苏州商务总会的章程规定具备下列条件者才能加入商会成为会员：（1）行止规矩；（2）事理明白；（3）在该地经商；（4）年满 24 岁。[①] 上海商务总会规定凡在上海按律经商，有实在营业之本国人民，得入本会；各行帮推选的会员，也必须是"确系在本业经商"，"已经本会定议，认为会友者"。[②] 民初的商会对会员的要求是必须具备下列条件之一：商会区域内公司本店或支店之职员为公司之代表者；各业所举出之董事为各业之代表者；自己独立经营工商业，或为工商业之经理人者。[③] 根据这些规定，只有工商业者才具备加入商会的资格。不过，商会中也有为数很少的特别会员和名誉会员，有的称名望会员，一般都是由当地颇具声望的社会贤达充任。这些人并不都是工商业者，其资格也有条件限制。上海商务总会规定："凡望众品优及捐巨款，实力赞成本会，经本会会友二人以上提议公举，会员定议公认者，可推为本会名望会员。"苏州商务总会议定：能独捐巨款赞助该会，或每年缴纳会费300元以上，且关心公益者，经众推许，可成为特别会员。这类特别会员和名誉会员，在商会中只是挂名而已，基本上不参加商会的日常活动。

　　商会出现后，并非所有的工商业者都加入自己所在地区的商会而

---

　　① 《苏商总会试办章程》（1905 年），载章开沅等主编《苏州商会档案丛编》第 1 辑，第 18～19 页。

　　② 《上海商务总会公议详细章程》，《商务官报》第 14 期，1907 年 7 月 14 日。

　　③ 《商会法》（1915 年），载中国第二历史档案馆等编《中华民国商业档案资料汇编》第 1 卷上册，中国商业出版社，1991，第 48 页。

成为其中的一员，因为商会是以工商业者自愿加入为原则，而不像行会那样强制本行业者加入。尽管如此，从实际情况看，商会仍联结了一大批工商业者，特别是那些有一定影响的工商业者，绝大部分都加入了商会。另外，有许多是以本行业或行帮为单位，推举本业或本帮的商董作为代表，加入商会成为行业或行帮会员，实际上是整个行业或行帮均加入了商会。商董成为会员，商家则成为会友。因此，清末民初商会成员为数并不少。

据估算，从商会开始出现到 1906 年的几年间，全国 30 个商务总会和 147 个商务分会中，会董数是 6000 多人，会员数多达 58600 人。至 1912 年，全国商务总会、分会总计已拥有会员 20 万人以上，其中仅会董就有 23800 人左右。[1] 由于有些地区的商会缺乏会员数据，而且各书记载商会会董和会员数不尽相同，有的是成立时的数字，有的则是成书时商会发展起来的数字，对历届商会改选后加入的新工商户会员数无法了解，所以，上述估算的 1912 年全国商会会员数肯定少于实际数。

需要特别指出的是，商会除会员外，还有大量的会友。从有关史料不难看出，这些会友实际上也是商会的成员。有的论者之所以认为商会的组织规模比较小，其实是忽略了商会会员之下还有为数更多的会友也属于商会成员。就一般情况而言，商会会员大多是各帮各业的商董，"即各帮各业之领袖"，会友则是普通的工商户，所缴纳的会费比会员少得多。上海、苏州等商务总会规定，会员必须每年缴纳 300 元以上的会费，而会友则只需缴纳 12 元。江西商务总会还特别指明："凡省城内外大小商业店户，及外省、外府之庄客驻省，愿尽扶助本会义务者，皆得入会，以期同享本会保护之公益，伸张个人之权利。"[2] 有的

---

① 徐鼎新：《旧中国商会溯源》，《中国社会经济史研究》1983 年第 1 期。
② 《增订江西商务总会章程》，《苏州商会档案》第 66 卷，苏州市档案馆藏。

商务分会更明确规定："凡商家赞成入会者，即为本会会友。"① 会友之为商会中的成员，从商会对其权利的肯定也可得知。在这方面，许多商会在章程中即做了说明。有的指出，会友同会员一样，享受商会的一应保护，"凡有公益，一律均沾"。② 有的强调："本会会员、会友既入会，应一律相待，毋有歧视。"③ 此外，各商会同会录一般也将会友列于其中。如我们所见民国初年刊印的《苏州总商会同会录》，列举入会商号 1000 余家，凡会友均包括在内。所以，统计商会成员的数字，不能只看会董和会员，还要看会友。毫无疑问，会友的人数远远多于会员，是清末民初商会中的一般成员。上述对清末全国商会会员数的估算所依据的各种资料，均未说明会员中是否包括会友。如果这一数字未包括会友，那么商会的实际成员就会超出其几倍乃至十几倍。

还应说明的是，清末民初商会的领导人乃至会员，绝大多数都身兼各种虚衔或功名，一般称之为绅商。从表面上看，他们似乎与传统的绅士没有多大区别，但我们不能简单地以此推断商会与传统的绅士组织具同一性质。这里涉及的一个重要问题是，如何看待绅商的阶级属性。我们认为，清末商人和企业主拥有功名虚衔甚或顶戴花翎的现象确实非常普遍，对此无须讳言，然而其与传统的绅士又有很大的区别。正如有的学者所指出的那样，不能简单地"只要看到'绅商'、'职商'之类的字眼，看到企业投资者而又兼具官僚、地主身份，就不愿承认这些人新的阶级属性"。事实上，"从十九世纪末到二十世纪初，地主阶级中当权的官和不当权的绅，由于大量投资近代企业而成为资本家的事例"，已是一种社会发展趋向。④

---

① 《江震商务分会试办章程》，《苏州商会档案》第 4 卷，苏州市档案馆藏。
② 《广东总商会简明章程》，《东方杂志》第 1 年第 12 期，1904 年 12 月。
③ 《江西商务总会创办章程》，《苏州商会档案》第 68 卷，苏州市档案馆藏。
④ 章开沅：《辛亥革命与近代社会》，天津人民出版社，1985，第 188 页。

清末的不少工商业者之所以拥有各种功名或虚衔而被称为绅商，主要出于两个方面的原因。

其一是随着资本主义工商业的产生并获得初步发展，传统的绅士群体出现明显分化。除了少数顽固保守的旧派绅士仍一成不变地依附于封建主义以外，许多开明的绅士在保留原有功名或虚衔的情况下，先后投资兴办近代工商企业，从而由传统的绅士逐步转化成为新兴的工商业者。其思想意识也伴随着经济地位的变化，发生了非常明显的转变。这种情况在那些相对而言工商业比较发达的通商大埠十分普遍。因此，所谓的绅商在那些工商业比较发达的城市，实际上就是新兴的工商业者，而不是传统的绅士。

其二是大量工商业者通过捐纳报效的方式，获取各种功名或虚衔而成为绅商。众所周知，中国的工商业者长期以来横遭鄙视与凌辱，四民之中"工商皆其末也"。他们的社会地位极为卑贱，在封建势力和传统陋习的沉重压抑下抬不起头。而绅士却一直享有较高的社会地位和威望，连当权者也要对其尊崇几分。近代，虽然绅士的地位已不如以往，但仍是地方的上层人物。为此，工商业者不惜慷慨解囊捐得功名或职衔，使自己跻身"绅"的行列，以改变卑微的社会地位。另一方面，在清代从事工商活动往往遭到来自外国资本主义和本国封建势力的阻挠压制，商人要想立足并得到发展，就不得不应酬于官场，寻求官府的庇护；而只有通过获取功名职衔争得在绅商中的一席地位，才能提高身价，得到出入官场的便利条件。正因为如此，猎取功名职衔以便于经营实业，成为晚清工商业者中的一种时尚。清王朝在财源日渐枯竭的情况下，大肆卖官鬻爵，也为工商业者通过捐纳报效获取功名或虚衔打开了方便之门。

出于以上两个方面的原因，清末民初的工商业者大都兼有各种不同的功名或虚衔。虽然他们功名在身，甚至有的翎顶辉煌，却不能简单地将其与传统的绅士相提并论。投资兴办实业的绅士尽管保留了功名职衔，但其主要经济收入来源转向经营资本主义企业所得利润，而且思想意识发生了变化，其阶级属性当也相应发生转变，即从旧式绅士逐渐变成了新式工商业者。至于工商业者以捐纳报效的方式求得虚衔和虚名，并无实任，仍主要是从事实业活动，其工商业者的属性则并无改变。因此，不能因为商会中许多成员拥有功名或虚衔，就简单地认为商会也类似于传统的绅士组织，进而否认它是新兴工商业者所组成的社会团体。

当然，以上对绅商的分析，主要是针对近代资本主义已经产生并获得初步发展的大中城市的绅商而言的。至于那些交通闭塞的地区，在清末民初没有出现近代资本主义企业，当地的绅士也就不可能发生上述分化，仍旧保留着传统绅士的特点。在一些中小城市中，近代资本主义极不发达，也有相当一部分绅士仍因袭着过去的传统。即使是在近代资本主义较为发达的大中城市，虽然较多的绅士发生了转变，但从绅士向新兴工商业者的转变并非一蹴而就，特别是思想意识的变化需要一个较为缓慢的过程才能实现。从有关具体情况看，严格说来，晚清时期传统绅士群体向新兴工商业者的转化并未最终完成，仍处于转变之中的过渡阶段，所以依然残留着传统绅士的某些因素，并对其言论和行动都产生了不容忽视的影响，对此我们也应有全面的认识。

以上我们对清末民初商会的组织层次、成员以及发展情况做了简略的介绍，便于读者有一个大概的了解。下面，再就商会所具有的市民社会特征分别加以说明。

三　商会的自治特点

清末民初的商会是否具有类似市民社会的自治特点，是关系到商会是否带有市民社会根本特征的焦点问题之一。市民社会的概念发展至今，包括西方的学者在内，对这一概念的内涵与外延并无完全一致的界定，似乎是众说纷纭，意见纷歧，以至于我们在使用这一概念论述有关问题时，常常感到无所适从。如同美国学者罗威廉所说的那样，他在论及清末民初中国的市民社会或公共领域问题时疑问甚多，而在所有的疑问中，对"市民社会"这一概念本身的疑问最多。即便是在欧洲的背景下，对"市民社会"概念的理解也可能引起争议。这个概念是如此不定型，几乎使人们对其运用效能失去了信心。[1] 罗威廉的这番话并非无病呻吟，有些学者在论述有关问题时，确实是根据需要提出自己对市民社会概念的理解和界定，难以得到他人的首肯。不过，综合各家之说，也可找到能为绝大多数学者认同的市民社会的某些基本特征。我们可以依据这些基本特征，对清末民初的商会进行考察。

市民社会的基本特征之一，在于它是脱离国家直接控制和干预的社会自治领域，拥有相当程度的独立性和自主性。我们认为，清末民初的商会已基本上具备了这一特征。当然，在近代中国特定历史条件下产生的商会，其独立性和自主性不及西欧的类似社团，仍具有一定的局限性。但这并不奇怪，因为它正是近代中国市民社会的一个明显特点，否则，就称不上是具有中国历史特点的市民社会。

关于清末民初的商会是否具有独立性和自主性的问题，稍早的一些有关论著尚存在不同的看法，在此有必要予以说明。首先是一部分外国学者持有异议。例如，日本学者仓桥正直认为，清末商会"是在官府的坚强领导和大力庇护下设立起来的"，"由商部接受地方政府申请后上奏，然后朝廷颁发上谕裁可，并发给商务总会特别官印——官防"，所以它是"官办的组织"。[2] 研究近代中国资产阶级颇有影响的

---

① William T. Rowe, "The Problem of 'Civil Society' in Late Imperial China," *Modern China*, Volume 19, Number 2, 1993, p.141.

② 仓桥正直：《清末商会和中国资产阶级》，中译文载《中国近代经济史研究资料》（1984 年下半年），上海社会科学院出版社，1984。

法国学者白吉尔夫人，在其《中国资产阶级与辛亥革命》一书中也指出："资产阶级在形成的时候，开始并不是一个与满清帝国相对抗的阶级。从某些方面来看，他们的一些组织，尤其是商会，甚至可以被看作是帝国政府的下属机构。"①

20世纪80年代初，国内的一些学者也以清末商会介于官商两者之间的特殊身份和关系，认为它是半官方性质的组织。有的强调商会"受清政府商部（后为农工商部）和各地商务局的控制，经常被札饬承担封建性的差使和支应官场需索，带有半官方的性质"。② 还有的指出"各商会的总、协理及会长均受官府'札委'并颁发关防，俨然衙门"，是"半官方机构"。③

以上种种说法，都从不同角度或多或少地否认了清末商会是一个民间社会团体，实际上涉及商会究竟系官办还是商办这一重要问题。我们认为，清末民初的商会虽与官府有一定的联系，但它并非官办组织，也不是半官方机构，而是商办的新式民间社会团体。近年来，这一结论已逐渐得到多数学者的认同。

如果说清末民初的商会是官办的组织，抑或是清政府的下属机构，那么它必然是官方主办，不可能是民间主办；而作为一个官方主办的社团，又必然是秉奉强制性的行政命令设立，并由官方任命官员和有关人员担任领导人，对其实行直接控制。不仅如此，官方还会制定有关的章程，提供所需的经费。否则，就称不上是官办的组织或官府的下属机构。以之考察清末民初的商会，其实际情况却均非如此。

其一，清末的商会不是清政府以行政命令的方式，强制商人成立的社团，而是商人自愿组成的新式团体。起初的一段时间，清政府希

① 白吉尔：《中国资产阶级与辛亥革命》，中译文载《国外中国近代史研究》第4辑，中国社会科学出版社，1983，第55~56页。
② 章开沅、林增平主编《辛亥革命史》中册，人民出版社，1980，第399页。
③ 邱捷：《辛亥革命时期的粤商自治会》，《近代史研究》1982年第3期。

望通过成立商会，推动中国工商业的发展，并借以联络工商业者，曾采取各种方式促使一些地区的商会诞生；但这种方式不是强制性的行政命令，而是向商人宣传商会的重要作用，并对已成立的商会给予保护和鼓励，以劝导更多的商人组织商会。一些地方官员经清廷谕饬，也曾劝导本地的商人设立商会，但同样不是强迫命令，而是敦请商人自行联络设立。清朝的商部对此曾做过明确的说明："商会者，并非本部强令各商联合，不过使各商自相为会，而由本部提倡之，保护之，使官与商息息相通，力除隔膜之弊。"① 因此，清政府在推动商会普遍设立的过程中虽发挥了促进作用，但各地区的商会能否成立，关键在于该地区商人的力量是否雄厚，在于他们是否及时意识到商会的重要作用。由于各地商人对商会作用的认识先后不一，各地商会的设立时间也不一致。这些都证明商会实质上是商人自愿组成的团体，商会的诞生在根本上取决于当地商人的态度，而不是取决于官府。事实上当时的官府也并未以行政命令的方式强制商人成立商会。

其二，商会中既没有官府委任的官员，也无官府选派的"督办"代表官方对商会进行控制，各商会都是由在会工商户自行选举的领导人负责处理日常事务。清末商会的高层领导人，在总会中有总理和协理，分会则只有总理，不设协理。民国以后，总理、协理改称会长、副会长。总理、协理之下是会董，有的也称议董。总会的会董人数在30 名左右，分会为15 名左右。清末民初的商会均规定，总理、协理或正、副会长由全体会董投票选举，会董则由全体会员推举，对被选举者均有资格限制。例如清末苏州商务总会的章程指明总理、协理必须在会董中推举，其所须具备的资格为：（1）品行方正，事理通达；（2）热心公益，谙习公牍；（3）在苏有实业；（4）年在30 岁以上。上海商务总会的章程也规定当选总理、协理须具备如下资格：（1）品

---

① 《商部接见商会董事章程》，《东方杂志》第 1 年第 11 期，1904 年 11 月。

行方正者；（2）系行号巨东或经理人，每年贸易为一方巨擘者；（3）谙习公牍，明白事理者；（4）身任议董者；（5）年在35岁以上者。① 根据这些规定，当选为总理、协理者都是当地声望素孚、品行方正的工商界头面人物。拙著《辛亥革命时期新式商人社团研究》的第三章，对清末许多商务总会、分会中当选为总理、协理者的个人身份进行过具体考察，表明各地商会担任总理、协理者虽所属行业不一，但基本上都是当地工商界举足轻重的人物。另外，清末的商会对当选会董者也有条件限制，必须"手创商业，卓著成效"，系行号巨东或经理人，每年贸易往来为一方巨擘，并在该地经商历五年以上，年届三旬等。所以，商会的会董也都是工商各业的重要人物。这些足以说明，清末民初的商会是由其会员、会董推举的有影响、有声望的工商界领袖所领导的商办民间团体，不是官府派遣官员或督办控制的官办组织。

对于清末商会的总理、协理须由清朝商部（后为农工商部）"札委"这一现象，应做具体分析，不能以此简单地将商会与官办或半官方的机构等同看待。在清末，商会的总理、协理由各商会自行选举之后，确实必须报请清朝商部下文"札委"才算是正式上任。民初的商会，正、副会长及会董选定后，也须经地方最高行政长官或地方行政长官上报农商部，只是不再履行"札委"手续。即使是清末的商会，总理、协理须由清朝商部下文"札委"，从表面观之似乎与官府向官办机构任命官员无异，但实际上大不相同。例如清末的商务局虽为振兴工商而设，但因是地道的官办机构，其主管人员根本不经工商界商议推举，概由清政府直接任命候补官员担任。由官府直接策划而成立的上海商业会议公所和天津商务公所，与商会的不同点之一，也即在

_____

① 苏州商务总会的章程见章开沅等主编《苏州商会档案丛编》第1辑，第18页；上海商务总会公议详细章程见《上海商务总会公议详细章程》，《商务官报》第14期，1907年7月14日。

于其领导人由官府指定，而不是商人自己推选。商会的总理和协理，则系商人自己推举，并非官府事先委任。商部在札发各商会的公文中已对此说得很清楚："本部于各总理、分会札派总理、协理，必由商家公举，始行委用。"① 尽管商人自己选定的总理、协理必须由商部下文"札委"，但这是由下而上的报请批准，而不是从上及下的任命，可以说仅仅是履行备案的手续，以取得合法地位。由于是商人自己推选，并且规定当选者必须确系创办商业卓有成效的商董，因此所选总理、协理都是当地工商界的显赫人物。与此相应，实际控制商会领导权者当为工商界的上层代表，而不可能是官府衙门。

另外，商会在选举总理、协理和会董的过程中，也不受官府和其他势力的控制与影响，完全根据其章程所定条件和商人自己的意愿，选举声望素孚而有相当影响的工商界代表人物担任总理、协理。可以说商会在选举领导人方面拥有较大的独立自主权。这种情况不仅在清末的商会初始诞生阶段即已确认，而且直至民初也是如此。1914 年11 月农商部颁布的《商会法施行细则》第 11 条对商会选举曾略有限制，规定各商会"每届选举，应先期禀请该管地方官，派员到场监视"。② 但这一规定受到许多商会的反对，并要求予以修改。1915 年 3 月，全国商联会临时大会在上海召开，讨论修改《商会法》及其施行细则的意见。哈尔滨商务总会提交的意见书指出："商会纯系体面商人组织……与他种私人团体大不相同，派员监视，义将何取？"浙江瑞安商会代表林文泽也在发言中表示："商会选举，与议会初选不同，地方官无到场监视之必要。"③ 由于商会反对，农商部不得不对《商会法施行细则》进行修订，于 1915 年 11 月重新颁布。修订后的施行细则删去了原有"监视"商会选举的字样，改为由商会"请所在地地

---

① 《苏州商会档案》第 44 卷，第 3 页，苏州市档案馆藏。
② 沈家五编《张謇农商总长任期经济资料选编》，南京大学出版社，1987，第 209 页。
③ 《中华全国商会联合会会报》第 2 年第 12 号，1915 年 11 月，"专件"第 6～7 页。

方最高行政长官或地方行政长官派员届时莅视"。① 从"监视"改为"莅视"，虽仅一字之差，但此事的性质却发生了重要变化。可以说，民初的商会通过斗争，维持了选举原有的独立性。

从有关史料中，也很少发现官府干涉商会选举的现象。1919 年，在天津曾发生外人干涉总商会会长选举之事，结果受到天津总商会的一致抵制，并引起其他许多地区商会的反对。这一事件具体反映了商会独立自主选举其领导人的权利不容他人破坏，故有必要稍加说明。

1919 年 9 月，天津总商会因前此当选会长叶登榜年老体衰坚请辞职，不得不重新选举会长。在共计 44 名会董出席的选举会上，原副会长卞荫昌获全票通过，当选为会长。卞荫昌在天津商界抵制日货运动中表现十分积极，引起日本侵略者的忌恨，故而在卞当选为天津总商会会长后，日本驻津总领事船津辰一郎马上与北京政府农商部交涉，企图施加压力将卞荫昌撤换，改选会长。在致农商部的一封函件中，船津辰一郎直言不讳地说："自津埠排日风潮兴起，当抵制日货剧烈之时……卞荫昌实为商界联合会主动之人，并为十人团团长。"同时，要求农商部"顾念邦交"，令其"即行退职"。② 因商会正、副会长向由商会自行选举，官府不加干预，已形成惯例，故农商部虽畏于日本侵略者的恫吓，但也不敢贸然下令将卞荫昌撤换，只得复函向船津辰一郎说明"商会选举在商会法范围之内，官厅向不干涉"，并希望日本领事"慎重相处，勿令发生重大交涉，致令政府难于应付"。③

---

① 沈家五编《张謇农商总长任期经济资料选编》，第 223 页。
② 《农商部工商司致函天津总商会转发日驻津总领事船津辰一郎要求卞荫昌退职函并商会复函》（1919 年 11 月 12 日），载天津市档案馆等编《天津商会档案汇编（1912～1928）》第 1 册，天津人民出版社，1992，第 58 页。
③ 《农商部工商司致函天津总商会转发日驻津总领事船津辰一郎要求卞荫昌退职函并商会复函》（1919 年 11 月 12 日），载天津市档案馆等编《天津商会档案汇编（1912～1928）》第 1 册，第 57～58 页。

对于日本侵略者干涉会长选举的行径，天津总商会极为愤慨，呈文国务院和外交部，义正词严地表示："前商界虽有附和抵货之举，然究属国民爱国所当然，岂能即以鼓动理想之词而遽加诸机关之领袖"；说明"敝会依法选举卞君荫昌为会长，业经呈报省长转咨农商部在案。乃日领船津氏竟横加干涉，实足以侵我国权，扰害商务"；强烈要求政府"依照国际通例，转请日政府将该领事撤换，并用相当国礼与敝会赔罪"。① 随后，天津总商会又通电各省商会联合会、总商会及各省省议会、各省教育会等团体，抗议日领事干涉商会选举的行径。天津总商会的态度，得到天津商界和其他商会的大力支持。茶业商人致函总商会表示："夫商会我商民自由组合之团体也，彼日人竟尔蔑视，妄加干涉，侮我太甚，望诸公坚持不可让步。"湖南总商会致电云："驻津日领干涉商会选举，侵我内政，侮我法团，湘商闻之，同深愤慨。"② 不少商会认为，此事既关系到抵制外人干涉中国内政，同时也涉及维护商会独立自主之选举权，因而纷纷表示："商会依法组织，为民意机关，乃选举实由民意而推选，不特外人不得干涉，即我行政长官亦无干涉之必要。"天津总商会也认为"商会为法定机关，依法选举，无论何人不得干预"。③最后，农商总长也向商会表示对日本侵略者干涉之举的不满，承认"商会选举，事关内政，在商会法内原有明白规定"，并应允转咨外交部据理驳复日本侵略者的

---

① 《津商会申明日驻津领事侵我国权扰害商务请予交涉撤换呈并批》（1919 年 11 月 24 日、12 月 4 日），载天津市档案馆等编《天津商会档案汇编（1912～1928）》第 1 册，第 59～60 页。

② 《津埠木茶两公会并国内各商会抗议日人侵我主权夺我商权函电》（1919 年 11 月 24 日至 1920 年 1 月 24 日），载天津市档案馆等编《天津商会档案汇编（1912～1928）》第 1 册，第 61 页。

③ 《津埠木茶两公会并国内各商会抗议日人侵我主权夺我商权函电》（1919 年 11 月 24 日至 1920 年 1 月 24 日），载天津市档案馆等编《天津商会档案汇编（1912～1928）》第 1 册，第 62 页；《天津商会抗议日领干涉会长选举通电》（1919 年 12 月 5 日），载天津市档案馆等编《天津商会档案汇编（1912～1928）》第 1 册，第 65 页。

无理要求。① 在商会的一致抵制和社会各界的声援下，日本侵略者企图干涉天津总商会选举的行径终未得逞，商会则维护了自己独立自主的选举权。

其三，清末商会正式诞生之前，清朝的商部曾制定颁发《商会简明章程》。但这只是清政府对商会这样一个法人社团所定的基本法则，各个商会在大体依据这一基本法则的情况下，又制定有更为详细的章程。1914 年，民国政府也曾制定《商会法》及《商会法施行细则》，1915 年又颁布经过修订的《商会法》及其施行细则，其性质与清末的商会章程相似。如果只有官府制定的商会法规，各商会无权自行拟定章程，或许可以说商会因此而带有某种半官方色彩，但事实上并非如此。清末商部奏请颁发《商会简明章程》一折，在这方面已做过说明："惟商会之设，其中详细节目，应由各商自行集议酌定会章，具报臣部查核。"该章程的第 14 款也规定："商会既就地分设，各处商情不同，各商会总理应就地与各会董议订便宜章程。"② 民初的商会法，同样规定各地工商业者设立总商会及商会时，均可自行详拟章程。由国家制定基本法则，再由社团拟定自己的详细章程，这对具有法人地位的民间社团来说是并不奇怪的。这正如对近代中国商会素有研究的虞和平先生所说的那样："依法制章和呈官查核反映了商会的法人性，自订便宜章程则体现了商会的商办性。"③

近代中国的商会具有法人地位，是其与前此一般社会组织不同的特点之一。笔者在以前所写有关商会的论文中，曾提及商会具有社团法人地位，并说明正是因为商会具有社团法人地位，所以它的成立

---

① 《津商会申明日驻津领事侵我国权扰害商务请予交涉撤换呈并批》（1919 年 11 月 24 日、12 月 4 日），载天津市档案馆等编《天津商会档案汇编（1912 ~ 1928）》第 1 册，第 60 页。

② 《商部奏为劝办商会以利商战角胜洋商折》（1904 年 1 月 11 日），载天津市档案馆等编《天津商会档案汇编（1903 ~ 1911）》上册，第 21、24 页。

③ 虞和平：《商会与中国早期现代化》，上海人民出版社，1993，第 83 页。

改变了工商业者落后的个人或行帮形象，大大提高了工商业者的社会地位，也明显扩大了工商业者的社会影响。由于笔者对这一问题未展开详细论述，在一次小型学术报告会上，曾有研究法律的学者对此提出疑问，认为"法人"是法律上的专有名词，具有特定的含义，不能随意说近代中国的商会是法人社团。笔者不谙法学，故而当时对这一质疑未能做出比较全面的解答。随后不久，虞和平先生在1990年第5期的《历史研究》杂志上发表了《近代商会的法人社团性质》一文，对这一问题做了专门论述，使笔者的认识更进一步得到深化。

根据虞和平先生的论述，所谓法人社团，必须具备以下四个特征：（1）在组织上，系按照法定程序组成，具有能作为一个整体而从事社会活动的统一组织，并设有固定的组织机构和必要的职能部门，拥有一定数量的成员；（2）在财产上，拥有自己能够独立支配的财产或经费，以此作为自身存在和活动的物质基础；（3）在社会资格上，符合国家有关法规的规定，为政府有关部门所认可，并使之人格化，能如同自然人一样作为社会的基本细胞而参与社会活动，有自己的名称、"户口"、权利和义务；（4）在政府的有关方针政策与统一指导下，按照组织条例或章程所规定的宗旨和业务活动范围从事各种活动。① 法人社团的这些基本特征，近代中国的商会已经大体具备。

在清末，商会的法人社团地位可以从上述几个方面得到证实。到民初，商会的法人社团性质更为明显，而且在由农商部拟定、参议院议决的《商会法》第一章"总纲"中有明文规定："总商会及商会均为法人。"② 作为法人社团，不能不在某些方面与国家发生一定的关

① 虞和平：《近代商会的法人社团性质》，《历史研究》1990年第5期；另见其《商会与中国早期现代化》，第79页。
② 《商会法》（1915年），载中国第二历史档案馆等编《中华民国商业档案资料汇编》第1卷上册，第47页。

系，否则就无法取得法人地位。但法人社团也有官办与民办之分。官办的法人社团，国家不仅予其合法地位，提供所需经费，而且予以直接控制，使之完全秉承官府的旨意行事。商会则显然不同，它只是按照国家的有关法规，即清末的《商会简明章程》和民初的《商会法》，自定详细便宜章程，遵循有关法定程序，由商人自行组织，只是从国家那里取得合法的地位。至于其内部的具体运作，基本上由商会自己掌握，国家并不直接干预。

其四，清末民初商会的商办民间社团性质与独立自治特点，从其经费来源方面也可得到证实。一般说来，官办的社团在经费上都会得到官方或多或少的资助。即使是天津商务公所，虽然不是纯粹的官办组织，但它的成立与官府有着直接关系，每月也由官府拨银百两作为津贴。清末的其他个别社团，也曾得到官府的资助，农会即是如此。农工商部奏定《农会简明章程》规定"农会经费应于本地公款中酌量拨助"。1909年福建农务总会创办之际，申请农工商务局拨银140两。同年武昌农务总会成立时，请由官钱局拨助的开办费多达2000两。[①]商会是商办的民间社团，因而在经费方面除极个别例外，均与官府无任何联系。所谓例外，是指个别地方官对设立商会以振兴工商的作用有较深刻的认识，为促使当地的商会尽快成立，在商会创办之际经费困难时，提供一定数额的开办费。商会成立后，则上至清朝商部，下自各级地方官府，无一向商会定期提供经费。也就是说，商会所需的经费完全由其自行解决，官府不给予任何资助。

那么，商会所需的经费是如何筹措的呢？揆诸有关史料，可以看出商会的活动经费，主要来源于会员所在行业和会友缴纳的会费。由于是各个商会自行决定，所以相互之间会费数额的多少并不完全统

---

① 《公牍》，《商务官报》第32、35期，1909年。

一。商务总会所在的大都市相对而言工商业比较发达，不乏富商大贾和工业巨子，故总会规定会员缴纳的会费额一般较高。例如，上海商务总会规定：凡一帮一行"年捐会费 300 两以上者得举会员 1 人，600 两以上者 2 人，900 两以上者 3 人"；年捐会费 12 两以上不足 300 两者，则列名为商会会友。据有关记载，1905 年上海商务总会有会员 167 人，以每人捐助 300 两计，一年的会费逾 5 万两。[1] 苏州商务总会也规定，各行、帮公捐会费 300 元以上，得举会员 1 人，依次递加，至得举 3 人为限。公司、工厂也均照此办理。当然，有些商务总会规定会员应缴的会费较少。至于位于中小城市或县镇的商务分会，会员中富商大贾不多，分会所从事的活动规模也较小，开支不大，因而规定的应缴会费更少，且无硬性统一规定。例如江苏梅里商务分会的会员，所缴会费多者 12 元，少者仅 2 元。

各商会使用会员、会友所缴会费，一般都能以"以众商之利，还为众商之用"为基本原则。除专职的具体办事人员外，商会职员一般无薪金，纯属尽义务，即使是总理、协理或正、副会长等领导人也不例外。许多商会对此有明确记载，说明其"任事诸君，除书记酌提薪水外，其他代表以下均尽义务，概不开支薪水"。[2] 民初的商会也大都如此，并在章程中指明正、副会长及会董均为不支领薪水的名誉职。民国元年（1912）成立的邯郸商务分会，在章程中规定"其一切办事人员全系义务，不支薪水，仅有饭资"。同年成立的沧州商务分会，也规定"除公请书记一人及会役二名，支给薪工外"，总理、会董"悉尽义务，概无薪水，亦不支领红奖"。1914 年成立的顺义县商会，仍在章程中说明"会内职员均系义务，不支薪水"。天津商会档案资料中保存的民国四年（1915）天津商会开列的办公人员每月额支表，也只列

---

[1] 东亚同文会编《支那经济全书》第 4 辑，东京：东亚同文会编纂局，1909，第 70 ~ 76 页；另见徐鼎新、钱小明《上海总商会史》，上海社会科学院出版社，1991，第 61 页。
[2] 《苏州商会档案》第 67 卷，第 30 页，苏州市档案馆藏。

有该会文牍、书记、听差等人的月薪，无其他职员开支薪水的记载。[①]

商会在日常开支外如仍有余资，也主要是用于与商家有利之事，而不是随意挪作他用。苏州商务总会的章程即规定：日常开支外所剩经费，或发庄生息，或置办产业，由全体会员公议定夺。工商户如能改良物品，制造新货，遇经费不敷，由会员联名具保，商会予以帮助，或酌取官息，或认作股本。兴办大宗贸易，需款过巨，商力不逮，商会认为查系确有把握，有裨商务者，也准如上条办理。该章程还规定："会中经费充裕，如遇在会各商，存货压本，需资周转，并无别项情节，准该业会员、会友联名出结公保，经众议可者，本会筹款贷给，酌取官息。"很显然，在经费上商会是取之于商，用之于商，完全由商会自己掌握支配，与官府并不发生任何联系，其"商捐商办"的民间独立社团性质十分明显。

1914 年农商部颁布的《商会法》规定："商会经费之预算决算及其事业之成绩，每年须禀报该管地方长官，详由地方最高行政长官咨报农商部。"[②] 一些商会即认为，其经费与官厅无任何关涉，预算决算也无须禀报地方长官。山东商务总会还在 1915 年 3 月于上海举行的全国商联会临时大会上提交意见书，对此予以说明，并特别强调："商会之经费，均归商会自筹，政府既无补助，即于政府财政上毫无关系。原法（即《商会法》——引者注）第三十一条规定商会经费之预算决算，须每年禀报该管行政长官云云，应全行删去。如谓恐商会对于经费有浪费之处，自有会员监督，似不必禀报官府，多

---

①　《邯郸商务分会咨请成立文并附试办简章》（1912 年 11 月 25 日），载天津市档案馆等编《天津商会档案汇编》（1912～1928）》第 1 册，第 443 页；《沧州绅商任镛等设立商会呈文并章程》（1912 年 8 月 17 日至 9 月 2 日），载天津市档案馆等编《天津商会档案汇编（1912～1928）》第 1 册，第 446 页；《顺义县众商请于牛栏山设立商务分会呈文章程并朱家宝暂缓设立批》（1914 年 8 月 18 日、9 月 14 日），载天津市档案馆等编《天津商会档案汇编（1912～1928）》第 1 册，第 463 页；《民国初年天津商会办事人员月薪表》（1915 年 5 月 13 日），载天津市档案馆等编《天津商会档案汇编（1912～1928）》第 1 册，第 115 页。
②　沈家五编《张謇农商总长任期经济资料选编》，第 197 页。

此一番周折也。"① 与会的各商会代表均赞成这一意见，并决定向农商部申诉。1915 年农商部颁布的修正《商会法》即按照商会的要求，将这一规定删除。农商部之所以愿意接受商会的要求而将《商会法》的这一条款删除，乃是因为商会的经费确系"商捐商办"，与官府没有任何关联。这一事例，也足以体现商会作为独立民间社团的性质。

其五，清末民初的商会到底是不是具有独立自治特点的民间社团，从其实践活动中也可得到进一步的证实。但在考察其实践活动时，不能仅仅局限于商部制定的某些规章，甚至不能局限于商会自己所拟章程的内容。因为在从事各种实践活动的过程中，许多商会实际上远远突破了商部规定的条条框框，也越出了自拟章程最初设想的范围，在整个社会生活中扮演着极为重要的角色。如果只限于商部定章或是商会自拟章程的内容，我们的视野就会被限制在商会的联络工商、调查商情、兴商学、开商智、维持市面等一般性的日常活动上，从而忽略了商会更重要也更具影响的其他活动。正是通过商会的这些活动，我们能够看出商会不同于传统行会的广泛自治特征以及商会与官府的关系，并从一个侧面了解当时国家与社会的新状况。

这里只是简略地对商会所从事的章程以外的部分活动做一介绍，后面的章节还将进行更详细的论述。一些论者认为商会受清政府商部以及后来的农工商部的控制，并以此为据断定商会是官办机构或半官方组织。实际上从商会的实践活动不难发现，商部和农工商部均非随意驾驭商会的一切活动，称不上是商会的直接上级机构。商部曾试图将商会的活动内容与权限限定在商务范围之内，但商会往往突破这一限制。例如，清末的苏州商务总会通过各种渠道，将其触角延伸到文化教育、卫生消防、社会治安与社会公益等众多社会生活领域，在一

---

① 《中华全国商会联合会会报》第 2 年第 12 号，1915 年 11 月，"专件"第 2 页。

定程度上掌握了某些市政建设权和其他方面的管理权。通过受理商事诉讼，它又拥有了商事裁判权，具备了一定的司法职能。以上内容大多在商部定章和苏州商务总会的章程中并未载明，却成为苏州商会在实践活动中的重要内容，商部也无从直接干预和阻挠。苏州商会还成立了体育会，后又建立商团，掌握了一支具有一定战斗力的准军事武装，成为在商务范围之外所取得的另一项重要成就。其他许多商会在清末也建立了类似体育会和商团的武装。此外，全国各地的商会还曾两次联合在上海召开了拟订、讨论商法草案大会，力图依靠自己的力量制定出能够真正反映和维护工商业者利益的商法。这也是清末商会独立从事社会活动的又一具体表现，显示了商会争取立法权和扩大自治权限的强烈愿望。

在活动内容及权限方面，商部试图限制商会最为严格者，是阻止商会参与政治活动。但从实际情况看，商会仍然逾越了商部的这一清规戒律。1905年抵制美货的爱国政治运动，即是由商会倡议、联络而发起的。上海商务总会率先以"伸国权而保商利"的斗争口号发出抵制美货的号召，各地商会立刻群起响应。一时间函电纷驰，集会迭起，连许多县城乡镇的商务分会和分所也躬逢其盛，奋起抗争，从而使运动迅速发展到全国范围，其高涨声势和普及程度均属前所未有。特别令人瞩目的是，斗争中一些商会的领导人还提出意欲插手外交，在对外交涉中拥有发言权，表示清政府与美国新订条约须经商人公阅方能签字。上海商务总会的领导人就曾在致清朝外务部的禀文中指出："此次约本必须寄与沪商公阅，方能由部画押。"[1] 因此，当时即有商人不无喜悦地声称："此次抵制禁约，是我四百兆同胞干预外交之第一起点。"[2]

---

① 张存武编《光绪三十一年中美工约风潮》，台北：中研院近代史研究所，1986，第243页。

② 《苏州商会档案》第295卷，第31页，苏州市档案馆藏。

由于抵制美货运动关系到维护国家主权和民族尊严，受到社会各阶层的支持，因而商部对商会在运动中的表现和所起的作用不敢公开加以指责。但在事后，商部即札文各地商会，声称商会"会议之内凡所论断，一以商情利弊为宗旨，不得涉及商界以外之事"；并特别强调"一丝不容消溢"，务须"恪遵定章，认真经理"。① 这只不过是变换手法限制商会过问和参与政治活动。然而，在此之后的收回利权和国会请愿等历次政治运动中，商会仍然显得极为活跃，商部的限制实际上并未产生明显效果。可以说，商会领导和参与的一系列政治运动，尤其是反对清政府借债筑路、要求速开国会等，均与清政府的意愿背道而驰。如果说商会是官办机构，受商部控制，那么何以会屡次出现这类情况？

至于地方官府、商务局同商会之间，则更无所谓控制与被控制的隶属关系。1908 年，吉林省延吉厅曾致函珲春商务分会，声称"各处设立公会，本地方官皆有监督指挥之责"，要求嗣后商会凡遇有报告事件，均须按下属机构形式一律改用"呈文"字样。② 珲春分会则以"部章既未载明，至改用呈文一层，各处亦无此办法"为由，拒绝了这一要求。③ 吉林商务总会专为此事禀告农工商部，不久农工商部颁布《商务总、分会与地方官衙门行文章程》，规定总会"于本省及他省督、抚均用呈，司、道以下用移"；分会"于本省及他省督、抚、司、道均用呈，府、厅、州、县用牒"。④ 根据清朝定例，只有平级衙门之间行文时才用移、咨、牒等公文格式。由此可看出，商务总会的地位仅在督、抚大吏之下，分会也只在司、道之后，根本不可能接受一般地方官府的领导或控制。总会对督、抚，分会对督、抚、司、

---

① 《苏州商会档案》第 38 卷，第 25 页，苏州市档案馆藏。
② 《苏州商会档案》第 30 卷，第 20 页，苏州市档案馆藏。
③ 《苏州商会档案》第 30 卷，第 20 页，苏州市档案馆藏。
④ 《苏州商会档案》第 37 卷，第 12 页，苏州市档案馆藏。

道，也仅仅是从行文字眼上体现出表面的某种地位高下关系，实际并非隶属之。

许多地方官由于沿袭传统的专制统治模式，自然而然地将商会看作任其摆布的下属机构，因此常常与商会发生矛盾冲突。1908年，农工商部还曾下文，明确说明地方官府对商会"无直接管理之权"，只有"提倡保护之责"，[①] 这实际上已经清楚地阐明了地方官吏与商会之间的关系。但在1909年，当农工商部鉴于商会日渐增多，公牍繁杂，札饬商务分会除紧要事务可径行禀部外，其寻常事务均移请地方官核转。有的官府又公然据此以上级领导机构的口吻向商会发号施令，命商会将每年收支数目和所举总理、协理、议董姓名、履历等，按时报送一份以凭查考。结果引起许多商会的强烈不满，纷纷予以抵制。柳州商会通告全国各地商会，揭露官府的这一"统辖总商会思想"，指出："设使事事奉行，立见有层层掣肘之一日。将来不但商会与商部隔膜，即留难壅闭诸弊，以及百端抑勒手段，必立施我商会无疑。"同时大声疾呼："此事若不争回权限，势必遇事抑压，办理不无束手。"[②] 浙江商会也曾联名抗议地方官府"摧抑商权，压制商会"的举动，并由杭州商务总会主持召开商会联合会，商议对付办法，坚决予以抵制。[③] 在商会的合力抗争下，地方官府控驭商会的企图始终未能得逞。

苏州商务总会与督办苏省农工商务局的一次交锋，也具体反映了商会同商务局之间的关系。1909年，苏省农工商务局增设所谓裁判课员，理结商人钱债诉讼等事。由于当时的商事诉讼案多由商务总会受理，因此商务局要求商会凡理结各种讼案不仅要于年终上报农工商部，而且必须按月抄送农工商务局"以资考核"。这实际上是企图强

① 《苏州商会档案》第30卷，第20页，苏州市档案馆藏。
② 《苏州商会档案》第85卷，第15页，苏州市档案馆藏。
③ 《嘉府各商会对于劝业道之公愤》，《华商联合报》第6期，1909年3月。

令商会接受其监督。对此侵犯商会权利的挑战，苏州商务总会当即复函表示："商会性质与有司衙门之所统属者，略有区别"，同"贵局统辖之地方官非可一律。若贵局因裁判员考核之必要，而欲敕会将理结之件按月抄送，似无不可照办。惟是研究商法，要贵互换知识，所有贵局讯结各案，亦请按月抄送一份，以资联络而备参考，谅亦贵局所许可也"。从字里行间可以看出，苏州商会显然是要求与农工商务局拥有同等的地位。收到苏州商务总会这一措辞强硬的函件，农工商务局赶紧回文解释说："此次议设裁判课员清理商界词讼，专为体恤商情，扫除官气，绝非有增长本局权力之见存于其中，当为贵会所见谅。"农工商务局还表示："来文拟令敝局讯结各案按月抄送一节，事关商民争讼，其纠葛情实，本局不若贵会见闻之真切，遇有疑难，尚须集思广益，随时咨请指示，以晰是非而判曲直。……来文所嘱，自当一律照办。"① 事实表明，并非商会受制于商务局，而是商务局向商会"咨请指示"，并承允对商会所提要求"一律照办"。即使此为敷衍之词，也说明商会非但不受商务局控制，相反还在很大程度上能够对商务局施加影响。

清末民初的商会不仅具有相当的独立自治性，而且其自治的内容与范围非常广泛，与宗法家族和行会的所谓自治有着明显的不同，体现了浓厚的近代特色。宗法家族的自治仅在于家族内部的有限自治，行会的自治也只是在封闭的同业者之中，而且具有明显的封建等级色彩和落后的宗法特征，在很大程度上受制于官府，这方面的情况第二章已做过说明。商会的自治活动则大大突破了宗法家族和行会封闭而有限的自治范围，不仅在经济活动中拥有较为广泛的自治权利，而且积极争取政治上的自治权，并将其势力和影响延伸到整个城市社会生活的各个领域，发挥了十分重要的作用。

---

① 以上引文均见《苏州商会档案》第67卷，第23页，苏州市档案馆藏。

四　商会内部运作的契约规则

如前所述，清末民初的商会具有独立自治的特点，国家对其内部运作并不进行直接干预和控制。那么，商会的内部运作又是以什么作为依据的呢？换句话说，商会是以什么原则来规范其成员的行为的？是怎样维系其组织系统与实践活动的？这方面的情况也直接关系到一个社团的性质。就一般情况而言，具有市民社会特征的社团，其内部运作主要依赖于契约规则，而不是靠传统的血缘、乡缘或业缘等亲情关系维持，更不是依靠宗法关系作为维系的纽带。清末民初的商会，即主要是以契约规则维系其内部运作，已在相当程度上具备了这一特征。这一特征，也是商会与传统的宗族组织以及行会之间判然有别的突出表现之一。一个社团即使具备了相当的独立性，而且具有一定的自治特征，但其内部运作如果不是通过契约规则维持，而是靠血缘、乡缘或宗法关系维持，同样称不上是具有市民社会特征的社会团体和组织。

传统的宗族组织和行会即是如此。宗族组织的维系纽带是单一的血缘关系。从古至今，中国的宗族组织都是由一姓家庭组成，杂姓家庭绝不可能形成宗族组织。所谓一姓家庭，乃是具有同一血统、世代绵延而不断分化形成的同姓家庭。宗族以这种同一血统的家庭为基本单位组成。在清初的山东、两江左右及闽广之间，有些同姓家庭达到"多或万余家，少亦数百家"的规模，由此而形成的宗族自然声名远扬，显赫一方。宗族往往也有"宗约"、"家规"、"家训"等不同名称的族规。但族规并非契约，它不是由宗族内的所有同姓家庭商议订立的，也不是所有族人自愿表示遵守的契约性规章，而是由宗族中的少数长辈人物一手制定，强迫族中之人必须绝对服从的清规戒律。族规的内容，大多强调封建的纲常礼教不可有丝毫逾越，因为传统的

"礼"与"法"是宗族组织最根本的意识形态源泉。封建伦理如果失去其合法性，那么传统的宗法组织也会随之出现前所未有的危机。所以，宗族组织不是以契约维持其存在和运作，而是以强迫族人服从族规的形式进行强制性约束。这与封建君主以所谓纲纪强迫所有臣民无条件地服从其统治并无多大差别。清代的族规即有类似的记载："王者以一人治天下，则有纪纲；君子以一身教家人，则有家训。纪纲不立，天下不平，家训不设，家人不齐。"① 除了族规，宗族组织还常常以相沿不变的某些习俗作为不成文法，维系宗族的威严和族长的权力，使得族人难以萌生活跃的主体意识与创新思想。

行会的情况虽与宗族组织不尽相同，主要不是依赖血缘关系相互联结，但也并非通过契约规则维系，而是以乡缘、地缘或业缘关系组织而成。细分之，行会中的会馆与公所又存在差异。作为行会性质的会馆，主要是以具有乡缘和地缘关系的成员联结而成。具体地说，会馆一般都是由在外省经商的同乡或同一地区的商人联合组成的行会组织。如果是不具有这种同一乡缘或地缘关系的商人想成为会馆中的成员，在当时简直是不可想象的，因而乡缘或地缘关系对于会馆之间的成员有着至关重要的影响。许多会馆的名称即标明其所属的省份或府县，直接反映了会馆的地缘特征。如清初苏州由广东潮州七邑众商组成的潮州会馆、福建泉州商人组成的泉州会馆、浙江绍兴商人组成的浙绍会馆，其他如漳州会馆、邵武会馆、浙宁会馆、金华会馆、嘉应会馆等，无不标明其成员的省府籍。其余各个地区的会馆，也都是如此，体现了会馆的地域界限十分突出。之所以出现这种情况，是因为某省某府的商人背井离乡，到外地经商，距自己的故乡千里之遥，无所依托，为了保护自身利益，遇事相互帮助，便与来自同一地域的商人联合组织会馆，形成一个群体，并以群体的力量，垄断同乡同行或

---

① 《张氏宗谱》第 2 卷《家规》，转引自戴逸主编《简明清史》第 2 册，第 15 页。

同乡几行的贸易，成为行会性的组织。正因为会馆是由同一乡缘和地缘关系的商人组成，所以又具有一定的同乡会色彩。它在发挥行会这一主要功能的同时，还起着为同乡或同籍之商人在异域"迓神麻，联嘉会，襄义举，笃乡情"的作用。①

公所是中国历史上另一种形式的行会组织。它的建立大都不依赖乡缘和地缘关系，但限于同一行业的商人或手工业者，其所依靠的是行缘关系。也就是说，公所虽对其成员无地域籍贯的限制，却有严格的行业帮派要求。只有从事同一行当的商人或手工业者，才能组成某个公所；公所也由此才能在许多方面对这一行业实行垄断，保护同业之间的既得利益。有少数的公所像会馆一样，系由在外省同一籍贯的商人或手工业者组成，但也限定其成员必须是同一行业的同籍商人或手工业者，并未打破行业的界限。很显然，行缘关系而非契约规则，是维系公所的重要纽带。

当然，会馆和公所等行会组织也制定有自己的行规，但行规并不等于契约规则。从行规的内容看，一般都比较简略，而且多是严格限制同行业者招收学徒和使用帮工数目，限制同业店铺作坊开设地点和数目，规定本行业统一的产品价格和工资水平等。这种行规不是行会与其成员相互之间契约关系的反映，而是行会单方面对其成员的强制性约束。在传统的行会制度下，从事某个行业的商人或者手工业者，不加入行会就难以为同行业者所认同，也就意味着不可能进行正常的业务经营，这就使得工商业者不得不加入本行业的行会。因此，在是否加入行会的问题上，首先即带有相当大的强制性。而工商业者一旦加入行会，就必须无条件地切实遵守行规所规定的各项条款，在这方面可谓无任何商量的余地；如果违反行规而又不听从处罚，将面临极为严重的后果。相关的具体事例，第二章已列举说明。

---

①　江苏省博物馆编《江苏省明清以来碑刻资料选集》，第 340 页。

　　另外，行会的行规鲜有其成员个人权利方面的内容，只是要求每个成员绝对服从。这显然不是其成员出自内心自愿遵守的契约，而是一种枷锁。特别是随着商品经济的进一步发展，行规越来越成为阻碍工商业者创新竞争的桎梏。只是到了19世纪末20世纪初，资本主义经济得到比较迅速的发展，一些行会的传统行规已无法照旧继续维持，方始出现松动的迹象。与此同时，这些行会的组织功能和管理功能也逐渐发生了某些变化。这一时期的行会，在性质上与传统的行会相比，已有了明显的改变，自然应该另当别论。

　　商会则与宗族组织和传统行会明显不同。它既不是以共同具有的血缘关系，也不是通过乡缘、业缘等亲情关系联结其成员得以建立并维持其存在发展，而是以其成员自觉自愿遵守具有近代特征的契约性规章作为维系的中轴。

　　所谓契约，一般而言乃是双方根据共同意愿议定的协议或合同。它既指明了双方的义务，又标明了各自所享有的权利。双方不仅均是出于自愿签订，而且自觉遵守。作为近代独立社团的契约规章，则是其成员共同商议拟定，经多数同意通过，全体成员自觉遵守的章程。这种契约性的规章，同样既规定了成员在该团体中所应尽的义务，也指明了每个成员所享有的权利。凡符合该团体所规定的资格条件，表示愿意自觉遵守其规章者，即可加入该团体，由此形成个人与团体之间的特殊契约关系。不愿遵守规章者，也不以强制性的手段迫使其认可某个团体的规章，胁迫其加入，因而个人有其充分的自主权利。同时，近代社团的契约性规章，也是其内部运作所必须遵循的基本原则。它限制了领导者个人权力的无限膨胀，规定了各职能机构的职责，使之能够有条不紊地得到制度化的顺利发展。对这种契约性规章的修改，不是少数人所能决定的，即使是领导人也不能擅自决断，必须由全体成员共同讨论，经表决如得到多数人同意获通过，才能付诸实施。以上所述，可以说是近代独立社团契约规章的基本特点。

之所以说商会不是依赖血缘、乡缘或者业缘关系联结其成员建立的团体，而是以全体成员主动自觉遵守的契约规章作为维系的中轴，是因为商会与前述宗族组织和传统行会明显不同。它对其成员既无必须具备相同血缘关系的要求，也无乡缘或籍贯的限制，甚至也无行缘等关系的影响，完全是通过契约规章，以自愿的原则联结其所有成员。

宗族组织与商会的不同是显而易见的。行会尽管属于工商业者的团体，但与商会的区别同样非常明显。首先，前已提及，公所、会馆等传统行会由于依赖乡缘或业缘关系组织而成，因而具有中世纪的封闭特征，对成员实行严格的地域籍贯限制，或者是行业帮派壁垒森严。会馆必须以同一籍贯的商人组成，公所则只能由同一行业者组成，都不可能成为一个城市工商业者共同的社会团体。同时，这种封闭性又使其所发挥的作用受到极大限制，在组织上比较狭隘。商会则是所在地区各不同籍贯、不同行业的工商业者共同的社会团体，它的成员不分籍贯和行业，由此得以从横向上将全城各个行业的工商户联络组织成为一个整体。"商会之设，为各业商人互相联络，互相维持，以期振兴商务，自保利权起见。"[1] 清末的天津商务总会曾指出："无论何项商业，凡允认常年会费四元以上者，均得入会。"此外，它还特别强调："如有外省客商住津贸易，商会亦应保护"，并准由"该商等公举商董入会，以便遵章一体优待"。[2] 其他地区的商会也都是如此。例如，上海商务总会的章程规定，外地商人"庄号不在上海，而有分支庄友驻沪者，得入本会"。[3] 不难看出，商会已完全改变了传统行会以乡缘或行缘关系维系其成员的方

---

[1] 《保定商务总会禀呈试办便宜章程》，载甘厚慈辑《北洋公牍类纂》第 21 卷《商务二》。

[2] 《天津商务总会试办便宜章程》，载甘厚慈辑《北洋公牍类纂》第 21 卷《商务二》。

[3] 《商部左参议王清穆为请速联合绅商举办商会事致宁世福王竹林函》（1903 年 12 月 23 日），载天津市档案馆等编《天津商会档案汇编（1903~1911）》上册，第 11 页。

式，迥然不同于某一行业、某一籍贯的工商户狭隘封闭的行会组织。时人即已认识到"公所为一业之团体"，商会为"各业之团体"，是"众商业之代表人"。

其次，商会虽属一个城市工商各业的联合组织，但它并不像传统的行会那样，以近乎强制的方式迫使工商户加入，而是完全遵照自愿的原则，由各个行业的工商业者主动申请加入。其前提只是愿意遵守商会的契约性规章，履行应尽的义务，同时也享受应有的权利。由于商会采取自愿的原则，以契约规章联结其成员，而不是强行要求各业工商户加入，所以有的工商户并未加入商会；已经加入的工商户如要求退出，商会也充分尊重其个人意见，准予退会而不予以任何处罚，但不再享受会员的权利。不过，这种情况在当时并不多见。因商会成立后，在保护工商业者的利益、促进工商业发展等方面发挥了令人瞩目的重要作用，故自愿加入商会的工商户越来越多，这表明商会以契约规章联结成员的方式得到了广大工商业者的首肯。

再次，清末的各个商会，均制定有非常详细的契约性规章。上节已论及，在商会诞生之前，清朝的商部拟定了一个《商会简明章程》，但这只是十分简略的法规性文件，对商会的内部运作及其有关的许多具体问题，并未做详细规定。各个商会成立时，则根据所在地区的实际情况，经过认真讨论，制定了更为详细的规章。例如，《上海商务总会公议详细章程》总共多达 13 章，计 70 余条，共万余言。此章程对该会的宗旨、名位、会员、选举、入会、出会、经费、议事、责任、办公、权利等各个方面都做了详细的规定和说明。[1] 江西商务总会初拟的创办简章，也有 6 章 32 条，详细规定了宗旨、办法、选举、经费、会议、职责等多方面内容。后又增订新

---

[1] 《上海商务总会公议详细章程》，《商务官报》第 14 期，1907 年 7 月 14 日。

章程，扩充为 7 章 34 条，进一步对入会、出会规则，会员、会友权利与义务，会议规则，办事制度做了补充规定和说明。增订章程条款虽扩充不多，但总字数相当于初拟创办简章的三倍，较前完备得多。① 苏州商务总会的试办章程，总共也多达 11 章 80 条，十分完备。即使是商务分会，也都制定有比较详细的规章。甚至连商务分所也制定有契约性规章，例如江苏昆新东乡商务分所拟定的试办章程，共计 12 章 30 条。

鉴于契约性规章所起的重要作用，各商会对制定章程都非常重视，而且强调制定章程必须以民主的方式由全体有关成员共同讨论，体现多数人的意愿，即所谓"商会以章程为先，而妥议章程以萃聚众谋为要"。② 天津商务总会成立时，即是"齐集众商，选择人品方正事理明白者作为会董董事"，又"妥拟便宜章程三十条，亦询谋佥同"。

正因为商会主要依赖契约规章联结其会员，所以各个商会的规章都非常详细严密，这方面的情况也与会馆、公所等传统的行会组织形成鲜明的对照。行会虽定有简章，但大多只有简单的十余条，而且主要是限制设店和招徒、垄断市场、统一价格等方面的内容，在组织制度上规定的条款则为数甚少。因而其组织形式十分简单，不是依靠契约规章，而是靠封建性的等级制度和宗法因素，并借助封建政权的力量强行制约其成员。商会的情况则与此相反，它是通过所有会员自觉遵守的契约规章，既形成对每个成员外在的一定约束空间，同时又确定了拥有这种契约性关系的成员所应有的独立性与自主性。由于对这一契约规章的任何修改，涉及每个成员的义务及权益，因而必须依照

---

① 《江西商务总会创办简章及增订章程》，《苏州商会档案》第 86 卷，苏州市档案馆藏。

② 《王贤宾等为禀报津商会试办便宜章程会董行董与入会商号清册事上商部文及部批》(1905 年 5 月 25 日、6 月 20 日)，载天津市档案馆等编《天津商会档案汇编（1903～1911）》上册，第 44 页。

多数人的愿望，按相应的程序进行，绝不能为少数人所垄断。商会的规章对此即有明确的规定，指明"章程议定后，非有会员、会友十人以上联名请改，经全体会员三分之二定议，不得遽议遽改"。[①] 如有三分之二的会员认为应予修改，则从众议。

最后，商会内部各个机构乃至整个组织的运作，也是以契约规章作为主要依据，而不是按个人的主观意愿行事。商会与宗族组织和传统行会的另一个明显不同之处，即在于其内部的机构设置比较完备。会馆一般仅推选几名董事负责日常馆务，无专职的具体办事机构。公所也缺乏健全的组织机构，内部分工不是很细密，往往只是推举司年、司月、执事各一人，负责主持日常有关事务。结果因事权集中，常为少数人所垄断。商会则设有分工较为细密、职权比较明确的各种办事机构，各机构又有专人主持其事，除总理、协理和会董外，另设庶务、会计、理案、书记、查账、纠仪、理事等，各司其职，此与行会相比显然是大不相同。

那么，商会的各个办事机构依据什么来开展各自的工作，又是怎样做到互相协作，从而使得商会的整体运作协调一致呢？可以肯定，凭个人的主观意志绝不可能达到上述目的，仅仅依靠血缘、乡缘关系，也难以使一个组织结构比较复杂的社团保持灵活的运转而充分发挥其效能。只有通过打破血缘、乡缘等亲情关系，制定不带任何个人感情色彩的契约规则，才有可能使一个机构复杂、具有现代特征的社团，按照法定程序正规而灵活地运转，有效地发挥作用。市民社会之所以能产生重要的影响和作用，与其这方面的特点不无关系。商会各个机构的职责及办事原则，所遵循的依据正是这种契约规章，而不是个人的主观意愿。

---

① 《苏商总会试办章程》（1905 年），载章开沅等主编《苏州商会档案丛编》第 1 辑，第 26 页。

下面以天津商会为例略做具体说明。清末的天津商务总会，除总理、协理和会董外，还设有文牍处、评议处、考察处、收支处、庶务处等具体办事机构。天津商务总会的试办便宜章程中，已对总理、协理和会董的职责权限做了规定和说明，同时议定"凡应办各种会务及日行事件，应特立办公专条，裁定后，交办事员查照施行，不得自逾权限"。[①] 1905 年，天津商务总会即公订所属各处办公专条，强调"商会者，会群力群策提倡公共利益之地也"，为使所设各处"各有责成，各有权限"，特制定此项规章。1908 年，天津商务总会又根据实际情况，经共同讨论商议，对这一办公专条进行了修改。该专条不仅规定了文牍、评议、考察、收支、庶务各处的职责权限，还具体指明了经办过程中所应注意的各种事项。例如，文牍处的职责为批拟来往各项公文函牍、管理各项案件存档、参谋各项会务（此条修改时被取消）、调查评议处各项案件（此条修改时也被取消）、管理议事簿、管理考察处和会计处各项表报（后改为"管理本会各项表报"）等，1908 年增加的一项职责为管理评议处录供。对于评议处，该专条1905 年的规定共计四条，说明其主要职责为评议商家纠纷之是非曲直，保护正当商人的权益，凡"评议两造是非，须有确切凭证"。1908 年修改时又增加了八条，具体规定评议处"评议之先，各议员须将本期应议案件研究一次，然后开议，以免疏忽"；评议之后，还须将议定情节详细注明，评议员暨总理、协理和坐办均在议词后盖章，以昭慎重。考察处的职责为考察出入货物多寡之故、销路衰旺之理，以及本省新出种植、制造品类。所有考察各件，分门别类总其成数，至年终送文牍处列表公布。1908 年补充规定，各处发交调查事件，均由考察员办理，以专责成。会计处是另一个十分重要的机构，

---

① 《王贤宾等为禀报津商会试办便宜章程会董行董与入会商号清册事上商部文及部批》（1905 年 5 月 25 日、6 月 20 日），载天津市档案馆等编《天津商会档案汇编（1903～1911）》上册，第 48 页。

根据该专条的规定，其具体职责为编制预算、收支银钱、造具月报、监收会费、购备各项器具等。① 由此可见，清末的天津商务总会为其内部各机构的职责权限以及办公事项所定的契约性规章已比较详细。

民国初年的天津商务总会，根据当时天津"街市糜烂，诸务殷繁"等各方面的新情况，曾对暂行简章进行增订，针对各机构所定的契约规章也更为详尽。这一时期，天津商务总会将其办事机构分为处和股两个层级。所设的六个处是会长处、文牍处、庶务处、评议处、接待处、听差处，三个股分别是交际股、会计股、调查股。各处和各股都制定有简章，职责分明，权限明确。②

特别应该指出的是，天津商会为保证其契约规章的切实施行，防止血缘和亲情关系的侵蚀，还做出有关的补充规定：凡商会总理、协理、会董和董事，遇有亲友争执事件，一概"不准借公地随便议论"。同时还强调："本会办事公订章程，以禀呈为据，若无禀呈投会，即系乡里私情，不得妄谓本会知情，以免混淆。如有假托本会与亲友排解者，一经查觉或被告发，定照公议禀究。"③

通过以上论述，我们可以看出，清末民初的商会已在很大程度上具备了以契约规则维系其成员和内部运作这一市民社会的基本特征。不过，单从本节与上节所述商会具有独立自治性和契约规则两个方面，仍不足以充分说明商会是初步具备市民社会各种特征的新型商办民间社团，还需要考察商会是否具有自愿和民主的原则，因为这也是市民社会的另一基本特征。下面即对商会这方面的情况加以说明。

---

① 《天津商务总会所属各处公订办公专条》（1905 年），载天津市档案馆等编《天津商会档案汇编（1903～1911）》上册，第 54～56 页。

② 《天津商务总会补订暂行章程》（约 1912 年 10 月），载天津市档案馆等编《天津商会档案汇编（1912～1928）》第 1 册，第 10～16 页。

③ 《津商会关于总协理及会行各董事不得以商会名义牵入亲友争执事件的牌示》（1906 年 8 月 31 日），载天津市档案馆等编《天津商会档案汇编（1903～1911）》上册，第 57 页。

五 商会的近代民主原则

如果说宗族组织和旧式会馆、公所等传统行会反映出诸多落后的封建性乃至专制色彩，那么商会与其相对照，则主要体现出近代的民主特征。

在宗族组织和传统行会内部，森严的等级制度同封建宗法关系相互渗透，使其成员被强制束缚于血缘、乡缘和行缘的利益之中，难以跨越雷池弃旧图新，也无民主制度可言。作为新式商办民间社团的商会，在当时虽不能完全摆脱落后封建因素的影响，但已具备了较为鲜明的近代民主特性，而且这一特性在其组织制度中显然是居于主导地位。

自愿的原则，可以说是近代民主特征的一种具体体现。宗族组织和传统行会都带有强制性，其成员虽然不乏出于自愿而加入者，但也有相当一部分是出于无奈而被迫加入。尤其是宗族组织，其成员几乎是生来即被强行约束于其中，没有任何选择的余地，除非背井离乡远走异地。传统行会对其成员虽有地域籍贯或行缘关系的限制，但同时也表现出十分明显的强制性，缺乏自愿原则。行会的强制性是利用其垄断地位，迫使工商业者不得不加入所属行业的行会组织，否则就无法生存，商会则完全遵循自愿原则，听任工商业者自愿加入，不带任何强制性。关于宗族组织及传统行会与商会的这一不同特点，上节实际上已经提及，这里只是略做补充说明。

一些商会在其章程中对这一原则做了明确规定："各商号愿入会与不愿入会，任听自便，绝不强迫。惟既经入会，允认常年会费，领有牌照者，不得无故卸责，必待会场公布某商号请愿出会之理由，缴回牌照，方可出会。"[1] 从有关的具体情况看，商会的自愿原则并非空

---

[1] 《任邱县商务分会章程》（1911 年 6 月 15 日），载天津市档案馆等编《天津商会档案汇编（1903～1911）》上册，第 271～272 页。

谈，而是得到了较为切实的执行。天津商务总会正式成立于 1904 年。到 1906 年 6 月，加入该商会的工商户共计 713 家。[1] 如果天津商务总会借助官府的强权势力，或者像传统行会那样以超级垄断的方式，强迫工商户加入，那么入会者就绝不会只有 700 余家，因为当时天津的工商户远远超出了这一数字。在此之后，又有不少工商户自愿加入天津商务总会。1907 年仅窑业加入者即有 40 家，其他一些行业的加入者也分别达到十余家或数十家。

在清末，往往是整个行业的商人或者手工业者推举本业的董事作为代表，以集体的方式加入商会。但偶尔也会出现行业内部意见不一致的情况，一部分人主张加入，而另一部分人却表示反对。碰到这种情况，即使在该行业中主张加入者占多数，商会也不会强求该行业的商家全部加入，只是吸收其中的自愿加入者。例如在苏州，当商务总会于 1905 年筹备成立之时，典当业商董曾参与发起，并慷慨承诺赞助会费。但商会正式建立后，因典当业商家对是否入会意见不一，其董事先前应允捐助的会费也未奉缴。苏州商务总会并未因此而指责该业商家，也未强迫该业全体商家加入商会，而是致函知会典当公所，说明"典业各商或有意见不符，未能一律入会，不妨各从所愿，先将愿入会各典开列捐数到会登册收款"。[2] 尽管苏州商务总会未曾强行要求典当业全体商家加入，但典当业中却有更多的商人，从随后的实践中看到加入商会可使自己的经济和政治利益得到有效保护，实属有利无害。事隔不久，该业近 70 户商家遂全体加入了苏州商务总会。上述事例表明，商会不同于宗族组织和传统行会强制性特征的自愿原则，不仅被载入了规章，而且在实践中得到了贯彻落实。因此，工商

---

① 《天津商会禀报光绪三十一、二年入会户数文》（1906 年 6 月 30 日），载天津市档案馆等编《天津商会档案汇编（1903～1911）》上册，第 62 页。
② 《苏商总会为入会并捐助会费事知会典当公所文稿》（1906 年 1 月 6 日），载章开沅等主编《苏州商会档案丛编》第 1 辑，第 43 页。

业者不是由于被迫，而是根据自己的意愿，按照自身利益需求的价值判断主动申请加入商会的。

具有近代特点的选举制度，是商会民主特征的另一个具体反映。清末的各个商会即已规定，包括总理、协理在内的所有的领导人均以投票选举的方式产生。会员因属各业代表，与一般社团的普通成员有所不同，故而也通过选举推出。为保证选举按法定程序进行，各商会无不将这一制度以专章的形式载入章程。清末上海和苏州商务总会在这方面的规定大体相似，也具有一定的代表性，下面即就这两个商会的情况略做说明。

苏州商务总会在章程中首先指明："本会在会各员，皆由投票选充。首期选举会员，次期选举议董，三期选举总理、协理。"同时，苏州和上海两商会都规定：总理和协理由全体议董在议董内推举，以得票数最多者为总理，其次为协理。如票数相同，将同数之人由议董再行投票另选。议董则由全体会员在会员中推选，于选举前两个星期由商会将选票分送有选举权之人，按指定的议董名额推举，以得票数多者当选。如"多数逾额，将数同者用掣签法掣定，不及额除举定者外，示期再举"。会员由所在行业的全体会友共同推举，依照一行每年公捐会费300两以上得举会员1人、600两以上得举会员2人的规定，至以3人为限。选举的方式，均采用"机密投筒法"。其具体做法是：印制统一的选举票，填写号数并注明限期，另立底簿标明某号分送某选举人，分发既讫，即将此簿严密封固，不得预泄。选举人得票后，依限照格举定，填注封固，送交商会投入筒内。投票者不得自举（有号数底簿可以核对），也不得写出某人所举。届期集众开筒清点，登录簿册，并当场宣布选举结果。此即所谓选举的"机密投筒法"，实际上就是不记名投票选举。

商会的总理、协理及会董，任期一般均为一年，因而每年改选一次，连选得连任。但总理、协理即使"办事实惬众心，亦只连任三次为限。以后须阅任续举，庶于择贤之中仍寓限制，以防积重"。① 这显然是为了防止因商会领导人长期连任，事权集中于少数人之手，影响商会的正常运作。

选举权问题是反映商会选举之民主程度的一个重要因素。上海和苏州商务总会的规定是：凡年满 20 岁的会友，均拥有选举权。这表明商会中享有选举权之人较为普遍，其民主程度也较为普及。当然，上海和苏州商会还曾规定除未满 20 岁的会友外，所捐会费未交和屡次会议不到者，也不得享有选举权。这一规定显然是针对那些不遵守商会契约规章之人，并非为了限制一部分人的选举权，因而无可非议。

天津商务总会对其初拟试办便宜章程中有关会董产生条款的修改，可以进一步说明各界对商会民主选举制的重视。天津商界各业代表在筹备成立商务总会的过程中，因行事仓促，所拟试办便宜章程第四款有该会先约会董十数员之说。结果不仅商人表示异议，就连商部和直隶总督袁世凯也认为："不曰公举而曰约，似总理、协理、坐办即有无限之权。……商会董事应由各商家公举，而总理、协理由各会董会议公举，所以联络商情允孚众望者，全在公举二字为之枢纽，非少数之总理等可以任便纠约也。"随后，天津商务总会也意识到这一失误，及时对此做了修改，规定"先令各商家公举会董十数员，由十数员内拣选评议会董四人、会计会董二人、庶务会董二人，常川到会监理各项事宜，以期实事求是"。②

民国时期的商会，同清末一样仍采用选举的方式公推正、副会长等领导人。由于这一时期商人的自我权利意识日益增强，一些未加入

---

① 《苏商总会试办章程》（1905 年），载章开沅等主编《苏州商会档案丛编》第 1 辑，第 21 页。

② 《直隶总督袁并商部对修改〈天津商会试办便宜章程〉的三点意见》（1905 年 7 月 23 日、7 月 31 日），载天津市档案馆等编《天津商会档案汇编（1903～1911）》上册，第 50、52 页。

商会的商家认为，商会既是整个工商界的社会团体，"以万商云集之大埠，若以现在已入商会之会员选举，又未免向隅"。1915 年农商部颁布的《商会法》规定具有下列资格之一者即可成为总商会或商会会员：公司本店或支店之职员为公司之经理人者；各业所举出之董事为各业之经理人者；自己独立经营工商业或为工商业之经理人者。有的商人据此以为凡合乎上述资格者即为会员，应该享有选举权。这当然是一种误解。即使是具有民主制度的社团，其领导人的选举也只能由该团体的会员公推。未加入该团体者既然未尽会员义务，自然也就不能享有会员所应享有的权利，因为权利与义务是密不可分的。所以，商会坚持非入会会员不得有选举权及被选举权，此项规定系理所当然，无可非议。但有的商会宣布，自通告改选之日起至选举之日止，暂停入会。① 其目的虽然是防止个别人单纯为选举权和被选举权而加入商会，但似乎过于偏激。不过，也有商会采取了不同的办法。例如，1917 年天津总商会通告宣布改选，虽也坚持仅本会会员享有选举权及被选举权，但同时又在报上发布告示说明："以津埠为通商口岸，商业繁盛，为北方之门户，未入会各商尚实繁有徒，未可以此綦限，致有向隅。"并决定"自公布之日起十五日内，各商号未入会者急速请由本行行董介绍来会注册，当即公决"。② 这一办法既坚持了原则，也反映了商会欲使更多的商人享有选举权与被选举权。

　　商会不仅规定以民主选举的方式推举领导人，而且制定了监督以及与弹劾制相似的制度。这是商会民主特征的又一个具体反映。清政府商部拟定的《商会简明章程》对此已有相应的规定：会董如有徇私偏袒情事致商人有所屈抑，准会员、会友各商联名禀告商会，由总理

---

① 《直隶实业厅转发农商部关于商会选举问题之规定函》（1919 年 5 月 10 日），载天津市档案馆等编《天津商会档案汇编（1912~1928）》第 1 册，第 53 页。

② 《行商公所董事杜禹铭对商会改组的建议并商会坚持选举资格敦促未入会行商限期入会的布告》（1917 年 8 月 6 日、9 月 7 日），载天津市档案馆等编《天津商会档案汇编（1912~1928）》第 1 册，第 36 页。

邀集全体会董举行会议，查证属实即行开除；情节严重者，还要按律处罚。如总理、协理或其他会董也徇私庇护，则各商可直接向商部禀控，要求将其罢免。[①]

各商会在上述《商会简明章程》有关内容的基础上，又在这方面做了更为具体的规定，以便实践中能有效地操作。例如，苏州商务总会的章程规定："在会各员务宜恪守会章，秉公办事，互相勉励，毋有歧视。"总理、协理及其以下各职员，"如有徇私偏袒、不协众情者"，会员或会友五人以上，即可要求商会举行特别会议公开集议，共议处罚。"派员查有确据者，会众议决撤退另举。"[②] 上海商务总会的章程也有类似的规定："总理以下各员，如有办事不公允，经会员、会友举发者，须有在会会员五人联名，方可宣告会众择期公议，派会员查究。如查有实迹，告知会众公同定议撤退另举。"[③] 按照这些规定，商会的领导人实则受到会员和会友的监督，如违反规章将会遭到弹劾甚至被罢免。

商会的民主特征在其定期召开的各种议事会议以及议事制度中也有比较集中的体现。清末的商会规定无论大小事宜，均须集议会中，询谋佥同，以定行止。人人皆有参议之责，人人皆无独断之权，不可稍有私心，不得予有成见。[④] 一般情况下，商会的总理、协理或正、副会长作为最高层次的领导人，负责全会有关事务，但遇有重大事务均不能擅自决断，必须由议董甚至全体会员公议。这样就限制了商会领导人个人权力的膨胀，使各种集体性的议事会议显得十

---

① 《奏定商会简明章程》，《东方杂志》第 1 年第 1 期，1904 年 1 月。

② 《苏商总会试办章程》（1905 年），载章开沅等主编《苏州商会档案丛编》第 1 辑，第 30 页。

③ 《商部左参议王清穆为请速联合绅商举办商会事致宁世福王竹林函》（1903 年 12 月 23 日），载天津市档案馆等编《天津商会档案汇编（1903～1911）》上册，第 19 页。

④ 《天津商务总会所属各处公订办公专条》（1905 年），载天津市档案馆等编《天津商会档案汇编（1903～1911）》上册，第 54 页。

分重要。

各商会所规定的议事会议，大多分为常会、年会和特会三种。常会每星期召开一次，由总理、协理和议董齐集会所，酌议应办各事。但若商家有紧要事宜，则立即赴商会酌议，"本日不能议毕或接议一日皆可，不拘常期"。年会一般每年召开两次，时间在阴历十二月和正月，由总理、协理酌定具体日期，登报宣告，各议董、会员齐集会所，共同定议。第一次年会主要是清算去年账目及公议本年预算表，总结所办各项要事，讨论章程是否有修改之处。第二次年会的主要内容为改选总理、协理和会董。特会则不定期举行，凡遇紧要事件关系商务大局者，由总理、协理预发传单，齐集在会各员及各商理事人召开特会议决。会员、会友十人以上欲开特会公议事件者，可具书送交总理、协理。总理、协理须于十日之内，召集有关人员共同定议。如事关紧要非议董所能决者，总理、协理须再知照会员，择期公议决定。

不仅如此，各商会都无一例外地规定：每次集议时，须有应到会者半数以上出席，否则不能形成任何决议；会上应"开诚布公，集思广益，各商如有条陈，尽可各抒议论，俾择善以从，不得稍持成见"。[①] 一些商会在议事章程中还强调，如会上意见暂不能统一而无法议决，则留待下次再议，并组织专人进行调查，弄清有关具体情况，供复议时咨询参考。有些商会对议事表决另做了具体规定："议事时以可否孰多之数为准。可者签名议簿，否者不必签名；倘事有不便明言者，可用机密投筒法。倘可否之数同，则由总理、协理秉公决定。"[②] 所谓机密投筒法，是将两匣黑白之子置于屋内，与议各员鱼贯而入，各取一子至会议主席前投入筒内，赞同者取白子，否定者取黑子，实际上是无记名表决法。投子毕，即由主席倾筒取出，当众数明

---

① 《奏定商会简明章程》，《东方杂志》第 1 年第 1 期，1904 年 1 月。

② 《商部左参议王清穆为请速联合绅商举办商会事致宁世福王竹林函》（1903 年 12 月 23 日），载天津市档案馆等编《天津商会档案汇编（1903～1911）》上册，第 15 页。

黑白两子各有多少，宣布表决结果。

商会会员不仅享有选举权与被选举权，而且在会中还拥有其他一些个人权利。这同样是商会民主特征的表现。例如，上海商务总会的试办章程就专辟有"权利"一章，对会员、会友的权利做了明确规定。会员的权利包括：议准会内人员及聘请办公各席；议准某人入会及出会之事；会议捐款各事及捐款各章程；议定会中动用公款及买卖动产和不动产各事；调查商务随时设法改正；在会华商争执之件，随时为之公断调处；随时改正会章及代各帮各行改正旧时规则。会友之权利则主要有如下内容：讨论商务利益，条陈当道以备采择；考察商务利弊及有关紧要消息，随时附入会报或刊印传单，布告会众；有关涉商务屈抑不平之事，查察属实，代向官长申诉；会友有关涉商务事件，不谙中外章程、法律之处，可至会中询问；会友有关涉商务之中外文件解释不明之字义，可请会中翻译讲解；会中多备中外章程、法律书籍等与商业有关涉者，供会友查阅；会友如欲考察有益商务之事，本会可做介绍之处，均为之介绍。另外，上海商务总会还在章程中特别强调："本会会员、会友既经入会，应一律看待，毋有歧视。"①

苏州商务总会也曾在章程中明确规定会员、会友所享有的权利。凡既经入会注册之商号，均由苏州商务总会开单备文送至地方官衙门备案，嗣后该商号因事被控牵涉，即请地方官先行知照商会，商会则酌情予以保护。如系因商务被控必须传讯者，商会共同据实查复，"俾良懦者得尽其词，狡黠者无可饰辩"；如因钱债细故被控者，商会随时酌觅担保，以免羁押之累；如在会商号相互间发生商业纠葛，商会为之秉公调处，以免涉讼；会友如欲查考关涉商务之中外章程、法律等书，商会购置各项书籍以备查询；会友欲赴他处考察有益商务之

① 《商部左参议王清穆为请速联合绅商举办商会事致宁世福王竹林函》（1903 年 12 月 23 日），载天津市档案馆等编《天津商会档案汇编（1903～1911）》上册，第 17～18 页。

事，商会为之介绍。总而言之，"各商既已遵章入会，担赞成本会之义务，本会即有保护该商之责任"。①商会成员所享有的这些权利，源于其对商会所尽的义务，此乃义务与权利相结合，无疑是近代民主制度的体现。

如上所述，商会的独立自治、契约规则与民主特征在诸多方面都有具体反映。需要进一步说明的是，在当时中国封建专制制度尚未发生明显转变的历史条件下，新诞生的商会何以会具备这些西方资本主义国家社团所具有的一系列特征。

清末民初中国商会具备的独立自治、契约规则与民主特征，显然不是来源于中国古代的宗族组织和传统行会，因为宗族组织和传统行会所缺乏的正是这些特征。在中国这样一个几千年实行封建君主专制制度的国家中，基本上无契约规则和民主制度可言，因而在中国漫长的封建社会历史中，也缺乏任何可资借用的民主资源。商会所具有的契约规则与民主制度，可以说完全是学习近代西方资本主义国家民主制度的产物。在商会诞生之前，西方资本主义国家的民主制度经维新派思想家和一些有识之士的介绍，已为国人所知。特别是19世纪末20世纪初，宣传和介绍西方民主制度的各种文章屡见报端，有关书籍不断问世，稍有文化的人都对西方的民主制度多少有些了解。此外，当时还有人翻译介绍欧美一些国家的商会章程，以及日本与商会性质相同的团体商业会议所的章程，并撰写文章对欧美和日本商会的各方面特点进行评述。中国商人由此对欧美和日本等国的商会获得较为全面的认识，得以在自己建立的商会中移植和借用欧美与日本商会的组织原则及民主制度。

另一个不容否认的影响，是西方国家的商人在中国设立的商会起

---

① 《苏商总会试办章程》（1905年），载章开沅等主编《苏州商会档案丛编》第1辑，第27、29页。

了某种样板作用。早在 1834 年，英国商人即曾在广州成立英商商会，两年后扩充为包括广州全部外商企业在内的洋商总商会。不过，更多的洋商会在中国出现，是在鸦片战争以后。随着中国半殖民地化程度的日益加深，外商在华企业越来越多，到 1894 年即已达到 850 余家，甲午战争以后更是急剧增加。外商在对中国进行经济侵略的同时，也将其本国的商会组织纷纷引入中国，在一些通商大埠设立洋商会，以便于进一步扩大对华的经济渗透。到 1904 年中国商会正式诞生前，外商已先后在广州、香港、上海、天津等地设立了洋商会。这些洋商会的设立，自然是为洋商的对华经济扩张服务的，但同时也给中国的官方和商人提供了直接了解商会这一新式组织的构造、职能和作用的难得机会，使其对以前未加重视的商会有了新的认识。尤其是在 19 世纪末 20 世纪初，一方面中国的民族危机空前加深，救亡图存成为当务之急；另一方面，民族资本主义获得初步发展，工商业者的力量有所增强。在此情况下，官商各界都意识到必须振兴商务，发展实业，才能使中国臻于富强，进而抵御外侮；而要想振兴中国的商务，发展实业，首先必须仿效西方各国设立商会。于是，商会这一新式商人团体在中国应运而生。

清末的中国商会，可以说完全是模仿欧美和日本商会而成立的。当时，无论是官方主动劝导商人设立商会时，还是商人自己要求成立商会时，都直言不讳地指出这是向西方国家学习的一项重要举措。所以，近代中国的商会尽管有其独具的特点，但又在许多方面与西方国家的商会不无相似之处，独立自治、契约规则与民主制度即是其中的几个方面。

本章主要从独立自治、契约规则与民主制度这三个方面论证清末民初的商会已初步具备了市民社会的基本特征。从这一意义上或许可以说，清末商会的诞生，是近代中国市民社会雏形初始出现的重要反映。虽然市民社会的特征并不完全限于上述三个方面，但这三个方面称得上是市民社会的本质特征。合乎这三方面特征的社团组织，谓之为市民社会的雏形也许并不过分。当然，清末民初的商会在这三个方面的情况，有些仍在一定程度上带有不符合市民社会的表现。但笔者认为这是近代中国国家与社会二元结构初始形成的过渡期难以避免的现象，不足为怪，对此本书后面将会集中论述。另外，如果从全方位的角度考察，仅以本章所述三个方面的内容，还不足以充分说明清末民初的商会已经初步具备了市民社会的整体特征，还需要从其他方面做补充论述。为此，下一章将进一步就商会在其他方面所具有的市民社会特征做考察和论述。

第六章

商会的独立经济活动

上一章论述清末民初商会的市民社会特征时，我们已简略地对商会的自治特点做过一些说明。但是，上一章的说明仅限于商会的产生、领导人的选举、章程的制定、经费的来源等方面的内容，主要是就其组织建构的自治特点加以阐述，而对商会开展的各方面广泛的自治活动则只是附带提及，有些方面的活动甚至没有涉及，更未做全面分析。显而易见，要进一步论证清末民初的商会具有市民社会的特征，除对其自身组织特点加以说明外，还需要对其开展的各方面自治活动予以较为全面的探讨，否则仍将难以令人信服。为此，需要在上一章有关论述的基础上，再对商会在清末民初的广泛自治活动进行考察。本章拟先对商会独立开展的经济活动略做论述。

清政府在19世纪末尤其是20世纪初经济政策发生明显改变，不再像以往那样对民间经济生活进行直接的控制和干预，并放弃了洋务运动时期的官督商办方式，由此出现了在很大程度上脱离政治国家控驭而具有较大独立性的经济活动领域，使商办私营企业能够独立从事经营和进行管理，在经济领域中拥有了较多的自治权利。

但是，近代中国的私营企业在初创时期一般都比较幼弱，各方面均面临着相当严重的困难。首先是自身的实力大多非常弱小，单靠工商业者一家一户乃至一行一业的独立经营和辛勤努力，常常难以克服所遇到的各种严重困难，更无法改变长期以来一以贯之的许多陈规陋俗。民族工商业者要想在新的环境下维持其生存，只有通过各行各业的协调行动，共同努力，采取一系列新的自治举措，才能获得较为顺利的发展。此外，近代中国的民族资本主义始终面临着外国资本多方倾挤的强大压力。不论是官办、官督商办企业，还是商办私营企业，都是在外国资本主义的倾轧夹缝中艰难地挣扎图存。特别是商办私营企业，不仅在经济实力、技术设备和经营管理等方面远不及外资企业，而且产品税收的负担也较诸外资企业更重，在与外资企业的竞争中处于更为不利的境地。当时，不少商办私营企业创办之后，即是在外资企业的排斥之下陷入绝境，最终不得不宣告破产。因此，商办私营企业要与外国资本相抗衡，维护自己的生存与发展，也必须联合起来一致对外，而不能各行其是，独往独来，否则将会或迟或早地因势单力孤而被外国资本挤垮。

出于上述原因，各行各业的工商业者在当时都迫切希望能够联合起来，依靠群体的力量求生存、求发展。而要实现各行各业的联合，共同采取各种新举措，就需要一个联络工商各业的新团体，作为其在经济方面开展自治活动的领导机构，发挥联络和协调作用。新诞生的商会，实际上就是为适应这一需要而设立的新型工商团体，正好具有这方面的职能。因此，各地商会成立之后，无不成为工商界在经济领域从事各种自治活动的组织者和领导者，产生了十分广泛的积极影响。

可以说，在经济方面开展各种活动，推动工商实业的发展，是商会的主要职能。因为商会虽然属于资产阶级团体，却不同于资产阶级政党性质的政治团体。资产阶级政党性质的团体如同盟会，是由资产阶级的先进分子和政治代表组成的先锋队，它更多地是通过自己的政治纲领反映资产阶级长远的根本的利益，其活动内容也侧重于政治方面。商会则是由普通资本家所组成的社团，其活动主要是着眼于资产阶级的现实利益，直接反映资产阶级的各种要求和愿望。因此它在实践中的活动往往是侧重于经济方面的内容，通过采取各种措施竭力维护资本家的利益，努力促进民族资本主义的进一步发展。

清末民初的商会在经济领域中所开展的自治活动，内容涉及诸多方面，以下仅择其荦荦大端略做介绍。

一　联络工商

在清末，各省的商会都无一例外地将联络工商作为自己义不容辞的一项重要职责。这主要是因为中国工商各业素来行帮壁垒森严，各立门户，畛域分明，以至于"声气不易通，群力不能合"，① 进而商情涣散，日益衰疲，成为阻遏工商业发展的一大障碍。20 世纪初，工商界的一些有识之士已认识到：中国"不特官与商不相联合，即商与商亦何尝联合；不特彼业与此业不相联合，即同业之中亦何尝联合"。如此缺乏联合，声气不通，必然"闭聪塞明，局步盲揣。……不但对外的竞争瞠乎其后，即对内的竞争亦每况愈下"。② 因此，加强各业的联络已是势在必行，刻不容缓。

然而，依靠过去的公所、会馆等行帮性组织，显然不能达到联络各业的目的，只有"建筑于各商之上"，作为"众商业之代表人"的商会方足以领导群商，将分散孤立的各行各业联结在一起。当时，清朝商部也意识到，如果工商各业仍缺乏沟通和联络，振兴实业的目的将难以达到。因此，商部希望商会能承担起联络工商的重要职

---

① 《苏州商会档案》第 68 卷，第 12 页，苏州市档案馆藏。
② 江义修：《论阅〈华商联合报〉之有益》，《华商联合报》第 2 期，1909 年 3 月。

责，其《奏劝办商会酌拟简明章程折》即指出："中国地大物博，只以商务素未讲求，以致群情隔阂，势力分散，坐使利权旁落，浸成绝大漏卮。"后来，商部又在向各省颁发的劝办商会谕帖中特别强调："商会之设，原所以联络同业情意，广通声息。中华商情，向称涣散，不过同业争利而已。殊不知一人智慧无多，纵能争利亦属无几，何不务其大者而为之。若能时相聚议，各抒所见，必能得巧机关以获厚利，或一人力所不及，而同业中彼此信义相孚，不难通力合作，以收集思广益之效。"① 在正式颁行的《商会简明章程》中，商部还指出："各省各埠设立商会，以为众商之脉络也。"显而易见，当时的官与商都希望新成立的商会能够担负起联络商情、化散为聚、振兴实业的历史重任。

有鉴于此，各商会成立之后，即明确指明"联络群情"乃其宗旨之一。例如上海商务总会在试办章程中规定了三条宗旨，其中第一条便是"联络同业，启发智识，以开通商智"。② 苏州商务总会在初创时也曾表示："事势所迫，岂容缓图。""商会之设，为各业商人互相联络，互相维持，以期振兴商务，自保利权起见。"③ 保定商务总会则在其试办章程中，直接宣称"以保护商业、开通商智、联络商情为宗旨"。④

各地商会联络工商有多种方式，其中比较常见而固定的形式，是定期召开有各业会董和会员参加的会议，共同商讨各项有关兴利除弊的措施。"各会董既由各商公举，其于商情利弊，自必纤悉能详"，因

---

① 此折和谕帖见《东方杂志》第 1 年第 1 期及第 5 期。

② 《商部左参议王清穆为请速联合绅商举办商会事致宁世福王竹林函》（1903 年 12 月 23 日），载天津市档案馆等编《天津商会档案汇编（1903～1911）》上册，第 5 页。

③ 《苏州商会档案》第 259 卷，第 19 页，苏州市档案馆藏。

④ 《保定商务总会禀呈试办便宜章程》，载甘厚慈辑《北洋公牍类纂续编》第 21 卷《商务二》，收入沈云龙主编《近代中国史料丛刊三编》第 86 辑，台北：文海出版社，1967 年影印本，第 1599～1600 页。

而相互之间随时接洽，定期聚议，即可保持比较密切的联系，从而改变公所、会馆等旧式行会组织彼此隔膜的落后状态。

在清末民初，商会所开会议有三种，即常会、年会和特别会议。常会每周定期举行一次，主要由总理、协理和全体会董集议日常应办各事。但遇有要事，则不拘一周一次常会的定例，"可由总理、协理随时斟酌，传知议董齐集会议"。年会一般每年正月举行一次，有的也举行两次，"由总理、协理酌定日期，登报宣告，各议董、会员、会友齐集会所，公同定议"。会议内容主要是改选职员和修订章程、公布收支账目暨公议本年预算表以及总结和研究一年中各业盛衰概况。特别会议的召开无日期限制，凡遇关系商务大局之紧急事件，即由总理、协理预发通知或告示，召集全体会员或有关人员参加。会员、会友有重要事件需提请商会集议讨论，十人以上也可联名要求总理、协理在一周之内，召集全体会员举行特别大会。从有关史实可以看出，清末民初的商会处理工商各业的许多要事，以及应付重大事项，都是通过召开特别会议，由各业商董共同筹划解决方案。

在商会召开的各种会议上，各业代表集思广益，开诚布公，尽可直抒己见，互通商情。举凡出品衰旺、工艺优劣、市情涨落、销场畅滞等，皆于会中互相咨访。公议之事，"由书记摘叙简要事由，登报布告"，使各商周知。各行各业如有不便于商，公认亟应整顿改革的传统陋习，商会也集议讨论，指明利弊，并研究变通办法，为之联络更正。这种前所未有的会议，大大加强了各商帮之间的联系。各业商人无不交口赞誉："盖自设立商会以来，商情联络，有事公商，悉持信义，向来搀伪攘利、争轧倾挤之风，为之一变。"①

除此之外，商会还通过创办商品陈列所、劝工会、劝业会等一系列活动，增强工商各业之间的相互联系和竞争意识，以促进实业发

① 《苏州商会档案》第72卷，第5页，苏州市档案馆藏。

展。天津商务总会意识到"欲救漏卮之弊，莫若合集群力，多设会场"，于是，"迭经邀集绅商剀切劝导，商情颇形踊跃。金以天后宫地势宏敞，又为津市适中之地，应即筹款改修，以便联络工商，仿照博览会成章举办天津商业劝工会，自系商市之一大观，不惟工业以比较而精，即商情亦以团结而胜"。随后议定每年定期举办两次劝工会，每次会期以一月为限。清朝商部也认为，由商会举办劝工会等类似的活动，对于联络工商不无裨益，因而表示大力支持。在下发给天津商务总会的批文中，商部就曾指明："查该商会举办此项劝工会，系为联络商情、交通货品起见，与商务不无裨益，自属可行。所拟章程亦尚妥善，应即照准立案。"[①] 1907 年天津商业劝工会首次举办，即产生了明显的成效。各业商人踊跃赴会，包括"远近客商，闻风趋至"。不仅工商各业增进了联络，而且"与未办劝工会之先，销货顿增多数，各商受益，诚非浅鲜"。[②] 由此不难看出，商会在联络工商、发展实业方面确实发挥了重要作用。

另一种方式是成立商业研究会和研究所之类的组织，作为联络工商的附属机构。天津商务总会在 1909 年即附设了天津商业研究所，以"研究物品，讲求制造，除商弊，利商益，振兴商业为宗旨"。[③]天津商务总会在阐明设立商业研究所的缘由时，也明确表示其目的就在于联络商情。"查中国与全球诸国之商务，或查商政，或考商学。

---

① 《津商会拟改建天后宫举办商业劝工会文及工艺局复文》（1907 年 1 月 27 日、8 月 30 日），载天津市档案馆等编《天津商会档案汇编（1903～1911）》上册，第 807、814 页；《津商会禀报第一次商业劝工会开办情形并附天津商业劝工会一览表》（1907 年 7 月 30 日、8 月 9 日），载天津市档案馆等编《天津商会档案汇编（1903～1911）》上册，第 814 页。

② 《津商会禀报第一次商业劝工会开办情形并附天津商业劝工会一览表》（1907 年 7 月 30 日、8 月 9 日），载天津市档案馆等编《天津商会档案汇编（1903～1911）》上册，第 812 页。

③ 《津商会禀陈将原设研究会扩充为直隶商业研究总所并以染商总重杜宝桢为会长文及部批》（1909 年 11 月 27 日、30 日），载天津市档案馆等编《天津商会档案汇编（1903～1911）》上册，第 316 页。

比前较后而纵观之，莫不措置失当，举止乖宜。"之所以造成这种状况，"皆由于商情隔膜，实业不兴，以致外货畅销，生财失道；利权旁落，为渊驱鱼。则中国商业凋敝万分，商民涂炭，无措手足。若不思改弦易辙之方，何施补救挽回之计。则研究所之设，正所以联络商情，集思广益，众志成诚［城］，为补商业不足，匡商业不逮之机关也"。① 商业研究所每星期开会一次，定为例会，如有关商业紧要事件需待研究者，即召开临时会议。因此，该研究所成立后，进一步增强了天津商务总会联络工商的职能。"由研究所研究商情利弊，锐意图为，颇收效果。"不仅天津商会感到"我会自成立研究所，颇资臂助"，广大工商业者也对此表示欢迎。

商会联络工商的作用及影响，不仅体现于推动实业的发展，还表现在改变了传统工商业者个人或行帮的落后形象这一重要方面，进而使工商业者成为一支独立的阶级队伍。前面已提及，商会成立后改变了以往工商业者被分散隔绝于各个行会组织的状况，使其联结成为一个整体。商会之所以能够发挥这样的作用，就在于它具有包容工商各业的组织特点和联络工商的重要职能。这样的组织特点及职能，也正是公所、会馆等旧式行会组织所不具备的。

如果说在清末的一段时期，商会联络工商的活动还只是限于本县、本府和本省，那么，在民国时期则已逐渐发展到全国范围。之所以清末商会联络工商的活动主要限于一县一府，至多也只是在本省范围，是因为当时尚未成立全国性的商会组织，没有一个协调和指导全国各地商会的共同机构在联络全国各省工商方面发挥领导作用。因此，除少数重大事件外，各省商会日常只能各自独立开展这方面的活动，其范围和影响自然也就只能限于本省，具有一定的局限性。对这

---

① 《津商会禀陈为振兴商务实业抵制外货倾销必速立商业研究所及批文》（1910 年 5 月 21 日、6 月 7 日），载天津市档案馆等编《天津商会档案汇编（1903～1911）》上册，第 318 页。

一局限性，当时已有一些商会有所认识，故而 1907 年在上海举行第一次商法讨论会时，即有商会提出设立华商联合会的动议，并得到各商会与会代表的大力支持，而且拟定了华商联合会简章。但是，出于种种原因，华商联合会在清末未能正式诞生。

1912 年底，全国商联会正式成立，各省分设事务所，上述情况即有所改变。全国商联会成立后，不仅各省商会有了共同的最高领导机构，而且全国商联会还编辑出版《中华全国商会联合会会报》，拥有全国性的舆论阵地。于是，商会的许多活动都由清末的各行其是，转变为全国范围的共同行动。与此相应，联络工商的活动也从一省扩大到全国范围。当时，商界中的有识之士对于这方面的活动仍十分重视，认识到中国工商业者势涣力薄的状况尚无根本性改变，依然阻碍着实业的进一步发展。"其势既涣，即其力亦薄而不雄。力薄则不能制人，势涣则为人所制，此自然之理也。虑为人所制而思有以制人，舍集思广益，共励进行，别无良策。"[①] 全国商联会对促进各省工商的联络，增进工商业者在全国范围内的联合也非常关注。在全国商联会的代表大会上，曾多次讨论过这一问题，并提出了有关的议案。影响尤为突出的是，全国商联会通过组织各种全国性的活动，在实践中使全国工商业者的联络和交往，在原有基础上进一步得到了明显的加强和扩大，工商界的实力与能量也随之更为令人瞩目。

二　调查商情

商会之所以开展调查商情这一活动，主要是为了使各行各业为数

---

① 《会长李友莲陈述该省商会缘起并劝业道祝词》（1913 年 11 月），载《天津商会档案汇编（1912~1928）》第 1 册，第 759 页。

众多的工商户，对于何地产销何物以及行情涨落趋势等各方面的情况，能够获得大概的了解，做到心中有数而不盲目行事，并进而明了商务盛衰之故和进出口多寡之理，最终目的仍在于促进中国工商业的发展。许多商会在创办之初对此也非常重视，有的还将其列为宗旨之一。苏州绅商在清末呈请设立商务总会时，列举商会宗旨及应办各事，即将"调查商情"作为其中的一项重要内容。此后正式制定的苏州商务总会试办章程，又指明其欲"实力施行"的各项要务，也包括"调查各业盛衰"。上海商务总会在成立时拟定的试办章程，同样将"调查商业，研究商学"作为该会的一项宗旨。

商会从事的这一活动，也得到了清朝商部的认可与支持。1906年，江宁商务总会总理刘世珩呈文商部，阐明"欲实行保商之政，非将各行业详细调查，编订商册，不足以便稽查而周保护"。[1] 商部认为此举有利于振兴实业，且切实可行，当即批示全国各地的商会均可照此办理。次年，由商部改组而成的农工商部又札饬各省商务议员会同所在地区的商会，将"贸易之盈亏、制造之精粗、销场之迟速，以及一切关系公司利弊改良等事，调查呈报，以资考核"。[2] 于是，更多的商会开展了较大规模的商情调查活动。

在清末，由于没有全国商会联合会做统一安排和布置，各省商会从事调查商情活动的方式不尽一致。有些省份的商会将调查事项分为三类。其一系各业调查，内容包括各业盛衰之故及贸易之大小、出产销场之处所等。由商会刊定表式，交各业会董详加考询，按表填报。其二是特别调查，主要内容为全省商业状况、各埠实情及进出口货物、物产之良莠，以及如何振兴、如何改良等。另外，还包括各行各业的历史沿革。此项调查，由商会专设特别调查员进行。其三为寻常

---

① 《苏州商会档案》第 42 卷，第 55 页，苏州市档案馆藏。
② 《苏州商会档案》第 72 卷，第 5 页，苏州市档案馆藏。

调查，内容包括商人申诉之事，商部及本地官府饬查各事。这方面的调查由总理、协理及会董主持，酌派司事员探询。①

还有的商会制定了行情调查表，定期调查各业情况，分门别类予以记载，酌情在常会或特会上集议讨论，胪陈利弊，谋求改进。每遇年会之际，也注意调查上一年各业盛衰概况，尤其注重有无新出商品，有无出口货物。对于本地出产的大宗产品，各商会一般都更为重视，调查也更为详细。例如，苏州的丝绸业向称发达，"出产以纱缎为大宗，丝蚕次之"。所以，苏州商务总会特别注意调查丝绸的出产及市场行情。其中仅绸缎一类，标明需调查的品种及内容即有 33 项，丝蚕类也有 12 项，由此不难看出苏州商务总会对发展丝绸业的关注，这也是苏州手工业生产和商品结构特殊布局的具体反映。

一些商务分会也积极配合商务总会，从事商情调查活动。我们从保存完好的苏州商会档案中，查到江苏常昭商务分会报送的一份物产调查表。这份调查表所列种类繁多，内容非常详细。制造品分为竹木、服装、五金、锻冶、染织、染机等部类，每一项又标明其制造地点、规模构造、发展历史、原料及其产地、手工生产还是机器生产、产品用途、数量、价目、销路及近年改良情况等；植物分为水产、农业、蚕桑等几大部类，各部类详记产地、种植、肥料、产量和销售等多方面情况；矿物类侧重调查产地、数量、开采、冶炼、销路、运输等内容。如此详细的调查，在此前中国工商业发展史上是未曾见过的。它不仅有利于当时的工商业者从整体上了解各行业的有关情况，采取有效的改良措施，也为我们今天研究有关地区的经济发展状况，提供了难得的第一手资料。

除了从事一般性的商情调查活动外，有些商会还对与商业发展有着密切联系的捐税进行了比较详细的调查。例如，江苏的江宁、苏

① 《增订江西商务总会章程》，《苏州商会档案》第 68 卷，苏州市档案馆藏。

州、上海等商务总会，即曾在清末围绕进行裁厘认捐而开展了厘金税的调查。在厘金税收制发源地的江苏，商人受其苛扰尤为沉重，已到难以忍受的地步，因而在清末一致要求以各业认捐的方式认缴应纳厘金，裁撤所有征收厘金的关卡。要改厘金为认捐，就必须根据每年出入本地的货物数量，确定所认捐额。这是一项纷繁复杂而又涉及商人切身利益的工作。税额定得过高，商人的负担仍无以减轻，所谓裁厘认捐实无意义；定得太低，官府捐税收入遽减，也不会应允。只有根据具体情况，详加调查，制定出合理的税额，才能既使商人解除厘金重税的苛扰，又为官府所首肯。

为此，上海、苏州、江宁、通崇海泰等四个商务总会联合成立了"筹办江苏全省认捐事务所"，分设苏州、江宁两处，分别主持各地的裁厘认捐事务。苏州事务所由苏商总会总理尤先甲和沪商总会总理周金箴担任所长，由苏商总会会董、纱缎业首领杭祖良兼任干事长，主要负责苏沪地区的裁厘认捐事务。此后，认捐事务所即通过各商会按行业、分地区对厘金情况展开了全面的调查，范围及至各乡镇。其具体方法是，一方面由各行各业自行调查本行业近年缴纳厘金的数额及贸易情况，另一方面由事务所派员调查厘金局近年收捐数额及各地大宗商品运销情况。所派调查员大都根据第一手资料，写出了厘捐调查日记或书面报告，然后条分缕析，详加统计，编制出各种厘捐、认捐调查表，务求得出接近真实的各行各业各局卡厘捐数字。

由于江苏地方官府害怕裁厘减少税收，抛出所谓的统捐方案从中加以阻挠，调查厘金及裁厘认捐活动未能在清末顺利完成。江苏各地的商会也曾对官府的统捐方案进行过抵制，并成立了苏属商会联合会，于1911年7月议决不等调查表格汇齐，即先行敦促各业自行认捐。但江苏官府蛮横地强制推行统捐。不久，武昌起义爆发，形势发生突变，裁厘认捐计划也不得不中止，最终未能达到预定目标。尽管如此，江苏商会开展的这一活动仍然赢得了各业商人的好评。苏州药材业商人称同业认捐，"庶国赋无纤微之实，而商业有振兴之机"。永和公所在给商会的呈文中也表示："筹办认捐，为裁撤厘卡之预备，仰见维持公益，体恤商艰之至意。"①

在清末，全国各地的许多商会还曾围绕自拟商法活动，开展了大规模的商事习俗调查。1907年，上海商务总会和预备立宪公会等团体联合发起自拟商法的倡议，得到各地商会的响应和支持。是年11月，全国80多个地区的商会代表齐集上海，讨论有关事宜。会议决定："以预备立宪公会主讨论编纂之任"，派专人编辑商法草案，各地商会则配合进行商事习俗调查，择要汇寄上海商务总会。由于中国地域辽阔，经济发展不平衡，各地商事习俗也判然有别，为使商法"合乎中国商业上之习惯"，确有必要事先进行翔实的调查。

从有关史料看，各地商会对这次调查商事习俗及拟定商法活动十分重视。例如苏州商务总会曾专门制定《研究商习惯问题简章》研究苏地各业之习惯，分类条答。章程指明：凡入会各商号均可到会研究，其未入会之各商号，由在会之商号介绍也可享同等待遇。讨论研究的内容，主要是各项有关商事习俗问题，但也不完全局限于此。"问题以外之习惯，可由本会会员随时调查明确，来会各抒意见，以收集思广益之效。"此外，苏州商务总会还特别解释说："商法所包者广，凡属商人无论营业之大小，于法律范围皆有关系，不问何项商人，曾入商会与否，苟有利害切己、应行保护者，其营业之习惯与旧有之规条，可作成意见书投交本会，或邮寄本会共同研究。"②

1909年，各省商会的代表再次云集上海，举行第二次商法讨论会。经热烈讨论和商议，会议通过了商法草案的第一编公司法。可以说，清末的这次全国性调查商事习俗和拟定商法活动，是商会领导商

① 《苏州商会档案》第253卷，第46页，苏州市档案馆藏。
② 《苏州商会档案》第55卷，第5页，苏州市档案馆藏。

人进行的一次有组织、有明确宗旨的民间商业立法运动，也是商会开展的一次具有重要意义和影响的自治活动。有关这次立法活动的详细情况，后面还将做全面论述。

民国建立之后，许多商会仍对这一工作比较重视，并继续从事商情调查和捐税方面的调查活动。例如，上海总商会议董谢蘅窗在该会1914年6月的一次常会上提出《补救工商业意见书》，论述了振兴实业的"治标三策"，其中的第一条即是调查商业之状况。他认为"调查一事为商业第一要着，凡市面兴衰之现状，商品供求之相剂与否，非经调查，不能深悉"。因此，他主张总商会应该"多派调查员"，举凡"有关于商界事物一一调查确切，研究精详，著为报告，而后经营商业者始有标准"。[①] 在此之前的1913年4月，上海总商会也曾召开会议，专门讨论如何深入调查国内外商情问题，认为"调查商业为商会应尽之职务"，并提出仿效外国商会的做法，扩大调查范围，"不特于国内商业，日事调查，即国以外亦必远涉重洋，悉心咨访"。[②] 民初的几年，《上海总商会月报》尚未创办，上海总商会所采取的办法，是将有关商情调查每月集中编印成册，分送工商各业，重要者每年列入《上海总商会报告录》的附录，以便各业会员参阅。1912年和1913年编印的《上海总商会报告录》，即附有《调查上海银行表》、《调查上海丝厂表》、《调查外埠丝厂表》、《出口生丝比较表》、《调查上海茶业表》和《调查纱锻业近年盈亏表》等多项相关的调查统计表。《上海总商会月报》创刊后，以指导商业社会、提倡学术研究、搜集参考资料为宗旨，辟有国内外商情、调查、统计等专栏，发表了大量有关商情调查的统计资料和报告，对于帮助工商业者了解国内外有关信息，引导工商界趋利避害，促进工商业的进一步发展，都起了明显的积极作用。

---

① 《挽救商业之治标策》，《申报》1914年6月26日，第10版。
② 《上海总商会办事报告》，1913年4月12日，第六次常会议案，转引自黄逸峰等《旧中国民族资产阶级》，江苏古籍出版社，1990，第129页。

有的总商会还设立专门机构开展这方面的活动。如京师总商会成立了工商调查处，并拟定了简章，"专任工商调查事宜"。调查处设主任评议员二人，由总商会董事推选；评议员若干人，由各行商董推定；另还聘有名誉调查员及办事员等。根据章程的规定，工商调查处办理以下各项事务：调查工商状况，编辑工商统计；调查工商各种法规、税则、金融事项；调查国货改良及制造事项；调查各国关于工商及国际贸易等事项。章程还对一般调查事项做了更为详细的说明，包括工商业之大势、商人一般之特点、商人知识程度、各行固有之特别情形、何行最为发达、各行之经理人、伙友以何地人为多、各货用户以何等人为多等诸方面的内容。同时还特别说明，对于每个方面的调查必须做到力求全面，以免失之偏颇。如调查商人一般之特点，应兼顾优点和缺点。就一般情况而言，京商以"重信用善酬客为其优点，保守怯进为其缺点"，津商以"机敏勇进为其优点，嚣张粗野为其缺点"。① 类似的调查，无疑对商人了解自己、认识自己具有积极作用。

1912年底成立的全国商联会，对商情调查也相当重视。其章程所列"本会应行之事务范围"的第一大项，即是"关于编查商务事项"。具体办法分为四种：（1）各地产物、商情有需考察者，遴派专员前往调查，或委托该地商会代行调查，约期报告；（2）遇有各国商务应资考证事项，遴派专员前往调查；（3）编辑中国商务会报，将国内外商务事件按月刊行；（4）各地各商会按月报送的当地所产土货及他处输入之大宗物产、市价变动情形等调查报告，由该地的商联会事务所按月填表报告总事务所，然后在《中华全国商会联合会会报》上刊登，分送各地事务所。②

---

① 《京师总商会成立工商调查处函并附章程》（1921年1月22日），载天津市档案馆等编《天津商会档案汇编（1912～1928）》第1册，第730页。
② 《中华全国商会联合会章程》（1912年11月21日），载天津市档案馆等编《天津商会档案汇编（1912～1928）》第1册，第521～522页。

　　很显然，较诸清末的情况而言，民国时期商会开展的商情调查活动内容更为广泛，也更为详细，不仅反映了当时民族工商业获得了一定的发展，而且体现了商会对此项活动的认识不断提高，其作用和影响自然也更加突出。

三　兴办商学

　　创办各种实业学堂和商业讲习所，是清末民初的商会积极开展的另一项产生过重要影响的自治活动。这项活动涉及教育领域，推动了近代中国实业教育的发展与兴盛，其影响不仅仅限于经济方面。但是，商会开展这项活动的目的，主要是兴商学、开商智，进而促进工商业发展，其落脚点和根本宗旨仍在于经济，因而我们也将它列入商会在经济方面所从事的自治活动而加以论述。

　　清末的许多商会即已充分意识到实业教育是否兴盛与商业能否发展有着非常密切的关系。有的指出："商业之发达，由于开商智；商智之开通，由于设商学。"① 这样的认识，显然已将兴商学对推动商业发展的作用提到了相当的高度。还有的阐明："开办商会，当调查内外流通货物，极力改良，方足以战胜商场。然商智不开，则彼此隔阂，是商又借资于学，故学为商之用。"② 尤其值得称道的是，有些商会还进一步意识到："事无近功，种宜早下，急起直追，犹恐不及，失之不图，后悔已迟。……凡我商会同人，毋再以自误者误后生，致不能生存于世也。"③ 言辞之间，体现出商会对兴商学的强烈紧迫感。于是，为适应时代发展的需要，清末商会在从事联络工商、调查商情活动的同时，采取种种措施大力兴办商学，努力培养新型商业人才。

---

　　① 《苏州商会档案》第 43 卷，第 66 页，苏州市档案馆藏。
　　② 《岭东日报》光绪三十三年八月十三日。
　　③ 《苏州商会档案》第 3 卷，第 25 页，苏州市档案馆藏。

　　清末商会兴商学的首要措施，是鼓励和倡导创办各种实业学堂。有些地区的商会，一方面直接出面创设初等或中等商业学堂，另一方面也积极帮助某些行业及实力雄厚的商董兴办各类实业学堂。

　　例如，天津商务总会于1904年成立时，就在章程中明确指出："商学不讲，率多遇事牵掣。本会拟妥筹经费，设立商务学堂，造就人才，以维商务。"① 到1906年，天津商务总会将此举付诸实现，创办了天津中等商业学堂。同年9月初，天津商务总会呈文商部，阐明"商业不兴，由于不智，不智由于无学。是学堂一项，尤为振兴商业之要著"。因高等商业学堂程度很高，所需经费亦巨，一时难以筹办，遂提出创办中等商业学堂，同时附设教员传习所。"所有经费统由总理等商同会董，各行商董筹摊，并招各行商子弟入学。一切堂内事务即由会董李向辰等会同监督等商同办理，以专责成。"商部批示说："该总理等筹摊款项创设中等商业学堂，系属振兴商业要义，详阅所订章程十二条，均称妥善，自应准予立案。"②

　　天津商务总会创办的中等商业学堂，分设"完全科"和"简易科"。起初仅有简易科甲乙两班，每班学生30名。1908年开始招收完全科甲乙两班，每班也有学生30名，学制均为两年。学生学成毕业后，由商会颁发文凭，或推荐到有关学校继续深造，或安置在各商号就业。

　　1907年，天津商务总会认为，"学堂有中初之别，学业有浅深之分，既设商业中学，自应举办初等，以备升进之阶"，遂"广为劝导，力求扩充"。旋有王永泰等绅商呈请创办天津民立第一初等商业学堂。天津商会大力支持，为其禀告商部请准立案。初等商业学堂"以造就

---

　　① 《王贤宾等为禀报津商会试办便宜章程会董行董与入会商号清册事上商部文及部批》（1905年5月25日、6月20日），载天津市档案馆等编《天津商会档案汇编（1903~1911）》上册，第48页。

　　② 《天津商会为创设中等商业学堂事禀商部文及商部批》（1906年9月2日、13日），载天津市档案馆等编《天津商会档案汇编（1903~1911）》上册，第174页。

商业人才为宗旨，概不收费，以各小学堂毕业者升入"。学生三年毕业，发给文凭，毕业后愿在商业学堂进求实学者，保送中等商业学堂；意欲就业谋生者，保送各洋行习学行务。①

在清末，其他一些地区的商会也曾直接创办各类实业学堂。例如，通崇海泰商务总会创办了银行专科及教育学校，南昌商务总会创办了商徒启智学校，长沙商务总会创办了唯一学堂，芜湖商务总会创办了乙种商业学校，等等。特别值得重视的是，一些商务分会也克服困难，设法筹措经费，积极创办实业学堂。

例如，直隶高阳商务分会尽管"原无的款"，但也附设一商业学堂，由商家随时捐助经费。至1908年，已修建讲堂5间，教习宿舍3间，肄业学生41名。1909年，高阳商务分会议定："商业学堂原本商家随时捐助，由义务而成，自应竭力提倡，培养人才。凡肄业学生，概不收学费，以资鼓舞。"② 该会创办的商业学堂原为初等预备科，学制四年。同年底，第一届学生修业逾三年，成绩已过初等程度，年龄也多合中等资格。根据这一实际情况，高阳商务分会决定将所办商业学堂呈请改为中等预科，另制简章，定名为中等商业学堂，"以授商业所必需之智识艺能，使将来实能从事商学为宗旨"。③ 同时，还购地建筑礼堂、讲堂、教员及学生宿舍。清朝农工商部认为高阳分会致力于兴盛商学的举动"均属切实可行"，当即"照准立案"。

除此之外，直隶还有秦皇岛商务分会主办过实业补习学堂，彭城镇商务分会创办过半夜学堂。在江苏，常州商务分会曾兴办半日学

---

① 《天津商会禀陈天津民立第一初等商业学堂开办情况章程及商部批》（1907年1月26日、2月5日），载天津市档案馆等编《天津商会档案汇编（1903~1911）》上册，第178页。

② 《高阳商务分会宣统一二年间劝立织布厂推广铁轮机划一土布税则各事简记》（1909年1月至1910年7月），载天津市档案馆等编《天津商会档案汇编（1903~1911）》上册，第222页。

③ 《高阳商务分会为振兴实业提高高阳土布质量拟扩充商业学堂创立工艺研究所文并部批》（1910年1月30日至2月23日），载天津市档案馆等编《天津商会档案汇编（1903~1911）》上册，第234页。

堂，梅里商务分会和川沙商务分会也都曾主办过初等商业学堂。在其他一些省区，类似的情况亦不鲜见，这里无须一一加以介绍。

对于鼓励和帮助一些行业的商人创办实业学堂，清末的苏州商务总会做出了较大的努力，并取得了明显的成效。苏州商务总会对兴商学、开商智的重要作用，有着相当深刻的认识："时至今日，所谓商战世界，实即学战世界。……我华之商，力薄资微，智短虑浅，既无学问，而又坚僻拘墟，以无学识之人与有学识者遇，其胜负可立决矣。"基于以上认识，苏州商务总会成立后即确定以"研究商学、发明新理"为宗旨之一。其试办章程第 72 条明确规定："本会经费充裕，应先筹设商业学堂，以造就商界人才。"第 73 条又说明："本会经费未裕，应先筹设商业研究讲习所，以开商智而涤旧染，俾年长者亦获祛除成见。"第 74 条则表示："有人发起欲设立商业学堂或别项实业学堂者，本会当实力为之提倡扶助。"① 由此可知，苏州商务总会成立伊始，即主动将兴商学、开商智视为义不容辞的职责之一。

1906 年，在苏州商务总会的大力倡导下，苏州纱缎业商董呈请创设公立初等实业学堂。呈文说明："储材端赖学堂，生利必资实业。职等详阅苏州商会章程第七十五条后附有案语，殷殷以设立学堂为各商劝，语皆切挚，敢不黾勉！"② 苏州商务总会当即代为转呈商部，极力称赞："该议董、会员等以同业独立，学堂不假外求，既为一业广陶成，且为各业树标准。有志提倡，洵堪嘉尚。"③ 由于有商会的支持，苏州纱缎业公立初等实业学堂很快即获商部批准立案。该学堂所需经费悉由纱缎"同业担任，不假外求"。学生定额 60 人，主要招收

---

① 《苏商总会试办章程》（1905 年），载章开沅等主编《苏州商会档案丛编》第 1 辑，第 30 页。
② 《附：纱缎业为办学事呈商部文》（1906 年初），载章开沅等主编《苏州商会档案丛编》第 1 辑，第 744～745 页。
③ 《苏商总会为纱缎业办学代呈商部文》（1906 年 1 月），载章开沅等主编《苏州商会档案丛编》第 1 辑，第 744 页。

纱缎业中 16 岁以下之子弟，概不收取学费。分本科、预科两级，均定 4 年卒业。开设的课程"注重普通各科学，以期童年皆具营业之知能及有谋生之计虑"。

自苏州各行业中实力最为雄厚的纱缎业首开自办学堂之先河，经纬业和米业也接踵仿效，并同样得到苏州商务总会的大力支持。1907年，经纬业商人呈文商会，说明"近数十年来，外流奔放，浸涸利源，究商业之所以不竞，实由商智之自甘锢塞"，① 因而禀请创办初等小学堂，以兴学育才，开通商智。收到经纬业呈文的当日，苏州商务总会就立即移文长洲县衙，请"查照给示保护，以维学务"。该业创办的初等小学堂定额 40 人，既招收本业子弟，也招本业各店学徒；此外，还另立补习甲、乙二班，由各店学徒间日轮流到校学习，"于求学、执业二者两不相妨"。其开办章程表示："办学经费既万分困难，所收各捐又皆从诸同业辛苦积累中来。经办同人既受全业付托，于应办各事，盖当矢勤矢慎，核实撙节，既不可因简陋而坐令衰耗，亦不可务虚靡而敷衍门面。总期建设最后而名誉独先，用费最短而收效独多。"② 可见，苏州商人是真诚地希望能够通过自办学堂，开商智育新才，而不是为了沽名钓誉。

当时，经费不足仍是商人自办学堂常常遇到的困难。对这一困难，苏州商务总会也设法帮助解决。1906 年，苏州商务总会曾禀请商部同意，从苏经、苏纶丝纱两厂每年报效的银两中，划拨一万两交商会，然后由商会拨予商办铁路学堂，专用于办学。苏省铁路公司总理表示："本公司会议开办学堂，筹款维艰，今以部准该厂报效实力之经费，拨归本公司铁道学堂之用，常年开支既有的款，自应勉力赶紧

---

① 《附：经纬业吴国珩等禀文并学堂章程》（1907 年 8 月 19 日），载章开沅等主编《苏州商会档案丛编》第 1 辑，第 750 页。

② 《附：经纬业吴国珩等禀文并学堂章程》（1907 年 8 月 19 日），载章开沅等主编《苏州商会档案丛编》第 1 辑，第 751 页。

开办，多储实业之人。"① 不难看出，苏州商务总会从各个方面促进清末苏州实业教育发展的作用与影响均比较突出。

值得特别指出的是，在苏州商务总会的大力倡导下，隶属苏州府某些县、镇的商人，也对兴办实业学堂很热心。例如，在常熟县梅里镇，商董张振庠等人于 1906 年禀准成立商务分会之后，紧接着即改组原有之虞东公学，创办了梅里商业学堂。尽管一镇之商的经济实力比较有限，但也仍然是"以商捐充商业学堂经费"，完全属商办性质。其具体办法是将原定猪捐增加 1 分，用作常年经费。该项猪捐原属拨给虞东公学之经费。虞东公学解散之后，学绅彭邦俊等人创办两等学堂，意欲通过官府阻止猪捐拨归商业学堂，但猪行全体商人联名禀呈苏州商务总会，声明"猪捐既属商捐，宜归商业学堂"，表示愿将此捐悉数拨予商业学堂，用作常年经费开支。小镇商人对于襄助兴办商学的积极态度，由此可见一斑。

上海商务总会为倡导和支持各行业的商人创办实业学堂，也做出了很大的努力，取得了可观的成效。从 1904 年上海商务总会成立到清朝灭亡的短短几年间，经其倡导而由所属工商各业创办的各类实业学堂，有金业办的金业初等商业学校，洋布业办的振华堂补习学校、振华义务学校以及英文补习学校，水果业办的华实学堂，茶馆业办的先春小学堂，豆米业办的豆米业学校，衣业办的衣业学校，苏沪帮鲜肉业办的香雪义务学堂，水炉业办的水炉公学，银楼业办的银楼业学堂，商船业办的商船小学堂，花业办的花业学堂，水木业办的二等小学和艺徒夜校，等等。此外，还有商学会开办的中等商业学堂、崇实商学会主办的崇实学堂。②

清末由商会直接创办或者经商会倡导兴办的各类实业学堂，均带

---

① 《苏州商会档案》第 39 卷，第 1 页，苏州市档案馆藏。
② 虞和平：《商会与中国早期现代化》，第 238～239 页。

有明显的资本主义近代教育的色彩，不属于旧式封建教育的范畴。其教学宗旨已在一定程度上突破了清政府"中学为体，西学为用"的办学方针。清朝统治者曾力图在当时的各种新式教育中注入"三纲五常"等封建的伦理道德，规定"无论何等学堂，均以忠孝为本，以中国经史为基，俾学生心术壹归于纯正，而后以西学瀹其智识，练其艺能"。① 其教育方针，具体说就是所谓"忠君"、"尊孔"、"尚公"、"尚武"和"尚实"的十字原则。而商会和商人创办的新式学堂，旨在培养实业人才，开拓商智，促进资本主义工商业发展，因而强调"注重普通各科学"，加强工商界人士"营业之智能"和"谋生之计虑"，着眼点与清朝统治者的初衷相比显有变异。教学内容方面，包括县镇商人所办的各种商办实业学堂，都开设有新学课程，并且是与工商实业有着密切联系的内容，如经济学、商品学、统计学、商事法规、商事要项、商业实践和商业簿记等，均无不如此。

　　清末商会兴商学、开商智的活动，在当时无疑产生了值得肯定的积极影响。苏州商务总会的创始人王同愈等绅商在呈请设立学务公所的事文中指出："各国强弱之分、文野之别，视全国人民就学多寡为断。"② 从某种意义上讲，这种说法是有一定道理的。商办实业教育的兴起，使许多商人及其子弟在不增加多少负担的情况下，获得了受教育的机会。因为商会及其所属行业的商人创办的实业学堂，招收商人或其子弟一般都免收学费，只需缴纳为数不多的膳宿费。尽管商办实业学堂在当时短时期内不可能达到广泛普及的程度，但终究还是培养出了一批专门人才。不少地区的商人而且不满足于培养一般的通晓商务之人，更希望造就出高层次的人才。苏州纱缎业商人呈请商部准予其合格的毕业生升入南洋高等实业学堂，得到商部首肯。直隶高阳商

---

① 舒新城编《中国近代教育史资料》上册，人民教育出版社，1981，第 195 页。
② 《苏州商会档案》第 92 卷，第 10 页，苏州市档案馆藏。

务分会根据实际情况，创造所需条件，禀请将所办初等商业学堂升为中等商业学堂，都是为了培养较高层次的商业人才。此外，随着实业教育的逐步兴盛和发展，工商界人士"智识日开，则必于实业多所裨益"。[①] 其缘由正如许多商会所说，教育和实业之间有着密不可分的相互制约关系。同时，那种不为功名不读书的传统价值观念，在实业教育兴起的冲击之下，或多或少也发生了某些变化。

一位曾对清末实业教育做过探讨的外国学者认为，当时中国各省实业学堂数目的多少与该地的经济富裕及现代化程度无关，而取决于有无促成这一革新的高级官吏，因为"在大部分情况下，实业教育的发展首先是通过行政的途径，即下级执行中央政府的命令"。该学者还认为在实业教育兴起阶段，既没有"来自商界的敦促，也没有发现与工商界直接有关的人参与其事"，其"创始人一律来自官场"。[②] 揆诸史实，清末实业教育的兴盛，确实也与当时清政府推行有关政策和各省官员的态度有一定关系。20世纪初期的清朝统治者也意识到："实业学堂所以振兴农工商各项实业，为富国裕民之本计。"[③] 1903年，学部设立，奏准谕令两年之内，全国各府应设中等实业学堂1所，每州县应设初等实业学堂1所。1906年11月，农工商部也曾札饬各商务总会说："务宜实力经营，广为提倡，俾学堂林立，人才日出，庶几工业商业日有起色。"[④] 不可否认，以上清政府各机构饬设实业学堂的行政措施，对当时实业教育的发展必然会产生一定的影响。

但是，如果据此将清末实业教育的发展完全归诸清朝统治者的政绩，未免有失公允。如上所述，商会及一些行业的商人在20世纪初

---

①　《苏州商会档案》第43卷，第66页，苏州市档案馆藏。

②　巴斯蒂：《从辛亥革命前后实业教育的发展看当时资产阶级的社会政治作用》，载中华书局编辑部编《纪念辛亥革命七十周年学术讨论会论文集》下册，第2323页。

③　舒新城编《中国近代教育史资料》上册，第742页。

④　《苏州商会档案》第43卷，第11页，苏州市档案馆藏。

兴办实业教育的过程中，即表现出高度的主动性和自觉性，而不是承值官差。因此可以说，实业学堂的创办人并非"一律来自官场"，而有相当一部分是商人。以苏州的情况为例，清末10年间先后创办各类实业学堂共14所，其中官办政法学堂、农业学堂、中等工业学堂等计有5所，商办实业学堂、铁路学堂、商业学堂和初等小学堂占9所。① 较早于1904年设立的商智初等小学堂，也是由苏州席业商人捐资创办的。所以，商人不只是起敦促作用，还依靠自身的力量在兴办实业教育的过程中扮演着主导性的重要角色，并取得了可观的成果。

不仅在经济发达的通商大埠，即使在一些比较偏僻的地区，商会对实业教育也十分重视。例如，在资本主义发展相对而言比较缓慢和落后的江西，商务总会也同样意识到："今日之时代，一商战之时代也，一学战之时代也。……欧风美雨咄咄逼人，外强中干，岌岌不能终日。智存愚灭，天择其群，眷念同胞，不觉泪下。然与其坐以待困，毋宁先自为谋，请未雨而绸缪，勿临渴而掘井。"② 为此，江西商务总会克服重重困难，集资创办了商徒启智学堂。这些事实证明，清末的商会及商人已清醒地认识到培养实业人才对于促进实业发展的重要作用。他们不再处处依赖官府而独立创办实业学堂，则又反映了以商人为主体的民间社会在不断地发展壮大，其影响日趋显著。

民国初年，兴商学、开商智仍是商会继续开展的一项重要自治活动。1912年成立的全国商联会，在章程中就"振兴商学"一项拟定了以下四条具体措施：资送游学外国商科；筹设高等专科商业学校；推广中等、初等商业学校；推广商业补习学校。③ 历次全国商联会的

---

① 此数字系据民国《吴县志》、《苏州市教育志》"资料汇编（一）"统计。

② 《苏州商会档案》第68卷，第11页，苏州市档案馆藏。

③ 《中华全国商会联合会章程》（1912年11月21日），载天津市档案馆等编《天津商会档案汇编（1912～1928）》第1册，第522页。

代表大会，也均将如何进一步广兴商学列为重要议题加以讨论。例如1914 年 3 月在上海举行的第一次代表大会上，代表们提出的有关兴商学、开商智的议案即达 11 件，其中包括《出洋学习工商各处创办商学案》、《速兴商学以储商业人才案》、《筹设商业学堂拟订办法案》和《请扩充甲种商业学校案》等。经过讨论形成的决议指出：各省商会应尽力筹款，"多派商家子弟出洋留学工商，或入本国学堂，精求实业"；同时创设商业补习学校、商务传习所及商业专科学校，设立商品陈列所和商业研究所，争取在不久的将来做到各工商企业招收学徒时，"先从学堂毕业生录用"，商会的职员"非由学堂毕业者不得充选"。[①]

全国商联会为发挥普及实业教育的实际作用，还开创了函授实业教育的新方式，于 1916 年开始在京师筹办函授学校，"以灌输商业必需知识，造就商界实用人才为宗旨"。[②] 该校设本科和预科。"本科为文理清通者而设，授以完全学科。预科为略识字义者而设，授以国文法及简易学科。"其教学形式虽为函授，所设课程却较为正规。本科的课程包括商业通论、商店经营法、商业历史、商业地理、商人经济学、商业簿记、商业算术、商业文、商法释义等。预科所设课程有简易国文法、商业尺牍、商业学大意、简易算术、簿记大意等。全国商联会利用函授学校的特点，面向全国各地的工商业从业人员招收学员，本科以一年半为一期，预科以一年为一期，"为普及商人教育起见，一概免缴学费，以资提倡"，只收讲义费和邮寄费。1917 年，全国商联会即已正式招收商业预科和本科学员。同时，全国商联会还利用其会刊《中华全国商会联合会会报》，大量发表有关介绍商业知识和论述商业学术专题的各种文章，对于民初商学的进一步兴盛和实业

---

① 《商会联合会始末记》，《时事汇报》第 6 号，1914 年。
② 《全国商会在北京创办函授学校文并附简章》（1917 年 3 月 20 日），载《天津商会档案汇编（1912～1928）》第 1 册，第 559 页。

教育的发展起了积极的推动作用。

上海总商会于 1922 年创办的商业补习学校，也产生了良好的效果。当时，工商界人士增进知识的愿望更为迫切，因而上海总商会开办商业补习学校的消息传出之后，"商界青年子弟闻风而至，要求加入者络绎不绝"。上海总商会也深受鼓舞，表示一定要"与商界诸君同其利，而不私于本会"。这一学校虽名为商业补习学校，当时也有称夜校者，系"利用公暇研究商业上应用之智识"，但上海总商会为确保教学质量，聘请的教员大多毕业于国内外著名大学，而且既有专业知识，又有一定实践经验。例如，讲授高级广告学课程的教员是美国经济学硕士、商务印书馆经济编辑林振彬，讲授商业管理课程的教员系美国经济学硕士、商科大学教师刘树梅，讲授簿记兼经济学课程的教员是美国芝加哥大学商科和纽约大学商业管理科硕士李培恩。这样的师资力量，较诸一些正规的商业学校也毫不逊色。在课程设置方面，商业补习学校也比较全面，包括国文、英文、簿记、经济、速记、商事要项、商业算术、商业文件等，"凡商业之应有各科，搜罗既备，审择尤精，教授诸君又皆大学毕业者流，循序施教，成效因以大著"。[1] 所以，广受工商界人士及其子弟欢迎，报名入学者愈来愈多。据统计，1922 年初办时每学期录取新生为 94 人，次年即增至221 人，到 1926 年更增至 321 人，发展成为全国规模最大的商业补习学校。其学员除"按时上课以外，更有陈列所可备参观，有图书馆堪资研究，又不时请商界名人演说，或电映各国实业状况，以感动学者（学生）之耳目，而印入其脑筋"。[2]

随后，上海总商会还与中华职业教育社、上海商科大学联合发起成立上海商业补习教育会。该会由上述三个单位分别推举三人组成九

---

[1] 徐可升：《商业夜校弁言》，《上海总商会月报》第 4 卷第 10 号，1924 年 10 月。
[2] 徐鼎新、钱小明：《上海总商会史（1902～1929）》，第 260、262 页。

人委员会，作为领导机构，其事务所附设在上海商科大学，"以扶助上海商界青年增进商业知识、养成商业适当人材为宗旨"。其活动内容根据章程规定，包括以下七个方面：（1）调查上海商业教育情形；（2）调查上海商界所需商业补习概况；（3）调查上海各商店所需要的适当人才；（4）研究实施上海商业补习教育方法；（5）筹设及扶助上海商业补习学校；（6）组织商业讲演部；（7）编辑印行关于商业补习教育各项调查及言论。① 这样，上海总商会创办的商业补习学校随之进一步拓展了横向社会联系，教学水平更加提高，其社会功能也相应扩大。

即尽管如此，仍然并非所有的工商业者及其子弟都能够到各类实业学堂学习。所以，除了创办实业学堂、发展实业教育之外，清末的许多商会还设立讲习所、阅报社，作为开商智的重要辅助手段，向更多的工商业者宣传有关的各方面知识。对这一措施商会也十分重视。如苏州商务总会在初创时即议定："应先筹设商业研究讲习所，以开商智而涤旧染。"② 南昌商务总会在创办章程中规定，设立讲习所系该会必办之事。讲习所设立之后，"凡有关商务报章、书籍，均购置会所"，供会员、会友阅读研究，"讨论采访，启发智识"。③ 直隶顺德商务分会也表示："立会以开通商智为第一要义，应先设商人研究所，每星期一会，研究商理；并由县发商报一份，公举数人轮流演说，以谋进步改良。"④

即使是一些设在乡镇的商会，也知道用这种方法启迪商智。例如，直隶磁州彭城镇商务分会意识到"彭城地处僻壤，风气不开，见闻既属浅鲜，知识半多顽固"，遂决定设一宣讲所，定期邀请有关人

---

① 《上海商业补习教育会简章》，《上海总商会月报》第 1 卷第 6 号，1921 年 12 月。
② 《苏州商会档案》第 3 卷，第 19 页，苏州市档案馆藏。
③ 《苏州商会档案》第 86 卷，第 12 页，苏州市档案馆藏。
④ 《顺德府正堂李映庚为振兴商务实业请立商务分会文并附章程》（1906 年 7 月 15 日至 11 月 5 日），载天津市档案馆等编《天津商会档案汇编（1903～1911）》上册，第 193 页。

士进行演讲；设一阅书阅报公所，"以益知识而广见闻"，并拟定了阅报所章程。按照章程的规定，阅报所不仅备有茶水，而且备有纸笔以供抄写。"本镇绅商到所阅报，凡报上有益于国家社会人群事件，须随时誊录，以便演说而启愚蒙。"①

民国时期，有些商会还筹措资金，创办商业图书馆，为广大工商业者及其子弟提供可资增长工商见闻与商业知识的各类图书。例如，上海总商会意识到"商业学理日新月异，为便于公众研究，以期适应环境起见，公议亟应设一商业图书馆，备商人营业余闲潜修之用"，②遂在 1921 年成立专门委员会筹划建立商业图书馆。该图书馆的开办费全部由上海总商会拨给，常年经费也由总商会支付。但在 1922 年开馆后，图书馆购买书籍时仍感经费短绌，遂争取书业公所及出版界有关企业的支持，由上海总商会向上海各书局发出求助信，希望"嗣店凡有新出版之商业书籍，每种移赠图书馆一份"。求助呼吁发出之后，获得广泛响应与支持，两年内商业图书馆收到各书局、机关团体和个人捐赠的图书、期刊多达 1579 种，4478 册。特别是在上海乃至全国出版界均堪称规模最大的两家出版企业——商务印书馆和中华书局，捐赠的书籍为数最多。商务印书馆曾先后向商业图书馆捐赠 9 批图书，共计 399 种，971 册。中华书局也曾捐赠 3 批图书，计 186 种，576 册。③ 因此，商业图书馆藏书的种类、数量均大为增加，受到上海工商界人士的普遍欢迎。前往该图书馆阅览和借阅的读者人数，在开馆后的一年半成倍增加。

通过开展上述各种活动以及采取诸多具体措施，清末民初的商会在兴商学、开商智和培养商业人才等方面，都取得了程度不同的成

---

① 《磁州彭城镇商务分会总理王鸿宾申报立会七个月来所兴办革各事文》（1908 年 1 月 19 日），载天津市档案馆等编《天津商会档案汇编（1903～1911）》上册，第 202～203 页。

② 《会务记载》，《上海总商会月报》第 3 卷第 7 号，1923 年 7 月。

③ 徐鼎新、钱小明：《上海总商会史（1902～1929）》，第 257 页。

效，对于推动中国民族工商业的进一步发展不无裨益。而在此之前，虽也有一些富裕绅商以义举的方式赞助办学，却较少独自创办新式实业学堂，在开商智方面更少有这些新举措。这些表明，商会成立之后，工商界的自治活动内容大大增加了，其独立社会空间也得到了前所未有的扩展。

四 维持市面

市面的混乱与稳定，是商人最为关心和敏感的问题之一，也是直接影响社会经济生活乃至促使政局变化的重要因素。对商人来说，市面的混乱即意味着正常商业活动得不到保障，进而导致银根吃紧和商品滞销，直接危及其切身经济利益。因此，商人对保证正常商业往来所必需的社会秩序和市面稳定特别关注。就各阶层劳动人民而言，市面混乱也直接影响其家庭经济生活，尤其是与人们的日常生活密切相关的某些商品，更维系着广大劳动群众的生存。下层民众为生计所迫，往往不得不铤而走险，实施暴力行为，从而又进一步加剧了市面危机和社会的动荡。所以，许多商会都采取各种措施和办法，尽力稳定市面和维持社会秩序，以保证市场机制的正常运行。

在商会成立以前，工商界缺乏联结各行各业的统一机构，以发挥协调和领导作用。因此，每遇市面危机，商人本身往往无力应付，主要只能借助官府勉强维持，虽有一些效果，却难以完全达到预期的目的。商会成立后，这种情况即有所改变。自商会诞生，凡遇市面危机，各业商人首先都是依靠商会出面维持，商会也以此为己任，采取各种措施尽力稳定市面。同时，官府也开始借助商会在工商各业的威望与影响，通过商会缓解市面危机，以稳固其统治地位。故面对商会维持市面的措施及要求，各级官府大多从行政渠道给予了程度不同的支持，使商会的有关举措能够得以贯彻执行，产生可观的积极影响。

　　在清末民初，造成市面混乱的原因可谓形形色色，商会维持市面的措施也包括方方面面的内容，并且大都能够产生积极的效果，使市场渡过危机而渐趋正常。下面将以清末对市面的冲击和影响较大的金融危机与米市风潮为例，对商会维持市面的行动做一具体介绍。

　　金融危机之所以对市面的冲击最大，是因为"钱市为商界金融机关，金融贵乎流通，若滞而不流，机关乏转动能力，商业即有恐慌现象"。清末的金融危机，除由类似上海发生的"橡皮股票风潮"等投机行为所致，主要是因为铜元急剧贬值，泛滥成灾，致使市面一片混乱，严重影响了正常的经济生活。铜元在清末的开铸与合法化，本身即是清政府为解救财政窘困所采取的一种膨胀通货的权宜之计。铜元的贬值和泛滥，在当时实际上也是全国各地所普遍面临的难题。其原因在于各省官府为了解决财政困难，均漫无节制地滥铸铜元，以致铜元数量与日猛增，在市面上的流通则随之信誉日低和愈趋贬值，经常发生商人拒收铜元的现象。1902～1903年，全国绝大部分地区银1元约换铜元80枚；而到1908年，许多地区银1元可换铜元180枚。铜元的价值，不及5年前的一半，其下跌速度之快，令人震惊。1906年，清朝度支部曾一度下令暂停铸造铜元，但由此又使各省"新政之需，练兵之费，势将无出"，[1] 是以无法真正贯彻实施。结果，市面上铜元愈是贬值，官府愈是加紧鼓铸，私铸私贩也日见增多，造成难以遏止的铜元贬值、泛滥和物价上涨的恶性循环。

　　在江苏等省份，市面上不仅充斥官铸铜元，且有东洋仿铸品偷运入省和投机者以手摇机购买东洋铜坯敲印之赝品。到清末，江苏的铜元危机更趋严重。1908年，江震商务分会鉴于铜元充斥市面，曾呈文请苏州商务总会设法维持。呈文称："铜元一拥，洋价不得不涨；洋

---

[1]　刘锦藻编《清朝续文献通考》，第 7721 页。

价日涨，物价不得不昂；物价昂贵，则民生度日维艰、而商务亦因之败坏矣。"[1] 寥寥数语，道出了铜元危机所带来的严重危害。罗店商务分会也曾致函苏州商务总会，说："迩来内地商情颇受铜元之困……士农工商均受无限亏折。""商人棘手，补救实难，可否得一统一办法，以维大局。"[2] 其焦虑之情和求助之切跃然纸上。苏州商务总会对铜元充斥之害，实际上也早已有所洞察，因而及时采取一系列措施缓解铜元危机。首先是议定"于各省运入铜元稍示限制，一面严禁私铸，并饬关卡严密盘查"。其次是请江苏巡抚致电清朝税务处札行总税务司，通饬各海关严禁进口外洋仿制铜坯。苏抚对苏州商务总会的这两项决定均予以支持，按照商会所议办法会同督部堂电咨税务处，并饬令江苏所属各府、厅、州、县，严密查处各种私铸铜元。

与此同时，苏州商务总会为了减少铜元危机对整个市面的冲击，还劝谕商人勿将铜元减折交易，以免进一步加剧铜元贬值，引起骚乱。例如，吴江县商人曾以铜元充斥，议作九折使用。苏州商务总会闻讯马上致函江震商务分会，嘱请"邀集各商，晓谕明白，以平市情"。[3] 通过苏州商务总会采取的这些措施，苏州市面上的铜元危机即逐渐得到缓解。

作为华北最大的贸易中心和商品集散地之一的天津，在清末不仅因为全国性的铜元危机而深受其害，而且由于庚子之役的战乱，在20世纪初年金融停滞，商业凋敝，市面上笼罩着一片愁云惨雾，影响之久一直到清朝灭亡。庚子之后，天津首先面临的是金融市场空前混乱，现银极度短缺，出现严重的贴水风潮。侵华联军在天津大肆烧杀抢掠，使繁华的商业区变成一片瓦砾。据估计，天津官商各业被抢掠的现银在1000万两以上，这是造成天津现银紧缺的主要原因。同时，

---

① 《苏州商会档案》第100卷，第23页，苏州市档案馆藏。
② 《苏州商会档案》第100卷，第24页，苏州市档案馆藏。
③ 《苏州商会档案》第252卷，第25页，苏州市档案馆藏。

由于战乱和金融阻滞，在天津金融市场上占有举足轻重地位的山西票号大量收回放款，其数也在 1500 万两以上。设在天津的外商银行和洋行，更是只收不放，进一步加剧了天津银根奇紧的状况。于是，不可避免地普遍出现贴水现象。"其后现银日少，贴水日涨，竟有每银千两贴水涨至三百余两者"，致使"商旅闻之而裹足，百物为之而腾贵"。①

1903 年 4 月，天津商务总会的前身——商务公所成立时，面临的就是这种危急的局面。虽然商务公所还称不上是完全意义上的商会，但它成立后通过地方官府的支持，也在维持市面方面采取了一些措施。当时，天津商务公所提出了挽救市面的四大政纲，即推缓新旧欠、倡行钱票、设立银行、厘卡规复旧章。这四大政纲的实施发挥了一定的作用，但难以从根本上挽救金融停滞的危局。在天津商务总会成立前，市面"窒塞如故，倒闭如故"，形势仍然相当严峻。

因此，与其他地区商会所不同的是，天津商务总会成立伊始，最紧迫的任务就是如何改变现银短缺的状况，解除贴水风潮，使天津市面恢复正常的商业往来。经过讨论与研究，天津商务总会相继推行了三大主要措施。一是针对天津银钱市场银色庞杂，客商之间为此经常发生纠纷的困境，仿照上海设立"众商公估局"，以整顿银色，规定由公估局"公估银两，以估码戳记为准，估定后无论华洋官商，一律通用"。二是恢复钱商公会。经庚子事变的打击，天津原有钱业损失惨重，公所也停止活动，使得银洋的买卖被一些钱业外的商人控制，"买空卖空，把持市价，银钱涨跌，皆出其手"。② 因此，有必要恢复钱商公会，首先使钱业走上正轨。天津商务总会遂帮助钱业拟定章

① 《户部奏为部库匮乏至极碍难拨银解救天津钱业疲困折》（1903 年 5 月 12 日），载天津市档案馆等编《天津商会档案汇编（1903～1911）》上册，第 328 页。

② 《天津众钱商请恢复钱商公会以承办公估议定京申汇票行市文及批文》（1909 年 3 月 13 日、3 月 22 日），载天津市档案馆等编《天津商会档案汇编（1903～1911）》上册，第 365 页。

程，重新成立了公会。随后并发布通告，规定各钱商不得加贴水买卖番纸（即外商银行华账房所开支票），如有违反者，按所得贴费加百倍议罚。后又开办京、申电汇及各项汇票行市，逐渐使天津的贴水风潮得以缓解。三是解决外商银行积存的低色化宝银问题。银根紧缩时，天津许多银炉搀铅搀铜熔铸法定九九二色行平化宝银，使长期享有盛誉的天津行平化宝银由九九二色降至九六五色，每千两亏银27两，致使津商以及与津埠往来的申、汉等地商家均受其害。在津的外商银行，也积存了不少这种低色化宝银，其中仅7家即积有现银近130万两。为消除低色化宝银的危害，天津商务总会决定将其重估改铸。但在商议亏损补赔时，与外商银行出现了分歧。此外，津埠外商还要求天津关退还因银色降低而在征收关税时每百两加征的2%的关税。经过多次交涉，天津商务总会最后同意向各殷实钱商借银1.5万两，将此案了结，使天津的进出口贸易逐渐恢复正常。

　　铜元大量积压与贬值，在清末的天津也异常严重。1905年底，天津积压的铜元已为数甚巨。1908年，天津市面上的铜元较诸1903年贬值达千余文，使各阶层民众和商人都不堪其累。为此，天津商务总会根据当地的实际情况采取了许多缓解危机的措施。

　　起初，天津商务总会为了维持商业往来，要求各商家店铺一律照收铜元。有的地区交纳丁粮厘税不收铜元，天津商务总会即明确表示："铜元既系官铸，贵乎流通，如该州县厘卡向系使用铜元之区，自应准其交纳，不得格外挑剔，以期商民称便。倘在素未行用处所，似未便一律相强，应由该州县厘卡察看情形酌量办理。似此通行既广，市面不平而自平矣。"① 同时，为便于铜元的使用，天津商务总会还致函户部造币总厂，要求广铸五文以下小铜元，"庶于国体、商民

---

① 《天津银号天津商务总会详陈流通铜元之区准以铜元交纳丁银厘税文》（1908年3月29日），载天津市档案馆等编《天津商会档案汇编（1903～1911）》上册，第463页。

两有裨益"。

此外，天津商务总会也实施了减少铜元充斥，缓解市面严重压力的办法。其一是暂行停铸铜元，请官府出示晓谕。"嗣后铜元如不敷用，应由众商查看情形开议，请由职会转察续铸，划定铸数以资接济。"其二是禁止外省铜元入境和私铸私贩，请直隶总督札饬巡警及各局，严禁沿海各口私运铜元及内地手机私铸，经拿获，照例究办。其三是筹设官钱局，"准由各商民用铜元向钱局兑换两等纸币，以资津埠流通"。① 这些措施都得到了地方官府的支持，因而得以顺利推行，不仅可以在一定程度上防止铜元进一步贬值，而且能使商家减少损失。在此之前，商家"置货以银，出货收钱，银钱相衡，亏累实非浅鲜"。之后则"凡出售各货均改银价，或可稍资补救。拟银洋十角为一元，如给铜元，随银洋市价核收，庶买卖两不吃亏"。②

当时，京师由于铜元日跌，银盘日涨，采取了发帑收买铜元以平减银价的办法。但这不但未达到预期目的，还引起了新的混乱。天津与京师近在咫尺，直接受其影响。天津商务总会对京师发帑收买铜元的做法提出了批评，认为"以有限之银款买无限之铜元，能始终不竭乎？买进之铜元能永远存储不动乎？有铜元即收买，无此巨款，收买稍一颟顸，势必明暗两价，流弊滋多，商民愈困"。所以，这种做法"就事实论之，几似抱薪救火"。③ 针对这一情况，天津商务总会又经直隶总督同意，提出了废止现行铜元代之以铜元官票并重铸制钱的办法大纲17条。其具体措施是在京师设立兑换所一处，于天津、保定

---

① 《天津商会邀请各行商董讨论市面交易以银两银元纸币代替铜元事会议记录》（1908年1月12日），载天津市档案馆等编《天津商会档案汇编（1903～1911）》上册，第448页。
② 《天津商会拟议废止现行铜元代以铜元官票并重铸制钱文》（1908年3月17日），载天津市档案馆等编《天津商会档案汇编（1903～1911）》上册，第457页。
③ 《天津商会拟议废止现行铜元代以铜元官票并重铸制钱文》（1908年3月17日），载天津市档案馆等编《天津商会档案汇编（1903～1911）》上册，第457页。

等凡顺直行使铜元之埠，设立分所，以便就近兑换。各所均填写铜元纸币，限期收买铜元，逾限后专行铜元纸币，不得再使现铜元，以杜私贩私铸。如商家有旧行铜元票者，准以此项官票兑付。另还规定此铜元币准在各所兑换银纸币，各埠银号钱庄均应行使银纸币，以期流通。① 稍后，天津商务总会还提议："所有京津两埠一切官商交易，均以银为本位，使铜元涨落不关出入，则未受病之州县不能再病，已受病之京津已不觉其病矣。"②

　　辛亥革命前夕，铜元危机在天津又趋严重。与以前所不同的是，此次危机系因铜元停铸和大量外运，致使天津市面上铜元短缺，价格逐渐上扬。1911 年 9 月间，银元与铜元的兑换比例由先前的银 1 元兑换铜元 130 枚（这一兑换比例系 1907 年天津商务总会所定）变为兑换 110 枚。众所周知，无论是铜元的贬值还是价格上扬，都会造成市面混乱与社会动荡。天津的铜元价格上扬之后，"人心惶惶，浮言摇动，市面益形恐慌"。有的地方铜元短缺严重，如在杨柳青镇市面上竟数日不见铜元，"人民持银兑换者，遍街市无觅处"。天津城董事会致函商务总会，表示"敝会有维持商务讲求治安之责，理宜设法维持。惟念成立未久，信用未坚，又兼能力薄弱，远不若贵会之识见高超，魄力雄厚"，请求天津商会约集钱业"探其受病之源"，"研究维持善法"。③ 可见，各界对商会维持市面的威望及影响非常重视。

　　于是，天津商务总会根据这一新的情况，采取了相应的保全市面措施。首先是发出通告，规定每银 1 元仍兑换铜元 130 枚，由商务总会负责主持，"以五元为度，接济人民日用之需，不准多换，倘有影

　　① 《天津商会拟议废止现行铜元代以铜元官票并重铸制钱文》（1908 年 3 月 17 日），载天津市档案馆等编《天津商会档案汇编（1903~1911）》上册，第 458 页。
　　② 《瓷商吴协兴等九家拟定停用铜元以银两银元交易办法七条及商会批文》（1909 年 8 月 1 日、7 日），载天津市档案馆等编《天津商会档案汇编（1903~1911）》上册，第 465 页。
　　③ 《天津城董事会致函津商会请速出面筹商解救铜元跌落危机办法》（1911 年 9 月 15 日），载天津市档案馆等编《天津商会档案汇编（1903~1911）》上册，第 467 页。

射多换渔利，一经查出，定行从严罚办"。① 其次是请准开铸铜元，由直隶总督札饬造币厂先行赶铸 500 万枚，速发大清银行转交商务总会，以便按规定兑换。后因 500 万枚仍不敷用度，天津商务总会又请由直隶总督"迅予檄饬造币厂，按日铸发铜元六十万枚，以一月为限，限满再由职会察看情形禀请钧核"。② 这一措施得到了直隶总督和造币厂的支持，在当时产生了重要影响。最后是改变以往准予并鼓励铜元外运的做法，严禁大批铜元出境，以保市面。经直隶总督饬令，天津海关道、铁路局转饬各关卡、车站一律严密稽查，对违反规定者予以严究。

由上述史实可以看出，尽管清末的十年间天津市面一直是波澜起伏，危机迭出，但经过天津商务总会及时采取种种措施，勉力维持，终未完全崩溃。可以毫不夸张地说，如果没有天津商务总会从中维持，其情形将不堪设想。不仅如此，在清末的十年间，天津工商业还在原有基础上获得了令人瞩目的发展，这是非常难能可贵的。对天津商务总会在其间所发挥的重要作用，应予以充分的肯定。

清末的十年间，在中国第一大商埠上海，金融恐慌也接连不断。而维持市面的重任，同样主要落在了上海商务总会身上。1907 年和 1908 年，由于在上海设有广德泰分号的营口东盛和宣告破产，以及上海人和永棉花行发生倒账事件，上海出现了金融恐慌。经上海商务总会与上海道联合担保，向英商汇丰银行和江苏藩库借银共计 300 万两，交钱业接济市面，才使恐慌得以平息。

1910 年，上海发生了震惊中外的"橡皮股票风潮"，出现了更为严重的金融危机。先是正元、谦余、北康等在全国有影响的钱庄相继

① 《试署直隶巡警道叶为铜币停铸已久并无储积准铸五百万枚事照会津商会》（1911 年 9 月 26 日），载天津市档案馆等编《天津商会档案汇编（1903～1911）》上册，第 470 页。

② 《天津商会再禀直督市面铜元亟缺请按日速拨铜元六十万枚并令省银行出使铜元票文》（1910 年 11 月 2 日、11 日），载天津市档案馆等编《天津商会档案汇编（1903～1911）》上册，第 476 页。

倒闭，紧接着实力雄厚的源丰润票号、义善源银号歇业，不仅使上海银根奇紧，市面的商业往来陷于瘫痪，而且影响波及全国许多省份。与此同时，在沪的外国银行团做出决定，将过去接受钱庄庄票的十天期限，改为五天内必须支付，从而进一步加剧了上海的金融恐慌。

　　面对当时"汇兑不通，庄票汇票一无效用"，以及"人心益慌，市面败坏，几至不可收拾"的危局，上海商务总会召集各业商董举行特别大会，讨论挽救办法。经过商议，上海商务总会决定分别致电清朝军机处、度支部、农工商部、两江总督，说明"沪市日来庄汇不通，竟如罢市……事机紧迫，应请代奏，敕下大清、交通两银行迅速筹款五百万两，交由商会散放，以挽危局"。① 但清政府也因财政困难而自顾不暇，度支部只是电令大清、交通两银行各解银 100 万两至上海。这点现银相对于上海因"橡皮股票风潮"而流失的约 2000 万两巨额现银而言，显然是杯水车薪，无济于事。上海商务总会再次集议，感到除了向外商银行借款外，别无他策。虽然外商银行的借款附带有十分苛刻的条件，但在当时的危急情况下，也只好出此下策。随后，由上海商务总会出面与英商汇丰银行签订借款合同，以各业商人的资产作抵押，借银 200 万两。

　　虽然大清、交通两银行的拨款以及汇丰银行的借款仍不敷使用，但经上海商务总会努力所筹集的这些款项，对缓解这次前所未有的金融风潮起了相当重要的作用。外国银行团在做出缩短接受钱庄庄票期限的决定之后，经上海商务总会的多次交涉，允许该决定推迟一月实施，后来实际上并未执行。所以，上海商务总会在此次交涉中所做的努力及所取得的成效，受到商人的普遍赞誉，被称为"商业界之幸事"。可以说，这次金融风潮不仅是对上海市面空前严重的一次巨大冲击，也是对上海商务总会维持市面能力的一次严峻考验。

---

① 《总商会集议挽救市面事补录》，《时报》1910 年 10 月 12 日，第 4 版。

在其他一些地区因受这次风潮影响而出现金融恐慌时，当地商会也都采取各种措施，尽力维持市面，帮助商人顺利渡过难关。例如京师、天津等地的商务总会，共同配合上海商务总会理结源丰润、义善源倒闭后的债务、商务纠纷，请求官府拨款，由商会从中担保，发放商号以资周转。苏州商务总会出面借得现洋20万元接济市面，并晓谕各商照收裕宁官钱局纸币。此后，又赶印流通票20万元，咨照各商此票只能用于流通，不得兑现，俟市面平靖，再行收回。天津商务总会为减少沪市风潮对津市的冲击，规定"各外行所欠内行票款，如未到期，不得迫追，以免牵动。如内行一时需款，可持房地各产契据及殷实外行票据或货物，呈由职会转向各官银号借款，以资接济，庶牵连排挤之事借可稍免"。① 通过各地商会的协同努力，市面尽管一时愁云难散，但终于得以维持。

在清末的几年间，除应付金融危机外，调剂粮价，维持米市，也是许多地区的商会维持市面的一项重要活动。

清末之际，天灾人祸接连不断，造成粮食歉收，市面上米粮短缺，价格暴涨。乡村饥民遍野，为生计所迫纷纷铤而走险，抢米之事接踵发生，商业往来也因之大受影响。例如，江苏"常、昭、昆、新各县，均因抢米风潮，商业为之罢市"。② 因此，粮食供不应求和价格急剧上涨，成为导致清末市面混乱的另一个重要因素。各业商人只得呈文商会，呼吁："市价有增无减，若不设法补救，不特商民受困，且恐流氓土痞乘机扰夺，后患何堪设想！"③ 于是，各商会也均采取不同的措施竭力加以维持。

京津地区在1906年粮食匮乏，价格日涨，引起恐慌。"大米之

① 《津商会为拟定外行欠款不得提前控迫内行需款准持房地契据押借事票禀直督节略》（1910年10月13日、14日），载天津市档案馆等编《天津商会档案汇编（1903～1911）》上册，第620页。
② 《苏州商会档案》第301卷，第26页，苏州市档案馆藏。
③ 《苏州商会档案》第74卷，第52页，苏州市档案馆藏。

价，天津涨至九元有零，京城则几至十元，麦面及各项杂粮又较往年加至五成、六成不等。夫民为邦本，食为民天，粮价如是之昂，日食既艰，斯人人有不能安居之虑。"① 天津商务总会为维持米市，出面请直隶总督奏请朝廷饬下解除南方省份禁止大米出省的禁令，由天津粮商赴芜湖采购大米，用以接济天津米市。1908 年，顺直发生水旱两灾，粮食紧缺，天津商务总会又先后协同赈抚总局调运粮食，少者数千石，多者万余石。从保存完好的天津商会档案中可获悉，从 1908 年 6 月至 11 月运入天津的各类米粮即多达 10 万余石，② 及时缓解了京津民食不敷的紧张局面。

天津商务总会不仅在天津每遇米市危机时，尽全力设法维持，而且曾帮助缓解奉天粮荒。因日俄战争的影响而成为战场的奉天，"田庐积蓄牲畜焚毁殆尽，民食日匮，赤手待毙"。③ 清廷令直隶等省解运粮食到奉天，以资平粜。天津商务总会承担了本地区招商办理奉省平粜事宜，向各粮商发出通告，要求粮商设法采购粮食，速运奉省，同时还向奉天解运牲畜。据统计，1905 年 4～10 月，天津商务总会招商平粜接济东北民食，共运送各类米粮近 7 万石，另有各种牲畜 1369 头。④ 在当时天津本地粮食供应并不十分充裕的情况下，向东北运送如此之多的粮食绝非易事，天津商务总会显然为此做出了相当大的努力。

苏州商务总会在苏州地区遭遇米市危机时所采取的措施有：一方

---

① 《津郡米商玉成号禀陈庚子前后京津大米供应情形请速开米禁文及袁批》（1906 年 10 月 20 日、12 月 8 日），载《天津商会档案汇编（1903～1911）》下册，第 1984 页。

② 《光绪三十四年顺直一带水旱两灾购粮平粜运津粮食统计表》（1908 年 6 月至 11 月），载天津市档案馆等编《天津商会档案汇编（1903～1911）》下册，第 2010～2011 页。

③ 《天津府正堂凌为日俄战争奉省灾黎遍野招商平粜事致津商会照会及章程》（1905 年 4 月 21 日），载天津市档案馆等编《天津商会档案汇编（1903～1911）》下册，第 1970 页。

④ 《日俄战争期间天津商会招商平粜接济东北民食运粮及牲畜统计表》（1905 年 4 月 25 日至 10 月 24 日），载天津市档案馆等编《天津商会档案汇编（1903～1911）》下册，第 1981 页。

面请求官府同意暂免米粮厘捐，旨在"招徕商贩以广来源"，另一方面请领官仓积谷平粜，"以纾民困"；与此同时，尽力限制米价的上涨幅度。

在本地米谷严重歉收的情况下，唯一的挹注之策就是从外地调运粮食。但是，清朝逢关抽税、遇卡完厘的厘金税制，又使米商视运粮为畏途；外地米商同样也担心因此受亏而裹足。于是，苏州商务总会及时出面禀请官府酌免米粮厘税。1906年，在商会的要求下，苏抚奏准暂免米厘1月，后又展延1月。1911年，苏州地区米价腾贵，无以复加，苏州商务总会再次呈文江苏抚院，说明："米价之昂由于来源稀少……而米商血本所关，如果进货价昂，则来日方长，恐终难乎为继。转辗思维，惟有仰乞宪恩暂将进口米谷厘捐酌量减免，庶来源得以渐旺，商本亦得渐轻。在国课实所损无多，而民生已受惠不浅。"①

当江苏官府加紧征收统捐之际，苏州、上海两属米业统捐合银共计30余万两，免厘1月即少收3万两左右。因此，苏抚不敢遽然应允代奏，转而饬令江南布政使司核议。布政使左孝同则列举各种理由，强调"厘局抽收米捐积铢成寸，以济洋债、营饷之需"，"现亦统捐，已将米粮捐则减轻，进口之米大半糙粳，按照统捐新章，每石每道只捐钱二十八文"，并据此声称"米价之贵贱，并不在捐之有无"。此外，苏州商务总会本只请免运往苏州的进口米粮厘捐，而布政使却危言耸听地说什么如轻予议准，"徒使囤户得计，大批私自出运，而于本地小民莫沾实惠，不独亏损捐项，有误度支，且虑内地米价更涨，转于民食有所妨碍"。② 最后苏抚碍于商会之力请和民情之沸腾，仅饬"各属采办平粜米石，尽可照案给照免捐"，规定"所有商贩售销之米毋庸减免，以示区别而重厘饷"。③

---

① 《苏州商会档案》第286卷，第57页，苏州市档案馆藏。
② 《苏州商会档案》第58卷，第63页，苏州市档案馆藏。
③ 《苏州商会档案》第286卷，第58页，苏州市档案馆藏。

　　一个多月之后，苏州商务总会又以米源久竭，"乡民纷纷暴动"，"情形岌岌可危……地方安危关系非浅"，吁请暂免苏属运米进口厘捐。饥民暴动和地方安危乃当局所甚为关注担忧之事，苏州商会以此请免米厘，终使当道者为之所动。苏抚批"查米价腾贵，亟应招徕商贩以广来源。……拟将各境运进苏属米谷、六陈、杂粮一律暂免厘捐等情，系属恤灾救民要计，自应奏明请旨。一俟奉准，即行分饬遵照"。① 布政使的态度也随之有所转变，表示："目下情势益急，米价益昂，议者皆以免厘为可减价以广招徕，本署司顾全民食，何敢仅为捐款一方面之计。"② 由上可知，尽管官府衙门应允请旨暂免米厘有其多方面的原因，但苏州商务总会的再三要求显然是主要因素之一。

　　除力请减免米粮厘捐外，苏州商务总会的另一项重要措施是请领官仓积谷平粜。1906 年 5 月出现米市危机时，米业商董蔡恩铨呈文苏州商务总会，提出将长洲、元和、吴县三邑官仓储谷计 1 万余石，由米商分批领出碾谷，分给各铺平价销售。苏州商务总会认为："所称各节，颇能洞中事理，绸缪未雨，在所当行。"③ 遂立即移文苏州府衙，烦请查照准行。通过商会的周旋，苏抚饬令准以官仓积谷"如数动拨，交商董粜变平价出售"。由于仓谷储积年久，虫蚀鼠耗，1 万石只能碾糙米 4850 余石，但系照本发粜，即使加上砻碓工力折耗，每石也比当时的市价少 1000 文。因此，"贫民得此已为裨益非浅"，不仅城内贫户得以给票发粜，乡村米店也平价粜卖，从而对缓解米市危机起了积极的调节作用。此后不久，苏州商务总会又移请苏州府将官仓所剩之积谷 7400 余石，全部由米商领出砻米粜变，平价销售。

　　苏州商务总会维持米粮市面的第三个措施，是劝谕米商降低米价，勿囤积居奇。在米源紧缺、米价昂贵的情况下，难免有粮商见利

---

① 《苏州商会档案》第 74 卷，第 10 页，苏州市档案馆藏。
② 《苏州商会档案》第 286 卷，第 67 页，苏州市档案馆藏。
③ 《苏州商会档案》第 259 卷，第 83 页，苏州市档案馆藏。

忘义，或待价而沽，或哄抬价格，致使市面混乱局面加剧，人心惶恐不安。为此，苏州商务总会多次召集米业各商董，晓以民食攸关大义，劝令酌降米价。1906 年 6 月米价一再上涨之际，在苏州商务总会的劝告下，"米业各商颇知大义"，应允"每石落价二角有零"。① 1907 年，苏州商务总会又发出告示，请各米铺"速即出其所积，以纾民困"。② 到 1911 年，因粮食奇缺，抢米风潮日趋激烈，连长洲、元和、吴县三县衙也急请苏州商务总会"切切劝谕各米业'平减米价'"。苏州商务总会即传知米业商董到会商议，说明"现值民食恐慌之际，不得不于起码米一律勉力减价"。次日，苏州各米店所有起码食米即每升减价五文。由此不难看出，商会在维持市面方面所起的作用，不仅过去的行会组织难以胜任，就是官府衙门也无法与其相比。

苏市粮价一度有所控制，而外地仍持续上涨，于是又有唯利是图者将米粮暗地转运他处销售，甚至偷运出洋，以谋厚利，致使苏州米粮市上价格虽低，却无货供应。针对这一新的情况，苏州商务总会又致函农工商务局，说明："沿海各县渗漏出境，必须严密防查……设法严禁，总以杜绝出洋为断。即或内地流通，亦且稍予限制。"③ 农工商务局收到商会的公函后，即禀文苏抚请饬令严禁经太湖外运米粮，使之及时得到制止。

综上所述，可以说在维持市面方面的活动及其所产生的重要影响，已使商会成为缓解市面危机、维护商业往来不可或缺的机构。过去遇有市面危机，是商人依靠官府加以挽救，现在则是官府借助商会予以维持，而且在商会的维持下效果往往更为显著。商会诞生前后的这种变化，充分体现了商会的能量与作用，商会也因此而受到广大工商业者的欢迎。天津商人即曾对天津商务总会在维持市面时"洞鉴受

① 《苏州商会档案》第 54 卷，第 15 页，苏州市档案馆藏。
② 《苏州商会档案》第 127 卷，第 19 页，苏州市档案馆藏。
③ 《苏州商会档案》第 260 卷，第 112～113 页，苏州市档案馆藏。

病之由，实力保商之至意""感佩莫名"。[①] 还有的表示："自铜元乱市以来，人心惶惑"，承蒙商会禀准官府赶铸铜元，并由商会规定银元与铜元的兑换价，遂得以"接济街市，以杜奸商居奇，足见贵会维持街市之道，无微不至"。[②] 各界人士也认为，商会在维持市面方面发挥的重要作用，是其他社会团体所无法替代的。天津城董事会曾经在致天津商务总会的信函中指出："贵会之识见高超，魄力雄厚"，要挽救市面危机，只有由商会出面约集各业商董详细调查，才能"研究维持善法"。[③] 从前述一系列有关具体情况看，事实也的确如此。

最后需要指出，以上只是选取了几个方面的内容，对清末民初商会在经济方面的自治活动做了简略的论述。事实上，商会在经济方面的自治活动并不限于这几个方面。为了推动实业的发展，商会还开展了许多其他活动。有的商会直接创办了工商企业，有的商会则参与一些重要企业的经营管理。例如，苏州的苏经丝厂和苏纶纱厂原由丁忧在籍的国子监祭酒陆润庠主持，以息借商款和补拨官款，采取官督商办方式创办起来。1898 年，陆润庠入都供职，经商务局同意由祝承桂承租经办，但"连年亏折，一蹶不振"。1903 年，两厂改由费承荫租办，租期五年。费氏承租经办后，将原付商股股息 7 厘减为 3 厘，并把苏经丝厂转租他人，引起商股强烈不满。1905 年，商股要求解除租约，收回自办，遭商务局反对而未获成功。1908 年，苏州商务总会根据商股的意愿出面交涉，邀约各商股集议推举股东周廷弼为代表，接替费氏经办两厂。随后苏州商务总会即呈文农工商部，请札文通饬苏

---

① 《瓷商吴协兴等九家拟定停用铜元以银两银元交易办法七条及商会批文》（1909 年 8 月 1 日、7 日），载天津市档案馆等编《天津商会档案汇编（1903～1911）》上册，第 466 页。

② 《魁盛和等十六家换钱局为便民兑钱共集银银元请商会兑给铜元文及津商会批语》（1911 年 9 月 28 日），载天津市档案馆等编《天津商会档案汇编（1903～1911）》上册，第 474 页。

③ 《天津城董事会致函津商会请速出面筹商解救铜元跌落危机办法》（1911 年 9 月 15 日），载天津市档案馆等编《天津商会档案汇编（1903～1911）》上册，第 467 页。

省农工商务局，得到农工商部的支持。此次商股议决收回自办，完全系由苏州商会一手主持，根本不与商务局洽议，因而商务局大为光火，电告农工商部称："苏道系商务议员，应有议之权。此次商会订议并举周绅接办，始终未令与议，自亦欠酌。"① 尽管啧有烦言，商务局最后仍不得不同意苏经苏纶丝纱两厂由商股收回自办。10 月，苏州商务总会即以"商办苏经苏纶丝纱两厂有限公司"的名义，报请农工商部登记注册。次年 3 月，周廷弼因故辞职，又由苏州商务总会主持重新选举该公司的总理、协理和董事员。此后，公司遇有重大决策事项，苏州商务总会也都参与议决。

有的商会则积极帮助工商业者兴办工矿交通运输企业。自商会成立后，所有商办企业的注册立案给照事宜，均由商会出面向官府办理。特别是遇有官府阻挠，工商业者都是借助商会进行交涉和疏通。例如，1906 年底，苏州绅商张惟一等人认为："各国农政，皆专设肥料厂，收集各种肥料，研究性质、物土之宜，以售农民，诚为善政。"② 他们拟招股 1 万元创办农业肥料有限公司，专门从事试验和制造各种农业肥料。苏州商务总会集议研究之后，即代为移文商务局和巡警局办理立案手续。但巡警局以事关卫生，以及该商所拟章程过于简略而生猜忌，希望商会再"悉心体察，妥议章程"。苏州商务总会当即复函说明："苏城街道向不清洁，卫生有碍，殊与警务攸关，张绅拟办肥料公司，以尽人厌恶之恶秽为培壅谷木之资料，清洁街道而益农业，一举两得，莫善于此，舆情断无不洽，一切亦无窒碍。"③ 结果，在苏州商务总会的一再努力下，该公司得以创办。

又如，1906 年，苏州府长洲县商人欧阳元瑞等四人呈文苏州商务总会，提出为"兴商立业，挽回利权"，拟筹设瑞丰轮船公司，其船

① 《苏州商会档案》第 235 卷，第 25 页，苏州市档案馆藏。
② 《苏州商会档案》第 41 卷，第 6 页，苏州市档案馆藏。
③ 《苏州商会档案》第 41 卷，第 10 页，苏州市档案馆藏。

只主要往来航行于苏州、无锡、常州、镇江及常熟等地。苏州商务总会也为其转咨商务局和苏州关税务司，请"准予立案"及"行文饬各县给示保护"。但是，该公司在常州修建停靠码头的过程中遇到来自当地官府的阻碍，延宕数月不能开航。苏州商务总会又行文有关衙署，指出"该船局现已预备开办，亟应给示保护，俾免沿途地方闲杂人等滋扰"；同时呈文农工商部，禀请"俯赐鉴核，照章保护"。[①] 农工商部批复：创办轮船公司"系为振兴商务起见，准予注册给照具领"。通过反复交涉，瑞丰轮船公司终于在 1907 年元月正式开航。

另外，一些工商企业在经营管理过程中遇到各种困难时，商会也无不主动帮助排忧解难。例如，1909 年间，阜本、华兴、中兴、裕顺等几家机器面粉厂联名致函上海商务总会，陈述近年来营业虽有较大发展，但因各自为谋，往往在麦区采购原料时互相倾轧，致使成本增加，影响产品销路。为此，拟联合成立"机粉厂办麦公会"。上海商务总会立即致函当地督抚衙门请予备案，并加以保护，说明此举"殊与内外商情两有裨益"。同年，上海商务总会还为日晖织呢厂派员赴他省考察销场事，专门致函北京、奉天等地的商务总会，嘱托届时予以协助照料，以尽推广国货销路、抵制洋货之义务。[②] 1908 年底，苏州颐和罐食公司为抵制外货，减价销售而造成亏损，苏州商务总会为其呈文农工商部，请援案暂免五年厘税。上述这些活动，可以说体现了商会所具有的另一独特功能，即"通官商之邮"的特殊作用。

五 国际交往

除上述各方面的活动外，在清末民初，商会还以民间社团的身份

---

① 《苏州商会档案》第 152 卷，第 51 页，苏州市档案馆藏。
② 徐鼎新：《旧中国商会溯源》，《中国社会经济史研究》1983 年第 1 期。

积极开展与外国商会之间的国际性经济交往，以谋求中国实业的发展。在当时的历史条件下，商会从事的这项活动，可以说具有经济与政治两方面的性质。其经济方面的性质比较容易理解，从下面将要叙述的中国商会与外国商会的商谈内容及合作项目中即可一目了然。至于其政治性质，则主要体现在商民外交的开拓。如果说在此之前的抵制美货和拒款保路斗争，还只是商人间接干预清朝对外交涉的政治参与活动，那么，清末民初以商会为代表的商人与外国商会的密切交往，包括接待外国商会的来访以及中国商会出访走向世界，则是商会直接开展商民外交的开端，标志着商人政治参与的进步与发展。就商会自身而言，其对开展与国外商会交往目的的认识也非常明确，那就是希望能够在"将来于外交上、商务上自得间接无穷之益"。

在中国的商会成立以前，英、法等国即有商会前来中国考察商务，但并未与中国商人建立民间性质的国际经济交往关系。例如，1895 年法国里昂商会代表团在中国许多城市进行了为期两年的商务考察，所到之处甚至包括云、贵、川这样的偏僻省份。次年，英国布莱克本商会代表团也考察了华东、华中、华南地区和长江上游一带。但英、法两国商会的此次来华考察，都不是与中国商人接洽而成，而是由英、法两国的驻华领事及洋行出面提出，经清朝政府有关部门批准之后进行的。因此，英、法两国商会代表团到中国的考察访问，都称不上是两国民间性质的国际经济交往。

清末民初的情况则与此显然不同，不仅外国商会来华考察系由中国商会安排和接待，中国商会也派出代表团进行回访，在此过程中政府并不起重要作用。中国商会成立后，即逐渐引起外国一些商会的重视，特别是对上海商务总会作为中国"第一商会"的地位与影响，外国商会有充分的了解，故而都是请求上海商务总会出面发出邀请。1908 年 11 月，率领美国商会代表团访问日本的美商罗伯特·大来顺道前来上海，为消除华商因华工禁约问题引发的反美情绪，向上海商务总会提出率美国商会代表团到中国访问，增强与华商的情谊。上海商务总会也希望借此机会扩大中国商会在国际上的影响，促进对外贸易的发展，遂同意出面邀请美国商会代表团访华。随后，上海、北京、天津等 19 个商务总会、分会联名向美国太平洋沿岸各商会发出邀请，欢迎美商组团访华，"光临敝国各埠借图畅叙，兼可讨论商务，鼓舞商情"。①

1909 年，日本驻沪总领事馆的官员也与上海商务总会接洽，请求上海商务总会向日本商会提供与美国商会相同的待遇，邀请日本商会来华考察访问，以"联络中日两国之商情，及增进两国之商业"。上海商务总会经讨论之后也表示同意。

于是，在上海商务总会的邀请与安排下，日、美商会代表团于 1910 年相继来华进行访问。美国商会代表团系由美国太平洋沿岸联合商会的代表自行组织而成，并无美国官方成员，也未接受美国政府的某种使命。其来华考察访问的目的，按照美国商会代表团自己的解释，"一是增进中美之间的友好情感，二是增加商业和贸易往来"。所定来华考察和商谈的内容，也主要是华人移民、银行与贷款团体、货币汇兑机构、岁入和税制、巴拿马运河的开放及商业影响、建立展览馆、设立中美轮船公司等。② 由商会代表组成的日本实业考察团来华访问时，虽然日本政府希望该团能够起到"联络中国政府"的目的，但该团仍是以民间实业考察团的身份来的。日、美代表团来华之后，相继考察了上海等各大商埠，所到之处均主要由商会出面接待并安排行动日程，其中外商会的民间国际交往性质非常明显。

日本实业考察团的访华计划制订于美国商会代表团之后，但先于

① 《天津商会为迎接美商来津考察事禀直督文并附接待办法十一条》（1910 年 9 月 17 日），载天津市档案馆等编《天津商会档案汇编（1903～1911）》上册，第 1130 页。
② Robert Dollar, *Private Diary of Robert Dollar on His Recent Visits to China*, Montana：Kessinger Publishing, LLC, 1997, pp. 79, 9－10.

后者于 1910 年 5 月来华。该团经奉天相继考察了沈阳、抚顺、大连、天津、北京、武汉、南京、苏州、杭州、上海等地，历时一个多月。在南京期间还参观了南洋劝业会展陈的物品，认为中国"国土广袤，人口众多，物产丰富，只要实业经营得法，不数年后成为工业国，当无可怀疑"。①

同年 9 月，美国商会代表团抵达中国，在 40 多天的时间内访问考察了上海、南京、九江、武汉、北京、天津、烟台、福州、厦门、广州等 13 个重要城市。美国商会代表团在中国访问期间，除参观考察实业外，还在上海与中国商会代表举行了正式商务会谈，达成了一系列意向性协议。在美国商会代表团来华前夕，上海商务总会即通电广州、天津、北京、南京等各地商会，请派代表赴沪，与美国商会代表团讨论研究中美商务事宜，得到许多商会的响应。因而美国商会代表团到上海后，中美商会即举行了会谈，主要就以下经济合作项目达成了一致意见。（1）设立中美联合银行。其性质为商业银行，可带做兴业银行生意。额定资本为 1000 万元，中美各半，由两国商会承担筹措。仿照美国银行条例制定章程，各举董事经理，在中国注册。总行设于中国商务繁盛之埠，并在中美两国及南洋各处设立分行，其余支店，随时酌量情形随地添设。（2）两国商会互设货品陈列所。具体办法是，美国商会设中国货品陈列所，将中国所有土产工艺等品，择其销往美国者，酌量运送美国陈列，并派熟识语言之人一员，驻美经理其事，由美方商会妥为照料。"遇有美商询问价值、出产多寡以及如何装运、何地操办，即归该员一一应对，随时报告本国。"中国商会也照此办理，设立美货陈列所。（3）互派商务调查员。美国商会拟公派商务调查员一人驻扎中国，以上海为常驻之所，随带货样，前往

---

① 《日本访华参观团团长近藤廉平的报告及解团辞》［明治四十三年七月（1910 年 7 月）］，载章开沅等主编《苏州商会档案丛编》第 1 辑，第 352 页。

各埠调查货品，了解市价，招揽生意，由中国商会给函介绍，派员帮理。中国商会也按此方式，公派商务调查员常驻美国，"美国商会亦当以相等之礼招待"。①（4）创办中美轮船股份有限公司。招股本英洋60万元，中美各半，向清朝邮传部、农工商部注册，作为中国公司，其船悬挂龙旗。总公司设于上海，在美国旧金山设分公司，其余轮船所经各埠，酌量托人代理，暂不设分公司。董事会推举董事8人，其中华董事5人，美董事3人；查账员2人，中美各1人。并议定由美方发起人罗伯特·大来在英国订购8600吨轮船一艘，轮船开至上海前，应付造价暂由罗伯特·大来先行承担，俟股本招足后照数拨还。②

中美商会进行此次商务会谈并达成上述协议，是中国商会第一次独立与外国商会进行的经济合作。这表明商会所独立从事的经济活动，已从国内发展到国际经济交往，也标志着商会的活动与影响获得了前所未有的突破。从以上四个方面的协议中还可以看出，尽管美国商会的中国之行具有扩大对华贸易、推销美国商品的目的，但中国商会与美国商会所订的协议，基本上可以说是平等互利的经济合作，双方的义务、权利及责任都大体对等。有的协议条款对中国方面还提供了明显的优惠，如中美轮船公司的8名董事中，中方5人，美方只有3人，订购轮船的资金全部先由美方承担等。类似的情况，在以前很少有过，即使是民初也不多。特别是在当时中国处于丧失主权的半殖民地状况下，连国家出面与西方列强的商务谈判及其所订协议，往往也是中国受到不平等的对待，而商会作为民间社会团体，在首次与外国商会的商务会谈中即达成了平等互利的经济合作项目，确实是难能

①　《中美商团会议笔记》（1910年11月11日），载章开沅等主编《苏州商会档案丛编》第1辑，第356页。
②　《试办中美轮船股份有限公司招股简章》（1911年），载章开沅等主编《苏州商会档案丛编》第1辑，第359页。

可贵。

当时的报刊对中美商会的这次商务会谈及其成果给予了很高的评价。有的指出，此次合作"实为中美实业家联合之起点"；有的以"航业发展的新纪元"为题，发表文章评论中美轮船公司的创办，称赞不久的将来，中国轮船将"高悬龙旗，行驶欧美各国，为中国航业第一次发现于大西洋、太平洋、地中海、印度洋之创举"。[①] 商会自身更是踌躇满志地表示，今后"吾国商界既同处于主人之列，则周转市面，酌盈利虚，实为振兴商务莫大之利"。[②] 许多工商业者也认为，中美合办银行、轮船公司和商品陈列所，可使华商免外债之镑亏，促进中国对外贸易的发展，吸收更多的国内存款和华侨汇款，从而有利于中国实业的振兴。[③] 虽然由于中国政治、经济条件的限制，中美商会这四个方面的合作项目未能完全按照起初的协议付诸实施，也没有真正达到中国商会预期的目的，但对于商会拓展其活动范围、扩大其影响而言，仍具有一定的积极意义。

日本实业考察团与美国商会代表团访华之后，随即出资邀请上海商务总会组织中国商会代表团进行回访。上海商务总会认为这是中国商会走向世界的良机，欣然接受邀请。1911年4月，京、汉、苏、杭、粤、湘等地的商会和其他工商团体的60余名代表云集上海，组成赴日实业考察团，由上海商务总会会董沈仲礼（敦和）任团长，京师商务总会总理赵研农（玉田）任副团长。考察团成员在沪多次商议和讨论有关事宜。上海商务总会的领导人特别强调：此次中国商会代表团出访日本，"实为商民联合外交之发轫，尤宜格外慎重，以增华商之身价，而挥国体之光荣。如能因之得宜，则将来于外交上、商务

---

① 《航业发展之新纪元》，《时报》1911年6月4日，第5版。
② 《组织中美银行进行通告》，《时报》1911年7月5日，第4版。
③ 虞和平：《商会与中国早期现代化》，第253～254页。

上自得间接无穷之益"。^①可见，商人自身也意识到此次行动所具有的拓展国际经济交往及国民外交的性质与意义。为使此行能够真正达到目的，考察团进行了周密的准备，延期至10月启程。后因武昌起义爆发，时局突变而延搁，最终未能成行。尽管如此，仍然反映了当时的商会拓展国际交往与开展商民外交的强烈愿望。

中国商会代表团对美国的回访，则在辛亥革命后得以实现。由于美国商会一再邀请，并派人来华敦促，1914年4月举行的全国商联会第一次大会曾专门讨论组团赴美考察访问的有关事宜。与会代表一致表示"此举实不容稍缓"，应即刻着手进行；并认为"此次组织赴美考察实业团，为中国商人与外国商人外交之一种事业，将来交接以后定能发生效力"。^②

1915年5月，由广州总商会的华侨巨商张弼士为团长、上海总商会的著名实业家聂云台为副团长，各大商会代表共计15人组成的中国商会代表团抵达美国，在美历时4月余，考察了美国的26个城市，参观了200多个工厂、商店、学校及农场，发表演讲约90次，与美国实业界进行了广泛的接触。在美访问期间，代表团除与美国商会继续讨论开办中美银行及轮船公司的具体事宜外，还曾商议组织中美商会联合会，并代华商订购了价值500多万元的货物。代表团回国后，在同年11月召开的全国商联会临时代表大会上，又就中美商会的经济合作项目进一步做了部署。关于互设货品陈列所及组织中美商会联合会，议定呈请中美两国政府立案，会长由全国商联会会长兼任。关于中美轮船公司，议定进一步扩大规模，从1艘轮船60万元资本，扩充至4艘轮船500万元资本。关于中美银行的筹办，决定由上海总商会负责招股300万元，在6个月内招足，其余各省商会分别负责招

---

① 《苏州商会档案》第76卷，第24页，苏州市档案馆藏。
② 《四月初五日上午开会》，《中华全国商会联合会会报》第1年第9号，1914年9月，第154页。

股 20 万元、15 万元及 10 万元。

1919 年聂云台在上海创办的中美商业公司，也是中美商会直接交往与合作的产物。该公司"进口以五金、纸张、机器等为大宗，出口以桐油、茶、丝、牛羊皮为大宗"。① 酝酿已久的中美银行，也以中华懋业银行的名称于 1919 年 11 月由上海总商会会长朱葆三等出面呈请财政部批准立案，1920 年 2 月在北京正式开业。中美商会在其他方面的合作项目，从有关史料看并不顺利，最终未能付诸实施。需要说明的是，虽然在当时不利的国际国内条件下，尤其是在中国丧失了独立的主权，陷入半殖民地深渊的情况下，中国商会希望走出国门，与美国商会合作，以振兴中国民族工商业的良谟宏愿带有一定的幻想色彩，不可能真正实现，但这一行动毕竟扩大了中国商会走向世界的新步幅，开始了与国际商会的直接民间交往，也开辟了商民外交这一政治参与的新途径，其国际影响随之与日俱增。

后来的事实也表明，在上海总商会联络和组织之下中国商会所开展的国际交往与商民外交活动，确实提高了中国商会的声誉，逐渐引起国际商界的重视。1920 年 6 月，国际商会在巴黎正式宣告成立之后，即致函上海总商会，拟邀请中国商会加入，并请中国商会派代表参加国际商会于 1921 年在伦敦举行的第一次大会。中国商会起初尚对加入国际商会比较慎重，未立即表态，后经过讨论，意识到加入国际商会有利于进一步扩大中国商会的国际影响，各省商会也就此达成了共识。在 1925 年召开的全国商联会第五次大会上，曾就这一问题提出议案进行讨论。与会代表一致认为有加入国际商会之必要，尤其是中国商会"欲增进国际间之地位，保护在外之商权，似应与世界商界立于同等地位，吾华商界受世界同等之待遇，然后可以著著争

---

① 有关该公司的详细情况，见《时报》1919 年 1 月 19 日及 2 月 22 日。

先"。① 在此之后，中国商会与国际商会的联系日益密切。在争取中国民族独立和经济发展的过程中，中国商会曾多次要求国际商会"主持正义，力维人道"。1929 年，国际商会在荷兰阿姆斯特丹举行第五次大会，中国商会派出代表团前往参加。1931 年，国际商会中国分会正式成立。此后，中国商会成为国际商会的一员，可以利用国际商会这一国际舞台，频繁地开展与外国商会的经济交往并从事商民外交活动。

① 转引自虞和平《商会与中国早期现代化》，第 140 页。

第七章

商会的独立政治活动

中国与西欧具有民主政治渊源与传统的一些国家所明显不同的一个特点是，在中国长期的封建专制统治下，广大民众被排斥在政治生活之外，根本没有参与政治的机会。同时，一般民众也缺乏参政议政的热情和能力，很少关心和过问政治。因此，在中国漫长的封建社会历史中，基本上无政治参与的渊源和传统可言。商人因一直遭受压抑，社会地位极为低下，政治上无任何权利，加之其自身对政治不感兴趣，同样也不具备政治参与的客观和主观条件。

到了近代，特别是 19 世纪末 20 世纪初，西方的民主政治思想在中国广为传播，使中国民众尤其是知识分子阶层的政治素质有所提高，政治参与的热情趋于高涨。加上民族危机的空前严重，中华民族处于生死存亡的危急关头，而清朝专制政府对内对外的举措乖张与腐败无能，又是导致民族危机日益加深的重要原因，专制政体的种种弊端此时已暴露无遗，更刺激了民众改良政治，变革专制政体，以挽救民族危机和致富图强的强烈愿望。

这一时期的商人，经济实力已明显增强，社会影响也日趋显著。

其政治素质以及其对国家政治的关心，虽然远不及新型知识分子，而且，为了避免引起清朝统治者的猜忌，求得清政府对其经济利益的保护，还经常有意识地宣称商人所信奉的是"在商言商"的原则，似乎对政治仍不予关心也不加过问；但是如前所述，商界也不乏具有强烈爱国心的有识之士。他们对空前严重的民族危机与中国的前途命运同样甚为关切，而且急切盼望采取各种措施救亡图存。因此，当时的商人尽管口头上宣称"在商言商"，却仍然自觉或不自觉地参与了抵制列强侵略奴役、反抗清政府媚外妥协的一系列政治斗争。有时，商人甚至成为大规模的反帝爱国政治运动的发起者和领导者。

另外，商界中的有识之士还意识到，政治不改良，不仅经济得不到顺利发展，商人的利益也无法获得真正有效的保障。对于专制政体种种弊端的危害，商人也不无切身体会。上海商务总会协助创办的《华商联合报》登载的一篇文章，即曾明确指出，"吾国人民困厌于专制政体者久矣"。专制统治所造成的路政不修、币制不一、矿学不讲、工厂不兴、垦牧不倡、林业不振、厘税盐漕乏改革之良规，"皆上病国，下病民，而商界实先受其病"。所以，一部分商人也强烈要求实行政治变革，改变专制制度，实行与西方资本主义国家政治制度相似的"君民一体、上下相通"的君主立宪制。

在上述两方面因素的推动下，即使是信奉"在商言商"的商人，也在20世纪初对救亡图存与政治改革表现出前所未有的政治热情，其政治参与的行动十分活跃。值得指出的是，这一时期商人的政治参与，还得力于商会的发动和组织。如果没有商会发挥领导作用，商人仍处在各行各业分散隔绝的状态，也不可能联合起来从事较大规模的政治活动。

在清末民初，商会领导商人独立从事的政治活动也涉及许多方面。本章主要选取若干具有典型意义的重要事件，如抵制洋货与维护利权、参加立宪与革命、调和各派政争、发展民主政治等，略做叙述和分析。

一 抵制洋货与维护利权

爆发于 1905 年的抵制美货运动，是清末商会发动全国各地商人所进行的首次大规模的反帝爱国政治运动。这场运动的目的不仅在于保护旅美商人免受虐待，维护商人的利益，同时也在于抵制列强对中国的蹂躏，维护中国的主权。上海商务总会的通电就是以"伸国权而保商利"为口号，号召各地商人参与抵制美货。因此，抵制美货斗争既是一场维护民族利益和国家主权，具有新时代特征的反帝爱国政治运动，也是广大商人政治参与热情趋于高涨的具体表现。

抵制美货运动爆发的缘由，是美国奉行排华政策，迫害在美华人。1904 年，原定有关排斥华工的条约期满，清政府要求修改条约，但美国政府置若罔闻，仍坚持歧视和排斥华人。中国人民对此极为愤慨，纷纷起来抵制美货。

从 19 世纪中叶起，除一部分沿海民众为谋生而漂洋过海来到美国之外，美国的一些不法商人也采用各种方式和手段，诱拐大批中国沿海华人到美国从事垦荒、采矿、修铁路等重体力劳动。1883 年，在美华工的总数已达 30 万人以上。他们的血汗换来了美国西部的开发与繁荣，连美国的舆论也承认，"没有华工就没有西部的垦殖"，"西部的铁路也无法完成"。但在美华工的处境却一直非常糟糕。特别是 80 年代美国出现周期性的经济危机，工厂接连倒闭，工人相率失业，劳资矛盾趋于紧张。为了转移国内民众的视线，美国政府别有用心地散播种族仇视情绪，制造排华事件，颁布排华法案。1880 年，美国即强迫清政府签订限制和排斥华工的条约，1894 年再次迫使清政府签订《限禁来美华工保护寓美华人条约》（一般称作"华工禁约"），规定以十年为限。明明是限制和迫害赴美华商、华工的虐待性条约，却美其名曰"保护寓美华人"，令中国人无不感到愤慨。1900 年，美国政府以检疫为名，将纽约华人住宅区全部焚毁，致使不少华人丧命，财产损失不计其数。

1904 年，"华工禁约"期满，按规定应另议新约。华侨报纸和国内报刊都相继载文揭露美国排华的真面目，坚决主张废除这一迫害华侨的苛约。在美国的华商还联合百余处华侨共十余万人，联名致电清政府外务部、商部和驻美公使梁诚，强烈要求废除美约，争取华侨的平等待遇。清政府指令梁诚与美国政府磋商改约，尽管所提改约条件很低，但仍横遭拒绝。美国政府的企图不仅是要继续维持原有的排华条约，还意欲增加新的排华条款，因此交涉数月均无结果。1905 年春，美国政府派新任驻华公使柔克义与清政府直接谈判，一再威胁清政府，要求其应允签订续约。

面对美国政府这种盛气凌人的蛮横态度，软弱的清政府虽迫于舆论未敢应允签订续约，但也不敢理直气壮地公开予以驳斥和要求废除苛约。中国人民则自发地以抵制美货为斗争方式，掀起了一场大规模的反美爱国运动。

在上海，各种新闻媒介早已不断向社会各界报道有关续订华工禁约的消息。上海商人从一开始就对废除虐待在美华侨的这一苛约甚为关注，意识到如不废除这一苛约，势必"辱国病商，损我甚巨"。在关键时刻，上海商人又率先号召以抵制美货作为反抗美国压迫与欺辱的斗争手段。1905 年 5 月 10 日，上海商务总会专为抵制美约之事，召开了有各业商董共同参加的特别大会，集体商议采取何种抵制办法，商部右参议杨士琦和一部分中外记者也出席了会议。在会上，身为福建商帮领袖和上海商务总会会董的曾铸（字少卿），登台做了"激昂慷慨，语语动人"的演说。他提出以两个月为期限，如到期之后，"美国不允将苛例删改而强我续约，则我华人当合全国誓不运销美货以为抵制"。他的这一建议得到各业商董的一致支持，"在座绅商无人不举手赞成"。会上还公议分别致电清政府外务部、商部，以及南、北洋大臣，要求拒不签订续约；同时致电全国 21 个重要商埠的商会，呼吁各地商人届时共同采取行动。

电文必须有人领衔才能发出。由于事关重大，一般商董都对领衔发电心存疑惧。此时，又是曾铸挺身而出，表示："此公益事，并无风险。即有风险，亦不过得罪美人，为美枪毙耳。为天下公益死，死得其所，由我领衔可也。"① 这种 "敢为天下公益而冒任何风险" 的义举，赢得了全场一片赞扬之声。

由曾铸领衔致清政府外务部、商部的电文表示："美例虐待华旅，由工及商，梁使不肯签约，闻美直向大部交涉，事关国体民生，吁恳峻拒画押，以伸国权而保商利，并告以舆情不服，众商拟相戒不用美货，暗相抵制。"这一通电向清政府表明了商人的态度，体现了上海商人对抵制美约的重要意义有比较深刻的认识。致全国 21 个商会的通电，则主要是告以 "相戒不用美货，暗相抵制，祈传谕各商知之"。

上海商务总会的号召，很快即得到上海及全国各地商会与商人的积极响应。紧接着，上海的千余名广东帮商人也在广肇公所集会，提出了更为具体的几项抵制措施：中国无论公私，一概不用美人；华人受雇于美机构、企业者自行辞职；所有华人相戒不用美货。福建帮商人也集议于泉漳会馆，曾铸在会上提出了五项抵制办法：美来各货（包括机器等件）一概不用；各埠一律不为美船装货；华人子弟不进美人所设学堂读书；华人不在美国商行内应聘任职；美人住宅内所雇华工，劝令停歇，不为美人服务。会后，也将所议上述办法通电 21 埠商会以一应照办。

其他许多地区的商会与商人，同样积极行动，函电纷驰，一致表示 "全体赞成" 并 "坚决照办"。有的也拟定了各自的具体抵制办

---

① 《曾少卿留别天下同胞书》，载苏绍柄编《山钟集》第 4 册，上海鸿文书局，1906，第 511～513 页。

法。天津商务总会召集各帮商董举行特别会议，表示"吾绅商尤当始终无懈，分途布告，切实举行不购美货"。经讨论之后决定，凡违反公约私自购销美货者罚银5万元。汉口商界的上层人物接到上海商会的通电之后，立即动员全市工商业者筹划抵制美货，并劝告武汉各界亟起响应。汉口商人还数次召开大会，与会者情绪高昂，争先恐后登台演说，一致同意凡购买和销售美货者，一律停办；原本不销美货者，则一律不购用美货。杭州商人则表示要"坚持到底，共伸义愤"。湖南商人组织了"湖南全省绅商抵制美货禁约会"。广东商人成立了拒约会，后易名为"广东筹抵苛待华工总公所"。苏州各帮商人在集会上一律签名，议决誓绝美货。烟业商董吴讷士不仅坚决表示停销美烟，而且当众宣布将店内所存美货于次日公开焚毁，以尽抵制美货之义务。与此同时，许多中小城镇的商人也都踊跃参加了这场斗争。

除商人之外，社会各界人士也无不对抵制美货的倡议积极表示支持和声援，其中学界人士尤为活跃。上海商务总会提出抵制美货的动议之后，美人在沪设立的清心书院不久即全学期解散，中西书院的学生也纷纷停课、退学。北京各学堂接到上海商会的通电，"大动公愤，所有学堂均议不用美货，以示抵制"。一时间，抵制美货成为社会舆论的焦点，"内而穷乡僻壤，外而英荷属岛，亦均函电纷来，一律照办，人心大异从前"，"义声所播，震动全球"。① 这样的热烈场面，在以前的中国是不曾有过的。

上海商务总会倡议抵制美货的正义行动及全国各地的积极响应，使美国的在华商人深为惊恐，担心其经济利益将因此而遭受巨大损失，匆忙致电本国政府，要求尽快解决修约纠纷。美国驻沪总领事与新任驻华公使也惶惶不安，他们一方面向清政府施加压力，声称抵制美货是危害中美邦交的行为，清政府必须对由此引发的后果负责；另

① 苏绍柄编《山钟集》第1册，第32页。

一方面以软硬兼施、威逼利诱的手段压制上海商会，企图阻止抵制美货的正式实施。5 月 16 日，美国驻沪总领事劳治师致函上海道袁树勋，要求参加商会召开的抵制美约集会，与商会领导人进行磋商。17 日，美国新任驻华公使柔克义又专程到沪。

几天后，上海商会的数名领导人赴美国驻沪总领事馆与柔克义、劳治师等举行会谈。会谈中柔克义编造谎言，竭力否认美国曾推行排华政策，提出请允以六个月作为正式实施抵制的期限，如果"六月之后，美不改约，则听中国抵制"。这显然是试图借故拖延，理所当然遭到上海商会领导人的严词拒绝。曾铸手持"华工禁约"，当面严厉指陈美国迫害华侨的事实人所共知，不容抵赖，并坚决表示正式实行抵制美货只能以两月为期，决不妥协退让。在此之后，双方又曾举行会谈，但因上海商会态度坚决，均无结果。

1905 年 7 月 20 日，两个月的期限届临。劳治师再次找曾铸谈判，企图向上海商会施加强大压力，破坏抵制美货运动的开展。曾铸当即正气凛然地回答："不用美货，人各有权，不特贵国不能干预，即敝国政府亦不能勉强，所谓人人自有权。"是日下午，上海商务总会召集各帮商董讨论正式实行抵制美货的步骤，决定从即日起实施抵制。许多商帮和行业的领袖人物，如机器业祝大椿和项如松、火油业丁钦斋和徐文翁、五金业朱葆三、洋布业邵琴涛和苏葆笙、面粉业林纯翁、木业曹予翁等，都当场签名应允不订美货。特别是其中的洋布、火油和面粉等业，系当时经销美货的主要行业，这些行业的领袖签名后，对抵制美货运动的顺利开展具有重要影响。所以，全体与会者对他们主动签名的义举报以"如雷震动"般的热烈掌声。会后签押者，又有钟表、航运、裁缝、印刷、磁器等 70 多个行业。同一天，上海商务总会还通电全国 35 个商埠，宣告抵制美货运动正式开始。

自此以后，全国各地的抵制美货运动达到了高潮。从大都市到中小城镇，美国商品无不受到抵制，在市面上几近绝迹。在短时间内，抵制美货的斗争即迅速发展成为一场大规模的群众性反帝爱国运动，其高涨声势和普及程度均属前所未有。1905 年 8 月 11 日天津《大公报》发表的文章指出："自抵制美约之问题出现以来，民气之发达光芒万丈，亘耀全球。……各省各业，无不各自聚会，实行抵制。"据不完全统计，160 多个城市相继成立"拒约会"、"争约处"或"抵制美货公所"等团体。从 7 月到 10 月，各地商、学各界举行的大小集会多达 200 余次。

在这场运动中，商会领导人还明显表露出必须在国家对外交涉中享有发言权的政治要求。作为运动领导者的曾铸，在致清朝外务部的禀文中明确表示，"此次约本必须寄与沪商公阅，方能由部画押"，[1] 否则国人将不予承认。这显然是向清政府表明，政府如欲与美国签订新的有关条约，必须先将条约文本交与商人公阅并讨论通过，才能签字画押。商人向专制政府提出类似的要求，这在以前是不可想象的。这说明当时的商会对清朝统治者的独断专行与丧权辱国颇为不满，试图依靠民众的力量维护国家主权与民族利益。商会中的一些有识之士，还在斗争中明确指出：清政府长期压制民众，吾民"屈极求伸，无往不复，遂于今日而发其端焉"；[2] 并公开宣称"不必依赖政府"，而应"专恃民气"，以国民"自力抵制之"。还有的表示："夫中国为二千余年之老大专制，无论内政外交，向任执事独断独行，国民纤芥不得预闻，内政之腐败在是，外交之失策亦在是。现今略施教育，顿使雄狮睡醒，振摄精神。此次抵制禁约，是我四百兆同胞干预外交之第一起点。"[3] 不难看出，当时的商会领导人自身也已意识到，其所独立从事的抵制美货运动，是争取在国家外交事务中享有发言

①　张存武编《光绪三十一年中美工约风潮》，第 234 页。
②　《来函》，《时报》1905 年 6 月 6 日，第 2 张第 7 页。
③　《苏州商会档案》第 295 卷，第 20 页，苏州市档案馆藏。

权的首次尝试。因此可以说，抵制美货运动是经上海商会发起与联络，全国各地商会与广大商人所共同进行的第一次大规模的政治参与行动。

这次大规模的抵制美货运动，虽未完全达到预定的目标，但产生了深远的历史影响。对上海商务总会来说，通过发起和领导这场全国性的反帝爱国运动，显示了上海商会不同凡响的能量与号召力；上海商会也因此而受到各地商界的景仰，成为众望所归的一面旗帜，从而进一步奠定了其作为中国"第一商会"的地位。此外，抵制美货运动沉重地打击了美国的对华经济侵略势力。连美国的报纸也不得不承认："华人这次实行杯葛（即抵制）主义，有条不紊，无远弗届，其团体之固，殊出人意料之外。"① 在抵制美货期间和以后的两年中，美国对华出口一直处于下跌状态，1905 年为 5700 万元，1906 年减至 4400 万元，1907 年又减至 2600 万元。美国商人甚至一度无可奈何地哀叹："中国不用美货之举动坚持不懈，美国各厂家须闭歇六阅月。"与此同时，中国的民族资本主义工商业则因此而获得了一定发展。尤其是棉纺和面粉工业的发展，显得更为突出。这两个行业，也正是美国对华出口遭受打击最大的两个行业。可见，抵制美货运动在许多方面都具有不应忽视的积极影响。

以往的近代史著作和教材，都认为抵制美货运动完全失败了，对改善在美华侨的待遇未产生明显影响。实际上，抵制美货运动在这方面也有一定的积极作用。由于抵制美货运动的沉重打击，美国政府不再强迫清政府签订新的禁约，只是单方面通过了经修订的有关条款，而且不得不稍做让步，对过去采取的疯狂排华政策进行了一些修改。例如对中国人赴美的限制，只是限于劳工。至于中国商人、学生以及其他人员，则"一律照各国优待"，并对中国留学生提供一定的资助。

---

① 丁又：《1905 年广东反美运动》，《近代史资料》1958 年第 5 期。

尽管美国所做的让步十分有限，但它表明抵制美货运动在这方面并非无任何作用。当时的美国因经济不景气，劳动力过剩，对国外劳工入境加以限制，这可以说是其内政，并非对他国主权的侵犯。同时，美国对劳工入境的限制，也不是单纯针对中国，还包括其他国家，例如对日本的劳工，美国也采取了同样的政策。所以，就改善除劳工之外其他中国人在美国的待遇而言，抵制美货运动已基本上达到了应有的效果。

抵制美货运动在各个方面所显示出来的积极影响，使之成为日后中国人民在反对列强压迫和奴役过程中屡次沿用的一种斗争方式。1915年1月，日本乘第一次世界大战欧美列强无暇东顾之机，向袁世凯政府提出企图将中国变为其附属国的"二十一条"。根据这些条款的规定，日本不仅得以吞并满蒙，而且将取得监督和垄断中国的政治、军事、财政、警察、军火等各方面特权。袁世凯为换取日本对其复辟帝制的支持，派代表与日方多次举行秘密谈判，意欲接受灭亡中国的"二十一条"。消息传出后，引起中国人民的强烈反对，并由此爆发了一场大规模的反日爱国运动。

在这场救亡图存的爱国运动中，抵制日货同样成为有效的斗争方式之一，而且同样是由上海商人首先发起。1915年3月18日，上海商界联合各界爱国人士共计3万余人，举行"国民大会"，一致通过抵制日本奴役的六项措施，其中抵制日货是较易操作也较易产生成效的措施之一。此外，还包括通电政府请维持国家体面，力保利权；组织中华民国请愿会，共图救亡方法；通电各省组织请愿分会；组织民团募集经费，以备不测；创办一种白话报，作为舆论机关。与此同时，上海和各地商会纷纷发出通电，表示坚决反抗日本对中国的侵略行为，誓死不承认灭亡中国的"二十一条"。上海总商会还发起"救国储金"活动，成立了中华救国储金团总事务所。全国各地的商会也积极响应，相继设立分事务所。但是，"救国储金"活动因袁世凯通过其控制下的北京总商会盗用救国储金，用作复辟帝制的经费，不久即告夭折。对政府所施加的压力，也因袁世凯一意孤行而未产生明显作用。在此情况下，行之有效的斗争方式还是抵制日货。

3月中下旬，上海商界率先以"中日交涉迄今尚未解决"而"群谋抵制日货"，使抵制日货的斗争在上海首先兴起。同时，上海总商会也号召各地商界积极响应。上海商人的行动很快得到全国各地商人的遥相呼应，旬日内广东、安徽、松江、福州、烟台、营口、济南、汉口等十多个地区的商会都掀起了抵制日货斗争。随后，又有长沙、哈尔滨、昆明、天津、奉天、重庆等地的商会加入了这一斗争行列，由此形成继1905年抵制美货运动之后的又一次全国性抵制洋货的高潮。

大规模的抵制日货斗争，不仅使日本对华经济侵略遭受沉重的打击，而且与各界爱国人士的其他反日斗争相结合，对袁世凯政府形成了更强大的压力，最终使袁世凯政府未敢轻易接受"二十一条"，从而使中国避免沦为日本附属国的悲惨处境。

五四运动期间，抵制日货再一次成为反对日本攫取山东主权、维护国家权益的有效斗争方式。五四运动除抵制日本企图侵占山东的阴谋外，还具有反对北京政府出卖国权的意义。因此，在运动当中商会不仅领导商人开展了抵制日货的斗争，还举行了罢市和抗税。

五四运动一开始，许多商会的态度即非常鲜明。1919年5月4日北京学生集会游行遭逮捕的消息在各地报刊登载之后，天津总商会就致电巴黎和会中国专使，阐明："日人对于我国青岛，无条约根据承袭德人之后，竟强占不归，殊与我国领土主权攸关。刻全国合力协争，期于必达目的，使日人将青岛完全归还，用特电恳诸公力为主张，勿稍退让，必将青岛收回，以保领土。"[1] 苏州总商会也

---

① 《津商会为要求日本归还青岛以保领土事致驻法公使电》（1919年5月7日），载天津市档案馆等编《天津商会档案汇编（1912~1928）》第4册，第4715页。

分别致电北京政府和巴黎和会中国专使，说明："青岛关系我国存亡，非由和会直接交还，并取消密约，概不承认，商民一致誓为后盾。"① 据1919年5月13日《大汉报》登载，汉口总商会也曾与汉口各团联合会联名致电北京政府，强烈要求中国专使勿在巴黎和会上妥协签字，否则"国人将以激烈之手段对付"，并表示"宁为玉碎，勿为瓦全。非国民尽死，决不甘心以主权让人"。

随着五四运动的进一步开展，全国许多地区的商会在学界的敦促和配合下，相继领导商人开展了抵制日货的斗争。

苏州总商会在5月15日召开的特别会议上，即议定"由本会各会员分任调查日货与国货种类之分别"，并宣布振兴电灯公司已售与日商，"此项电灯亦属日货之一，应劝各界一律停燃，为不用他项日货之倡"。② 苏州总商会的这种态度，受到各界欢迎。苏州学生联合会曾致函表示："贵会对于抵制日货，素表热忱，实深感佩。"③在组织商人抵制日货的过程中，苏州总商会一直与学界密切配合。苏州学生联合会曾拟定五项办法，请总商会议决施行。其具体内容为：（1）由商学两界联合设立查验所，严查进出口货物；（2）杜绝日货进口；（3）禁止原料及杂粮输入日本；（4）各商店现有之日货，概由商学两会加盖图记，无图记者即系新进之货；（5）凡有私运日货进口，一经觉察，予以惩罚。苏州总商会经过集议，对这些办法均表示同意并推广实施，再次赢得学界称道。学生联合会认为总商会"热心救国，以抵制某货为提倡土产之先，可钦佩靡已"。④ 苏州市民也致函总商会，寄希望于商会继续"莫畏强梁，任劳任怨"，并表示抵制日货事宜，"端赖诸公一言九鼎，受福无

①　《苏州总商会致巴黎和会中国专使电》（1919年5月18日），苏州市档案馆藏。
②　《苏州总商会议决抵制日货办法》（1919年5月15日），苏州市档案馆藏。
③　《苏州学联为查禁日货办法致总商会函》（1919年7月13日），苏州市档案馆藏。
④　《苏州学联为查禁日货事致总商会会长函》（1919年7月21日），苏州市档案馆藏。

涯"。①

在抵制日货的斗争中，苏州总商会还发挥了特有的维持和协调市场的作用。例如，实施抵制日货之后，各界提倡国货，一部分商人却乘机提高价格，致使市场出现混乱。苏州总商会一方面宣传劝谕商家维持现价，一方面致函上海国货维持会，说明"现值各界热心劝用国货之际，敝会同人亦竭诚劝导，提倡实业，正宜乘此时机，推广国货销路。迭据各方报，国货需要物近日价值骤昂，以致热心购用者不免因而障碍，请设法劝令平价，以利推销等情"。② 此外，苏州总商会还召开临时会议，议定劝谕米市同业维持米价，不遽涨昂。同时，联络商团公会派出商团成员分段出巡，维持抵制日货斗争兴起之后的市场秩序。

在天津，学生联合会也请总商会出面组织各业商人抵制日货，并表示"抵制日货为当今急务，贵会具指挥商家特权，劝勉阻止责无旁贷，抵制之有效无效，固视贵会为转移也"。③ 天津总商会遂召开专门会议集议抵制日货事宜，对学生联合会所提出的各项办法完全表示同意。经学界奔走呼吁以及"商会提倡，频频劝勉"，许多行业的商人意识到"抵制日货，诚为自救第一要著"，④ 在抵制日货的斗争中表现十分活跃。例如，海货业商人召开抵制日货会议，议定 12 条抵制办法；绸缎、棉纱、洋布同业公会议定抵制日货简章 12 条，表示"自议定之日起，同业各号对于日行货物现买批定，概行停止"；洋广货行商也"开会讨论议决，一律清理，绝不再购日货"，并议定抵制

---

① 《市民提出抵制日货意见书》（1919 年 6 月 6 日），苏州市档案馆藏。
② 《苏州总商会为国货涨价事致国货维持会函》（1919 年 6 月 7 日），苏州市档案馆藏。
③ 《天津学生联合会请辅助学生救国举动函及津商会复函》（1919 年 6 月 16 日），载天津市档案馆等编《天津商会档案汇编（1912～1928）》第 4 册，第 4733 页。
④ 《海货商呈送抵制日货会议议定章程文并章程》（1919 年 7 月），载天津市档案馆等编《天津商会档案汇编（1912～1928）》第 4 册，第 4748 页。

日货的 11 条具体办法；① 糖杂物商同业的 89 家商号还发表抵制日货宣言，声明"情愿牺牲营业，共救危亡"；② 五金铁行同业也坚决表示："同是国民，应发天良，各尽个人之天职，虽忍痛须臾，牺牲营业上之利益，在所不惜，俾免贻害于子孙，永为他人之奴隶。"③ 此外，茶商、麻袋行商、洋纸商、灰煤商、木商、水火保险业、洋广杂货、颜料等行业的商人，也均拟定简章，坚决抵制日货。

在罢市斗争中，天津总商会也发挥了重要的领导作用。6 月 5 日上海罢市的消息公布之后，天津总商会即意识到"此次罢市风潮沪上开之于先，各地应之于后，蔓延全国，势所必然"，遂召集全体会董聚会，议决"通电各省商会，要求取一致之行动"。④ 直隶省长曹锐闻讯急忙训令天津总商会"转谕各商安心营业，勿滋疑虑"。⑤ 但是，天津总商会于 6 月 9 日召集各行商董事举行特别会议时，仍决定次日举行罢市。天津总商会还于当日发出告示说："对于外交失败，惩办国贼，惟有以罢市为最后要求。本会鉴于人心趋向，局势危迫，无可挽回，当即决定自明日起罢市。望各商号一律办理，以待政府解决。"⑥ 同时，天津总商会还理直气壮地致电北京政府，告以"趋势所迫，万众一心，言词激昂，已竟不可挽回，临时共同议决即行罢市，以待解决"。⑦

在总商会的部署下，天津各业于 6 月 10 日一律停业罢市。天津

---

① 《天津绸缎布匹棉纱同业公会发起抵制日货呈文及简章十三条》（1919 年 7 月 24 日），载天津市档案馆等编《天津商会档案汇编（1912~1928）》第 4 册，第 4754、4747 页；《津埠洋广货杂货栏杆颜料各商号呈良心救国议定停购日货清理办法文》（1919 年 7 月），载天津市档案馆等编《天津商会档案汇编（1912~1928）》第 4 册，第 4747 页。
② 《糖业亦抵制日货》，《大公报》1919 年 7 月 23 日，第 3 版。
③ 《五金铁行同业开会》，《益世报》1919 年 7 月 24 日，第 2 版。
④ 天津历史博物馆等编《五四运动在天津》，天津人民出版社，1979，第 106 页。
⑤ 天津历史博物馆等编《五四运动在天津》，第 107 页。
⑥ 天津历史博物馆等编《五四运动在天津》，第 110 页。
⑦ 天津历史博物馆等编《五四运动在天津》，第 111 页。

《益世报》报道："各绸缎洋布庄等，其罢市景象尤觉可敬，诚不愧为头等商号。""宫北之各家银号，均为本埠巨商，其一日出入即可获巨额之利息，今亦毅然决然全体罢市，虽为重大牺牲，亦在所不惜，其爱国救亡之观念似又加入一等矣。"① 天津作为毗邻京城的华北贸易中心，罢市之后引起北京政府极大恐慌。10 日下午，北京政府将准予曹汝霖引咎辞职的消息通电各省，曹锐马上抄交总商会，企图缓解罢市风潮。但天津总商会坚持继续举行罢市，又于当日致电北京政府说"仅准曹汝霖辞职，以此可以谢国人乎？"并再次强烈要求北京政府"急以明令惩免曹、陆、章及保护学生，以谢国人，而救目前"。② 北京政府见民情激愤，害怕事态扩大，由内务部于 10 日晚急电天津警察所，告以曹汝霖、陆宗舆、章宗祥三人均准免职，请转达总商会。与此同时，曹锐及国务院参议兼交通次长曾毓隽等人也于当日深夜先后到总商会，宣读曹、陆、章免职令，劝谕总商会宣布开市。

天津总商会以为目的已经达到，拟定了开市布告。但各界人士认为，北京政府并未公开明令惩办曹、陆、章三人，也未宣布释放被捕学生，不应复市。天津总商会于 11 日召开紧急会议，议决再次致电北京政府，限于当日夜 12 时前回电答复此两项要求，如逾时未复，仍继续罢市。电文的言辞也较前更加激烈，表示："国亡死且无日，何有商业可言？……本会顺从舆意，如中央在此相当时间无正当允准，商民惟有同归于尽。"③ 当晚，未见北京政府电复，天津总商会于 12 日晨发出第二次罢市通告，说明政府面对商、学各界之要求，"形同木偶，漠然无闻"，"合亟通告，望各商号自今日起仍行继续罢市，

---

① 《罢市后调查记一》，《益世报》1919 年 6 月 11 日，第 2 版。
② 《津商会要求北京政府明令惩免曹陆章及保护学生以救危局电》（1919 年 6 月 10 日），载天津市档案馆等编《天津商会档案汇编（1912～1928）》第 4 册，第 4725～4726 页。
③ 《津商会强烈要求北京政府明令保护学生惩办曹陆章卖国罪行急电》（1919 年 6 月 11 日），载天津市档案馆等编《天津商会档案汇编（1912～1928）》第 4 册，第 4728～4729 页。

作积极进行"。① 通告发出之后，"各商家鉴于学界爱国之热诚，商会最后之决心，遂各激起爱国救亡之观念，复为二次之休业，其一种坚决之气象较比第一次尤为整齐"。②

　　然而也应指出，有的商会在五四运动中并未承担领导商人抵制日货与罢市斗争的职责。例如，在清末曾经发起大规模抵制美货运动的上海总商会，即因为在五四运动期间的消极表现而受到各界的批评。五四运动兴起之初，上海总商会于 5 月 9 日致电北京政府，表面上虽要求收回青岛，却提出由中国任命日使，与日本交涉收回青岛问题。这一主张与当时全国舆论一致力争在巴黎和会上直接由中国收回青岛的呼吁大相径庭，与日本的要求则如出一辙，因而激起上海工商各界的强烈反对。上海总商会陷入芒刺在背的窘境，不得不再次致电北京政府，表示："本会对于青岛问题，前发佳电，因各界舆论，以仍向欧洲和会交还为是。今经会议公决，自应取消佳电，一致对外，以免纷歧误会。"③ "佳电"风波之后，上海总商会的正副会长提出辞职，使商会的威望受到严重影响。而且在此后的运动中，上海总商会处于群龙无首的状态，仍无积极表现。于是，由 50 余个工商小团体刚刚联合组成的上海商业公团联合会取而代之，担当起联络商界进行抵制日货斗争的重任。

　　5 月 6 日，上海各界在西门外公共体育场召开国民大会，与会者一致赞成停办日货及拒用日本钞票，"通函全国与日本断绝商业关系，至密约取消、青岛交还时为止"。随后，商界的一些行业即各自酝酿抵制日货办法，而上海总商会却一直未表明态度。5 月 13 日，上海商业公团联合会召开临时会议，决定通电各省商界，一律不用日货，并

---

　　① 《津商会关于依从众意望各商号继续罢市之布告》（1919 年 6 月 11 日），载天津市档案馆等编《天津商会档案汇编（1912~1928）》第 4 册，第 4728 页。

　　② 《二次罢市之见闻》，《益世报》1919 年 6 月 13 日，第 2 版。

　　③ 吴中弼：《上海罢市救亡史》，转引自中国社会科学院近代史研究所近代史资料编辑组编《五四爱国运动》下册，中国社会科学出版社，1979，第 250 页。

在上海率先行动。6 月 5 日，上海商家在学生联合会的号召下先后闭门罢市。一些店铺还在门前张贴白纸，上书"罢市请命，商学一致，挽救学生，罢市救国"、"不除国贼不开市"等字样。军警曾"挨户勒令开市，其势汹汹，令人生怖"，但商人均"以买卖各有自由权答之，警察无如之何"。① 在抵制日货与罢市的斗争中，上海总商会和上海县商会不仅都未曾发挥领导作用，而且在商人罢市之后，与官厅一起竭力劝导开市，说什么"罢市三日，金融因之停滞，人心为之恐慌，危险已甚。若再相持，谁能保地方不糜烂"。② 上海总商会还于 6 月 9 日发出通告，要求工商各业"先行开市，照常工作"，受到工商业者的强烈抨击。

上海商会之所以在五四运动期间未能发挥领导和联络工商界进行斗争的应有作用，并非由于受到官府的限制无法独立开展政治活动，而是商会领导人自身的原因所致。一方面，上海总商会的主要领导人在经济上一直与日本保持着十分密切的联系。另一方面，直至五四运动时期，上海总商会仍然是原有的一批老年绅商出任领导人。这批绅商型的领导人虽然对上海的商会以及工商业的发展做出过重要贡献，但在新的时代和形势之下，与受过西方教育的一批新兴的年轻企业家相比，在政治上已经落伍，其政治表现也显得较为保守，缺乏进取精神。

上海总商会的领导人不能与时俱进，自然引起工商界的不满。五四运动后期，上海商人即发起组织"平民商会"，认为总商会"所办事务，除仰承官场鼻息外，不复与商家利害有何关系"。"今次外交事件，有种种不满人意之举动。沪地商家，遂生莫大之觉悟，发起组织平民商会。……俾免商家利害为少数官僚资本家所垄断。此举赞同者

---

① 海上闲人编《上海罢市实录》，转引自中国社会科学院近代史研究所近代史资料编辑组编《五四爱国运动》下册，第 40 页。

② 海上闲人编《上海罢市实录》，转引自中国社会科学院近代史研究所近代史资料编辑组编《五四爱国运动》下册，第 133 页。

已数千人，将来必能成一真正商人团体，代表其真正商人利益。"① 五四运动之后，上海总商会也因威望扫地，自身不得不进行大改组。不仅正副会长另换人选，而且原有的 33 名会董中，改选者也多达 31 人，出现上海商会有史以来从未有过的大换班。一批受过各种专业高等教育、具有新思想文化素养的新一代工商界代表人物进入上海总商会的领导层，其平均年龄从前一届的 57.2 岁降为 44 岁。经过此次大改组，老一代绅商型会董主持上海总商会（包括清末的上海商务总会）的时代由此结束，上海总商会开始了新的历史发展时期，并逐渐重新赢得上海工商界人士的信任与拥戴。

在清末，继抵制美货运动之后，许多省份的商会还领导商人开展了反对清政府出卖中国铁路主权、强迫商人接受西方列强的奴役性贷款修筑铁路的维护路权斗争。这场斗争从最初的抵制外人对中国路权的攫取，发展到大规模反抗清政府借款卖路的卖国行径，具有明显的近代民族民主政治运动的性质，同时又是清末商会独立开展政治活动以及商人政治参与的意识与行动不断发展的具体表现。

19 世纪末 20 世纪初，西方列强进一步加紧和加深对中国的经济侵略，其主要方式就是大肆攫取中国的铁路修筑权和矿山开采权。铁路和矿山等利权纷纷落入外人之手，不仅加剧了中国的民族危机，而且严重损害了工商业者的切身利益，阻碍了中国民族资本主义的顺利发展。尤其是铁路主权的丧失，使中国的经济命脉为列强所控制，给中国带来了极大的危害。当年的爱国志士对此已有比较深刻的认识，有的强调铁路路权的得失关系到中国的民族兴亡与国家盛衰；有的则发表文章揭露说，掠夺路权是西方列强企图灭亡中国的先导："盖自帝国主义发生，世界列强拓土开疆，莫不借铁道以实行其侵略

---

① 海上闲人编《上海罢市实录》，转引自中国社会科学院近代史研究所近代史资料编辑组编《五四爱国运动》下册，第 287~288 页。

主义。……是故铁道者，通商之后援，而灭国之先导也。"① 广大商人对铁路主权丧失的危害也不无切身体会，并积极采取抵制行动。许多省份的商人以集资创立商办铁路公司自行修建铁路的方式遏制帝国主义对中国铁路路权的掠夺，取得了良好的成效。

但是，当时的清王朝由于从中央到地方都面临着空前严重的财政亏空，已达到无米为炊、难以为继的窘困地步，只有通过不断地向列强举借外债才能勉强维持一时。而列强的外债无不附带有各种奴役性的条件，清政府也必须用列强满意的抵押品才能换取贷款。列强所看重的主要就是中国的铁路和矿山。所以，西方各国都通过清政府强迫商办铁路公司接受其贷款，以提供贷款的方式进而控制铁路的管理权。

应该说明的是，如果以今天的情况看，能够得到外来贷款，是解决资金短缺的一种有效途径，有利于中国经济建设与现代化的发展。然而，当时的贷款却与现在吸引的外资性质截然不同。在近代中国丧失国家主权的特殊历史条件下，西方列强主动向中国提供贷款，大都具有经济侵略的性质，是控制中国经济发展、对中国进行掠夺和敲诈的一种重要手段。正因为如此，西方列强都争先恐后地主动提供贷款，而且以威逼利诱的手段强迫中国接受。贷款之所以主要集中用于铁路、矿山等重要经济部门，乃是西方列强为了将来能够掌握和控制中国的经济命脉，而绝不是为了推动中国经济的发展。清政府为能借到外债，也为虎作伥，强迫一些商办铁路公司接受列强的贷款。广大商人清楚地意识到列强贷款筑路这一侵略方式的危害，阐明"路权即国权"，中国民族工商业之发达，"皆随铁路以进行，若借款事成，实与我民以切肤之痛"。② 因此，对于清政府强令商办铁路公司接受列强贷款、出卖路权的卖国行径，许多省份的商会都领导广大商人进行了

---

① 《滇越铁路赎回之时机及其计划》，《云南》第 4 号，载中国科学院历史研究所第三所编《云南杂志选辑》，科学出版社，1958，第 480 页。

② 《苏州商会档案》第 297 卷，第 35 页，苏州市档案馆藏。

坚决的抵制和反抗。

例如，被美商合兴公司于 1898 年强行攫取的粤汉铁路修筑权，经湘、鄂、粤三省工商各界人士的努力，在 1905 年反美爱国运动的高潮中被赎回。该路的修筑权虽已赎回，但若不抓紧自行修建，仍有复失的危险。三省的商会与工商界人士对此不无认识，纷纷踊跃集股成立商办铁路公司。广州商务总会联合七十二行及九大善堂等商人团体，积极劝导广大工商业者和各阶层认股，率先成立商办广东粤汉铁路有限总公司，取得了铁路商办的权力。两湖地区商办铁路公司成立较晚，并一度遭受某些挫折。1908 年，张之洞调任军机大臣兼粤汉铁路督办大臣。英国侵略者提出"商借"贷款修筑粤汉铁路，德、法、美等国也乘机渗入。次年 3 月，签订湖广铁路借款合同。三省人民坚决反对借款筑路，特别是两湖各界人士，一边抵制奴役性贷款，一边加紧筹股成立商办铁路公司。汉口商务总会曾致电要求清廷遵照"庶政公诸舆论之旨，将合同底稿交鄂督发下，否则即或奏定，鄂人也决不认此未经公论之合同"。[①] 在商务总会等团体的组织下，工商业者及各界人士集会十多次，痛斥借款筑路之种种危害，并联合学界、军界成立铁路协会，派代表赴京陈述商办铁路要求，主张不借外债、不招洋股，设立湖北商办粤汉、川汉铁路股份有限公司。商会与资产阶级的呼吁得到各阶层积极支持，"军、学、绅、商各界，认股者异常踊跃"，在短时期即筹得数目可观的款项，最终迫使清政府准允湖北成立商办铁路公司，集股自办本省铁路。湖南商会与资产阶级的斗争也十分坚决，而且兴起更早。1905 年粤汉铁路收回时，湖南的工商业者即已开始积极筹款商办。1906 年 5 月，新成立的长沙商务总会作为组织者，发起召开集股大会，与会者达千余人。商会协理陈文玮倡议集股 2000 万元，设立商办湖南全省铁路公司，当场即由商、学两界认

----

① 《电请宣布铁路草合同》，《大公报》1909 年 8 月 21 日，第 2 版。

股200万元。会后，又由陈文玮等36人联名具文，呈请商部代奏立案，但清政府只批准官督商办。1908年，张之洞代表清政府与英、法、德等国签订湖广铁路借款合同的消息传出，湖南商会再次领导工商界掀起拒款保路运动，首先发起召开"湘路股东共济会"筹备会议，设立事务所作为直接领导保路运动的临时组织机构，接着刊行《湘路新志》，由曾经担任商务总会总理的工商界代表人物龙璋任主编。

集股筹款是湖南工商业者为达到铁路完全商办的目标而采取的一项具体措施。据《湘路新志》第1年第4期记载，长沙商会等工商团体设立集股分会，经办招股、换票、发息等事宜，"数日之内，集股已多"。在集股保路的号召下，湖南出现了前所少有的集股高潮，不仅商界、学界和军界积极认股，而且"农夫、焦煤夫、泥木匠作、红白喜事杠行、洋货担、铣刀磨剪、果粟摊担、舆马帮佣，亦莫不争先入股以为荣"。1909年8月，以商股为主导的湘路公司正式动工修建长株段铁路，工程进展顺利，一年后全线修通。接着，南段株郴线和北段长岳线也于1911年破土动工。

在江苏和浙江两省，商人为维护路权，先后集资向清朝商部禀准设立商办铁路公司，自行修筑苏杭甬铁路，进展十分顺利。但是，清政府却在1907年按照英国侵略者的要求，准备与英国签订借款修建沪杭甬铁路合同，并试图强迫两省商办铁路公司接受英国的贷款。消息传出之后，上海商务总会立即致电清政府外务部，表示坚决反对接受英国的贷款，指出："外交首在立信，岂内政不妨失信；匹夫犹重然诺，岂谕旨转可反汗。"[①] 上海商学会也召开拒款大会，揭露清政府此举之用意，在于"一肥己，一媚外，一摧残民气"，"政府以外人之

---

① 《江浙路权问题》，《时报》1907年11月13日，第2版。

银筑路，如借外人之利刃杀我民"，① 人民决不应允。与此同时，江苏和浙江两省的商会也立即领导商人掀起了大规模的拒款保路运动。其斗争态度之坚决，更甚于抵制美货运动。两省商人都表示"力拒外款"，"不做则已，做则必求达其目的，誓死不回，以期终于有成"。②在浙江，浙路公司股东一致通电，表示"宁死不借外债"，"路之存亡，即浙之存亡，亦国之存亡"，③ 体现出其拒借洋款的决心，丝毫无妥协的余地。同时，各界民众纷起响应，"商贾则议停贸易，佣役则相约辞工，杭城铺户且有停缴捐款之议。商市动摇，人心震骇"。④

在苏州，出卖利权的借款合同公布之后，商务总会就致电清朝农工商部指出："自办铁路，喘汗集股，禀蒙钧部奏准，始克信用。今翻全局，逼借外款，民心一失，恐东南商务，从此解体。"⑤ 苏州商务总会协理倪开鼎和议董杭祖良等人，还以苏路分公司全体股东名义致电同乡京官，愤而表示："勒借指抵，贻害实巨。路权即国权，商办早经奏准有案，一失民心，谁与图存？"⑥ 除通电反对借款外，苏州商务总会还曾多次召开拒款保路大会，向工商各界阐明"若借款事成，实与我民以切肤之痛"，并表示"商会宗旨在劝各绅以集股保路为第一义"，⑦ 不达目的决不罢休。

在商务总会的号召下，许多县镇的商务分会和商人都纷纷通电或上书，表达拒借外款的决心，积极参与这场斗争。江震、平望、盛泽等城镇的商务分会曾联名致电农工商部，公开抗拒朝廷谕旨。昆新商人也电禀都察院，表示"廷寄强迫苏杭甬借款……势将酿成大案"，

① 《江浙路权问题》，《时报》1907 年 11 月 13 日，第 2 版。
② 《苏州商会档案》第 297 卷，第 10 页，苏州市档案馆藏。
③ 《江浙拒款要电汇录》，《汇报》1907 年 11 月 9 日。
④ 宓汝成编《中国近代铁路史资料》第 2 册，第 876 页。
⑤ 《两省拒款函电》，载墨悲编《江浙铁路风潮》第 1 册，台北：中国国民党中央委员会党史料编纂委员会印行，1968 年影印本，第 7 页。
⑥ 《两省拒款函电》，载墨悲编《江浙铁路风潮》第 1 册，第 7 页。
⑦ 《苏州商会档案》第 297 卷，第 35 页，苏州市档案馆藏。

强烈要求清廷"收回成命"。① 社会各界对拒款保路运动也予以大力支持，尤其是学界的表观最为活跃，体现了高度的爱国热情。苏州铁路学堂的学生组织拒款会，编印抵制借款传单，四处广为散发。元和县高等小学全体学生发出劝各校减膳入股公启，呼吁"诸父兄为我留饼饵之资，以购我可爱之江浙铁路股份"。② 各阶层民众出于爱国热情，无不踊跃认购路股，"佣贩妇竖，苦力贱役，亦皆激于公愤，节衣缩食，争先认购"。"民气之感奋，实所仅见。"③ 一时间，集股保路成为江浙两省的舆论焦点和各阶层的共同斗争目标。

可以说，自从清政府在出卖路权的借款合同上签字，江浙两省的维护铁路主权运动，即由废除原订草约、争取商办发展到反对清王朝与帝国主义相互勾结、拒款保路的新阶段。斗争的锋芒不仅直指帝国主义，也指向了出卖国家主权的清王朝。作为运动领导者的江浙两省商会，维护路权的态度也更为坚决，并得到社会各阶层的广泛支持。两江总督和苏、浙两抚在联名呈请军机处代奏的电文中说："自铁路借款事宣布以来，人心大为骚动，各处绅士商民……奔走相告，誓不承认。"虽迭经劝谕，"无如万口一词，无从晓譬"。因此，他们也不得不"合同吁恳天恩俯念群情迫切，饬下外务部竭力设法斡旋，以顺舆情而维大局"。④ 在两省商人如此强烈的反抗之下，清政府最终不得不将英国的贷款移作他用，准允江浙两省的铁路仍归商办。

与抵制美货运动相比，拒款保路运动作为商会领导商人进行的新的政治斗争形式，已从先前的单纯反对列强侵略奴役，维护国家主权，发展至同时反抗清朝统治者倒行逆施的卖国行径。在拒款保路运动中，商会领导商人公开抗拒朝廷的一道道谕旨，这对以前的商人来

---

① 《两省拒款函电》，载墨悲编《江浙铁路风潮》第 2 册，第 8 页。
② 《两省集股情形》，载墨悲编《江浙铁路风潮》第 1 册，第 6 页。
③ 《政艺通报》第 5 卷，光绪丁未年（1907），第 4 页。
④ 《廷寄奏章》，载墨悲编《江浙铁路风潮》第 1 册，第 3 页。

说是不可想象的，在中国数千年的历史上也是从未有过的。这表明商会领导商人所从事的政治活动，在拒款保路运动时期已发展到一个新阶段，商人的政治参与意识得到了进一步的增强。苏州商人即曾在拒款保路运动中公开表示："国家为人民之集合体，人民为国家之一分子，既担一分子义务，应享一分子权利。虽拔一毛其细已甚，而权利所在，亦不能丝毫有所放弃。苟人人有此观念，国家何患不强？从前胶州、广州、威海各口岸之分割，皆不明此义，甘受政府、外人之愚弄所致，甚堪痛惜。今日拒款风潮如此激烈，足见我民气民权发达之一征，于数千年专制政体上放一光明。"①

1911 年辛亥革命爆发前夕，正当许多省份维护路权运动取得明显成效，相继动工兴建之际，清政府抛出了所谓"铁路国有"政策，宣布"从前批准干路各案，一律取消"，由此剥夺了各省商办铁路的权利。清政府将铁路修筑权收归国有，仍然是为了以出卖路权的方式，换取帝国主义的贷款。时人即已看出，"以路抵款，是政府全力夺自百姓而送与外人"。②此后不及半月，清政府就与英、法、德、美四国银行团签订了有关粤汉、川汉两大干线的借款合同，将两湖境内粤汉、川汉铁路的修筑权出卖给列强。因此，"铁路国有"政策及借款合同宣布后，再一次激起了两湖及四川等省商人与各阶层民众的强烈反抗。

在两湖地区，商会与新设立的谘议局成为领导保路运动的核心。湖南的工商业者群起集会，坚决要求巡抚杨文鼎"请命朝廷，明降上谕，收回成命，仍遵历次谕旨，准予商办"。湖北的工商业者也多次召开大会，强烈反对"铁路国有"政策，并推举谘议局议长汤化龙赴京，向清政府痛陈铁路商办万不可取消。

---

① 《苏州商会档案》第 297 卷，第 36 页，苏州市档案馆藏。
② 《驳邮部奏请干路归国有折》，《四川保路同志会报告》第 21 号，1911 年 7 月 16 日，"著录"。

在四川，保路斗争的声势甚为浩大，也最为激烈。有识之士认识到，此次抗争"决非从前和平态度的文字争辩所能生效"，必须"另采扩大激进手段"。① 四川全省的商务总会和分会也联名发布通电，表示"今日人心既失，祸机已伏。警告政府，欲挽大局，宜从根本上解决"；否则，"路事风潮万无或息之一日"。② 但清政府一意孤行，对保路运动予以压制，使四川的保路斗争愈演愈烈。8 月 24 日，成都商人率先罢市。次日，罢市浪潮很快席卷全川，地方官府"劝解无效，防止无从"。清廷三令五申命四川商人立即"照常营业"，也无济于事。四川总督赵尔丰不得不向清廷奏称："此次罢市、罢课，人心坚固。"③ 9 月 1 日，川汉铁路公司股东会又议决拒纳粮税，通告全省施行，以此公开向清朝统治者挑战。随后，抗粮抗捐运动在各地普遍开展起来，最终演变为辛亥革命爆发的导火索。

二　参加立宪请愿与辛亥革命

前已阐明，清末民初的许多商会和商人虽不断表示其"在商言商"的原则，却在民族主义的感召下，多次发起大规模抵制洋货的反帝爱国政治运动。商会中人还意识到政治改良与实业发展有着十分密切的关系，因而对政治改革也比较关注，并在清末的政治改革风潮中，同样成为发动各地商人参与改革的组织者，在当时产生了一定的社会影响。

在清末的最后几年间，清政府一方面迫于日益强烈的社会舆论，另一方面也是为应付不断高涨的革命浪潮，维持其处于风雨飘摇之中

---

① 中国人民政治协商会议全国委员会文史资料研究委员会编《辛亥革命回忆录》（三），中华书局，1961，第 46 页。

② 陈旭麓等主编《辛亥革命前后》（盛宣怀档案资料选辑之一），上海人民出版社，1979，第 137～138 页。

③ 戴执礼编《四川保路运动史料》，科学出版社，1959，第 277 页。

的统治地位，不得不推行政治改革，着手改变君主专制制度，实行君主立宪制。但清朝统治者又担心丧失已有的权力，特别是满族王公大臣，害怕汉人借改革剥夺其特权。因此，清政府推行政治改革的步伐十分缓慢，规定以九年的时间作为"预备立宪"的期限，俟九年预备期满才召开国会，正式实行宪政。加之清朝统治者在改革的过程中，经常打着改革的旗号，仍不断集权于皇室亲贵，更激起社会各阶层的强烈不满。

当时，一部分主张立宪而被称为立宪派的社会政治力量，尤其不满于清朝"预备立宪"的九年缓慢进程，认为这是清朝统治者有意拖延，要求清政府加快政治改革的步伐，立即召开国会，实行立宪。为此，立宪派发起了国会请愿运动。1910年1月的第一次请愿运动，因无商界和社会其他阶层人士参加，声势和影响都非常有限，很快即告失败。经过第一次请愿的碰壁，立宪派意识到必须争取和动员社会各阶层参与请愿运动，"尤应以联络商界为中坚"。于是，立宪派发出《敬告各省商会请联合请愿书》，希望商会动员广大商人参加国会请愿运动。

当时的许多商会和商人，从总体上看都支持立宪改革。其目的首先是希望通过召开国会，实行宪政，挽救民族危机。设在上海的华商联合会办事处曾经阐明："今天下之祸变亟矣，内忧外患，纷至沓来，国事日非，人心瓦解，商等思维再四，知非开国会无以通上下之情而使之萃，非开国会无以挽危亡之局而即于安。……国之盛衰强弱，不在乎土地之广狭，户口之多寡也……国会为立国不二之方，顺而行之则富而强，逆而制之则危而乱。"[①] 这显然是将立宪作为救亡图存的一项根本措施。其次则是希望以立宪推动工商业的发展，改变工商业者

---

① 《拟海内外华商联合请开国会书》，《华商联合会报》第4期，宣统二年（1910）二月。

在经济上的困境。关于立宪与实业的关系，当时的许多报刊都曾载文从各方面进行论述，一些商会对此也不无认识。上海商务总会的沈缦云在回答"开国会于商界有何利益"这一问题时，即简明扼要地说明："何利宜兴，何弊宜革，何税宜增，何税宜减，一经国会之议决，即为天下所公认，商业之扶持在此，其利甚溥。"① 此外，商会作为反映工商业者意愿的团体，也担心革命引发动荡，危及广大工商业者的经济利益，加之商会的领导人及其成员本身也都是资本家，同样害怕社会动乱；所以，他们都盼望在保持稳定秩序的前提下，通过清政府自上而下的改革，改变长期以来的专制政体。

因此，商会和商人的政治态度都倾向于支持立宪。1906年9月清廷"仿行宪政"的上谕颁布之后，商会和商人即表示欢迎。当时的报刊记载："自立宪明诏颁发，各处商民无不欢欣鼓舞，开会庆祝。"上海商务总会、上海商学公会、宁波商务总会、锡金商务分会以及海外的横滨、长崎、神户等中华商会，还纷纷致电清朝农工商部，"请以翘盼实行立宪之意，代达天听"。② 上海商务总会还致电天津、苏州等地的商务总会，请组织商号店铺于9月9日共同"悬旗欢祝"。天津商务总会随后发出了庆贺通告，至9月9日全津街市"一律悬旗结彩祝贺，欢歌遍于通市。……各绅商学员往祝者，约在数百员，惟商界最多，足征一时之盛"。③ 同一天，苏州商务总会也组织了庆祝活动，"城厢内外商家皆高张龙旗，悬灯结彩，庆祝立宪预备，欢声雷动"。苏州商务总会还于是日召集全体会员"演说立宪大端，欢宴竟日"。④ 事实

① 《政府对于国会代表之回答》，《大公报》1910年6月12日，第1版。
② 《商民翘盼立宪之舆情》，《商务官报》第17期，光绪三十二年八月十五日（1906年10月2日）。
③ 《津商会为响应上海商会悬旗欢庆立宪事与直督提学司天津府来往函》（1906年9月5日至15日），载天津市档案馆等编《天津商会档案汇编（1903~1911）》下册，第2287页。
④ 《苏商总会为庆祝预备立宪致上海总商会总协理函》（1910年11月24日），载章开沅等主编《苏州商会档案丛编》第1辑，第1277页。

表明，商会和商人一开始就对清朝的宪政改革充满了期望。

不仅如此，许多商会的领导人还与立宪派保持着非常密切的联系，有的甚至本身即可在很大程度上称为立宪派的成员。在许多地区，商会的领导人参加了立宪派组织的立宪团体。例如规模和影响在全国的立宪团体中均居首位的上海预备立宪公会，其副会长即是曾担任过通崇海泰商务总会领导人的张謇，其中还有上海和苏州等地商务总会的一些领导成员。特别是上海商务总会的领导人为数甚多，李云书、周金箴、孙多森、王一亭、叶惠钧等，都是预备立宪公会的董事或重要成员。苏州商务总会的总理尤先甲、会董吴本善，也是该会的骨干分子。

湖北立宪派发起成立宪政同志会，"集合研究宪政士绅，以促进实行君主立宪为宗旨"。汉口商务总会的 12 名重要领导成员立即表示赞同。宪政同志会主要由湖北谘议局、湖北自治筹办处、汉口商务总会、湖北教育会、汉口各团联合会 5 个团体的人士联合组成。在总共 36 名发起会员中，以汉口商务总会领导人为代表的工商界人士占了较大比例。其中蔡辅卿、李紫云、刘歆生等人，是湖北资产阶级中颇有影响的代表人物。

湖南立宪派首领谭延闿、罗杰等人，原本就与长沙商务总会的头面人物李达璋、俞峻等联系十分密切。1911 年，湖南立宪派组织立宪团体"辛亥俱乐部"，李达璋、俞峻二人被推举为副支部长。谭延闿发起组织"宪友会湖南支部"时，也有不少商会成员加入。

出于上述原因，立宪派希望商会参与国会请愿的呼吁，很快即得到许多商会的响应。当时，立宪派已充分意识到商会作为独立民间社会的代表而参与请愿的重要作用与影响，认为"各省商会最多爱国之士，若能速举代表来京，同时并举，政府必有改弦之心，吾侪益无孤立之惧"；另还阐明国会如能尽早召开，"则商人受保护之利益者不少，否则无正当之保护，商人受害必烈，而欲立足于商业竞争之世界难矣"。① 这显然是针对工商业者希望通过实行立宪，改变自己的处境和发展资本主义的迫切心理所做的政治宣传。

实际上，有的商会自身也已认识到，参加国会请愿运动是商会及商人应尽的职责。例如，华商联合会办事处发出的动员各省商会参与请愿公告书即阐明，"今日实业之世界，论人数以商界为至众，论势力以商界为最优"，所以，"若论请愿之事，其必有需于我商人者"。此外还表示，"各界请愿之注重我商界也可知"，在此情况下商界更不能"度外置之"。如商界不参加请愿，则"他日请愿不行，其咎不专在四万万人众之无能，而实由彼一万万余商人之不肯竭心以尽力。至是，恐倾东海之波不能濯其耻，罄南山之竹不足写其辜"。②

与此同时，一些商会还致电北京国会请愿代表团，表示大力支持国会请愿运动，请勿半途中止。吉林商务总会即曾致电请愿代表团，呼吁"国会请愿代表切勿各归本省"，并告知"现议再举代表晋京，直接上书请愿，以作后援"。烟台商会也致电请愿代表鼓舞士气，"谓现正联合各商，晋京请愿，誓达目的"。③ 京师商务总会在第一次请愿失败后，召集各业商董开会欢迎国会请愿代表。与会商董均表示，对于国会请愿代表之"请商界全体赞成，以为后盾"的呼吁，将全力予以支持。④

另有一些商会则采取实际行动，积极筹备参与第二次国会请愿运动的有关事宜。1910 年 2 月，天津商务总会即邀集永平七属商会的总理和商董数十人两次开会讨论，起初决定"由天津、永平、保定商界

---

① 《代表团敬告各省商会请联合请愿书》，载《广东谘议局编查录》下卷，铅印本，广东省立中山图书馆藏。
② 《为国会事公告海内外华商联合请求书》，《华商联合会报》第 3 期，宣统二年（1910）二月。
③ 《专电》，《时报》1910 年 2 月 26 日，第 2 版。
④ 《国会请愿近闻》，《时报》1910 年 2 月 20 日，第 2 版。

发起，号召全省商界，定期来津大开会议，公举代表继续请求国会"，① 后又"议决直接上书要求速开国会，并函约各省商会继续吁请"。② 南京商务总会不仅派代表与江苏谘议局一起商议组织本省的国会请愿同志分会，而且邀集所属各商务分会的总理共同议定："公举张佐清、王嘉宾两君为宁属商界代表，赴京请愿。"③

特别是上海商务总会的积极态度和行动，对于推动当时更多的商会参与国会请愿运动产生了不容忽视的影响。上海商务总会号称中国"第一商会"，在许多重大问题上，各地许多商会往往唯其马首是瞻，故而上海商务总会对全国各商会的号召力较诸立宪派更为显著。设在上海而由上海商务总会兼办的华商联合会办事处，继立宪派之后也发出《为国会事公告海内外华商联合请求书》，在《华商联合会报》上公开发表，《时报》等有影响的重要报刊均予转载。这篇公告书从五个方面申述了商界参加国会请愿的必要性，说明当时的中国内忧外患纷至沓来，时局阽危，只有立即召开国会实行宪政，才能挽救危局，表示"我商界不欲为立宪文明之国民则已，苟其有立宪国民之思想，则当先尽立宪国民之义务"。由此阐明参与国会请愿运动是商人应尽之政治义务，责无旁贷。这篇公告书发出之后，各地更多的商会遥相呼应，积极行动，有的成立国会请愿同志会，有的公举请愿代表，均将参与国会请愿运动作为一项重要的政治活动。

即使像偏居内地的江西景德镇商务总会，也致电上海商务总会，表示请愿速开国会刻不容缓，"商界为国民大部分，自应再接再厉"。同时请求上海商务总会"联合各省埠总、分会为正式机关，合力要求。敝会虽僻处腹里，亦应竭力赞成"。④ 广州商务总会更是联络九大

---

① 《华商联合会报》第 2 期，宣统元年（1909）二月。

② 《专电》，《时报》1910 年 2 月 26 日，第 2 版。

③ 《江宁商务总会组成国会请愿同志会开会纪事》，《时报》1910 年 3 月 21 日，第 3 版。

④ 《华商联合会报》第 3 期，宣统元年（1909）闰二月。

善堂等商人团体，与自治研究社一起成立了"速开国会请愿同志会"。杭州商务总会也"特开国会期成会，公举代表入京"。① 湖北成立国会请愿同志会支部，由身为武昌商务总会总理的商界要员吕逵先出任干事长，并推举黄炳言、余德元二人为湖北绅商学界国会请愿代表。② 可以说，筹备参加国会请愿运动，已成为当时全国许多地区的商会与资产阶级最注目的一项政治活动，如同《东方杂志》的记载所说："各省学会、商会与京中国会请愿会遥相应和，或即开会，或拟上书，或任运动同志，或拟公举代表以接续请求者，不一而足。"③

1910 年 5 月，各地的请愿代表陆续抵达北京，商会也派出了商界代表。6 月发动第二次请愿，全体请愿代表按事先拟定的方案，向清政府呈递了十份敦请速开国会的请愿书。在这十份请愿书中有三份系商会代表海内外华商所上，分别是《各直省商会国会请愿代表沈懋昭等呈请代奏书》、《江苏苏州商务总代表杭祖良、上海商务总会代表沈懋昭请速开国会书》、《南洋雪兰莪二十六埠总商会国会请愿代表兼澳洲华侨代表陆乃翔上政府书》。由沈懋昭（缦云）领衔呈递的代奏书，强烈呼吁"商业困疲，国计民生，交受其弊，请速开国会，以图挽救"。④ 杭祖良等领衔呈递的请愿书也急切地表示："某等承数十万商民之委托，不辞斧钺，稽首君门，为求一线之生路，吁请速开国会。朝廷苟迟迟不与，则商情之涣，商业之衰，必视前此有一落千丈之势。盖希望绝，人心离，由商业而牵及全体瓦解，噬脐何及！"⑤

显而易见，直接参加国会请愿运动，敦促清政府加快政治改革的步伐，是当时商会领导商人积极参与政治的又一具体表现。对此，有两点还需要在这里略做说明：其一，虽然由商会呈递的请愿书在内容

---

① 《浙省公举请开国会代表进京》，《时报》1910 年 4 月 14 日，第 3 版。
② 《湖北国会请愿同志会成立纪事》，《时报》1910 年 5 月 27 日，第 3 版。
③ 《记国会请愿代表进行之状况》，《东方杂志》第 7 年第 2 期，1910 年 2 月 25 日。
④ 《各直省商会国会请愿代表沈懋昭等呈请代奏书》，《时报》1910 年 7 月 4 日，第 5 版。
⑤ 《江苏请速开国会书（续）》，《时报》1910 年 7 月 22 日，第 5 版。

上较多地强调国会召开对于解除商界困境这方面的影响，言辞与口气也较为温和，但参加国会请愿运动的这一举动，足以表明商会的实际行动已超越了其口头信奉的"在商言商"原则；其二，虽然第二次请愿运动仍未能达到促使清政府立即召开国会的目的，但通过商会的组织和联络，商人在运动中发挥了一定的作用，明显地扩大了国会请愿运动的规模和影响，因而具有值得肯定的积极意义。同时，经过商会开展的这一活动，广大商人的政治参与意识也进一步得到增强，意识到"我商界与国家之盛衰尤有密切关系"，"人人有立宪国民之思想，愿尽国民之义务"。①

　　还应该看到，对于刚刚成立不久，在政治上尚未成熟，而且经常以"在商言商"作为自我约束信条的商会而言，能够突破这一戒律，积极参加国会请愿运动这一清末的重要政治活动，实属不易。所以，我们在评价商会参加国会请愿运动的行动时，不宜过于强调商会在运动中没有使用激烈的言语和采取强硬的态度等局限，而应充分肯定商会的这一政治行动。事实上，在当时清朝统治者唯恐权力丧失而对国会请愿运动抱有很大疑虑的情况下，激烈的言语和强硬的态度也并不能真正促使清廷接受立即召开国会的要求，甚至很可能产生相反的效应。在近代中国，政治激进主义所带来的负面影响并不鲜见，对此已可谓人所共知，这里无须赘述。

　　当然，也不能否认有的商会对参加国会请愿这一政治活动仍缺乏应有的热情和勇气。例如天津商务总会对于参加请愿之事原本比较积极，但后来因内部发生分歧，态度出现明显变化。在第二次国会请愿进行前夕，天津商务总会的十名会董曾专门就是否列名发起此次请愿活动，进行了一次讨论。多数会董主张商会不应列名，认为"商会应

---

① 《津商会欢迎上海商界公举国会请愿代表沈缦云杭小轩北上函件》（1910 年 5 月 20 日、6 月 2 日），载天津市档案馆等编《天津商会档案汇编（1903～1911）》下册，第 2359 页。

办商务，他事不应办，国会事重，商人不够资格，更不能办"。有的甚至强调商会"不但不必办国会，商界以外之事均可不办，以符名义"。① 这种言论与上海等地商会的呼吁相比较，显然是推卸责任之词。虽然会上也有会董指出："商会正宗原为保商而设，不应干预他事。然现在时局，所有商民均遭困难，皆由官府之压力，由于国家之专制，非开国会不能将专制压力挽回。现在虽立议董两会及谘议局，均未见出效果，皆由于未立国会，不得不请求速开。请开国会，商界亦有担负之责。"但持此看法的会董也仍担心商会如列名请愿国会将遭清朝农工商部怪罪，提出"倘若商会诚恐大部阻难，仍须由商民出名为正办，较比商会出名尤为妥善"。② 商议的最后结果，是决定商会不出面，而以所谓众商的名义对请愿表示支持。天津商务总会态度的转变，说明当时仍有一些商会在组织商人从事政治活动的过程中跋前疐后，缺乏勇猛进取的精神，这实际上是限制自身争取政治权利的自我束缚。但是也要看到，当时的许多商会在国会请愿期间以积极的态度参加运动，表现出前所少见的政治热情，因此仍然可以视之为清末商会政治参与行动的一大发展。

第二次国会请愿运动失败后，立宪派又于当年酝酿发起第三次请愿运动。沈缦云以直省商会代表的名义在《上摄政王书》上签名。商会未再单独出面组织商人参与请愿运动，也未另外呈递请愿书。不过，商会对宪政改革仍十分关注，希望能尽早在中国实行立宪政体。

第三次请愿运动之后，清廷应允将预备立宪的期限缩短三年，预行组织内阁，"于宣统五年实行开设议院"。当时，不少商会对清

---

① 《津商会十会董讨论请求速开国会不得以津商会出名发起的会议记录》（1910 年 5 月 27 日至 6 月 3 日），载天津市档案馆等编《天津商会档案汇编（1903~1911）》下册，第 2361、2360 页。

② 《津商会十会董讨论请求速开国会不得以津商会出名发起的会议记录》（1910 年 5 月 27 日至 6 月 3 日），载天津市档案馆等编《天津商会档案汇编（1903~1911）》下册，第 2361 页。

廷的这一权宜之计缺乏认识，以为清政府是在民意和舆论的压力下真心提前实行宪政，故而对清政府的这一举动表示热烈的欢迎。据《东方杂志》记载，"京师商学各界，首先张灯庆祝。各省谘议局及商学界团体，亦有致电资政院表其感谢之意者"。① 苏州商务总会即致电资政院表示："国会仰赖翊赞，奉准宣统五年召集，苏商全体胪欢，感谢毅力无既。"② 同时，苏州商务总会还联合教育会等团体，在苏城繁华喧闹的元纱观内"悬灯三日，以表苏民欢忭之忱"；并发出通告，传知"城内外市民公社及各商店，一体悬旗张灯，以表欢忭"。③

但是，此时的商会中也有人像一些爱国志士那样，对清政府的冥顽不化有所了解，并对其所进行的改革也丧失了信心，转而走上了推翻清朝统治的革命道路。例如，上海商务总会的请愿代表沈缦云，在请愿失败后即意识到清朝统治者已不可救药，好似"釜水将沸，游鱼未知，天意难回，人事已尽"。④ 回到上海后，沈缦云即与不少商界的有识之士从支持立宪转而支持革命，与革命党人建立了密切的联系。

特别是1911年5月清廷设立"皇族内阁"及抛出"铁路国有"政策的倒行逆施，进一步暴露了清廷打着预备立宪的旗号而集权皇族的用意。有的商会对"皇族内阁"进行了猛烈抨击，力主各商会共同向清廷施加压力，要求改组内阁。汉口商务总会与其他商人团体即致电各地商务总会表示："庆邸当国，著著失败，且以皇族充内阁，尤不合立宪公例。议局联合会在京力争，如政府压内，我辈当合力争

---

① 《宣统二年十月中国大事记》，《东方杂志》第 7 年第 11 期，1910 年。
② 《苏商总会为奉准宣统五年召集国会致资政院电稿》（1910 年 11 月 5 日），载章开沅等主编《苏州商会档案丛编》第 1 辑，第 1275 页。
③ 《苏商总会为庆祝宣统五年开设议院禀苏抚稿》（1910 年 11 月 12 日），载章开沅等主编《苏州商会档案丛编》第 1 辑，第 1276 页。
④ 《政府对于国会代表之回答》，《大公报》1910 年 6 月 12 日，第 1 版。

（设）法对付，必达目的乃已。"① "铁路国有" 政策的强制推行，更直接危及商办铁路公司广大商股的切身经济利益，引起商会的强烈不满，也加剧了商会及其商人与清王朝的矛盾。时隔不久，武昌起义爆发并迅速取得胜利，革命形势发展到高潮，又推动一些地区的商会公开转向支持革命，与清王朝决裂，这标志着一部分商会在清末的政治参与行动又进入了一个新的阶段。

1911 年 10 月 10 日，湖北新军起义士兵经过一夜血战，占领了整个武昌城。从武昌督署狼狈逃出的湖广总督为了苟延残喘，急忙赴汉口商务总会请商团设法维持反革命秩序。与此同时，汉口商务总会也接到武昌革命党人的照会，"谓各团保安会只可防火，不可用武装相抗"。在此紧急时刻，汉口商务总会及所属商团经过议决，毅然转向支持革命，并当即决定由商团各保安会 "以白布为标记" 接应起义军。于是，在武昌、汉阳的起义军到达之前，汉口商务总会已组织商团担负起维持社会秩序的责任，做好了接应工作。当时，"汉口清吏闻起义武昌，旋弃地遁。民军未及渡汉，巡警散兵力微，秩序大乱"。幸有商团设法维持，"以保卫地方、协助民军为要义"。② 10 月 11 日，汉口商务总会协理孙涤甫及商团联合会正副干事马刚侯、关少尧等人 "同诣汉阳，要求中华民国军政府到汉镇抚"。是日晚，起义军开赴汉口时，商团、商民均燃点鞭炮夹道欢迎。

起义军占领武汉三镇之后，商会及商团仍从各方面予以大力支持。其主要活动内容包括以下几个方面。

第一，继续协助维持社会治安，稳定城市社会经济生活。一些匪徒地痞乘当时混乱之机，四出抢劫放火，闹得人心惶惶，惊恐不安。

---

① 《汉口各团体力主各商会当为改组皇族内阁后援事二致津商会电及宁世福反驳电》（1911 年 6 月 22 日至 24 日），载天津市档案馆等编《天津商会档案汇编（1903～1911）》下册，第 2364～2365 页。

② 中国人民政治协商会议湖北省暨武汉市委员会等编《武昌起义档案资料选编》上卷，湖北人民出版社，1981，第 245 页。

10 月 11 日，从清晨到夜间，汉口即发生抢劫案数十起，甚至连官钱局、典当铺也同时遭劫。"匪徒纵火，日凡数起。" 12 日晚，花楼街和华景街等处起火，烧毁商店多家。时当革命政权初建，必须尽速使社会秩序趋于安定，恢复正常的经济生活，才能得以巩固。为此，革命军渡江后即与商会、商团讨论决定，由各商团团员荷枪实弹巡查街道，缉拿抢匪，维持治安和防火。商团恪尽职守，"无昼无夜，守望梭巡，一面分途演说，安慰人民，称民军运筹美备，虎贲鹰扬，救民出水火而登衽席，诚属易事。请各店铺居民，照常居住交易，劝户悬一灯，家抽一丁，同为卫护。于是匪独市面肃清，亦足觇立国民气之盛"。各地段由商人组成的保安会则仍负责维持本区内的秩序和治安，如公善保安会地处后城马路，地僻巷多，为匪徒出入要道，该会请领枪支弹药，"分段站岗，编列门牌，便于夜缉"。"会员、职员、团员，不分风雨昼夜，认真保卫闾阎"，迭获抢劫案 4 起，共计匪徒 7 名；放火案 5 起，相计共匪徒 9 名。[①]

第二，为起义军筹集给养，解除起义军的后顾之忧。起义军因仓促举事，饷糈未备，给养困难，遂求助于商会、商团以解燃眉之急。经汉口商务总会悉心安排，"各团联合会力任其难，为之详细布置，设粮台五区：一、沈家庙，二、商育婴局，三、济生堂，四、小关帝庙，五、友仁义社，商同就近团体购办干粮，按日运送，接待民军"。激烈的武汉保卫战开始之后，各商团更是"群相解囊"，购买干粮，以济民军之需。如汉口四区公益会在歆生路余庆里、长源节等处设立军人招待所，专门接待作战民军，各团联合会派人与该会筹米百石，在如寿里搭盖大席棚，架大锅十余口，造饭送至浴血奋战的民军处。汉阳商团也"押运粮食，不遗余力"。"汉阳积存米谷三千多石，由商团报效民国。"[②] 另

---

① 《汉口各团联合会协助民军纪实》，载中国人民政治协商会议湖北省暨武汉市委员会等编《武昌起义档案资料选编》上卷，第 246、258 页。

② 《汉口各团联合会协助民军纪实》，载中国人民政治协商会议湖北省暨武汉市委员会等编《武昌起义档案资料选编》上卷，第 243、244、246 页。

据初步统计，武昌起义之后，武汉商会、商团相继资助革命军的经费多达 100 余万元。刘子敬、刘歆生、李紫云、蔡辅卿、宋炜臣等汉口商务总会的会董还曾联名发起国民捐，号召"不论士农工商，均宜同心协力，乘此千载难逢时机，以争万世和平之幸福，有勇力者当以身从戎，无勇力者即任以财助饷"。商人积极响应，短时间即募得款项 7 万多元。湖北军政府都督黎元洪在谈及军需问题时说："商人如此慷慨，吾等决不忧军费之缺矣。"①

第三，在武汉保卫战中，直接支援民军作战。武昌起义胜利后，清廷惊慌失措，急忙调遣大批清军南下，妄图一举扑灭在武汉燃起的革命烽火。10 月 17 日，清军开始进攻汉口，起义军奋起抗击，展开英勇而艰苦的武汉保卫战。在激烈的战斗期间，商团做了大量的支前工作，团员"奋不顾身，出应箪壶，或荷枪助战，或赍送军实，或帮运炮弹，或侦探敌情，破产亡家者有之，饮弹丧身者有之"。② 18 日，商团联合会得前线革命军"飞信"，谓子弹缺乏，难雇夫役，随即派商团和夫役将子弹、炮弹从汉阳枪炮厂解往火线。此后，仍每日协同民军运送，"虽在枪林弹雨之中，而不知畏"。处于困境的清廷不断增兵，并起用袁世凯南下亲自督战，起义军压力越来越大，形势已趋不利。此时，商团仍义无反顾地予起义军以支持，参与抵抗清军。堤口下段商团有 18 人参加作战，四官殿保安会书记员等 26 人"荷枪助战"，其他各团也不乏"荷枪助战"，不畏险阻者。当清军攻进汉口，纵火焚烧时，商团团员又奋力救火，"有中流弹而丧身者，如下段保安会之曹山堂是，有遇北兵而被枪毙者，如公益救患会之费新文是"。

由上可知，武昌起义爆发后，武汉商会及所属商团旗帜鲜明地站在革命一边，从各方面支持起义军，对于帮助新成立的革命政府维护

---

① 中国史学会主编《辛亥革命》（五），上海人民出版社，1957，第 177 页。
② 中国人民政治协商会议湖北省暨武汉市委员会等编《武昌起义档案资料选编》上卷，第 254 页。

胜利果实，稳定社会秩序，发挥了比较突出的积极作用。

上海商务总会和商团的领导人也在辛亥革命期间表现出高度的政治热情，尤其是上海商团在起义过程中与革命军协同作战，为光复上海做出了重要贡献。

在起义前夕，上海商务总会和商团的一些主要领导人即与革命党人建立了密切的联系，有的已秘密参加革命。例如王一亭、沈缦云曾赞助同盟会在上海创办《民吁日报》和《民立报》，虞洽卿、叶惠钧等人在辛亥革命前已从支持立宪转为赞助革命。因此，上海的革命党人在酝酿起义时即与商会和商团的一部分领导人进行秘密磋商，尤为注重争取人数众多且拥有较强战斗力的商团参加起义。经沈缦云等人联络，上海商团联合会会长和自治公所的领导人李平书在起义前转向支持革命，商团也随之变为一支革命武装，参与了光复上海的义举。

11月3日，上海革命党人宣布起义。闸北商团按预定计划接管了沪宁车站，城内各商团受命分段出防，顺利占领道、县两署。革命党领导人陈其美率敢死队进攻江南制造局受挫，陈本人还被局内清军俘执。李平书、王一亭闻讯前往，"以市公所、县商会名义"要求保释，遭清军拒绝。商团联合会召开紧急会议商讨对策，决定集合商团力量配合民军猛攻制造局。出发前，"由王（一亭）、沈（缦云）、叶（惠钧）三公挥泪誓师，勉励至再"。在激烈的战斗中，商团团员咸抱破釜沉舟之志，无一反顾者。在商团、巡防营、警士等各方面力量的配合进攻下，11月4日凌晨终于一举占领制造局，救出陈其美，整个上海宣告光复。由此可以说，在上海光复的过程中，商团自始至终都发挥了十分重要的作用。

上海光复后，一部分商团还组织义勇队，参加苏浙联军攻克江宁的战斗。如书业商团组成一队，隶属沪军先锋队，在攻打乌龙山、幕府山、天堡城的战斗中表现十分英勇，数名团员壮烈牺牲。攻克江宁后，有的商团成员又在下关承担兵站工作，历时数月，并曾随北伐军进至徐州。

同时，上海商团也承担了维持治安、运送军械的重任。起义爆发后，"居民伏匿不出，而地痞流氓，则以其间拦路抢劫"。商团会同反正的巡防营等武装"日夜警备，轮流出防，保卫地方"，很快使社会秩序趋于稳定。"城厢内外各要地以及衙署监狱，赖商团同志彻夜驻守，乃得闾阎安堵，比户无惊。"① 为运送军械，商团组织了战地干事团，专门负责运输枪炮，支援攻宁战役。会攻江宁的过程中，由于联军"仓促组成，军备不佳，而南京又为天险，故进攻之际，多历险阻，即商团之解送军需者，亦备尝艰苦"。② 苏浙联军抵宁后，先攻天堡城，历二昼夜未下，枪炮短缺。陈其美遂致函商团诸负责人，说"战机紧迫，非有后援，攻取不易。……补充军械，急于星火，制局枪弹，发给一空，购备之货，尚未运到。仰恳眷怀大局，鼎力转商商团诸公，将从前所发快枪设法借用五百枝，俾得挑选劲旅，克日赴宁"。③ 李平书等人得信后，及时派遣商团炮队教练张玉法带队，携大炮赶赴南京助战，并飞速解运快枪 500 支，为胜利攻克天堡城这一战略要地做出了贡献。

在财政上，上海商务总会不仅自身积极资助新生的革命政权沪军都督府，而且动员各业商人踊跃捐输，给革命军提供了及时而宝贵的支持。据初步统计，上海商务总会先后为沪军都督府垫银 180 万两，其中用于南京、上海、杭州和扬州的军饷即达 120 万两。④ 此外，上

---

① 《上海商团小史》，载中国史学会主编《辛亥革命》（七），第 88 页。
② 朱尧卿：《上海商团史料辑录》，载中国人民政治协商会议上海市委员会文史资料工作委员会编《辛亥革命七十周年》，上海人民出版社，1981，第 194 页。
③ 朱尧卿：《上海商团史料辑录》，载中国人民政治协商会议上海市委员会文史资料工作委员会编《辛亥革命七十周年》，第 194～195 页。
④ 上海社会科学院历史研究所编《辛亥革命在上海史料选辑》，上海人民出版社，1981，第 1287 页。

海商务总会还会同沪南商务分会向殷实商家"各筹借一千，合成二十七万"，"缴送军政府应用"。① 可以说，沪军都督府的财政开支主要仰赖于商会及各业商人资助。从其财政司借款一览表可知，都督府曾从上海十余家钱庄和金业公所、祥泰布庄、兴业银行、四明银行等获得大量援助，其中宁绍公司为 16 万两，中华银行为 65 万两。与此同时，各行各业在商务总会的号召下，助捐军饷者也络绎不绝，如油豆饼业照厘金之数九折抽饷，汇缴市政厅拨解军用；旅沪广帮议定，各行号如月须开支百元，即以十元助饷；纱业也将每月所得薪俸，按十成之一提取输助革命军。②

　　上海商务总会和商团的领导人由于在起义过程中做出了突出贡献，因而在起义后建立的沪军都督府这一新的革命政府中，有不少人担任了重要职务。例如李平书出任执掌地方一切民政、治安要务的民政总长，沈缦云担任掌管财政大权的财政总长，另一著名商董王一亭出任经营道路工程等方面要务的交通总长。军事以外的重要职务，几乎都由商务总会和商团的要员担任。在后来新成立的上海市、县两级政府中，商务总会和商团的骨干也在其中发挥着重要作用。清末与李平书发起地方自治的商董莫锡纶担任上海市市长，另一商董顾履桂担任副市长。在上海县级政府中，许多重要职务都是由原商办地方自治机构中的负责人出任。如原自治公所副议长吴馨任上海县政府民政长，原总工程局议董黄庆澜任上海县政府司法长，原自治公所警察长穆湘瑶任上海县警务长。这样的情况在辛亥革命时期的其他地区是很少见的，充分体现了上海商务总会等商人社团的领导人在政治上的进取精神，以及不容忽视的影响。

　　从上述武汉、上海商务总会及其所辖商团在辛亥革命爆发后的行

---

① 《商家筹借大宗军需》，《神州日报》1912 年 6 月 13 日。
② 上海社会科学院历史研究所编《辛亥革命在上海史料选辑》，第 630、632、633 页。

动可以看出，商会作为一个独立的民间社团，其政治表现并不受他人左右，而是完全由商会领导人根据对形势的判断，自己进行抉择，由此进一步体现了商会这一组织作为民间社会团体的独立性。当时，革命形势发展到高潮，商会的领导人意识到清王朝的寿终正寝已是指日可待，因而不失时机地转向支持革命，使革命力量明显增强，从而加速了清王朝的覆亡，也反映了民间社会的举止向背对革命运动的发展不无影响。另一方面，武汉、上海商会及其商团在辛亥革命中的表现，还从一个侧面进一步说明商会与清政府也即社会与国家的关系。它足以证明，商会不仅不是清政府能够加以控制而用作维护其统治地位的官方或半官方组织，在特定的历史条件下，还演变成为协助革命党人推翻清政府的一支重要的社会力量。

其他许多地区的商会及其所属商团，虽然在辛亥革命期间的作用与影响不如武汉、上海商会及其所属商团那么突出，但也有不少商会为本地区的光复或独立发挥了不同程度的作用。例如，湖北宜昌独立前夕，商会将原有商团、体育会300人组成商防队，由商董李春澄任管带官，"各佩带器械，日夜巡逻，以防不测，地方赖以无恐"。宜昌独立之初，各处邮电不通，谣风日甚，曾由商队管带李春澄向川路公司介绍，借用济川轮船，为司令部侦探军情及拖运兵士等用。①

武昌起义取得胜利的消息刊布之后，其影响已不限于湖北，很快清王朝在全国各地的统治都处于风雨飘摇之中。在广东，两广总督张鸣岐起初企图以羁縻自保政策躲过革命浪潮的冲击，但遭到各界反对，尤其是商人于10月30日在全城连续罢市，以示抗议。同时，商界还主动与革命党人取得联系，策划广东独立。到11月8日，"各善团行商，在总商会集议后，即刊传单，联合各界，举派代表"，到谘

---

① 《宜昌光复大概情形》，载中国人民政治协商会议湖北省暨武汉市委员会等编《武昌起义档案资料选编》中卷，第109、111页。

议局讨论独立问题。^① 经商议后决定"欢迎民党组织共和政府及临时机关","宣布共和独立,电告各省及各国"。^② 张鸣岐见大势已去,仓皇出逃。很显然,广东的独立主要得力于广州商务总会、七十二行以及各大善堂诸多商董的革命主动性,广大商人也表现出了一定的革命积极性。独立之后,举行罢市的"各铺即时开门贸易者,不计其数"。^③ 同时,商人对独立表示了热烈欢迎。"城厢内外各商店,均高揭三色国旗……爆竹如雷,欢声响动。"^④

在苏州,继上海光复之后,商务总会及其商团的领导人也开始筹划响应革命,推动苏州宣布独立。1911 年 11 月 4 日,即上海举义的次日,苏州商务总会总理尤先甲、会董潘祖谦等人即数次面谒江苏巡抚程德全,向程施加压力,要求宣布独立。同时,苏州商务总会还传令各商团,"于夜间一律出巡,严防土匪借端滋扰。是晨见(上海)民军已来,即袖缀白布,均甚欢迎,并各认定日夜时间,轮流出巡,共保治安"。^⑤ 重庆、南昌等地的商会和商团,在武昌起义后不久也转为支持革命,对于壮大革命力量,加速清王朝的土崩瓦解都起了积极作用。南昌光复前夕,"军绅商学各界先事筹维,皆以敝会(即南昌商务总会)为集议之所,卒收反正之功"。^⑥ 因此,江西巡抚在上呈清廷的奏章中,特别奏明南昌商务总会为"发难之地",表明南昌商务总会确实在江西脱离清朝统治而宣告独立的过程中发挥了比较重要的作用。

各省独立之后,所在地区的商会、商团大多积极协助革命政权维

---

① 《七十二行商报》1911 年 11 月 9 日。

② 中国人民政治协商会议广东省委员会文史资料研究委员会编《广东辛亥革命史料》,广东人民出版社,1981,第 144 页。

③ 中国史学会主编《辛亥革命》(七),第 230 页。

④ 中国史学会主编《辛亥革命》(七),第 231~232 页。

⑤ 中国史学会主编《辛亥革命》(七),第 6 页。

⑥ 《陈述该会积极参与辛亥革命情形并维持总会地位函》(1912 年 4 月 22 日),载天津市档案馆等编《天津商会档案汇编(1912~1928)》第 1 册,第 756 页。

持地方秩序，并在财政上予以支持。如杭州光复后，"商团全体会员左手均缠白布，荷枪梭巡，不遗余力，故市面安堵如常"。① 又如，"苏城光复之时，承苏商体育会暨各支部会员热心任事，昼夜梭巡，市面赖以安堵"。② 湖南独立后，长沙"市面冷落，银根奇紧。值此革故鼎新之际，诚恐匪徒乘间滋事"。于是商务总会"特组织商团保安会，选募兵士一营，分班上街，轮流梭巡"。③ 财力支持对于新建立的革命政权来说更是雪中送炭。因为几乎所有的新政权在建立之后都面临着十分严重的财政困难，而且无法筹措款项。在这种情况下，商会动员各业商人给予及时援助，自然是十分难能可贵。广东军政府成立后，"九善堂、总商会、七十二行商，各允竭力筹募军饷"。各业商人经商会劝导也积极输助，如"土丝行即认军饷十万金，并有某股商担任代募二十万"；花生芝麻行的宏远堂商号，一次就捐款 5000 元。④ 苏州商务总会大力协助军政府筹饷处动员各业商人捐助军饷，得到钱业、当业、绸缎业、酱业、烟业等行业的积极响应，仅钱业即筹得现洋 1 万元捐作军饷。

但是，如同参与国会请愿运动时有少数商会态度不积极一样，辛亥革命期间也有些商会并未转向支持革命，有的甚至帮助清朝地方政府维持反动秩序。这种情况大多发生在北方的一些省份，其原因在于北方省份相对于南方而言，革命力量比较薄弱，反革命势力则较少受到革命浪潮的冲击。因此，革命形势的发展远不如南方，封建势力的统治能够暂时得以维持。连曾经担任清朝陆军第六镇统制、掌握一定军权的革命党人吴禄贞，拟在滦州举兵反清，也被袁世凯派人暗杀。革命党人随后又密谋在张家口和北京发动起义，同

---

① 《神州日报》1911 年 11 月 7 日。
② 《苏州商会档案》，"商团三"，苏州市档案馆藏。
③ 《神州日报》1911 年 11 月 27 日。
④ 中国史学会主编《辛亥革命》（七），第 233 页。

样遭到失败。在此情形下，商会如果公开支持革命，势必轻而易举地被清王朝绞杀。

另一方面，辛亥革命仍在北方诸省造成较大的震荡，使原有统治秩序出现混乱，商业往来也难以正常进行。为了避免商人在经济上遭受损失，保护广大工商业者的切身利益，这些地区的商会非但不敢公开支持革命，反而致力于维持原有统治秩序，在客观上起到了帮助清王朝苟延残喘的负面作用。

例如在天津，"自鄂省事起，谣言四播，京津亦因之人心惶惑，市面异常恐慌"。天津商务总会为防止革命引起动荡，竭力维持现有秩序，在武昌起义后相继设立了阖津水团、铺民局、民更局、绅商保卫局、天津公安总会等名目繁多的准军事或治安组织，派员巡逻值更，一度成为清朝直隶官府维护反动统治的补充力量。直隶总督还为此专门褒奖天津商务总会总理、协理等领导人"不辞劳怨，竭力维持，各商幸未摇动，实属有裨大局。……本大臣良用嘉慰，合亟专札奖励"。天津商务总会则禀文吹捧直隶总督在"鄂省变乱"之后，"镇静表示从容之象，各商民仰瞻模范，抱定不摇之心，市面大局借以安谧"。[1] 又如东三省总督赵尔巽为抗拒革命，通令各地组织"保安会"以垂死挣扎，一些商会即与其沆瀣一气。如营口商会会长亲自出任该地保安会会长，从商人中征募商团团员 500 名，声称："举凡发生骚乱或暴动，我营口必团结一致，全力以赴，以确保治安。"[2]

上述以天津商会为代表的商会的这些表现，当然对革命的发展有不良影响，不过，也不能因此断定天津等地的商会并非独立的民间社

---

[1] 《直督陈为湖北事变后京津惶恐商会维持甚力特予褒奖文及商会复函》（1911 年 12 月 1 日、7 日），载天津市档案馆等编《天津商会档案汇编（1903～1911）》下册，第 2420 页。

[2] 《法国外交部使领馆档案》，牛庄，1911 年 11 月 15 日，转引自白吉尔《辛亥革命时期的中国资产阶级》，《国外中国近代史研究》第 2 辑，中国社会科学出版社，1987，第 167 页。

团，而是清政府的御用组织。从表面上看，天津等地商会的这些行动的确与清朝统治者的期望不谋而合，但实际上商会的主观动机主要仍在于维护商人的切身利益，维持市面的正常往来，只不过在客观上适应了清王朝的需要，产生了消极的作用。

三　调和各派政争

许多地区的商会在辛亥年间由热衷于立宪转而支持革命，壮大了革命力量，使清王朝更趋孤立而加速覆亡，从而发挥了积极的作用。但是，为了尽快结束时局的动荡，恢复发展经济，在革命派短时期内难以取得北伐胜利并统一中国的情况下，绝大多数商会又与革命派分道扬镳，转而寄希望于控制北洋军阀的强权人物袁世凯，并制造各种舆论帮助袁世凯窃取了中华民国临时大总统的宝座。

然而，袁世凯出任民国大总统之后，尽管从表面上看清廷宣布退位，南北对峙的局面得以消除，但并未出现商会及广大商人所殷切盼望的统一和秩序。野心勃勃的袁世凯并不满足于当一个权力受到各方面限制的大总统，他的最终目的是要做一个权力至高无上的皇帝。因此，袁世凯在爬上民国大总统的宝座之初，虽也标榜共和与统一，但没过多久即暴露出其蓄谋已久的野心，不仅谋杀了威胁其统治地位的革命派领导人宋教仁，而且接连向辛亥革命的胜利果实——责任内阁、国会乃至《临时约法》开刀。

辛亥革命后，早先领导革命的核心——同盟会趋于涣散，但以孙中山为首的一批真诚而执着的革命党人为了维护革命成果，仍与以袁世凯为代表的反动势力进行了不懈的斗争。当时，袁世凯虽然控制了中央与许多省份的政权，但实际上并未完全控制整个中国。南方的七八个省份仍主要掌握在革命派手中，革命派还拥有十余万军队，因而南北对峙的局面也未真正结束。

不过，在中华民国建立之初的两年多时间中，南北两大政治势力之间的争斗，并非以武装斗争的形式出现，而是以政党政争的形式展开。清朝封建专制政体的瓦解以及中华民国的建立，使民初出现了中国历史上"政党林立的时代"。据不完全统计，在民初成立的政党和类似政党的政治团体有 300 多个，这种情形在中国历史上确实是前所未见。

民初虽然从表面上看政党林立，但实际上真正有实力有影响的政党，只有以同盟会为主体改组而成的国民党和袁世凯御用的统一、共和、民主党。其他许多政党和政团，其政见都是偏向于以上有影响的两大政派中的某一方。因此，民初的政党之争，主要是以国民党为代表的革命力量与以袁世凯为首的反动势力之间的斗争。

国民党成立于 1912 年 8 月，系由革命党人宋教仁等组建。当时同盟会已趋涣散，政权为袁世凯所窃取，宋教仁等人决心以"议会政治"和"政党内阁"为武器，争取国会中的多数议席，以限制和分散袁世凯的权力，最终组成责任内阁，掌握国家政权。于是，他们以同盟会为基干，联合原由部分同盟会会员和立宪派组织的统一共和党、国民共进会、国民公党、共和实进会等几个小党，改组成为国民党，推举孙中山为理事长，黄兴、宋教仁等为理事。在宋教仁等人的努力下，国民党的发展十分迅速，各省和海外各埠均设有支部，党员为数甚众，并在临时参议院中占据了 2/3 的议席。

与此同时，袁世凯也加紧拼凑其御用政党，以便与国民党抗衡。共和党、民主党和统一党原本即是袁世凯的御用政党，但力量较分散，影响远不及国民党。在 1913 年第一届国会选举中，共和党等三党所获得的参众两院议员席位只有 223 席，而国民党则取得了 392 席。为了集中力量对抗国民党，这三党又于 1913 年 5 月联合组成进步党。

在政党之争的过程中，代表革命力量的国民党在初期显然处于优势，而袁世凯的御用政党则处于劣势。于是，阴险狡诈的袁世凯采用卑鄙的手段，图谋镇压革命力量。起初，袁世凯企图以金钱收买宋教仁，遭到拒绝后，即派人于1913年3月20日在上海火车站将他暗杀。接着，袁世凯又不经参议院同意，以全部盐税收入作为担保，与英、法、德、日、俄五国银行团签订"善后大借款"合同，筹措镇压革命力量的经费。对于借款问题，在国会中尚占多数议席的国民党议员以借款合同未经国会通过，理属非法而不予承认。以进步党人为主的拥袁派议员，则百般为袁世凯辩护，形成两党之争的一个主要内容。国民党与进步党之间的另一斗争焦点，是先制定宪法后选举总统，还是先选举总统后制定宪法。国民党主张先制定宪法，是希望以宪法限制袁世凯的集权；而进步党主张先选举总统，则是为袁世凯的集权开辟道路。至此，国民党与进步党之间，亦即革命与反革命之间的矛盾和斗争趋于白热化。特别是"宋案"发生之后，以孙中山为首的一部分革命党人对袁世凯的反动真面目已有所认识，主张武力讨袁。一时间，中国政坛风起云涌，处于剑拔弩张的紧张态势。同时，政坛的波谲云诡，又导致人心惶恐，在很大程度上影响到正常的社会经济生活。

两派政党之争的初期，商会并未直接介入。但到国民党与进步党的斗争日显激烈之际，商会即作为非党派政团的民间社会组织，以中间力量的姿态积极开展所谓调和党争的活动。

商会之所以热心于调和党争，按其自己的说法有两方面原因，即"一为生命财产，一为国家存亡"。① 然而，从各方面具体情况分析，其主要原因是担心党争进一步加剧，造成时局动荡，尤其是害怕党争

---

① 《商会联合会调和两党纪事》，《中国商会联合会会报》第1年第1号，1913年10月，"纪事"第6页。

再次引发战争，影响工商业的发展，使广大工商业者在经济上遭受损失。1913 年 5 月初，直隶高阳商会率先提出建议，请全国商联会直隶事务所出面，会同全国各省商会调和党争："自刺宋、借款两案发生，南北猜疑，两党交讧，朝野鼎沸，岌岌可危，影响流播，市面萧条，金融因之停滞，而商业首蒙其害。拟陈请全国商会直隶事务所干事长通电各省联合会征求意见，设法维持，以靖人心。"① 该建议道出了商会出面调和党争的初衷，因此，可以说商会起初主要是出于经济目的，而不是抱着某种政治目标去从事调和党争的活动的。

当时，各地的商会及广大工商业者正积极谋求发展实业，以挽回辛亥革命期间时局动荡所造成的经济损失。辛亥革命推翻了清王朝，从长远看无疑为资本主义的发展创造了有利条件，但革命也不可避免地带来了暂时的动荡，影响了正常的商业往来活动。武昌起义之后，各地部程度不同地出现了金融恐慌，钱庄、票号的倒闭屡有所闻。即使是南京临时政府组成和中华民国建立以后，商业萧条的状况也未见即刻好转。许多地区仍然是"银元飞涨，日益加甚，人心恐慌，几达极点"；"市面萧条，大有江河日下之势"。② 这种状况使那些曾赞助革命的商人颇感失望。例如，广东商人原以为"自此以往，咸冀共和幸福"，此时面对这一局势无不抱怨："商务凋零，银根奇紧，乱机隐伏，如弓在弦。……我商民处此时代，真有岌岌不可终日之势。"③ 所以，辛亥革命在注重现实利益的商人脑海中，并未留下多少美好的回忆，反而是金融停滞、商业萧条等动荡不安的情景，烙下了难以抹去的印迹。直至 1913 年初，工商业才出现了由萧条转向复苏的迹象。面粉、火柴、造纸、制革、碾米、纸烟、酿酒等行业，在 1912 年下

---

① 《商会联合会调和两党纪事》，《中国商会联合会会报》第 1 年第 1 号，1913 年 10 月，"纪事"第 1 页。

② 《商业萧条之一斑》，《民立报》1912 年 2 月 24 日。

③ 《粤中商界之痛苦》，《民立报》1912 年 3 月 6 日。

半年以后都开始有所发展。这正是广大工商业者望眼欲穿而求之不得的时机，他们迫切希望这种局面能够得到进一步发展，尤其是商人更企盼市面更为迅速地恢复并走向繁荣。也正因为如此，工商业者对任何危及"和平"、"秩序"及实业发展的政争都极为敏感和担忧，力图维持经济复苏的现状，此可谓商会调和党争的根本目的。

出于上述原因，当时的商会及广大商人对党争的是非曲直并不感兴趣，而是以维持"和平"和"秩序"，保护工商业的发展为唯一宗旨。《申报》即报道："自大借款风潮发生后，各省商界观此情形，深虑足以扰乱大局，决计组织商会联合会，派举代表来京，与各方面接洽，以冀收调和之效。""群以民国成立，金融停滞，元气凋残，当今之要着，在维持大借款之成立。"① 事实上，商会及商人在政争中不管是非对错，只是一味寻求"秩序"的这种表现，前此已有反映。辛亥年南北议和期间，即有商人表示："现拟结一难民团，不问其为何政府也，但知有抚我者而归附焉。"② 革命派在同意袁世凯出任临时大总统的同时，为了确保共和，限制袁世凯，提出必须定都南京，要求袁世凯南下就任和遵守《临时约法》。但各地商会及商人却认为革命派是节外生枝，不仅不表示支持，反而加以反对。先是天津的全体商人联名公开通电，声称"若令袁公往南接任总统，北方必有变乱，于民国前途恐多危险"，试图以此要求革命派放弃正确主张。他们同时还表示"如不得请，则拟邀约各省绅商前来南京，哀请于大总统之前，必得请而后已"。③ 北京、天津等地陆续发生"兵变"之后，上海等地的商人也如履薄冰，认为"商民何辜，屡遭兵厄"，指出"大局一日不定，商业一日不安。列强已借保卫为名，调兵干涉，国事愈艰民

---

① 《商界调停大借款纪闻》，《申报》1913年6月26日，第6版。
② 《北军焚杀汉口之报告》，《时报》1911年11月13日，第1版。
③ 《天津各省商人电》，《申报》1912年2月28日，第2版。

生愈蹙"。① 上海总商会、沪南商会则以在沪全体商人名义，分别致电
孙中山和袁世凯说："民军起义，海宇光复。以战事之故，农辍于野，
工休于肆，商绝于途，所望共和速成，国利民福。讵以南北统一，争持
地点，纷扰浃旬，人心静而复动，大局安而又危。……建设之事，端
绪万千，一着之差，关乎全局，切盼早定统一政府，免再风动云扰，
致生意外干涉。"② 最后，革命派在各方面的压力下，不得不同意袁世
凯在北京就职。可见，在民初政争的第一个回合中，商会及商人这种
不问是非而急于求得和平统一的表现，即产生了消极的影响。从此次
商会调和党派之争的具体情况看，商会的这种态度与行动同样产生了
类似的消极影响。

另外，商会在调和党争的过程中，表面上是不偏不倚，超越党派
政见，并一再表示"应抱定中立主义，切不可为一党利用"。③ 但实
际上是明显倾向于支持进步党，换言之也就是支持袁世凯，而向代表
革命派的国民党施加压力。商会的这一态度，主要是出于以下两个方
面的原因。

其一，袁世凯出任民国大总统之后，虽然不断采取行动削弱革命
派的力量，但力图将自己装扮成维持统一和秩序、保护工商业者切身
利益的贤明大总统。他多次发布通告和训令，保证今后将"同心协
力，规复秩序，务使市廛田野早安生业"。④ 在党争日趋激烈、时局动
荡不安与人心惶恐之际，他又针对商人害怕动乱危及其身家财产的心
理，通令各级官厅务须保护商民，"如有匪徒借端扰乱，损害商人，
惟该都督、民政长是问"；并表示"本大总统誓将牺牲一切，以捍卫

① 《定期集议建都问题》，《申报》1912年3月8日，第7版。
② 《北京袁总统电》，《申报》1912年3月9日，第2版。
③ 《商会联合会调和两党纪事》，《中国商会联合会会报》第1年第1号，1913年10
月，"纪事"第6页。
④ 《北京袁总统电》，《申报》1912年2月23日，第2页。

我无罪良民也"。① 同时，袁世凯在就任大总统之后，也确曾实施一些发展工商实业的政策。他不仅亲自签发《通饬重农保商文》，要求各省都督"保护市面，使农勤于野，商悦于途"，② 而且先后任用革命党人陈其美、刘揆一和工商界的南北巨擘张謇、周学熙为工商（农商）总长，颁行了一批有利于工商业发展的经济法规，这些都赢得了相当一部分商会及工商业者的好感。

在政治上，袁世凯似乎也对工商业者的权益十分关注。1912年底第一届国会选举时，各地商会对参议院制定的国会议员选举法普遍表示不满，尤其反对有关众议员选举人财产资格的规定。因为按照这一规定，选举人必须年纳直接税2元以上，或是拥有500元以上的不动产。由于当时的中国尚未实行所得税和营业税，所谓直接税只有田赋一项，工商业者缴纳了大量关税、厘税等间接税，却不具备选举人资格。另外，不动产也限于房产、田产，而工商业者用以经营企业的地皮与房屋大多系租赁或典借，即使拥有数万、数十万动产，也不及享有区区500元之不动产者，因而这一规定同样限制了工商业者的选举资格。加之各省议会议员选举人资格与众议员选举法的规定完全相同，而且参议员系按照规定由各省议会选出，由此相当一部分工商业者丧失了选举国会和省议会两级议员的权利，导致商会及商人强烈不满。议员选举法颁布后，"全国工商界大形反对"，责问："商工对于国家负担已多，而何以享权利最少？"③ 但是，临时参议院却对"商人之选举权"问题仍不予重视。倒是善于笼络人心的袁世凯，根据商人的意愿，多次提请临时参议院修改众议院议员选举法施行法草案，但屡遭临时参议院否决。其结果是商会及商人增加了对袁世凯的好感，加剧了对国会的不满，进而在袁世凯与国会的一系列矛盾冲突

---

① 中国史学会主编《辛亥革命》（八），第188页。
② 白蕉：《袁世凯与中华民国》，四川人民出版社，1985，第38页。
③ 《工商界之要求选举权》，《申报》1912年11月4日，第2版。

中，一再帮助袁世凯打击国会，直至最终将其摧毁。

其二，在民初，由袁世凯担任大总统的北京政府，从形式上看仍然是合法的政府，并且以维护统一和秩序的共和政府这一虚伪面目出现；而革命派则在许多不辨是非、缺乏长远政治眼光的商人眼中，是破坏统一和秩序、引起政局动荡的无事生非者。即使是代表革命派的国民党起初并未采取武力讨袁的方式，而是以法律形式反对袁世凯的倒行逆施，在商会及商人看来，也依然是破坏秩序、制造动乱的行为。当时的商会及商人都急切盼望维持统一和秩序，以便工商实业得到发展，自然对国民党及其所代表的革命派反对袁世凯政府的行动深怀疑惧。在直隶高阳商会提出调和党争建议的同时，上海总商会也发出一则通电，集中反映了商会的疑惧心理。这则通电虽未公开点名指责国民党及其所代表的革命派，但实际上从其言辞之间不难看出商会的真正心态。电文首先是述说"光复以来，瞬经一载，损失纵不可数计，而秩序渐安，人心渐定。当此春夏之秋，正商业进行之际，满望国会成立，选举正、副总统，为我商民造福"；接着即以春秋笔法批评国民党及革命派破坏了这一大好局势，使得"风波迭起，谣诼朋兴，诪说讹言，如沸如羹，致人心静而复动，国家安而复危。金融尚未流通，贸易陡然阻滞，各埠成交之货物，纷纷函电止退，影响及于中外，危殆情形难以言状"；最后则吁请袁世凯政府"以保卫商民、维持秩序为宗旨，无使我商民喘息余生，再罹惨祸，坐致大局沦胥，贻革命丰功之玷"。① 上海总商会的这种态度，在当时的商会中具有相当代表性。武昌和汉口的商务总会也通电表示："前岁各省反正，商界受损，创巨痛深，方冀正式政府成立，国基巩固，商业可望振兴。乃近又谣言蜂起，人心恐慌，贸易停滞。念吾同业，遭逢兵燹，一线仅延，何堪再经破坏，审时度势，我商界总宜力持镇定，共保治安，

---

① 朱宗震等编《民初政争与二次革命》上编，上海人民出版社，1983，第333页。

勿为所惑，致酿厉阶。"①

　　另就"善后大借款"这一国民党所强烈反对的具体事项而论，不少商会及商人被袁世凯的谎言所迷惑，天真地以为袁世凯政府之所以大举对外借款，并非为镇压革命力量，而是为了发展实业。因此，在对待"善后大借款"问题上，商会一开始即更为明显地站在袁世凯政府一边，反对国民党及革命派的主张。全国商联会北京本部事务所于1913年5月11日发布的通电即声称："国家历经浩劫，商界受损特深，方冀政府成立，借款告成，金融稍纾，再谋补救。乃大借款签字，反对者忽起争端，彼具别肠，我受实祸。现京沪各团（体）发起维持，本事务所自应继起。请急电政府、参众两院，合力赞成。否则借款破坏，内讧外乱，商界坐困待毙，若又失业，将更甚于辛亥大劫。"② 其他许多地区的商会，也持这一态度。杭州商务总会不仅公开指责国民党阻碍大借款，宣称"借款关系全国金融，靡不乐观厥成，乃党人函电纷驰，反对仍坚，于民国商业前途，大有障碍"，还提出由全国商联会上海总事务所"以各省联合（会）名义，电致五国银行团，说明党争徒逞私见，全无公德，务请弗为摇惑，俾借款得以完全成立，以安商业而巩邦基"。③ 后来，商会调和代表更透露，调和党争的一个主要目的就是维持借款，即所谓"欲大借款不致破坏，须先调停党见"。④

　　至于"宋案"问题，一部分革命派及国民党人士认为按照法律程序根本无法得到解决，只有以武力方式才能迫使袁世凯就范。商会对

---

　　① 《武昌汉口商务总会通电》，《中国商会联合会会报》第1年第1号，1913年10月，"文牍"第7页。

　　② 《全国商会联合会京师本部通电》，《中国商会联合会会报》第1年第1号，1913年10月，"文牍"第7页。

　　③ 《杭州商务总会致各省代表函》，《中国商会联合会会报》第1年第1号，1913年10月，"文牍"第16页。

　　④ 《商界调停大借款纪闻》，《申报》1913年6月26日，第6版。

革命派的这一主张也持异议，坚持"宋案审判于法庭"，并说"自有法律为范围，岂尚血气为胜负。商人在商言商，不知附和，若有破坏而无建设，乱靡有定，胡所底止"。[1]

从上述商会对国民党及革命派为维护辛亥革命胜利成果、反对袁世凯破坏民主政治等一系列斗争的错误认识，以及对待党争焦点问题的态度，即可以想见商会在从事调和党争活动过程中，所采取的立场必然是偏向进步党及袁世凯政府一边，而绝不可能像商会自己所一再宣称的那样"抱定中立主义"。

维持现有秩序、唯恐再起动荡的迫切心理，使全国许多商会都对参与调和党争的活动表现得十分积极。1913年5月7日，直隶高阳商会召开会董常会讨论会务，张兴汉、杨木森等人临时提出商议有关调和党争事宜，请由全国商联会直隶事务所通电各省征求意见，获多数会董赞成。次日，高阳商会即派张、杨二人赶赴天津。途经保定时，"晤保定商会邢君朴南，详述发起意见"。9日，张、杨二人抵津，与商联会直隶事务所干事长卞阴昌等人商谈一切办法主张，大致相同。10日，直隶事务所召集干事会，议决通电各省商会联合会征求意见，"俟回电如何，再定进止"。[2] 直隶事务所的通电将国民党同进步党和袁世凯之间的斗争，说成是无任何意义而徒使国家陷于危机的"意见之争"，首先即表示"国事危急，内外纷争，我商界自经革命，损失甚巨，元气大伤，岂能再遭浩劫"；并认为是国民党借"宋案"和反对"善后大借款"引发了这种危局："乃刺宋、借款二案发现［生］，异议横生，交讧日甚，徒为意见之争"；进而宣称："国将不国，我商界怵于危亡在即，速请各商会迅举代表于五月廿号前齐抵津，即与重要人物磋商维持办法，坚请承认调停，尽释前嫌，或国有可保。倘偏

---

[1]　朱宗震等编《民初政争与二次革命》上编，第333页。

[2]　《商会联合会调和两党纪事》，《中国商会联合会会报》第1年第1号，1913年10月，"纪事"第1~2页。

执己见，不问国事，不恤商民，则我商界亟筹对待之方，断不能以商民生命财产，任彼宰割。"①

　　直隶事务所的这则通电发出之后，得到全国各地许多商会的支持。直隶事务所称："旬日之间，全国一致表示赞同。"山东、上海、武昌、汉口、四川、山西、杭州、广州、哈尔滨、陕西、南京等地的商务总会相继复电直隶事务所，表示届时将推举代表赴津。5 月 17 日，直隶事务所委派张兴汉、杨木森、李镇同偕国民党人谢迈庆、进步党人苏朵生等入京，由谢、苏二人分别与国民党方面的张继、进步党方面的孙洪伊晤谈，告以"商会对于时局之恐慌，并所以不能袖手旁观之故。两党鉴于商会爱国之苦衷，皆愿受调停，早定大局，借固国基，并承认商界为第三者云"。张兴汉、杨木森也与两党有所接触，约定"一俟各省代表到京，再为正式接洽。两党本部允于各省代表到京时，亦即推举代表"。②

　　5 月 20 日以后，一些省份的商务总会所派参与调和党争的代表陆续抵达天津。因时局及交通等各方面的影响，有些省份商务总会的代表未能及时赴津。已经到津的各省商会代表认为时间紧迫，不宜在津继续等待，遂于 24 日进京，并通知代表未到之商会，请所派代表直接赶赴北京。至调停正式开始后，总计有直隶、北京、黑龙江、湖北、安徽、湖南、南京、河南、山东、哈尔滨、山西、陕西、四川等 13 个地区的全国商联会事务所或商务总会的 32 名代表参加。上海总商会和设在上海的全国商联会总事务所虽未及时派代表赴京，但在调停前夕公开致电孙中山、黄兴、陈其美等革命派领导人，提出两点要求：其一是"亟请孙、黄、陈三君，通电各省表明素志，其有谋为不

　　① 《全国商联会直隶省事务所致各商务总会》，《中国商会联合会会报》第 1 年第 1 号，1913 年 10 月，"文牍"第 8 页。
　　② 《商会联合会调和两党纪事》，《中国商会联合会会报》第 1 年第 1 号，1913 年 10 月，"纪事"第 3 页。

轨者，一体严拿，尽法惩治"；其二是电告"北京国民党本部，以国家为前提，一致进行"。① 这实际上是与北京的调停活动遥相呼应，向革命派领导人施加压力。另一个未及时派代表但在全国商界中拥有一定影响的商会，即广州商务总会，也公开表露其倾向性十分明确的意见，认为"宋案取决于法庭，借债亦已成事实，公是公非，自有真谛。……凡我商人，务宜各持定见，安居乐业，切勿为流言所惑，互相惊扰，以自害而害人"。②

各省商会的调停代表进京后，以全国商联会各省代表的名义发布了一份通告书，再次对商会此次调和党争做了说明："政党实为国会之中坚，故政党良则政府自良，党争息则国基自固，证之先进，胥有明征。且以国基安危所关，即人民生命所系，商民等以利害切己，在商言商，爰集合各省商会代表，为两党调和。既非直接干涉两院，更非一面之机关，务请大政党忍痛须臾，略相让步，既不背乎党纲，乃足表扬政见。"③ 随后，敦促国民党和进步党各推举十名谈判代表，并确定此次调和谈判的主要内容，系"借款、内阁、宪法、总统四大问题"。在正式举行调和谈判之前，商会代表频繁穿梭往来于两党代表之间，询问并转告两党的各自有关主张及条件，同时开展一些劝导和说服工作。在进行劝导和说服的过程中，商会对一些问题的态度，也明显偏向进步党一边。例如，国民党谈判代表认为，借款未交国会审议通过，理属非法，并坚持"应再交议"；进步党的代表深知如果交议，必然不能获议员席位占多数的国民党通过，因而表示反对。商会的调和代表虽然在口头上也认为"政府借款，不正式交国会通过，当然违法"，但同时又强调"国内恐慌，政费无着，事已至此，当从权

---

① 《商会联合会忠告伟人》，《时报》1913 年 6 月 6 日，第 7 版。
② 《商会联合会忠告伟人》，《时报》1913 年 6 月 6 日，第 7 版。
③ 《全国商会联合会各省代表通告书》，《中国商会联合会会报》第 1 年第 1 号，1913 年 10 月，"文牍"第 10 页。

办理"。① 而所谓"从权办理"的真实含义，只不过是采取追认的办法对借款案予以通过。

各省商会代表在京历时一月余，直至6月底才各归本省。商会"为沟通之媒，接洽数十次"，加上"正式协商三次"，最后终于使国民党和进步党在谈判桌上就下述问题达成了协议。关于借款问题，国民党同意"不改借款合同附件，惟仍须于形式上交议（院）通过，以符监督行政之实"。进步党在国民党做出这一重大让步之后，则表示"对于交议一节，自不能坚持不让"。关于改组内阁问题，议定"内阁仍由进步党组织，惟阁员不足支配之时，国民党情愿出而协助"，组成所谓"混合内阁"。关于宪法及总统问题，议定先修订宪法，后选举正式总统。② 上述协议显然有利于进步党及其后台袁世凯，因为前两条均系进步党与袁世凯所希望的结果，进步党在这两个方面所做的让步实际上微乎其微；第三条虽然合乎国民党的要求，但在当时对袁世凯并无真正的直接限制作用。因此，"就总体和实质而论，全国商会代表调和这次政争的结果，以国民党的失败和进步党的胜利而告终"。③

民初商会调和党争活动的后果及影响，与其发起并参与反帝爱国运动、参加清末的国会请愿运动以及支持辛亥革命等一系列政治活动相比，显然截然不同。可以说，民初商会的调和党争不仅未产生什么积极作用，反而带来了消极影响。其具体表现是：一方面阻碍了革命派反对袁世凯的倒行逆施以及维护辛亥革命胜利果实的斗争；另一方面则为袁世凯约束和打击革命力量的行为制造了有利的舆论。历史的发展在当时似乎进入了怪圈：以孙中山为首的进步革命力量陷入了孤

---

① 《商会联合会调和两党纪事》，《中国商会联合会会报》第1年第1号，1913年10月，"纪事"第11页。

② 《中国商会联合会会报》第1年第1号，1913年10月，"文牍"第13~14页，"纪事"第15页。

③ 虞和平：《商会与中国早期现代化》，第301页。

立的处境，而以袁世凯为首的反革命势力则赢得了相当一部分舆论的同情和支持。之所以形成这种不正常的历史现象，与上述商会的政治态度与活动不能说没有关联。

但是，如果从商会独立开展政治活动的发展历程来看，调和党争则在某种意义上可以视为商会的政治活动在民初特定历史条件下的新拓展，正如张謇在致商会调停代表的一则电文中所说的那样："商人维持政局，为吾国轫举。"① 事实的确如此。在这以前根本看不到商会能够在维持政局方面有所作为，商会的作用也不为有影响的党派所重视。调和党争是商会在这方面的第一次重要行动，对于扩大商会的社会影响，尤其是政治方面的影响，无疑产生了一定的作用。商会调和党争的活动能够得以进行，至少可以说明在当时中国政坛上最具影响的国民党和进步党这两大政党，都"承认商界作为第三者"的地位，也即对商会作为民间社会力量的代表地位给予了承认。从有关史料还可以看出，在商会居间调停的过程中，无论是进步党还是国民党对待商会调停代表都是彬彬有礼，显得十分尊重。商会调停代表进京后，国民党和进步党还曾先后在中华饭店设宴款待；调停结束后国民党与进步党又联合在北京安庆会馆设宴送行，自始至终都对商会代表毫无轻视之意。另外，商会能够劝导和说服国民党与进步党双方都做出某些让步并达成协议，也表明这两大政党对商会居间调和的意见较为重视，同时还说明商会在政坛中的影响已日趋扩大。

当然，也不能对商会此次调和党争而使国民党与进步党达成协议的实际影响给予过高的估计。尽管在商会的调和之下，国民党与进步党就激烈争论的一系列问题达成了协议，似乎政坛纷争的局面将会由此而结束，但事实却并非如此。袁世凯非但没有因谈判桌上的取胜中

---

① 《商会联合会调和两党纪事》，《中国商会联合会会报》第 1 年第 1 号，1913 年 10 月，"纪事"第 6 页。

止对革命力量的镇压，反而不断调兵遣将，准备公开向革命派挥舞屠刀。孙中山等一批革命党领导人实际上不仅并未因此停止策划反袁斗争，反而加紧了武力讨袁的部署。就在商会调和党争行动结束后的 7 月 12 日，革命派即迫于袁世凯咄咄逼人的进犯，在江西宣布独立，奋而起兵讨袁，"二次革命"也随之宣告爆发。

"二次革命"爆发后，商会及广大商人所最为担忧的战乱与动荡局面终于出现。商会及商人均视革命派为破坏统一和秩序的罪人，因此，绝大多数商会都对"二次革命"持反对态度，并不同程度地帮助袁世凯政府镇压革命力量。例如，在革命党人起兵讨袁时，许多商会即通电表示反对，祈求袁世凯维持秩序。上海总商会先是致函孙中山、黄兴等革命党领导人，声称："宋案发生以来，商困已达极点，何堪再起衅端？况上海为通商要埠，毗连租界，设再兵力从事，不独阖市遭殃，且恐外人干涉"；① 后又通电北京政府和各省商会说："赣省变起，商业受害，今日上海全体商界开会，均反对此次扰乱。"革命党人创办的《民立报》发表题为《致商会》的短评，批驳上海总商会的通电说："宋案起而市面凋敝，北军南下而金融停滞。请商会诸君想想，到底商家吃谁的苦来。不许上海有兵事，竭力调停可也，乃打电北京，竟称为此次扰乱，全体不赞成，这是什么意思，什么口气？请商会诸君，不要藏头露尾，说个明白来。"② 全国商联会山东事务所的通电，更是指责革命党人系"乱党谋覆政府"，呼吁全国各地商会"亟应抱定宗旨，勿听谣言，拥卫中央"。③

当讨袁军在一些省份宣布独立时，商会及商人或表示反对，或以提供经费为诱饵要求讨袁军妥协退让。如湖南独立前夕，"商界以生

---

① 《上海方面之维持（四）》，《申报》1913 年 7 月 20 日，第 10 版。
② 《民立报》1913 年 7 月 22 日。
③ 《山东事务所通电》，《中国商会联合会会报》第 1 年第 3 号，1910 年 12 月，"文牍"第 22 页。

命财产所关，全体反对"。商会召开特别会议，讨论有关事宜，会后"电知各处不愿独立"。① 重庆独立时，商务总会总理带人向讨袁军"哭诉数日，以渝城为通商巨埠，华洋杂处，万不能作为战场"；并声称"如不得请，即率全城父老子弟死于军前"。② 在江西，南昌商务总会提出以 8 万元送与讨袁军领导人李烈钧，条件是李必须下台离赣。在南京，商会虽表示"愿付巨款"，但前提是讨袁军须立即撤出南京。

在反对革命党人讨袁的同时，一些商会还对袁世凯呼吁商界协助镇压革命的要求予以积极响应。"二次革命"爆发后，袁世凯政府曾要求商会劝导各商拒收"叛军"所发军用钞票，扣留革命党往来储汇各款，"用遏乱源"。北京商务总会、全国商联会北京本部事务所随即遥相呼应，通电全国各埠商会，大肆攻击革命党人举兵讨袁是"破坏约法、破坏国会、破坏民国之罪"，公然声称"李烈钧举兵湖口，黄兴称叛南京，私通外人，散布死党，僭窃土地，布告独立，同种相残，断绝人道，纸片革命，扰乱治安。中央为统一国家、整饬纲纪计，不能不大张挞伐，诛绝叛徒"；同时还甚为坚决地表示将"断绝一切与叛党之经济关系"，以"速平祸乱"。③ "二次革命"失败后，一些革命党人逃亡日本。全国商联会北京本部事务所又按照袁世凯政府的旨意，密电各埠商会，告以"严防乱党东窜"并提出"以中华全国商会名义，电达东京、横滨、神户、京都、大阪五处商业会议所"，劝告日本政府及民间人士，将流亡日本的革命党人"悉予驱逐"。④ 稍后，全国商联会上海总事务所征得全国许多商务总会的同意，以全国商会的名义致电日本的上述五个商业会议公所，一方面

---

① 卓仁机：《辛亥革命的几个片断回忆》，载中国人民政治协商会议全国委员会文史资料研究委员会编《辛亥革命回忆录》（四），第 366 页。
② 《宜昌商务会报告书》，铅印本，第 38 页，湖北省图书馆藏。
③ 《在京商界否认扰乱之通电》，《申报》1913 年 8 月 3 日，第 6 版。
④ 介北逸叟：《癸丑祸乱纪略》下卷，上海有益斋，1913，第 47 页。

指责日本"庇纳乱党"，另一方面则要求日本政府对革命党人"责令驱逐"。[①]

"二次革命"历时仅两个月即归于失败，其原因当然是多方面的；但商会及广大商人非但不支持，反而多方反对，甚至从中阻挠破坏，无疑是一个十分重要的因素。黎元洪在《致政府国会请褒嘉商会》一函中即认为："窃维此次变乱，酝酿经年，牵掣至六七省，耗损几数千万，乃时未两月，以次敉平。……至于抵拒邪谋，主持正论，则尤以各处商会察情从违之准的。查该党倡乱，亦何尝不以拥护共和为旗帜。……各省商团，预烛其奸，动色相戒。沪粤两埠，通海最早，程度较优，故抗拒残暴亦最力。赣浔宁皖，商力较薄，曲从不甘，显拒不纳，卒因默示反对，使该党筹款无着，失其后盾。至如湘谋独立，亦因不获商会之赞同，故宣布最迟，取消亦最速。"[②] 黎元洪的这段文字，已将商会在"二次革命"期间的表现及影响描述得十分清楚。随后，袁世凯亲自签发奖励商会的通令，称赞"各商界烛其奸邪，绝其资助，遂使逆谋无由大逞，乱事得以速平。曲突徙薪，功匪鲜浅。……各省商会，同心拒逆，实多深明大义之人，应由各该都督、民政长确切查明，分别呈请，奖给勋章爵额"。[③] 1914 年 5 月，由农商部上报经袁世凯圈定而获奖励匾额者，共有全国各地 30 个商务总会及全国商联会的事务所。

商会在"二次革命"期间有上述表现，实际上不足为奇。从其迫不及待地调和党争的原因及态度，即可明显看出一旦革命党人发动讨袁战争，商会及商人绝不可能站在革命派一边。因此，商会在"二次革命"期间的表现，与其调和党争的态度密切相关。"二次革命"爆发前，革命党人主要还只是通过国会反对袁世凯集权及违法举借外

---

① 《中国商会联合会会报》第 1 年第 3 号，1910 年 12 月，"文牍"第 2~8 页。
② 《黎大总统文牍类编》，上海会文堂，1923，第 150~151 页。
③ 徐有朋编《袁大总统书牍汇编》第 2 卷，上海广益书局，1914，第 70 页。

债，商会即认为革命派的行动破坏了统一和秩序，影响了工商业的发展，几乎是众口一词加以反对。及至革命党人起兵讨袁，商会势必更是将革命派视同挑起战乱的"叛军"与"乱党"，协助袁世凯政府对讨袁军加以镇压。显而易见，商会在"二次革命"期间的政治表现，是其调和党争时期所持政治态度与表现在此后合乎逻辑的进一步发展。

1917 年护法战争期间，商会又一次作为保持中立立场的民间社会力量，从事调和政争的活动。这一时期政争的焦点，主要围绕国会和约法进行，另外还有所谓参战问题。1916 年 6 月，袁世凯因图谋称帝而在全国人民的唾骂声中死去，北洋军阀首领段祺瑞出任国务总理，控制了中央政权。中国政坛依然矛盾重重，政争迭起。原国民党议员在国会中组织了宪政商榷会，简称"商榷系"。原进步党议员也另组宪法研究会及宪政讨论会，后为对抗宪政商榷会而合并，简称"研究系"。"研究系"支持段祺瑞，其主张往往体现把持中央政权的北洋军阀的愿望，而"商榷系"则在很大程度上代表争取地方自治和民主共和制度的进步力量。除此之外，段祺瑞与时任总统的黎元洪之间的权力之争也十分激烈，使当时的政争显得更加扑朔迷离。1917 年 6 月，段祺瑞逼黎元洪解散国会，黎则罢免段的国务总理职务，结果段取胜而逼走黎元洪，并解散国会，破坏临时约法。随后，孙中山率一部分国民党议员，借西南地方实力派力量发起护法运动。

前此国会内部"商榷系"与"研究系"围绕中国是否参加第一次世界大战问题发生激烈争论时，商会即代表广大工商业者公开表明自己的政治态度。当时，段祺瑞企图借参战借款练兵，绞杀异己。因此，"研究系"竭力主张参战，而"商榷系"则大力反对，两派在议会争论时甚至发生打斗。全国商联会曾呈文总统府及国务院，明确表示反对参战，认为要求参战者是"眩于目前小利，希图饮鸩止渴，震于依时多数，但求托庇苟安，讵知大势潮流所趋，将来结果所至缘木求鱼之利，既决不能尽如所期，而羊入虎群之害，其流毒更不可测"。① 各地商会也"函电纷驰，一致反对"。天津总商会通电全国，说明"自中德问题发生，商务业已停滞，若一经宣战，则前途更不堪设想"；同时还致电参众两院、大总统及国务院，要求"准据众商之请求，详查舆论之情态"，收回参战之成命。②

尤其是段祺瑞破坏国会和约法，引发护法战争后，商会更是加紧从事调和。"各处商会函电纷驰，均以召集大会调和时局为请。"1918年4月，全国商联会第三次大会在天津举行。会议的中心议题之一是如何调和时局，大会收到的此类议案多达13件。讨论中与会代表均要求南北双方停战议和；有的还提出，如果政府坚持主战，"应研究停止义务办法，以作最后对待"。③ 会议期间，代表们还曾推举天津、武昌、长沙总商会会长及上海总商会会董进京向总统府、国务院请愿，并通电南北双方"力主和平，顾全大局"。

在此次调和时局活动中，商会表面上仍以中立的姿态出现，所提要求只是停战议和，但实际上也有其明显的倾向性。在前述参战问题的论争中，商会即公开倾向于反对参战的"商榷系"，与孙中山等革命党领导人的意见基本一致。护法战争爆发后，不少地区的工商业者也对孙中山领导的护法运动表示同情和支持，主张维持国会与约法。旅沪各省绅商还曾联名致电护法军政府，称护法军为"拥护约法，保障国会，惩办祸首"的"义军"，并殷切表示"务望努力，共竟前功"。④ 代表工商业者利益的商会同样主张维护国会和约法，拥护共

---

① 《全国商会联合会为劝阻加入协约战团事致大总统等呈文》（1917年），载天津市档案馆等编《天津商会档案汇编（1912~1928）》第4册，第4470页。
② 《直隶商联会津商会就通力挽救加入协约战团事致各军政长官社会团体电》（1917年3月15日），载天津市档案馆等编《天津商会档案汇编（1912~1928）》第4册，第4474页；《津商会请政府收回加入协约对德宣战成命电》（1917年5月8日），载天津市档案馆等编《天津商会档案汇编（1912~1928）》第4册，第4477页。
③ 《天津商会联合会之现状》，《时报》1918年4月29日，第2版。
④ 《二十二省旅沪绅商致西南电》，《民国日报》1918年1月6日，第6版。

和。1917 年 7 月，张勋借"府院之争"乘机率军进京复辟帝制，即遭到商会的强烈反对。全国商联会会长吕逵先通电各省总商会及商会联合会事务所，阐明："溯自辛亥以还，我总（商）人牺牲无数财产，始妖［得］换此共和；今国体久定，一旦复更，徒兹［滋］扰乱，国民万难承认。"① 上海总商会为表示拥护共和的决心，在北京重挂清朝龙旗时，针锋相对地通令所属各业"高揭共和国旗三天"。② 此外，在护法运动期间，商会的调和也主要是向北京段祺瑞政府施加压力。北京政府对此已颇有感触。收到全国商联会的请愿电后，北京政府即颇感"该会此举为奇突，并云必有人欲利用此等团体，对于政府有所要挟"。③

全国商联会第三次大会期间的请愿结果，只是得到段祺瑞的"默然和言"，此后并"未见其实"。于是，京师总商会与京师教育会为促使北京政府早日停战议和，又于 1918 年 4 月发起联合各省商会、各省议会、教育会及报界，成立全国和平联合会。12 月，由 20 个省份的商会、14 个省份的教育会及 4 省省议会联合组成的全国和平联合会在京宣告成立，同时发表宣言，向南北双方政权宣称："本会由全国法定团体组织而成，为真正民意机关，故对于南北和平会议应实行共和国民应尽之职务，遇有双方冲突之点及与大多数利害关系之处，实行发表国民真正意见，以立于第三者仲裁地位。"④

在商会的奔走调和以及其他各种因素的影响下，南北对峙的护法军政府与北京段祺瑞政府，于 1918 年底同意举行议和谈判。次年 2 月，和谈在上海正式开始。但是，南北议和并未带来商会所希望的和平，数月后即陷于破裂。而且，南北之间早先围绕国会、约法而进行

① 《全国商联会会长吕逵先通报张勋复辟京师商会为难情形电》（1917 年 7 月 7 日），载天津市档案馆等编《天津商会档案汇编（1912～1928）》第 4 册，第 4532 页。
② 《复辟声中之上海（三）》，《时报》1917 年 7 月 4 日，第 5 版。
③ 《北京电在天津之全国商会联合会》，《申报》1918 年 4 月 26 日，第 3 版。
④ 《全国和平联合会宣言》，《晨报》1918 年 12 月 22 日，第 3 版。

的斗争，也逐渐演变成各派系军阀之间争权夺利的混战，商会的调和实际上最终归于失败。尽管如此，对于商会的发展而言，此次调和政争活动仍具有一定的意义。因为"与以前的政争调和活动相比，商会的此番调和活动，显得更为主动，更有计划性，更为强硬，从其所提议案来看，此时的商会调和政争活动，已从追随其他阶层的配角而转变为领导其他阶层的主角；已从各地商会的分散活动进入到全国商会的联合行动；已从单纯的通电、请愿发展到试图采用罢市、抗税的强硬手段"。①

四　发展民主政治

20世纪20年代以后，商会以民间社团身份独立从事的政治活动又有了新的发展，并达到前所未有的高潮。这一方面是因为近代中国政治民主运动不断深入，推动商会的政治参与也随之日趋扩展；另一方面则是由于商会自身出现了新的发展变化，其领导人的民主政治思想较前更趋增强。有关20年代以后中国政治民主运动深入发展的情况可谓人所共知，在此无须赘言。至于这一时期商会自身的变化，从素有中国"第一商会"之称的上海总商会的某些演变中可窥见一斑。

1920年8月，上海总商会进行了一次大的换届改选。以新任正副会长、著名实业家聂云台、秦润卿为首的一批新型企业家取代了原有的绅商，成为上海总商会的领导人。对于上海总商会来说，这次换届改组"是一次划时代的历史性改组，也是当时上海新旧两代民族资本家地位升降、权力转移的信号"；"是上海商会建立以后的发展历程中的一个重要的历史转折点，它意味着这个上海工商界的重要社会活动

---

① 虞和平：《商会与中国早期现代化》，第313页。

舞台上绅商时代的结束和企业家时代的开始"。[1] 与原有绅商相比，上海总商会领导人中这批年轻有为的新型实业家，更具有革新意识和进取精神，参政议政的思想也更为引人注目。如果说前此的上海商会领导人在政治参与方面虽也比较活跃，但在言论中仍不敢完全突破"在商言商"的藩篱，那么，新一代的上海实业家则开始公开宣称"在商言商"的信条已经过时，将参政议政作为自己的一项重要使命。他们表示："在商言商之旧习，已不复适用于今日。吾商民对于政治必须进而尽其应尽之责任，急起联合商界重要分子，用各种方法逼迫政府改良内政。"[2] 在他们的带动下，上海总商会也表现出更为突出的政治参与意识，并带动全国商界开展了一系列新的政治活动，所产生的社会影响也更为广泛。

废督裁兵，便是改组之后的上海总商会首先提出的政治主张。这一主张不仅得到了全国商界的响应，而且获得了社会各界的支持，成为当时社会舆论关注的一个焦点，并发展成为各界共同努力行动所要达成的一个政治目标。

就在上海总商会改组的当年年底，江苏全省商会联合会代表大会在南京举行。上海总商会的代表汤节之即在会上提出废除督军制，裁减军队，恢复地方自治；并建议在上海召开全国商会联合会，讨论解决办法。1921 年 10 月，全国商会联合会在上海举行临时大会，废督裁兵成为会上集中讨论的议题之一。与会的各商会代表一致赞成上海总商会早先提出的废督裁兵主张。据 1921 年 10 月 13 日《时报》报道，有的商会代表还在所提议案中公开指出，"现在之政府，代表军阀，非代表人民"，认为军阀割据是当时中国的祸乱之源，要消除祸乱之源就必须废除拥兵割据之督军，大力裁减军队。此次会议不仅形

---

① 徐鼎新、钱小明：《上海总商会史（1902～1929）》，第 247、251 页。
② 穆藕初：《花贵纱贱之原因》，《上海总商会月报》第 3 卷第 2 号，1923 年 2 月。

成了废督裁兵的决议，而且在大会的《整理内政宣言》中提出了三项废督裁兵的具体办法。内容包括：将军费开支限制在本省财政收入的30％以内；将一部分军队改编为工程队，从事筑路、办厂及垦荒；将巡阅使、督军、总司令等名目一律改称"裁兵专使"，按计划分步骤裁兵。"于是，废督裁兵之声不数日间已满全国。"

1922 年，各省的废督裁兵运动发展到高潮，社会各界都积极参与此项运动。这年 11 月，在汉口召开的全国商联会第四次大会进一步讨论了废督裁兵问题。会议决定成立"裁兵委员会"，由黄炎培、聂云台等四人担任裁兵劝告员，督促政府及各省督军加速裁兵。随后，上海总商会又将废督裁兵运动推向深入，提出以裁减军队、整理财政、制定宪法三项措施作为约束各派军阀、监督财政以及限制军阀干涉政治的重要方式。同年，上海总商会向全国各地商会发出快邮代电，对这三项举措做了较为详细的说明，希望"全国商人一致主张，成为国论，务以百折不回之精神，挽此旷古未有之危局"。[1] 另外，上海总商会还相继通电参众两院，要求实施这三项办法，表示议院如仍不采取行动，人民"不难援用撤回代表之通例，行使其主权在民之权利"。[2] 为了进一步向北京政府施加压力，上海总商会又于 1923 年 1月通电全国各地的总商会及银钱公会，说明"裁兵救国，中外同声，而国民之呼号纵使声嘶力竭，当局终乏采纳诚意，故非予以深刻之苦痛，不能启其彻底之觉悟"；并为此做出决定："自本日起，我金融界同人，对于中央政府或各省军民官厅无论用何种名义承募一切借款、债券，概予拒绝。"[3]

在此前后，孙中山也支持商会及广大工商业者的废督裁兵要求，

---

① 《上海总商会 1922 年 11 月 15 日快邮代电》，《苏州商会档案》第 695 卷，苏州市档案馆藏。

② 《致北京参众两院电》，《上海总商会月报》第 3 卷第 2 号，1923 年 2 月。

③ 《致全国各金融机关请一致拒绝政府承募一切债券通电》，《上海总商会月报》第 3卷第 2 号，1923 年 2 月。

发表《和平统一宣言》，指出"和平之要，首在裁兵"。① 蔡元培等人在北京组织了"国民裁兵促进会"，发起国民裁兵运动大会，上海工商各界也组织了大规模的集会游行，其声势之浩大使得一些军阀如黎元洪、曹锟、吴佩孚等也不得不通电附和废督裁兵。尽管由上海总商会率先提出的废督裁兵口号在当时的历史条件下最终难以真正得到实现，但由此发展而成的全国性政治运动，却产生了比较深远的影响。

当时，由于军阀混战，内乱频仍，加之国会成为军阀争权夺利的工具，本应作为反映民意机关的议会形同虚设，"国民自决"的要求在各阶层民众中日益强烈。在争取国民自决的政治运动中，商会的表现也十分突出。1922 年 5 月在上海召开的"国是会议"就是上海商界与教育界在"国民自决"思想指导下所采取的第一次实践行动，也是上海商人的政治参与从先前的呼吁、请愿，发展到自建参政议政机构的首次尝试。上海总商会会长聂云台和江苏省教育会副会长黄炎培是这次行动的实际主持者和领导者。

1921 年 10 月，全国商联会和全国各省教育会在上海总商会的议事厅举行商教联席会议，做出了召开国是会议的决定。所谓国是会议，是联合全国各省议会、商会、教育会、农会、银行公会、律师公会、报界联合会和工会共同集议，广泛吸收民意，达到"策群力以拯颠危，集众思以谋国是"的目的，颇有代行国会职能之意图。其开幕词也公开宣称："发起国是会议，期合全国有力团体，解决国家之根本问题。"② 国是会议召开的结果，虽只发表了两个宣言，拟订了一个《中华民国宪法草案》，并不能从根本上解决中国所面临的问题，但是，其所拟订的宪法草案充分反映了社会各界主张发展实业、教育以

---

① 《孙中山先生和平统一宣言》，《民国日报》1923 年 1 月 26 日，第 3 版。
② 《国是会议今日行开会式》，《申报》1922 年 5 月 7 日，第 13 版。

及限制武人干政、实现和平统一的要求与愿望，在近代中国的民主政治运动史上具有一定的意义，对后来各个宪法的制定也产生了明显的影响。所以，国是会议的召开在当时仍具有积极的作用。

1923 年 6 月上海总商会组织"民治委员会"的举动，是其实行国民自决的第二次政治尝试。这次行动使商人的政治参与从组织参政议政机构，进一步发展到试图自行设立政权的新阶段，它标志着近代中国商人的政治参与已达到了顶峰，也是资产阶级民主政治运动发展到高潮的具体表现。

引发这次政治行动的事件是 1923 年 6 月 13 日直系军阀曹锟在北京发动政变，将总统黎元洪驱逐出京，并企图以贿赂议员的方式非法当选总统。这次政变受到全国各界的一致反对，上海商界于政变当日即开会集议，向全国发表宣言，表示绝不承认曹锟继任总统；并提出了国民自决的三项政治主张，号召举行国民会议，设立国务委员会处理国家有关事务。同时，上海总商会也意识到："现在之中国纷乱已极，无一可赖之机关，将来一切重任，全视各省商会之举动若何。"[1] 在各团体的期待之下，上海总商会再次出面领导了这次民主政治运动。经过召开临时会员大会讨论，上海总商会做出如下决定：否认摄政内阁及曹锟的候选总统资格，并通电宣布国民概不承认北京政府有代表国家之资格；国会议员不代表民意，一切行动无效；各省军民长官加强维持地方秩序，大局问题听候人民解决；组织民治委员会，讨论解决办法。[2] 上海总商会决议的这四项内容，表明当时的商会已公开与政府和国会完全决裂，试图自立一个"商人政府"取代军阀政府，其口气也颇似一个即将执政的政治组织。

---

[1] 《上海总商会议案录》，转引自黄逸峰等编《旧中国民族资产阶级》，第 286 页。
[2] 《昨日总商会会员大会纪》，《申报》1923 年 6 月 24 日，第 13 版。

上海总商会的这一非凡政治举动，赢得了社会各界的支持和赞扬。《民国日报》曾为此发表"专评"，称赞上海总商会"以难得的大会，应付非常的时局，于此可以显出上海商人对政治的真态度"；并称这一政治行动"是对军阀官僚宣战，是做民治运动的前驱"。[①]中国共产党的领导人也对上海商人给予了很高的评价。毛泽东在《向导》周报第31、32期合刊上发表了《北京政变与商人》一文，热情地赞扬上海商人公开否认军阀政府，发起组织民治委员会，是"商人们三年不鸣，一鸣惊人的表示"，是"何等可喜的一个消息"。

1923年7月4日，史无前例的民治委员会在上海总商会议事厅宣告正式成立。上海各商店和商业团体纷纷于当日悬旗庆贺。新成立的民治委员会雄心勃勃，规定其职责为：在中央政府中断期间，由民治委员会代表国家行使外交权力，管理国家财政，解决国内一切政治纠纷，监督各省行政，依法组织国会。其最终的目标，则是组织一个"为人民办事"、"为人民所管的政府"。这显然已不是一般意义上的参政议政，而是要行使政府的权力。在民治委员会成立大会上，上海总商会的副会长方椒伯说明："本会之以民治为指归，而必先以运动为任务。""本会之以上海开其先，而希望各省区各界人民之继其后，盖亦以既悬民治为旗帜，则政权自不容垄断于少数人之手，势非结合全国人民为一大团体，断不足以挽已倒之狂澜。"接着，上海总商会会员中鼓吹"民治运动"最为得力的霍守华也发言指出，组织民治委员会是为了团结各界广大民众，尽"保护国家"之责，达到谋求实现"民治"的根本目标。[②]

从上述上海总商会的领导人及其会员组织民治委员会的行动与言论中可以明显地看出，商会的政治参与活动此时已上升到了一个前所

---

① 《总商会今日大会》，《民国日报》1923年6月23日，第11版。
② 《上海总商会议案录》，转引自黄逸峰等编《旧中国民族资产阶级》，第287页。

未有的高度，由过去信奉的"在商言商"，变为"在商言政"乃至"在商行政"，其政治参与的独立自主性也有了显著的增强，成为当时中国政治生活中为人关注的焦点，这在以往从未出现过，因而引起了社会各界的广泛重视。

令人遗憾的是，上海总商会发起组织民治委员会之后，并未使其发展成为有各界人士参加并共同商讨国是的民治机关，而是将国民共有的民治委员会演变成总商会的下属机构，根本没有发挥应有的作用，由此又引起各界人士的激烈批评。民治委员会的 70 名委员，原定除由总商会的 35 名会董担任外，另在其他各界团体中推选 35 人。但后来的情况却是，总商会会董之外的 35 名委员，也全部在总商会的会员中推选。这样，70 名民治委员以及从中产生的 14 名常务委员，都是清一色的上海总商会的成员。其结果是，不仅排斥了社会各界有声望的著名人士，甚至连总商会之外的其他工商团体的代表也被拒之门外。社会各界及工商界人士对民治委员会都大失所望，对其所抱的期望也随之丧失。有人公开指责上海总商会"包办民治委员会"，还有人骂其为"商阀"。连上海中小商人联合组成的上海各马路商界总联合会也指出："国家大事关系全国民命，岂能一区区总商会即可包办民治，其他农、工、学、报等是否不应参与政治欤？"[①]

民治委员会失去了民众基础和各界的信任，自然也就失去了号召力，不可能真正发挥应有的作用。在此情况下，连上海总商会中担任民治委员的一部分会董和会员，也对民治委员会逐渐失去了兴趣。不少人提出辞职，几次开会时委员们均不踊跃，出席者常常不超过应出席者的半数，以致该委员会不得不将正式会议改为"谈话会"。民治委员会在成立后的几个月中，其活动仅局限于讨论组织名称、宗旨和章程之类的问题，未提出任何实质性的政治方案，后来只好议决"以

---

① 《商联会对于民治运动之希望》，《申报》1923 年 7 月 5 日，第 13 版。

理财为进行之范围"，也仍然由于得不到各地商会响应而无建树，最终不了了之。

民治委员会的失败，表明上海商人特别是其中一部分上层人物政治参与的思想与行动，在当时虽已发展到前所未有的新高度，但仍远未达到成熟的地步。他们过于急切地希望能够掌握和控制政治权力，以"民治"之名行集权之实，既辜负了全国各界的殷切期望，也使自己失去了民众的信任，从而丧失了原有的号召力与影响力。

同时还应说明，上海总商会成立民治委员会，并试图以其作为"商人政府"而代替国家政权的行动，一方面可以说是商会彻底突破"在商言商"的束缚，民主政治热情空前高涨的反映，因而应该予以充分肯定；但是另一方面，上海总商会的这一政治行动，在很大程度上也可以说是社会试图完全凌驾于国家之上，甚至是由社会取代国家的过激行为。类似的情况，即使是在西方市民社会的发展史上也不曾有过或是极为少见。事实上，这种尝试是很难取得成功的。因为市民社会尽管在政治、经济和文化生活等诸多领域中发挥着非常重要的作用，而且在制衡国家方面具有不可忽视的影响，有时还形成强社会弱国家的发展态势，但市民社会所固有的职能及功能，却决定了它不可能完全取代国家。市民社会一旦取代了国家，它也就不再是真正的市民社会。这种社会扼杀国家的现象，就是在市民社会发展比较充分的西方也不曾出现。在近代中国这样一个市民社会酝酿不成熟并且发展不充分的国度，当然更难取得成功。与此相反，在近代中国倒是市民社会很容易被国家强制扼杀。

第八章

商会的独立司法活动

受理商事诉讼，亦即调解商事纠纷，是近代中国商会保护商人利益的一项重要活动内容，同时也是商会的重要职能之一。虽然商会受理商事诉讼与一般官府衙门断结讼案有很大的不同，但实际上在很大程度上也属于司法方面的范围，因而我们称之为商会的独立司法活动。当然，也不能将商会受理和调解商事纠纷，与一般意义的司法活动相提并论，因为它与正规司法机构的司法活动毕竟存在差异。故而应该说明，本书论述商会的独立司法活动，并不是在法律学严格界定的"司法"定义基础上加以论述，而只是借用这一耳熟能详的概念，介绍商会在这方面的活动。通过本章对商会独立司法活动的论述，我们可以进一步了解商会所体现出的不受国家直接控制，具有独立性、自主性以及按照契约规章运作等市民社会的一些特征。

一 争取受理商事诉讼权

商会成立之前，除行会性质的公所可以依据所定行规，对本业违反行规者予以处罚外，商事裁判权一般都是掌握在官府衙门手中。公所对违反行规者的处罚，还称不上是受理商事诉讼。因为公所几乎都不是按照司法程序，以正规的诉讼方式对商事纠纷予以调解或理结，而是以不合常理的行规作为准绳，强制性地对违反行规者予以非常严厉的处罚；受处罚者在公所内也无任何申诉的权利，至多只是求助于官府，所以，工商户遇有涉讼纠纷，往往只能诉诸地方官府。而官府对类似争讼则多视为钱债细故，经常讯结无期，以至积案累累；甚或向商家大肆敲诈勒索，致使商民已经遭受的损失不仅得不到清偿，而且因长期涉讼复又破费而不堪负荷。同时，诉诸署衙的商事纠纷仅凭官吏的主观意志妄加判断，而主事之官吏"熟商务而通商情者甚鲜，且其升迁黜陟商不能议"，绝大多数官吏又只知"以抑商为主，或且以肥己为心，故商务之中一涉官场，必多窒碍"。① 近代中国早期维新派思想家陈炽对此进行过尖锐的抨击，指出："如控欠一端，地方官以为钱债细故，置之不理已耳。若再三渎控，且将管押而罚其金。……商之冤且不能白，商之气何以得扬?"②

甲午战争后，清政府开始陆续在各省设立商务局，表示要通过设立商务局，达到保护工商业者利益以及振兴商务的目的。有的商务局在所定章程中也指明，凡商家遇有财产讼案，先由行董详议，以免衙门官司拖累。如行董未能了结，再赴商务局申诉，由商务局总董秉公调处。如理屈者梗顽不服，或逃匿不到，即由商务局提案追惩。③ 有的商务局在章程中规定：凡纠股设立公司经营商业，或因商业存入资本及借本者，如有暗蚀资财，私挪股本，托名亏折、倒闭、卷逃等情，一经被累人控告，商务局传案审实，即遵户、刑二部奏定章程，勒限追欠，逾限发交地方官分别定罪，其逃匿不到案者，即行

① 《书税务司理财要略后》，《江南商务报》第2期，1900年3月。

② 陈炽：《创立商部说》，载赵靖等编《中国近代经济思想资料选辑》中册，中华书局，1982，第84页。

③ 杨凤藻编《皇朝经世文新编续集》第10卷《商政》，台北：文海出版社，1972年影印本，第3页。

查封家产备抵，并行文通缉，务获究办。① 然而，尽管文字性的章程做了上述规定，商务局实际上也不能在理结商事纠纷方面令工商业者满意。

究其原因，在于清政府一方面标榜设立商务局以保护商人利益，另一方面又规定商务局只任用候补官员，不得任用一般商董，结果工商业者无进局议事的资格，商务局主要由封建官僚一手把持，仍与封建衙门无本质区别。几年之后，甚至连清朝统治集团内部也有人对商务局名不副实的这一弊端有所觉察，并进行了某些批评。有的指出商务局不用商董，"未免与商视如秦越，商情甘苦，终难上达"。② 还有的披露："官视商为鱼肉，商畏官如虎狼，局所虽多，徒滋纷扰。"③ 即使是商务局自身，有的也不得不承认"官有隔绝之势，商无呼吁之门，声气不通，斯振兴无术"。④ 可以想象，声称专门保护工商利益的商务局尚且如此，其他官府衙门就更是视商事纠纷为细故而敷衍延宕。因此，广大工商业者仍深受讼案拖累之苦，"每以钱债争讼延宕纠缠，致令破产倾家，甚或牵动市面，影响商界，为害于民间者，最深且重"。⑤

在这种情况下，广大商人迫切盼望能有一个真正维护自己切身利益，并且熟谙商务各方面情况的机构或组织出面受理商事纠纷；而商会则正是具有这一特点，并且能够胜任这一职责的新式社团。因此，它的成立，自然就为商人所殷切期待。各地商会为满足商人的这种强烈愿望，也无不主动将此列入自己的职责范围。

---

① 袁世凯：《创设东铨商务局拟定试办章程折》，载天津图书馆等编《袁世凯奏议》（上），第345~346页。
② 盛宣怀：《请设上海商业会议公所折》，载《愚斋存稿》第7卷，第35页。
③ 《东抚袁（世凯）复奏条陈变法折》，载杨凤藻编《皇朝经世文新编续集》第1卷。
④ 《江南商务局照会商董并颁发章程》，《江南商务报》第8期，1900年5月。
⑤ 《农工商务局为处理商事诉讼照会苏商总会》（1909年2月5日），载章开沅等主编《苏州商会档案丛编》第1辑，第527页。

另外，清朝商部鉴于商人对商务局啧有烦言，在奏准颁行的《商会简明章程》中，也规定商会有权调解商事纠纷。该章程第 15 款指明："凡华商遇有纠葛，可赴商会告知总理，定期邀集各董秉公理论，从众公断。如两造尚不折服，准其具禀地方官核办。"[1] 1906 年，商部还颁发商会理结讼案统一格式，进一步说明，各商会"凡遇各业此等倒欠钱债讼案，一以竭力劝导，从速理结，以息讼累为宗旨。故凡有赴商局控追以及奉督宪发局饬讯之案，皆由议员饬由该会各业商董遵照奏定章程，传齐中证，开会集议，凭两造当面秉公议劝理结，俾其勿延讼累"。[2] 这样，商会取代商务局受理商事诉讼的职权明载于条文，得到清政府正式承认。由此可以说，商会从事受理商事纠纷的活动，不仅是工商业者的殷切期待，而且得到了清政府的认可，并不是商会自行其是地独断独行，这也是市民社会独立从事有关社会活动的一个明显特征。

为此，清末的许多商会即专门设立了商事裁判所，负责受理商事纠纷。如成都商务总会的商事裁判所成立后，宣布"专以和平处理商事之纠葛，以保商规、息商累为宗旨"，使工商户"免受官府之讼累，复固团体之感情"。[3] 保定商务总会设立商务裁判所后，"凡商号一切诉讼案件，概归商务裁判所办理"。时论称：过去的商会"有评论曲直之权，无裁判商号诉讼之权。今若此是，商会俨然公庭"。[4]

有些商会在清末虽未设立专理有关商事讼案的商事裁判所，但也在章程中将受理商事纠纷列为一项重要的活动内容及职责。例如，苏州商务总会在 1905 年创立之初拟定的试办章程中，即开宗明义阐明"调息纷争"系该商会的宗旨之一，并设立十余名理案议董，对有关

---

① 《商会简明章程》，《东方杂志》第 1 年第 1 期，1904 年 3 月 11 日。
② 《大清光绪新法令》第 16 册，上海商务印书馆，宣统二年（1910）铅印本，第 38 页。
③ 《四川成都商会商事裁判所规则》，《华商联合报》第 17 期，1909 年。
④ 《保定商会设所裁判讼案》，《华商联合报》第 8 期，1909 年。

实施办法做了详细规定和说明。如第 47 条规定："凡既经入会注册之商号，由本会开单备文送至地方官衙门存案。嗣后，该号因事被控牵涉，应请地方官先行知照本会。"也就是说，今后凡关涉入会商号的商事纠纷讼案，地方官府在断结之前应先行通知商会，商会将予以调解或理结。第 48 条载明："在会之人因商业纠葛（如买卖亏倒财产钱贷等），本会当为之秉公调处，以免涉讼。"第 51 条规定："甲商在会，乙商未入会者，乙商另请公正人到会调处。"第 54 条又规定："如遇假冒牌号，混淆市面，诬坏名誉，扰害营业，该商因此而致有吃亏之处者，告知本会，查明确系被累被诬，应公同议罚议赔，以保商业。"① 上述规定说明，苏州商务总会成立之后，同样也将调解商事纠纷作为保护商人利益的一项主要职责。除此之外，苏州商务总会的试办章程还指明，在会商号如被他人诉讼于官府衙门，商会也予以协助调解。其具体办法是：凡因商务被控必须传讯者，商会将据实查复，"俾良懦者得尽其词，狭黠者无可饰辩"；凡因钱债细故被控者，由商会随时酌觅担保，以使各商免羁押之累；凡有土棍吏役讹诈欺压、借端滋扰商业者，商会代为申诉。如此种种措施，都是为了使商人不再遭受长期受困于涉讼纠纷之苦。

上海商务总会在 1904 年初创时制定的暂行试办章程，也将调解商事纠纷作为其主要宗旨之一，并明确规定要做到"维持公益，改正行规，调息纷难，代诉冤抑，以和协商情"。另还指明入会商号会员的权利之一，为"在会华商争执之件，随时为之公断调处"。② 天津商务总会在试办便宜章程中也对此做了如下规定："凡商家纠葛，概由本会评议，一经各商赴会告知，应由总理等定期邀集各董，秉公理论，从众公

① 《苏商总会试办章程》（1905 年），载章开沅等主编《苏州商会档案丛编》第 1 辑，第 27～28 页。
② 《商部左参议王清穆为请速联合绅商举办商会事致宁世福王竹林函》（1903 年 12 月 23 日），载天津市档案馆等编《天津商会档案汇编（1903～1911）》上册，第 5、17 页。

断。两造倘有不服，准其分别具禀商部或就近禀请地方官核办。"①

商务分会也对调解商事纠纷非常重视，并在章程中就这一职责做了明确规定。例如，直隶省永平商务分会即在试办章程中列有专条，说明："本会遇有商家纠葛之事，一经来会声明，由总、协理邀集各董秉公理论，从众公断。两造倘有不服，谨按部章体察实情，于地方衙门代为秉公申诉。"② 直隶曲周商务分会还特别规定："无论行商坐商，遇有交涉或争执，均准诉知商会，秉公核议，不得以外来行商稍有歧视。"换言之，亦即商会调解商事纠纷时对本地及外来商人均一体对待，不厚此薄彼。不过，该商会也指明外来行商同样须正当经营，不得巧取豪夺，并规定"行商及外来贩夫既经到会，均宜恪遵会章办理，如有抗欠账目或讹诈取巧等事，准由商会议追议罚，不服者送县究办"。③

当时，曾有人认为受理商事纠纷一事十分复杂，商会难以胜任，劝告商会不要承担此事。天津商务总会成立后，即有人致函表示：商会首在兴商务、开商智，"裁判所万不可有，如两造皆系入商会者，稍有纠葛，可以约齐来会，择期大家评论。如两造不允，请自行上控，商会不便代详。至官府不能办结之事，万勿交商会办理，缘官府刑讯理处之俱穷，商会焉能处理也。且裁判所须有侦探，须有巡查者人员，非极精明者，未易胜任"。④ 但是，商会为了保护商人的切身利

---

① 《王贤宾等为禀报津商会试办便宜章程会董行董与入会商号清册事上商部文及部批》（1905年5月25日、6月20日），载天津市档案馆等编《天津商会档案汇编（1903～1911）》上册，第48页。

② 《滦州正堂为滦州稻地镇设立商务分所事移津商会公文及津商会复文》（1909年8月8日、9月1日），载天津市档案馆等编《天津商会档案汇编（1903～1911）》上册，第245页。

③ 《曲周商务分会总理王松岭禀陈曲邑三八庙会被邯郸苏曹庙会排挤请饬改期并附整顿庙会章程十条》（1908年9月28日、30日），载天津市档案馆等编《天津商会档案汇编（1903～1911）》上册，第218页。

④ 《商部尚书载振为津沽商务繁盛宜速办天津商会事致袁世凯函》（1904年3月17日），载天津市档案馆等编《天津商会档案汇编（1903～1911）》上册，第32页。

益，不辜负广大商人的殷切期望，仍然主动将调解商事纠纷作为自己的一项主要职责。后来的事实也表明，商会不仅能够胜任这一职责，而且因此受到商人的交口赞誉；就连清朝商部也对商会受理商事纠纷的积极作用与影响给予了充分肯定。

在清末，也曾有地方官府对于由商会掌握审理商事纠纷的大权不满，认为这是商会侵夺地方官的权限。1909年，浙江湖州劝业道即曾批示武康县商务分会章程说："查核所拟章程，诸多不合，并有理案问案等名目，尤属侵越行政之权。即欲调处商界争端，亦仅能由该会协议和息，不得受理诉讼。"① 此批示在《华商联合报》刊出后，立即受到许多商会和商人的指责，使地方官府对商会受理商事纠纷未敢再予干涉。

二　受理商事诉讼概况

由于清朝商部要求各商会按统一格式将理结各业讼案详细填录，按年呈报以资考核，因此保存完好的苏州及天津商会档案中都比较完整地留下了商会历年的理案记录，为我们了解有关情况提供了翔实的第一手资料。以苏州的情况为例，据粗略统计，苏州商务总会自光绪三十一年（1905）十月成立至次年十二月，受理各种商事纠纷讼案约达70起，其中已顺利结案的占70%以上，迁延未结而移讼于官府的不到30%。如从成立之时至宣统三年（1911）八月计算，苏州商务总会所受理的讼案更多达380余起，有的案件还经过了反复的调查与集会审议。因而可以说，受理商事纠纷已成为商会的主要活动之一。需要说明的是，因受资料限制，这里仅以苏州商务总会和天津商务总会为例，对商会受理商事纠纷的活动做一概略性的介绍。

① 《海内外商会纪事》，《华商联合报》第15期，1909年。

下面我们根据苏州档案馆保存的苏州商会档案，列出了苏州商务总会从光绪三十一年三月至宣统三年八月受理商事纠纷一览表（见表8-1），从中可比较全面地看出商会所受理的各类商事纠纷案。

表8-1　苏州商务总会受理商事纠纷一览（光绪三十一年三月至宣统三年八月）

光绪三十一年					
时间	案由	发文	受文	文件性质	编号
三月	为天津钱商新东号控追泰丰恒汇款事	√		案册	1
六月	为万源昌请追捐客周稚琴欠款事	√		案册	2
十二月八日	为保释正经商人濮茂之无端被提事	√	吴县	移	3
十二月	为孀妇华双氏控嗣孙华怡园谋夺遗产事	吴县	√	照会	4
十二月	为调处德森泰烟店房租纠葛事	√	华鲁室、华绍麟	函	5

光绪三十二年					
时间	案由	发文	受文	文件性质	编号
元月	为洽记福欠永丰庄银事	严幼卓		字据	6
元月	为同元庄与纯泰、厚大两庄欠款纠葛事	尹恭佑	√	略	7
元月	为酒作潘万成等六十一家奏请月短亏欠之三十二千文全行免摊事	√		案册	8
二月十二日	为镇江怡和缎号吴士开与韩钟先坠马之事	吴兆恩、李贞□	√	函	9
二月	为绸缎业缎庄陈顺兴等指昆山万盛号亏欠货款讼事	√		表	10
二月	为浒关镇乾裕钱庄停业倒欠巨款事	厚生庄、晋余庄	√	函	11

续表

光绪三十二年

时间	案由	发文	受文	文件性质	编号
二月	为上海永昌珠宝店抵押巨款期满不还事	安康、鼎康等庄	√	禀	12
二月	为珠宝业王开控告源泰昌商人潘子卿朝珠牵累讼事	√		表	13
二月	为人参业丁秉钧、丁秉常参燕铺被同业彭葆生私刻图章冒牌销售事	√		案册	14
二月	为纱缎业庞正裕纱缎庄庞渠请究泰生祥客商孙瑞芝拐货讼事	√		表	15
三月廿一日	为贡带店刘万源控玉山县永大升京货店欠洋请追案	商部	√	函	16
四月十一日	为镇大庄欠王有容货款事	王有容	√	禀	17
闰四月二日	为苏缎业逸记职商王桂三控贺稚斋欠砖事	√	吴县	移	18
闰四月四日	为洋务局催请日本领事速饬大东轮局请偿撞沉稻船之损失事	常州武阳商会	√	函	19
闰四月六日	为张悼云、徐春亭拖欠乍浦镇木行货款事	√	震泽县	移	20
闰四月八日	为立昌垦记张赓宾欠款事	上海商务总会	√	函	21
闰四月八日	为庞秉铨控徐津士捎账避匿图吞股款事	√	震泽县	移	22
闰四月十日	为腌腊牙行报追顺泰、万顺店主欠款事	√	吴县	移	23
闰四月十五日	为硖石镇谦吉钱庄拖欠仁和庄汇票巨款事	√	石门商会	移	24
闰四月廿三日	为董子范地基被夺涉讼断还契据事	√		契据	25
闰四月廿四日	为硖石镇米行违例加扣用钱事	√	杭州商务总会	移	26
闰四月	为珠宝业杨洪源请追上海杨正源珠号拖欠汇票事	√		表	27
闰四月	为缠线业汪丽生等卅五人指控归德云擅自认捐事	√		表	28

续表

光绪三十二年

时间	案由	发文	受文	文件性质	编号
五月十八日	为碛石镇宏盛丝行梁幼亭被王有福局赌涉讼事	苏省牙厘总局	√	照会	29
五月廿八日	为大丰豆行拖欠星记桐油号金鳌汇款事	√	长洲县署	移	30
五月	为乾丰槽坊倒闭店主逃匿涉讼事	√		案册	31
六月十四日	为陈云龙控吴锦安拒付房租及赖款事	苏省商务总局督办	√	照会	32
六月廿一日	为吴慰祖控钟羹梅行用庄款事	吴县	√	照会	33
六月十二日	为资生堂戒烟药铺被田某冒牌开店侵夺生涯事	章世熙	√	函	34
六月	为查清胡朱氏有否串通谋卖住宅事	俞王氏	√	禀	35
六月	为纱缎业乾和仁等九家控锦昌缎庄卷逃纱缎事	√		表	36
六月	为木渎镇万顺烧酒行假冒招牌事	吴章巨、吴章焕	√	禀	37
七月四日	为金匮县调停范司事盗卖积谷事	√	周舜钦	信件	38
七月十二日	为倪荫南受柳子仪拖累被控遭押事	长洲县	√	照会	39
七月	为张万丰店张寿尊控追徐鹤生欠款事	吴县	√	照会	40
七月	为绸缎业振源永号应惟彦蒋肇乾控俞顾氏诈扰讼事	√		表	41
七月	为芦墟米业欲减碛石米业行用以作学堂经费引起诉讼事	√		案册	42
七月	为严家颖控王仪新欠款不还事	严家颖	√	呈	43
七月	为学徒耿裕福盗窃银洋卷逃事	陈炳齐		略	44
八月廿四日	为吴焕控店伙滥放账目事	吴县	√	照会	45
八月	为张兆庆控余甫棠地基纠葛事	张兆庆	√	禀	46
八月	为绣货业沈调笙被陆冯氏冒夺地基粮串等证件事	√	吴县	移	47

续表

光绪三十二年

时间	案由	发文	受文	文件性质	编号
九月三日	为德泰恒控洞庭东山万昌祥欠款事	苏省商务总局	√	呈	48
九月廿六日	为恒孚银楼程椿控正丰水银楼冒用商标事	√			49
九月廿八日	为瑞隆洋货店欠款事	上海商务总会	√	移	50
九月	为渔业盛泽镇程祖荫、石品阶争设鱼箭互控讼事	√		表	51
九月	为堆栈业经董窦士镛等控堆栈司事范雨人及栈主潘家穗等粜卖积谷讼事	√		表	52
九月	为汪昌骏等控复兴酒号店东陆子安抗欠货洋事	汪昌骏等	√	禀	53
九月	为森昶庄欠款事	杨之达	√	移	54
十月一日	为阊门水果店余鸿源被同业张兆卿捏控押迁事	农工商部	√	函	55
十月八日	为控汪兰生拖欠货款事	永豫等庄	√	略	56
十月廿日	为方丽泉被海宁袁花镇锦昌帽铺拖欠货款事	松江商会	√	移	57
十月	为控盛康余店主乐荣樟欠款事	潘毓甫等	√	移	58
十月	为吕万泰猪行主吕清辉控告平望镇肉店翁万顺等三家欠款讼事	吕清辉	√	表	59
十月	为盛康余洋广货铺倒闭请赐追究以全血本事	倪锦顺	√	呈	60
十一月十三日	为九丰米栈被元丰泰车东王国桢拐骗洽记莱子脱逃被诬事	九丰米栈	√	禀	61
十一月十五日	为庆昌丰木行控万年长寿器店主诸锦斋拖欠货款事	程良	√	禀	62
十一月十五日	为天保祥茶栈在苏开设分栈与黄锦章地基纠纷事	上海商务总会	√	移	63

光绪三十二年					
时间	案由	发文	受文	文件性质	编号
十一月廿七日	为张云开诬控浒关席业倪恒盛等十八家事	浒关席商倪恒盛等	√	禀	64
十一月	为控告鼎康钱铺方仲达骗取珠宝事	万源昌、永昌	√	节略	65
十一月	为木业浒浦裕昌丰木行控唐鸿茂木行短欠货款讼事	√		表	66
十一月	为邹大钧开设邹永兴木行被长洲县差提办事	√		案册	67
十一月	为祥中阁装潢店主邵松云控湖州永庆祥装潢店欠款事	√		案册	68
十一月	为上海三星纸烟公司在苏设立分销处购地造房遇阻事	√		案册	69
十一月	为米业立成祥米店主薛逸卿被巡警学堂下灶殴打事	√		表	70
十一月	为洽记福米行主陈欣如等控九丰行定货不斛事	√		案册	71
十二月	为严幼卓欠款讼事	√		案册	72
十二月	为洋货业高慰祖诬控朱嘉佑持账索欠打毁高氏什物讼事	√		表	73
十二月	为顾韵记裱褙店追索湖州永康祥扇店欠款事	√	长洲县正堂	公函	74
光绪三十三年					
二月六日	为万顺兴入鲜行控湖州笋档头吴德山等吞没信洋事	农工商部	√	信	75
二月九日	为厚丰钱庄经账人梁溶等侵吞钱庄资本事	吴县	√	照会	76
二月廿一日	为元隆复记木行控黄顺木行欠款事	沪南商务公所	√	函	77
二月廿八日	为程炳惠控徐敬卿收银图赖串店索银事	元和县	√	照会	78
二月廿八日	为徐永修控程炳惠定货亏折捏控图赖事	元和县	√	照会	79

续表

光绪三十三年

时间	案由	发文	受文	文件性质	编号
二月	为逸记缎庄鲍福年控嘉兴郭恒顺拖欠货款事	√	嘉兴商会	移	80
二月	为程子美与福源土号款项纠葛事	姚丙然、尹泰佑	√	函	81
三月三日	漆商姚生记等控追盛泽杨源泰等欠款事	嘉兴府商会	√	移	82
三月六日	天津钱商新号记姜恩铭控苏州洞庭东山泰丰恒赵吟斋欠款事	天津商务总会	√	移	83
三月	车坊鲍德泰酱园被叶姓诈借洋款事	梅里商务分会	√	信	84
四月七日	为陈关福控蒋惠仁等欠款事	苏省商务局	√	照会	85
五月十六日	为吴颂龄吞没股本利息事	长洲县	√	照会	86
五月十七日	为江民康与信泰茶行争费口角引起殴打讼事	江民康	√	函	87
五月	为金天顺等三酱园欠款事	长洲县		照会	88
五月	为荣昶衡绸庄被陆镜诬控欠款事	陆原灏	√	函	89
六月	为珠宝业倪源源等被掮客周稚琴卷逃珍珠事	上海商务总会	√	移	90
六月	为徐源茂追诉江阴青阳镇商董李颂平欠款事	嘉兴府商会	√	函	91
六月	为陈晋甫硬赖酒款吞没酒甏事		√	函	92
七月一日	为同裕恒洋货店经理杨次明昧良图吞事	沈增佺	√	禀	93
七月四日	为药业德大等控流氓盯梢酿成人命案	仁记恒	√	函	94
七月十六日	为协泰昌煤铁号控店伙蒋广林等串吞客账事	农工商部	√	函	95
七月廿六日	为衡泰顺缎庄赵资生欠款纠葛事	农工商部	√	公函	96
七月	为广货商东源茂、西源茂控追常熟县新通源货款事	常昭商会	√	禀	97

光绪三十三年					
时间	案由	发文	受文	文件性质	编号
七月	为同泰恒洋货号控无锡懋昌祥串吞货款事	杨彝夫	√	函	98
七月	为正大咸货行万源南货店等控写镇沈裕牲、源盛牲倒欠货款事	√		月事记	99
八月廿一日	为沈吉浦倒欠货洋事	元和县	√	照会	100
八月廿六日	为徐汝霖醉酒到店毁坏货物事	稻香村龚秀亭	√	禀	101
八月	为被周荣大串吞小麦事	曹士龙	√	呈	102
八月	为陆稿荐肉铺抵款纠葛事	陆念椿	√	禀	103
八月	为房屋被占求请移县理处事	谢锜	√	呈	104
九月二日	为坑基业经改良无碍街道恳求体恤事	杨春庭	√	禀	105
九月十二日	为顾秉钧索要酒资引起口角争殴事	方久余	√	函	106
九月十二日	为同合庄股东吴景祺等侵吞巨款被控事	吴县	√	照会	107
九月十四日	为张锦记图吞资本求提追款事	汪合盛酱园	√	禀	108
九月廿二日	为义厚铜锡店拖欠巨款事	省农工商务局	√	照会	109
九月	为升阳馆饭店书邹阿五图吞货款不还事	朱荣圻	√	禀	110
九月	为控尤同叔行凶殴打事	王恩仁	√	禀	111
十月	为控私质店陈子梁欠款请提案缴清以保血本事	恒裕、瑞丰	√	禀	112
十一月一日	为广货店主陈松泉昧良图吞货款事	信丰恒等八家	√	禀	113
十一月一日	为同合庄亏闭案内摊派事	严升	√	禀	114
十一月七日	为秦合兴店主秦仲梅欠款不偿揩鬃赖吞不还事	蠡墅镇酒商冯正记	√	禀	115
十一月十日	为杨通贵父子勾串设计吞款事	广货业商号东、西源茂	√	呈	116
十一月一日	为崇明排衙镇顺丰泰拖欠货款事	酒作张裕大	√	节略	117

续表

光绪三十三年					
时间	案由	发文	受文	文件性质	编号
十一月十日	为新构栈屋被吕奭氏等扰累事	芦墟镇陆革丰米行	√	禀	118
十一月十四日	为猪行经理朱杏福被该行董事控以欠缴猪捐事	肉业职商吴培卿	√	保状	119
十一月	为控丰泰义费竹卿串吞定洋事	汪培根	√	禀	120
十二月四日	为同酥股东姚菊记欠款事	董立善等三十四户	√	禀	121
十二月十日	为顾新之欠款恃符挺押经年不缴事	王汝贤	√	禀	122
十二月廿一日	为童天宝控德和庄欠款事	吴县	√	照会	123
十二月廿三日	为上海鼎康、同兴庄牵涉苏宝昌号欠款事	上海商务总会	√	移	124
十二月廿三日	为同兴洋货号朱雍甫、赵畏三欠款逃匿事	上海商务总会	√	移	125
十二月廿五日	为大丰恒股号欠裕源庄等货银事	吴县	√	禀	126
十二月廿六日	为与吴仲英店款纠葛事	汪世荣	√	照会	127
十二月廿六日	为朱振昌倒闭亏欠事	吴连生等	√	移	128
十二月廿八日	为田鉴堂等新旧欠款事	上海商务总会	√	呈	129
十二月	为上海鼎康庄控追永昌珠宝店欠款案	上海商会		案册	130
光绪三十四年					
一月廿六日	为控泰和染坊戴阿虎短欠货款事	德大昌	√	禀	131
一月	为世义信票号及宝兴纱缎庄欠银事	宝康钱庄	√	呈	132
一月	为义源仁倒闭图吞存款事	袁广镕	√	禀	133
一月	为与邵秋农合开店铺欠款纠葛事	李武臣	√	据	134
一月	为万美粮食酱园欠同顺庄号存款请按情公判事	吴其钊	√	略	135
二月三日	为倪三寿等冒牌行业是否属实事	吴县	√	照会	136
二月六日	为汪文奎控洪仁福诳骗巨款事	长洲县	√	照会	137
二月十二日	为鼎裕等庄与义源仁纠葛事	√	长洲县	移	138
二月卅日	为孔继荣控孔凤春香粉牌号假冒事	杭州商会	√	移	139

	光绪三十四年				
时间	案由	发文	受文	文件性质	编号
二月	为控郁子良以代销为名图吞广顺茶行栈存茶叶事	范子序	√	禀	140
二月	为被周荫嘉诬控事	黄浦三	√	节略	141
二月	为控恒大肖号荤油行股东方荦初等勾串吞卷逃案	顾鸿宾、戴恩荣	√	禀	142
二月	为唐垂仁侵占地基事	吴亮基	√	禀	143
三月一日	为福来康益记参号与郑无锡口角被控事	丁秉钧	√	禀	144
三月五日	为乾元钱庄管事经理荐保庇匿逃伙串吞巨款事	陈介眉等	√	禀	145
三月廿一日	为黄德培侵吞庄款事	吴县	√	照会	146
三月	为顾继元欠款不偿事	吴县	√	照会	147
四月一日	为顾新之欠款案已理明请批销事	王汝贤	√	结	148
四月六日	为保怡堂及沈沂伯合股纠纷事	王子涵	√	函	149
四月	为腌腊业增懋行被徐介繁骗贩腌猪事	√	沪南商会	函	150
四月	为控大丰烧酒行主金悦如图赖垫款事	金日章	√	禀	151
五月	为浒浦口济昌晋记南货号店东潘晋涛拖欠货款事	永源商号	√	禀	152
六月二日	为被控败坏名誉事	车方镇	√	节略	153
六月十九日	为控董万升酒店欠款事	王建林	√	禀	154
六月廿四日	为恒泰酱园股东程和丰出替他姓事	农工商务局	√	照会	155
六月	为地基被人侵占事	叶寿松	√	禀	156
七月廿三日	为杨世勋违背父命吞没遗款事	苏州府	√	照会	157
七月廿七日	为上海瑞裕新信记欠款事	√	上海商务总会	移	158
七月	为查清曹巨成股本银事	李祖怡	√	略	159
七月	为久章洋货店亏欠胡吟记洋款事	洪源	√	移	160
七月	为积欠货款请追偿事	沈德庆	√	禀	161

光绪三十四年					
时间	案由	发文	受文	文件性质	编号
七月	为冯聘生延宕欠款迹近串骗仰求提追事	√	苏州府	呈	162
七月	为控船户沈福寿殴击更夫事	乾泰成粉行	√	移	163
八月十二日	为冯利泰纸行欠款事	姚元彬	√	禀	164
八月廿三日	为凌水龙、李松廷、陈阿三等欠款事	福州商会	√	照会	165
八月	为控方康林擅加房租事	翁大士	√	禀	166
八月	为控高俊伯拖欠贷款事	刘广源	√	禀	167
九月十四日	为天成倡汇票不允照付案	盛泽镇	√	牒	168
九月廿六日	为盐城县徐安仁欠款不偿事	许宝根	√	节略	169
九月廿八日	为控周敏之勒索事	张子裕	√	略	170
九月	为商民周童金遗失支票纠纷事	农工商务局	√	照会	171
九月	为朱希泉倒骗巨款事	苏常邦	√	函	172
十月一日	为朱振昌布行倒骗巨款事	布政使司	√	照会	173
十月十六日	为靴鞋业公务纠纷事	靴鞋业代表	√	节略	174
十月十九日	为控湖州云乐德欠款事	孔庆森	√	呈	175
十月	为上海南市元源庄欠款事	源康庄	√	呈	176
十月	为陈云坡等钱财纠纷事	程梅生	√	呈	177
十一月二日	为义泰油坊售饼纠葛事	蓬莱镇义泰油坊	√	函	178
十一月十日	为杨温如坑所被地保撬去石板木板事	南路巡警分局	√	照会	179
十一月十七日	为江阴济慈典柜还仁和庄银事	庞延祚	√	照会	180
十一月廿五日	为控追纪昌德昌庄款事	嘉兴商会	√	移	181
十一月廿四日	为万源南货店欠债数目平摊事	吴县	√	照会	182
十一月廿五日	为程粹修抵借庄款纠葛事	上海商务总会	√	照会	183
十二月	为盛泽镇大悲庵香工伪造支票事	豫康庄	√	禀	184
十二月	为张阿牛等十户欠款事	高立汤等	√	禀	185

	光绪三十四年				
时间	案由	发文	受文	文件性质	编号
十二月	为张隆盛控康公兴欠款拖延不还事	平望商务分会	√	牒	186
是年	为控吴仪甫吴质丈图吞存款事	严良栋	√	函	187
是年	为控丁寅清诬告串诈图赖借银事	沈映泉	√	禀	188
	宣统元年				
正月	为陆朗斋控追金尉之欠款事	江震分会	√	牒	189
二月九日	为福昌东皮店欠款不还事	吕月亭	√	禀	190
二月廿日	为衡丰庄遗失庄票牒请传知易各庄事	清浦商务分会	√	牒	191
二月廿七日	为隆顺皮坊店控吕毓延欠款不还事	六合商务分会	√	牒	192
闰二月廿九日	为马玉廷为胞弟马志诚在粤被诬通匪要求昭雪事	广州商务总会	√	移	193
闰二月	为周子余骗折出票换现遁迹事	沈尔庶	√	节略	194
闰二月	为丁良卿图赖货款请提到案从严讯追事	刘敬襄		禀	195
闰二月	为由沪装运洋货被车站遗失请移沪宁铁路总办派委详察事	恒裕	√	略	196
三月十日	为沈茂顺请究店伙盗用折银根追荐保事	农工商部	√	函	197
三月十一日	为屈承栈归还王辑欠款事	√	苏州府	移	198
三月廿三日	为枫桥润泰米行陈祥馨倒欠货款事	√	吴县	移	199
三月廿三日	为掮客程某欠款事	√	丹阳商会	照会	200
三月	为串诱附股得洋倒闭欠延不理事	张存义	√	禀	201
四月三日	为正大庄主柳伯倒欠庄款事	√	农工商务局	移	202
四月十六日	为宜兴船户徐永生吞没苏州布业源昌盛号货款事	√	锡金商会	照会	203
四月十六日	为南汇县朱赓堂拖欠唯亭镇丰记协米行货款事	√	南汇县	移	204
四月十七日	为邱光耀催追无锡介福绸号吴伯贤、赵伯群欠款事	√	锡金商会	照会	205

续表

宣统元年

时间	案由	发文	受文	文件性质	编号
四月廿日	为仁泰钱庄执事王辑捏词图赖事	√	苏州府	移	206
四月廿二日	为亿源绸号詹晋臣追缴苏州老仁和震记号货款事	√	广州商会	照会	207
四月廿三日	为控振丰永倒欠货款事	√	乾源信	节略	208
四月廿三日	为王国魁票银结案事	√	嘉兴商会	照会	209
四月廿四日	为宋安生租赁招牌纠葛事	√	唐文记	节略	210
四月廿五日	为同泰恒号洋布被窃缉赃无着事	√	长洲县	移	211
四月廿六日	为菱湖徐泳昌行主欠款事	菱湖商会	√	牒	212
四月廿七日	为湖郡增泰等行与同里镇钱大盛京货店底货纠葛事	√	江震分会	照会	213
四月廿八日	为宋资善被用直镇永吉布店主胡培太拖欠借款事	√	元和县	移	214
四月廿八日	为伙友陈惟□受诬事	杨宗仁	√		215
四月廿九日	为源康等十五庄被济庄股东设骗事		农工商局	移	216
四月卅日	为同信昌钱庄控江苏候补知县廖元龙拖欠损款事	广丰商会	√	牒	217
四月	为老德兴糖果店吞没货款事	德泰恒南货号	√	节略	218
五月二日	为程慎卿禀德隆店东吴志铭挟嫌诬报事	√	长洲县	移	219
五月四日	为阻止积功堂董司事等取水挤压事	√	吴县巡警总局	移	220
五月十五日	为南货店主费彩荣拖欠永源号万祥号货款事	√	吴县	移	221
五月廿四日	为劝办官捐款被挪动事	√	廖大令	函	222
五月廿四日	为吴志铭、程慎卿东伙账目纠葛事	张茂时	√	呈	223
五月廿四日	为济康庄股东李祖怡欠款等事	√	农工商局	移	224
五月	为控玄妙观前洙泗巷口唐姓丝线店图赖欠款事	谭松延	√	禀	225
六月六日	为严显德庄票被焚移请立案事	√	苏州府吴县正堂	移	226

宣统元年

时间	案由	发文	受文	文件性质	编号
六月十日	为将施义增交保派差押令收账勒提在逃各股东务获究追案	广州府物产会事务所	√	照会	227
六月十四日	为陆稿荐店主陆念椿抵款纠葛被各猪行押追事	√	吴县	函	228
六月十五日	为太湖渔业陶迎炳控光福镇窑上潭东一带行户违章揽货事	√	吴县	函	229
六月十五日	为上海南市立生庄拖欠苏州庆丰、鼎裕二庄货款事	√	上海南市商会	移	230
六月十五日	为恒益顺米行控日本贸易洋行大班虎贲购买菜子凭票向取拒付货款事	√	上海商务总会	移	231
六月廿三日	为米商钱松筠无端被人捏控事	√	长洲县	移	232
六月	为控周庆泉欠老仁和真记货款事	孙慕周	√	呈	233
七月二日	为徐任氏朦控虞光润昧良欺寡图赖资本事	农工商务局	√	照会	234
七月	为王泰丰木行经理金永丰请追王春和木作欠款事	农工商部	√	函	235
七月	为将万源管事施义增暂行销案开释事	永禄庄等	公祖大人	禀	236
八月十日	为常熟张姚氏商船和收欠款在逃移清提案押追事	√	常熟县	移	237
八月十一日	为担保人奸诈拖欠米款事	√	长洲县	移	238
八月十一日	为顾鸿宾拖欠货款事	√	长洲县	移	239
八月十七日	为杨崇伊强追借款至期延宕事	仁和庄前经理	农工商务局	照会	240
八月卅日	为传徐子田饬将欠款缴清事	上海商务总会	√	照会	241
九月十七日	为控追凌福生、许梧岗欠款事	糖果业益昌尧	√	呈	242
九月廿六日	为东昌等商号追索万源南货店欠款事	√	乍浦商会	函	243
九月廿八日	为林三和店东林子和东伙欠账纠葛事	√	苏稼秋	函	244

	宣统元年				
时间	案由	发文	受文	文件性质	编号
九月	为祥申阁书画请县谕禁裱作把持事	邵松云	√	略	245
十月四日	为杭禄记等纱缎庄控追新市源记绸店欠款事	√	杭州商会	函	246
十月十一日	为刀徒捏控厘捐事	宿迁分会	√	牒	247
十月十六日	为章练塘镇贻善学堂江宏济、沈巧澄互控事	江震分会	√	牒	248
十月廿日	为董鸿翔图谋巨款事	丁沈氏	√	呈	249
十月	为追永元庄欠颐泰等庄银款事	源康庄等六庄	√		250
十一月七日	为方硕孚借款纠葛事	丁沈氏	√	呈	251
十一月九日	为请秉公理判合大期票到票不付一案事	√	方惟一	函	252
十一月十九日	为增裕购地公司弓庄元季购地纠葛事	√	上海商务总会	函	253
十一月	为乾丰衣庄欠陈顺兴货款事	陈顺兴	√	节略	254
十一月	为请追菱湖徐源记定货案事	□椿云和记丝行	√	禀	255
十二月十日	为大丰震豆腐主吴敬安欠经来货洋八千余元等	晋泰庄、晋源庄等	√		256
十二月廿四日	为杨崇仁控吴敬安诱借巨款案	苏州府吴县	√	照会	257
十二月	为控菱湖徐永昌行主徐菊泉串骗信洋事	潘苣汀	√	禀	258
十二月	为控大肖亭绸布店邓笠齐等串吞货款事	陈嘉铨	√	禀	259
十二月九日	为邹大昌被窃木植延不缴赃事	√	警务公所	函	260
十二月十日	为遗失庄票登报声明等事	《申报》	√	报刊	261
十二月十一日	为代递烧酒业吴宜顺等原禀请查汇太和荤油行欠款不交事	√	吴县	移	262
十二月十五日	为常熟寿丰等庄控浒浦永元庄欠款事	√	元和县	移	263
十二月十七日	为瑞信泰洋货行洪甫华朱复初股东纠葛案	上海商务总会	√	函	264

宣统元年					
时间	案由	发文	受文	文件性质	编号
十二月	为王汝梅与王少缓股份纠葛事	恒裕号代表郭化钧	√	禀	265
十二月	为益昌亏倒封盘抵债事	√	上海商会	函	266
十二月	为胡鉴之兄弟欠款事	√	长洲县	移	267
十二月	为裕源仁等庄禀请锡金商会盘收仁昌庄账款事	√	农工商务局	呈	268
宣统二年					
是年	为杨耀廷究追所欠源昌祥货款事	√	吴县	移	269
一月廿八日	为马振记绸庄马振声女子伪造支票事	√	吴县	移	270
一月廿八日	为赴常调查常州布捐公所勒罚事	√	李燮堂	函	271
正月初十	为函常昭二县饬提孙云翔列案讯追勒令如数清偿事	苏省农工商务局督办	√	照会	272
正月廿一日	为漾记等柏油行运油船被同里卡局以单货相离将货充公案		√	照会	273
正月廿二日	为林曾鉴控朱祥生冒牌欠款事	农工商务局	√	照会	274
正月廿六日	为本会处理洪文蔚等股东退还晋丰钱庄股票事	昆新商务分会	√	牒	275
正月	为约日邀同朱董及杨伟伯在会清理交割还款事	吴敬安	√		276
二月十二日	为泰丰庄欠款事	农工商务局	√	照会	277
二月十二日	为上海元源庄结欠规银事	√		常会会议录	278
二月十六日	为永源控追吴鼎盛倒欠货款事	吴县	√	照会	279
二月十六日	为沈退园存款清还事	苏省农工商务局督办	√	照会	280
二月十七日	为控告梅里商务分会假公徇私事	德隆庄左利荣、乾元庄	苏州府吴县	禀	281
二月	为控告振隆信成布店胡鉴之等串吞货款事	同福利等	√	呈	282
二月	为银折被盗冒支庄款恳求移请立案事	信泰慎号监生马锡庭	√		283

宣统二年					
时间	案由	发文	受文	文件性质	编号
三月二日	为抵产台赎事	上海裕祥店	√		284
三月六日	为宏大经纬号店伙私取庄折冒支银洋事	√	锡金商会	函	285
三月	为经纬业冯敬之伙友窃庄被控事	绍兴会商务分会	√		286
三月	为救火队与巡警冲突事	√	警务分所	函	287
三月	为鼎昌裕木号控永丰长寿器店拖欠货款事	张能	√	禀	288
三月	为李季修欠款事	德和庄	√		289
四月二日	为许祥宝等提案严追欠款事	√	警务分所	函	290
四月十六日	为寿梦周清理潘庆台账目纠葛事	农工商部	√	函	291
四月廿日	为元大油店拒结欠银事	陈志诚	苏州府	控告信	292
五月八日	为泰丰庄欠德隆等款事	农工商务局督办	√	照会	293
五月十八日	为洽和号店主陈星安追查被殴事	√	元和县	函	294
五月	为追控李恒记店主李有亮欠款事	沈茂顺	√		295
五月	为浙江乌镇钱隆盛北货店欠银事	王兆祥	苏省商务总局商会总理、协理	函	296
六月六日	为星记油号与商阴嘉纠葛事	朱家角商会	√	牒	297
六月八日	烧酒业吴万顺等请追江太和欠款事	农工商务局	√	函	298
六月八日	为盈丰裕木号控追金任记户昌丰木行欠款事	√	程纪卿	函	299
六月八日	为周庄万兴馆袁张氏与费卢氏债务纠葛事	江苏巡警道	√	移	300
六月十三日	为蓝昌尧糖果店亏倒事	元和县	√	照会	301
六月	为陆曜彦控严蟠香捐交房款事	元和县	√	照会	302
六月	为因公受侮后患堪虞请调查平均抵偿事	孙镜清	√	禀	303
六月	为吴恒新茶叶店欠苏州诚泰源茶行银款事	√	金坛商会	函	304

续表

	宣统二年				
时间	案由	发文	受文	文件性质	编号
七月一日	为胡致和赊欠源昌鱼款事	√	海门所梁	移	305
七月八日	为王颐吉米栈仿造米票事	√	江苏巡警道	移	306
七月十二日	为王永顺木行请追吴仲梅造屋欠款事	√		案册	307
七月廿九日	为乌镇钱隆盛北货店欠永康主折款事	农工商务局	√	照会	308
七月	为高万东欠星记油行货款事	√	朱家角商会	函	309
八月二日	为茂兴肉庄欠款案	√	沈立群	函	310
八月四日	为请饬商隆泰等庄照章付货事	√	锡金商会	移	311
八月十四日	为德和庄街伙刁文卿盗用银两事	农工商务局		函	312
八月廿一日	为张绍英摊派亏款事	李荫荣、刘树仁、顾光颐	苏州商会总理、协理	函	313
八月廿二日	为王培生欠梅里张君盛猪行银款事	√	元和县	移	314
八月	为同泰等四钱庄诉无锡商隆泰米栈掮捺定货事	农工商务局	√	牒	315
九月六日	为广太酱园昌书存折事	√	元和县	移	316
九月八日	为匠头周大发、夏福生欠款事	周昌荣	√	略	317
九月十六日	为恒康等庄与谈桐生押款纠葛事	√	农工商务局	移	318
九月廿二日	为永源南北货清查关林盛茶食糖果店结欠货事	√	吴县	移	319
九月廿四日	为周庄兴茂肉庄欠款事	√	梅里商会	函	320
九月	为福泰源与郁同泰货款纠葛事	√	蔡建安	函	321
九月	为夏德友变产赔偿事	吴县		函	322
九月	为控杨厚卿等拖欠货款事	马文林	√	函	323
十月三日	为左殿华、徐润泉侵吞巨款案	芜湖商务总会	√	移	324
十月四日	为和记地货号主追欠歇伙汪阿寿事	√	元和县	移	325
十月四日	为万昌祥欠德泰恒货款案	√	太湖所	移	326
十月十一日	为吴君蔚家属追偿欠款事	√	农工商局	移	327

续表

宣统二年					
时间	案由	发文	受文	文件性质	编号
十月十一日	为老仁和真记绸庄欠款事	√	正阳关商务总会	移	328
十月十二日	为夏龙庆等吞赖账款事	仁和昌腌腊行	√	禀	329
十月十四日	为余均培控庆昌丰等鲸吞货款事	√	农工商局	函	330
十月十六日	为慕兴商会禀请饬追斜圹镇王恒泰橹行欠款事	农工商部	√	函	331
十月十六日	为与震泰记木行欠款纠葛事	√	斜圹王恒泰橹行	函	332
十月廿九日	为徐渔仙与锡庄理偿欠款事	√	锡金商会	移	333
十月	为慎阳号等结欠仁和昌腌腊行货款事	√	长洲县元和县	移	334
十月	为龙章庄与维生庄存款纠葛事	√	长洲县	移	335
十一月十六日	为恒椿丝行欠款事	√	菱湖商会	移	336
十一月廿日	为汪砚宾欠震濰鸿米行货款事	√	常熟东圹商会	移	337
宣统三年					
一月十日	为钱义兴酒行欠款事	张謇	√	函	338
一月十八日	为益大庄摊还洋元付给德隆庄事	√	昆新商会	移	339
一月廿八日	为大伊山荣泰号欠款事	√	海州商会	移	340
一月	为控追王信茂拖欠货款事	仁和昌	√		341
正月廿三日	为鼎裕等被无锡仁昌庄倒欠巨款事	√	商务议员	移	342
正月廿七日	为顺康庄追屡泰丝栈股东刘雨蘋欠款案	调补江南巡苏松太兵备道刘	√	移	343
二月六日	为黄鸿翔吞款事	√	苏州府	移	344
二月十一日	为余均培报追金根顺结欠货款事	√	苏省地方审判所	移	345
二月十四日	为沐泰山股东纠葛事	√		案册	346
二月廿四日	为顺德庄误失庄票事	√	扬州商会	移	347

宣统三年					
时间	案由	发文	受文	文件性质	编号
二月廿八日	为股份纠葛事	鼎丰洋行货号程祥、吴培	√	略	348
二月	为常昭商会业董被诬事	常昭分会周德泉等	√	呈	349
二月	为常昭商会袁圻地基事	√	倪永裳	函	350
三月三日	为渭升酒店欠款事	徐复亨号	√	略	351
三月十六日	为福裕钱庄亏损事	职商钱经铭	√	略	352
三月廿一日	为垫解库款迫恳代请给还事	苏州源康庄	√	略	353
三月廿三日	为益大庄摊还德隆庄款事		新阳县	移	354
三月廿九日	为将浒浦泰丰庄结欠巨款案卷宗移送地方审判厅事	德隆庄左利荣、乾元庄王武贤	√	略	355
三月	为驻苏皮货店主陈道德欠两庄银洋不还事	永豫庄、裕源仁庄	√	略	356
四月一日	为陈道德拖欠永豫庄、裕源仁庄银款事	√	丹徒县	移	357
四月十三日	为控告船户夏德友等盗卖货物事	王春生	√	禀	358
四月廿六日	为曹润之销案并夏侯福地基纠葛事	√	吴培卿	函	359
五月五日	为福裕东伙账目纠葛事	√	钱仲歇	函	360
五月十日	为福裕庄欠晋豫庄款事	√	浏河商会	照会	361
五月十五日	为沈余昌请追倪瑞堂欠款事		松江商会		362
五月廿六日	为泰丰义药行案	√	沈锦云	函	363
五月	为松江倪瑞丰油锅结欠货款事	沈余昌冶坊	√	略	364
六月一日	为洋货业瑞丰等布店往来货款案	通崇海泰商会、通州农务分会	√	函	365
六月二日	为洋货业瑞丰、恒裕两号请追泰和祥欠款事	√	常州商会	移	366
六月四日	为鼎裕等庄与仁昌欠款纠葛事	√	锡金商会	移	367

宣统三年					
时间	案由	发文	受文	文件性质	编号
六月十三日	为审理永康庄追究骗取款项案	商事公断处	程子范	审案记录	368
六月十五日	为审理大生祥庄部分股东贪污案	洪家福	√	函	369
六月十六日	为处理永康庄追究骗款事	√		案册	370
六月十六日	为溧阳钱庄拖欠苏州钱庄货款事	√	清理源丰润、义善源账房处	移	371
六月廿七日	为罗永盛欠款事	√	赵亦泰	函	372
闰六月十日	为南北海货业商水源老如号控追镇江复兴源欠款事	√	镇江分会	移	373
闰六月十一日	为永源等号请追欠款事	√	镇江分会	移	374
闰六月十一日	为李厚祁全丰酱园备抵公款事	承宣布政使司	√	照会	375
闰六月十六日	为李绍闻偿欠事	沪南商务分会总理	√	牒	376
闰六月廿五日	为信泰茶行程维贤请追裕茂和记茶行欠款事	√	杭州商会	移	377
七月三日	为杭州义昌等钱庄被顺记纸花行唐曹贤欠款事	金承朴等	√	函	378
七月八日	为德泰恒请追洞庭山万昌祥欠款事	√	太湖厅	移	379
七月十一日	为杨仁林堂笔号伙友冒牌事	√	理案员	函	380
七月十九日	为绣货被卡扣罚案	√	蔡子	函	381
七月廿三日	为寿丰鼎裕等庄追永亢钱庄拖欠巨款事	√	√	呈	382
八月	为伪造礼票冒取钱物事	孙春雷	√	禀	383
八月	为炭客王小弥诉讼船户汪义德装炭少货事	洽兴泰记煤炭行	√	节略	384
八月	为杨瑞卿禀控华经魁冒牌事	杨瑞卿	√	禀	385

注：表内凡以"√"标示者，均指苏州商务总会。

就一般情况而言，由商会受理的讼案均与商务有关，但细分之内容也比较广泛。最多的是钱债纠纷案，即控追欠款等；其次是假冒牌号、拐骗等；另外还有劳资纠纷、官商摩擦、华洋商纠葛、股东间矛盾，等等。类似钱债纠纷、假冒牌号等案，商会大都自身即能迅速了结。而处理劳资纠葛和华洋商之间的冲突时，则往往不得不借助官府势力的支持，因为商会在处理劳资纠葛和华洋商之间的讼案时受到许多限制：其一是商会无巡捕人员在必要时实施弹压，也无权扣押或拘捕劳工；其二是华洋商人之间的讼案，涉及国与国之间的外交事务。商会作为纯粹的民间组织，也无法与外国驻华领事及有关机构就华洋商人的纠纷直接进行交涉。对于华商与华商之间的商事纠纷，商会则可以依靠其在各业商人中的权威，迅速进行调解或审理。以下我们选取若干案例，对商会受理各方面商事纠纷的具体情况略做介绍。

光绪三十二年（1906）二月，苏州信隆草药店主要股东之一姚氏病故之后，余各股东拟折股，置姚氏利益于不顾。姚氏之妻遂控告于苏州元和县县衙。县衙迁延数月未受理，后移交苏州商务总会审理。商会邀集双方，依据情理与有关规定，多次切切劝导，迅速断结，"两造输服，情愿息讼免累"，很快即各具息讼切结，移县销案。[①] 这是商会成功受理股东之间商事纠纷的典型案例。

1909 年，在天津从事采购药材等货运售广东、香港等处的河南商人所开商号全盛祥，积欠津商货款银 79900 余两之巨，因无力偿还而逃遁。天津药材商无处讨回债务，不堪蒙受如此惨重的损失，只得禀请天津商务总会受理此案。津埠药材商天聚号等在致天津商务总会的呈文中申诉说："伏思商等开设药材局，所做生意向系批买各帮客货，转手售卖。今伊号（指全盛祥——引者注）买货居大多之数，一旦私行逃走，坑骗货银，商等力薄如绵，将无法以抵偿他帮客货。值此市

---

① 《苏州商会档案》第 165 卷，第 50 页，苏州市档案馆藏。

面奇窘，商业情形已成弩末，全盛祥坑骗巨款，商等力不能支，窃恐市面恐慌，全局因之摇动。"为此，请求天津商务总会查封全盛祥"全数财产备抵，以维商务而傲将来"。① 天津商务总会收到天聚号等药材商号的呈文后，立即派员查实，获悉有关情况确实无误，随后查封全盛祥所有存货及财产，并将其存货与财产变卖抵还债主，在一定程度上弥补了天津药材商所遭受的损失。当时，除津埠药材商对全盛祥提出禀控外，其他外地驻津商号如大德恒、大德通、源丰润、义善源等，也因全盛祥欠款而蒙受了一定的损失，请求天津商务总会主持清偿。最后，天津商务总会又从中调解，将变卖全盛祥存货及财产所得资金中的 1200 两，抵还大德通、义善源、源丰润等商号，从而使轰动津埠的一起欠债私逃案得以解决。这称得上是商会受理钱债纠纷案的一个成功实例。

关于欠款钱债纠纷案，除采取上述由商会查封欠债商号资产，变卖补偿债权人的办法予以解决外，还有不少系由商会从中加以调解理结，债主自愿予以清还。例如，1907 年，苏州洽记福米行积欠永丰钱庄之款共计银 6000 余两，永丰钱庄请求苏州商务总会帮助追还。苏州商务总会经过数次查核审理，确认有关事实后，加以调解并提出处理办法：由担保人赔偿 3000 两，剩余部分照洽记福归还他庄之例，以七二成归偿。"其二七七成，另立兴隆票作讫。"② 又如苏州星记桐油号汇款千元至大丰豆行，但大丰豆行闭歇，星记无法追回汇款，只得诉诸苏州商务总会。经苏州商务总会受理并进行调解后，原告与被告双方同意该款以六成折偿，并议定由大丰豆行业主分两月交现洋500 元，另立期票 100 元，原千元汇票则予注销。③

---

① 《药材商天聚号等禀控河南怀帮全盛祥欠款私逃请津商会勒偿货银并查封财产文》（1909年 9 月 18 日），载天津市档案馆等编《天津商会档案汇编（1903~1911）》上册，第 861 页。

② 《光绪三十二年十二月分理结钱业请追欠款讼事一起》，载章开沅等主编《苏州商会档案丛编》第 1 辑，第 573 页。

③ 《光绪三十二年六月分理结桐油业请追欠款讼事一起》，载章开沅等主编《苏州商会档案丛编》第 1 辑，第 566 页。

有的商事纠纷涉及两地之间的商号，单由一地商会受理尚难审结。所以，类似这样的纠纷案，往往是两地的商会互相配合，共同理结，也能收到良好的效果。例如，光绪三十二年二月，苏州珠宝业商人杨宗仁在与上海杨正源珠号的商业往来中，被欠汇票银4000两，过期仍未偿还。杨宗仁诉诸苏州商务总会，苏州商务总会经查验有关票据属实，即移文上海商务总会请协助追还汇票。上海商务总会积极予以配合，立即受理此案，判令沪商杨季平从速归偿。杨应允先缴还二成现银，其余八成并一年利息在四个月内一并缴清。① 由此可见，商会受理商事纠纷案的效率较官府高得多。

对于劳资之间的纠纷，商会有时也从中予以调解，但更多的则是站在资方的立场上，移文官府请派兵对劳工予以弹压。1906年，苏州纱缎业机匠要求增加工资，提出资方如不应允即举行罢工，该业商董即请苏州商务总会调解。苏州商务总会调查其缘由，认为纱缎业工资改钱码为洋码时，恰逢洋价跌落，机匠收入因之而确有减少，故劝诫纱缎业商董应允机匠部分要求，在原工资钱码70串之外，花缎工酌加一分半，素缎工加一分，使纠纷暂时平息下来。② 1909年因铜元严重贬值，机工生计颇受影响，再次提出增加工资。经苏州商务总会调解，纱缎同业也表示铜元兑价之长，自是实情，而雇伙支取零星，亦似有理。于是，同意"允加花缎工价每尺银一分，素缎七厘，洋价永远照市"。③

但在此之后，苏州纱缎业机工"聚众加价，因而滋事者，时有所闻"。劳资纠纷仍频繁不断，甚或有罢工乃至暴动发生。每当该业商

---

① 《光绪三十二年四月分理结珠宝业请追汇票讼事一起》，载章开沅等主编《苏州商会档案丛编》第1辑，第564页。

② 《苏商总会理结机工聚众停工索加工钱案纪录》（1906年），载章开沅等主编《苏州商会档案丛编》第1辑，第647页。

③ 《纱缎同业为暂加工价请求出示晓谕以靖谣诼禀元和县文》（1909年6月27日），载章开沅等主编《苏州商会档案丛编》第1辑，第653页。

董赴商会禀告，商会即移文县衙，请其出面"严禁聚众停工，并派差
巡逻弹压"，捉拿为首之机工。1909年6月，机工数十人"强抢机
梭，勒令停工"，旋又"啸聚暴动，势甚汹汹"。纱缎业商董急忙向苏
州商务总会求助，而苏州商务总会也无力应付这一局势，只得致函县
衙，请"派差协保，分头弹压"。[1] 1908年1月，裕丰正纱缎庄机工
郭洪坤携所织价值约洋200元之缎匹出走，该纱缎庄庄主要求商务总
会予以严厉处罚。苏州商务总会也致函总捕分府说，"此次机工郭洪
坤席卷缎匹，意图逃匿，情罪较重，非笞责所能示儆"，提出将该机
工"从重责惩，枷号发各图示众，以儆刁顽，而止效尤"。[2] 作为维
护商人利益的社团，商会采取这种态度也是十分自然的。

至于涉及外商的讼案，如果只是通过买办商人间接与外商发生纠
葛，商会一般都能站在华商的立场上，在一定程度上限制外商买办势
力的渗透，保护华商的利益。如1911年美孚洋行买通苏州商人施炳
卿，偷偷运进大批煤油，企图违反约规在苏州租界之外设栈销售。苏
州广货业全体商人联名向商会提出诉讼，要求予以取缔。苏州商务总
会对此案一直十分重视，始终据理力争。经劝导理结，施炳卿在各方
面压力下宣布辞去美孚洋行买办职务，美孚行栈也不得不另行搬迁。[3]

如果是华商与洋商直接发生纠纷，商会也出面受理，有的同样能
取得成效。例如1914年英商怡和洋行滩庄向直隶大名府商号批买花
生，开出6500两的汇票，后因货价跌落，怡和洋行电令止交汇票。大
名商会受商家委托，向天津总商会提出诉讼，状告英商怡和洋行违反协
议，"陷害众商"。天津总商会受理此案后，一面由直隶交涉员函致英
总领事转饬该行照价速拨，一面由大名商会调停众商，随即做出如下裁

① 《苏商总会为请密拿机工首领弹压罢工事致元和县函》（1909年6月29日），载章开
沅等主编《苏州商会档案丛编》第1辑，第654页。
② 《苏商总会为请惩办郭洪坤致总捕分府函》（1908年1月25日），载章开沅等主编
《苏州商会档案丛编》第1辑，第651页。
③ 《苏州商会档案》第291卷，第16~24页，苏州市档案馆藏。

决：怡和洋行前定之货除已装运天津不计外，尚存 70 余万斤，大名和顺永等 6 家花生商号认退 26 万斤，怡和洋行即交票银 6500 两，退货价款令取保一月之内陆续抽归。双方均表示服从，愿照此办理。① 但是，对更多有关华商与洋行之间的纠纷案，商会受理之后往往仍无结果，这是商会受理商事纠纷的一个明显局限，对此后面还将进行具体分析。

三　商事公断处的设立

民国建立以后，受理商事纠纷仍是各个商会所从事的一项主要活动，而且在有关机构的设置以及审理程序的法制化等许多方面，都较诸清末更趋完善。其最为突出的一个具体表现，即是各商会均统一设立商事公断处，并拟定了比较详细的章程。

1913 年 1 月，北京政府司法、工商两部联合颁布《商事公断处章程》。该章程规定：商事公断处一律附设于各商会，"对于商人间商事之争议，立于仲裁地位，以息讼和解为主旨"。公断处之评议场，由各商会总理或协理酌量事之繁简分别设立。公断处之经费，也由各商会自行担任。章程还说明，公断处的办事细则，各商会可根据本地的实际情况拟定，报请地方长官核准后，转报司法部、工商部会核。②

公断处一般设处长 1 人，评议员 9 ~ 20 人，调查员和书记员各 2 ~ 6 人。除书记员外，余均为名誉职。评议员、调查员由各商会会员互选，以得票数多者当选，处长则在当选的评议员中互选。任期均以两年为限，连选得连任，但不得超过两次。这些规定与商会职员的选举大体相似。

---

① 《中外商人商务纠纷案例辑录》（1912 年 4 月 14 日至 1926 年 5 月 18 日），载天津市档案馆等编《天津商会档案汇编（1912 ~ 1928）》第 2 册，第 2185 页。

② 《司法、工商两部公布商事公断处章程》，载中国第二历史档案馆等编《中华民国商业档案资料汇编》第 1 卷上册，第 134 页。

《商事公断处章程》第 15 条规定：公断处受理商事争议之案件，一是尚未起诉而两造商人同意自行申请公断处调处者，二是已经起诉由法院委托调处者。已经起诉的案件，凡经商会调处后两造情愿息讼者，无论出自商人申请或法院委托，商事公断处均有向法院撤回呈诉之权。但是，与清末商会受理商事纠纷的权限相比，《商事公断处章程》并未授予商会更多的权力，在某些方面还有所限制。按照该章程的规定，商事公断处做出的判决，"必须两造同意，方发生效力"。章程还指明："公断后两造均无异议，应为强制执行者，须呈请管辖法院为之宣告。"① 这意味着商事公断处所做出的判决，只要一方不同意，即为无效，商事公断处无权令双方强制执行。即使双方对公断处的判决均无异议，如有强制执行之必要，也须通过法院宣告执行，而不能由商事公断处独自处理。因此，按照这些规定，商事公断处的判决很有可能变成一纸空文，即使发生效力也必须依赖法院，从而使商会受理商事纠纷的活动失去了以往的独立性和权威性。

这样的规定自然会引起商会的不满。一些商会提出应将《商事公断处章程》加以修改。江西省商会联合会事务所经过讨论，拟定了《修订商事公断处章程草案》，得到许多省份的商会及全国商联会各省事务所的支持，并由黑龙江商会联合会事务所及通崇海泰商务总会于 1913 年底呈交工商部，要求提交国会议决。工商部函送司法部核办，得到的答复却是："查该草案之用意，系在以商事公断处之名，行商事裁判所之实。惟商事裁判所之性质，究与商事公断处迥不相同，草拟各条，虽非无见到之语，但按之现行法规，实属无所依据。所请修改之处，碍难准行。"② 1914 年 3 月全国商联会在上海举行第一次大

---

① 《司法、工商两部公布商事公断处章程》，载中国第二历史档案馆等编《中华民国商业档案资料汇编》第 1 卷上册，第 135 页。
② 《工商总长为不修订商事公断处章程给各省区的咨》，载中国第二历史档案馆等编《中华民国商业档案资料汇编》第 1 卷上册，第 137 页。

会，又就修改《商事公断处章程》一事进行了讨论。"其主张过分侵越法权者，固属甚多，而条理清晰堪供采用者，亦属不少。"① 但是，司法部和农商部均予以拒绝。

修改《商事公断处章程》的要求暂未能实现，一些商会遂利用该章程第 5 条的规定，即各商会可自定《商事公断处办事细则》，巧妙地做出某些技术性的处理，维护商会受理商事纠纷的独立性及权威性。但到 1914 年 9 月，司法部和农商部又联合颁发部文，声称："自一年以来，各省报部之案（即各省商会设立商事公断处及自定的细则——引者注），不下百余起，核其内容，其中可称完备、深合公断性质者，虽所在不乏，而失之疏略，或涉于繁冗，不切实用者，实居多数。且各地异制，办法纷歧，尤非整齐划一之道。"② 于是以此为理由，司法、农商两部又联合制定颁行《商事公断处办事细则》61 条，规定"各省公断处未将办事细则报部核定者，即遵照本细则办理"，同时宣布《商事公断处章程》第 5 条有关各商会自行拟定办事细则的规定，自部颁细则公布之日起即失效。

关于公断处的权限，该细则第 14 条做了如下规定：对于商事争议，必须系《商事公断处章程》第 15 条所列举者，而且是在该公断处所在地之商会范围以内者，才能受理。第 16 条还规定：凡与商事无关者，关涉民、刑事者，两造全无证人证物者，其发生由于非正当之营业者，既经抛弃权利者，未经当事人同意，仅由一造申请者，商事公断处均不得受理。不能说以上各条规定是为了限制商事公断处的权限，因为所列有些情况，如与商事无关、无证人证物等，商事公断处确实无须受理，事实上也无法受理。但是，该细则对于许多商会提

---

① 《请修改公断处章程案》，《中华全国商会联合会会报》第 3 年第 11、12 号合刊，1916 年 12 月，第 83 页。

② 《商事公断处办事细则》，载中国第二历史档案馆等编《中华民国商业档案资料汇编》第 1 卷上册，第 138 页。

出的扩大商事公断处权限等方面的要求也未采纳，仍然坚持《商事公断处章程》的有关规定。所以，《商事公断处办事细则》颁布后，许多商会仍然表示不满，要求修改公断处章程及其细则。

1915 年 11 月，全国商联会在上海召开临时会议，与会的各省商会代表纷纷"提议多端，悉陈商民痛苦，总以扩充公断权限、严定法官考成、杜绝律师（苛索）为入手要义"。但农商部和司法部均未予以重视，以致"商民莫知所措，交相自守，几无假借一途。加以严追前欠未清，势必牵连各号，一律相率倒闭，虽由金融之不流通，实债务诉讼无结案善法有以致之也"。① 即使如此，也仍未受到农商部的关注。

1916 年 8 月，全国商联会在北京举行第二次大会，全国 26 个省区的商会代表 100 余人与会。此次会议除讨论裁厘加税、改良税制、创办银行外，不少商会的代表又就修改《商事公断处章程》及其细则提出了议案。山东商会联合会代表张豁然所提议案指出："公断处为商事仲裁机关，吾国商事裁判未设专所，赖此以补法制之不逮。商业账目之清算、商行习惯之调查，以及一切商事疑难问题，悉应取决于此。善用之则推行有利，反此则弊窦丛生。总之须有完善之程，方能有健全之组织。细阅公断处章程，可疑之点甚夥，窃谓此项章程施行全国，非征求各省意见，集思广益不为功。若任部中少数法律家草率制定，闭门造车，必难出而合辙。"② 这显然是要求制定《商事公断处章程》必须事先听取商会的意见，由商会直接参与讨论，不能由农商部和司法部的少数人一手包办。

贵州总商会代表石毓昆也提出议案，要求加强商事公断处的权

① 《请司法部速定债务诉讼结案办法以维商业案》，《中华全国商会联合会会报》第 3 年第 11、12 号合刊，1916 年 12 月，第 82 页。
② 《请修改公断处章程案》，《中华全国商会联合会会报》第 3 年第 11、12 号合刊，1916 年 12 月，第 83 页。

力，并阐明"各省商会于地方债案为数过巨者，其中实在情形，日见耳闻，较为真切，评断所以终归无效者，良由权力太微，易启奸人蔑视之心"。为此，贵州总商会在议案中提出："请与政府交涉，定立条例，凡遇地方债务重大案件发生，必先经商会据理公断，若不服断定，诉之法庭，商会得将公断理由据实向法庭报告，法庭判断之时，必将商会公断原案加入讨论，即使负债者巧为辩护，而法庭慑于公理，亦不致故为颠倒，置众议于不顾。此非欲商会侵法庭之权，而酌准情，实足以为法律之辅助，亦欲使人人知商会尚有效力，不至有名无实，视同赘疣。"[①] 不难看出，这一要求意在使商会拥有优先独立受理所有钱债纠纷案的实权，即使商会难以做出判决而诉诸法庭审理，商会也在法庭审理过程中享有充分的发言权。

有的商会代表在议案中具体指出：《商事公断处章程》第 15 条的规定必须予以修改。如果按照该条款的规定，公断处受理商事争议之案件，必须"于未起诉，先由两造商人同意自行声请"。这样，"必两造同意，公断处始有公断之权，否则无权力。诚如是条，何须有此公断处乎？"[②] 与此同时，甘肃总商会和陕西凤翔商会的代表还提出了《请清理债务诉讼案》，四川商会联合会事务所代表提出了《请司法部速定债务诉讼结案办法以维商业案》，山东商会联合会代表提出了《请设商事陪审制度案》和《公断处宜有调查实权案》。这些议案分别从不同的角度，对修改《商事公断处章程》提出了具体的意见或建议。但是，从有关史料看，商会的这些要求很少为政府所接受，因而实际效果并不明显。

直到 20 世纪 20 年代末，有的商会仍在继续为修改《商事公断处

---

① 《条陈公断债务事件案》，《中华全国商会联合会会报》第 3 年第 11、12 号合刊，1916 年 12 月，第 83 页。

② 《条陈债务诉讼结案案》，《中华全国商会联合会会报》第 3 年第 11、12 号合刊，1916 年 12 月，第 82 页。

章程》而努力。例如，天津总商会的 14 名会董于 1918 年 4 月联名呈请修改公断处章程的部分条款，其中也包括上面提到的必须两造商人同意并自行申请，公断处才能受理的规定，认为"公断处之性质既以息讼和解为主旨，在商事争议之发生，大约未有不以章程之主旨为然者，何须两造同意方能受理。鄙等以为既有公断处，遇有商事争议，无论一方双方即应受理，方能达到主旨之目的。若必须两造同意，似乎公断权限有所牵制"。其具体要求是，"将该款内之两造同意等字废去，更为于未起诉先由商人自行声请者"。[①] 另还对公断处职员的设置、公断之后的强制执行、公断处职员渎职的处理等条款，提出了具体的修改意见。在这些意见为政府接受之前，天津总商会也采取迂回的办法，在自定的《商事公断处章程》中，做了某些技术性的处理，旨在扩大公断处的权限。例如第三章关于公断处的职务与权限，既按部颁《商事公断处章程》的有关条款做了规定，同时另加一条，即"据地方商业习惯及本会向来惯例可以受理者"，[②] 商事公断处均可受理。这样，对于部颁章程规定以外的情况，公断处即可将其作为"地方商业习惯"或是"向来惯例"予以受理，实际上仍突破了部颁《商事公断处章程》的有关限制性规定。

除此之外，1914 年农商部还曾颁布《商会法》，规定各省商务总、分会均须限期改组，其目的是裁撤相当一部分商会。同时，遭裁撤的商会所附设的商事公断处也一律取消。这一规定更引起全国各省商会的强烈反对，各省商会纷纷予以抵制。经过商会的一再斗争，农商部不得不做出让步，于 1915 年底和 1916 年初颁行了修订的《商会法》及《商会法施行细则》，允许按清末成例设立总商会，各县也不

---

① 《津商会十四会董陈请修订〈商事公断处章程〉部分条款函》（1918 年 4 月 24 日），载天津市档案馆等编《天津商会档案汇编（1912～1928）》第 1 册，第 324～325 页。

② 《津商会致公断处审查员卞白眉等函并附商事公断处章程》（1924 年 7 月 21 日），载天津市档案馆等编《天津商会档案汇编（1912～1928）》第 1 册，第 329 页。

限于只设一个商会，并明文规定除分事务所之外，各商会均"仍得附设公断处"。①

由上可知，清末民初的商会在维护受理商事诉讼权方面，一直据理力争，保持了商会的这一主要职能。但由于商会设立的商事公断处终究不是司法机构，难以在这方面取得更为充分的权力，也不可能完全取代法庭而控制有关的司法权。

四　受理商事诉讼的特点及影响

从有关史料可以明显看出，商会受理商事纠纷，具有与官府断案截然不同的特点。

首先，商会受理商事纠纷案时，破除了匍匐公堂、刑讯逼供的衙门积习，主要采取倾听原告与被告双方相互申辩，以及深入调查研究、弄清事实的办法予以调解。以清末苏州商务总会在自定章程中的话说，即所谓"本会调处事件，以和平为主，秉公判断"。为此，苏州商务总会还拟定了详细的理案章程，具体规定了理案的程序步骤。首先是原告开具节略到会，送交理事员，转送总理、协理公阅，由理案议董分别邀集原告和被告"详询原委"，并记录在案。接着，商会召传有关证人查询，掌握证据。在此期间，被告如要求再行申辩，准其赴会申述一次。然后，商会邀请两造所属行业的董事，详细询问案由。最后经商会议董"秉公细心研究一番"，提交公断。公断时原告、被告双方及其有关人员均到场与座，两造中证人未到不得开议。评议期间双方均可尽自当众陈述情由，但不得哗争。② 这些可以说是清末

---

① 《商会法施行细则》（1916年），载中国第二历史档案馆等编《中华民国商业档案资料汇编》第1卷上册，第53页。

② 《苏州商务总会理案章程》（1905年），载章开沅等主编《苏州商会档案丛编》第1辑，第521~522页。

商会以理服人、民主断案的具体表现。

民初的商会设立商事公断处受理商事纠纷，大体上也是如此。按照统一规定，公断处接收两造诉书，须于三日内具通知书，嘱令两造于某日到场，不得有缺席之判决。公断事件，"以声请先后为序，但遇有特别情形时，得变更之"。另还严格规定："评议员询问证人、鉴定人时，不得有强制威吓之行为。"公断处判决时，"以投票行之，取决于多数"。如有违反上述规定者，将予以处罚，公断结果也宣告无效。①

其次，清末民初的商会受理商事纠纷，很大程度上只是在纠讼双方之间充当调停的角色，而不是做最后的仲裁性判决，这也与官府的断案有较大区别。例如清末的苏州商务总会在理案章程中明确规定："议决后或未允协，两造互有翻异，或尚多疑窦，当再详细研究，可于下期再集两造提议一次。"苏州商务总会还在试办章程的第 50 条中，对此予以说明："如两造相持不下，准其赴诉有司。如迁延不结，两造仍愿会中调息者，本会亦不推辞。"② 以上又表明，商会理案显然有别于官府衙门的专制性裁决，体现了较多的民主色彩，在很大程度上使商人免除了冤情难申、公允难明之苦。当然，如遇有为确凿证据证明理屈，但仍不遵守劝诫调解者，商会也予以处罚，令其退出商会，不得再享受商会的一体保护。

民初的商会以商事公断处作为专门机构受理商事纠纷，也依然是以调解为主。所谓"公断"，即表明是秉公进行调解理断。如公断之后，当事人有异议，"仍得自由起诉"。"公断之结果，非并得两造同意时，不生效力。"不过，公断经两造同意并签押发生效力后，即为理结，"此后非发见其公断根据事实有重大错误，或有显然与该公断

---

① 《商事公断处办事细则》，载中国第二历史档案馆等编《中华民国商业档案资料汇编》第 1 卷上册，第 141～143 页。

② 《商部为理结讼案按年报部事札苏商总会文》（1906 年 7 月 11 日），载章开沅等主编《苏州商会档案丛编》第 1 辑，第 522 页；《农工商部为处理商事诉讼照会苏商总会》（1909 年 2 月 5 日），载章开沅等主编《苏州商会档案丛编》第 1 辑，第 527～528 页。

抵触之新证据时，不得再有异议"。①

　　一般来说，由于商会本身是各业商人的组织领导机构，对有关工商业各方面的情况比较熟悉，主其事者也是当地享有声望的工商界头面人物，与广大工商业者的切身利益息息相关，故其理案大都能切中问题症结，一扫官府或借机敲诈勒索，或任意迁延时日，甚或妄加裁决的种种陋习。诚如天津商会档案文献记载："其评议案件也，会董与原、被环坐一室，胶胶扰扰，无不尽之辞、不达之隐，卒之片语解纷，谳从公定，故人鲜后言。尝以争诉对簿时，两造疾声遽色，势不相能，归时则又以手加额，如愿以去。盖因素稔商人情伪，洞悉商务症结，复出以公允评判，故能批隙导窍，迎刃而解。"② 正因为如此，工商业者纷纷赞誉："遇有亏倒情事，到会申诉，朝发夕行，不受差役需索之苛，并无案牍羁绊之累，各商借资保护，受益良非浅鲜。"③

　　不少商号也正是鉴于商会具有这一职能，能够有效地保护自己的经济利益，才积极地自愿申请加入商会。1908 年天津恩盛号、恩义号、长兴号等 12 家羊马商号联名申请加入天津商务总会时呈交的一份禀文，即表达了广大工商业者的这一心声。禀文指出："窃维东西各国之富，皆赖兴商。而兴商之要尤重保持，是以各国皆立有商会，每遇商务纠葛，不分巨细，无不反复详推，秉公判断。故各国商业得以保安，日增月盛。今我国各埠商业在会者固不乏人，而未入会者亦属不少，倘一遇亏损等事，每致无所申诉。商等有鉴于此，是以恳请入会赐发会照，则一朝有事，自不难水落石出。"④

　　① 《商事公断处办事细则》，载中国第二历史档案馆等编《中华民国商业档案资料汇编》第 1 卷上册，第 144 页。
　　② 《〈天津商会开办大事记〉载商会开办五年来劝工兴商办报纸学堂等八大功绩》（1908 年 8 月），载天津市档案馆等编《天津商会档案汇编（1903～1911）》上册，第 87 页。
　　③ 《苏州商会档案》第 60 卷，第 43 页，苏州市档案馆藏。
　　④ 《羊马商十二商为遇事保护并调解纠纷请列入商会事禀津商会文》（1908 年 5 月 19 日），载天津市档案馆等编《天津商会档案汇编（1903～1911）》上册，第 83 页。

商会受理商事纠纷的特点及效能，不仅受到广大工商业者的欢迎，也为官府所肯定。从保存完好的苏州商会档案文献中，可以发现苏州商务总会顺利理结的不少商事纠纷案，都是县衙审结多日无结果，最后不得不转请苏州商务总会受理的案件。而商会接手受理之后，大都能在短期内即予以了结。当时的督办苏省农工商务局在致苏州商务总会的一份公函中也承认：对于商事纠纷，"地方官多视为钱债细故，讯结无期，不免拖累。……事关商民争讼，本局不若贵会见闻之真切。遇有疑难，尚须集思广益，随时咨请指示，以晰是非而判曲直"。① 连清朝商部在颁发给苏州商务总会的一份札文中，也介绍并推广江南商务总会"凡遇各业此等倒欠钱债讼案，一以竭力劝导，从速理结，以息讼累为宗旨。……其中时有曾经纠讼于地方衙门经年未结之案，乃一至该会评论之间，两造皆输情而遵理者，功效所在，进步日臻"。②

显而易见，清末民初的商会受理商事纠纷，利用其在工商各业中的影响及威望，较有成效地发挥其调解商事纠纷的职能，对于保护工商业者的利益，促进资本主义工商业的发展，产生了明显的积极作用。同时，独立地从事受理商事纠纷的活动，也是清末民初商会的自治权利不断扩展的又一具体表现，说明商会是不同于传统的行会性质的组织，是具有市民社会特征的民间独立新型社团。

不过，也要看到商会受理商事纠纷，既发挥了明显的积极作用，又在某些方面产生了一定的消极影响，其主要表现是在某种程度上不自觉地维护了旧的行会制度。众所周知，行会制度是封建社会内部商品经济有一定发展，但市场很狭小、社会分工不发达的产物。在商品生产获得一定发展的情况下，随之而必然会产生相互竞争，威胁到原有商人和手工业者的垄断地位，于是各业内部无不联合起来，制定种

---

① 《苏州商会档案》第 60 卷，第 23 页，苏州市档案馆藏。
② 《商部为理结讼案按年报部事札苏商总会文》（1906 年 7 月 11 日），载章开沅等主编《苏州商会档案丛编》第 1 辑，第 522～523 页。

种严格的措施，以限制内部与外部的竞争，保持同行的独占利益。各个行业内部的这一联合组织形式，即是所谓的行会。行会限制竞争的具体措施五花八门，如限定招收学徒人数、统一划定商品价格、十家之内不得新开店铺、新开店铺必须缴纳行规钱，等等。这些带强制性的规定，严重阻碍了工商业的进一步发展。近代资本主义经济产生并有了一定发展之后，与传统行会制度的冲突日趋尖锐。不少商人和手工业者面临商品生产的迅速扩展和竞争的愈益激烈，力图突破行会的束缚，扩大生产和经营，以增强自身实力。于是，违反传统行规的纠纷不断发生。商会成立之前，类似的纠纷照例是禀请官府衙门裁决。商会诞生后，即大多诉诸商会调解。那么，商会对这种实质上是维护还是否定旧行会制度的纠纷案，又持何种态度呢？

通过对清末苏州商务总会的个案考察，我们发现在审理类似纠纷时，苏州商务总会起初主要是偏向于维护旧的行规，对违反行规的商人予以处罚。下面试以几个典型案例，略做具体说明。

明清以来，苏州商业和手工业即比较发达，行会制度也比较成熟完备。即使是相近的行业，往往也各立门户自建行会。如金箔一业，分为捶金箔和贴金箔两个相近行业，贴金箔制作张金，捶金箔则以张金捻金线。1873 年彼此即立有金箔公所和圆金公所，从原料的收购到商品市场，均畛域分明，互不侵越。光绪三十三年（1907），金箔公所金线业十余户禀控贴金箔商户违规采购金线"盗袭制造"，"任意越项搀夺"。张金业（即贴金箔）商人则指责金线业"奸控讼制，希图把持"。经商会从中调解，张金业应允不再收购乡工金线，也不自捻金线；金线业则承诺不到南京、杭州、上海、镇江等地乡庄收买张金，所用只在苏州一地采购，仍维持各自原来的"势力范围"，"永远遵守"。① 但事隔数月，金线业又违约数次采购上海张金，结果被商会

---

① 《苏州商会档案》第 166 卷，第 48 页，苏州市档案馆藏。

处以十倍罚款。事后，金线业抗不遵罚，并联名表示不能受原订议约的限制，理由是苏州张金业"所造之货更不如前"，"不能合用"。这实际上就是要打破张金业在苏州长期以来形成的市场垄断，竞争将迫使其改变传统的一成不变的手工制作方法，进一步提高产品质量。然而，苏州商务总会不是劝导张金业改进生产技术以与外埠同业竞争，而是将拒不采购苏州张金的金线业商人驱逐出会。张金业在协约废除后，也打破行规作捻金线，被商会劝令出会。这一事实既体现了苏州商务总会维护旧行会制度的态度，也说明行会制度本身呈现出瓦解的趋势。

又如苏州猪业商人，依据籍贯和行业，也分别设有敬业公所、毗邻会馆和猪业公所。按传统行会法规，十家之内不得新开肉店，违例者议罚。但到宣统二年（1910）前后，相继有任建卿、谢瑞福诸商欲违规设店。敬业公所呈文苏州商务总会，声称"此店若开，势必致阖业交哄，不独紊乱公所规章，并且解散同业团体"，祈请商会劝令该商等"易地开张"，"以儆业众"。① 苏州商务总会表示："有此紊乱行规而不力争，则后之效尤者踵相接。敝会为各业之团体，有一业中之一人紊乱行规而可以迁就，则他业之效尤者必踵相接，关系颇巨。"② 但是，此案的理结旷日持久，商会虽一再"调劝两造，唇焦舌敝"，任、谢等商号却据理力争，态度强硬地表示："现今商等股份已竟集足，店事已定，一切资财物件均已办齐，约计用去银洋一千余元。一旦被伊等霸阻，致商等血资化为乌有，生业维艰，无可设法。"③ 为此，苏州商务总会曾多次移文县衙，"希即派差前往谕禁"。但到最后，商会不得不拟定折中性调解方案，征得双方同意，准允开设新店，但每户需视具体情形缴纳行规钱洋100～300元给敬业公所，"嗣

---

① 《苏州商会档案》第205卷，第15页，苏州市档案馆藏。
② 《苏州商会档案》第204卷，第8页，苏州市档案馆藏。
③ 《苏州商会档案》第204卷，第16页，苏州市档案馆藏。

后违章开设，亦以此为例"。① 虽然十家之内禁开新店的传统行规被打破，但必须事先缴纳百元乃至数百元的行规钱，对开设新店者也是不小的负担，仍阻碍了商业的发展。

毋庸讳言，苏州商务总会的上述表现是其残存传统行会落后因素的反映。但是也要意识到，其主要目的在于维护多数商人眼前的利益，而不是一味着眼于维护旧的行会制度。因此，就一般情况而言，商会只是在某些方面不自觉地扮演了延续旧行会制度的角色，不能据此断定商会也是行会性质的组织。

分析清末商会之所以有这些表现，需要考察商会成立后行会的状况以及行会对商会的影响。一方面，商会突破了传统行会的狭隘封闭性，是各行各业工商业者共同的领导机构；另一方面，商会诞生后，各业原有的会馆、公所等行会性组织却并未消亡，仍然普遍继续存在，甚至在某些方面获得了进一步的发展。更重要的是，商会在组织上与行会有着比较密切的联系。民初的苏州商务总会即曾自称"以各业公所、各客帮为根据"。② 其会董、会员大都是各业公所的总董，所用经费也由在会各行业捐助。从某种意义上讲，绝大多数公所可称为商会的下属基层组织，商会也因之在一定程度上受到会馆和公所的影响。既然是以各业公所为依托，它理所当然要维护各业公所多数工商业者的利益，不可能完全对其所提要求置若罔闻。再则，行会公所在资本主义经济的冲击之下，封建落后性虽不断受到削弱，但仍然保留着大量的传统行规，并继续以此维持同业的既得利益。于是，商会在支持公所保护该业既得利益的同时，也就不自觉地维护了行会的某些陈规陋俗。

正是由于商会维护行会制度的着眼点与行会性质的公所毕竟有所

①　《苏州商会档案》第205卷，第16页，苏州市档案馆藏。
②　《苏州商务总会呈工商部条陈》（1912年6月5日），苏州市档案馆藏。

不同，因而其态度不久就发生了微妙而值得重视的变化。仍以苏州商务总会为例，至 1910 年苏州商会对类似违反行规新开店铺的纠纷案，已不像以前对待金箔业和猪业纠纷案那样，竭尽全力支持公所议罚违规者，而只是将公所的禀文照移县衙处置。如苏州染业文绚公所曾规定："嗣后不准再在城内开设染坊，如有闭歇之户，亦不准再在原处顶替复开。"[1] 但到 1910 年，染业中李明兰、宋锦如两商仍分别借闭歇店铺牌号，暗中增设染坊。文绚公所知悉后，数次呈文苏州商务总会，请求商会出面劝令停闭，而商会迟迟不予理结，每次都只将文绚公所的呈文照移吴县署衙办理，县衙又复推诿于商会。染业诸商窥见商会态度暧昧，也纷纷"忽视定章，相率效尤"。至宣统三年正月，不仅李、宋两商增开染坊未停闭，而且又有六户相继开张。文绚公所向商会诉苦说："公所为一业代表，若向阻止，不惟徒然无益，反起同业嫉妒之嫌。若知而不言，事经董保查报明确，公所不无徇庇之咎。"[2] 字里行间，仍希望苏州商务总会受理此项纠纷。但是，苏州商会始终未正式理结。

商会态度的这种变化，说明其在维护旧行会制度方面的消极作用很快即转趋式微。因此，评价清末民初商会受理商事纠纷活动的后果，应该看到占主导的一面仍然是保护工商业者的利益和促进工商业发展的积极作用，而不宜过于强调其所产生的消极影响。

清末民初的商会受理商事纠纷的另一个缺陷，是对涉及洋商与华商的诉讼案，大多难以顺利地予以理结，不能充分满足华商的意愿和要求。例如 1906 年，苏州一华商载米木船被日商轮船撞沉，该商诉诸苏州商务总会要求日商赔偿。而苏州商会理结此案的决定，只能是移请洋务局核办。次年，苏州恒康钱庄通过日商大东轮局运送现洋 5000 元至湖州，验

---

[1] 《苏州商会档案》第 205 卷，第 21 页，苏州市档案馆藏。
[2] 《苏州商会档案》第 205 卷，第 23 页，苏州市档案馆藏。

收时发现短缺 700 元，于是转请苏州商务总会出面向日商索赔。苏州商会照会日本驻苏领事，转达了恒康钱庄的正当要求。但日商百般推诿抵赖，拒不认赔。苏州商会只得致函湖州商会，认为"此事转辗经手，未能明确指实在何处遗失，势必互相推诿，非严密调查，殊难水落石出"，[①] 同时顺水推舟将此案转交湖州商会审理。湖州商会复函指出，"洋人强词夺理，抹情混争，殊属不顾名誉"，仍请苏州商会与日本领事交涉，要求"照章赔偿，以昭信义"。[②] 但在档案资料中，却未见苏州商务总会再有下文回复，估计此案很可能就此不了了之。

另据天津商会档案记载，1912 年 4 月 14 日至 1926 年 5 月 18 日，天津商务总会（后改名为天津总商会）受理中外商人之间的商务纠纷案共计 20 余起，其中仅 3 起得到理结，其余则均无结果。[③]

至于如何理结华商与洋商之间的商事纠纷，清末的苏州商务总会在试办章程中的第 57 条曾指明："华、洋商务遇有交涉，本会酌量事理，可作代表，并遵照部章第十六款办理。"[④] 商部奏定《商会简明章程》第 16 款规定："华、洋商遇有交涉龃龉，商会应令两造各举公正人一人秉公理处，即酌行剖断。如未允洽，再由两造公正人合举众望夙著者一人，从中裁判。其有两造情事商会未及周悉，业经具报该地方官或该管领事者，即听两造自便。设该地方官、领事等判断未尽公允，仍准被屈人告知商会代为伸理。案情较重者，由总理禀呈本部会同外务部办理。"[⑤] 据此规定，华商与洋商之间的商事纠纷，商会也有权调解或代为申理。但是，由于涉及洋商的讼案关系到国与国之间

---

① 《苏州商会档案》第 291 卷，第 17 页，苏州市档案馆藏。
② 《苏州商会档案》第 91 卷，第 23、25 页，苏州市档案馆藏。
③ 《中外商人商务纠纷案例辑录（1912 年 4 月 14 日～1926 年 5 月 18 日）》，载天津市档案馆等编《天津商会档案汇编（1912～1928）》第 2 册，第 2183～2193 页。
④ 《苏商总会试办章程》（1905 年），载章开沅等主编《苏州商会档案丛编》第 1 辑，第 28 页。
⑤ 《商部奏为劝办商会以利商战角胜洋商折（附奏定商会简明章程二十六条）》（1904 年 1 月 11 日），载天津市档案馆等编《天津商会档案汇编（1903～1911）》上册，第 25 页。

的交涉，非寻常商事纠纷可比，单靠商会这一民间社会团体本身的职权往往力不能及；加之，中国沦为半殖民地之后丧失了国家主权，即使是官府也无法真正有效地保护华商的利益，故而华商与洋商之间的纠纷大多难以顺利理结。因此可以说，商会受理类似商事纠纷的缺陷，并非完全是商会主观上未做努力，而主要是受客观环境和条件的制约。当然，某些商会在受理华、洋商之间的纠纷时，有时也显得较为软弱，缺乏力争进取的斗争精神，这则是商会自身的主观努力不够。

第九章

商会拟订商法的尝试

　　商会以民间独立社会团体的姿态所开展的活动，除前面所叙述的政治、经济、司法等方面的活动外，还包括其他一些重要内容。这些内容同样可以体现商会的独立性与自治性特点，而且能够进一步说明商会是具有市民社会特征的新型民间社团。

　　例如，1907 年上海商务总会向全国各地商会发出拟订商法的号召后，很快便得到各省商会的积极响应，发展成为一场有领导、有组织、有明确宗旨的全国规模的民间商业立法活动。这次活动持续数年之久，全国众多商会的代表曾两度齐集上海举行讨论商法草案大会，称得上是商会独立拟订商法的尝试，也是近代中国商会发展史上一次令人瞩目的重要历史事件。

一　自拟商法活动的发起

　　前已提及，公开向全国各商会发出拟订商法号召的是上海商务总会。《申报》曾在醒目版面的广告栏中连日刊登上海商务总会告海内外各商会书，阐明此项活动的意义及紧迫性。从天津、苏州和其他一些商会的档案资料中，还可查到上海商务总会直接寄至全国各商务总会的召开讨论商法草案大会邀请书。不过，最早提出此项动议的并非上海商务总会，而是当时在全国颇有影响的立宪团体——设立于上海的预备立宪公会。过去，有关论著大多只注意到预备立宪公会在全国立宪请愿运动中的倡导和宣传作用，对其首倡拟订商法活动则甚少提及，或者忽略未论。事实上，在这次商业立法活动中，预备立宪公会起了相当重要的作用。上海商务总会在致各省商会讨论商法草案书中即曾说明："近者预备立宪公会致书于敝会及商学公会，极言商法必须商人协办，亟宜讨论。敝会与商学公会意见相合，因即日会议，询谋金同。均愿担任经费，协同商议。"① 由此可知，此次拟订商法活动最初系由预备立宪公会提出动议，随后由上海商务总会、预备立宪公会和上海商学公会联合领导进行。

需要说明的是，对于预备立宪公会为什么热衷于发起这次拟订商法活动，其机关刊物《预备立宪公会报》曾发表不少论述，从各方面进行了阐述。综而言之，其原因大致有以下三点。

其一，预备立宪公会认为，商业立法活动是立宪运动不可分割的重要组成部分。因为民、商法典，为宪政成立之一大"关键"，只有预先制定民法、商法等各项法典，才能"无误宪政成立之期"。②

其二，保护商人利益，促进中国民族资本主义工商业发展。预备立宪公会强调，中国商人无法律保护，"动受洋商之欺抑"。"商法草案之发起，实鉴于商人无法律保护之可危，而欲合通国商民共同挽救。"③ 在其看来，商法的制定与中国工商业的发展振兴密切相关，因

---

① 《上海商务总会致天津商会讨论商法草案书》，载甘厚慈辑《北洋公牍类纂续编》第21卷《商务二》，收入沈云龙主编《近代中国史料丛刊三编》第86辑，第1599~1560页。
② 《商法调查案叙例汇录》，《预备立宪公会报》第2年第5期，1909年4月18日。
③ 《全国及南洋八十余商会代表聚集上海参加商法讨论会情况并附各地代表名单》（1907年12月7日），载天津市档案馆等编《天津商会档案汇编（1903~1911）》上册，第284页。

为"社会经济困穷，由于商业不振，商业不振，由于法律不备"；[1]有了完备的商法，商人可受到保护，商业也必将得到长足的发展。

其三，商法草案应经商人讨论拟订，不能由政府中的少数人一手操办。对于1904年初清政府商部颁布的《商律》，预备立宪公会虽肯定其"椎轮筚路，厥功至巨"，但同时也指出其"有保护而无监督，亦易偏失，不足以曲尽情伪而持天下之平"，[2]因而应由商人予以修改，重加拟订。预备立宪公会还阐明："政府颁布商事法令，每不与商人协议，致多拂商情之处，是非徒不足以资保护，而且转多窒碍。"[3]只有商人自己讨论拟订的商法，才能真正反映商人的切身利益，起到保护商人的作用。

除上述三个方面的原因外，预备立宪公会中的董事和会员，有不少本身就是工商业者。资本主义的发展与其自身经济利益密切相关，他们也希望得到法律的保护，因而对拟订商法，推动资本主义工商业的发展十分关注。

预备立宪公会不仅提出拟订商法草案的动议，而且承担了编纂商法草案的重任，表示将竭尽全力促成此事，其结果"无论能满意与否，总之能令中国商法早几日颁行，则本会之效力于社会，亦复不少"。[4]为尽量使商法草案臻于完善，预备立宪公会选派汤一鹗、邵羲、张镇家、孟森等五人专门组成商法草案编辑部，议定一边翻译各国商法正文及其演说作为参考，一边拟订公司法，随后依次编订契约法、破产法、商行为法、海商法等。至宣统元年（1909）初，公司法草案拟订完毕，总计334条，较诸清政府商部所定《商律》中131条

---

① 《本会纪事》，《预备立宪公会报》第1年第20期，1908年12月6日。
② 《商法调查案叙例汇录》，《预备立宪公会报》第2年第5期，1909年4月18日。
③ 《全国及南洋八十余商会代表聚集上海参加商法讨论会情况并附各地代表名单》（1907年12月7日），载天津市档案馆等编《天津商会档案汇编（1903~1911）》上册，第284页。
④ 《预备立宪公会开会纪事》，《申报》1909年12月28日，第2张第2版。

的《公司律》完备得多。预备立宪公会在此次民间商业立法活动中的作用，由此更可窥见一斑。

预备立宪公会强调商法必须由商人讨论认可，才能付诸实施。但是怎样组织全国的商人进行讨论呢？中国向来商情涣散，商人之间缺乏沟通和联络。"不特彼业与此业不相联合，即同业之中亦何尝联合"；至于省与省之间的商人，更是畛域分明，壁垒森严。1904年以后，出现了商会、商团等为数甚多的新式商人社会团体。在这些商人社团中，商会起着轴心作用。这不仅因为商会成立的时间比较早，在全国各地最为普及，更因为它是联结工商各业的中枢机构，即所谓"众商业之代表人"。当时，各行各业的商人都表示，商会"综握商务机关，凡我商民均隶属之"。[①] 于是，商会成立后，将分散的商人凝聚成一个统一的整体，从而改变了商人之间互不联系的孤立涣散状况。全国各地的商务总会在许多大规模的社会活动中，也往往遥相呼应，密切配合而协调行动。这样，新成立的商会在商人中间即具有"登高一呼，众商皆应"的号召力。正因为如此，预备立宪公会于光绪三十三年四月决定发起拟订商法活动后，旋即与上海商务总会商议，希望上海商务总会出面联络全国各地商会，组织全国性的讨论商法草案活动。预备立宪公会对此曾解释说："法律为保护人民而设，其保护之结果可行否，必经人民之公认而后定。商法所以保护商人，则必经商人之公认可知也。各国商业会议所，皆有提出意见，请求政府修正法律之权。彼之商业会议所，即我之商会也。夫惟能使商会提出意见于先，故易得众商之承认于后。"[②] 这显然是向商会说明，讨论和拟订商法乃商会所应享有的权利。

上海商务总会原本即与预备立宪公会存在比较密切的联系，双方

---

① 《苏州市民公社档案选辑》，载《辛亥革命史丛刊》第4辑，第92页。
② 孟昭常：《商法调查案问答》，《预备立宪公会报》第2第10期，1909年6月30日。

在人事上还有某些交叉。例如李云书、李平书、周金箴、王一亭等人，既是上海商务总会中的活跃人物，又是预备立宪公会的董事。同时，新成立的商会，其宗旨就是"联商情，开商智，以扩商权也"。①"扩商权"的具体内容，当然包括"提出意见，请求政府修正法律之权"。因此，上海商务总会对于预备立宪公会提出的拟订商法草案一事，极表赞成，认为预备立宪公会所言皆"洞悉商况，发人深省"。"爰与商学公会、预备立宪公会商定，拟联合全国商民编成商法草案，要求政府奏准施行。"②

上海商务总会还曾专门召开会议商讨具体实施办法，提议"函邀各省商会各举代表来沪，合力研究，以求进步。当经全体赞成"。③后又与商学公会和预备立宪公会议定，于光绪三十三年十月十四、十五两日，在上海愚园召开全国各省商会代表讨论商法草案大会。旋由上海商务总会出面，向全国各省商会发出了讨论商法草案邀请书。

另还应说明，对于中国商人无法律保护之种种危害，上海商务总会也有比较深刻的认识，并在致各埠商会拟开大会讨论商法草案书中指出："我中国商人沉沉冥冥为无法之商也久矣！中国法律之疏阔，不独商事为然，商人与外国人贸易，外国商人有法律，中国商人无法律，尤直接受影响。相形之下，情见势绌。因是以失败者，不知凡几。无法之害，视他社会为尤烈，此可为我商界同声一哭者也。"对于此次拟订商法活动的紧迫性，上海商务总会也做了如下阐述："政府一定公司律，再定破产律，虽奉文施行，而皆未有效力。卒之信用不立，道德有时而穷，规则荡然，事业何由而盛？长此颓废，吾商业

---

① 《余姚商务分会简章》，《商务杂志》（绍兴）第2年第1号，1909年12月。
② 《全国及南洋八十余商会代表聚集上海参加商法讨论会情况并附各地代表名单》（1907年12月7日），载天津市档案馆等编《天津商会档案汇编（1903～1911）》上册，第284页。
③ 《中国新闻》，《农工商报》第9期，1907年9月8日。

其终不竞乎！"此外，上海商务总会还特别说明之所以必须邀请各地商会公举代表赴沪讨论商法草案，是因为中国商事习惯千头万绪，绝非上海一埠所能言尽。例如，侨商有外洋各埠之别，通商口岸有沿江沿海之差，即使就普通商情而言，也有内地各省、府、厅、州、县之不同。只有各地商会公举代表齐集协议讨论，才能使所拟商法合乎中国实际，避免偏颇，真正起到保护华商的作用。上海商务总会还希望借此次全国商会代表云集沪上的机会，不仅讨论商法草案，进而"一切商情之利弊、商业之盛衰、公司之联合、航轨之交通，并现今商事政策之得失，应如何改良之处，皆可合力研究，以求进步"；① 同时，通过这项活动使全国各商会保持更为密切的经常性联系。为此，上海商务总会提出，各商会在商法讨论会后，或派代表驻沪，随时商办；或嘱寓沪绅商代陈意见；或由上海商务总会特设通信机关，函询各商会发抒意见，以资参考。

不难看出，上海商务总会在这场拟订商法活动中也发挥了十分突出的作用。具体而言，系预备立宪公会提出了此项动议，承担编纂商法草案；而起联络和组织作用，将这项活动扩展为全国规模者，则主要是上海商务总会。在清末全国林林总总的商会中，影响最大者当属上海商务总会。1905 年，上海商务总会即以发起和领导全国规模的抵制美货运动，初步奠定了在全国商会中领袖群伦的重要地位。所以，上海商务总会致各埠商会拟开大会讨论商法草案书发出之后，很快得到全国各地商会的积极响应。海外南洋各埠侨商组织的中华商务总会也函电纷驰，表示将公举代表参加此次盛会。

参与发起拟订商法活动的另一个民间组织即上海商学公会，也是由上海商人组成的新式民间独立社会团体。其宗旨为研究商学，维持

---

① 此段引文均见《上海商务总会致各埠商会拟开大会讨论商法草案书》，《申报》1907年 9 月 10 日，第 2 版。

商律、商规，以冀商业之发达。关于商学公会参与发起此项活动的意旨，其副会长周金箴在第一次商法讨论会上专门阐述说："本会名为商学公会，本以研究商学为主，而商法亦商学中之一部分。只以自维浅薄，未敢轻易发起。幸承预备立宪公会允任编辑之事，商务总会启请海内外同志莅会协助，合成斯举，自乐赞从。惟以公共团体谋公共利益，既于宪政之预备，商务之振兴，可一举两得，自彼此无轩轾。故当日同居发起之列，其一切经费，亦即由三会平均分任。并议定商务总会与本会各举评议员数人，调查一切商情，与编辑诸君随时协议。"① 作为此次活动的发起者之一，并分担一部分经费，上海商学公会毫无疑问也起了一定的作用，但较诸上海商务总会和预备立宪公会而言显然处于次要地位。

综合上述预备立宪公会、上海商务总会和上海商学公会三团体的有关论述，可知其发起拟订商法活动，主要是为保护商人利益，推动中国民族资本主义工商业发展；同时也是为立宪奠创基础，并借此加强全国各商会之间的联系。因而这次活动既是资产阶级促进资本主义发展的一项重要经济措施，又可看作商会领导商人进一步争取政治权利的一次尝试。

上海商务总会联合预备立宪公会及上海商学公会发起这次民间商业立法活动，说明商会所从事的此项活动，相对于国家和官府而言，虽明显具有民间性和独立性特点，但也并非限于商会自身封闭性的狭小范围，由此从一个侧面反映了商会的开放性特征。而真正具有市民社会特点的民间社团，也应该在这方面有所表现。另外，与上海商务总会共同发起拟订商法活动的上海商学公会，尽管不是隶属于上海商务总会的团体，但也是具有独立性和自治特点的民间商人社团，在这

① 《全国及南洋八十余商会代表聚集上海参加商法讨论会情况并附各地代表名单》（1907 年 12 月 7 日），载天津市档案馆等编《天津商会档案汇编（1903～1911）》上册，第285 页。

一点上与上海商务总会非常相似。而且，上海商学公会与上海商务总会的宗旨大体相同，都是致力于保护商人的利益，促进民族资本主义工商业的发展，因而两者的合作完全是顺理成章的结果。

虽然预备立宪公会相对于上海商务总会和上海商学公会来说，其政治色彩更为浓厚，主要是致力于推动君主立宪制在中国能够早日实行，但它同样是独立的民间团体，而且其成员中有不少是工商界声望素孚的代表人物，在很大程度上也反映广大工商业者的愿望，表达工商业者在政治和经济各方面的要求。由此可以说，预备立宪公会实际上也是代表工商业者利益的民间政治团体。它的出现也是市民社会在清末继商会成立而初具雏形之后，进一步得到扩充的具体表现。因此，就某种意义而言，预备立宪公会与上海商学公会一样，也与上海商务总会具有相似性和共同性，故而相互之间能够合作，开展类似拟订商法这样有利于保护商人利益和推动工商业发展的活动。

以上的论述又表明，具有市民社会特征的商会在从事有关社会活动时，一方面并非限于自身封闭性的狭小范围，体现了开放性这一新型近代商人社团的特点；另一方面又表明商会与其他有关社团的合作，也不是十分盲目和无的放矢的行为，而是与其组织特点非常相似、宗旨目标大体相同的团体，为着共同的目的，在契约规则的基础上，联合开展某一项社会活动，这也可以说是市民社会运作的特点之一。

二　商法讨论会的召开

为拟订和讨论商法草案，上海商务总会先后于 1907 年和 1909 年两次邀请海内外商会推举代表赴沪召开特别大会。第一次大会于 1907 年 11 月 19 日召开，会期两天。应邀派代表到上海参加这次大会的商会，海外有新加坡、三宝垄、长崎、海参崴等地的华商总会，国内有吉林、烟台、营口、广州、汕头、福州、厦门、建门、湖南、正阳关、芜湖、庐州、徽州、歙县、绩溪、江宁、江浦、淮安、六合、泰兴、镇江、泰州、宿迁、宝应、苏州、松江、常州、通崇海泰、崇明外沙、常昭、盛泽、平望、溧阳、川沙、青浦、浏河、昆新、奉贤、泗泾、南翔、丹阳、朱泾、周浦、杜行、如皋、金坛、丰利、梅里、金山松隐、吴江震泽、嘉定、宜荆、锡金、莘庄、昆山菉溪、罗店、河南、杭州、拱宸桥、湖州旅杭商学公会、嘉兴、湖州、湖州孝丰、衢州、宁波、镇海、诸暨、余姚、定海、慈溪、山会、石门、瑞安、湖州武康、乍浦、硖石、奉化、江西、抚州等商务总会、商务分会和分所。"远近各埠商会代表到会者，以分立之团体计，则有八十余商会；以所涉之省分计，则有一十四行省；以远来之道里区域计，则有东南两洋华商侨寓之三大埠。是诚创举，亦盛举也。"① 除此之外，还有以书信形式与议者，如黑龙江、保定、梧州、扬州等商务总会和分会，也达 30 余埠。如此大规模的集会，实属盛况空前。

第一次大会举行时，商法草案尚未拟出，主要是讨论如何确定商法大纲，调查各地商事习惯，创办华商联合会及此后联络办法等问题。11 月 19 日的大会上，上海商务总会总理李云书、预备立宪公会会长郑孝胥和上海商学公会副会长周金箴，分别向与会代表说明了发起召开此会的缘由及意义。预备立宪公会驻办员孟昭常代表该会商法草案编辑部，阐明了拟订商法的具体办法与次序。随后由各埠商会代表发言或提出议案。当上海南市商务分会总理王一亭询问此事是否应先行禀知农工商部时，"众议应禀，但可从缓"。从草拟和讨论商法草案的全过程看，此项活动始终是"自下而上，非自上而下"，其民间立法的性质十分突出。

嘉兴商会的代表张右企（他也是预备立宪公会的董事）提出了三

---

① 《全国及南洋八十余商会代表聚集上海参加商法讨论会情况并附各地代表名单》（1907年 12 月 7 日），载天津市档案馆等编《天津商会档案汇编（1903～1911）》上册，第 283 页。

项议案：（1）由此次到会之 80 余处商会共同发起成立华商联合会，通知各埠；（2）商法事关全国商民，应归入华商联合会作为公共事务；（3）创办《华商联合报》，以为各商会交通之邮。以上三项，与会代表讨论之后均表赞成。

次日大会议定了商法草案提纲，并确定将来商法草案由各埠商会讨论通过之后，再行禀告农工商部。关于创办华商联合会，会上印发了意见书，决定由上海商务总会和上海商学公会委托有关人员起草章程，具体筹备工作国内由上海商务总会负责，海外由新加坡中华商务总会经办。会议还确定通信联络方式和时限，不论远近之商务总会或商务分会，均各推举商法草案评议员一人。由于华商联合会一时难以正式成立，商法草案仍由"预备立宪公会主讨论编纂之任"。此次会上，还曾讨论组建中国华商银行，发行钞票，以增加流通资本；各商会宜自设商业裁判所，免与官吏交涉等有关问题。①

第一次大会之后，预备立宪公会加紧拟订商法调查案（即商法草案）。由于专职商法编辑员较少，原定五人中的邵羲、孟森在 1908 年下半年因筹办谘议局而辞职，预备立宪公会本拟续聘一二人，但能够胜任的合适人选临时难以寻觅，遂由汤一鹗、张镇家等三人终其事。孟昭常也"始终在事，料理一切"。他并不因此事另支取薪水，"辛苦经营，实亦并匪浅鲜"。② 编辑人员不多，工作量却相当大，仅翻译各国商法及有关说明资料即达 30 余万字。"不独各国法制当细较异同，精研得失，且各地商情民俗，亦应调查参酌，期于折中至当，始可起稿。"③ 因

---

① 有关第一次商法讨论会的具体情况，见《全国及南洋八十余商会代表聚集上海参加商法讨论会情况并附各地代表名单》（1907 年 12 月 7 日），载天津市档案馆等编《天津商会档案汇编（1903~1911）》上册，第 283~286 页。另见《商法特会第一日纪事》，《申报》1907 年 11 月 21 日，第 5 版；《商法特会第二日纪事》，《申报》1907 年 11 月 21 日，第 5 版。

② 《预备立宪公会开会纪事》，《申报》1909 年 12 月 28 日，第 2 版。

③ 《全国及南洋八十余商会代表聚集上海参加商法讨论会情况并附各地代表名单》（1907 年 12 月 7 日），载天津市档案馆等编《天津商会档案汇编（1903~1911）》上册，第 285 页。

此，到宣统元年闰二月，商法草案第一编即公司法始告完成。

公司法编成之后，即由上海商务总会寄予各地商会征求意见。为使商人更好地理解有关内容和便于讨论，预备立宪公会又专门编辑印行一本《商法调查案浅说》，并在 1909 年第 10 期的《预备立宪公会报》上刊登《商法调查案问答》，广泛搜集商人的各种见解，对商法草案加以修订。为配合讨论修订商法草案，许多商会也开展了商事习惯调查活动。有的商会还专门拟定了研究商事习惯问题简章，阐明商法与商人关系密切，"凡属商人，无论营业之大小，于法律范围皆有关系"，因而应该对拟订商法予以重视，共同研究。①

1909 年，清朝宪政馆也奏准将编制商法作为当年筹备事宜，派法律馆纂修朱汝珍调查各省商事习惯。尽管此时清政府已着手编订商法，但上海商务总会、预备立宪公会等团体仍按计划照商人意愿自行拟订商法草案。在各商会代表讨论通过之前并未向清朝政府法律馆和农工商部禀报。

上海商务总会与预备立宪公会及商学公会原本议定于宣统元年八月间在上海召开第二次商法讨论会，逐条讨论并通过商法草案第一编公司法，俟大会公决通过之后，再联名呈请清朝法律馆大臣审定。但因当时各地均忙于成立谘议局，上海商务总会和预备立宪公会的主要成员大都被推举为谘议局议员；八月又适逢谘议局会期，故无暇兼筹商法讨论会事宜。后由上海商务总会等三团体共同商议，通告海内外商会，改在当年十一月初七日（12 月 19 日）举行。各地商会仍踊跃响应，会前"通函赞成者，已有七十余处"。② 初定此次大会主要讨论商法草案第一编公司法，至会前预备立宪公会赶拟出第二编即商法总则，遂决定一并提交讨论。

---

① 《朱汝珍催办函》（1909 年 11 月 2 日），载章开沅等主编《苏州商会档案丛编》第 1 辑，第 256 页。

② 《上海将开商法讨论会》，《申报》1909 年 12 月 18 日，第 4 版。

在第一天的大会上，周金箴（时任上海商务总会总理）代表上海商务总会和商学公会首先发言，阐明大会的宗旨，一为"联络气谊，借此筹商我商业上改良进步之策"；二为讨论通过商法草案，呈送农工商部、法律馆核定。接着，郑孝胥代表预备立宪公会说明商法草案起草经过，请与会代表对"所编各稿，公同讨论，取一同意"，"有认可者则认可之，有应驳改者则驳改之"，"盖我商人既得同意，则我政府自无故拂舆情之理"。① 随后，代表们对商法调查案进行了热烈的讨论。代表们发言十分踊跃，有时甚至出现争论，不得不请主席裁决。次日，大会除继续进行讨论外，还议定由预备立宪公会编辑商法的下续各编。会上还修改了呈农工商部、法律馆文稿，公推秦瑞玢、孟昭常两人赴京向农工商部、法律馆呈递讨论通过的商法草案。因时间所限，商法总则部分未及在会上充分讨论，决定由各商会分别研究之后，在 40 天内将意见书速寄预备立宪公会商法编辑部。②

以上我们简略地叙述了两次商法讨论会的基本情况，这里还应该特别指出，辛亥革命前由商会举行的这两次商法讨论大会，在近代中国商会的发展史上可以说是前所未有的盛事。即如上海商务总会总理李云书在第一次商法讨论会开幕式上所言："吾中国商情，向称涣散，从未有邀集各省府、厅、州、县及海外侨寓之同胞欢聚一堂，借巩团体而谋公益者，有之自本日会议始。"③ 两次商法讨论会的召开，也引起了社会舆论的注目。会议前后，一些报刊均将其作为重要内容进行报道。在全国颇有影响的《申报》等大报，还详细记述了两次会议讨论的具体情况。

---

① 《预备立宪公会报告》，《申报》1909 年 12 月 20 日，第 2、3 版。
② 第二次商法讨论会的详细情况，见《商法讨论案议事录》，《申报》1909 年 2 月 21 日，第 2 版；《商法讨论会第二日会场纪事》，《申报》1909 年 12 月 22 日，第 2 版。
③ 《全国及南洋八十余商会代表聚集上海参加商法讨论会情况并附各地代表名单》（1907 年 12 月 7 日），载天津市档案馆等编《天津商会档案汇编（1903～1911）》上册，第 283 页。

三　自拟商法的成就与局限

下面，我们着重考察和分析此次商会独立拟订商法活动的成果与影响。拟订商法活动最直接的成果是拟订并讨论通过了商法第一编公司法。第二编商法总则也已拟订，各商会以通信方式交流了讨论意见。公司法共计 400 余条，是有清一代最为详尽的商法文件。目前，笔者尚未查到其全文。商法总则现也不易查阅，因当时未曾公开印行或在刊物上登载。但从保存下来的卷帙浩繁的苏州商会档案中，我们发现了这篇珍贵的文献。

商法总则共 7 章 84 条，8400 余字。第一章从 15 个方面对商人的概念做了界定，有利于解决近代中国长期以来工商不分，凡经营工矿、交通、商业者均统称为商人的概念混乱状况。第二章为"商人能力"，指明充任商人的条件，只要年满 18 岁，"不论何人，凡有订结契约而独立负担义务之能力者，均得为商人而营商业"。特别需要说明的是有关女子经商问题。1904 年清朝商部奏准颁行的《商律》规定，只有在经商者本人病废，且上无父兄、子弟幼弱尚未成丁的情况下，其妻或成年之女方能经商。这实际上仍然是限制女子自由经商。而商会拟订的商法总则，则强调不论男女，凡有能力者均可自营商业，从一个侧面反映出资产阶级男女平等的近代民主自由观念。第六章"商业雇佣人"，也值得特别重视。该章第 57 条规定商业主人与商业雇佣人必须签订契约，不仅十分强调契约的重要作用，而且规定商业主人"应注意保护商业雇佣人之生命与身体，并维持善良之风习，酌定执务时间"。第 62 条指明，雇主有权将雇员解雇，但被雇者如不堪虐待，亦可自行辞职。[①] 根据这些规定，店员一般都只是出卖自己

---

① 商法总则，原件见《苏州商会档案》第 754 卷，苏州市档案馆藏。

的劳动力，与雇主无人身依附关系，明显有别于封建性质的超经济强制剥削，体现了资本主义性质的劳动雇佣关系。

总之，由商人拟订的商法草案，是中国历史上第一部比较完整的近代资本主义性质的经济法规文献，也是第一部民间商业立法。因而它不仅在中国资本主义发展史上应该受到重视，而且在中国近代法制史上具有重要意义。1910 年，清朝农工商部根据这一由商会编成的商法草案，修订成《大清商律草案》，送交资政院讨论。尽管因辛亥革命爆发，清朝很快即被推翻，新的商律未及正式施行，但可以说商会发起此次民间商业立法活动，已达到了其预定的初步目标。

由商会拟订的商法草案，虽然在清末未及实施，在民初却发挥了重要作用。1913 年张謇担任北京政府农林、工商两部总长后，意识到中国工商业不发达，"第一问题即在法律不备"，并阐明"非迅速编纂公布施行，俾官吏与人民均有所依据，则农工商政，待举百端，一切均无从措手"。① 为使有关法规尽速施行，张謇决定先由农商部"择其尤要，如公司法、破产法等，分别定成单行法令，作为现行条例，以应时势之要求"。但即便如此，也很难在短时间内制定出公司法、破产法等单行法规。

于是，张謇想到了清末由商会拟订的商法总则及公司法。他于1913 年 12 月专门呈文担任总统的袁世凯，说明"前清农工商部奏交资政院会议之商律总则、公司律二编草案，较前清所行之商律，增多三百余条，颇称完备。……兹再复加考核，觉此项法案，实为工商部目前对内对外切要之需"。他还特别强调：此商律总则及公司律"系采取上海总商会及商学会、预备立宪公会等所呈送之商法调查案修订而成，而该商会等则由专聘通晓商律之士，调查各埠商业习惯，历时

---

① 《熊希龄、张謇为拟先制定各种单行法令给大总统的呈及大总统的批文》（1913 年 11 月 14 日），载中国第二历史档案馆等编《中华民国商业档案资料汇编》第 1 卷上册，第 165 页。

三载，然后参酌法理，编纂而成。观其斟酌之不厌求详，庸冀推行之必能尽利。因为急需应用起见，拟即用为工商部现行条例。改商律总则为商人通例，公司律为公司条例"。① 袁世凯批令准如所请，着即颁行，同时饬令农商部尽快制定有关的施行细则。张謇又对该公司律略加修订，"邀原起草员来京，复加审视，修正十余条"，② 然后提交国会议决通过，很快予以颁行。由此可知，商会在清末独立拟订的商法，在民初仍得到了实施。

前已多次提及，商会自行拟订商法活动的长远目标，是保护商人的切身利益，促进中国民族资本主义的发展，这一作用在短时期内不可能得到直接和明显的反映。当时，中国民族资本主义迅速发展的最主要障碍，是帝国主义和封建主义的双重压迫。在政治制度未进行根本变革、封建专制统治继续存在以及国家未能收回主权而取得独立的情况下，任何推动中国资本主义发展的经济措施都会受到限制，难以发挥应有的作用。所以，资产阶级试图通过自拟商法而使中国民族资本主义腾飞的良谟宏愿，是无法实现的。

但是，这并不意味着清末商会的商业立法活动在推动中国民族资本主义发展方面完全没有产生积极影响。商法草案编成并获讨论通过，而且在很大程度上为清政府所接受，后又在民初得以实施，这对商会及资产阶级是极大的鼓舞，使其进一步看到了自己的力量，增强了发展中国民族资本主义的信心和决心。清末的《农工商报》即曾发表评论指出：长期以来，中国"订定法律，其权操于政府，而东西各立宪国，其订定法律，权操于国民，订定商法，权操于商民，政府只有认可宣布之权耳。故其商法随时改良变通，绝无阻碍，而商务得以发达。此次上海商务总会合全国之商民，讨论全国之商法，实为商务

---

① 《暂用清代商律为工商现行条例》（1914年1月30日），载中国第二历史档案馆等编《中华民国商业档案资料汇编》第1卷上册，第166页。

② 《商人通例公司条例大法典之先声》，《时报》1913年12月30日，第3版。

盛衰之枢纽"。① 其时，全国工商界也翘望商会所拟商法早日问世，对此次民间性质的拟订商法活动极为关注，它的成功必然会对资产阶级产生不可忽略的积极影响。

此外，为配合拟订商法而从事的商事习惯调查，是中国商人有史以来第一次有目的地大规模检讨传统商业条规及商事习俗的调查活动，对中国民族资本主义发展也有一定的积极作用。如所周知，会馆、公所等行会性质的传统工商组织在清末仍十分普遍，各行各业都有自己的商事习惯及所定规章，其中相当一部分继续沿袭封建行会的传统，成为妨碍资本主义增长的惰性因素之一。通过开展商事习惯调查，许多商会组织各业商人对种种商事习惯和旧条规详加审查，指陈利弊，考辨优劣，使广大商人意识到沿袭传统的陈规陋俗，无以立足于竞争日趋激烈的世界商业战场。在此前后，不少会馆、公所发生了重要变化，旧的封建传统日渐削弱，新的近代因素逐渐增长，在组织形式和职能诸方面都较诸以往封闭狭隘的特征明显不同。这种变化无疑有利于中国资本主义的发展，在当时已引起人们重视，有的将其概括性地表述为："会馆有时行公议裁判等事，俨如外国领事馆；公所为各业之机关，俨如商业会议所。其始不过曰联乡谊、营慈善而已，浸假而诉讼冤抑之事为之处理矣，浸假而度量衡归其制定矣，浸假而厘金归其承办矣，浸假而交通运输之规则归其议决矣。"②

考察此次商会立法活动时还应看到，它的进行反映了资产阶级成长壮大，争取政治权利的要求，进一步增强了全国工商业者的联合，扩大了资产阶级的社会影响。

作为工商业者新兴社会团体的商会，是通过清政府谕允与劝办的形式得以成立的，曾获得官府的鼓励和保护。但清政府唯恐资产阶级

① 《中国新闻》，《农工商报》第 9 期，1907 年 9 月 8 日。
② 杨荫杭：《上海商帮贸易之大势》，《商务官报》第 12 期，1906 年 8 月 14 日。

通过商会滋长对政治权利的追求而危及自身统治，又采取各种办法限制商会的活动，规定其权限范围。商部奏准颁行的《商会简明章程》对此已有明确规定，后又三令五申告诫商会不得逾越所定权限，务须"恪遵定章，认真经理"。[①] 然而，商会诞生之后工商业者有了自己统一的合法社会团体，改变了过去个人或行帮的落后形象，气度和能量也随之大为改观，力图突破清政府所设清规戒律，争取更为广泛的政治权利。如果说1905年商会发起和领导抵制美货运动，是资产阶级走向自治自立，要求在对外交涉中拥有发言权的第一个行动步骤，那么，1907年商会发起自拟商法活动，则是资产阶级学习其西欧前辈，进一步争取立法权的首次尝试。

西欧英、法等国与中国在社会结构、政治体制等许多方面存在明显的不同，城市也具有相异的传统与特点，加上资本主义发展道路和资产阶级经济实力大小的不尽一致，使得资产阶级所拥有的政治权利判然有别。英、法等西欧国家专制王权的建立是在封建社会晚期，其权力集中的程度远不如中国，与之并存的还有国会或三级会议机构，国王签署征税、立法令一般都须经过国会或三级会议通过才能付诸实施，这种情况在中国是不曾有过的。中国自秦朝建立起封建专制集权，历经千百年不断发展完善，其体制之完整严密，皇权之高度集中，都堪称世界封建社会政治史上的典型。西欧诸国的城市，大都兴起于封建社会后期。城市中的工商业者通过武装斗争或金钱赎买的方式，摆脱封建领主的控制，取得了较大的自治权，形成城乡对立并重的二元结构，因而资产阶级拥有比较广阔的活动地盘。中国的城市自古以来既是工商荟萃的经济中心，又是封建统治的政治重心，为封建势力所牢牢控制。这种经济政治一元化的社会结构，大大限制了中国资产阶级从事各种活动的社会舞台，迫使其不得不周旋于旧势力的层

---

① 《苏州商会档案》第35卷，第25页，苏州市档案馆藏。

层夹缝之中，其政治权利也远不及英、法等国的资产阶级。例如英国伦敦商会"在议院亦颇占势力，凡派伦敦港员，实此会操纵而左右之"。利物浦和曼彻斯特商会，"于英政府经营西非政策，殊有绝大影响，如管领保护地、建筑大铁路、订立总税则……皆此会左之功右之力也"。①

清末的中国没有议会或类似三级会议的机构，资产阶级不可能在国家立法部门渗入自己的势力，也就无法取得如同英、法等西方国家商会所拥有的一部分立法权和监督行政权。但是，随着商会的成立与实力的增长壮大，中国资产阶级仍在不利的客观社会环境下，采取民间商业立法的方式，力图争取立法权，这无疑是值得肯定的进步活动。

至于拟订商法活动对加强资产阶级联合的积极作用，集中体现于推动了全国性资产阶级社会团体华商联合会的酝酿筹备。1904 年后，各省府、厅、州、县纷纷成立了商务总会和分会，至 1907 年已达 200 余所。各省商会的成立，改变了本地区商人互不联系的分散孤立状况，在许多方面都发挥了不可忽视的作用。但全国各地的商会互不统属，也无全国性商会联合会，不利于更好地统一全国资产阶级的行动。这种状况当时已为商界许多有识之士所认识，故而在 1907 年召开的第一次商法讨论会上，设立华商联合会即成为各商会代表多次商议的一项重要内容，会上散发了《拟组织华商联合会意见书》，决定由到会的 80 余处商会共同发起创办。意见书上写道："商法者，商业一部分之事也。今试问与会诸公，舍商法外，吾商人所应注意，所应研究者，殆别无一事可言乎？又试问诸公，自今日大会以往，将遂仍前涣散，从此不相闻问已乎？抑年一莅会，仆仆道途，仅商法一事而已足乎？诸公远来之目的，上海商界发起是会之本意，当不如是也。商与商集合而成商会，其在今日明效大验。诸公既知之稔矣。若会与

---

① 章乃炜：《述英国商会》，《商务官报》第 21 期，1907 年 9 月 22 日。

会联合而成大会，效力之大，必有十百于今日商会者。""宜乘今日组织一华商联合会，为海内外各埠商会总机关，为我全体华商谋极大幸福。"① 显而易见，资产阶级成立全国性社会团体动议的提出，与拟订商法活动，尤其是商法讨论会的召开有着直接关系。

在第一次商法讨论会上，代表们还草拟并讨论了华商联合会简章，确定了华商联合会的如下宗旨："甲、为各埠商会交通总机关；乙、谋各埠商会办法之统一；丙、谋华商公共利益并去其阻碍。"② 简章规定：凡经商部认可成立的海内外各埠商务总会和商务分会，均可入会。总会举代表二人，分会举代表一人，各大公司、银行有法人资格者，亦可入会。此次会后，华商联合会并未即刻宣告成立，由上海商务总会和新加坡华商总会分别负责筹备事宜。1909 年 3 月，上海商务总会根据第一次商法讨论会上各商会代表的提议，创办了《华商联合报》，以"联合商界，振兴实业"为宗旨，争取华商联合会早日成立。同年举行的第二次商法讨论会，再次商议了组织华商联合会的有关事宜，决定"以此事责诸华商联合报馆办理"，馆内附设"华商联合会办事处"，报名相应改成《华商联合会报》。

尽管由于种种原因，全国商联会到 1912 年才正式宣告成立。但考察其发轫与筹备过程，不能不追溯至清末 1907 年开始进行的商业立法活动。在筹备成立联合会的过程中，全国资产阶级的联系已进一步加强。"华商联合会办事处"的设立，使全国各地的商会乃至海外的中华商会有了一个正式的联络机构，由此促进了商界的联合。《华商联合会报》（《华商联合报》）的创办，则使资产阶级有了完全属于自己的全国性舆论宣传阵地。此后的要求币制改革、抵制各国强迫华

---

① 《筹建全国华商联合会意见书及章程》（1907 年 12 月），载天津市档案馆等编《天津商会档案汇编（1903～1911）》上册，第 292 页。
② 《筹建全国华商联合会意见书及章程》（1907 年 12 月），载天津市档案馆等编《天津商会档案汇编（1903～1911）》上册，第 292 页。

侨入籍、收回铜官山矿权、抗议九江英捕打死华人、成立"筹还国债公会"、抵制列强"监理中国财政"和立宪请愿等一系列斗争及运动，都是在华商联合会办事处和《华商联合会报》的联络动员之下，成为不同规模的全国工商界的联合行动。通过这一系列斗争，资产阶级的凝聚力更加增强，社会影响也更加突出。

拟订商法活动的进行，还加强了上海乃至全国资产阶级与立宪派之间的直接联系，对于随后资产阶级积极参与立宪请愿运动，成为立宪派的政治追随者也有重要影响。立宪派团体与资本家团体直接携手合作，而且是预备立宪公会这个在全国影响最大的立宪派团体和上海商务总会这个在全国影响最大的资本家团体，联合发起并领导类似拟订商法的大规模的社会活动，尚无先例。通过召开商法讨论会，立宪派认识到商会巨大的号召力和资产阶级的深远社会影响，遂在国会请愿运动期间，派人四出联络，广为宣传"立宪与商人有特别之关系"，动员商会参与请愿运动，使请愿运动的声势明显壮大。有关的具体情况，本书第七章第二节已做详细论述，这里不再重复。

综上所述，商会在清末从事的自拟商法活动，在当时的政治、经济以及资产阶级自身阶级力量的发展壮大等方面，都程度不同地产生了直接或间接的影响；同时，也是商会自治活动的范围得以不断扩充的具体表现，值得予以充分重视。而海外学者论述近代中国的市民社会问题时，大都很少谈到甚或完全不曾提及清末商会所进行的此次自拟商法与争取立法权的尝试，这不能不说是一大缺憾。

第十章

商会的独立舆论工具

　　是否拥有独立的舆论工具，在很大程度上可以作为考察商会这一近代中国新式社团组织是否具有市民社会特征的又一个重要内容。西方学者在探讨欧美国家市民社会出现时，即对市民社会独立舆论工具的产生与影响非常重视，并将其当作市民社会形成的一个重要标识。美国的一些学者在讨论清末民初中国公共领域的过程中，也曾提及民间报刊即公共舆论问题。但他们并未注意清末民初商会所创办的报刊，在这方面没有做深入的论述，以致相当一部分外国学者认为当时的中国并无独立的民间舆论工具和公共舆论出现，并以此作为否认近代中国产生过与欧美近代国家相类似的市民社会的重要依据之一。事实上，清末民初的中国曾经出现大量各种形式的民间报刊，并在此基础上形成了令人瞩目的公共舆论，在社会生活中发挥了比较广泛的作用和影响。当时的一些商会，也曾创办报纸或期刊，使之成为自己独立的舆论工具。商会通过这些舆论工具，不仅能够有效地指导和联络工商界的行动，而且代表工商界发表各种政治见解，在一些重大问题上形成具有工商界独特影响的社会舆论，对国家制定和实行有关政策也具有一定的制衡作用。

另应说明的是，国内已经出版的近代报刊史著作，均未涉及清末民初商会创办的报刊。有关商会的专著，虽大多提及清末民初的商会报刊，但往往语焉不详，未做专门考察和论述。虞和平先生曾在《辛亥革命时期期刊介绍》第三集与第五集中撰文介绍《华商联合报》和《华商联合会报》以及《中华全国商会联合会会报》，但迄今为止，仍未见有综合论述商会报刊的专文问世，使得热心于此问题的读者乃至研究者难以对这一时期商会所办报刊获得较为系统的了解，因而有必要做一比较全面的考察。以下将从几个方面对清末民初商会报刊的有关具体情况略做论述。

一 商会对创办报刊的认识

19 世纪末，工商界人士对于民间报刊作为独立舆论工具所起的重要作用尚缺乏足够的认识，加之当时未成立联络工商各业的商会这一共同团体，工商业者仍处于会馆、公所等各业行会相互分散隔离的状态，组织程度较为低下，经济实力也比较有限，因而没有工商界人士独立创办的报刊发行。

但在戊戌变法时期，维新派的一些代表人物却对报刊的作用十分重视，并在北京、上海、天津、湖南等许多地区组织学会，创办报刊，声势和影响均颇为壮观。他们将报刊称为"国之利器"，利用报刊为变法大造舆论，还宣传报刊在各方面的重要作用，尤其是在"开民智"、"育人材"方面具有不可替代的功能。梁启超即曾撰写《论报馆有益于国事》一文，指出："去塞求通，厥道非一，而报馆其导端也。……阅报愈多者，其人愈智；报馆愈多者，其国愈强。"谭嗣同也在《报贝元徵书》中特别强调："新闻报纸最足增人见识……今日切要之图，无过此者。"[①] 正是由

---

① 方汉奇：《中国近代报刊史》上册，山西人民出版社，1981，第 140 页。

于维新派对报刊的作用有比较深刻的认识，所以才克服各种困难，以极大的热情致力于创办报刊，使得维新变法时期"报馆之盛，为四千年来未有之事"。值得重视的是，这一时期还出现了直接反映工商业者意愿的报刊。1898 年 9 月在上海出版发行的周刊《工商学报》，就是这样的刊物。该刊由钱塘人汪大钧创办和主编，为"通国工商而设，以振兴工商业、收回利权为宗旨"。它"首详中国商政，及各种工艺商务情形，凡各省物业，生产丰歉，制造盛衰，销数旺淡，出口多寡"，均"详细采访，近期登录"；还"取各国商务律例，精密而通行者，译登报中"。该刊还在馆中附设有工商学会，以"开通风气，考求规则"。① 这些民间报刊的创办发行及所产生的显著影响，对工商界人士认识报刊的作用不无裨益，对 20 世纪初商会报刊的出现也起了先导作用。

1903 年以后，各地商会相继成立，工商业者开始由分散走向联合，成为一个相对统一的整体，其实力与过去相比得到明显增强。同时，一些商会逐渐意识到创办报刊的重要作用，并设法筹集资金自办报刊，作为商会的独立舆论工具。于是，从 20 世纪初开始陆续有商会报刊问世。

清末民初的商会之所以创办报刊，既有与戊戌变法时期的维新派相同的目的，也有其不同于维新派和他人的目的。因为商会是工商业者的新式社团组织，所办报刊作为工商界的喉舌，自然是充当工商业者的代言人，侧重体现和反映工商业者的意愿。我们认为，商会自办报刊，主要目的有四。

其一，开商智，育商才，振兴商务。清末即有商会认识到："商业之发达，由于开商智"；"商智不开，则彼此隔阂"。② 还有的表示：

---

① 《工商学报凡例》，《工商学报》第 1 册，华东师范大学图书馆藏，转引自汤志钧《戊戌变法史》，人民出版社，1984，第 248 页。

② 《苏州商会档案》第 43 卷，第 66 页，苏州市档案馆藏。

值此商战时代，非培育新型商业人才，无以角胜于世界商业战场。"我华之商，力薄资微，智短虑浅，既无学问，而又坚僻拘墟，以无学识之人与有学识者遇，其胜负可立决矣。"① 因此，欲振兴商务，就必须开商智，育商才。其具体措施除兴办实业教育外，即是创办报刊，而商会则自认为对此有义不容辞之责。不少商会认为："商会为商界总枢，而浚沦商智，鼓吹商情，尤赖报纸以介绍而沟通之。"② 天津商务总会在创办《天津商报》时也曾明确指出："振兴实业，首以开通商智为务。而综核得失，尤以报章为要。""今公议设立报馆，亦系振兴商务之一端。盖以商务无报馆，不能以图远大。"③ 1917 年全国商联会吉林事务所筹办《吉林商报》时，同样特别强调"商报为提倡实业，启发商智之唯一利器，商政进行，利赖滋多"。④

其二，加强商会之间的联络，增强工商界的凝聚力，扩大工商界的影响。中国的工商各业素来行帮壁垒森严，各立门户，畛域分明，以致商情涣散，"声气不易通，群力不能合"。商会成立之后，这种情况有所改善，但"商会虽多成立，声气犹未尽交通"，直接影响到商会更有效地发挥其应有的功能与作用，因而需要采取新的措施切实加强商会之间的联络。《华商联合报》的创办即是出自这一目的，从该报的报名也可看出其促进商界联合的目标。1907 年底，由上海商务总会、上海商学公会和预备立宪公会联合发起，全国各地 80 多个商务

① 《苏商总会试办章程》（1905 年 10 月），载章开沅等主编《苏州商会档案丛编》第 1 辑，第 30 页。
② 《天津商会开办大事记》，载天津市档案馆等编《天津商会档案汇编（1903～1911）》上册，第 86 页。
③ 《天津商会为创立商报事致商部文及商部批文》（1905 年 9 月 1 日），载天津市档案馆等编《天津商会档案汇编（1903～1911）》上册，第 154 页；《保定商会为天津商报在省城大受欢迎事复津商会函》（1909 年 2 月 19 日），载天津市档案馆等编《天津商会档案汇编（1903～1911）》上册，第 162 页。
④ 《吉林商会事务所为吉林商报申请立案》（1917 年 9 月 6 日），载中国第二历史档案馆等编《中华民国商业档案资料汇编》第 1 卷上册，第 164 页。

· 352 ·

总、分会及部分海外中华商务总会的代表在上海举行讨论商法草案大会。嘉兴商会代表张右企在会上建议与筹划成立全国华商联合会同时，"创办一华商联合报，以为各商会交通之邮，且于调查商习亦甚有益"。① 这项建议一经提出，立即得到全体与会代表的一致赞成，表明各商会均有此强烈愿望。《华商联合报》的宗旨，就是"联合商界，振兴商业"。《华商联合报序目》也指明该报之创设，"将以联合吾华商，共尽其爱国之心力，以富强吾国焉耳"。

其三，"收回言论之权"。晚清时期，西方侵略者较早即在中国创办报刊，为其侵略行径摇旗呐喊和涂脂抹粉。国人所办报刊因害怕清政府封禁，或将报馆设于租界，或托庇外人以求保护，不同程度地受到外国侵略者的监控。戊戌变法期间梁启超曾针对此种情况指出："专制之国家，最恶报馆，此不独中国惟然，而中国尤甚者也。往者各省报馆，多禁发刊，故各报皆借西人为护符，而报章亦罕有佳者。"② 20 世纪初，工商界对这种现象也有所认识，并希望通过自办独立报刊收回言论主权。例如有的商会即意识到："我国风气初开，凡设报馆之人，非窟穴于外人租界之中，即假借洋商名目，言论放诞，时有妨碍和平之处。职等拟合同志创设报馆……为我国收回言论之权为宗旨。"③ 不难看出，商会创办报刊，也具有明显的抵制外人文化渗透、收回言论主权的目的。

其四，建立自己的独立舆论工具。民初的商会对于报刊作为舆论工具的作用，已有了初步的认识。有的商会特别强调"报纸有益于社会尽人皆知"，其原因在于"报纸足以代表舆论，非有此机关以为各

① 《全国及南洋八十余商会代表聚集上海参加商法讨论会情况并附各地代表名单》（1907 年 12 月 7 日），载天津市档案馆等编《天津商会档案汇编（1903～1911）》上册，第286 页。
② 中国史学会主编《戊戌变法》第 2 册，神州国光社，1953，第 44 页。
③ 《天津商会为创立商报事致商部文及商部批文》（1905 年 9 月 1 日），载天津市档案馆等编《天津商会档案汇编（1903～1911）》上册，第 154 页。

处商会之中枢，不能联络商情，开通商智，更不能剔除商弊，拓殖商权"。① 还有的商会则指出，如无报刊作为自己的舆论工具，商会将仍是一个不完善的团体。尤其是全国商联会，更需要创办发行联合会的机关报，反映全国商会的意愿，维护工商界的权益。在此意义上可以说，"会报乃联合会之耳目口鼻也，不有会报，则联合会形具而神不完"。② 可见，民初的商会对舆论工具在各方面所起的重要作用已较为重视。

还应该说明，除上述商会成立使工商界的能量与影响大为增强，以及商会对创办报刊作为自己独立舆论工具的作用逐渐有所认识等原因外，19 世纪末和 20 世纪初清政府对待民间创办报刊政策的某些变化，也有利于商会报刊的出现。

诚如梁启超当时所言，"专制之国家，最恶报馆"，中外各国概皆如此。这是因为专制国家的统治者为了维护自己的统治地位，既不允许独立强大的民间社会存在，也不允许动摇其统治的社会舆论出现，故对民间报刊采取极端压抑与限制的政策，或者是予以严密的控制束缚。《大清律例》中即有"凡造谶纬妖书妖言及传用惑众者，皆斩"和"捏造言语，录报各处者，系官革职，军民杖一百，流亡千里"等条款的规定。一些地方官府也曾通令禁止"伪造谣言刊卖新闻纸"，不得"私自刊刻新闻纸"。根据这些规定，民间擅自出版和发行报刊为非法行为。

但在戊戌变法时期，光绪皇帝支持维新变法，推行了一系列具有资本主义性质的改革措施，其中包括允许并鼓励民间著书立说和创办报刊。当时，光绪帝还下令参照西方国家的法令拟定报律。由其颁发

① 《直隶商会联合会议决案报告简表》（1915 年 8 月），载天津市档案馆等编《天津商会档案汇编（1912~1928）》第 1 册，第 383 页。
② 《全国商会代表胡炳塈报告商会法细则颁布后会费筹集、会报出版等问题函》（1916年 3 月），载天津市档案馆等编《天津商会档案汇编（1912~1928）》第 1 册，第 711 页。

的上谕指出："泰西律例，专有报律一门，应由康有为详细译出，参以中国情形，定为报律。"① 所以，在维新变法期间，出版报刊的禁令在很大程度上被废除，维新派创办的各种宣传变法的报刊层出不穷。20 世纪 20 年代戈公振撰写的《中国报学史》一书，称戊戌变法至清末为"民报勃兴时期"。不过，戊戌变法并非整个清王朝所进行的改革，光绪帝虽居皇位但并无实权，在清朝统治集团内部还存在相当一批反对改革的顽固派。由于他们的反对，许多改革措施都变成一纸空文，变法也很快即告失败。随着变法的失败，不仅报律未及拟定，而且维新派创办的许多报刊遭到了封禁。慈禧太后曾强迫光绪皇帝颁发有关谕令，宣称："莠言乱政，最为生民之害。……天津、上海、汉口等处，仍复报馆林立，肆口逞说，妄造谣言，惑世诬民，罔知顾忌，亟应设法禁止，著各该督抚饬属认真查禁。"②

　　20 世纪初的"新政"，可以说是整个清政府推行的近代化改革，在改革内容上可视为戊戌变法的继续。"新政"期间，清政府在有关报刊出版发行方面曾颁布专门的法规。1906 年，清政府商部、巡警部、学部共同制定《大清印刷物专律》，总计 6 章 41 款，于同年奏准颁行。1908 年又颁布《大清报律》45 条。这些法规的制定颁行，使民间报刊终于获得了合法地位。清政府虽然在这一时期还制定了《报章应守规则》，对民间报刊仍予以某些限制，并屡有封禁报刊的事件发生，但主要是针对宣传推翻清朝统治的革命报刊。相对过去而言，"新政"时期的民间报刊由非法变为合法，显然有利于民间报刊的创办与发展，也有利于清末商会报刊的出现。以往的许多有关论著，过于强调"新政"期间清政府颁布的报章法规对民间报刊的限制作用，有意无意地忽略了其某些积极意义。我们认为，这些报章法规的施

---

　　① 《德宗景皇帝实录》第 422 卷，"六月甲辰"条，中华书局，1987 年影印本，第 532 页。

　　② 转引自戈公振《中国报学史》，三联书店，1955，第 132 页。

行，标志着中国历史上统治者第一次承认了民间报刊的合法地位，是清政府报章政策的一大转变，对民间报刊的发展有着重要的影响，如果对这方面的影响略而不论，则显然失之偏颇。

二　商会报刊的创办及其特点

清末民初的商会，并非都曾创办报刊。因为在当时的历史条件下，创办报刊不仅需要财力和物力，还需要人力及专门的人才，并且必须协调和疏通各方面的关系，是一项十分繁重的工作。一般的商会仅处理日常事务即有应接不暇之感，加上经费并不宽裕，因而不是每个商会都能胜任创办报刊。尽管如此，在清末还是有一些商会克服困难，创办了自己的机关刊物。由于受有关资料的限制，目前尚不能准确地统计出清末民初究竟有多少商会曾创办过报刊。据笔者所知，在清末出现的商会报刊有：天津商务总会创办的《天津商报》（筹办期间名为《天津报》）、广州商务总会创办的《广州总商会报》、重庆商务总会创办的《重庆商会公报》、济南商务总会创办的《济南商会日报》等。另外，发行于全国的《华商联合报》，也是在上海商务总会的直接赞助和支持之下创办起来的，在很大程度上可以视为全国各地商会及海外中华商会共同的刊物。后为适应筹建全国华商联合会的需要，该报改名为《华商联合会报》，更直接成为指导和联络海内外华商商会的全国性重要刊物。在少数资本主义经济发展较快，文化事业也较为发达的中等城市，商务分会或商学公会也曾创办自己的杂志。例如在浙江省的绍兴、余姚等地区，商学公会就创办过《商业杂志》之类的刊物。

1912年底，全国商联会正式成立，不久以后也创办了全国性的商会杂志。该杂志初称《中国商会联合会会报》，后改名为《中华全国商会联合会会报》，是继清末《华商联合会报》之后的又一颇具影响的全国性商会刊物。全国商联会成立之后，各省相继设立商联会事务所。有的事务所设立后也创办了报刊。例如，全国商联会直隶事务所于 1915 年 8 月召开全省商会联席会议，张家口商务总会代表向景仑提出创办《直隶商报》议案。会议经讨论，通过了该议案，决定将该报作为全省商会的"言论代表机关"，由各商会共同襄办。1917 年，全国商联会吉林事务所呈准农商部批，创办了《吉林商报》。20 年代初，改组之后的上海总商会经过近一年的筹备，于 1921 年 7 月创办了《上海总商会月报》。该刊一经问世即受到工商界欢迎，成为另一个在全国有影响的重要商会期刊。

从上列商会报刊名称即可看出，清末民初商会所办报刊主要包括日报和期刊。其中日报较少，所知者仅有清末天津商务总会创办的《天津商报》、济南商务总会创办的《济南商会日报》和民初全国商联会直隶事务所创办的《直隶商报》，余则皆为期刊。期刊又分为月刊和半月刊，如清末的《华商联合报》（《华商联合会报》）为半月刊，民初的《中华全国商会联合会会报》和《上海总商会月报》则是月刊。

上述清末民初商会所办报刊，有些因无保存现已难以查阅，有些则保存不全，给我们全面研究这一课题造成了相当大的困难。目前，只能根据能够见到的一部分商会报刊，参考其他有关史料，对清末民初商会报刊的创办及其特点等有关问题做出初步的探讨。

清末民初商会所办报刊，并非官府所控制，而是商会的独立舆论工具，主要反映工商业者的愿望，称得上是工商界的喉舌。这一特点可以从以下几个方面得到证实。

首先，清末民初的商会报刊，都是由商会独立创办，并不依赖官府或者其他社会力量。尽管商会报刊创办时须经官府批准立案，但这是为了取得合法地位，而不是为求得官府资助，也未因此而受到官府控制。前已提及，"新政"时期的清政府为推行近代化改革，其报章政策较之以往有了很大改变，不再严格限制民间创办报刊；同时，清政府也认为商会创办报刊系开通商智，于实业发展不无裨益，因而不仅未予控制，反而给予一定支持。例如天津商务总会创办《天津商报》，由该会总理、协理呈请直隶总督袁世凯咨明商部立案，袁世凯即表示："查该总理等拟请创设报馆，系为开通商智起见，自应准予立案。"商部也批示说："查该总理等拟设商报，系为开通商智起见，所有本部各处报告，有关商务，足以裨益商业事件，自应准其登载。"①

应该说明的是，有些商会报刊的具体经办人，并非商会成员。因为办报需要主笔及通晓有关知识的专业人才，而商会中缺乏这样的专职人才，只能另外聘请。聘请的有关具体经办者虽非商会中人，但均由商会出面邀聘。应聘者须按照商会所拟规定及办报宗旨行事，不能随意更改，否则随时可以解聘。此外，聘请的人员有些原本即与商会联系密切，或曾经投资兴办实业。如《华商联合报》的联合部主任陈颐寿、财政部主任陈震福，即与上海商务总会关系密切；调查部主任江义修则是浙江铁路和四明银行股东，并担任宁波商会会董及该会驻沪调查员，后又曾出任上海商务总会的书记议董。因此，尽管有些经办报刊具体事务者不是商会成员，但并不影响这些报刊作为商会的独立舆论工具的性质。

其次，清末民初的一些商会创办报刊，是由商会设法筹集所需资金，既无官府补贴，一般也未采取入股的方式在社会上公开招股，更无外资渗入，在资金来源方面具有相当大的独立性，因此不会由于资金源于他人而受其牵制或控驭。商会筹集创办报刊所需经费有多种方式，有的是从商会经费中开支一部分，有的是由商会中的富商大贾捐助。全国商联会所办的会报，因是全国各商会共同的舆论机关，所以

---

① 《天津商会为创办商报事致商部文及商部批文》（1905 年 10 月），载天津市档案馆等编《天津商会档案汇编（1903～1911）》上册，第 155、156 页。

由各个商会共同出资。例如《华商联合报》的创办经费，主要出资赞助者即是在上海商务总会中曾担任总理、协理要职的李云书。他当时投资开办十余家近代企业，资本较为雄厚，而且对创办《华商联合报》甚为支持，故热心解囊相助。关于《中华全国会联合会会报》的经办及其经费问题，1914 年在上海举行的第一次商联会代表大会曾进行过专门讨论，最后议定进一步推广该会会报的措施，并决定由各地商会共同承担一定数额的办报经费。全国商联会直隶事务所创办的《直隶商报》，属于直隶全省商会的"言论代表机关"，其开办经费由全省各商会捐助，但各商会只负担开办费，"以后赔累与各县商会无涉，辅助之款由联合会另行筹划"，同时将"所有经过情形及盈余数目，年终由联合会报告各商会，以昭大公"。① 全国商联会吉林事务所创办《吉林商报》时，也是"由各商会分筹经费，当经各会代表一致通过"。

正是由于创办报刊的经费完全自行解决，无官府公款补贴，除《中华全国商会联合会会报》有全国各省商会定期捐助，情况略好之外，其他商会所办报刊因系自筹资金，无固定的经费来源，常常陷于经费拮据的困境，维持十分困难。例如天津商务总会创办的《天津商报》，至 1911 年即亏损甚巨。天津商会继续勉力维持数年，到 1915 年仍无好转，有人提议将该报出兑给外人。但天津商会深知"商报馆为商会附属之一部分"，不能轻易放弃，并为此召集全体会董商议办法。会董均表示："此项报馆之成立，实于商会进行诸多辅助，未便轻弃。各会董均愿凑集资本，继续接办。前拟出租一节，应即作为罢论。"② 可见，当时的商会创办和维持自己的报刊，并非易事，需要克

---

① 《直隶商会联合会议决案报告简表》（1915 年 8 月），载天津市档案馆等编《天津商会档案汇编（1912～1928）》第 1 册，第 383 页。
② 《刘孟扬为商会不可轻易将天津商报出兑事致津商会函》（1915 年 5 月 9 日），载天津市档案馆等编《天津商会档案汇编（1903～1911）》上册，第 165 页。

服诸多困难。但即使是遭遇到严重的经费危机，商会也尽力维护，以保持所办报刊作为自己独立舆论工具的特点。有的商会为节约有关开支，采取了不少措施。全国商联会直隶事务所创办《直隶商报》时，为尽量减少经费支出，议定经理、编辑、校对各员暂由其职员兼任，报馆地址也设在联合会事务所内，所占房屋不取赁价。

最后，清末民初商会报刊所设栏目及登载的文章，在很大程度上不仅不受官府政策及态度左右，而且常常对政府的许多政策与措施公开进行评论和抨击。因此，它主要反映工商业者的愿望，是集中体现工商界舆论的重要工具。同时，商会报刊还利用其作为舆论工具所具有的社会影响，从多方面维护工商业者的利益，成为商会及广大工商业者与政府抗争的一个重要舆论阵地。

清末民初的商会报刊，特别是半月刊和月刊性质的期刊，所设栏目及文章内容一般都比较丰富。例如，《华商联合报》在1909年初创时期，即设有时事社言、纪闻、要电、通信、学务、商情、实业、调查等栏目，后又增辟商会纪事、商会同人录、华洋交涉、官场之怪现状四栏。"上自国家一切商政，下至社会营业情形，旁及五洲各国商市竞争之现状，与夫名家译著、达士丛谈、各业章程规条，有美必选。"①民初创办的《中华全国商会联合会会报》也兼收并蓄，设有论说、报告、纪事、法令、要件、商业补习会讲义、法令浅释、小说等栏目，有时还增辟商界要闻、国事要闻、时事要闻、新智囊、调查、商会联合会职员表等专栏。《上海总商会月报》的办刊宗旨，"约有三端：曰指导商业社会，曰提倡学术研究，曰搜集参考资料"。②围绕着这三个目标，该刊辟有言论（专论）、译述、丛载、商学、国内外商情、调查、统计、通讯、工商新语、会务记载、名人传记等栏

---

① 江义修：《论阅〈华商联合报〉之有益》，《华商联合报》第2期，1909年3月。
② 徐鼎新、钱小明：《上海总商会史（1902～1929）》，第277页。

目，其经济专业性和现实针对性尤为突出。

　　舆论宣传是报刊最重要的功能与作用之一。在这方面，清末民初的商会报刊站在工商界的立场，代表广大工商业者的利益，发挥了比较广泛的作用。其所宣传的一个重要内容，是振兴商务，发展实业以救国。清末民初的商会报刊，无不强调"工商立国"之重要意义，认为"近世以来政局大变，列国倾向注集商战，经济竞争烈于军备"。① 因此，在这商战剧烈时代，"惟实业足以左右世界之大势者，不特私人之自立以此，即国家之战胜亦以此"。② 《中华全国商会联合会会报》创立伊始，也在《发刊词》中特别形象地阐明："一国的经济，就如人的精血一样，耗尽一身精血，人就不能存在，枯竭一国的经济，国是一定灭亡。"所以，国家能否富强，立足于商战时代而不衰亡，就在于经济能否发达。近世国家强盛之因素，"不出三端：发展经济，扩充贸易，开辟殖民"。政府应该采取各种措施，大力扶植发展实业，而不应对工商业者多方盘剥，徒增税收加重其负担，致使中国的实业每况愈下。这种振兴商务，发展实业，并要求国家实施保护政策的呼吁和宣传，显然是广大工商业者的心声。

　　清末民初的商会报刊，为提高商人的社会地位，还大力宣传商人在近世商战时代所处的重要位置和肩负的历史使命，以扭转中国历史上长期以来商为四民之末的传统世俗观念。有的指出：在当今工商立国之世，国家是否强盛取决于经济是否发达，虽然此时的国家"也是由各种社会集合而成，这各种社会之中，最负重大的责任，要让商业社会首屈一指了"。尤其是当时的中国，实业衰败，国家贫弱。"这样看来，我们中国的商业社会，比那别国商业社会的责任，越发重大。"商会报刊也宣传商人要真正肩负起自己的历史使命，必须"广求世界

----

① 林作屏：《商箴》，《华商联合会报》第 2 期，1909 年 3 月 21 日。
② 《上都察院书》，《华商联合会报》第 7 期，1910 年 5 月。

的学识，唤起同业的自觉，大家担负这兴亡之大责，然后以至当的学理，建设于最新组织之上"。另一个重要前提，是加强商界联合，改变以往商界各业分散隔绝的孤立状态，共谋实业振兴大计。因为"一人之爱国心其力甚微，合众人之爱国心其力始大"，如此才能"共图改良挽救之办法"，收集思广益之效。①

作为工商业者的舆论工具，清末民初的商会报刊还刊登各种类型的文章，从多方面反映工商业者的要求。特别是在政治方面，商会报刊代表工商界的利益，提出了敦促政府改良政治的要求。在清末，有的商会报刊即表达了工商业者对专制制度的不满。《华商联合报》创刊第1期刊载的《宣统元年颂词》就曾公开向清朝统治者宣称"吾国人民困厌于专制政体者久矣"；后又发表文章历数专制政体的各种危害："统计吾国近年，路政不修，币制不一，矿学不讲，工厂不兴，垦牧不倡，林业不振，厘税鲜决行之政见，盐漕乏改革之良规，凡此种种原因，皆上病国，下病民，而商界实先受其病。"② 此外，还从更广阔的范围指出专制政体在中国沿袭多年的弊端，要求予以变革，否则仍将如同以往"历代相传，闭关自守，中央有集权之势，庶民高不议之风……自中央各部，以至各省疆吏之权限，往往独行己意，不相统属。人民有事官吏不及知，官吏有事人敢问"。③ 只有变革政体，才能"举二千年之魔障摧而廓之……使积贫积弱之中国一跃而跻于东西列邦之上，拨乱反正，转危为安"。④

当时，广大工商业者所希望实行的政体是君主立宪制，因而商会报刊发表不少文章宣传和介绍西方国家的君主立宪制度，要求清政府尽速推行政治改革，实施宪政。有的阐明，"立其宪政则国体新矣，

① 《发刊词》，《中国商会联合会会报》第1年第1号，1913年10月。
② 《上都察院书》，《华商联合会报》第7期，1910年5月。
③ 《广联合篇》，《华商联合报》第19期，1909年2月。
④ 《宣统元年颂》，《华商联合报》第1期，1909年3月。

删其法律则民命新矣，科举废则人材新，科学立则教法新，改官制则考绩新，练武技则戎行新"，从而才能最终达到"涤其旧污，新其国政"的目标。① 还有的指出：召开国会，实行立宪，是中国救亡图存的一项根本措施。"今天下之祸变亟矣，内忧外患，纷至沓来，国事日非，人心瓦解。商等思维再四，知非国会无以通上下之情而使之萃，非开国会无以挽危亡之局而即于安。……一国之盛衰强弱，不在乎土地之广狭，户口之多寡也……国会为立国不二之方，顺而行之则富而强，逆而制之则危而乱。"② 由此可以看出，清末的商会报刊充分发挥了作为工商业者独立舆论工具的作用。

辛亥革命后民国建立，结束了沿袭数千年的封建专制制度，但袁世凯控制的北京政府实际上只是空挂民国的招牌，并未真正实行民主制度，工商业者依然无参政议政的权利，工商业的发展也仍旧障碍重重。于是，商会报刊又为争取工商业者的参政议政权利大声疾呼，广造舆论。1912 年 8 月，北京政府颁布参众两院议员选举法，以拥有一定不动产数额作为享有选举权与被选举权的条件之一，其中，选举人资格的规定为"纳直接税二元以上及有不动产五百元以上"。所谓直接税系指地丁漕粮，而工商业者所交之税则多为关厘等间接税，所得税和营业税等直接税尚未实施，加之商人的资产大都属于动产，因而无选举资格。同时，北京政府对工商界的议员席位也不予考虑，学会、华侨商会等团体尚拥有一定的议员名额，而国内的商会席位却付诸阙如。选举法颁布后，各地商人一片哗然，认为这是对商人参政议政权利的极大漠视，应尽力抗争。《中华全国商会联合会会报》连续刊登各地商会的有关函电，表达工商界抗议选举法及争取参政权的强烈要求："商人之于国家，担负至重，休戚尤切，是既尽如许之义务，

---

① 《论说二》，《重庆商会公报》第 1 号，1906 年 1 月。
② 《拟海内外华商联合请开国会书》，《华商联合会报》第 4 期，1910 年 3 月。

自应有相当之权利。……现京师联合会等请选举十人参与宪法，此实全国商人之公意。"① 这一要求在当时虽未实现，但反映了商人的强烈愿望。此后，作为全国商会舆论机关的该会报又登载有关文章，为工商界争取参政权继续进行呼吁，全国商联会和各地商会也不断努力，并取得了一定的成效。1914 年 1 月颁布的《约法会议组织条例》规定全国商联会拥有四个议员名额，并在选举人资格条件中加入了"拥有财产一万元以上"的条款。这样，工商界不仅在议院中拥有了议员名额，一般中上层工商业者也获得了选举权。

这一时期的商会报刊，也是商会及全国工商界抵制北京政府某些倒行逆施政策的舆论阵地。1914 年，北京政府农商部颁布《商会法》及《商会法施行细则》，试图取消全国商联会，并严格限制一地只准设立一个商会，同时还要求商会对地方官厅行文用"呈"，意在使商会受制于地方官府。对于北京政府这种限制商会发展，降低商会地位并力图控制商会的举动，全国各地商会普遍表示强烈不满。尽管北京政府以法令形式强制推行这一措施，但商会仍坚决予以抵制。在持续数年的抗争中，商会报刊尤其是《中华全国商会联合会会报》，始终是全国工商界最重要的舆论工具，发挥了突出的作用。该报曾连续集中刊登各地商会抗议《商会法》的函电，公开抨击"商会新法条件，压抑、裁制、减杀商权，直使法定机关隶属县知事之下，遇事层递禀呈，商情无由直达，商务曷可维持？……限制过严，无权办事，直比前清专制之不如"。② 在商会报刊的带动下，当时的其他许多报刊也相继发表文章，对《商会法》表示异议，从而对北京政府形成强大的舆论压力。最后，北京政府不得不对《商会法》予以修改。1915 年农商部公布的《商会法》及次年初发布的

① 《辛亥革命时期期刊介绍》第 5 集，人民出版社，1987，第 227～228 页。
② 《中华全国商会联合会会报》第 2 年第 5 号，1915 年 2 月，"文牍"。

《商会法施行细则》承认全国商联会为合法团体，并允准一地如商务繁盛，可成立多个商会，在商会与官厅行文方面也继续维持以往的惯例。这场抗争终于以商会取得胜利而告结束。类似的事例还有不少，在此不一一列举。

综上所述，清末民初的商会报刊，无论从其创办者及经费来源考察，还是就其所载文章的内容分析，都说明它是商会及广大工商业者的独立舆论工具，而不是统治者的御用工具，也不是某个政治派别或利益集团的舆论宣传阵地。

三　商会报刊的作用与影响

关于清末民初商会报刊的作用与影响，上节已间有论及。下面我们再着重从几个方面具体说明。

首先应该看到，清末民初商会报刊的出现，使工商业者有史以来第一次拥有了自己的独立舆论工具，大大增强了工商界的社会影响，是工商业者成长为独立阶级队伍的重要标志之一，同时也是清末民初中国新型民间社会，即市民社会雏形开始出现的一个具体表现。

在近代中国，新式工商业者早已产生，但直至 19 世纪末尚未发展成为一支有影响的独立阶级队伍，能量十分有限。当时，作为各行各业工商户共同社会团体的商会这一近代新式组织未曾诞生，广大的工商业者仍分散于相互隔绝的会馆、公所等传统的行会组织内部，缺乏沟通联络，无法成为一个统一的整体。不仅如此，工商业者也无自己的独立舆论工具。各省的工商业者均既未发行报纸，也未创办期刊，更没有全国性的由商人团体自办的报刊。因此，工商业者的愿望与要求，只能通过其代言人或是其他报刊来表达。而作为一个社会群体，工商界如不能直接对涉及自己切身利益的有关事务以及国家的内政外交政策发表自己的见解，其社会影响自然十分有限。例如，在 19

世纪中后期，强调商业的重要作用以及发展实业，致力于"商战"，保护商人利益，提高商人的社会地位等舆论呼吁，大都出自早期维新派思想家的论著。到 19 世纪末的戊戌变法时期，类似的情况也无明显改变，仍然主要是以康有为、梁启超等人为首的维新派作为新兴工商业者的政治代言人，在其创办的报刊中大力呼吁变法图强，发展工商实业。而工商业者自身的群体舆论在变法期间却很少出现，也未见工商业者以独立社会群体的姿态参与变法。这些都表明工商业者没有各行业的共同组织，以及缺乏自己独立舆论机关的局限。

清末民初，随着商会的诞生与商办报刊的出现，上述情况大为改观。这一时期工商业者不仅通过成立商会有了各行各业的共同新式组织，开始由分散走向联合，而且通过自办报刊拥有了自己的独立舆论工具。尽管商会所办报刊在当时与其他报刊相比数量并不多，但工商业者从此有了直接为自己说话的独立舆论工具，其社会影响也随之令人重视。在此之后，工商业者不再只是依靠自己的政治代言人曲折地表达其愿望，而是通过自己的独立舆论工具，直截了当地反映工商界的各种要求，并大力宣传"实业救国"主张，维护工商业者的政治经济利益，所以，清末民初不再像 19 世纪那样难以听到直接由工商界发出的呼声。只需粗略翻阅一下这一时期的商会报刊即可发现，几乎凡遇有国家内政外交大事，以及关涉工商业者的政策与措施，商会报刊无不发表工商界的见解主张，表达工商界的愿望与要求，成为颇有影响的社会舆论。与此相配合，工商业者还通过商会的联络，采取相应的群体行动，从而表明清末民初的工商业者开始以独立阶级队伍的新姿态登上历史舞台，标志着近代中国的工商业者发展到了一个新阶段。

拥有独立的舆论工具，在一定程度上也应该看作独立自治的市民社会的一个具体表现。如果没有独立的舆论工具，就难以形成代表和反映市民社会特殊利益的独立社会舆论，也难以充分发挥市民社会对国家的制衡作用。很显然，缺乏自己独立舆论工具的市民社会，至少是不完善和发展不充分的市民社会。另一方面，创立自己独立的舆论工具，也是市民社会拓展其生存活动空间所必需的一项重要措施。通过自身舆论工具的宣传和鼓动，市民社会可以不断地扩大自己对外的影响力，同时也增强其内部的向心力和凝聚力，而这些正是市民社会扩展其活动空间所必需的重要因素。清末民初的商会，不仅表现出明显的自治特点，是以契约规章而不是以血缘或乡缘关系联结的新式社团组织，而且在其内部体现出较浓厚的近代民主色彩，已初步具备了作为市民社会雏形的诸多特征。除此之外，清末民初的商会还创办了自己的报刊，拥有了独立的舆论工具，通过自己的这一独立舆论工具，既维护了自身的特殊利益，也在一定程度上发挥了制衡国家的作用，使商会这一新式社团组织的市民社会特征更为突出。由此可以说明，近代中国以新兴工商业者为主体而组成的市民社会，在清末民初即已初具雏形。有些西方学者对上述情况未做深入全面的考察，即轻易断定近代中国不可能出现类似西方那样的市民社会。然而，将这一结论证诸清末民初的中国历史，即可看出其与有关史实不无出入，显然有较大的片面性。

清末民初商会报刊的另一个作用与影响，是积极维护工商业者的利益，推动了近代中国资本主义经济的发展。

商会报刊作为舆论工具，在维护工商业者利益方面具有特殊的作用与影响。当时，各地商会对于维护工商业者的利益也很重视，并从各方面做了许多努力，取得了较为显著的成效。但某一地区的商会毕竟力量有限，遇有与官府进行大的交涉或抗争时，常感力不从心，希望得到全国各地商会的声援和支持，并造成比较广泛的舆论影响。而要达到这一效果，使有关情况迅速为各地商会所知，最为有效的办法就是在商会报刊上将情况予以登载，尤其是在清末的《华商联合会报》和民初的《中华全国商会联合会会报》等全国性的商会报刊上加以报道并进行呼吁，全国各地商会乃至海外各埠的中华商会就立即可以获悉有关的详细情况，从而迅速予以声援；同时，将各地商会的声援函电在商会报刊上公开集中发表，由此很快即可形成全国各地商会的一致行动，对官府造成较大的舆论压力，迫使官府做出不同程度的让步。类似的事例，在清末民初都不鲜见。特别是抵制官府加征税收、反抗官府压抑商会、反对清朝统治者出卖利权等斗争中，商会报刊都发挥了作为舆论机关的独特作用。海外华侨商人遭受所在国家统治者的欺压和虐待，华侨商会也往往采取同样的办法寻求国内工商界的声援，通过舆论压力敦促中国政府对侨商的利益予以保护。

清末民初的商会报刊在推动近代中国资本主义经济发展方面所发挥的作用与影响也较为突出。这体现在商会报刊通过大力宣传实业救国主张，不仅使广大工商业者更加明确时代赋予自己的历史使命，从而以更大的热情投身于振兴中国的工商实业，而且使社会其他阶层乃至统治者对发展实业更为重视，有利于改变中国历史上长期以来贱商抑商的传统陋习，形成全社会的重商热潮，这对资本主义经济的发展无疑有所裨益。

另外，"商讯贵在灵通，商战端资学力"。对于通商情、联商谊，作为舆论机关的商会报刊同样具有独特的作用。当时的中国，"各省权衡量数不一，金融汇兑不一，币制不一，债期不一"，给商人的经营活动造成诸多不便，但商人却可"借商报以通声气，循便利以归一致"。① 清末的《华商联合报》为调查各地商务实业情形及联络商会之间的情谊，曾致函各省商会，说明"敝报本联合商队、振兴商务之宗旨，拟刊海内外同人全录，以冀互通声气，共图进步"；并请各省

---

① 《全国商会颁发保商护照函并附护照样式章程》（1914年7月9日），载天津市档案馆等编《天津商会档案汇编（1912～1928）》第1册，第530页。

商会将本地"商务实业及地产输出、外货输进各情形"，一并"开示一二"，① 以便该刊刊载，使各地商人能了解各方面情况。据不完全统计，该刊创办之后不到一年的时间内，即收到国内外数百个商会的信札 2000 余件。

对于世界贸易形势的发展，商人也可通过商会报刊获得及时的了解。中国在被迫开埠通商、强行纳入世界市场之后，国内经济的发展即与世界贸易紧密相连，如果不了解世界贸易形势的变化，就难免落在他人之后。当时的商人对此不无认识，指出："吾人苟不于世界经济、对外贸易稍加注意，则所谓国货振兴徒属空谈，甚至商情隔膜，受损匪鲜。"商会报刊及时刊登大量有关世界贸易形势发展变化及国内各地商情的报道，则可弥补这一缺陷，使得"国内商家读之，能不出国而知全〔各〕国商业之大势"。② 同时，商会报刊还发表许多文章，引导商人认识国内外商业贸易的发展趋势，并采取相应的对策。《上海总商会月报》创刊之后即连续编发较有指导性的专论，启发工商业者改进企业经营管理，随时改良更新产品，扩展直接对外贸易，使工商业者眼界大开，获益匪浅。其作用如同该刊编辑部的评述所说："吾国商业学术之幼稚，无庸为讳，故多数企业家以缺乏详密之知识，远到之眼光，往往奔竞万流，徒成泡影，是宜亟有专门学者著为议论，播之篇章，广为指导。"这些指导可使工商业者"对于政治局面、经济现象、社会思潮"等各方面情况，均有"明白的了解"及"应付之主张"。③

---

① 《上海华商联合报为调查各地商务实业情形事致津商会函及曲周分会复函》（1909 年 8 月 26 日），载天津市档案馆等编《天津商会档案汇编（1903～1911）》上册，第 299～300 页。

② 《虞和德创议组织中央银行并将关税收入改存国内银行电及津商会卞荫昌复电》（1925 年 9 月 16 日），载天津市档案馆等编《天津商会档案汇编（1912～1928）》第 1 册，第 732 页。

③ 郭秉文：《总商会月报创刊一周（年）纪念》，《上海总商会月报》第 2 卷第 7 号，1922 年 7 月。

商会报刊还大力宣传制定商法对促进工商业发展以及维护工商业者利益的重要作用，既增进了工商业者对商法的了解和认识，也推动了政府制定商法的进程。《中华全国商会联合会会报》对此尤为重视，在其创刊的第 1 年第 1 号上即发表题为《无商法之弊害》的论说文章。该文以浅显易懂的文字，阐明无商法所导致的商人财产得不到保护、商业关系难以调处、信用机关无法建立、航业主权沦归外人等四大弊害，最终使中国的"商业衰败，一日不如一日"。所以，"商业没有法律保护，是万不能发达的"。另还指出，商人自身应该具有法律思想和法律学识。"没有商法，商业不能发达，就有商法，不能运用，商业仍然不能发达。"在第 3 年第 1 号该刊又发表《论我国商业不可再无商法》一文，论述了商法的意义与作用。此外，该刊还配合全国商联会所设的商业讲习会，向广大商人普及法律知识，分期登载法学通论、民法大意、商法大意、经济原理、经济政策、宪法等讲义，并开设法令浅释专栏，对各种商法逐条加以解释，回答工商业者提出的有关问题。这些措施在当时对于帮助工商界掌握商法知识，推动中国工商业的发展，都产生了积极的影响。

清末民初的商会报刊在催发工商界的政治参与热情，推动工商业者投身政治运动方面，也发挥了比较明显的作用。

就一般情况而言，清末的工商业者对发展实业大多热情甚高，对政治却较为冷漠，以"在商言商"为其信条；甚至有的商会在其章程中明确规定："本商会一以振兴商业为代表，如事非关碍商业利益者，概不干涉。"[①] 因此，工商界关心政治，参与政治运动，需要宣传和动员，商会报刊作为工商界的舆论工具正好具有这一功能。在清末工商界参与国会请愿运动的过程中，《华商联合会报》即起到了重要的宣传和动员作用。1910 年 1 月，立宪派发起第一次国会请愿运动，工商

---

① 《广东总商会简明章程》，《东方杂志》第 1 年第 2 期，1904 年 4 月 10 日。

界未派代表参加，请愿代表团的成员主要是各省谘议局的代表，仅 33
人。由于参加请愿的人数很少，而且涉及的社会层面不宽，声势和影
响都非常有限。清政府根本未予重视，断然拒绝了请愿代表团的请
求。第一次请愿碰壁后，立宪派意识到必须扩大请愿声势，动员社会
各阶层参加，"尤应以联络商界为中坚"，遂向各省商会发出吁请联合
请愿书，希望商界"速举代表来京，同时并举"，由此则"政府必有
改弦之心，吾侪益无孤立之惧"。

设在上海的华商联合会办事处首先响应立宪派的号召，决定参与
国会请愿运动；同时利用《华商联合会报》作为号召和组织海内外华
商参与请愿的舆论宣传工具，随即在该刊第 3 期发表《为国会事公告
海内外华商联合请求书》，并起草了请愿书初稿《拟海内外华商联合
请开国会书》。"请求书"从五个方面申述了商界参加国会请愿的必要
性，如表示参与请愿是商人应尽之义务，责无旁贷，因为"今日实业
之世界，论人数以商界为至众，论势力以商界为最优"，所以，"若论
请愿之事，其必有需于我商人者"；说明北京国会请愿同志会数次来
函来电，"各界请愿之注重我商界也可知"，在此情况下商界更不能
"度外置之"。另还就国会与实业发展的关系以及谘议局成立后对保护
商人的作用等，阐明了商人参与请愿的意义。通过《华商联合会报》
发出的这篇号召商界参加国会请愿运动的动员令，很快即在许多省份
产生了较大的反响。虽然个别地区的商会中仍有人坚持认为，"商会
应办商务，他事不应办，国会事重，商人不够资格，更不能办"，[①] 但
其他许多商会则积极予以响应。江宁商务总会还邀集商界各业董事组
织了国会请愿同志会支部，举定宁属赴京请愿代表。广东的商务总
会、九大善堂等商人团体，也与自治研究社一起成立了速开国会请愿

---

① 《天津山海关众商人为请先开直隶商界联合会再电告各省援应事致津商会函》（1910
年 4 月 12 日），载天津市档案馆等编《天津商会档案汇编（1903～1911）》下册，第 2354 页。

同志会。湖北成立国会请愿同志会支部，由身为武昌商务总会总理的商界要员吕逵先出任干事长。《东方杂志》报道当时商界与学界踊跃参与国会请愿运动的情况说：“各省学会、商会与京中国会请愿会遥相应和，或即开会，或拟上书，或任运动同志，或拟公举代表以接续请求者，不一而足。”①

1910 年 6 月的第二次国会请愿运动，商会即派出了商界代表参加。在呈递清政府都察院的十份请愿书中，有三份系海内外商界上呈，分别由沈缦云领衔代表各省商会，杭祖良代表苏州商会，陆乃翔代表南洋雪兰莪 26 埠商会。由于商界的积极参与，国会请愿运动的规模和影响都进一步扩大。尽管这次请愿仍未达到目的，但信奉“在商言商”、不问政治的商人，却由此迈出了参与政治的重要一步，在近代中国商人的发展历程中写下了重要的一页。从有关史实看，商人能迈出这一步，无疑与《华商联合会报》的号召和宣传有着比较密切的关系。

与清末的情况相比，民初的商会报刊更注重向商人宣传政治参与思想，推动商人参加政治运动，争取政治权利。《中华全国商会联合会会报》即曾反复阐述商人争取议员选举权的意义，强调商界必须在议院中拥有相应的席位，并将此与发展实业紧密联系在一起，“不特于商业情形可以疏通，且于修订商法、税则时，亦可体察我商习惯，共同研究，不致覆蹈失败之地步，商人资格从此渐高”。②《上海总商会月报》也不断发表有关文章，说明过去“经营农工商者即无政治趣味”，致使军阀政客等“游民”恣意妄为，政治黑暗，实业衰败，因而必须改变由贵族、军阀、官僚、政客等无职业者执政的状况，“以

---

① 《记国会请愿代表进行之状况》，《东方杂志》第 7 年第 2 期，1910 年 4 月 1 日。
② 《请速办商团以期保卫案》，《中华全国商会联合会会报》第 3 年第 11、12 号合刊，1916 年 12 月。

从事农工商业务及劳动者执政"。① 该刊还针对当时中国政局动荡纷争、政府腐败无能的状况，宣传"在商言商之旧习已不复适用于今日，吾商民对于政治必须进而尽其应尽之责任，急起联合商界重要分子用各种方法逼迫政府改良内政"。② 在商会报刊的这些宣传引导，以及现实政治的黑暗与社会秩序的混乱等因素的推动之下，工商界的政治参与意识逐渐增强。更多的工商业者认识到："我商人处此危急之秋，倘仍在商言商，置国事于不问，恐巢覆卵破，无立足地矣。"③ 同时，工商业者开始以更为积极的姿态争取政治权利，多次主动发起请愿、抗议等政治运动，敦促国会制定宪法，要求监督国家和地方财政，要求废督裁兵，直至自行组织具有立法机关性质的"国是会议"和具有行政机关性质的"民治委员会"。到 20 世纪 20 年代中期，甚至有人提出成立"商人政府"的主张。④

除上所述，清末民初的商会报刊在揭露帝国主义对中国的侵略和渗透，号召商界抵制洋人侵略方面，也发挥了一定的积极作用。

《重庆商会公报》刊登的论说文章及调查报告，即向工商界阐明帝国主义侵略是导致中国经济颓萎衰败的重要原因之一。该报 1906 年第 3 号发表的一篇论说文章指出：帝国主义入侵中国后，"陆则据我之运道，水则侵我之航权，制器奇淫，日新月异，甚至羽毛骨角，日用纤维，无非中国四万万人之漏卮，而为六七强邻之利薮也。变本至此，又奚怪每年出入比较之数，中国竟负至二万万之多，吾恐不及十年，地虽广，脂膏其能不竭乎？民虽众，生计其能不惫乎？五行百产虽丰，其能视为养命之源而不受他人之奴隶乎？"文字虽然不多，却反映出商人对帝国主义侵略的危害已经有了较为深刻的认识。《华

---

① 峙冰：《时局杂感》，《上海总会月报》第 5 卷第 12 号，1925 年 12 月。
② 穆藕初：《花贵纱贱之原因》，《上海总商会月报》第 3 卷第 2 号，1923 年 2 月。
③ 《上海县商会开临时会员大会通告》，《申报》1923 年 6 月 25 日，第 1 版。
④ 张亦丁、徐思彦：《20 世纪初期资本家阶级的政治文化与政治行为方式初探》，《近代史研究》1992 年第 2 期。

商联合报》也曾刊载许多类似的文章，指明帝国主义是阻碍中国工商业发展，直接威胁工商界生存的危险势力，使工商业者认识到西方列强"耗我菁华，朘我脂膏，横攘之，摧残之，鹰瞵鹗睹不遗余力，视我通商各埠之华商，僵如木偶，不知不觉，尽被洋货潮涡卷入饿鬼道中，而柴立待毙"。①

在揭露帝国主义侵略的同时，商会报刊都大力呼吁商界奋起抵制外来侵略压迫，与社会各界共同救亡图存，争取民族独立。《中华全国商会联合会会报》第2年第7号曾发表题为《国耻》和《爱国》的两篇社论，说明国人均有救亡之责，应同仇敌忾"于世界上争国家之地位"，"即使强虏压境，亦当率国人而战之"。字里行间，体现了抵御外来侵略的决心。此外还针对当时日本提出"二十一条"，企图灭亡中国的阴谋，大声疾呼"朝野上下，如犹不自振图存，亡无日矣"。继此之后，各地商界纷纷掀起了反对"二十一条"的斗争，形成全国性的抵制日货运动，产生了十分广泛的影响。

对于清末民初社会各界及海外华侨所从事的各项反帝斗争，商会报刊也积极予以配合，及时进行报道并加按语或评论，多方给予声援和支持。《华商联合报》与《华商联合会报》就相继详细报道反对各国强迫华侨入籍的"保籍"斗争，反对中葡澳门划界斗争，收回铜官山矿权斗争，声讨九江英捕系害华人事件，以及天津、营口等商会发起"筹还国债公会"，抵制列强"监理中国财政"的斗争，等等。②

由上可知，清末民初的商会报刊，在许多方面都发挥了积极的作用。因此，商会报刊的创办发行受到了商界的欢迎。例如清末天津商务总会创办的《天津商报》，"宗旨正大，议论宏通"，"风行中外不

---

① 江义修：《敬告华商宜速联合小本行商仿设日本负贩团周历内地畅销寻常日用土货以收天然固有之利权说》，《华商联合报》第6期，1910年6月。
② 《辛亥革命时期期刊介绍》第3集，人民出版社，1983，第514页。

胫而走者日数千叶，而我商界尤脍炙焉"。① 当时，工商业者乃至其他
阶层的人士"购阅者为数甚多"，纷纷"以此报争睹为快"。但是，
许多商会报刊始终面临经费短绌的窘境，维持十分困难，故而尽管已
创办的商会报刊显示了重要的作用与影响，却并未能带动更多的商会
创办更多的报刊，有的还被迫因此停办。例如，全国商联会直隶事务
所于 1915 年创办的《直隶商报》问世一年之后，即亏款"日积月累，
致成巨亏"。该事务所也受此牵连，"不但根本经济业已枯竭，并欠外
债四千余元之巨"，无力再垫付有关款项，不得不停办该报。这种情
况对于更多商会报刊的创办及其发挥更大的作用，势必产生一定的不
利影响。清末的天津商务总会在筹划创办商报时，曾计划先以天津为
总汇创设报馆，将来推设，以北京、上海、汉口、香港、广州等处为
分支。"在津者，即名为天津报；立至某处，即以某处地方为名
目。"② 这表明天津商务总会最初的设想，是要在全国各地的几个大都
会中均创办自己的报纸，其良谟宏愿甚为可嘉。但后来由于经费困
难，不仅在其他地区创办报纸的愿望未能付诸实现，在天津所办的
《天津商报》也难以维持，以至于在民初曾一度有将该报出兑给外人
之说。

　　另一方面还应看到，清末民初的中国毕竟不同于西方国家，加之
政府专制集权和颟顸腐败，常常冒天下之大不韪独断独行，对社会舆
论置若罔闻，民间社会无法通过正常的制度化与强制性的政治机制对
其予以约束。因此，包括商会报刊在内的许多民间报刊，都不能完全
达到西方国家民间社会舆论所发挥的功能与作用，特别是在政治方面
制衡国家的作用比较有限。我们在评价商会报刊的作用时，对其在政

---

　　① 《天津商会开办大事记》（1908 年 8 月），载天津市档案馆等编《天津商会档案汇编
（1903～1911）》上册，第 86 页。
　　② 《天津商会为创立商报事致商部文及商部批文》（1905 年 9 月 1 日），载天津市档案
馆等编《天津商会档案汇编（1903～1911）》上册，第 154 页。

治方面的作用不应夸大。如同有的论者所指出的那样，这一时期的报刊"较少受到政府控制，相对自由，而且一些报刊为资产者所控制，所以资本家阶级常常通过报刊反映其要求和利益"，但是"中国没有西方那种代议制度，没有西方那种民意表达所具有的影响，报刊对政治的作用有限。所以，资本家阶级虽然尽可能比较多地利用报刊陈述自己的政治要求，但这种渠道的表达没有多少直接的重要作用"。①

---

① 张亦工、徐思彦：《20 世纪初期资本家阶级的政治文化与政治行为方式初探》，《近代史研究》1992 年第 2 期。

第十一章

清末民初社会的扩充

前面的几章，都是通过论述商会的组织特点以及各方面的独立活动，说明商会在很大程度上是具有市民社会特征的新式民间社团。其主旨在于阐释清末民初的中国，在许多方面与近代西方相类似的市民社会实际上已经初具雏形。

事实上，清末民初中国的市民社会已初具雏形，不仅体现在商会的设立以及由此带来的民间社会的新变化，而且表现在这一历史时期其他各种新式商办民间社团的相继成立，例如商团、商办地方自治组织以及各种性质的实业团体等。这些新式商办民间社团也都在一定程度上具有市民社会的特征。它们的诞生与发展，可以从另一个方面证实清末民初的中国不仅出现了市民社会的雏形，还有所扩充。因此，本章拟对这些民间性质的新式商办社团做一简略介绍和评述。

一　商团的建立及其特点

商团系清末商人自行建立的民间准武装性质的独立新式社团，其前身多为体育会等强体健身的组织。它的产生，是清末军国民主义思潮兴起以及商人力量壮大进而寻求自卫自强措施的结果。

20 世纪初，随着民族危机的急剧加深和拒俄运动的爆发，在思想界逐渐兴起一股颇有影响的军国民主义思想，其内容主要是宣传讲求体育，养成国民尚武精神，号召救亡图存。这一思想最初仅限于在知识分子尤其是留学生中传播，但随后很快扩散发展，成为在当时具有一定社会影响的进步思潮之一。爱国留学生通过自行创办的杂志，大力宣传"体育者，竞争之利器，文明进步，随之以判迟速者也"。① 他们为激励中华民族臻于强盛，期望通过健体强身，使中国"四万万同胞皆体魄完全之人，精神充溢之人，皆勇敢有度，坚忍任事之人，举凡政治也、军事也、农工商矿也，无一不如釜上气，如日初出，蒸蒸然，磅礴郁，以膨胀其势力于宇宙。此人格，此社会，不徒可以救亡，可以图存，且足以洗我数十年割地偿金耻，以光我神胄，壮我河山矣"。② 显而易见，始于清末的军国民主义思潮，是在民族危机强烈刺激下产生的一种进步的爱国思潮，与近代德国、日本等资本主义国家对外扩张的军国主义教育有着本质的不同。受其影响，商人讲求体育、御侮自卫的尚武之风也日渐盛行，并成立了体育会和商团等新式社会团体。

在这方面，上海商人不愧为近代中国商界开新风气的先驱。他们不仅最早成立商会，而且率先设立了体育会及商团。1905 年，上海工商界人士在"军国民教育"的感召下，意识到"国民躯体羸弱，致蒙'东亚病夫'之诟，欲图强国，必先强种"，遂于当年"发起组织体育会，锻炼体魄，研习武课，冀成干城之选"。③ 相继成立者有沪学会体育部、商业体操会、商余学会、商业补习会、沪西士商体操会，当

---

① 《体育》，《云南》（东京）第 2 号，1906 年 11 月 20 日。
② 《论体育之必要》，《云南》（东京）第 3 号，1906 年 12 月 20 日。
③ 《上海商团小史》，载中国史学会主编《辛亥革命》（七），第 86 页。

时被称为"五体育会"，此即中国近代最早的一批新式商人体育组织，其成员以工商店东、职员为主，还包括一部分资产阶级知识分子。他们除经常进行徒手操、田径运动等体育锻炼外，还进行兵式操练，学习外文知识，"敦请社会名流演说各种致富图强之要旨"，鼓吹"非振作尚武精神，无以资自卫而谋富强"。①

应该指出，"五体育会"成立之初，其民间准军事社团的性质尚不明显。1907年，革命党人在两广、安徽连续发动起义，长江中下游局势动荡不安。上海地方官员奉命"禁绝烟馆"，但"深恐烟民暴动"，便商请"五体育会"出防维持地方秩序。"五团体乃组织临时商团，设司令部，分段出防，历三昼夜，得庆无事。"随后，为便统一指挥，"五体育会"正式组成南市商团公会，由著名商董李平书任第一届会长。不久，又因沪南一带时有"暴徒越货于途，名曰'采花灯'，行者咸有戒心"，官府复请商团公会派员武装巡防，并"揭示通衢，如有悍匪敢抗商团者，准予格杀弗论"。由于"商团一再不辞劳瘁，为地方服务，因以益获官厅信任"，沪道准拨枪支弹药，商团公会遂发展成为上海商人的一支准武装社团，"上海商团之基础于焉奠定"。②

南市商团公会创立后，上海各行业纷纷效法组织体育会和商团。于是，"地方商团由此联袂而起，至辛亥春，已达一千余人，皆各业领袖遴选有志之士，训练成团"。③ 1911年，上海各业分散的商团及体育会实现了联合，组成名为"全国商团联合会"的联合性商团，仍由李平书任会长，另选沈缦云、叶惠钧为副会长，并向全国商界发出公告，号召"广结团体，民自为兵……人人入会，以演操为正当之事

---

① 沈渭滨、杨立强：《上海商团与辛亥革命》，《历史研究》1980年第3期。
② 《上海商团小史》，载中国史学会主编《辛亥革命》（七），第86页。
③ 李平书：《且顽老人七十岁自叙》第3卷，中华书局，1922年聚珍版，第286页。

业，卫国为应尽之义务"。①

上海商团的成立，开近代中国商人创办独立的民间准军事团体之先河。紧接其后，其他一些地区的商人也踵相仿效，纷纷创办体育会、商团类的组织。在毗邻上海的苏州，1906年即有商董倪开鼎、杭祖良、邹宗淇等十数人，联名转请苏州商务总会呈文商部和江苏抚院，禀请成立苏商体育会。禀文特别强调商人自设体育会之重要："国家有保商之政，而商业滋兴；商人有自卫之资，而国势弥盛。泰西各国商人，皆有军人资格，如上海租界西商，设有商团，无事则按期操演，有事则守望相助，是以租界之中，偶有变端，其所损失多华商财产，西人晏然如故，彼优我绌，相形益见。"从禀文中还可看出，上海商团的成立对苏州商人不无示范效应："近者上海北市有华商体操会，南市有商业体操会，皆急起直追，力图补救。苏州水陆交通，市廛阗溢，凡商界身家财产，奚啻亿兆，咸寄于此。亟宜振刷精神，固结团体，去畏葸之积习，弥隐患于无形。现经职等公同集议，拟于省垣适中之地设苏商体育会，以健身、卫生为始事，以保护公益、秩序、治安为宗旨。办有成效，为将来商团之先声。"② 同年秋，苏商体育会正式宣告成立。

需要说明的是，苏州商人成立体育会，除保护自身的经济利益外，也具有御侮自卫和救亡图存的宏伟目标，其宗旨即为"讲求体育，力矫柔弱，以振起国民尚武之精神，而结成商界完全之团体"。③同时还强调："自外人进中国，遂有以强制弱之势，是以吾人亟须讲求体疗，以为自强之基。"④

苏商体育会成立之初，并不具有明显的民间准武装社团的性质。

---

① 《商团一日千里》，《时报》1911年5月1日，第5版。
② 《苏商体育会史料辑》，苏州市档案馆藏。
③ 《苏商体育会章程》，苏州市档案馆藏。
④ 《苏商体育会史料辑》，苏州市档案馆藏。

其活动内容侧重于健身和讲求卫生，会员定期操练，习柔软体操，后同时练习兵操。1907 年 4 月，苏商体育会转请苏州商务总会代呈江苏抚院，说明："原体育会之组织，本为商团先声，现将力求实践，非有枪支，不足以完形式而振精神。"经交涉，苏商体育会向官府借得老式"摩提尼枪"42 支。同年 12 月，又缴费领取子弹 1000 颗。1911 年夏秋之间，苏商体育会改组为商团，下设 4 个支部，共计 628 人。1912 年 1 月，又由苏州商务总会禀请都督府立案，成立了商团公会，下设 19 个分部，并添置枪械，共有 700 支毛瑟快枪及"林明敦枪"等新式枪支。因此，苏商体育会成立之后，也经历了"由徒手而器械，由器械而练靶，则体育之能事毕，而商团名义亦于是乎实践"的发展过程，最后，成为准武装性质的民间商人团体，其成员"平时各营本业，有警则戎服巡逻"。①

天津商人也于 1910 年成立了天津体育社，其章程规定："本社以招收本埠土著并寄居之士农工商及其子弟，练习体操，强健身体，振作尚武精神为宗旨。"② 1911 年，天津商人还以传统的"水会"为基础，组建了数十个"水团"，"昼则梭巡，夜则支更，俾期保卫市面"。③ 在此前后，天津商人另又成立了类似商团的"绅商保卫局"，"以防范土匪，保卫城厢治安，补助巡警为宗旨"。④ 1912 年，天津商人在体育会、水团、绅商保卫局的基础上，创立了联合性的准武装团体天津商团。新成立的天津商团"以防御乱匪，保卫治安，自保身家财产并不干预军事为宗旨"。其成员"由本街各商号选身体强健、品

① 曹允源编《吴县志》第 30 卷《公署三》，民国二十二年（1933）铅印本。
② 《天津体育社为该社已经督宪批准成立并拟定章程事函天津商会》（1910 年 12 月 20 日），载天津市档案馆等编《天津商会档案汇编（1903~1911）》下册，第 2395 页。
③ 《宁世福、吴连元为阖津水局成立请速借皮袄五百件事致粮饷局函》（1911 年 12 月 10 日），载天津市档案馆等编《天津商会档案汇编（1903~1911）》下册，第 2433 页。
④ 《津商会为唐山拟设商团可参照天津绅商保卫局章程复唐山商务分会并附章程》（1911 年 11 月 11 日），载天津市档案馆等编《天津商会档案汇编（1903~1911）》下册，第 2462 页。

行端谨者为合格，每号派定一人或二人，但不得雇佣及冒名顶替"。①

有些地区商团的前身不称体育会，而是称作保安会或保安社。例如在辛亥革命前的三四年间，汉口商人即按街区行政地段组织了许多保安会或保安社，到1911年总计已有20多个类似的团体。该年4月，起初互不统属的各地段保安会联合组成了汉口各团联合会，"为研究消防、联络感情之总机关"，② 也承担"巡缉匪徒，保卫全市治安"的职责。

不少地区的商团正式建立于1911年底，这一方面是辛亥革命爆发推动的结果，另一方面是因为在此前后时局动荡，商人更感到亟须建立武装，保护自己的身家财产。例如汉阳商人受革命形势的推动，在武昌起义后"组织商团，维持秩序，借以辅助官力所不及"。③ 武昌商务总会会长吕逵先也发起组织武昌地方保安社，"经众人举柯逢时为总绅，设事务所二，一设山前武昌商会，一设山后武昌医院，共设十一社"。④

在江西南昌，商务总会联合绅、学各界于1911年10月29日共同发起成立保安会，"要求赣抚冯汝骙便宜从事，力保治安"。⑤ 赣州商会总理萧文循等人在武昌起义胜利后，与赣学社领导人"暗通消息，积极筹划响应，并以体育会为基础，借保卫地方治安之名，向警察局借步枪80支，筹办民警商团，日夜训练，充实武力"。⑥

在四川重庆，独立前夕革命党人朱之洪等与商务总会联络，提议

---

① 《津商会商团条例草案及天津商团规则》（1912年3月17日），载天津市档案馆等编《天津商会档案汇编（1903～1911）》下册，第2447页。
② 民国《夏口县志》第5卷《建置志》，民国九年（1920）铅印本。
③ 中国人民政治协商会议湖北省暨武汉市委员会等编《武昌起义档案资料选编》上卷，第243页。
④ 中国史学会主编《辛亥革命》（五），第174页。
⑤ 中国史学会主编《辛亥革命》（六），第381页。
⑥ 中国人民政治协商会议全国委员会文史资料研究委员会编《辛亥革命回忆录》第4辑，第374页。

举办商团，以协助革命党人举义和维持地方秩序。经讨论研究，决定由"商会谋办商团自卫，士绅亦致力团练，以保治安"。① 除此之外，据1911年10月2日《神州日报》报道，江苏无锡、常州以及安徽芜湖等地的商会，也都创办了商团。连一些商务分会也积极成立体育会及商团。例如江苏昭文县梅里镇商务分会组织了商团体操会，阐明"近日游民匪徒到处可虑，若专恃国家兵力保卫闾阎，势必不能遍给。兹特组织斯会，远师昔人守望相助之意，近循沪、锡商团之规"。又如直隶高阳商务分会于1912年成立高阳商团，规定"商家各出一人，作为本团商勇，以年力精壮，素无疾病者为合格"。②

商团作为一种准军事商人社会团体，其性质与商会自然有所不同。但是，从绝大多数商团的组织特点看，又与商会十分相似，也具有比较明显的市民社会特征。

首先，无论是体育会还是商团，都是以商人为主体组成的新式民间独立团体，其中并无政府官员，也无清朝现役或退役军人。

关于商团的成员构成，其中虽有少数社会各界人士，但主体是商人，领导人绝大部分也属商界头面人物，无一系政府官员。这一特点在许多商团的初期即体育会阶段，即有明显的体现，例如苏商体育会"入会者不限于商"，但均"无乖乎商人之名义"。其章程所列第一条"定名"也清楚地指明："本会系商界同人，以及有志保护商业者组织而成，故名为苏商体育会。"③ 凡加入该会，除由本人出具志愿书外，尚需殷实商号作保，注明年岁、职业、住址，合乎规定资格者方能入会。保存下来的苏商体育会档案资料也可以证实该会的成员基本上都是苏州各行业的商人及其子弟。

---

① 中国史学会主编《辛亥革命》（六），第6~7页。
② 《津商会为高阳商务分会成立商团牒请立案事禀都督文及张批》（1912年4月13日），载天津市档案馆等编《天津商会档案汇编（1903~1911）》下册，第2449页。
③ 《苏商体育会章程》，苏州市档案馆藏。

上海商团的成员中，商人之外的其他人士稍多一些。有的文献记载，上海商团"名曰商团，实兼工商士界"。[1] 但上海商团同样也是以商界人士居主导地位。具体考察上海独立前后的 20 个商团，可知其绝大多数是由各个商业行业设立，成员多是商人及其子弟，以及普通职员和店员，另有少数宗教界、文化界、教育界人士。所以，有的论者认为，"上海商团主要是上海商业资产阶级组织的政治性武装团体"，因为"商"在其中占主要成分。[2] 这一结论有比较充分的史实依据，是经得起推敲的。

汉口的保安会也是以商人为主体组成的民间社会团体。以沈家庙四段保安会为例，我们可以透视保安会成员社会身份的基本概况。该会有 66 人，会长刘承清是贸三盛药行老板，会计陈自道、杨秉泽分别是裕成钱庄老板和贸裕昌钱庄老板，其他 16 名职员均为该地段绸号、药行、钱庄的店东、经理和高级店员，47 名团员则系各店铺、行栈派出的店员、学徒等。诚如有的论者所说："保安会是以商业资本家为主体的包括城市居民在内的民间治安组织。"[3]

更重要的是，商团的领导人也基本上是当地享有较高威望的商董，而不是政府官员。例如，曾两任苏商体育会会长的洪玉麟，系顺康钱庄经理，同时也是苏州商务总会会计议董；曾出任第二届会长、第三届副会长的邹宗淇，系永裕纱锻庄经理、商务总会会董；另一副会长倪开鼎，是倪源源珠宝店经理，也是商务总会会董。其他担任苏商体育会议事员、会董的诸人，如尤先甲、张履谦、吴理杲、杭祖良等，也都是各业著名的商董，并曾在苏州商务总会中担任重要职务。

---

① 《上海商团小史》，载中国史学会主编《辛亥革命》（七），第 87 页。

② 沈渭滨、杨立强：《上海商团与辛亥革命》，《历史研究》1980 年第 3 期。

③ 皮明庥：《武昌首义中的武汉商会、商团》，载中华书局编辑部编《纪念辛亥革命七十周年学术讨论会论文集》上册，第 334 页。

上海商团的情况与苏商体育会基本相似。最初成立的"五体育会"都是由所属行业的商董担任领导人。"全国商团联合会"即上海各业联合商团成立之后，出任会长的李平书，早年虽曾担任广东陆丰、新宁知县，但后来脱离官场兴办工商实业，已转化成为声望卓著的工商业资本家。两名副会长沈缦云和叶惠钧，以及名誉会长虞洽卿，在上海商界都称得上是颇有影响的著名人物。

汉口商团的情况也是如此。例如担任汉口各团联合会会长的王琴甫，是公成匹头号大号东，武昌起义前任汉口商务总会会董，后又相继出任副会长和会长，是汉口商界的头面人物。担任汉口各团联合会副会长的马刚侯，则是书业商董，系开明书店经理。

其次，官府对商团也无直接控制权，而且较少出现官府干涉商团内部事务的情况。当然，有的商团在发展过程中，曾与地方官府发生一定的联系，还有的甚至曾经接受地方官府的旨意，协助维持地方秩序。例如前文述及上海的"五体育会"应官府之邀出防维持治安，并接受官府拨给的枪支弹药。但是，这并不表明体育会是官府控制的准武装团体，因为协助维持社会治安，保护工商业者的身家财产，本身即是体育会和商团的主要职责。大多数商团在成立时，必须报请地方官府同意，但这也仅仅是履行必要的注册立案手续，以便取得合法的地位，此与商会成立时的情况基本相似。

商团不受官府控制，但在它之上是否有一个领导机构，这是需要弄清的一个重要问题。在清末民初，商团虽自成一体，在组织上具有独立性，但实际上许多商团不同程度地接受所在地区商会或是其他更高层次商人机构的领导。换言之，商团在某种意义上可以看作商会的下属或外围团体。例如，苏商体育会即是经苏州商务总会报请官府立案成立的，1912年1月改为商团公会，也是经商会禀请都督府批准而得以实现的。在经费上，苏商体育会乃至后来的商团公会，也在很大程度上依赖商会的支持。这方面的具体情况，下面将另行说明。不仅如此，苏州商团在许多具体问题上，也向商务总会咨请指示，求助商会解决。特别是需与官府交涉的事项，往往由商会出面周旋。如购取枪支弹药，即是由商会禀请江苏抚院同意，与军装局、度支公所、巡警局反复磋商，最后才如愿以偿。1910 年，苏商体育会操员日减，所请教员也欲辞职，体育会即以全体会员名义致函商务总会，请求协助加以整顿。函称："贵会总握商纲，鼓励提倡之用，尤非寻常可比，在敝会已久承扶助，而明年赴宁，尤属名誉所关，亦贵会之荣辱所系。伏求俯赐提议，以提倡而增进之，则苏商幸甚。"① 如此殷殷情词，表明苏州商会与商团的关系绝非一般。在人事关系上，苏州商团与商会更有着密不可分的联系。从苏商体育会到商团公会，其领导人虽几乎年年有更换，但基本上均由商会的骨干兼任。平时每遇紧急情况，苏州商团也无不听从商会指挥调遣。这些都可证实，苏州商团是从属于苏州商务总会的准武装团体。

汉口各地段的保安社最初成立时，并不隶属汉口商务总会。但1911 年各团联合会创立，尤其是武昌起义爆发后，汉口商团随时都听从商会指挥，其依违相背无不服从于商会，虽在组织形式上仍保持着一定的独立性，但实际上已与商会联成了一体。

上海商团也与上海商务总会有着较多的联系，但比较起来，与上海商人地方自治团体即城厢内外总工程局（后改组为自治公所）的联系更为密切。这主要是因为南市商团公会及全国商团联合会的会长李平书，从 1905 年至 1911 年连续担任商办地方自治机构的领袖总董。另外，商余学会会长郁怀智、中区商团团长莫锡纶，也兼任总工程局办事总董和城自治公所办事总董及议事会议董。商学补习会会长苏本炎、豆米业商团团长张乐君、救火联合会体操部兼四铺商团团长毛子

---

① 《苏商体育会全体职员致商务总会函》，苏州市档案馆藏。函中所称"明年赴宁"一事，系指上海、南京、苏州、无锡、常州等江苏各地商团，拟在南京举行全国商团大会。因资料限制，有关具体情况不详。

坚等，都在商办地方自治机构中兼任名誉董事或议事会议董。所以，从各商团所属行业隶属上海商务总会的情况看，必然会受商会的影响，但就其领导人大都由商办地方自治机构上层人物兼任而言，在组织上与商办自治机构的联系更为紧密。特别是全国商团联合会会长亦即商办地方自治机构的领袖总董，进一步决定了上海商团系由城厢内外总工程局和后来的自治公所直接控制和领导。正因为如此，辛亥年间上海的革命党人争取上海商团参加起义，首先即是通过劝导李平书支持革命，使上海商团变成革命党人的一支重要补充军事力量，在光复上海的过程中发挥了突出的作用。

民国初年成立的天津商团，则直接由天津商务总会设立，其领导人由商会执行委员会投票选举，"总稽查、稽查由商人执监委员选任之，商会常务委员会有指挥监督商团之权，有筹划商团经费之责"。显而易见，天津商团是天津商务总会的直接下属组织，完全接受商会的领导。同时，天津商团还在条例草案中规定商团除保护商场外，不参加其他军事行动，不受军事征调，其枪械并不准行政机关借用。[①] 这进一步表明，天津商团是不受官府控制，受商会领导的民间独立准军事团体。

再次，商团的经费来源也与商会相似，不是由官府拨给，而是自行筹措，或是由所在地区的商会予以资助。例如上海商团的所用经费，系"酌收各会员会费暨各董募资充之"。[②] 苏商体育会创立时，苏州商务总会出面筹集到银元2900元，作为其开办费用。嗣后每年拨助600元，为体育会最主要的经费来源。据1910年苏商体育会收支清册记载，当年该会各方面的收款总共700多元，除商会拨助的600元外，会员所缴会费为87元，特别捐为60元。所以，苏商体育

---

① 《津商会商团条例草案及天津商团规则》（1912年3月17日），载天津市档案馆等编《天津商会档案汇编（1903～1911）》下册，第2446页。

② 《兵防》、《商团》，载姚文楠等编《上海县续志》第13卷。

会曾感激地向苏州商务总会表示："溯我苏体育会之组织……尤赖商会总、协理诸公之概予补助。"1912年初，由于商业凋敝，苏州商务总会经费日感短绌，在体育会进一步扩充改组为商团公会后，曾有停止拨助经费之议。商团公会马上致函说明："敝会经费向以贵会协济一款为主，前经函知将此款停止，则敝会经费遂无的款可恃。……贵会维持于先，当不忍恝置于后，所有常年拨助之款，务请大力设法广为劝集，以资继续。"于是，苏州商务总会邀集商团公会正、副会长及其各支部正、副部长协商，议决商团公会总部仍由商会每月襄助20元，每年共计240元，各支部则自向所在区域的商家店户募捐。

最后，商团也与商会一样，系以契约性规章维持内部的运作，而不是依靠血缘或是亲情关系维护相互之间的联系。许多商团都制定有自己的规章，将其作为每一个成员均应遵守的准则。例如苏州商团自体育会开始，就定有内容完备的规章，对其宗旨、学课、任职人员权限、经费等问题都做了比较详尽的规定和说明。商团公会成立后，又重定章程，并于施行一段时间之后做了较大的修改，总共多达11章。商团公会下属各支部也有自订的章程，但均与公会章程相吻合。按照规章，商团也设置有较为完备的各种机构。例如上海商团公会成立后，下设评议部、董事部、正副会长、司令部、军需部、经济部、文牍部、交际部、卫生部。其所设机构之多，甚至不亚于上海商务总会。苏州商团在初期的体育会阶段，虽未设置各部，但也有正副会长、体操教员、议事员、招待员、驻沪办事员、书记员、会计员、庶务员、监察员等，各司其职。成立商团公会后，在正、副会长之外，另设评议部、职员部、惩劝会议部和司令部。[①]

同时，绝大多数商团在组织制度上还表现出比较明显的近代民主特征。例如规定会员有选举权与被选举权，对会中职员也有监察之

---

① 朱英：《辛亥革命时期的苏州商团》，《近代史研究》1986年第5期。

权。所有职员均由会员以不记名投票的民主选举方式产生，职员中如出现败坏会务者，全体会员议决同意，即请出会。"会员有不满于会长者，有全体三分之一以上同意，得呈请评议部弹劾"；"部员有不满于部长者，有该部三分之一以上之同意，亦呈请评议部处理，同时该部长应避嫌离评议席"。[①] 此外，不少商团也参照商会的办法，制定具有近代民主气息的会议制度。全体大会每年一次，由会长定期召集，于换届改选领导人、职员时举行。评议部每月召开会议一次，遇有特别重要事件，开临时会议。议决时，须有应到会成员半数以上，否则不得开议。所议事件如与议事者本人有关系，议事者本人应回避缺席，不得与议。

综上所述，商团作为具有市民社会特征的商人新式民间独立社团，它的产生无疑使清末民初中国的市民社会雏形得到了进一步的扩充和发展，也大大增强了市民社会的力量和影响。其中突出的影响，一是使市民社会拥有了自己的准武装力量。中国商人自古以来没有自己的武装，清末诞生的商团可谓开其先河，因而十分引人瞩目。此后，无论是维护市民社会的自身利益，还是应付动荡的时局，商团都发挥了非常重要的作用。其在辛亥革命及"二次革命"期间，已有比较明显的反映。二是使广大商人的经济利益较前有所保障，对于保护和维持市面的正常经济往来，促进资本主义工商业的发展，也产生了一定的积极作用。各地的商团诞生后，很快即成为维持社会治安，保护商人身家财产的一支重要的准军事力量。尤其是时局动荡、治安混乱之际，商团的作用显得更加突出。例如辛亥革命时期，在上海、武汉、苏州等许多地区，维持社会治安的重任几乎全部由商团承担。天津体育社设立后，鉴于当时"乱事纷乘，津埠人民异常恐慌"，也派员"不分昼夜，分路梭巡，市面稍获安堵"。

① 《苏商体育会增订章程》，苏州市档案馆藏。

商民一旦未见商团梭巡，即起疑恐，赶忙禀请天津商务总会，要求体育社"照常出队"，以保治安。后来成立的天津商团，在这方面也发挥了重要作用。天津商会档案记载："天津地面商号如林，比年以来，商团成立，保护营业，颇著成效。"[1] 由此可见，商团的作用对于商人来说已是不可或缺。

正是出于上述原因，民初的商会十分重视推动更多的地区设立商团，以使市民社会的力量得到更进一步的扩充。例如天津商会所属商团意识到："前车已覆，后畛方道，则商团之亟应加意整顿，多方扩充，可断言也。"[2] 全国商联会也对扩充商团十分重视，1916 年 8 月在北京举行的第二次全国商联会代表大会上，绥远等地的总商会代表提出全国商会从速筹备商团议案。大会议案审查委员会认为，"各省商埠有组织商团，用以自卫者，已办者应极力推广，未办者当克期举办，以辅军警所不足，且以戢匪类之野心，自保财产生命，权操在我，缓急不求于人，既杜依赖不振之性质，复联守望相助之感情，诚策之善而又善者也"；并提出"应请各省商界立即照办。至章程虽未能一致，宜各就本地情形酌量办理"，[3] 为此，决定将这一议案报告大会，公决施行。经过大会讨论，该议案得到与会各商会代表的赞同。全国商联合遂拟订《商团组织大纲》17 条，上报北京政府批准实施。该大纲第一条指明"商会得依地方情形组织商团"，另对商团的职责、职员、选举、经费等问题做了规定和说明。会后，全国商联会还向各省商联会事务所转发《商团组织大纲》，"希查照转知总商会、商会，按照该大纲组织程序、施行手续依法办理，以资保卫而归划并将办理

---

[1] 《天津体育社社长杨敬林为招募商民数百名函告天津商会》（1911 年 11 月 18 日），载天津市档案馆等编《天津商会档案汇编（1903～1911）》下册，第 2398 页。

[2] 《津商会为扩充商团致官署与商号函并巡按使批》，载天津市档案馆等编《天津商会档案汇编（1912～1928）》第 1 册，第 366 页。

[3] 《请速办商团以期保卫案》，《中华全国商会联合会会报》第 3 年第 11、12 号合刊，1916 年 12 月。

情形报本会备案"。①

因此，在民国初年，除上海等个别地区的商团由于特殊原因发展受阻外，其他许多地区的商团都有所扩充，不少早先未曾设立商团的地区，也相继设立了商团。根据天津商会档案的记载，在直隶各县，1912 年 2 月至 1914 年，即有许多地区的商务分会成立了商团，由此侧面也可以看出具有市民社会特征的商团在民初仍得到了进一步发展。详见表 11 - 1。

表 11 -1 直隶各县商会建立商团情况（民国元年二月至民国三年）

商会名称	立团日期	宗旨及状况	枪支情况	备考
蠡县莘桥商务分会	民国元年二月	宗旨:保护商民财产,防御土匪,维持公安。莘桥与高阳王家坨属两县连界,情愿联合组织,统计商号三十余家,每铺抽粮男一名,聘义务教员,逐日训练,自购枪械操衣,自备伙食,一切附设商会,于民国元年二月廿日附简章呈请立案	民国五年六月四日函请总会详询购枪支办法及价值,经函复应请由地方官转详省长赐示遵行	（三)2625 （三)8728
肃宁县商会	民国元年六月	宗旨:增长尚武精神,保全商民财产,防御土匪,维持公安。每铺出一人,自购枪械,自备伙食,由商会置办操衣,延聘义务教员,逐日操练,无事各安商业,有事则守望相关,于民国元月六月廿六日附简章呈请立案		（三)3666

————————

① 《全国商会直隶事务所转发〈商团组织大纲〉函并附〈商团组织大纲〉》（1917 年 5 月 6 日），载天津市档案馆等编《天津商会档案汇编（1912～1928）》第 1 册，第 368～370 页。

商会名称	立团日期	宗旨及状况	枪支情况	备考
安平县商务分会	民国二年一月	宗旨：维持地方秩序安宁，俾工商人各安其业，以谋共和国体应有之事业。民国二年一月三十日附简章呈请立案，同年三月十九日直隶行政公署指令准予立案		（三）2832
东光县商务分会			民国二年四月廿七日呈请购领步枪五十支，手枪二支，归商团用，马枪十支，归商巡用，民政长六月十八日指令马、手枪无余存，步枪可通融移转，应速派员接洽	（二）2209
滦县商务分会		民国元年八月奉照会筹办民团，遵即联络各商倡办商团，以资保卫，惟近年商业衰颓，筹款殊艰，公议由各商号先行筹备购买枪支子弹款项，于民国二年四月呈请订购洋枪六十支	顺直保卫总局五月三日函复，步枪尚可酌拨三四十支，每支带子弹百粒，价银行平化宝十两零八钱，希速备文交款购领	（三）2591
昌平县商务分会		民国二年五月十九日呈报本县城内败类人称为朱九太爷，名其治者，在前请充中区警局董，去岁冬因商家屡被盗窃呈报该局，不但置之不理，反宣言巡警无保护商家之必要，于是各商家将所贴警局之钱，悉纳于商会自行组织商巡，一则可自加保护，再则可作组织商团之基础		（三）3009

商会名称	立团日期	宗旨及状况	枪支情况	备考
大名县商务分会		宗旨:保卫商家之安宁秩序,维持公共利益。定名为大名商团,归大名商会组织,各商团入团者一百六十名,枪械由镇守使发给,拟定章程,呈请冀南观察使批准立案		(二)2211
芦台商务分会	民国三年一月三日	宗旨:保卫商家之安宁秩序,维持公共利益。民国二年十二月廿七日。附简章呈请备案		(二)2244
石家庄商会		民国九年九月二日函总商会:为维持市场安宁,拟重组商团,因民国六年大水将前次商团章程等全行淹没,请俯赐商团章程及办事细则各一份,俾便取法		(二)1021
滦县古冶镇商团			前经领得自来得枪四支,仍不敷用,今拟备价再请领自来得枪四支,以便防守保卫	(三)8757

注:备考中所注数字均为天津档案馆藏天津商会档案之卷号,(三)、(二)为类别,阿拉伯数字为卷号。

资料来源:《直隶各县商会建立商团商巡情况表》(1912年2月至1914年),载天津市档案馆等编《天津商会档案汇编(1912~1928)》第1册,第483~485页。

二　商办地方自治组织的诞生

商办地方自治组织的诞生,也可以看作清末中国市民社会雏形开始出现并得到扩充的反映。当时的商人似乎对此也不无认识,他们在创办地方自治组织时,即明确宣称将其作为"独立社会之起点"。有些地区的商人,还有意识地将所办自治组织的名称冠以"市民"字样。

地方自治也是清末兴起的一股进步思潮，自 19 世纪末维新派开始宣传地方自治思想，到 20 世纪初包括立宪派、革命派（主要是留日的革命学生）在内的进步团体，为了改变中国积贫积弱的衰败状况、救亡图存，也无不宣传和鼓吹地方自治，使之成为日趋兴盛的社会思潮之一。与此同时，希望改变自己低微的社会地位，获得参政权的一部分商人，也特别热衷于地方自治，通过成立各种类型的自治团体，积极开展有关的活动，将地方自治思想付诸实践。

从有关的史料记载看，当时的商人除争取参政权外，首先也是将地方自治作为自强御侮的一项重要措施。例如上海绅商开始从事地方自治活动，即是"惕于外权日张，主权寝落"，"内政不修，外侮日亟"，希望"以此整顿地方，振作精神"。[①] 他们强调"以地方之人兴地方之利，以地方之款行地方之政"，使"人人有自治之能力"，"人人有竞争之热心"，从而御外侮，保主权。所以，一位研究清末上海地方自治运动的学者指出："清末上海地方自治运动同时也是一场资产阶级的爱国运动"，这种爱国主义性质，"从其诞生伊始，便十分明显"。[②]

此外，商人还认为地方自治与立宪有着不可分割的联系，强调"中国今日之立宪，当以地方自治为基础"，[③] 并阐明其从事地方自治的目的，是"合无数小团体成一大团体，振兴市面，扩张权利，不惟增无量之幸福，更且助宪政之进行"。[④]

不过，商人的地方自治思想也有其特点。作为资产者，他们往往注重眼前的现实经济利益。在从事地方自治活动的过程中，比较强调实业、教育和保护地方治安。较早着力兴办南通地方自治的张謇即指

---

① 《大事记》，载杨逸纂《上海市自治志》，民国四年（1915）铅印本，第 1 页。
② 吴桂龙：《清末上海地方自治运动述论》，载《纪念辛亥革命七十周年青年学术讨论会论文选》下册，中华书局，1983，第 443 页。
③ 《论立宪当以地方自治为基础》，《东方杂志》第 2 年第 12 期，1906 年 1 月 19 日。
④ 《苏州观前大街市民公社缘起》，载《辛亥革命史丛刊》第 4 辑，第 59 页。

出："窃謇抱村落主义，经营地方自治，如实业、教育、水利、交通、慈善、公益诸端。"① 张謇之所以强调实业，是因为"自治须有资本"，就此而言可称实业是地方自治的"根本"；但实业与教育又相辅相成，因而也不能忽视教育。故张謇又认为："举事必先智，启民智必由教育；而教育非空言所能达，乃先实业；实业、教育既相资有成，乃及慈善，乃及公益。"② 张謇的这种思想在一定程度上反映了当时商人对地方自治的理解和认识，即"以国家之强，本于自治；自治之本，在实业、教育；而弥缝其不及者，惟赖慈善"。③ 并非只有张謇在南通是按实业、教育、慈善三大内容苦心经营地方自治，其他各地商人从事地方自治的活动内容，也大抵若此。当然，随着商人实力的增强，他们也采取各种措施进一步扩展自治权利。另外，这里所说的慈善事业，并不单是过去会馆、公所那种狭隘的布施活动，而是包括社会公益事业等更广阔的范围。

20 世纪初，上海商人即开始筹议地方自治活动。特别是李平书，较早即着力研究如何"仿行文明各国地方自治之制"。祝承桂等人也筹款修筑马路，承建桥梁，但当时尚无新式商人自治团体领导地方自治活动。上海原本有南市马路工程局，系 1895 年为兴建南市马路奏准成立。马路建成后，于 1897 年改称上海南市马路工程善后局。但该局并非商办自治团体和市政机构，而是上海官府的下属办事衙门。

1905 年，李平书、郭怀珠、姚文楠、叶佳棠、莫锡纶等绅商，为"自动整顿地方，以立自治之基础"，④ 集议创办总工程局。苏松太道

---

① 张謇：《呈报南通地方自治第二十五年报告会筹备处成立文》，载张謇研究中心等编《张謇全集》第 4 卷，江苏古籍出版社，1994，第 457～458 页。
② 张謇：《谢绝参观南通者之启事》，载张謇研究中心等编《张謇全集》第 4 卷，第 468 页。
③ 张謇：《拟领荒荡地为自治基本产请分期缴价呈》，载张謇研究中心等编《张謇全集》第 4 卷，第 406～408 页。
④ 蒋慎吾：《上海市政的分治时期》，《上海通志馆期刊》第 2 卷第 4 期，1913 年 4 月。

袁树勋对绅商的这一要求予以支持，表示："贵绅有创办总工程局之议，本道极愿赞成，拟即将南市工程局撤除，所有马路、电灯以及城厢内外警察一切事宜，均归地方绅商公举董事承办。"①

总工程局的宗旨是"整顿地方一切之事，助官司之不及与民生之大利，分议事、办事两大纲，以立地方自治之基础"。②局内分设两大机构，按西方政治制度，"以议事会为代议机关，以参事会为执行机关"。主要负责人有办事总董 5 人，其中 1 人为领袖总董（任参事会议长），常川驻局办事总董 2 人，常川到局办事总董 2 人，另有议董33 人，组成工程局议事会。在议事会、参事会两大机构之下，还设有户政、警政、工政三部（有的记载称科，负责人称科长），每部又分设各处，如户政部下设户籍处、地产登记处、收捐处等；警政部下设巡警处、消防处、卫生处；工政部下设测绘处、路工处、路灯处。三部之外，又设有书记处、会计处、翻译处、采办处等具体办事机构。另还设立一个裁判所，类似于司法机构，负责审理有关违警事件及一般诉讼案。由上可知，上海城厢内外总工程局从一开始就是一个机构比较完备的商办地方自治团体。

1909 年，清政府着手推行地方自治，并于是年初颁布《城镇乡地方自治章程》，饬令各地城镇乡分设自治公所。上海地方官吏也曾数次照会总工程局，要求遵章筹办。于是，总工程局"召集会议，决定办法"，提出自治公所即由总工程局改组而成，不必另设，这一要求也获沪道和两江总督批准。因此，1909 年以后的地方自治虽由早先的自办阶段进入所谓遵旨筹办时期，但上海的自治团体仍维持了早期的商办性质。

即使是在 1909 年以后的所谓遵旨筹办地方自治时期，有些地区

---

① 《苏松太道袁照会邑绅议办总工程局试行地方自治文》，载杨逸纂《上海市自治志·公牍甲编》，第 1 页。

② 《上海城厢内外总工程局简明章程》，《东方杂志》第 3 年第 1 期，1906 年 2 月 28 日。

由商人创办的自治团体，仍具有民间商办性质。例如苏州商人创立的名为"市民公社"的基层自治组织即是如此。苏州商人设立市民公社始于 1909 年 6 月诞生的观前大街市民公社，创办人系洋货业商董、苏州商务总会会员施莹。他在禀请创立该社的呈文中指出："窃商等住居观前大街，经营商业，历有年所。第观前大街，分为观东、观西二名称，地居冲要，店铺林立，从前办理各事，虽有施行之效验，尚无联合之机关。商等目击情形，急思振作，爰拟组织公社，自醋坊桥起，察院场口止，如关于卫生、保安等类，集思广益，实力试办，取名苏州观前大街市民公社。非敢云成效之必良，仅就商等本街上耳目所及，力苟能为者，和衷商办，以图进行之办法。"① 随后，苏州商务总会又专为此事致函官办的苏属地方自治筹办处，说明商人成立市民公社"专办地方公益事宜"，"一切宗旨、办法，均不出地方自治范围以外"。当时正值清政府推行地方自治，饬令各级地方官吏倡导实施，故而苏州商人创立市民公社的行动得到地方官府的支持，观前大街市民公社很快即正式宣告成立。

观前大街市民公社率先创立后不久，其他街区的商人也踵相仿效。1910 年，渡僧桥四隅市民公社、金阊下塘东段市民公社、道养市民公社等相继设立。民国以后，苏州的市民公社仍与日俱增。1933 年刊行的《吴县志》只提到清末成立的上述四个市民公社，其他均付诸阙如。然而据有关档案记载，到 1928 年，苏州的市民公社总共多达27 个。② 需要说明的是，自观前大街市民公社产生到 1928 年这前后19 年中，有些市民公社曾有分合并撤，名称有时也发生变化，所以不同时期的公社数字常有差异。

---

① 《施莹致江苏苏属地方自治筹办处禀》，载《辛亥革命史丛刊》第 4 辑，第 87~88 页。
② 这 27 个市民公社是观前大街、金阊下塘东段、渡僧桥四隅、道养、山塘、齐溪、临南、临北、胥江、临平、护北公安、阊门马路、城南、郡珠申、双塔四隅、娄江、葑溪、城中、胥盘、上山塘、山塘下塘、盘溪、护中、城北、金门、新闻和枫江。1921 年 3 月，曾成立苏州市民公社联合会，辖区包括整个城区和著名的寒山寺所在地枫桥镇。

　　苏州市民公社的特点与上海城厢内外总工程局有所不同，它是以街区为单位设立的商办基层自治组织。因此，绝大多数市民公社都是依据所在辖境内主要街道、河流或者是比较著名的古建筑名称命名。例如，观前大街、阊门马路、山塘等公社，以主要街道命名；道养、临平等公社，以两条主要街道名称的字首连起来命名；胥江、娄江等公社，以河流水道命名；渡僧桥四隅、双塔四隅等公社，则是以著名的建筑物命名。了解这一情况，从名称上即可看出苏州各市民公社的辖区范围和基层自治组织的性质特点。

　　除此之外，其他一些地区的商人在清末也曾创办各种类型的自治组织。东三省的保卫公所，便是全国较早成立的商人自治组织之一。据该公所1904年前后拟定的章程记载，其宗旨"专为保卫本地商民之生命财产"，"各就本地设立公所，先从兴京海龙各属创办，俟有成效，再行推广"。① 东三省商人保卫公所的成立，与日俄战争爆发、日军出兵东北有一定关系。该保卫公所自称："本公所即刻开办，现所议定者共有七八县，约一万二千余方里地区之广，皆日本兵力尚未施及之前，我同志赶即创办此举，原以辅官力之不逮，完中立之全权，将来无论何国，皆不得恃其兵力，据我寸土，夺我主权。"同时还特别申明："将来中与日、俄国际交涉，及地方制度无论有何变迁，而我保卫公所已立之地位，已办之义务，始终如一，不得稍有更易。"② 不难看出，东三省商人设立保卫公所兴办地方自治，既是为了争取自治自立的权利，也是为了保存国土，维护主权，具有民主爱国运动的性质。其不同于他省商人自治团体而取名"保卫公所"，特别强调"保卫"，与其成立时的上述特殊背景不无关系。

　　1907年，广东商人为了"联合起来，共图于商业组织有所进

---

① 《创立东三省保卫公所章程》，《东方杂志》第1年第10期，1904年12月1日。
② 《创立东三省保卫公所章程》，《东方杂志》第1年第10期，1904年12月1日。

展"，并借此"组织力量，按步实现其拓财货、扩商权，进而参与新政、兴商富国之伟愿"，成立了粤商自治会。该会章程草稿称："粤商自治会以广东省之区域为区域，凡居住于本省之中国人，遵章守例，负担义务，皆得享受权利"；另还指明："凡有关本省地方自治事宜，得依程序自行议定，禀请本省总督批准，布告于众，由布告日起，三十日内一律遵守。"① 广东嘉应州绅商在1907年底至1908年初也设立了名为地方公议会的自治团体，"以为地方自治之基础"。②

在清末，汉口商人也曾建立与苏州市民公社相似的基层自治团体，但名称不一，有的称自治会，有的称自治戒烟会。这些团体都按街区行政区划组成，由所在街区的商人负责主持，主要活动内容是从事地方自治。例如，1909年成立的汉口公益救患会，"以地方自治为宗旨，以救火、卫生、演说为入手办法"。次年添办冬防，由会员承担义务，后又集资修治街道。③ 1910年成立的演说自治戒烟会，则"以救正人心，开通民智，演说地方自治，谋国家之稳固为宗旨"。④ 不过，汉口的这些基层商人自治团体在组织机构上远不如苏州市民公社健全，活动内容也较诸苏州市民公社狭窄得多。

江苏常熟、昭文两县商人于1908年初成立了地方自治会，拟定了六项办事大纲：清理财政、振兴实业、保卫治安、规划工程、补助教育、改良风俗。⑤ 特别应该指出的是，有些集镇的商人在清末也组织了自治团体，力图争取地方自治权利。如江苏吴县木渎镇商人设立

---

① 《粤商自治会章程第一次草稿》，载《广州文史资料》第7辑，广东人民出版社，1963，第29页；李蔼皋等：《粤商自治会与粤商维持公安会》，载《广州文史资料》第7辑，第24页。

② 《各省内务汇志》，《东方杂志》第4年第1期，1907年3月9日。

③ 中国人民政治协商会议湖北省暨武汉市委员会等编《武昌起义档案资料选编》上卷，第251页。

④ 中国人民政治协商会议湖北省暨武汉市委员会等编《武昌起义档案资料选编》上卷，第259页。

⑤ 《各省内务汇志》，《东方杂志》第4年第2期，1907年4月7日。

了自治会，公举议董 16 人，专司决议本地应兴应革事件；举参事总董 4 人，专司执行事务；设有法政讲习所，召集士人，授以法政之学，以为将来实行地方自治之用。自治会成立后，"凡镇中所有修造桥梁、掩埋暴露、施送棉衣、米药等事，及已办之学堂、局所并一切地方公务，悉隶该会"。①

清末的商人自治团体，远不止以上提到的这些。仅据台湾学者张玉法先生的不完全统计，清末全国各地见于记载的商办自治团体即有近 50 个。② 实际上，当时的商办自治团体在数量上超过了这一不完全统计数。只是因资料缺乏，无法详细进行比较和说明。

上述清末的商办地方自治团体，有些也可以说已具有比较明显的市民社会特征的新式社团。它们的诞生表明清末民初市民社会的雏形在中国不仅已经形成，而且进一步得到发展。

第一，这些地方自治团体，都是以商人为主体，并由商董领导的不同于旧式慈善机构的新式民间社团。

在上海的总工程局以及后来的城自治公所中，起主导作用的是参事会和议事会。根据总工程局章程的规定，参事会"总董必须本籍绅士充当，帮董一本籍一客籍，均须殷实商人"，"议董由本地绅士及城厢内外各业商董秉公选举"。从实际情况看，其职员虽然并不全是商人，但经考察得知，绝大部分属于商界人士，尤其领导人多是著名商董担任。例如一直出任参事会领袖总董的李平书，以及先后担任办事总董的朱葆三、曾铸、郁怀智、莫锡纶、李云书、王一亭等，都是上海商界的头面人物。议事会的议董中，商董所占比例始终在 60% 以上，其他则为绅士、学界等方面的代表人物，无一系政府官员。③

---

① 《各省内务汇志》，《东方杂志》第 3 年第 12 期，1907 年 1 月 9 日。

② 张玉法：《清季的立宪团体》，台北：中研院近代史研究所，1971，第 92~96 页。

③ 详见吴佳龙《清末上海地方自治运动述论》一文中所列担任议事会议长和董事会董事的 45 名主要人物职务、简历表，载《纪念辛亥革命七十周年青年学术讨论会论文选》下册，第 425~437 页。

　　苏州的市民公社大都规定，年满 25 岁、居住在本街区域内者，即可入社成为社员。但从市民公社的档案资料中，我们发现各公社不仅发起者均为商人，而且一般社员中商人的比例占至 90% 以上，其负责人与职员同样基本上都是商人，因而市民公社实际上是名副其实的民间商人团体。例如观前大街市民公社 1912 年的第四届社员共计 197 人，其中注明店号的商人即有 187 人，所占比例高达 95%。民国四年该社第七届社员共计 160 人，其中也有 152 人是商人，比例仍占 95%。① 《渡僧桥四隅市民公社第一届报告册》（铅印本）谈及办社缘起时，还专门解释之所以取名"市民公社"，即是因为均系商人组成："光绪己酉夏，苏州城内玄妙观前大街商民，援光绪三十三年十一月宪政编查馆、民政部会奏结社集会律，合众联结公会，因尽出自商民，故曰市民公社。"② 担任市民公社正、副干事或社长的主要负责人，也大都是较有影响的中上层商董。根据市民公社档案文献记载统计，在清末民初苏州 15 个市民公社的 197 个正、副干事和社长中，商董占 169 名。不仅如此，市民公社的各部职员，基本上也都是商人。如渡僧桥四隅市民公社第一届职员中，评议员有 16 人，其中 15 人是各商号商人；会计员 2 人，均属商人；工筑员 6 人，调查员 6 人，收费员 8 人，同样都是商人；书记员 2 人，1 人属商号，另 1 人属自治筹办处；招待员 10 人，有 9 人标明了所在的店号，也系商人。③

　　由于市民公社系商办的民间自治团体，因而其经费也系自筹，并无官府的拨款和资助。上海城厢内外总工程局的经费来源，主要是各项地方捐税。苏州市民公社的经费，则主要是社员缴纳的入社费、常年费、特别费。入社费和常年费数额不等，根据社员所在店号资产多

---

① 《苏州市民公社档案选辑》，载《辛亥革命史丛刊》第 4 辑，第 101~103 页。
② 《苏州观前大街市民公社缘起》，载《辛亥革命史丛刊》第 4 辑，第 59 页。
③ 《苏州市民公社档案选辑》，载《辛亥革命史丛刊》第 4 辑，第 114~115 页。

寡酌情决定。特别费遇有特殊需要临时募集，如修桥筑路、救火冬防、夏季卫生等事所需之款，由会员和其他地方团体机构自愿认助。东三省保卫公所、粤商自治会等其他省区商办自治团体的经费，也都是由其自行采取各种办法加以筹措。

第二，这些商办民间地方自治团体，均不受官府的直接控制，拥有较多的自治权利。

为了取得合法地位，便于开展各项自治活动，大多数商办自治团体在成立时，也同商会一样报请地方官府批准注册，但成立之后并不受官府的直接控制，而是由商办自治团体独立从事各有关活动。在清末，类似苏州市民公社那样的商办基层自治团体，其领导权的归属问题曾一度引起争议。1909 年以后，清政府开始推行地方自治，设立了一些官办的自治机构。有些地区的官办自治机构曾试图监控基层商办自治团体，例如江苏苏属官办自治筹办处即认为，"地方自治所以辅官治之不及，即应受监督于该管地方官"，并据此强调市民公社"应属（官办）自治公所管辖"。[1] 市民公社却坚持认为，商会"综握商务机关，凡我商民均隶属之"，[2] 实则将苏州商务总会视为自己的领导机构。在一般情况下，凡遇有与地方官府交涉事项，市民公社大多请商会出面代为陈转。结果在这个问题的争论中，官办苏属自治筹办处不得不趋于妥协，仍维持市民公社隶属商会的现状。其他一些地方官吏如巡警道在致苏州商务总会的照会中也承认："贵会综握苏州商务机关，登高一呼，众山皆应。务希广为提倡……组织市民公社多处，以期集思广益，庶几将来兴利除弊，不致散漫无稽，谅亦为各市商所乐于图成也。"[3] 此后，地方官府有事需要贯彻，通常也经商会转饬市民公社，再由公社分别知照各商号铺户。

---

① 《苏州市民公社档案选辑》，载《辛亥革命史丛刊》第 4 辑，第 91 页。
② 《苏州市民公社档案选辑》，载《辛亥革命史丛刊》第 4 辑，第 92 页。
③ 《苏州市民公社档案选辑》，载《辛亥革命史丛刊》第 4 辑，第 57～58 页。

　　清末的大多数商办自治团体不仅不受官府直接控制，而且拥有比较广泛的自治权。例如，上海城厢内外总工程局成立后，所取得的自治权即相当可观，包括户籍的编查管理、地产的注册转让、房屋的登记翻造、道路的开拓修建、河渠的填筑疏浚、路灯的维修添设、巡警的募训设置、地方捐税的收支以及违警事件的处理等。除此之外，"所有未尽事宜，随时议办"。①从实际情况看，上海城厢内外总工程局独立从事地方自治，在改变上海市政面貌方面所取得的成就也比较突出。据统计，在4年的时间内，总工程局共辟建、修筑道路60余条（段），修理、拆建桥梁50余座，新辟、改建城门3个，疏浚浜河9处，修筑驳岸7个，修造码头4座，设置巡警人员398名，每年裁决民刑讼案及违警事件1700多起。②此外，总工程局还曾招商创办上海内地电灯有限公司，从外商手中收回自来水公司归为商办，派遣学生赴日本考察市政，创办政法讲习所，"分期演讲法政，开通社会知识"。同时还负责管理税收，招商认包浦江船捐，征收地方月捐，筹贷地方公债，呈请拨借工程款项。在社会公益方面，总工程局设立平粜局10处，"办理平粜，充济民食"，并领办平价官米，分设平价处。③

　　东三省商人创办的保卫公所也非常注重其自治权利，并在章程中特别强调："地方一切新政及寻常词讼，两造情愿由公所公断者，则概由公所董事秉公办结，地方官亦不得过问"；办理保甲、团练，由公所派专员筹款，"其捐项名目、军装、制度，但有本地方民人公认，即可施行无碍，本国及他国官长皆不得阻挠"。同时还态度坚决地宣称："本公所以本地人力、财力，办理本地民事，所有一切内政，原

---

① 《上海城厢内外总工程局简明章程》，《东方杂志》第3年第1期，1906年2月18日。
② 《工程成绩表》、《警务成绩表》，载杨逸纂《上海市自治志·图表》，第73～114页。
③ 蒋慎吾：《上海市政的分治时期》，《上海通志馆期刊》第2卷第4期，1913年4月，第1127～1128页。

有十分自主之权，同人当效其死力，合其团体，以保此权利为第一要务。无论何国，皆不得施其官势兵力，致损我民人自主之权。"① 1907年前后设立的奉天保卫公所，"以保卫地方人民生命财产及扩充本地方一切利益为宗旨"，"于保卫范围内一切权利，务期完全无缺"。② 其自治活动范围包括：禁止赌博、偷窃、游惰、污秽及一切妨害治理之发达者；调查户口、风俗、营业、财产、商业、学校；救护火灾、水灾，防止盗贼及一切危险有妨保安等事；修治街道、桥梁、沟渠及一切公共卫生诸事宜；举办团练，广立学校，讲习实业，公遣游学；等等。

粤商自治会的自治活动内容同样也比较广泛。该会成立后即创办了自治研究所，聘请留学日本攻读法政的毕业生担任讲习，同时注意维护商人的利益，领导了数次反帝爱国斗争，并参与立宪运动等；但更重要的仍然是注重地方自治，诸如"商务、建造工程、教育、水利、慈善、卫生、交通"以及"地方财政"等事项。③ 除此之外，粤商自治会还"时时开会，批评政府，极得社会好评"，④ 在一定程度上发挥了市民社会制衡国家的作用，为此引起官府的忌恨，连清朝外务部也一度要求"严查解散"粤商自治会。但粤商自治会在商人乃至一般群众中拥有较大的号召力，"遇有拟办之事，动辄数千人"，⑤ 因而官府尚不敢轻易地强行将其予以解散。

第三，这些商办的民间自治团体，绝大多数是以严密的契约性规章维持其内部的运作，而不是依靠传统的血缘或亲情关系，作为维系内部成员以及确立权力的中轴。

无论是上海城厢内外总工程局这样统一领导整个上海民间地方自

---

① 《创立东三省保卫公所章程》，《东方杂志》第1年第10期，1904年12月1日。

② 《奉天保卫公所实行新章》，《东方杂志》第3年第1期，1906年2月18日。

③ 《粤商自治会章程第一次草稿》，载《广州文史资料》第7辑，第29页。

④ 邱捷：《辛亥革命时期的粤商自治会》，载《纪念辛亥革命七十周年青年学术讨论会论文选》下册，第378页。

⑤ 《广东〈七十二行商报〉二十五周年纪念刊》，1931，第50页。

治活动的机构，还是像苏州市民公社那样的基层自治团体，都制定有非常严密的契约性规章。上海城厢内外总工程局规章之完备细密，不仅反映在其所拟定的总体性章程，同时还体现在具体商定的办事规则中。此外，总工程局的议事会和参事会又分别制定了各自的规章，裁判所也单独订有章程，对其权限和义务均做了明确的规定，成为各自处理有关日常事务的准则。苏州的各个市民公社也同样拟定有详细的章程。以 1909 年成立的观前大街市民公社为例，其所订章程即包括定名、宗旨、办法、入社、出社、职员、经费、会期、社所、附则十个方面的内容。1910 年，该公社对职员员额、职务等规定进行了修改，1911 年又颁布增订章程。率先成立的观前大街市民公社，其章程也为其后成立的公社所借鉴。许多公社或"悉由观前公社旧章"，或在其基础上做某些补充。

根据契约规章，许多商办自治团体还设立了比较完备的办事机构，表明其并非松散的临时性组合，而是制度严密的新式社会团体。上海城厢内外总工程局分设议事会和参事会，乃是有意识地按照西方的政治制度，使立法和执行两权分离，便于互相监督，防止独断专行。议事会作为代议机关，有时也称作议会，由数十名议董组成，"是地方全体之代表"。其权限为：创立并修订本局各项章程及规则；议决动用局费，兴办局务；议决每年出入预算，议定预算外支出；同时，还对参事会各方面的执行情况"均有监督及质问之权"。参事会是总工程局各项事务的执行机关，由领袖总董、办事总董等组成。参事会虽属实权机构，但受到议事会的监督和限制，凡议事会"未经议决之事，参事会当谨守权限，无擅自兴办之权"；另一方面，对于议事会议决之事件，若参事会认为不便立即执行，经全体成员同意也可决定暂缓执行，同时陈明理由，请议事会重新审议。[①]

---

① 《总工程局议会章程》，《东方杂志》第 3 年第 12 期，1907 年 1 月 9 日。

苏州的市民公社虽属基层自治团体，但也根据契约规章设立了较为完备的组织机构。清末成立的各个公社，其负责人有正（总）干事1人，副干事2人。民国后设立的市民公社大多称负责人为社长、副社长，并统一实行委员制，一律称执行委员。在正、副干事和社长以下，设有评议部、经济部（或称会计部）、庶务部、文牍部（或称书记部）、消防部等具体机构，各司其职，分工管理各项事务。其中评议部最为重要，相当于市民公社的立法议会机构，负责评议公社一切事宜，"凡关于兴筑工程、修理水龙、添置附属各品，以及经济之预算、决算，经评议员过半之数决议者，均得施行"。①

东三省商人创办的保卫公所也是如此，所设具体机构有会议股、裁判股、交涉股、财收股、武备股，其中会议股相当于立法议会机关。遇有内外要事，或立章程，或订条约，需要讨论者，均由会议股集议，半数以上通过即付诸实施。裁判股则相当于执法之机构，凡地方民人有财产词讼等事，均由该股专员调停审断。粤商自治会的章程也规定设立议事会、董事会、干事会等机构，都是将立法、执行两权分离。

第四，这些商办的民间自治团体，绝大多数在组织制度上还体现出比较突出的近代民主特征。

例如，在领导人的推举方面，许多商办自治团体即规定有与西方国家相似的民主选举制度。上海城厢内外总工程局的议事会议董和参事会总董，均由本地绅士及城厢内外各业商董秉公选举，以得票数多者当选。领袖总董任期3年，期满另举，办事总董、议事经董任期各4年，"每二年改选其半"。任期之内，"如有伤害公德及才不胜任，或意外事故，由各董事会议辞退"。苏州的市民公社大多专门拟定了选举细则，强调"本社社员均有选举职员及被选举为职员之权"。按

---

① 《苏州市民公社档案选辑》，载《辛亥革命史丛刊》第4辑，第63页。

照章程及有关细则的规定，选举职员用无名连记法，每票各书选举人若干名，以得票多数者当选，依次递推至职员足额为止。选举正干事，用无名单记法，每票举 1 人；选举副干事，用无名连记法，每票举 2 人。在当选职员内分次互选，以得票满职员总数 2/3 为当选。[①]这些规定，显然是仿照西方国家的民主选举制度而制定的。

议事制度方面，也反映了较为浓厚的民主气息。例如上海城厢内外总工程局规定，凡议决实施各项要事，都须经议事会全体议董讨论，获半数以上通过才能形成决议，交参事会执行。苏州市民公社也规定，凡决定各重要事务，均须全体职员共同讨论议决，而且必须获半数以上同意。为此，各市民公社还拟定了会议制度。会议有常会、年会、特别会三种：常会按月举行一至两次，全体职员参加，主要内容是报告和研究社务，并借以加强联络职员间情谊；年会每年举行一次，一般是在职员任满重新选举时召开，全体社员参加；如遇有特别紧要事件，随时由正、副干事邀集全体社员召开特别大会。社员 20人以上联名提议，也可要求正、副干事举行特别会议。其他商办自治团体也大都规定议事时必须以多数人意见为准，不能由少数人独断专行。东三省保卫公所在章程中即指明，凡集议内外要事，"可否从违以人数为断，如泰西之乡邑议院然"。[②]

除此之外，这些商办自治团体都不是强迫所在地区的商人加入，而是完全按照自愿的原则，由商人自行决定是否参加。这一特点与商会相似，也体现了商办自治团体的市民社会特征。

上述具有市民社会特征的商办民间自治团体的产生，显然使当时已具雏形的中国市民社会得到了扩充。事实上，有些地区的商人在创办自治团体时，自身也已意识到此举就是为了拓展民间社会的自治权

---

① 《苏州市民公社档案选辑》，载《辛亥革命史丛刊》第 4 辑，第 98 页。
② 《创立东三省保卫公所章程》，《东方杂志》第 1 年第 10 期，1904 年 12 月 1 日。

利，并将其作为建立"独立社会之起点"。例如，苏州商人在创办基层自治团体时，不仅有意识地将自己创办的自治团体命名为"市民公社"，① 而且毫不隐讳地说明："资群情以谋公益，为地方自治团体中之一自治团体者，即我市民公社之原素也。公社以自治为原素，当其组织之始，虽警于宫巷之两火，而实则自治之原理，固早为吾人所久蓄而待发者也。……惟以实事求是之意，交相勖勉，庶几不负共同集社之本意，以冀成完全之自治团体。"② 随着实力的增强和影响的扩大，苏州商人甚至已不满足于"冀成完全之自治团体"的目标，更进一步提出建立"独立社会"的良谟宏愿。他们表示应该"合无数小团体成一大团体，振兴市面，扩张权利"。换言之，亦即"组成一公共团体"，使之成为"独立社会之起点"。③ 当时的商人能有这样的认识，实在是难能可贵。

如果说商团的成立，使市民社会拥有了自己的准武装，增强了市民社会的自身力量，那么，商办自治团体的成立，则使市民社会的自治权利在商会的原有自治基础上，又得到了进一步的扩大。

其具体表现，首先是使市民社会在很大程度上掌握了市政的建设与管理权。例如在上海，直到 1905 年商办总工程局成立之前，并无专门的市政机构，有关清道、路灯、筑桥、修路等市政事宜，主要由地方慈善机关同仁辅元堂经办。1898 年和 1900 年虽先后创办吴淞开埠工程总局及闸北工程总局，职能有所扩充，但也基本上是上海道的下属衙门，仍算不上完备的自治市政机构。1905 年商办总工程局设立，才终于使上海有了初具规模的民间市政机构，并在短短的数年内即使上海的市政面貌发生了较大的变化。

---

① 近代法国和意大利等西欧国家新兴的资产阶级，在通过斗争或购买的方式从封建领主手中争得最初的自治权以后，也曾把自己的城市共同体称为"公社"，参见《共产党宣言》，载《马克思恩格斯选集》第 1 卷，第 274 页。

② 《苏州市民公社档案选辑》，载《辛亥革命史丛刊》第 4 辑，第 58~59 页。

③ 《苏州市民公社档案选辑》，载《辛亥革命史丛刊》第 4 辑，第 59 页。

其次，是使市民社会在城市社会生活中发挥着越来越重要的作用。类似上海城厢内外总工程局这样的商办自治团体，不仅控制了市政的建设与管理权，而且承担了包括学务、卫生、治安、户籍管理、道路工程、农工商务、公共事业、善举、财政税收以及其他循例向归地方绅董办理的所有事宜。即使是苏州市民公社这样的基层自治团体，也同样在城市生活中占据着重要地位。各市民公社成立之初，活动范围及职责比较狭窄，主要限于清道、通沟、公共卫生及消防等方面。然而不久即日益扩充，在民国时期逐渐发展渗透到市政建设、交通、金融、冬防、防疫、税务、物价等诸多方面，举凡"自治范围以内所当为者也，而公社中人皆力为之"。① 可以说，通过各种商办自治团体，市民社会在清末民初已程度不同地控制了市政建设权、民政管理权、公益事业管理权、社会治安权，以及工商、文教、卫生等多方面的管理权，其势力和影响层层渗透扩展到城市生活的各个领域，成为城市社会生活中最具影响的在野社会力量。

最后，是比较迅速地推动了城市的近代化发展。在城厢内外总工程局及后来的自治公所等商办自治团体的经营管理及努力之下，上海城市的面貌在清末民初发生了较大的变化。一条条马路被拓宽，一座座桥梁被修复或兴建，各主要街道都安装了电灯，铺设了自来水管；接着，又拆除了旧城墙，扩充城垣，修建马路，开驶电车。上海作为远东第一大都市，此时已初步显露出其宏伟的气势。苏州的市民公社也"克尽义务"，"凡清道、缮路、通沟、燃路灯，次第毕举，而尤注意者，弭盗防匪，预弭缝于无形。所有从前隐患，一扫而空，故在地铺商，咸觉平安无事"。② 这些举措对于维护社会治安，建立一个比较繁荣而稳定的市场，也产生了一定的积极作用。有商人对市民公社的

---

① 《苏州市民公社档案选辑》，载《辛亥革命史丛刊》第 4 辑，第 59 页。
② 《苏州市民公社档案选辑》，载《辛亥革命史丛刊》第 4 辑，第 59~60 页。

努力表示赞誉："马路新筑，交通日盛，东西洋商，各省仕绅富庶，俱集于此，观瞻所在，我苏省治象商情，关系岂浅鲜哉！"①

综上所述，商办自治团体的成立，一方面使清末民初中国市民社会的雏形获得了扩充，另一方面对于提高市民社会在城市生活中的地位与影响，也产生了不可忽略的重要作用。因此，在探讨近代中国的市民社会问题时，这些商办的民间自治团体应当引起我们的足够重视。

三　其他各类商办社团的兴起

除了商会、商团和各种商人地方自治团体之外，在清末还曾出现为数较多的其他各类新式商办民间社团，这也是市民社会的雏形在当时得到扩充的具体反映。下面，我们即分类对这些社团做一简略介绍。

我们先来看一看清末的商办文化教育类民间团体。

由商人出面创办文化教育类的民间社团，这本身即是一个值得重视的新趋向。可以说，商办新式文化教育类社团的兴起，一方面是商人实力增强，对教育发展与实业兴盛的密切关系有比较深刻认识的结果；另一方面清政府实施教育制度改革，倡导民间创办近代新式学堂等措施，为商办文化教育类社团的产生创造了有利条件。后一方面的影响，本书第三章第四节中已做了论述，这里对前一方面的情况稍加说明。

19世纪末，除了张謇等少数工商界人士依靠自身力量创办一些新式学堂外，就整个工商界而言，绝大多数人尚对教育与实业两者之间的重要关系缺乏足够的认识，因而不曾有商办教育社团的出现。到20

---

① 《苏州市民公社档案选辑》，载《辛亥革命史丛刊》第4辑，第60页。

世纪初，特别是商会成立之后，随着经济实力的逐渐发展，以及民族危机日益加深的刺激和西学的进一步传播，工商业者的思想认识发生了明显转变。对中国工商业颓萎疲敝现状的重新反省使他们逐步认识到，发展近代教育和启迪商智对振兴民族工商业关系重大。不少工商界的有识之士深感"商业之发达，由于开商智，商智之开通，由于设商学。今教育尚未普及，商界中之伙友徒弟未必尽受教育之人，即不免文字茫然、商情不识之弊，于商务前途关系诚非浅鲜"。① 同时，他们还将发展教育与国家的强盛紧密地联系在一起，意识到"各国强弱之分，文野之别，视全国人民就学之多寡为断"。所谓"储才端赖学堂，生利必资实业"，要使中国走向富强，就必须"广兴教育，以培养人才"。② 从自身经济利益和国家存亡绝续两方面阐明发展近代教育的重要性，这无疑是 20 世纪初商人思想意识渐趋成熟的又一具体表现。

不仅如此，当时的商会在这个问题上也具有十分强烈的时代紧迫感和责任感。有的商会明确表示："时至今日，所谓商战世界，实即学战世界。……夫事无近功，种宜早下，急起直追，犹恐不及，失今不图，后悔已迟。学堂也、讲习所也、陈列所也，皆为商界下新种子也。使不此之务，再阅十年，而我商界之面目仍旧，恐华商无立足之地也。至时而思以教育救其弊，不已晚乎。凡我商会同人，毋再以自误者误后生，致不能争存于世也，同人勉乎哉！"③ 因此，许多商会成立之后，即将发展教育，特别是兴盛实业教育作为一项重要活动内容，纷纷"筹设商业学堂，以造就商界人才"。光绪三十三年八月十三日的《岭东日报》还载文阐明："开办商会，当调查内外流通货物，

---

① 《苏州商会档案》第 43 卷，第 66 页，苏州市档案馆藏。
② 《苏州商会档案》第 92 卷，第 10、11 页，苏州市档案馆藏。
③ 《苏商总会试办章程》（1905 年 10 月），载章开沅等主编《苏州商会档案丛编》第 1 辑，第 30～31 页。

极力改良，方足以战胜商场。然商智不开，则彼此隔阂，是商又借资于学，故学为商之用。"

创办新式学堂，是商会及所属各业培养新型商业人才的一项具体措施，而设立新式民间文化教育类社团，则是为了更好地管理地方学务，不仅意在推动更多的新式学堂创立，而且要促进整个近代教育的兴盛发展。清政府于 1905 年废除科举制之后，也设立了许多新式办学机构和学务官吏，并鼓励绅商参与学务管理。1906 年清朝学部奏陈各省学务官制折，提出在各州县设劝学所，公选"本籍绅衿年三十以外，品行端方，曾经出洋游历，或曾习师范者"充任总董。[1] 同年，学部又奏拟教育会章程折，阐明教育之道，普及为先。"中国疆域广远，人民繁庶，仅恃地方官吏董率督催以谋教育普及，戛戛乎其难之也；势必上下相维，官绅相通，借绅之力以辅官之不足，地方学务乃能发达。"[2] 1909 年初清政府颁布的《城镇乡地方自治章程》也明确将学务列为自治内容之一，规定"中小学堂、蒙养院、教育会、劝学所、宣讲所、图书馆、阅报社"等，均由各地绅民办理。很显然，此时的清政府也鼓励民间人士设立劝学所、教育会等团体，参与管理学务，"以辅官之不足"。

于是，商办民间教育团体在清末得以纷纷应运而生。例如在苏州，著名绅商王同愈等人在清朝学部倡导创设学务公所之前，于光绪三十一年九月即呈文江苏巡抚，提出设立学务公所，接管地方公款，以资推广学务。呈文指出："查各国就学之数，男女统计，大率十人中多者九人，少亦五六人，如以中国四万万人计之，就学者至少须有二万万名，始足与教育普及程度最低之国相抗衡。以二万万待学之

---

① 《学部奏陈各省学务官制折》（1906 年），载舒新城编《中国近代教育史资料》上册，第 282 页。

② 《学部奏拟教育会章程折（附章程）》（1906 年），载舒新城编《中国近代教育史资料》上册，第 357 页。

人，必一一依赖国家为之设校安排，微论无此财力，亦无此办法。"因此，应仿行日本学制，设公立、私立学校，大力提倡"民学"。"以本籍人办本籍事，于地方风气有息息相关之隐，凡财政之预算、教育之贤否、学生之性质、家庭之习惯，知之也深，故其措之也当。"而要办好"民学"，就须设一学务总汇之地，以便"综核之，齐同之，补助之。……拟请援照宁属翰林院修撰张謇创立学务公所之例，于城中先拨官房，设立苏州学务公所，与官设学务处相表里，裒集地方原有公款，妥定章程，切实办理"。① 时任江苏巡抚的陆元鼎表示此举"系为慎重学务、恢广学务起见"，准如所请办理。②

苏州学务公所成立后，设总理、协理各 1 名，议董 20 名，"分议事、理事为两大纲"。理事部设总理、协理及书记、庶务、司账各干事；议事部的学务议董无定额，任兴办、调查学务及改革学堂建筑等事，凡有关学务经济问题者，皆由该部议决；财产部设会计议董，凡预算岁入岁出，复核经济问题及存储、支拨等事，由该部筹办。议董四年一任，每两年改选半数，总理、协理均两年一任，连举得连任。

应该指出，苏州学务公所的成员并不全是商董，其中也有一部分学界人士，但主要领导者大都由在商会中任职的商界要员兼任，议董中商人也占相当大的比例。如担任学务公所总理的彭福孙即是苏州商务总会会董，协理吴本善是苏州著名绅商之一。两名会计议董，一为绸缎业商董、多次出任商务总会总理的尤先甲，一为商务总会的理事蒋寿祖。另还有王同愈、张履谦、潘祖谦等苏州商界的知名人物和商会骨干，兼任学务公所议董。此外，当时的所谓学界人士，从表面上看似乎是一批热衷于新式教育的旧式士大夫，但实际上他们的思想已发生明显变异，是已经或正在脱离封建地主阶级营垒，转而依附新兴

---

① 《苏州商会档案》第 92 卷，第 11 页，苏州市档案馆藏。
② 《苏州商会档案》第 92 卷，第 13 页，苏州市档案馆藏。

商人阶级的新知识分子。就总体而言，他们的利益和立场基本上与商人一致，因而他们一再强调："商学两界，端宜互赖维持，本属无分畛域。"① 有许多学界人士同时还经营商业，具有亦学亦商的双重社会身份。综上所述，苏州学务公所可以说是商人占主导地位的商办民间教育类社团组织。

苏州商办学务公所从事的有关具体活动，包括："甲，调查公立各学堂之校舍、课程、经费，以期逐渐统一；乙，管理宾兴、公车、紫正书院及其他各项公捐学堂之款；丙，养成教员、管理员；丁，推广小学；戊，注意实业教育，提倡军人资格。"② 其中，既有学校设施、经费的管理安排，也有课程设置、师资的培养，以及小学教育、实业教育和军国民教育等内容，涉及面如此之宽，俨然是一个全面管理学务的组织机构。尤其是在培养新式学堂师资方面，学务公所做出了比较显著的成绩。它成立之后即创办了公立师范传习所，至1911年已有六批学生相继毕业，为各个学堂源源不断地输送了新式教员。

1906年，苏州地方官府设立官办学务公所，饬令原商办学务公所改为长元吴③学务总汇处，归其管辖。这样，早先的商办学务公所即失去了原有的商办民间社团的性质。但到1907年，苏州商人又联合学界人士成立了新的教育团体——长元吴教育会。其两名主要经办人，一位是蒋炳章，系历届苏州商务总会名誉会员，并曾担任商会的首届书记长；另一位还是吴本善。其他如尤先甲、彭福孙等人，也仍然是教育会中不可缺少的骨干。从教育会领导人的构成和所从事的活动看，可以视其为原商办学务公所的再生，在某些活动内容和范围方面，甚至比学务公所有更进一步的发展。

例如，在支配和经理学款处公款、扩充学务款项的同时，教育会

---

① 《苏州商会档案》第92卷，第21页，苏州市档案馆藏。
② 《苏州商会档案》第92卷，第32页，苏州市档案馆藏。
③ 清末的苏州，有长洲、元和、吴县三县。

还"注重义务教育，推广城乡各处初等小学堂，以养成国民道德之初基"，并"劝办简易识字学塾，冀使识字人数日多，借速宪政之进行"；另还"开法政、警察等研究会，养成城镇乡举办自治人才"；在提倡实业教育方面，进一步"劝令各学堂酌量地方情形，增加农工商等科，以期养成人生必须之智识技艺"。①

教育会的机构设置较诸原学务公所也有所扩充，除议事部、干事部之外，还设立了调查部、经济部、庶务部，各部职员权限与职责均有明确规定。同时还拟定了会议制度，每月第二个星期开常会，议决各项事件。每年11月开大会，修改章程，改选职员，拟定学款处预算案。平时如有紧要事件须及时解决，经评议员过半人数同意，即召开临时会议。

原名江苏学会，后改为江苏教育总会的著名社团，也属以商界人士居主导地位的民间组织。该会由公认的商界领袖张謇任会长，苏州商办学务公所和商务总会创始人之一王同愈任副会长。其宗旨为"专事研究本省学务之得失，以图学界之进步"。② 凡符合下列条件之一者，即具备入会资格：（1）绅士与学务有关系者；（2）绅士实能担任推广、扶助学务者；（3）兴办工商实业卓有成效者。据此规定，商人均可入会成为会员。

该会设会长1人，副会长2人，评议员若干人，以各府各直隶州所辖厅州县多寡之数酌定。会董由各厅州县各举1人，干事员20人，其中经济部6人，调查部4人，普通部2人，专门部2人，庶务部6人。以上职员均两年一任，可连举连任。会长有总理全会事务之权，副会长协助会长理事。评议员有提议议决全会教育事务及经济问题之权，但必须有占总数2/3的评议员到会，乃得议决。若因推广教育而

① 《苏州商会档案》第92卷，第109页，苏州市档案馆藏。
② 《江苏学会暂定简章》，《东方杂志》第2年第12期，1906年1月19日。

需增加经费，虽经多数评议员议决，仍须交由会长转送经济部干事员复议认可。由上可知，江苏教育总会分工细密，职责明确，是一个机构健全的民间教育团体。

江苏教育总会以商人居主导地位，因而其在"注重师范"，建立师范学校，培养教员、管理员，推广小学校，以谋教育普及的同时，也强调"考求实业"，努力"劝设实业学校，养成农工商实业之才"。此外，它还"提倡尚武精神"，要求各类学校均注重体育，并"预备地方自治"，办政法、警察等速成科。①

上海的学务公所也是商界人士创办的民间教育团体。1905年年，上海城厢内外总工程局创办者之一、米业公所董事姚文楠联合其他数人，发起成立学务公所，由姚本人担任总理兼文案员。其后，姚文楠又发起组织教育研究会，出任会长。1907年，教育研究会与沪学会合并，联合各学董、各学校校长共同组成上海县教育会。②

清政府颁布教育会章程后，苏州、上海这样的教育会团体在全国为数甚多。目前虽不能完全肯定各地教育会都是商办的民间教育团体，但从学部所订章程中鼓励民间人士创办教育会的条款，可以推断清末的教育会大多是民间团体。另从商人在当时已成为管理城市社会生活及公益事业的主导力量这一事实分析，也可以判断商人在这些教育会中必然会扮演重要角色。此外，办学经费在清末主要靠民间筹捐，大宗款项又无一例外地主要来源于商人。所以办学不得不以商人为依托，这也使得商人在管理学校的教育团体中占据举足轻重的地位。上述苏州和上海的情况，应该说具有一定的代表性。当然，各地的情况也存在某些差异，仍需进行具体考察和分析。

① 《江苏学会暂定简章》，《东方杂志》第2年第12期，1906年1月19日。
② 姚文楠等编《上海县续志》第9卷《学校》。

这些商办民间教育团体的成立，显然是市民社会的雏形在清末得到扩充的另一具体表现。从中不难看出，商办民间教育团体的出现，使市民社会在管理民办新式学校，推动近代新式教育，尤其是实业教育的发展方面，发挥了重要作用。本书第六章第三节已介绍了商会的兴办商学活动，说明商会对兴盛实业教育做出了突出贡献。但商会主要还是限于自身或是倡导所属各业商人创办新式实业学堂；而商办民间教育团体成立之后，在全面管理新式教育以及规划新式教育的发展等方面，又取得了一系列相当可观的自治权利，并发挥了不可忽视的重要影响。这种情况在以前是不曾有过的，它表明清末的市民社会虽然只是处于雏形阶段，但已在城市生活的各个方面广泛地渗入了自己的势力和影响。

我们再来看一看清末的各种商办学术研究类团体。

各种商办学术研究性质的新式社团，主要侧重于研究地方自治和工商业发展。这些社团在清末也是数不胜数，十分引人注目。例如地方自治运动兴起之后，许多商办地方自治研究社和研究会即接踵产生。在上海，有两个类似的研究团体：一个是地方自治研究会，其骨干成员多是上海商界的知名人士，除本书前面介绍上海商团和地方自治团体时已提到的郁怀智、顾履桂、王一亭等著名人物外，还有源昌、源丰号主叶逮，中西大药房店主顾征锡，阜丰面粉厂经理、上海商务总会第三届（1906年）协理孙多森，华通水火保险有限公司总经董李厚祚，上海制造绢丝公司经理李云书，胜利公司经理刘树声等商董；另一个团体是地方公益研究会，其会员"亦多为商界中人"，所研究的问题，包括卫生、公安、工务、社会、教育等。①

在天津、北京、湖北、湖南、广东、福建等许多地区，也都成立

---

① 《清季上海地方自治与基尔特》，载上海通社编《上海研究资料续集》，中华书局，1939，第157页。

了与上海相似的地方自治研究会或研究社。连江苏武进、阳湖等县城的绅商，也公议创办自治期成会，在商界筹集 2000 元，附设研究所，邀请法政毕业生及有同等学力者为研究员，如确有心得，即派往各处实地练习；另设宣讲所，往各处分派宣讲员，讲演有关自治理论，以冀自治思想之普及。①

旨在研究促进工商业发展的商办学术团体，这一时期也如雨后春笋般出现。仅江、浙两省即有上海商余学会、上海商余补习所、浙江旅沪学会、绍兴商学会、山阴商劝学所、山阴商学公会、苏州广货公所同业研究会、杭州商学公会、杭州出口协会、南洋劝业会研究会等，名目繁多，不胜枚举。

这些商办学术研究团体大都有完善的组织机构。上海商学公会的情况在本书第九章已论及，该会曾参与发起拟定商法活动。杭州商学公会也属类似的民间学术团体，"系同志众商集合而成"，"意在研究商学，交换智识，以冀商业之发达"。② 该会设有正会长 1 人，副会长 4 人，议董 15 人，书记、会计、理事各 2 人，以及调查员、编辑员各数人。主要机构有庶务科、文书科、教育科、交通科等。平时分科各理其事，要事则互相商榷讨论。对领导成员的任职资格，也有明文规定。如当选会长必须具备下列条件：品行方正、在杭有实业、谙悉商务、曾任议董、年龄在 30 岁以上。有关会议制度，该会规定以每月朔、望午后三时至五时为常会期，提议要事须由会长认可。遇有重大事项，先期两日分发传单，召集会议，谓之特别会。每年二月和八月为大会期，八月大会预定次年活动及预算；二月大会由会长报告上年情形，并将款项出入一并公布。除常会、特别会外，在会诸人可随时到会所叙谈，不拘集会形式。

---

① 《各省内务汇志》，《东方杂志》第 5 年第 2 期，1908 年 3 月 27 日。
② 《杭州商学公会改正章程》，《杭州商业杂志》第 1 期，1909 年。

很显然，杭州商学公会是一个比较正规的民间学术研究团体。其所从事的具体活动也较为全面，主要有以下几方面的内容。（1）研究商学、商法。包括讲求专门商学，研究现行商法，会员各就其宜，互相讨论，以期交换智识。（2）调查贸易情形。具体分为本省、外省、国外三种贸易，详细调查，以备各行各业之参考。（3）编辑商务杂志。每月刊行月报一册，报告会中各事。会员论著及调查报告，酌情分别附载。有关商务书籍和文牍，也酌加译述，以飨商界同人之研究。（4）延聘讲习人员。以开通商智为先，延聘精通商学、商法及有专门知识之人员，在会中宣讲，以输入新智识。另还筹集经费，拟创办商业学校，以便商界子弟肄业专科。（5）联络各处商会。举凡本省、外省各埠之商会，均加强联络，以期交换智识，互相切磋商讨。

直隶商人成立的商学公会，各方面情况也与上海和杭州的商学公会大体相似。该会于1909年底成立，"系由商界同志集合而成"。其发起人称："举凡物产盈虚之故，供求相济之理，在洋商研究有素，而华商则素未讲求，商等经营实业历有年所，深知其失败之原因，断非从事于学不可。……故集合同志，研究商律、商规，以开通商界之知识。"① 北洋商学公会的"一切章程，均仿照上海商学公会原章，略加删改"。其宗旨为"研究商学，维持商律、商规，冀商业之发达"。会内选举会长、副会长各1名，会董14名，会员无定额。据有关文献记载，1910年该会已有会员145人。② 凡品行方正、按律经商、热心公益、年在21岁以上的商人，经会董或会员2人联名介绍，多数会董认可，即准予入会。关于会长、副会长和会董的选举方法，也均有明文规定：会长、副会长由全体会董推举，会董则由全体会员公

---

① 《江浙闽粤四省旅津商界代表孙树勋等禀诉津埠洋商发达华商萧条拟立北洋商学公会以图挽救文》（1909年11月6日），载天津市档案馆等编《天津商会档案汇编（1903～1911）》上册，第306页。
② 《北洋商学公会章程》（1909年11月6日），载天津市档案馆等编《天津商会档案汇编（1903～1911）》上册，第307页。

推，概以不记名投票的民主方式推选，以得票数多者担任。每年改选一次，会董一般改选半数，前届留任者，下届必须更选。会长、副会长可连选连任，但不得逾三年，这也体现了市民社会的近代民主特征。

及至清末，商人普遍意识到："中国今日商业已有一落千丈之势，若非设所研究，集商界之群策群力，共谋改良发达之机宜，何以自立于商战剧烈之时代?"① 因此，集思广益，研究工商如何发达，是当时商人的迫切愿望。1909 年，广东石城县商务分会总理柳龙章等禀告清朝农工商部："窃维商会之设，原以联络商情，研究物品，讲求制造，振兴商业为第一要义。中国物产富饶，商力雄厚，若不设立会议研究之所，恐无以联商情而开商智，于商业前途终难望其发达。"为此，禀文提出在各省商务总会附设全省商业研究所，议定章程，选举总董，按期到所开会，"首以银行、航业、渔业、赛会以及办路矿、兴商学、制工艺、垦荒地诸大端为主脑，他如商业应如何改良，商弊应如何革除，工业之新理新法应如何研究仿造，土产之盛衰消长应如何补救维持，务必条陈讨论，以期集思广益"。禀文还特别强调："当此商战剧烈时期，一省发其先，各省踊其后，是合全国之商会商力，以营商业，业无不成。"② 农工商部对此建议表示大力支持，认为"该会所禀，系为交通智识，振兴商业起见"，遂札饬各省商务总会据情酌拟办法，切实施行。此后，许多商务总会相继创立了商业研究所。

1909 年底成立的天津商业研究所，以"研究物品，讲求制造，除商弊，利商益，振兴商业为宗旨"。③ 各个行业公举热心公益、熟悉

① 《海外商会纪事》，《华商联合报》第 16 期，1909 年 8 月。
② 《苏州商会档案》第 14 卷，第 32 页，苏州市档案馆藏。
③ 《江浙闽粤四省旅津商界代表孙树勋等禀诉津埠洋商发达华商萧条拟立北洋商学公会以图挽救文》（1909 年 11 月 6 日），载天津市档案馆等编《天津商会档案汇编（1903 ～ 1911）》上册，第 306 页。

商情的商董一员，作为研究所总董，由全体总董投票，推选染业总董杜宝桢担任议长，米业商董杨明僧、粮商总董王柏田担任副议长，后又增选议员若干名。天津商业研究所每星期召开一次例会，遇有紧要事项，则举行临时会议。凡"关于兴商业，革商弊，调查商业之盛衰，补救商业之困难"，皆约集各董，悉心讨论。议决后，当众书成议案，提交商务总会审核施行。商会如有稍欠完善之处，也由商业研究所研究改良办法，以求完善。据天津商务总会禀农工商部文称，"我会自成立研究所，颇资臂助"。其缘由在于该研究所注重"研究商情，锐意图为，颇收效果"。①

在此前后，还有其他许多工商研究团体产生。例如，1903 年天津商人即发起成立工商研究所及工商演说会，由著名爱国商董宋则久担任会长。天津工商研究所以启迪民智、兴工振商为要旨，负责调查、研究天津商情，充当工商界的耳目与参谋。每月初一、十五聘请博通工商之商董及各界人士开会研究两次，另于每月初三、十八日邀请各学堂专门教员及工商业家，赴所演说工商要理、试验化学制造等。参加者有津埠木工、瓦工、竹工、织工、漆工、铁工、铜工及鞋商、布商、竹商、东集与西集粮商等各行自立研究会会员。研究所针对市场销售情况，演说各行货品何项畅销，何项滞销，时价涨落之原因，进出口多寡之理以及运费、捐税等许多方面的情况。开会时预先拟制图表，引导众商分别研究，谋求改良补救之良策。②

1911 年 5 月，天津的工商业者还成立了天津工商研究总会（又称天津工务分会），赵元礼、杨以俭、宋寿恒等 13 名工商界人士当选为会董。③ 另据天津商会档案记载，瓦木业、鞋业、漆业、铜铁业等十

---

①　《津商会禀陈为振兴商务实业抵制外货倾销必速立商业研究所及批文》（1910 年 5 月 21 日），载天津市档案馆等编《天津商会档案汇编（1903～1911）》上册，第 319 页。

②　郝庆元：《津门工商史迹谈荟》，《天津史研究》1986 年第 1 期。

③　《天津工商研究总会成立记会董名单》（1911 年 5 月 24 日），载天津市档案馆等编《天津商会档案汇编（1903～1911）》上册，第 321 页。

余个行业，均分别设立了工商研究分会，有的"以改良旧式，研究新理为宗旨"，有的"以研究销路，必使畅旺为宗旨"。此外，清末直隶保定府高阳县商人也曾创办商务研究所，其宗旨为"研究商理，开通商界"。①

1908年，北京商人也设立了工商研究会，"以研究工商各项实业，条陈所见，以备采择施行为宗旨"。② 该会设有正、副会长各一名，会员无定额。每月第一个星期日开会，如有重要事件，由会长召集临时会议。每月常会上，各会员至少需提出议案一件。除公议有关事项外，该会还注意编纂有关实业各书，组织工商讲习会或评议会，以开通工商智识。

1910年南洋劝业会展出期间，张謇等人发起成立了劝业会研究会，李瑞清任会长，张謇任总干事。其宗旨是："集合同志，就南洋劝业会出品，研究其工质之优劣与改良之方法，导其进步，冀合劝业会之真旨，收赛会之实效。"③ 根据章程规定，各工商出品人与热心研究者，经各所在地之教育会、劝学所、商会、农会介绍，均可成为研究会成员。研究会另按期特聘国内外毕业于各专门学校，平日研究有心得，能实地试验，卓有成效者为名誉研究员。南洋劝业会陈展各出品近半年，在此期间研究会对农业、教育、工艺、武备、机械、通运等八个展览馆的展品分别进行了考察研究，首先由会中研究员各就本期应行研究之出品详细观览，条陈意见，送研究事务所，然后进行共同研究讨论，并将研究成果结集出版，从而使南洋劝业会的举办产生了更加显著的影响。

上述研究性质的团体，也属于独立的新式民间组织。上海、杭

---

① 《直隶厅州县集会结社事项统计表》（1909年11月27日），载天津市档案馆等编《天津商会档案汇编（1903~1911）》上册，第324~325页。

② 《苏州商会档案》第53卷，第55页，苏州市档案馆藏。

③ 《南洋劝业会续闻》，《东方杂志》第7年第6期，1910年7月31日。

州、天津的商学公会都曾明确指出，其"一切办事规则，原系独立性质，经费亦统由会中自筹"。① 绝大部分商业研究所，则是由所在地区的商会设立，并附属于商会，因而其商办民间团体的性质毋庸置疑。可以说，这些带有学术研究性质的商办新式民间团体的诞生，也是市民社会雏形得以扩展的一个具体表现。

清末之际，在一些地区出现的商办新式民间消防组织，从某种意义上也可视为市民社会的一种扩充。

近代以降，商人本来就一直是民间救火力量的主要组织者。因为火灾常常给商号店铺带来巨大损失，而消防警察设立较晚，且力量有限，所以商人不得不组织救火会以自卫。早先的救火会又称水会、水局、水社、水龙局等，产生的年代比较早。如长沙、宁波、天津、北京、沈阳等许多地区，在咸丰、同治年间即相继建立了水局、水社等救火机构。天津的水会、水局在同治九年（1870）已"续增至四十余局"，所置号衣、器具、灯笼等物品，主要由城内绅商铺户捐资。据《续天津县志》记载，这些水会、水局"遇灾即鸣锣传递，顷刻奔集灾所。与会者半属负载贸易之人，闻声皆奋勇往救，置其货物于不顾，街市人每代为守护。火既熄，乃缓鸣锣，按道里远近分次序而散，一方赖之"。② 北京正阳门外西南隅的琉璃厂（又名厂甸）是有名的文化街，咸丰年间也设有"从善水会"，后因"经理无人，几同虚设"。光绪五年（1879），"全厂（甸）绅商，议复旧规"，并"建筑房舍，置备械具，轮流值日，通力合作，更名安平水会，取安宁平静之义，精神为之一振"。③ 光绪十一年（1885），北京的水局计 15 处，分布于中、东、南、西、北 5 个城区。

---

① 《商学会禀述该会议研究商学为宗旨应独立于商会外及批文》（1910 年 9 月 28 日），载天津市档案馆等编《天津商会档案汇编（1903～1911）》上册，第 314 页。

② 转引自孟正夫《中国消防简史》，群众出版社，1984，第 159 页。

③ 《北京琉璃厂安平公所记》，载李华编《明清以来北京工商会馆碑刻选编》，文物出版社，1980，第 67、68 页。

这些传统的商办救火会虽然诞生较早，但不具备近代新式社会团体的性质。它们一般都未拟定组织规章，无具体办事机构，也看不出有什么近代民主特征，只是具有松散的旧式民间结社色彩。

20世纪初一些地区的商人新成立的商办消防组织则不同，具有一系列明显的近代社团特征。例如，1910年苏州商务总会会员、经纬业商董陶熔及商会会友赵日升、冯锡麟等人发起成立的苏州既济水龙救火社即是如此。有关档案资料可以看出，该救火社并非松散的临时性组织，它设置了专门的机构及职员，拟定了详细的章程，并规定了严格的会议制度，与其他新式商人社团基本相似。其章程首先指出："本社以联合群力，消弭火患，图谋地方之安为唯一宗旨。"规定社中职员设社长1人，副社长1人，评议员6人，书记员、会计员、庶务员各数人。正、副社长及评议员由全体社员公举，任期1年，连举得连任，以3年为限。书记员、会计员、庶务员由社长、评议员推定，不限任期。另有消防员16人，由热心公益之社员充任。社长及其以下职员均职权分明，各负其责。另规定会期，"临时会届时宣布，常年会以何日成立即指定何日为每年常会期，永不更易，于是日举行纪念祝典及选举职员种种事务"。① 既济水龙救火社下设消防队，也拟定了专门简章，"以督率夫役、照料火场为宗旨"，由年在20岁以上，身体无暗疾而有职业者组成；另外，还雇用管班2人、散役40人。

苏州商人创办新式消防组织，主要是仿行西方国家和上海新式救火会办法，借以改变过去消防力量"组合不完，人品复杂"的弊端，以便更好地保护自己的身家财产。如其所称："冀借资于他山，革旧时之弊习。虽局面广狭，不能强同，第千仞之山，始于一篑，苟能坚

---

① 《苏州商会档案》第38卷，第8页，苏州市档案馆藏。

持众志，不难日起有功。"① 可见商人自身即有意识地将其新创立的消防组织区别于原有旧式救火会，尽管组织的名称并无什么变化。

1910 年，苏州丝业商人也援例成立治安龙社，"以联合群力，消弭火患，谋地方之治安，保全生命财产为宗旨"。该龙社也明确指出："本社开办伊始，采取外洋救火会之成法，改良旧有水龙会之章程。"② 另还拟定章程，以民主投票方式选举各职员，自行集资从外国订购"水龙"一具，又向警务公所禀领"广龙"一架，并购置附属各品，得以采用比较先进的灭火器具。丝业治安龙社的规模较诸既济水龙救火社更大，其职员（包括临时义务员）多达近 50 人，其组织制度也比较严密，由此进一步表明这些新成立的商人消防团体与原有水社、水局不能同日而语。稍后，苏州钱业、绸缎业、洋货业商人也将阊门"旧有之水龙会力加改良，组织新社"，成立了永义龙社。③

上海是新式救火会组织比较发达的城市，光绪三十三年各行业、各区域的救火会（社）已多达 30 余个。起初因无统一领导机构，诸多救火会（社）各自为政，常常在救火过程中互争水源，发生冲突。当时上海的报刊记载："本埠城厢内外，人烟稠密，火警时闻，虽有各水龙会分别施救，而各会不相联络，往往临场互相争执，大于火政有碍。"④ 各救火会（社）遂约于 1908 年联合成立了上海救火联合会，拟定了统一的章程。

汉口的商人在清末也成立了新式消防社团。例如 1910 年成立的汉口永济消防会，"专为研究消防，保卫治安起见"。⑤ 永宁救火社也由商界"群力组合而成，以救火清道为务"，"每遇火警，无论遐迩，

---

① 《苏州商会档案》第 38 卷，第 7 页，苏州市档案馆藏。
② 《苏州商会档案》第 38 卷，第 11 页，苏州市档案馆藏。
③ 《苏州商会档案》第 38 卷，第 15 页，苏州市档案馆藏。
④ 秦苍力：《上海消防发展简史》，《上海消防》1981 年第 1 期。
⑤ 中国人民政治协商会议湖北省委员会暨武汉市委员会等编《武昌起义档案资料选编》上卷，第 260 页。

即往驰救"。① 汉口四区商人也"因祝融屡患，惨不入目"，集资购备水龙、水带各项器具，"为曲突徙薪之计"，成立了具有新式消防社团性质的四区公益会。

除上述各种类型的新式商办民间社团外，清末还出现了以商人为主体的新式风俗改良组织。1907 年前后，镇海商人设立了风俗改良会。该会表示："以兴利除弊为宗旨，亦地方自治所不可少之举也。"② 其活动内容包括：（1）注重教育，兴办初等小学、半日学堂、女学堂、幼稚园及私塾改良；（2）鼓吹文明，演说爱国保教、尚武合群等；（3）保卫桑梓，创办救火会；（4）研究实业，如蚕桑、农学、工艺、渔业等类；（5）劝化迷信，禁革污欲，改良嫁娶、丧葬、宾礼、祭礼等。

湖北的商人也"邀集同志，组织改良风俗会，以实行五事为宗旨"。③ 所称"五事"为戒绝鸦片、戒缠足、戒迷信邪神、戒嫁娶之非礼和戒丧祭之非礼。此外，该会还刊发改良风俗会报，以期开通风气。

致力于改良社会陋俗的商办民间社团，比较多的还有禁烟会、去毒社等名称不尽相同的戒禁鸦片团体。在近代中国，吸食鸦片是严重摧残中华民族身心健康的最大恶俗之一。鸦片烟毒的泛滥，也给中国带来了深重灾难。商人对此同样深恶痛绝，纷纷组织团体倡行禁烟。例如福建商界在商务总会的主持指导之下，成立了去毒社，严格规定："凡有新染烟癖及新开烟馆者，本身及子弟，一切学校概不准收；有故新染者，若不即戒，无论教习、伙友、学徒、佣工，不准收用；有田产者不得租与他人种烟。"④ 由于去毒社雷厉风行，力禁鸦片，受到广大民众欢迎，官府也予以支持。

上海商务总会创办了振武宗社，也厉行禁烟，"计分股支社六百

---

① 中国人民政治协商会议湖北省暨武汉市委员会等编《武昌起义档案资料选编》上卷，第 257 页。

② 《各省内务汇志》，《东方杂志》第 3 年第 12 期，1907 年 1 月 9 日。

③ 《各省内务汇志》，《东方杂志》第 5 年第 1 期，1908 年 2 月 26 日。

④ 《各省内务汇志》，《东方杂志》第 3 年第 8 期，1906 年 9 月 13 日。

余处，力任戒烟者三万余人"。该社还觅得一种药草替代鸦片，广为劝导，使苏、杭等处烟土销数锐减。农工商部批文称赞说："该社开办未久，而响应之速，成效已昭著如此，非该总理等提倡之力，曷克臻此。将来造福中原，正复无量。"①

苏州的拒烟总会，其成员绝大部分也是商人，会中骨干吴讷士、倪咏裳、姚清溪等，均为苏州商界的活跃分子，在商务总会和商团中也担任了重要职务。② 江西的戒烟公会，则由江西南昌商务总会设立，并议定商界禁烟具体办法，凡各店东伙友限期一律戒除。限期内准许各店徒伙友请假戒烟，不扣工资。如逾期未能戒除，即由店东报知总会，将该店徒伙友之姓名送官，列入烟册，不得视为商界中人。另还饬由该行董事定期调查，以免隐饰。③

保定商务总会也成立了戒烟会，以倡行禁烟、保障民众的身心健康为己任。芜湖商人则创办戒烟局，设总公所于适中之地，另设分所四区，"一城内，一河南，一长街，一马路"，议由绅商公筹经费1万元，以期持久。④ 天津商务总会的会董于1906年底创设天津戒烟善会，并拟定章程10条。为使戒除鸦片烟毒真正取得成效，戒烟善会的"经费均由该绅商等自行设法筹措，不费戒者分文，此诚拯救吸烟贫民之义举"。所以，戒烟善会受到各界的称颂，也收到一定效果。天津商会档案记载："自开办后，赴会宿戒者日益踊跃，计一年内戒除烟瘾商民约在一千数百名。"⑤ 事实表明，商办的民间改良风俗团体，在当时已成为许多地区戒禁鸦片的一支重要力量，由此更可看出市民社会在城市生活各个领域中的影响。

---

① 《批上海市商务总会禀》，《商务官报》第10期，1906年7月25日。
② 《苏州商会档案》第28卷，第44页，苏州市档案馆藏。
③ 《各省内务汇志》，《东方杂志》第5年第1期，1908年2月26日。
④ 《各省内务汇志》，《东方杂志》第5年第5期，1909年6月23日。
⑤ 《津商会为戒烟善会开办以来戒毒者已达千余人事禀督宪文》（1908年7月24日），载天津市档案馆等编《天津商会档案汇编（1903～1911）》下册，第2178页。

四　民初实业团体的兴盛

民国初期一个十分引人注目的现象是民间实业团体获得了空前的发展，不仅成立了全国商联会这一全国性的民间商人团体，其他各种民间实业团体也趋于兴盛，数量迅速增加，这无也是近代中国市民社会的雏形在原有基础上得到进一步扩展的表现。

民初之所以出现各种民间实业团体趋于兴盛的局面，有以下几个原因。首先是民国建立之初，较诸清末而言，一般民众更进一步获得了结社、言论和出版等方面的自由，从而为各种民间社团的创立创造了更为有利的客观环境。以孙中山为首的资产阶级革命派在组建南京临时政府之后，颁布了《临时约法》，明确规定"中华民国人民一律平等，无种族、阶级、宗教之区别"，并且均享有人身、财产、营业、言论、出版、集会、结社等自由。尽管南京临时政府不久即宣告解散，袁世凯窃取了辛亥革命的胜利果实，但他在起初的一段时间也不得不高举民主共和的招牌，未敢公开背弃《临时约法》的基本原则。因此，当时各种民间实业团体层见叠出，而后政党林立，各类政治性的社团也为数甚多，堪称林林总总，五花八门，显得十分兴盛。

其次，辛亥革命推翻了清朝专制政府，建立了人们所期待的中华民国，大大增强了工商界的实业救国信心。南京临时政府成立后制定和颁布了一系列经济方面的政策法令。实业部为了"宣布实业法令，灌输实业学识"，还创办了《实业公报》。同时，各省地方政府也在减免封建厘税、鼓励创办私营企业、维护国家利权等方面，采取了许多具体措施，为实业发展创造了有利的条件。袁世凯上台组建北京政府后的起初几年，在经济上也仍然推行振兴实业的政策，并相继任用陈其美、刘揆一、张謇、周学熙等革命党人和工商界代表人物为工商（农商）总长。对于民间创办各种实业团体，北京政府也采取支持和鼓励的态度。1912 年 8 月，农林部曾就此颁发部令说："近来各省组织各种公团、学会，或为企业之发展，或为技术之研求，本部极为嘉许。"① 1912 年 11 月，北京政府还召开首届全国工商代表大会，讨论振兴实业的政策与措施，随后制定颁行各项经济法规，这些都对激发工商界的热情产生了明显的作用。张謇即认为，"政改共和，决不至如前腐败"，"一切实业、教育之障碍，渐可解除"。② 于是，为了推动实业的迅速振兴，各地的工商业者纷纷成立各种类型的实业团体。其缘由一如 1912 年初成立的中华民国工业建设会在其发起旨趣中所说："往者，忧世之士亦尝鼓吹工业主义，以挽救时艰，而无效也。则以专制之政毒未除，障碍我工业发展为绝对的关系，明知者当自为之。今兹共和政体成立，喁喁望治之民，可共此运会，建设我新社会，以竞胜争存。而所谓产业革命，今也其时矣。"③

最后，民国初年一些政治党派的成员对创办和参加民间实业团体表现出非常浓厚的兴趣，这种在清末所没有的现象，在很大程度上也成为推动民初实业团体趋于兴盛的一个重要原因。以孙中山为首的资产阶级革命派认为，清朝政府被推翻以及中华民国建立之后，民族主义和民权主义的目标基本上已经完成，随后所面临的主要任务是发展实业，即实现民生主义。孙中山就曾说过："今日满清退位，中华民国成立，民族、民权两主义俱达到，唯有民生主义尚未着手，今后吾人所当致力的即在此事。"④ 孙中山本人还应邀担任了农业促进会、中华实业联合会、中华民国铁道协会等实业团体的会长或名誉会长。黄

---

①　《政府公报分类汇编》第 8 册，转引自虞和平《辛亥革命中国经济近代化的社会动员》，见中华书局编辑部编《辛亥革命与近代中国》下册，中华书局，1994，第 895 页。

②　《政闻录》，载张孝若编《张季子九录》第 9 卷，中华书局，1931 年聚珍仿宋版印，第 20 页。

③　《工业建设会发起趣旨》，《南京临时政府公报》第 12 号，1912 年 2 月 10 日。

④　孙中山：《在南京同盟会会员饯别会的演说》，载中国社会科学院近代史研究所等合编《孙中山全集》第 2 卷，中华书局，1982，第 319 页。

兴也曾在邮政协会、中国实业共进会、农业实进会、中国实业会上海分会等实业团体中兼任各种职务。与此同时，相当一部分资产阶级革命派还认为，创办更多的民间实业团体是振兴实业的一个重要措施。于是，他们或是直接参与发起成立实业团体，或是积极参加到一些实业团体中去，或是以各种方式鼓励和支持工商业者创办实业团体。据有的学者统计，从 1912 年 1 月至 1913 年 4 月，资产阶级革命派参与发起成立，或是列名担任领导人及会员的实业团体即多达 23 个，约占同期 86 个实业团体总数的 27%。[①]

除革命派之外，辛亥时期的立宪派出于各种原因，也有不少人热衷于参与创办或者参加一些民间实业团体。如果我们查检当时实业团体的领导人或者成员的名单，即可发现其中不乏在原立宪派这一政治派别中颇具影响的头面人物。很显然，无论是革命派还是立宪派，作为政治党派的成员创办或者参加民间实业团体，势必会进一步促使民间实业团体在民初获得兴盛与发展。

在清末，除本书前面所述商会、商团等商办民间社团以外，其他的民间实业团体尚为数不多。而在民国初期，由于上述几方面的原因，在短短的几年间各种民间实业团体即在各省接踵诞生。据不完全统计，从 1912 年 1 月至 1915 年 12 月，全国各省区新成立的各种民间经济实业团体总共有 107 个。特别是民国建立的最初两年，系民间实业团体的兴盛时期。成立于 1913 年 6 月之前的这类社团，多达 95 个。[②] 其中，仅 1912 年一年内创立的各种民间实业团体，就有 40 多个，遍及全国 22 个省区。[③] 由此可见，民初确实出现了前所未有的民

---

① 有关这 23 个实业团体的具体情况，参阅虞和平《民国初年的实业团体活动》，载中国孙中山研究学会编《孙中山和他的时代——孙中山研究国际学术讨论会文集》中册，中华书局，1989，第 1569~1571 页。

② 章开沅、罗福惠主编《比较中的审视：中国早期现代化研究》，浙江人民出版社，1993，第 194 页。

③ 虞和平：《试论辛亥革命后的实业救国热潮》，《贵州社会科学》1983 年第 2 期。

间实业团体的兴盛局面。虞和平先生在其参与撰写的《强权与民声——民初十年社会透视》一书的第四章中，根据他多年搜集的有关资料，将1912年至1915年成立的主要实业团体列了一个统计表（见表11－2）。这里我们将此表予以转载，以帮助读者对民初实业团体的具体情况获致更为清晰的了解。

表 11－2　1912～1915 年新设实业团体

名称	时间	地点	主要发起者	宗旨	已办事业
中华国货维持会	1911 年 12 月	上海	姚涤源、张紫荫、吕葆元、王介安、王文典	维持国货，振兴工商业，图塞漏卮	改良纺织品，提倡国服，刊发国货调查录
天津中国实业会	1912 年 1 月	天津	李镇桐、李玉荪、蒋英先	振兴实业，挽回利权	
中华民国民生国计会	1912 年 2 月	上海	诸宛明、陆连魁、江确生	提倡实业，顾全同胞生计	减免米麦税，建立浦东农垦团，提倡国货
上海商学会	1912 年 2 月	上海	上海南市商会	启商智，兴商业	
工商勇进党	1912 年 2 月	上海		振兴工商	
湖南实业协会	1912 年 2 月	长沙	沈克刚、谢钟楠、廖名缙	辅助实业行政，促进实业发展	会刊、盐井公司、崇实种实业学校
竞进会	1912 年 3 月	上海	陈华	创办实业学校，促进实业发达	20 余所实业学校
直隶国货维持会	1912 年 3 月	天津	顾琅、宋则久	提倡国货，挽回利权	
浙江商学会	1912 年 3 月	杭州	应德闳、秦德麟	研究商业，发达经济	
全浙国货维持会	1912 年 3 月	杭州	俞赞臣、金容仲	提倡国货，发展实业	
天津手工竞进会	1912 年 4 月	天津		注重手工教育，发展手工生产	
丹阳机业协进会	1912 年 5 月	镇江	周凤山、束兼善、徐国藩	提倡改良，促进机织业	
安徽商务研究进行会	1912 年 5 月	安庆		维持国货	

续表

名称	时间	地点	主要发起者	宗旨	已办事业
福建盐业研究会	1912年5月	福州	高穰、吴健仁	研究盐业改良，维持经济	
通国盐业联合会	1912年6月	上海	淮南、浙西、江苏五属之盐商	研究盐政改良，维护盐商利益	
实业协进会	1912年6月	天津	陈玉麟、陈炳焕		
黑龙江实业总会	1912年6月	哈尔滨	姚明德、陈谟、金纯德	讨论实业办法，促进全省实业	国货冠服公司、惠通造酒公司、火柴及草帽公司
社会党实业团	1912年7月	上海	王文典、赵锦清	普及实业知识，扩张生产事业	
苏州实业协会	1912年7月	苏州	章企韩、杭筱轩	研究实业原理，调查实业状况，鼓吹实业进行	
扬州工商协进会	1912年7月	扬州	戴友七	联工商，保利权	
浙江农工建设会	1912年7月	杭州	何燏时、徐自华	策群力，挽利权	
山东实业研究会	1912年7月	济南		研究全省实业	
七省铁道联合会	1912年7月	武汉	粤、桂、蜀、滇、黔议会		
广东华侨实业团	1912年7月	广州	曾连庆	招徕华侨，兴办实业	
中国航业维持团	1912年8月	上海		维持航业，挽回利权	
中国实业会浙江分会	1912年8月	杭州	徐补斋、邵式之、李云卿	振兴实业，挽回利权	
中华实业团	1912年9月	上海	赵端、杨浩然	振兴实业，利国福民	实业学堂
山西保商会	1912年9月	太原	景梅九	维持、振兴商业	
国民生计会	1912年11月	北京	罗普荣	扩充工厂，调查垦务	

名称	时间	地点	主要发起者	宗旨	已办事业
中央商学会	1912 年 11 月	北京	项骧、钱永铭、向瑞琨	研究商学,促进商业,讨论商政	会刊、通商条约研究会、关税研究会、商事行政讨论会
苏州考求实业共济会	1912 年 12 月	苏州	朱星吾、许同亮、卞忠培	力谋生计,考求实业	
上海机器公会	1912 年 12 月	上海	朱志尧、周晋镳		
全蜀实业总会	1912 年 12 月	重庆	谢培筼、周杰五	发展全蜀实业	
上海纱业竞智团	1913 年 1 月	上海	闻兰亭、董忠甫	交换知识,促进事业	
湖南茶叶总会	1913 年 1 月	上海		挽利权,维公益	
旅沪客帮商务联合会	1913 年 4 月	上海	邹静斋、马乙棠、定与九	维持客帮利益	提倡国货,反对四公司垄断水脚
东亚实业团	1913 年 7 月	上海	杨英初、蓝护臣	振兴实业	
武汉茶业总会	1913 年 9 月	武汉	吕超伯	图改良,挽利权	
湖广实业研究会	1913 年 10 月	武汉	李席珍	研究和维持本省实业	
经济协会	1913 年 11 月	北京		调查研究,促进实业	
中国烟草维持会	1914 年 5 月	上海	陈良玉、朱笙侯、裴子怡	维持土烟,抵制洋烟	反对英美烟草专卖
上海蜀帮实业研究会	1915 年 4	上海	顾芷佩、谭星逸、赵鼎人	研究实业,振兴商务	
中华全国电气联合会	1915 年 11	上海	祝兰舫、王亦梅、陆伯鸿	振兴实业,挽回利权	

　　资料来源:马小泉等《强权与民声——民初十年社会透视》,河南大学出版社,1991,第191~193 页。因受资料限制,尚有许多团体此表未列入。

　　与清末的商会和商团相比较,民初的实业团体虽同样属于以工商业者为主体组成的民间性质的独立新式社团,不受政府直接控制,具有较大的独立性与自主权，但较诸商会和商团等清末的新式商人团体也有某些细微的不同点。

其一，清末的商会和商团基本上都是由商人发起成立，并且其成员绝大部分是商人，其他各界人士为数甚少。像商会，除极个别名誉会员不是工商界代表外，其发起者和成员可以说都是清一色的商人；而民初的实业团体则有一部分系工商界和知识界联合发起设立，其成员中也包括一些知识界人士。如中国工业会即是由"留学东西洋及中国工业专门毕业者"发起成立，成员中既有"经营工业者"和"富有工业经验者"，也有"学工学者"。[①]

有的实业团体虽由工商界发起成立，但也吸收了一些知识界人士。另一些实业团体的成员更加广泛，不仅有工商界和知识界人士，而且有某些政界人士。例如北京经济学会的成员，包括"在财政农林工商交通各部及上列地方各司，曾任或现任职务者"，"有经济财政之专门学识者"，以及"在实业界卓著成绩有经验者"。[②] 中国实业学会也是由工商界、知识界和"与实业行政相关者"三部分人组成。当然，政界人士一般在这些民间实业团体中为数不多，有的只不过是挂一虚名而已。

民初还有一些实业团体，系由各种政治派别的人士单独或者联合工商界发起成立，然后吸收工商界人士参加。1912 年 3 月成立的垦殖协会（原名拓殖协会），即是由黄兴、蔡元培、胡汉民、宋教仁等革命派的著名领导人发起创立的实业团体，并由黄兴担任会长。其宗旨为"拓地垦荒，殖产兴业"。据《垦殖协会报告》第 1 期登载的《垦殖协会章程》可知，该会活动内容包括"调查农林矿产、筹办银行、设立公司、开办学校、编辑书报、附设关于垦殖事业各机关"。同时

---

① 《实业杂志》（湖南）第 1 年第 6 期，转引自章开沅、罗福惠主编《比较中的审视：中国早期现代化研究》，第 197 页。

② 《北京经济学会》，《中国实业杂志》第 3 年第 9 期，1912 年 9 月。

设立的中华民国铁道协会，也系同盟会元老于右任等人联络原革命派的一些成员创办，后来还分别推举孙中山、黄兴担任正、副会长。该会的宗旨是："指陈铁道利弊，监督铁道行政，力图铁道发达，统一铁道政策。"①

民初实业团体不同于清末商会、商团的上述特点，一方面表明当时社会各界都对实业的发展非常重视，另一方面也反映出民间实业团体在民初已开始逐渐成为比较广泛的社会联合体。因为当时的许多实业团体中，除工商界、知识界、政界的成员外，还有妇女界、华侨界的人士。这不仅有利于实业的振兴，而且有利于民间社会的拓展，因此应当视为市民社会的雏形在民初进一步获得发展的重要表现，理当引起研究者的关注。

其二，与清末的商人社团相比较，民初的实业团体不仅成员更加广泛，种类也更加繁多，涉及农、林、工、商、矿以及财政、交通等部门。据不完全统计，民初的100多个民间实业团体中，工业类和商业类的社团为数最多，有的兼有工、商两种性质，难以细分。经大体划分，可知工业类团体有48个，约占总数的40%；商业类团体有41个，约占总数的30%；农业类团体有13个，约占总数的10%；交通类团体有9个，约占总数的7%。② 其他则系林业、财政等行业的团体。

从地区的分布特点看，民初各地区实业团体的数量，与所在地区工商业的发展程度有着十分密切的关系。一般说来，资本主义工商业比较发达的地区，实业团体的数量相应也更多。上海、北京、天津、南京是当时工商业较为发达的地区，其实业团体比其他城市多得多，

---

① 有关铁道协会的详细情况，参见《中华民国铁道协会宣言书》，《民立报》1912年4月27日、4月28日，第12版。

② 章开沅、罗福惠主编《比较中的审视：中国早期现代化研究》，第194页。该书对以上各类实业团体分别所占总数的比例估算过高，加起来已超过了100%，本书引用时做了某些调整。

而且许多实业团体的总部或总会设在这些城市。特别是上海，经济最为繁盛，实业团体的数量也名列前茅，总计有 44 个，约占总数的40%。但这并不意味着其他地区无实业团体。事实上，民初的实业团体分布也比较广泛，甚至及于中小城镇。设在上海等经济发达城市中的实业团体，绝大部分是全国性的社团，其分会或分支机构遍及全国各个地区。例如，总部设在上海的农业促进会，在全国各地拥有 51 个支部，分布于各省的大中小城镇。① 创立于天津的中国实业共济会也是全国性的民间实业团体，其分会设于"各省会、各商埠，并蒙藏各处，支会设于各府州县乡镇"，② 已延伸到了县城和乡镇。而在清末，这样的全国性商办民间社团则较为少见，这说明中国市民社会的雏形在民初确实得到了扩展。

民初的实业团体有些也与清末的商会一样，所拥有的会员为数甚多。例如垦殖协会和农业促进会均有会员万人左右。同仁民生实业会据有的报刊记载，在"外洋华侨入会者，已有二十余万"。③ 另外，中华国货维持会、中华民国工业建设会等十余个实业团体，会员数也在千人以上。中华民国实业协会成立以来，"各省府县设立支部计有十九处之多，会员已达六千余人"。④ 又如湖北全省工业总会成立之后，"一时入会之众，几同山阴道上，应接不暇，不瞬日而会员济济"。⑤ 拥有如此广泛的成员，表明民初实业团体的号召力不可小视，其能量当也较为可观。

其三，民初的民间实业团体大多具有农工商矿等部门性特点，在城市社会生活中的影响，整个看来不及清末的商会和商办的地方自治

① 《农业促进会会员表》，《民主报》1913 年 2 月 7 日。
② 《中国实业共济会章程》，《大公报》1912 年 7 月 5 日，第 3 版。
③ 《实业会之发达》，《时报》1913 年 3 月 29 日，第 7 版。
④ 《实业可望振兴矣》，《民权报》1912 年 8 月 7 日。
⑤ 《工业世界》第 1 号，转引自胡绳武、程为坤《民国初年的振兴实业热潮》，《学术月刊》1987 年第 2 期。

团体，但有些实业团体在某些方面的影响十分突出，受到社会各界的重视。例如，中华民国成立伊始，上海商人率先组织的以"提倡国货，发展实业，改进工艺，推广贸易"为宗旨的中华国货维持会，[①]即在提倡国货、抵制洋货方面，产生了极为重要的影响。该会每隔一两周即举办国货宣讲会，并每年举办国货救亡大会，"以唤起国人明了提倡国货之观念为人人应负之责任"。同时，该会还编印定期刊物，广为散发宣传品。由其创办的《国货月刊》，第1期即印制2000册，后增至5000册仍"无告积存"。另外，中华国货维持会还曾举办国货产品的陈列和展览。由于成效卓著，1915年农商部在北京举办大型国货展览会，也专门委托中华国货维持会代为征集展品。经过中华国货维持会的一再努力，国货思想日益深入人心，为促进中国民族工商业的发展发挥了不可忽视的作用。

还有些实业团体在传播科学技术方面产生了比较显著的影响。有的在所办会报、会刊上介绍先进的科学技术和生产知识，如中华民国工业建设会创办的《工业杂志》，即以较大的篇幅刊载"关于工业上之制造法、组织法、管理法，以及发明事宜、出产品等"。该会还延聘有关专家，设立各种顾问部，为工商企业提供咨询服务。据统计，民初有14个实业团体创办了类似的会报或会刊。有的实业团体则通过创办各种实业学校，传授先进的科学技术，培养新型实业人才。根据有的学者估计，民初的8个民间实业团体即创办了近30所各种类型的学校。其中既有普通实业学校，也有专科学校，专科学校中又分为垦殖、染织、铁道和女子职业等。不同学校这方面的活动，无疑对促进工商业的发展产生了积极的影响。

此外，在辅助商政方面，有的实业团体也发挥了一定的影响。

---

① 潘君祥：《辛亥革命与上海国货运动的发生发展》，载中华书局编辑部编《辛亥革命与近代中国》下册，第927页。

1912 年 11 月，北京政府工商部召开全国工商会议，除邀请各大商会派代表参加外，也邀请了一部分民间实业团体的代表出席会议。这次盛大的会议，旨在"征集全国工商界之意见"，确定"工商大政之方针"。与会的各商会和民间实业团体代表共计 168 人，在会议期间认真讨论了工商部提出的 15 件议案；另外又提出了 100 多件议案，涉及有关实业的各方面内容。全国工商会议之后，工商部即开始按照各商会和民间实业团体代表的建议，制定并颁行有关的经济法规，成为推动民初实业发展的一个重要因素。平时，一些实业团体也经常就发展实业的具体措施或规划，向各级政府提出建议与方案。如中华国货维持会曾上书提出在学校开设国货教育课，增设各级工商学校、职工艺徒补习学校等建议。教育部对这些建议非常重视，决定"分别采用，次第施行"。①

综上所述，民初的实业团体作为民间社团，在许多方面产生了不同程度的影响。可以说，它既是民初振兴实业热潮的产物，又进一步推动了实业的发展，并且使清末形成的市民社会的雏形在原有基础上得到了扩展。

不过也要看到，民初有少数实业团体主要是不同政治派系为扩大自己的实力而互相抗衡的结果，其市民社会乃至民间实业社团的特征并不十分明显。例如，革命派在上海成立了中华民国铁道协会之后，拥护袁世凯的北洋派即由梁士诒等人急忙在北京组建了同一性质的中华全国铁路协会，以示对抗。而且，这样组织起来的所谓实业团体，往往体现出浓厚的御用色彩，与袁世凯及其把持的北京政府有着非常密切的联系。当然，类似的实业团体在民初毕竟是少数，并不能改变当时整个实业团体的性质。

---

① 《国货维持会注意教育》，《时报》1912 年 12 月 27 日，第 6 版。

第十二章

社会与国家的冲突与较量

　　诞生于清末的商会，经过辛亥革命之后，在民初的最初几年间曾获得进一步发展。其具体表现是 1912 年底全国性的商会组织全国商联会的成立，使商会有了实现全国范围新整合的中枢领导机构，自身力量有了扩展。同时，以商会为代表的独立民间社会，在维护其地位和利益而与国家发生矛盾冲突的过程中，也显示了不同于以往的较为强硬的态度，在一定程度上发挥了制衡国家的作用。

　　辛亥革命推翻了清朝的统治，创立了中华民国，却被袁世凯窃取了中华民国大总统宝座，建立了北京政府。起初，北京政府也曾在一定程度上推行发展工商实业的政策，并未限制商会的扩充，因而全国商联会得以获准成立。但袁世凯镇压了"二次革命"之后，力图进一步剿杀民主力量，破坏民主制度，重建专制统治，北京政府也随之秉承其旨意，开始寻找借口限制和压抑商会的发展。1914 年 3 月，"因奉天商会联合会干预税务条陈，总统府拟取消联合会，并严重监督各商会"，令农商部"遵照办理"。[①] 同年 9 月，北京政府颁布《商会

---

　　① 《中华全国商会联合会第一次代表大会》（下），《历史档案》1983 年第 1 期。

法》，明显表露出借此法限制商会发展和降低商会地位的意图。于是，全国各地商会群起反抗，引发了一场以商会为代表的民间社会与国家之间的冲突与较量。下面拟就其所抗争的几个重要问题略做论述，并由此侧面对当时社会与国家的状况及其互动关系做具体考察。

一　全国商联会合法地位之争

对当时的工商业者而言，全国商联会能够于 1912 年底正式成立，是其发展历程中非常重要的一件大事，也是其多年努力所取得的一项重要成就。早在清末，设立全国商联会即已提上了议事日程。1907 年底，全国各地 80 余埠商务总会、分会及部分外洋中华商会派代表齐集上海，举行第一次商法讨论会。在会上，嘉兴商会代表张右企提议成立全国性的华商联合会，由到会的 80 多个商会共同承担发起之任，获一致赞同。会上还发布了筹建全国华商联合会意见书，呼吁"会与会联合而成大会"，"宜乘今日组织一华商联合会，为海内外各埠商会总机关，为我全体华商谋极大幸福"。① 另外，还拟定了华商联合会简章，对其宗旨、会员资格、职员、经费、会期等，做了简略规定。

但是，华商联合会在此次会后并未能正式成立，只是议定由上海商务总会和新加坡华商总会分别负责筹备事宜。1909 年 3 月，上海商务总会根据第一次商法讨论会上各商会的建议，创办了《华商联合报》，以"联合商界，振兴实业"为宗旨，争取华商联合会早日成立。同年底，第二次商法讨论会在上海举行，与会的各商会代表再次议及

① 《筹建全国华商联合会意见书及章程》（1907 年 12 月），载天津市档案馆等编《天津商会档案汇编（1903～1911）》上册，第 292 页。

成立华商联合会事项，决定"以此事责诸华商联合报馆办理"，馆内附设华商联合会办事处，报名相应改为《华商联合会报》。经过联络筹备，到 1911 年 6 月，"入会签名者约得二百七十余处"，拟即"开会成立"，但不久武昌起义爆发，华商联合会又未能如期成立。尽管如此，工商业者始终未放弃设立全国商会联合会的努力。辛亥革命后，工商业者进一步感到"时至今日，无论对内对外，皆决不可无全国商会联合之机关。盖有此机关则视线远大，规划周宏，一致进行，众擎易举"。① 1912 年 11 月，工商部在北京召开临时工商会议，全国各地许多商会的代表出席会议，上海和汉口商会的代表借此机会，联络各商会代表商议组织全国商会联合会，获一致赞成，并议定会名为"中华全国商会联合会"，本部设于北京；另在上海设立总事务所，各省各侨埠设立分事务所。随后，由上海总商会的王震，汉口商务总会的宋炜臣、盛竹书三人呈请工商部核准立案。同年 12 月，工商部发文批准设立中华全国商会联合会。次年 1 月，上海总商会推举总干事，设立了总事务所。接着江苏、直隶、江西、云南、浙江、黑龙江、四川、山东等十余省也于当年成立了分事务所。经过多年的筹备和联络，中华全国商会联合会终于得以正式成立。

全国商联会成立之后，成为全国商会的代表机关和最高领导机构，在联络各地商会、扩大工商业者的力量和影响等方面，发挥了十分突出的作用，受到工商业者的普遍欢迎，同时也引起北京政府的戒心。"二次革命"后，袁世凯图谋重建专制统治，限制民间社会的发展，首先将取消全国商会联合会作为其中的步骤之一。当时，农商部害怕此举受到工商业者的强烈反对，不敢直接正面取消全国商联会，而是采取迂回的办法，试图将全国商联会消弭于无形。1914 年 9 月农商部颁布的《商会法》中无一字提及全国商会联合会，只规定各商埠

---

① 《中华全国商会联合会第一次代表大会（上）》，《历史档案》1983 年第 4 期。

及其他商务繁盛之区可设立商会，各省城得设立商会联合会，商会和商会联合会均为法人。这里所说的商会联合会，并非指全国商会联合会，而是由各省区的商会在本省范围内联合组成的联合会。新颁布的《商会法》既然未曾规定工商业者可成立全国商会联合会，也未指明全国商会联合会是享有法人地位的社会团体，也就意味着已成立的全国商联会是非法团体，必须自动解散取消。随后，农商部在批复京师总商会的公文中，又进一步明确表示前准成立全国商会联合会的部令，在《商会法》颁布之后已无法定效力，并说"法律（即《商会法》——引者注）既经公布，根本业已变动，凡从前部准章程不在法律内所规定者，当然一律无效"。①

全国商联会经工商业者多年努力才得以成立，成立之后又发挥了重要作用，工商业者当然不会轻易放弃而将其解散。同时，各地商会都意识到若照新《商会法》之规定执行，全国商联会将会被取消于无形。因此，《商会法》颁布后，全国各地的商会马上群起抗争，开展了一场反对取消全国商联会的斗争，一致要求农商部修改《商会法》，确立全国商联会及其各省事务所的合法地位。

设在上海的全国商联会总事务所，为联络全国各地商会，就全国商联会的存废问题致电各省的商联会事务所和商会征求意见。各省事务所及商会函电纷驰，阐明全国商联会的重要作用，要求政府重新确认全国商联会及各省事务所的合法地位。有的指出："无全国商会联合会，则各省商人只知故步自封，而必无相关而善之日。……虽欲知识之互换、营业之改良，而意见未融，必有师心自用之事。方域所限，难言利源广辟，此全国商会联合会不可以不兴也。"② 海外小吕宋中华商务总会也呼吁：全国商联会"为海内外商人集合团体，借以集

---

① 《文牍》，《农商公报》第1卷第4册，1914年11月15日。
② 《商会文牍》，《中华全国商会联合会会报》第2年第8号，1915年7月。

思广益，互通声气，必当永久存在。乃《商会法》未曾规定，应一致要求政府加入条文"。① 《申报》也发表评论文章说："方今全国商业窳败，又当商战剧烈之时，欲谋商务之振兴，实业之发达，非有全国商界集合团体为之联络研究进行，不足以言进步，抑且无以自存。吾国商会联合会上年业已组织成立，设总事务所于上海，现各省均已赞成存在，应即要求政府庚续有效，另拟强固章程，详请立案，作为全国商会联合会之主体，设分事务所于各省。"② 上海总事务所随即根据各省事务所及商会公意，致电农商部要求修改《商会法》，将全国商联会列入《商会法》内；后又禀文农商部，阐明"本总事务所成立以来，于兹两载，国内二十二行省事务所已督促遍设，国外侨埠亦设有七处。本年三月间召集全国第一次大会，所提议案，类皆在商言商，毫不越分"，因此，无故取消断难令众商信服。"本总事务所既为各省各埠组织而成，自应听候各省各埠公议，未便自生自灭。"③

上海总事务所还依据各省商会的意见，提出数点要求，其具体内容为：将全国商联会及各省事务所所拟细则两条，列入《商会法施行细则》；全国商联会由各省埠自行组织，不必拘于法令；各省商会联合会之设立颇有窒碍，请暂缓执行。但是，农商部却批示说各省已设立商会联合会，其全国商会联合会名目不必另设，将来如有重大事件发生，由省联合会办理。在此情况下，上海总事务所遂以其存在无法律依据，宣布"一切进行事件停止办理"，以示抵抗。

全国商联会湖北事务所受上海总事务所的委托，在随后的抗争中发挥了重要的联络作用。湖北事务所曾两次领衔会同全国各省商会致电和禀文农商部，提出以全国商联会为永久机关，每两年召开一次全

---

① 《专件》，《中华全国商会联合会会报》第 2 年第 12 号，1915 年 11 月。
② 《全国商会商联会纪事（五）》，《申报》1915 年 3 月 29 日，第 10 版。
③ 《商会文牍》，《中华全国商会联合会会报》第 2 年第 7 号，1915 年 6 月。

国商会代表大会，并要求"将全国商会联合会总事务所存在办法加入施行细则"。与此同时，湖北事务所还派人进京赴农商部和政事堂多次进行交涉。然而，北京政府再次拒绝了各省商会的要求。1914年11月农商部颁布的《商会法施行细则》，仍未增加有关全国商联会总事务所的任何条文。在给湖北事务所下达的批文中，农商部还态度强硬地声称："查《商会法》内规定之各省商会联合会已成各省单独机关，并无各省公组之总事务所。所拟办法第一条与法令相抵，应毋庸议。"还敷衍地表示："至第二条办法为各省联络起见，尚属可行。惟施行细则业奉大总统令公布，未便再请加入，应于每年开会前禀报开会省份该管地方长官详咨本部立案。"① 这实际上是采取偷梁换柱的手法，将全国商联会定期举行的代表大会变成临时性的各省商会联席会议，而且必须经地方官报请农商部批准。因此，各省商会更加不满。湖北事务所又会同全国各地商会禀文农商部和参议院，指出政府对全国商会所提要求置若罔闻，"全国商民殊形绝望"，"不惟商界前途生无穷之危险，窃恐政府方面亦莫获补助之利益"。鉴于北京政府态度如此，湖北事务所虽感"似无转圜之余地"，但仍表示"各省函电纷至，现已赞成力争，万无中止之理"。②

为了更进一步联络各地商会的力量，争取全国商联会的合法地位，湖北事务所建议上海总事务所邀集各省商会代表，在上海"开临时会议，悉心研究，以策进行"。上海总事务所接受这一建议，于12月底向各地商会发出邀请，定于1915年3月25日在上海举行全国商联会临时会议，同时还会同上海总商会致函北京政府政事堂，坚决表示反对取消全国商联会。上海总商会另又会同全国各省商务总会禀文政事堂，发出了同样的呼吁。1915年3月，全国商联会临时会议如期

---

① 《商会文牍》，《中华全国商会联合会会报》第2年第7号，1915年6月。
② 《商会文牍》，《中华全国商会联合会会报》第2年第7号，1915年6月。

举行，21 个省区的商会派代表参加。会上，各商会代表对北京政府取消全国商联会以及顽固拒绝各商会的请求极为愤慨，一致强烈要求政府顺从民意，恢复全国商联会的合法地位。经过讨论，会议决定公举盛竹书、朱葆三、胡钧堂、余民进四人为代表，"晋京要求照议修改，以顺商情"；同时，以全国商联会的名义，上书政事堂、农商部，阐明："全国商会联合会发起于民国元年工商会议，成立以来，迄今三载。上海总商会为总事务所，各省埠总商会为分事务所，其实际在联合全国商会之情谊，开通风气，交换智识，与总商会所行之职务迥不相同。今以各省城设立商会联合会，使全国商会联合会消灭于无形，于工商会议发起之宗旨骤然变易，联者分之，合者离之，决非商情之所愿。"①

经屡次交涉，北京政府一方面看到商会的态度十分强硬，颇有不达目的誓不罢休之势；另一方面袁世凯图谋称帝，为寻求工商业者的支持，不得不对商会的要求稍加考虑，做出某些妥协。1915 年 12 月，北京政府颁布修订的《商会法》接受了商会的要求，明确规定"总商会、商会得联合组织全国商会联合会"，"全国商会联合会得设事务所"。② 这样，经过全国各地商会的不懈努力，这场斗争最后以商会的胜利而告终，全国商联会的合法地位得以维持。

二　商会与官厅行文程式之争

商会与官厅的行文程式，关涉到商会的社会地位以及与官府的关系。因此，商会对此极为敏感和重视。1914 年初，农商部对商会与官

---

① 《全国商会上海总事务所公函并附修正商会法意见禀稿》（1915 年 3 月 11 日），载天津市档案馆等编《天津商会档案汇编（1912～1928）》第 1 册，第 693 页。
② 《商会法施行细则》（1916 年），载中国第二历史档案馆等编《中华民国商业档案资料汇编》第 1 卷上册，第 52 页。

厅行文程式进行修改，即引起各商会的强烈不满。同年底，北京政府颁布的《商会法》及其施行细则，又拒不按照商会的要求将有关内容载入其中。为此，全国各地的商会联合进行抗争达两年之久。

商会与官府的行文程式，在清末即由清政府农工商部制定了有关的章程。这一章程的施行，在当时也是商会通过斗争取得的成果。1908 年，吉林省延吉厅对珲春商务分会声称："各处设立公会，本地方官皆有监督、指挥之责"，并要求商会凡有公牍来文，均须按下属机构上行公文择式改用"呈文"字样。珲春分会则以"部章既未载明，至改用呈文一层，各处亦无此办法"为由，拒绝了这一要求。[①] 随后，珲春分会将此情况报告吉林商务总会，请求上呈农工商部，对商会与地方官府的行文程式予以明确规定。吉林商务总会遂专文禀告农工商部，要求明定规章，以防以后再发生类似事件。不久，农工商部颁布《商务总分会与地方官衙门行文章程》，其宗旨在于使商会"与地方官随时接洽，自无隔阂之虞"。该章程规定：各商务总会于本省及他省督、抚均用"呈"，对司、道及以下各级衙门均用"移"。各商务分会对本省及他省督、抚、司、道均用"呈"，对府、厅、州、县用"牒"。[②] 按照清朝定例，平级衙门之间的公文才用"移"、"咨"、"牒"之类的字眼。依此规定，商务总会的地位仅在督、抚等封疆大吏之下，与司、道平行；商务分会也只在司、道之下，与府、厅、州、县平行。这表明商会的社会地位在清末是相当高的。

民初的两年，商会与官厅的行文仍沿用清末的这一程式。1912 年11 月 6 日，北京政府还曾奉第 1 号大总统教令，公布制定公文书程式

---

① 《农工商部为颁发商务总分会与地方官衙门行文章程札饬苏商总会》（1907 年 3 月 31 日），载章开沅等主编《苏州商会档案丛编》第 1 辑，第 36 页。
② 《苏省农工商务局为行文章程事致苏商总会照会》（1907 年 6 月 28 日），载章开沅等主编《苏州商会档案丛编》第 1 辑，第 37 页。

令，第 14 条声明行政各官署无隶属关系者之往复文书以公函行之。据此酌定划一程式，除商务总会、分会对于中央部院及各分会、分所对大都督、民政长均用呈文外，其余本省外省行政司法各官署及总会、分会自相往来文书均适用公函。

但到 1914 年初，农商部以其接管卷内各省农工商总会、分会对于各地方官署往来公文程式参差不一，甚或各会之间因此争执为由，重新制定商会与官厅的行文程式，规定嗣后凡京外行政各级官厅对于农工商总会、分各会往来公文一概用"令"、"批"，农工商总会、分各会对于京外行政各级官厅一律用"呈"。各省商会联合会事务所暨商会附设之商事公断处以及外洋中华商会，对于驻外公使、领事并内地行政各级官厅行文，体例均照以上办理。同年 1 月 17 日，北京政府将农商部新拟定的这一行文程式登入第 609 号政府公报，通咨各省都督、民政长、驻外公使分别饬遵在案。农商部的这一举动并非偶然，其与取消全国商会联合会相配合，实际上是当时北京政府限制商会发展的另一手段。

新行文程式颁布之后，各地商会一片哗然。许多商会意识到，此事"关系全国商权，凡我团体，断无有忍受此压制者"。[①] 一些商会还特别强调，对官府而言此举并非单纯的行文程式之变，而是有着深刻的用意，对商会也有极为重要的影响。其一是将商会贬为行政官厅的属员，使各级行政官厅"微员末职皆得令之，上下攸分，诸形扞格，商情何由而达！商会安有！事权薄弱，商民势必被豪官猾吏鱼肉摧崩，将全国商务立于世界失败之地"。[②] 为此，有的商会强烈呼吁："万不能隶属各级行政官厅，显分上下，隔阂商情，以致机括不灵，

---

① 《杭州商会草拟反对农商部改变商会行文程式压制商权作法函并附议案十二条》（1914 年 3 月 7 日到），载天津市档案馆等编《天津商会档案汇编（1912～1928）》第 1 册，第 669 页。

② 《广州商会发起反对农商部改变商会行文程式压制商权函电及津商会复函》（1914 年 3 月 2 日），载天津市档案馆等编《天津商会档案汇编（1912～1928）》第 1 册，第 667 页。

妨碍商务。"① 坚决要求取消部文，仍照前定公文程式办理。其二是降低商会的地位，约束商权。所谓行文程式之变，"似属形式，要皆关乎体制"。新行文程式规定各级行政官厅对商会用"令"、"批"，商会对各级行政官厅用"呈"，从表面上看与以往相比仅一字之差，但不少商会认识到这一字之变使商会的地位大异于前，甚至远不及清末。有的商会愤慨地指责说："此次农商部改订一律用呈，有意缩小商权，殊失保商本旨。商务权舆攸关，本会势难遵从。"② 有的商会则表示，农商部规定各级官厅对于商会均用"令"、"批"，实乃"薄视商会，抑压商权"，使商会办事行文诸多窒碍，本会全体反对。③ 其三是使商会与官府之间加深隔膜，并由此导致商会事事无以自主，难以发挥应有的功能与作用。有的商会指出："农商部重订行文体例，其抑商政策更有甚于前清专制者，设使事事皆奉各官厅命令而行，渐次商会与政府隔膜，而留难壅闭诸弊及百端抑压，动辄申斥之手段，必立施于我商会。农商部之蹂躏民权，摧残商界，视商人如奴隶、牛马，亦势所不免"，如此则"商会事宜将呼应不灵，惟有任人摧抑，俯首听命而已"。④

尤其使商会感到愤怒的是，辛亥年间光复伊始，各省商务总会、分会大都组织商团维持市面，以补官厅所不逮。特别是"赣宁之役"爆发后，商会又支持袁世凯，"坚抱宗旨，拥戴中央"，帮助袁世凯政

---

① 《广州商会发起反对农商部改变商会行文程式压制商权函电及津商会复函》（1914 年 3 月 2 日），载天津市档案馆等编《天津商会档案汇编（1912 ~ 1928）》第 1 册，第 668 页。

② 《吉林商会申明商会法降低商会地位请联合力争以保商会权函》（1914 年 2 月 17 日），载天津市档案馆等编《天津商会档案汇编（1912 ~ 1928）》第 1 册，第 664 页。

③ 《全国商会直隶事务所抄发全国商会总事务所偕代表力争修改商会法压制商权条款呈并批及附件》（1914 年 6 月 30 日），载天津市档案馆等编《天津商会档案汇编（1912 ~ 1928）》第 1 册，第 677 页。

④ 《全国商会直隶事务所抄发全国商会总事务所偕代表力争修改商会法压制商权条款呈并批及附件》（1914 年 6 月 30 日），载天津市档案馆等编《天津商会档案汇编（1912 ~ 1928）》第 1 册，第 676 页。

府镇压革命党人。商会本以为有功于政府而应得到奖励，然而"今则为官厅者，或累受勋章，或荣膺高位，而商会却特受此新法〔发〕明之体例，是不啻以压制为酬庸也"。① 商会拥戴袁世凯政府所换来的结局，只不过是自食苦果，商会自然感到愤怒不已。

当时，全国各地商会函电纷驰，一致要求全国商联会总事务所挈衔力争，敦促农商部废弃改变商会与官厅行文程式令，仍照旧例施行。上海总商会总理周晋镳、协理贝润生双双提出辞职，以示对农商部的抗议。他们表示："农商部与商会为最切最亲之机关，理应捐除阶级，开通隔阂，忽因公文程式之命令致伤全国商人之感情，一律反对，函电纷驰，责令本会领衔协争。争则开罪大部，当此崇尚虚文摧抑商权之时，或被变本加厉；不争则无以慰全国委托之望。"② 随后，周、贝二人经商会挽留而留任。全国商联会总事务所也根据各地商会的意见致电农商部，坚决反对新定之商会与官厅行文程式。但农商总长张謇在回函中却十分强硬地表示：行文程式"已奉教令公布，复经国务院厘定文书用纸、程式及条例，通行农商部，岂能擅改！"③ 张謇的这一态度，激起了商会的更大愤慨。

1914 年 3 月 15 日，全国商联会第一次代表大会按原定计划在上海举行。有关商会与官厅行文程式问题先前虽未列入议事日程，但在会上成为代表们重点讨论的议题之一。吉林、湖北、广东、上海、宁波、重庆等地的商联会事务所及商会，就这一问题提出了 15 件议案。与会代表对身为农商总长的张謇极为不满。张謇本是工商界代表人物，清末也曾担任通崇海泰商务总会的主要领导人，但在出任农商总长荣登官位之后，即对工商业者满口官腔，其态度令全国商会大失所

① 《杭州商会草拟反对农商部改变商会行文程式压制商权作法函并附议案十二条》（1914 年 3 月 7 日到），载天津市档案馆等编《天津商会档案汇编（1912～1928）》第 1 册，第 671 页。
② 《总商会临时大会记》，《申报》1914 年 3 月 5 日，第 10 版。
③ 《农商总长张謇致全国商联会函》，《历史档案》1983 年第 1 期。

望。与会代表经过讨论，决定以全国商联会的名义致电大总统及国务院，初拟电文表示："各省埠侨埠商会援引大总统教令，行政各官署无隶属关系者之往复文书，以公函行之。商会系义务团体，既非官署，自无隶属关系，拟仍照旧对于大总统、各部长、各省长用呈，其余各级官厅概用公函，以归划一。到会各代表争持激烈，若不俯顺舆情，准予更正，势将解体。"① 讨论中有代表提出"势将解体"用词过激，"不妨稍加和平，如不达目的，再用激烈电文力争"。另一些到会代表则认为，电文内无农商部字样不妥，若欲从根本上解决问题，仍应加上农商部，并将言词稍加缓和。最后，经全体代表表决同意，将电文做了如下修改：在"到会各代表"之后增加"对于部令"四字，"争持激烈"后的"若不"二字改为"通电"，"势将解体"四字删除，并加上"农商部"字样。②

对于全国商联会的再次抗争，农商部回电表示：有关商会行文程式的修改，须正式呈部，由农商部会同法制局商酌核办。此电虽较前略显平缓，但仍未应允商会的要求，因而与会代表对农商部依然不满，认为这只是农商部拖延时间的新花招，遂决定再议对付办法。有的提出"现在政府有两种紧要之事，一欲商界赴巴拿马赛会，二欲商界贴用印花税。如此事不达目的，则我商界对于以上二事誓不遵办。至行政各机关用令之公文，我商会应一律退回"。有的建议"不妨将原文退还，商会对于地方上之公益事件一概不办"。还有的指出，商部回电无法自圆其说，"何以发布训令之前不先商酌于法制局，而于事后见商人不能承认，始行交法制局，可见前此宣布农商部用呈用令之令已不成立，各省代表均应自行函致本省商会，声明，省长以上用呈，省长以下用公函"。③ 由此不难看出，有些代表主张的抗争办法已

---

① 《全国商会联合会开会记（四）》，《申报》1914 年 3 月 19 日，第 10 版。
② 《全国商会联合会开会记（五）》，《申报》1914 年 3 月 20 日，第 10 版。
③ 《全国商会联合会开会记（五）》，《申报》1914 年 3 月 22 日，第 10 版。

日趋激进，但多数代表赞同在拟定正式呈文之前，先行以全国商联会的名义通电各省商会，宣布不承认农商部颁布的行文程式令，各商会仍旧对省长以上用"呈"，省长以下用公函。经讨论之后，与会代表大多对此办法表示同意。3月22日，全国商联会即通告各省商会，阐明农商部"前项部令未经法制局商定，及本会议决呈请，始有与法制局商酌核办之语，则部令之行文程式当然无效，请转知各会查照议决案，一律办理，切勿参差为要"。① 随后又拟定致农商部的正式呈文，说明"窃照商会对于官厅行文程式自奉大部令改后，全国商会佥以阶级过严，转多隔阂，函电纷驰，争之甚力。……商之有会为商业上之天然之枢纽，非组织纠合之力所能施，其对于官厅有义务而无权利，自应重感情而轻仪等"，因而不能用"令"用"呈"，否则必将"恢其辅助办事之心"，农商部也"将有孤立之虞"。②

当时，报刊舆论对商会向政府做如此抗争不无忧虑，担心商会将因此受到政府的责难处罚。全国商联会第一次代表大会在上海举行期间，《申报》即发表"杂评"说："国民方面各种会议已尽取消，所余者惟商会而已。……夫商会之所以得存立于今日者，以与政争无涉也。今开会而后，于公文程式及各种商法案颇与政府争论，识者方谓将由此取恶于政府。"③ 然而，在商会的一再抵制之下，农商部不得不做出些微让步，于1914年6月批示："各商会对于县知事，关于设立解散等应立案注册者，仍一律用呈、用批、用令，其余陈述商情及官署之咨询与商会之答复一切普通言事之文，则彼此用函。但一事之终结应存案备查者，仍用呈、用批、用令，及关于公断事项，有特定章

---

① 《全国商会直隶事务所抄发全国商会总事务所偕代表力争修改商会法压制商权条款呈并批及附件》（1914年6月30日），载天津市档案馆等编《天津商会档案汇编（1912～1928）》第1册，第673页。

② 《全国商会联合会第一次大会致农商部呈》，《历史档案》1983年第1期。

③ 《杂评三：商会之恶消息》，《申报》1914年3月23日，第3张第11版。

程者，仍依公断处章程办理。"① 对于农商部的这一让步，商会并不满意。陆哀、吕邃先等四人代表全国商联会又呈文农商部，说明部批"一事之终结应存案备查者，仍用呈、用批、用令"，实则"用呈用函之分，以是否存案备查为断"；而所谓"存案备查"者，以广义言之，"商会与官厅或陈述或咨询或答复以及一切言事之文，究其事理无非在公言公，综其始末悉应存案备查……势将事事责令用呈，解释既难的当，彼此自多争执"。呈文要求将存案备查的范围，明文定于"专指关于商会直接诉讼事项应存案备查者而言，其非关直接诉讼者一律彼此用函"。② 农商部批复：对于县知事用呈事项，系指应行立案者而言，立案之范围当以商会本身之成立变更或废止及本身诉讼事件为限。这样，关于商会与官厅行文程式矛盾冲突的第一回合，以农商部的稍加让步而暂告一段落。但在同年 9 月《商会法》颁布之后，这一矛盾又引起新的冲突。

《商会法》并未就商会与官厅行文程式做出具体规定，但综观该法各条款，凡有关官厅对商会者无不用"令"，商会对官厅者则无不用"禀"，实际上使前此商会抗争所取得的成绩消失殆尽。因此，《商会法》公布后，许多商会对此啧有烦言，颇为不满。有的商会指出：若按《商会法》执行，商会对县知事也须用禀，"遇事陈请官厅办理，直与人民个人私诉无异，则设立商会，实不足轻重，并无权力可以维持商业"，因此，要求将《商会法》予以修改，"若不联合力争，是我商会隶属县知事之下矣"。③ 不少商会提出，仍由全国商联会总事务

---

① 《全国商会直隶事务所抄发全国商会总事务所偕代表力争修改商会法压制商权条款呈并批及附件》（1914 年 6 月 30 日），载天津市档案馆等编《天津商会档案汇编（1912～1928）》第 1 册，第 673 页。

② 《全国商会直隶事务所抄发全国商会总事务所偕代表力争修改商会法压制商权条款呈并批及附件》（1914 年 6 月 30 日），载天津市档案馆等编《天津商会档案汇编（1912～1928）》第 1 册，第 674 页。

③ 《商会文牍》，《中华全国商会联合会会报》第 2 年第 7 号，1915 年 6 月。

所出面，代表各商会敦请大总统修改《商会法》另行公布。广州商务总会特别阐明，此事关系匪浅，若不抗争，嗣后"地方官遇有商会陈请，即不免因循玩忽，视为寻常，或图省事且多挑驳，设遇贪酷之吏本其欺商罔利之心，更不免肆行鱼肉，苟欲上达则为法所限，告诉无门，官商隔阂，散涣飘零。拟由总事务所以全国商会名义要求大总统修改公布，联合力争，务达目的"。① 同年 12 月，全国商联会总事务所即会同上海总商会上书北京政府政事堂，说明自《商会法》公布后，"各商会皆谓窒碍滋多，不便遵守，对于农商部感情甚恶，函牍纷驰，全国哗然。……其请愿之宗旨，在依据事实而定法律，勿徒信法律而弃事实。如谓法律与事实不妨相背而驰，亦何贵有空言之条教！"② 与此同时，全国商联会总事务所和上海总商会还致函各地商会，表示"此事关系非浅，万一不能照准，仍应坚持，以盾其后"。③

　　在 1915 年 3 月全国商联会为讨论抵制《商会法》而专门举行的特别会议上，与会代表也曾就商会与官厅行文程式问题进行了热烈的讨论。会议结束时，全国商联会上海总事务所汇集讨论意见，禀文北京政府政事堂和农商部，就修改《商会法》提出了若干具体要求，关于商会与官厅行文程式是其中的一项重要内容。禀文指出："商会行文程式不能以行政官厅之阶级相绳，上年全国商会会议时曾经明晰上陈。伏查前清旧例，行政官府对于地方团体，凡属上司转行之件，多用照会，其发生于本地方者，习用函件往还，既免有官商隔阂，办事

---

① 《全国各地商会反对农商部降低商会地位函电小计》（1914 年），载天津市档案馆等编《天津商会档案汇编（1912～1928）》第 1 册，第 678 页。

② 《全国商会总事务所及上海总商会申明商会法压制商权应予修改函并附政事堂文告》（1914 年 12 月 22 日），载天津市档案馆等编《天津商会档案汇编（1912～1928）》第 1 册，第 681～682 页。

③ 《全国商会总事务所及上海总商会申明商会法压制商权应予修改函并附政事堂文告》（1914 年 12 月 22 日），载天津市档案馆等编《天津商会档案汇编（1912～1928）》第 1 册，第 681 页。

益形亲密。盖地方公益之事，官府与商民有共同担负之责任，无上令下行之体制。目今商会，补助公家之事十且八九，动即用饬用禀，声气之应求即隔，事务之障碍旋生。自程式规定后，迄今未能实行，仍用公函往来，即其明证，非地方官与商会敢于违法也，亦非商会与地方官较量尊卑也，事实所在，有不可勉强者。"① 此次会议还举定盛竹书、朱葆三等四人作为赴京请愿代表，草拟了《修正商会法案理由书》，理由书充分阐明了商会与官厅间行文用"饬"用"禀"的严重后果。"用饬无商量之余地。设遇不能遵行之事，困难即因之而生。用禀必俟批而后行，设遇市面恐慌之时，补救或因而不及，且商人因帐项纠葛诉讼官厅，往往仍由商会核算，若概行用禀，不特手续繁难，官厅并可随意一批，抹煞了事，如是则商会遇事掣肘，无由见信于商人，何望商业之发达！"② 请愿代表在京"遍谒当道，将应请仍旧并不奉行者逐款说明，要求加以修正"。

经过全国商会的不懈抗争，农商部不得不同意报请参议院议决修改《商会法》。1915 年 12 月，北京政府颁布修订的《商会法》，其中虽未规定有关商会与官厅的行文程式，但按照商会的要求，删去了原商会法中的"令"与"禀"等字眼。1916 年 2 月 1 日颁行的《商会法施行细则》明确规定："总商会、全国商会联合会对于中央各部署及地方最高行政长官行文用禀，对于地方行政长官得用公函。"③ 至此，有关商会与官厅行文程式之争，经过商会近两年的努力，以商会取得胜利而告结束。虽然有的商会对此仍有所不满，认为总商会以下的

---

① 《全国商会上海总事务所公函并附修改商会法意见禀稿》（1915 年 3 月 31 日），载天津市档案馆等编《天津商会档案汇编（1912～1928）》第 1 册，第 694 页。

② 《全国商会总事务所转发赴京请愿代表草拟之〈修正商会法案理由书〉》及呈农商部文》（1915 年 5 月 27 日），载天津市档案馆等编《天津商会档案汇编（1912～1928）》第 1 册，第 698 页。

③ 《国务院公布商会法施行细则》（1916 年 2 月 1 日），载天津市档案馆等编《天津商会档案汇编（1912～1928）》第 1 册，第 708 页。

商会也应照此办理。但就其结果而言，达到了维持原来商会与官厅行文程式的主要目的，因而这场较量称得上是以商会获胜而告终。

三 改组商会之争

民初的商会改组之争，与上述商会争取全国商联会的合法地位和商会与官厅行文程式之争大致同时，是当时商会抵争《商会法》的另一个焦点。

1914 年公布的《商会法》规定，各省在省城、商埠及其他商务繁盛之区域，成立商会，另在省城设立该省商会联合会，而对清末即已成立的各省商务总会的合法地位，则只字未提，也企图在无形中将其予以取消；并要求前此设立的商务总会、分会及分所，自本法施行之日起，以六个月为限，依本法进行改组。随后颁布的《商会法施行细则》更进一步规定，"商会法施行前成立之各省总、分各商会等，遵照商会法规定六个月期限，一律改组为商会，其不合商会法所规定及逾限不报者，应即取消"；同时还明定每县只以设立一会为限，"如一县原有数商会者，应由该管地方长官查明区域内商务最繁之地设立商会，其余体察情形，或裁撤或改为该县商会分事务所"。①

由此不难看出，若按照《商会法》和《商会法施行细则》的规定对商会进行改组，至少在两个方面将对商会的发展带来严重影响：其一是撤销各省的商务总会（有些在民初改称总商会），以松散的临时集会性质的商会联合会取而代之；其二是各县只能保留一个商会，其余的商会皆须裁撤，或者改为商会分事务所。撤销总商会对商会的影响尤为突出。早在清末，各省即设立商务总会。商务总会是联结所

---

① 《商会法施行细则》（1914 年），载中国第二历史档案馆等编《中华民国商业档案资料汇编》第 1 卷上册，第 44 页。

在省份各商务分会的中枢领导机构，具有重要地位和作用。各省的商务分会之所以能协调行动，在清末的抵制美货、收回利权等斗争中产生令人瞩目的影响，其重要原因之一即是商务总会发挥了联络和领导的作用。《商会法》规定设立的商会联合会，从表面上看似乎与原有的总商会并无多大差别，但由于商会联合会系由各商会推举的代表组成，其成员分居各地，而不像原总商会成员均居于省城，因此不能随时商议日常有关事务，只是在次数有限的大会上才能相互见面，类似于临时集会，根本不可能发挥原有总商会的功能和作用。至于一县只能设立一个商会，则显然是为了限制商会的数量，制约其发展。在清末，许多商务较为繁盛的府、厅、州、县，都设立了一个以上的商务分会。这些商务分会虽非设于大都市，但通过商务总会的指导，也在许多方面产生了不容忽视的作用，特别是对于扩大府、厅、州、县工商业者的能量与影响，作用不可小视。清末的抵制美货运动在短时间即普及到全国许多中小城镇，即是商务分会乃至商务分所发挥倡导和动员作用的结果。

正因为商务总会和分会具有如此重要的地位和作用，所以《商会法》所定有关商会改组的法令公布后，立即遭到各地商会的反对。有的商会指出："我国商人智力薄弱，不有保护，何以自存；不有总会，难资联络。当此改章伊始，实为商会存废问题；商会之良窳，又为商命存亡所系。事关重要，凡我全国商会，亟应群策群力，协争要点。"[1] 还有的商会则揭露《商会法》以所谓各省商会联合会取代总商会，实欲从根本上取消各省的总商会。"盖商会法以总商会字样取消，改组一般商会，一面另组省联会，以代总商会地位，表面似宽，内容实狭，诚以联合会之职务，只有商会法第四十二、三两条规定，较诸总商会之作用，凡关于所辖各分会所发生事宜，皆得为之层递承

① 《商会文牍》，《中华全国商会联合会会报》第 2 年第 8 号，1915 年 7 月。

转者，其能力诚不可以道里计。"①

许多商务分会则对一县仅设一会的规定尤为不满，认为《商会法》"严酷繁密，莫此为甚，即如一县数会，是处有之，谓其关系商务，不能定限也"。②不少商务分会抓住《商会法》和《商会法施行细则》中有关设立商会的互相矛盾之处，强调一县只设一会的规定无法实施。《商会法》规定"各商埠及其他商务繁盛之区域，得设立商会"，而且说明由有会员之资格者30人以上发起，即可报请农商部核准成立。因此，只要是商务繁盛之区域，即使是在一县之内，也可分别设立商会。但《商会法施行细则》却规定每县限设一会，并强行将前此已经成立的其他分会裁撤或改组为商务分所，这显然与《商会法》的有关条款不相吻合。故而有的商会指出，按照《商会法》，"商会之设立以商务繁盛为标准"，而《商会法施行细则》却"不问商务繁盛区域之多少，一县不得有第二商会，极端限制，与商会法既大相抵触，与事实又颇多窒碍"。此外，一县之地，大或数百里，小亦百余里，如每县仅设一个商会，所选会董分居各处，"安能抛弃本业，赔贴川资，仆仆道途，时赴会议？"③其不能施行显而易见。

1914年12月，由上海总商会出面领衔，会同全国各省商务总会（总商会）禀文北京政府政事堂，表达全国各商会反对《商会法》有关限期改组商会的共同立场及坚定态度。禀文说："窃维商民以法律为保障，而法律必以事实为标准，即理想以成文章，非不朗朗可诵，按诸事实，枘凿难行。……查自商会法公布之后，全国商会皆以窒碍颇多，殊难遵守，尤以总会、分会、分所一律改组及取消全国商会联合会另组各省商会联合会两端为尤甚。在农商部立法之意，以谓商会何分等级，每省冠以联合会即与向之总会无异。殊不知商会之有总、

①　《商会文牍》，《中华全国商会联合会会报》第2年第8号，1915年7月。
②　《专件》，《中华全国商会联合会会报》第2年第12号，1915年11月。
③　《专件》，《中华全国商会联合会会报》第2年第12号，1915年11月。

分，非阶级隶辖之关系，乃事务繁简之关系。譬如通商大埠，若上海、汉口、天津、广州、重庆等处，区域不尽省垣，而附近之城、镇、乡工商事业或繁或简，有不期然而然，非人力所能为者，此即所谓事实也。"同时，禀文还阐明各省商会联合会难以设立的原因：一则其会董由每会各出一人，"分会、分所自顾不遑，安有余力担任经费"；二则被选为会董者，"必系工商业界之资本家有经验之人或经理人，断难抛弃职业，赔贴旅费，而于一年任期内为常驻省联合会之会董。舍此以他求，势必及于不工不商之人，于事实仍何裨益！"① 上海总商会还汇集各省、各埠有关文函，摄印成帙，分订两册，并附广州商务总会讨论商会法草议一册、全国商联会商会法议案一种，连同禀文一起送交北京政府，要求"转呈大总统俯察舆情，准将总商会及全国商会联合会依据事实发交参政院规定法律，以免妨碍而利进行"。在全国各商会的强烈要求下，农商部呈请北京政府大总统批令，准将各处未经改组之总商会暂仍其旧，俟参政院代行立法院开会，再将原定条文提交修正。

1915 年 3 月在上海举行的全国商联会临时大会，也对商会改组问题进行过专门讨论。与会代表一致认为"总商会存在乃商家之保障，各分商会团体之必要"。② 特别是上海、天津总商会的代表表示，若按《商会法》所定以省城区域设立所谓商会联合会，其余所有总商会均改组为一般商会，则上海、天津均非省城，然而"此两处皆是天然造就总商会之地点"，并且在清末较早即设立商务总会。上海商务总会自成立后，即一直在全国的商会中扮演着领袖群伦的重要角色，因此，决不能改组或裁撤。会后由上海总商会领衔禀文北京政府政事堂

---

① 《全国商会总事务所及上海总商会申明商会法压制商权应予修改函并附政事堂文告》（1914 年 12 月 22 日），载天津市档案馆等编《天津商会档案汇编（1912～1928）》第 1 册，第 682～683 页。

② 《天津代表杨明僧陈述全国临时会议（上海）情形报告书》（1915 年 4 月 5 日），载天津市档案馆等编《天津商会档案汇编（1912～1928）》第 1 册，第 538 页。

和农商部，阐明："设立总商会之处，皆轮轨交通至要极繁之地，有天然之组合，非人力所强为。今于各省城设立商会联合会为总商会之替代，总商会虽夷为分会、分所，而其商务旧有之范围仍不能更变，无论举出代表，征集经费，于事实上万难办到。……与其有联合会之虚名，不如仍总商会之存在。"① 全国商联会公举的赴京请愿代表，在呈递的请愿书中再次表达了同样的要求，并以更加强硬的态度表示："会之组合，由各业公所、公会团结而成，与寻常社会以号召组织者不同。有组合之时，无解散之事。既无解散之事，即无取消之理。"②

总商会获大总统批示"未经改组者暂仍其旧"之后，全国商联会又呈准分会改组在《商会法》原定的六个月限期外得以展限三个月。但展限届临，除少数分会改组外，多数分会仍予以抵制，拒不改组。全国商联会总事务所根据许多分会的意愿，又呈文农商部要求允准再行展缓分会改组期限，"统俟参政院代行立法院修正条文后一律改组，以免参差争执等情"。但农商部驳回了全国商联会总事务所的这一要求，批示"分会改组甫经本部呈准展限三个月，自应遵照办理，未便再有变更，所请应毋庸议"。③ 有些分会因担心改组逾限遭到取消，不得不按《商会法》的规定进行了改组，但也有些分会仍坚持抗争。1915 年 7 月，农商部看到商务分会按限期一律改组的规定事实上难以施行，加上全国商联会致电表示"依限改组，困难殊甚"，只得同意商务分会的改组再展限至年底。④

---

① 《全国商会上海总事务所公函并附修正商会法意见禀稿》（1915 年 3 月 11 日），载天津市档案馆等编《天津商会档案汇编（1912～1928）》第 1 册，第 693 页。

② 《全国商会上海总事务所公函并附修正商会法意见禀稿》（1915 年 3 月 11 日），载天津市档案馆等编《天津商会档案汇编（1912～1928）》第 1 册，第 694 页。

③ 《全国商会总事务所关于各省总商会暂仍其旧各县分会仍如期改组之通知》（1915 年 6 月 12 日到），载天津市档案馆等编《天津商会档案汇编（1912～1928）》第 1 册，第 700 页。

④ 《全国商会转发农商部关于各省分会改组展限至本年底令并附全国商会原呈电文》（1915 年 8 月 13 日到），载天津市档案馆等编《天津商会档案汇编（1912～1928）》第 1 册，第 533 页。

全国商联会及许多商务分会之所以再提出推迟改组时限，是希望在最后时限到来之前，通过强大的舆论压力及全国工商界的强烈呼吁，迫使参政院按照商会的要求，对《商会法》及《商会法施行细则》的有关条文进行修改。这一策略措施果然奏效。同年 12 月，经参政院议决修改的《商会法》公布施行，第一条即规定"本法所谓商会者，指总商会及商会而言"；第二条还申明"总商会及商会均为法人"。这就意味着承认了总商会的合法地位，各省原有商务总会及总商会无须裁撤或改组，只是将商务总会统一改称总商会。而且，总商会的设立仍按清末的办法，不限于省城一地，凡省城及其他工商业总汇之各大商埠均可设立总商会。

关于商会也即商务分会的设立，亦改变原《商会法》有关一县仅设一会的限制，规定各地方行政长官所在地或属地工商业繁盛之区，都可以设立商会。另还具体说明："同一行政区域有必须设置两商会者，或跨连两区域有必须特别设置商会者，经农商部认可后，亦得设立商会。"① 尽管稍后颁布的《商会法施行细则》规定，同一行政区域设立两商会，"以距原有商会三十里以上，商务同一繁盛，确有正当重要理由者为限"，② 但这对商会的设立及发展并无多大影响。可见，民初商会围绕着《商会法》有关商会改组问题向官府所进行的抗争，最后同样是以商会的胜利而告终。

四　从《商会法》之争看民初的社会与国家

民初商会抗争《商会法》并取得了胜利，在近代中国商会发展史

---

① 《民国总统及国务卿签署公布之商会法》（1915 年 12 月 14 日），载天津市档案馆等编《天津商会档案汇编（1912～1928）》第 1 册，第 701 页。

② 《国务卿公布之商会法施行细则》（1916 年 2 月 1 日），载天津市档案馆等编《天津商会档案汇编（1912～1928）》第 1 册，第 707 页。

上是值得重视的历史事件，对于此后商会的地位和权限以及商会的发展都有着不容忽视的影响，对近代中国民间社会的拓展也具有重要意义。可以说，通过自身的一再努力和抗争，迫使北京政府对《商会法》按照商会的意愿进行修改，民初的商会才获得在原有基础上进一步发展的条件。否则，商会不仅不能在各方面得到继续发展，反而原有的地位与权利也会丧失，甚至有可能逐渐失去其独立民间法人社团的性质、功能以及由此所形成的广泛社会影响。

商会的独立性，在很大程度上可谓是关系商会生死存亡的关键之一。清末的商会，即为争取其独立性不断进行过各种形式的斗争，并在选举领导人、开支经费、从事日常活动等许多方面取得了可观的成就。清末商会能够获得比较顺利的发展，与其所取得的这些成就密切相关。如果按照1914年公布的《商会法》施行，商会几乎事事须禀请官厅批示，官厅也可随意对商会发号施令，由此则必然使商会丧失独立性，不再是独立的民间法人社团。对于这一严重影响，当时的商会不无认识，这也是商会坚持抗争《商会法》的一个重要原因。有的商会即强调"商情变化，与普通行政不同"，要求仍沿袭清末的旧例，"地方官厅对于商会有保护之责，无干涉之权"。[①] 还有的商会则揭露说，《商会法》规定"商会无一事不须禀承地方长官，层递周转，前清专制尚且祛除此种抑压，民国共和竟有此变本加厉政体"。[②] 因此，民初商会抗争《商会法》，实际上也是维护其独立性的斗争。

商会的地位问题，一方面涉及商会在社会上的威望与影响，另一方面也直接关系商会能否发挥其应有的作用和功能。北京政府规定商会对地方官厅行文一律用"呈"、"禀"，地方官厅对商会则用"令"、

① 《专件》，《中华全国商会联合会会报》第3年第1号，1916年1月。
② 《商会文牍》，《中华全国商会联合会会报》第2年第7号，1915年6月。

"批"，与清末的情况相比较无疑使商会的地位大为降低。尽管身任农商总长的张謇说什么"信我商界诸君子之高尚纯洁，决不以前清官场之余习为味而抱持不舍也"；并一再解释官厅"令人批人"非为专制之意，用"呈"也非为"牛马奴隶之意思表示"。① 但商会却认识到行文程式之变，绝非单纯的公文体制之变，而是关涉商会地位的重大改变。按照清末的行文程式，商会对一般地方官用"移"，民初则改用公函，均体现出商会并非隶属于官府的行政机构，而是以同等的地位与官府相互咨商，此与呈请官府批示有着明显的不同。如果按北京政府的规定对官厅一概用"呈"、"禀"，则意味着商会隶属于官厅，其地位甚至在一般县知事之下，因为县知事也能以上级官厅的口吻对商会用"令"、"批"这类字眼。正如有的商会所说，商会所办各事均须禀报地方官，"直将商会隶属县知事以下"，"则设立商会实不足轻重"。② 所以，民初商会对《商会法》有关商会与地方官行文程式规定的抗争，"虽系形式上之争，然关系甚大"，是维护其社会地位的一场重要斗争。

仅有独立性和社会地位，没有实际权利，商会也形同虚设，无法真正广泛发挥其作用。因此，对于已取得的权利，商会当然会竭尽全力进行维护，同时还希望进一步争取新的权利。当时的北京政府试图通过《商会法》使商会在许多方面受官厅的控制，实质上是削减商会的权利。商会对此尤为愤慨，并充分意识到此事关系重大，与商会的存废发展直接相关，如不抗争，"则虽有机关空名，而职权裁抑过甚，何必有此商会"，③ 因而各地商会坚决予以抵制。

正是通过对《商会法》努力抗争，并最终取得胜利，民初的商会

---

① 《张謇致全国商会联合会函》（1914年3月13日），载中国第二历史档案馆等编《中华民国商业档案资料汇编》第1卷上册，第65页。

② 《商会文牍》，《中华全国商会联合会会报》第2年第7号，1915年6月。

③ 《商会文牍》，《中华全国商会联合会会报》第2年第8号，1915年7月。

才得以维护其独立性及社会地位与权利，在此后获得进一步发展，从而继续在社会生活的各个领域中发挥重要作用。显而易见，民初商会抗争《商会法》的意义是十分突出的。

如果从更深的层次对民初商会抗争《商会法》予以考察，还可以对当时国家与社会的某些状况获得新的认识。从理论上讲，辛亥革命推翻了清朝的封建专制统治，建立了中华民国，有关的社会政治生活较诸清末理应更为民主，也更有利于民间社会的成长，但事实却并非如此。仅从当时《商会法》规定的裁撤全国商联会和总商会、降低商会的地位以及力图在各方面对商会予以控制等条文即可看出，民初的中国在很大程度上可以说只是空挂一块民国的招牌，袁世凯控制的北京政府对待民间社会的政策甚至远不及清政府。

20世纪初，清政府推行"新政"，在实行各种振兴商务、奖励实业的政策的同时，为改变长期以来官商关系的紧张状况，使官商一气共谋实业发展，大力倡导和鼓励各地商人设立商会，并在许多方面对商会予以保护，由此使各地商会在清末的短短几年间如雨后春笋般涌现。虽然清政府后来也曾想在某些方面对商会进行监控，但实际上并未实施；而且从总的情况看，清政府一直对商人设立商会抱支持态度，还给予商会较高的社会地位。所以，清末商会的产生以至迅速发展，与清政府所采取的鼓励和保护政策有着比较密切的关系。当时的商人对此即有切身的感受。苏州商人曾表示："朝廷轸念时局，洞烛外情，特设商务专部，以为主持国计之本。大部又奏请特派参议大员驰赴行省，劝设商会，以期内外上下联成一气，实行保护商人、振兴商务政策，务俾商业进步，日起有功，以与各国争衡，驰逐于商界之中，庶国计因之而益巩固，此诚富强之至计焉。"[1] 民初袁世凯控制的

---

[1]　《王同愈等呈商部稿》（1905年6月30日），载章开沅等主编《苏州商会档案丛编》第1辑，第3页。

北京政府在这方面所实行的政策则明显不同。起初的两年，袁世凯为争取资产阶级的支持，还曾沿袭清末的奖励实业政策，对商会也未予以限制。但不久以后，压抑工商的政策相继出台，力图阻挠并限制商会的发展。直至 1914 年颁布《商会法》，更试图通过公布有关法令强行对商会进行改组，一举取消全国商联会和各省的总商会，裁撤相当一部分商务分会，同时使仍存在的商会受地方官厅的控制。此与清末倡导和奖励商人设立商会，并对商会给予各种保护的政策相比较，可谓大相径庭。这表明当时的国家不再像清末那样，主要作为保护和奖励民间社会发展的形象出现，而是成为阻遏民间社会在原有基础上进一步生长的一大障碍。

清末和民初的国家，对民间社会采取的这种不同政策及其所产生的相异后果，从一般学理上看实与其国体不符。按照常规，清末的中国作为一个封建专制主义中央集权的国家，不可能鼓励和保护民间社会的发展；而民初的中国作为一个民主共和国，应不会如此限制和压抑已初具规模的民间社会的扩展，但事实却并非如此。这只能说明历史错综复杂，不能单从表象简单地对一些历史问题做出定论。清末的中国虽仍属封建专制主义中央集权国家，但清政府从推行"新政"开始，实施了许多带有资本主义性质的改革措施，倡导和奖励商人设立商会就是其中的措施之一，因而当时的清政府已与过去的封建专制主义中央集权政府在许多方面有所不同。民初的中国虽然号称民主共和国，但实际上在许多方面只是打着民主共和的旗号，并无民主共和的实质内容。其所推行的某些政策，甚至不及清末之际清政府的政策，此从北京政府对待商会的政策即可窥见一斑。在这方面，当时的商人不无切身体会。《商会法》颁布后，不少商会都愤怒地表示，民国政府如此压制商会，摧抑商权，远不及专制时期的清末。有的商会指出："民国肇建，政治革新，凡一切宪法，次第厘定，无非求适合共和国体，以示咸与维新之意，商界人等，方喁喁然拭目景仰，以谓商会法之厘定，其重商政策，保商权利，比前清之时必有加无已，有伸无屈。迨商会法颁布施行，取缔太酷，阶级过严，事事均须禀由地方官详咨办理，反不如前清部定商会章程之直接便利。此在闭关之时，文明未启，专制之世，压力横生，积习相沿，固无足怪。今者国号共和，人民平等，何复出如此之规定?"① 尽管商人对当时所谓民国的本质尚缺乏足够的认识，但已亲身感受到民初与清末的国家对其所采取的不同政策。还有的商会揭露袁世凯控制的北京政府"压制商权，甚于乱党，贻之口实，煽惑有资，直比前清专制之不如，岂共和政体所宜有!"② 类似的言论在商会的函电中俯拾即是，表明商人也普遍认为，在对待商会的政策及态度方面，民初共和时期的北京政府不及清末专制时期的清政府。

　　所幸民初的商会较诸清末商会的力量有所增强，商人的近代思想意识相对而言也更臻成熟。由此可以说，在清末孕育萌生的与国家相对应而具有较大独立性的社会，至民初得到进一步发展，已能够在某些方面抵制国家对社会的侵蚀，在一定程度上发挥制衡国家的作用，从而维护社会的独立性及应有的权利。民初商会抗争《商会法》并取得胜利，即是这方面的一个明显例证。

　　如果说清末的商会尚对官府存在较多的依赖性，对国家与社会的多重互动关系缺乏了解，那么，民初的商会在这方面则已获得初步的认识，并对其有关行动产生了重要影响。首先，民初的商会意识到：个人必须依附于社会，否则就难以生存；社会虽有其独立性，但并不能完全脱离国家，而且需要国家的扶持。《中国商会联合会会报》第1年第1号刊登的《发刊词》即阐明："个人必须社会而生活，社会必有国家才稳固"；没有国家发挥作用，往往造成"各种事业只为强

---

① 《商会文牍》，《中华全国商会联合会会报》第 2 年第 8 号，1915 年 7 月。
② 《广州商会发起反对农商部改变商会行文程式压制商权函电及津商会复函》（1914 年 3 月 2 日），载天津市档案馆等编《天津商会档案汇编（1912~1928)》第 1 册，第 667 页。

者所专有，社会是个不完全的社会，个人是个不完全的个人"。由此可见，商会希望国家与社会形成一种协调互补的良性互动关系。特别是当时的中国，"元气未复，各种事业皆在草创之初，必要经济界有生机，各种事业方能就绪。但是现在国家根基尚未巩固，大势摇摇，各种事业停滞不进，近来商业界一种暗淡光景，受的就是这个影响。国家根基不固，商业界已经受累；如此，倘是国家灭亡，商业中人，不惟不能营业，就是一个吃饭的地方，简直也没有了。所以必要将国家根基，弄得稳固，才有经济界活动的地步"。[1] 字里行间反映出商会对国家的重要作用并未忽略。

其次，民初的商会虽然强调国家对社会的扶持作用具有重要影响，但同时也意识到社会必须随时保其独立性和应有的权利，必要时还须以各种方式与国家进行抗争，否则社会也将成为一个不完全的社会。正因为如此，试图取消全国商联会的《商会法》颁布后，各地商会公开抵制。有的商会明确指出："当此商战剧烈时代，交涉发生，隐忍退让，无可与言争胜地位，此全国商业成败系之，愿各团体竭力协助。"[2] 这表明商会充分认识到，当国家对社会不仅不予以扶持，反而加以侵蚀之际，社会不能"隐忍退让"，必须奋起抗争，誓达目的。在这种思想指导下，民初商会以不懈的努力对《商会法》进行抵制，终于维护了商会的独立性以及应有的权利，使近代中国相对于西方国家来说本来就显得弱小的独立民间社会免遭侵蚀的厄运。

最后，民初的商会深知法律对民间社会所产生的重要影响，力图争取实施有利于民间社会独立发展的法律法规，以便通过法律维护自己的生存和发展。对于与其命运直接相关的《商会法》，商会更是甚为重视。诚如当时有的商会所说："商会之设，当不外以振兴商务、

---

① 《发刊词》，《中国商会联合会会报》第 1 年第 1 号，1913 年 10 月。
② 《商会文牍》，《中华全国商会联合会会报》第 2 年第 7 号，1915 年 6 月。

保护商民为两大宗旨，商会法为商会之命脉，善则全国蒙福，劣则全体失败，可不慎欤？自新商会法颁布后，详绎条件，限制綦严，取缔愈密，商会之权利几至剥夺靡遗，全国商会当群起力争。"① 还有商会指出："当此改章伊始，若规模不善，贻害商业前途，何堪设想！"这表明商会对《商会法》的意义及影响，有着非常深刻的认识。与此相对应的是，当时的北京政府则企图用新颁布的《商会法》限制和约束商会的发展，故而在国家与社会之间围绕着《商会法》必然发生矛盾冲突。如果商会不予抗争，一味妥协退让，势必会给民间社会的发展带来严重的后果。值得庆幸的是，各地商会对此均不无领悟，坚持进行抗争；加之民初的商会与清末商会相比较，实力明显增强，影响也更为突出，因而在这场抗争中取得了胜利。

清末的商会一方面由于诞生之初对有关各种情况知之不详，另一方面其实力和影响不及民初的商会，所以对清政府制定的商会法规较少表示异议。当然，清末的商会法规也未像民初的《商会法》那样明显地限制和约束商会的发展。1904年初清政府颁布《商会简明章程》后，各地商会均按照该章程有关条文的规定而设立，基本上未见商会对这一章程提出不同看法。但随着商会的发展壮大，到1911年，已开始有个别省份的商会要求清政府修改《商会简明章程》，扩大商会的权限。例如成都商务总会于1911年3月发起召开全省各地商会联合大会，与会代表78人经过讨论，一致决定联名呈请清政府农工商部修改商会章程。呈文指出："大部奏定商会章程二十六款，固已提纲挈领，足为设会之根据。然简而（不）详，明而不备，致各会各拟其章程，即规制难期其画一。……仅以奏定商会简明章程为施行法，一遇事实之发现，有非章程所规定者，辄疑畏不前，反贻放弃职权之诮。"② 从有

① 《专件》，《中华全国商会联合会会报》第2年第12号，1915年11月。
② 《成都商会为设立通省商会联合会事照会天津商会》（1911年5月11日），载天津市档案馆等编《天津商会档案汇编（1903~1911）》上册，第95~96页。

关史料看，清政府并未对这一要求做出反应。另外，尽管成都商务总会曾将致农工商部的呈文分寄各省的商务总会，广泛征求意见，希望得到各商会的支持，但各省商会对这一呼吁没有予以积极回应，未能形成全国各地商会共同一致的要求，对清政府的压力自然十分有限，难以达到预期的目的。

民初的情况则与此大不相同。各商会对商会法的重要作用及影响均有了较为全面的认识，商会的实力较诸清末也获得了显著的增强。特别是全国商联会正式成立后，各地商会有了共同的领导机构，能够通过全国商联会的联络和指导，协调一致地采取行动。民初商会对《商会法》的抗争，即是如此。全国商联会不仅通过函电方式联络各省商会，统一相互间的态度和行动，还召开全国商联会临时大会，使各地商会的代表共聚一堂，面商对策。因此，在民初抵制《商会法》的斗争中，全国各地为数众多的商会，除极个别商会外，均态度一致，行动统一，并且表现得十分坚决，从而对北京政府形成强大的压力，迫使北京政府不得不按照商会的要求对《商会法》加以修改。两相对比，不仅说明民初的商会较诸清末的商会在许多方面更臻成熟，而且在很大程度上体现出近代中国在清末已初具雏形的市民社会，至民初又获得了进一步的发展。

西方的一些学者认为中国是一个封建专制主义中央集权高度发达的国家，与欧美各国历史的发展有着截然不同的特点，不可能产生类似于西方国家那样的市民社会。从实际情况看，近代中国确实难以出现与欧美国家完全相同的市民社会，对此我们也不无共识。但是，近代中国又确曾产生与市民社会本质特征极为相似的社团组织，清末民初的商会就是这样的社团组织之一。这一时期的商会不仅具有独立自治的特点，而且在一定程度上发挥了制衡国家的作用，产生了较为广泛的影响。民初商会对《商会法》的抗争及其结局，可以说是这方面的一个明显例证。当然，清末民初类似商会那样初具市民社会特征的社团组织，与近代西方国家的市民社会相比较还很不完善，自身存在较多的缺陷；加上近代中国社会结构及政治制度的诸多差异，不可能在各个方面像西方国家的市民社会那样充分发挥制衡国家的作用与影响，这或许可以看作近代中国不成熟的市民社会所具有的特点之一。不仅如此，到1927年之后，近代中国具有独立自治特征的民间社会，被国家所侵蚀，在很大程度上丧失了市民社会的本质特点。

从上述《商会法》之争来看，民初社会与国家的互动关系显然处于一种比较紧张的状况。如果与清末的情况相比较，这一紧张状况则更形突出。清末的最后十年，清政府所采取的基本政策是扶持民间社会的孕育和发展，主动劝导商人成立商会、商船公会等新式社团，并从法律上予以保护；同时，大力推行地方自治，支持各省设立各种地方自治性质的民间团体，让渡出较大的社会活动空间。可以说，清末民间社会的发展，与清政府所实施的有关政策密切相关。当时的社会对国家也基本上是抱着支持与合作的态度，商会即扮演着"通官商之邮"的重要角色。虽然在清末的这一历史时期，社会与国家之间在某些方面也存在矛盾，有些矛盾甚至比较尖锐，但总的说来，在1908年以前，国家与社会之间的关系基本上仍处在一种协调互补的状态。民国初期，特别是1913年以后，社会与国家之间的关系逐渐趋于紧张，这主要是因为当时的国家改变了前此支持和保护民间社会发展的政策，转而推行限制和约束民间社会的各种措施，这自然会引起民间社会的强烈不满，致使社会与国家之间的关系紧张，出现种种矛盾和冲突。不过，这种紧张状况在当时尚未达到白热化的程度，而且，国家的某些让步使相互间的紧张状况又逐渐趋于和缓。

第十三章

商会存废纷争

从清末 1904 年《商会简明章程》的奏准实施至民初 1915 年《商会法》的颁行，近代中国有关商会法规的建章立制原本应已基本完成。[①] 但到 20 世纪 20 年代中后期，随着国民党推行的商民运动逐步兴起与扩展，商会开始遭遇前所未有的生存危机。修订《商会法》以确保自身存在与发展的合法性，成为许多商会的强烈诉求。国民党对此诉求起初采取了模棱两可的策略，但建立南京国民政府之后，国民党开始从"革命的破坏"进入"革命的建设"新阶段，对商会性质与作用的认识也有所改变，最终于 1929 年 8 月相继制定实施新商会法及其施行细则，商会也随之得以继续合法存在。考察这一历史过程，从中可以发现近代中国商会法的修订与商会的发展演变，从 20 世纪 20 年代开始不可避免地受到政治因素的制约与影响。同时，通过对这一时期商会法修订进程的探讨，还可从一个

---

① 清末民初的相关详细情况，请参阅拙文《清末民初商会法的发展演变及其影响》，《澳门研究》2013 年第 4 期。有关近代中国商会法问题，虽在各种考察商会的论著中多有提及，但对此做专题论述者却为数较少。青年学者王静在近年曾发表《中国近代商会法的演进与影响》（《天津社会科学》2012 年第 5 期）一文，然论证十分简略。

侧面分析国民党对待商会态度的发展演变及其影响，以及社会与国家之间的某种特殊互动关系的独特样态。

一　商会生存危机

20 世纪 20 年代初，国民党著名理论家戴季陶即对民初《商会法》提出过强烈批评。他在 1920 年底 1921 年初拟订了一份《广东省商会法草案》，并在"理由书"中指出："民国三年九月十三日及民国四年十二月十五日北京政府所制定之商会法暨商会法施行细则，其立法主旨，全与设置商会之必要及理由相背。而现在中国各省之商会，纯为少数人集合之私团体，不足以资工商业之发展。故应全体取消，另行组织。"① 戴季陶拟订的《广东省商会法草案》当时虽未曾正式付诸实施，但由于戴氏的思想在国民党内部具有相当影响，致使随后的国民革命运动期间，尤其是 1926 年初国民党第二次全国代表大会通过的《商民运动决议案》，对商会同样也持否定态度，并随之引发了延续数年之久的修订《商会法》与商会存废纷争。

所谓商民运动，又称商人运动，指的是北伐前后的国共两党，尤其是国民党为从事国民革命而开展的一种民众运动。商民运动的具体目标，乃是通过动员广大中小商民成立商民协会，支持和参加国民革命，同时打击和孤立反对革命的买办及大商人。国民党"二大"通过的《商民运动决议案》，虽未批评民初的《商会法》，却沿袭和发展了戴季陶否定原有商会的一系列结论。其主要理由一是商会对商人"以少数压迫多数之意思，只谋少数人之利益"；二是勾结军阀与贪官污吏，"借军阀和贪官污吏之势力，在社会活动，以攫取权利"，甚至

---

① 戴季陶：《商会与商会法》，国立第一中山大学政治训育部宣传部印行，1927，第 11 页。

"受帝国主义者和军阀之利用，作反革命之行动，使一般之买办阶级每利用此种商会为活动之工具"。当时的国民党既然从政治上完全否定商会，认定"大多数之旧式商会不独不参加革命，且为反革命；不独不拥护大多数商民之利益，且违反之"，那么其对商会所采取的政策也就可想而知了。《商民运动决议案》明确指出："须用严厉的方法以整顿之，对在本党治下之区域，须由政府重新颁布适宜的商会组织法，以改善其组织，更严厉执行。"另一个策略是令各地组织商民协会来抗衡商会，"以监视其进行，以分散其势力，并作其整顿之规模"。国民党的最终目的，是要"号召全国商民打倒一切旧商会"。①

在此前后，各地商民协会相继成立，在实际运作过程中与商会发生诸多矛盾与纠葛，遂纷纷要求取消商会，并得到国民党中央商民部以及地方党部支持，从而使商会出现了严重的生存危机。在如何对待商会的问题上，尽管国民党开始即通过《商民运动决议案》，制定了以商民协会取代商会的方略，但后来鉴于商会在经济、政治和社会上的重要影响与作用，又意识到短期内无法将商会取消，于是，在开展商民运动的实际操作过程中，国民党对待商会的政策或是左右摇摆，或是不断变化，甚至是相互矛盾。

对于商会而言，自国民党"二大"通过《商民运动决议案》之后，商会被认定是不革命和反革命的商人团体，一直面临来自政治方面前所未有的生存危机，受到商民协会的指责与攻击。在这种情况下，商会为了重新获得合法存在的法理依据，不断要求国民政府制订新商会法。这一特殊动因，是清末民初制定和修改商会法规从未有过的情况。另一方面，国民党意识到商会无法在短期内予以取消，也倾向于通过制定新商会法对商会进行改造。1926年11月，国民党中央

---

① 《商民运动决议案》，载中国第二历史档案馆编《中国国民党第一、二次全国代表大会会议史料》（上），江苏古籍出版社，1986，第388~393页。

政治会议即做出决定，要求中央商民部、广东省商民部、广州市商民部、广东省实业厅、国民政府司法行政委员会等机构，会同起草商会法。随后，中央商民部函约上述各机关派代表于 23 日在该部召开会议。本次会议讨论了商会法起草大纲，主要内容如下。（1）宗旨：以发展商人应有利益及团结商人参加革命为主旨；（2）组织：采用委员制，以行为单位，以人数为比例；（3）会员：凡正式商人，皆可加入为会员，但买办阶级及中外合办之商店商人，不得加入；（4）会费：以少为原则；（5）选举：用双记名普选；（6）任期：一年一任，如再被选，得连任一次；（7）会议：分代表大会、执行委员会、常务委员会三种。会议还决定，由司法部依照本大纲起草商会法，于一星期内草就，提交下次会议讨论。①

按照这个大纲所确定的原则，将有可能在以下几个方面改造旧商会的原有格局。关于会员，大纲限定了买办甚至是中外合办商店之商人，均不得加入商会而成为会员。旧商会则并无此种限制，只要是商人均可加入。这一规定，体现了当时国民党对旧商会的最大不满之处，即买办或买办商人在商会拥有较强势力，甚至控制了商会的领导权。如能限制他们加入商会，当可解决旧商会这一最主要的弊端。关于领导体制，通过采用委员制改变旧商会的会长与会董制度。这也是一种较大的改变，应该说体现了现代政治的发展和新时代的变迁，无可指责。关于会费，确定以少为原则，这主要是针对旧商会规定缴纳高额会费，导致只有富商大贾才能加入，中小商人被拒之门外的缺陷而做出的改变。如果会费较少，广大的中小商人就可以加入商会，从理论上说这一改变应该也无可非议，但在实际操作过程中可能会遇到不少困难。因为在此之前，包括上海总商会在内的一部分商会，自身已意识到这一问题，上海总商会还曾在民初一度实施大幅减少会费、

---

① 《商会法之起草会议》，《广州民国日报》1926 年 11 月 25 日，第 3 版。

扩增会员的改革，但最终导致商会遭遇严重的财政赤字，入不敷出，只能靠借债而暂时勉力维持，会员人数也并没有因减少会费而得到明显增加。所以，上海商会在不得已的情况下只能恢复原有的相关规定。①

1927 年 1 月初，由广州总商会、商会联合会、市商会参与筹备举行的广州商民代表大会，通过了 34 件议决案，其中即有请政府修改商会法案。② 但是，国民政府在北伐时期不仅军事倥偬，而且面临的政治、经济、外交等方面诸多事项十分繁杂，相对许多紧迫事宜而言，修改和制订商会法似乎显得并不是那么急切，加上对商会究竟采取什么样的政策，国民党内部意见并不完全统一，因而制订商会法的进展十分缓慢。一些地区的商会则希望国民政府尽快颁布新商会法，即使因此而使商会有某些变化，但毕竟可以由此获得名正言顺的合法地位，以免经常受到商民协会要求国民党商民部和国民政府取消商会的威胁。

例如汉口总商会在国民政府迁到武汉后不久，就曾经呈请湖北政务委员会拟订和颁行新的商会法规，以为商会改组之依据。武昌总商会在 1927 年 1 月也同时呈文中央执行委员会和中央联席会议，说明"政府建立，百度维新，所有商会，自应遵照新章办理。现在大冶县等处商会，曾经函询办法，转陈在案。近闻政务委员会已经修正商会法，仰恳早为颁布，俾商会依法改组，以符新章而策进行"。③

同年 2 月 11 日召开的武汉临时联席会议第 23 次会议，讨论了湖北政务委员会提出的拟暂行整理湖北商会条例，但并无明确结果。于是，汉口总商会又呈文中央执行委员会，阐明："本会曾于本年一月

---

① 有关详细情况，请参阅拙文《近代中国商会选举制度之再考察——以清末民初的上海商会为例》，《中国社会科学》2007 年第 1 期。

② 《商民代表大会之第四日》，《广州民国日报》1927 年 1 月 14 日，第 9 版。

③ 《武昌总商会呈中执会文》（1927 年 1 月 4 日），中国国民党中央委员会党史史料编纂委员会收藏档案，汉 1495。

函致湖北政务委员会，对于商会办法是否仍照旧章，抑须静候新章，请予示遵。嗣奉政务委员会复函内开，查湖北商会条例业经本会拟具草案，呈请中央政治会议审议，一俟审议终结，令到即行公布，等因。自应静候颁布，俾便遵从。无如守候已及兼旬，公布仍无确日，不惟各地商会之纷纷询问者，无从答复，即本镇各业商人与商人时有纠纷，而仍守旧章，既难期其必服，偶维现状，又或苦于无稽。本会诚恐诚惶，罔知所措，虽总商会仍应存在，已奉明文，而办法不能折中，即职务多难合度，人各一说，则是非无所适从，枝或旁生，即彼此愈徒多意见。当兹岁华更始，弥望商界咸新，拟恳钧处俯念下情，迅将审议商会条例，即日宣布，以便一致遵循。"[1] 尽管汉口总商会词恳情切，但当时的国民党中央执行委员会实际上也难以真正迅速解决该问题。

在稍后举行的长江流域商民代表大会上，汉口总商会再次提出了"请速颁商会法规以资遵守案"。该提案说明："农工团体之组织，早经政府颁订章程，一律遵守，而商人方面，除商民协会外，如原有之商会、总商会如何改组，尚无新章之可循。一载以还，我商人努力革命工作，自信未敢后人，然办事既失所凭依，即精神遂无由表现，此固不止汉口一埠本会一会为然也。溯自上年国民政府迁鄂，本会曾经呈请中央政治会议颁订商会法规，以为改组之依据，虽奉复示：业经拟具草案，尚须审议颁行，然静候已逾多时，而颁布仍无确日，群情惶惑，莫知所从。拟请大会转商政府，将关于此项法规，或就全局厘订，或分区域以施行，早定方针，示之标准，庶几遵循。"[2] 由上可知，商会要求早定商会法，主要还是以有利于

---

① 《汉口总商会致中执会函》（1927年2月17日），中国国民党中央委员会党史史料编纂委员会收藏档案，汉857。

② 《汉口总商会提案》（1927年7月7日），中国国民党中央委员会党史史料编纂委员会收藏档案，部1757。

商人支持和参加革命作为最重要的理由，当然不会明言以摆脱自身不利之处境作为目的，但其背后实际上却是蕴含着这一重要目的，而且这一目的也是驱使商会要求国民党中央和国民政府尽快颁布商会法的主要动因。

当时，国民党对待商会的政策仍是左右摇摆。1927年3月和5月，在国民党地方党部的支持下，长沙总商会、南昌总商会曾一度被商民协会接管，引起全国各地商会强烈反对。国民党中执会政治委员会第22次会议讨论这一问题时，认为商会问题应通过制订商会法的方式解决，在目前情况下商会与商民协会应"同时存在"，最后议决的结果为：商民协会对于商会"不准接管"。① 于是，国民党中央商民部又向各省党部商民部发布通令，说明"除湖南、江西已经接管不计外，合行该省党部商民部商民协会等团体，遵即以后对于旧商会不得任意接管"。②

但至1927年11月，国民党中央商人部（是年9月改称此名）又提出将商会与商民协会合并的设想："查旧有商会组织不良，失却领导商人之地位。现在各地商人咸自动组织商民协会以为替代，且以职权问题，尤多冲突，自应急速改善以适应商人之需要。本部拟于本会第三次全国代表大会时提出方案，请求撤销全国旧商会，以商民协会为领导之机关，以集中商人力量而便统一指挥。惟于未改善之初，先当征求各地商人之意见，以谋改善之道。为此通告各省商人部、商民协会仰即转告所属各商人团体，对于改善商会之处有何意见，可陈述来部，以为采择而为将来施行之根据。"③ 这样，在中央商人部的直接

———————————

① 中国第二历史档案馆编《中国国民党第一、二次全国代表大会会议史料》下册，第1182页。

② 《中央商民部通令》（1927年5月），中国国民党中央委员会党史史料编纂委员会收藏档案，部6340。

③ 《中国国民党中央商人部通告》（1927年11月11日），中国国民党中央委员会党史史料编纂委员会收藏档案，部4309。

部署之下引发了十分激烈的商会存废之争。① 各地商人部与商民协会几乎都在回复中表达了支持取消商会的态度，还借此机会对商会又大肆进行了指责与攻击。与此同时，各地商会则坚决反对中央商人部拟取消商会的设想。尤其是在全国号称"第一商会"的上海总商会，虽然受会长傅筱庵私通军阀孙传芳的影响曾被勒令改组，但此时仍在维持商会合法存在的抗争中担负了领袖群伦的重要作用。上海总商会得知此消息后，先是召开联席会议商讨应对之策，并致函上海市党部商人部，对中央商人部通告中有关商会的说法一一进行了反驳，认为"现行商会之组织，实系中小商人兼容并包，并无由某种阶级可以专擅包揽之规定。有法规，有案牍，可以为相当之证明者也。更就'失却领导商人之地位'言之，亦与历来经过之情形未符。……蒙此厚诬，不能不为相当之辩明者也"。②

随后，上海总商会联络全国各地商会，以召开各省商会联合会的形式共同予以抵制。1927 年 12 月中旬，会议在上海举行，国民政府所辖 10 省区 87 个商会的 140 余名代表出席了本次会议，蒋介石、戴季陶、孔祥熙等党政要员也参加了开幕典礼。大会原定有 5 个议题，但实际上最重要也是最先讨论的即为商会存废问题案。上海、南京、汉口、广州、苏州等地的 17 个总商会和商会，都向大会提交了商会不能撤销案，并呼吁修正公布商会法。有的针对中央商人部所说之"旧有商会组织不良，失却领导商人之地位"的指责，阐明："所云组织不良，当为旧商会法之不良。中央亟须颁布商会法令，各商会一律

---

① 不难看出，在是否取消商会的问题上，实际上国民党内部的意见并不一致。就一般情况而言，各级党部商人部作为商民协会以及商民运动的直接领导机关，为了能够进一步扩大商民协会的势力与影响，大多倾向于支持取消商会，甚至连中央商人部有时也在某种程度上支持这一行动。但国民党中央出于整体上的综合考虑，较多地顾及商会可以在经济上提供支持，并不积极支持取消商会的行动，甚至是多数情况下表示反对。

② 《为旧商会不应撤销事上海总商会复市党部商人部函》（1927 年 11 月 24 日），载上海市工商业联合会等编《上海总商会组织史资料汇编》下册，上海古籍出版社，2004，第 578～579 页。

依法改组可耳。各商会靡不知旧法之不适用，而又无新法以为依据。目下不免有期满亟须改造之商会，当夫存废之问题未决，实有进退维谷之势。"① 还有的强调："商会法定于旧政府，不能适用。夫法久无不弊，处此青天白日国旗下，万象更新，商民视此，本有修改之必要，亦既屡屡请求于我国民政府矣，深愿迅与修正公布，以资准则而示政府爱护商民之本旨。"②

本次大会还以各省商会联合会总事务所的名义呈文中央党部和国民政府，要求撤销中央商人部废止商会提案，修改商会法。呈文阐明："商会系法定机关，其组织皆根据商会法。商会法不善，责在政府，不在商会。所谓商会组织不善者，实不明此中事理也。或曰商会不能容纳中小商人，此则似是而非。"除了对相关问题予以说明和解释之外，为使商会原有缺陷不再授人以柄，屡遭商民协会指责攻击，本次会议还议决"组织商会法研究委员会，同时并草定商会改组大纲"，③ 自动对商会进行改组。"其条件有三：一、废止商会法会长制，改为执监委员制。二、会员不限男子。三、会费规定每年负担最少限定，以便普及。"最后，大会的呈文表示："理合依照决议案具呈钧部钧府察核，请准撤销中央商人部废止商会提案。一面令行法制局将商会法迅速修正，准属所举员参加。在修正商会法未颁布以前，由各商会自动改组，以期救济而不相妨。"④ 会后，各省商会联合会执监会议还议定，先推举常务委员赴南京向国民政府请愿，"以求达大会议决事件的执行目的"，如仍无效，"由各省代表继续请愿"。⑤

---

① 马敏等主编《苏州商会档案丛编》第4辑上册，华中师范大学出版社，2009，第352页。

② 马敏等主编《苏州商会档案丛编》第4辑上册，第351页。

③ 商会改组大纲共计10条，具体内容见上海市工商业联合会等编《上海总商会组织史资料汇编》下册，第599~560页。

④ 《呈中央党部国民政府议请核准商会改善方案文》，载上海市工商业联合会等编《上海总商会组织史资料汇编》下册，第595页。

⑤ 《各省商联会第一次执监会议之第二日》，《申报》1928年3月14日，第4张第13版。

二　商会应对举措

显而易见，商会在面临生存危机时的应对措施之一，仍是主动提出修改商会法的要求，希望通过公布新商会法确保商会的合法性。1927 年底，反对取消商会的各省商会联合会在上海召开之后，许多商会对敦促政府修改商会法显得更为积极主动。至 1928 年 3 月底，各省商会联合会总事务所又呈文国民党中央党部及国民政府："查商会法应加修正，并准属所派员参加，经去年大会决议，属所执行决议案，曾于商会改善方案内呈请修正，在未修正前，并由各商会自动改组委员制各在案，现在再经执监联会决议，理合具呈钧会钧府察核，请准迅饬法制局将商会法迅加修正，参照属所决议之商会改善方案，及商会改组大纲为修正根据，并准属所派员参加。案关根本大法，为全国商人团体命脉所在，恳即迅速照准令遵，实为公便。"[①] 4 月初，法制局即致函各省商联会总事务所，说明"敝局刻以办理商会法修正事，请将贵所议决之改善方案及商会改组大纲，各抄一份过局，以资参考"。这当然是商会求之不得的事情。商联会总事务所又呈文国民政府和工商部，阐明"商会法为领导商人之团体，负改良商业之责任，立法不良，易滋纠纷。今法制局已着手修正，仰见我政府关怀商业，力谋建设，除现在之纠纷，图将来之美善。属所为全国商会枢纽，对于商会法之利弊，务为明了。理合具呈钧府、部察核，准属所举员参与，贡其一得之愚，以免隔阂而臻妥善。伏乞迅饬批准，实为公便"。[②] 虽然商会力图参与修正商会法的这种要求难以完全实现，但对于推动国民政府加快修正和颁布商会法的进程，特别是推动国民党

---

① 《商联会呈请修改商会法》，《申报》1928 年 3 月 30 日，第 4 张第 14 版。
② 《商联会之文件》，《民国日报》（上海）1928 年 4 月 14 日，第 3 张第 2 版。

中央确立新的商人组织原则及系统，还是有一定的促进作用。

不仅如此，苏州总商会在各省商会联合会上也曾为商事法令问题提出议案，说明："政府所颁布者为法，官厅所施行者为令，各业以此问题须辨明适用法与令，庶免纠纷。现在省自为政，商民何所适从，应请政府从速颁商会法，以便商事上之适用。"① 江西省商联会专门召开执监委员联席会议讨论相关事项，并电呈中央党部及国民政府，要求"准将修正之商会法迅予公布，俾商会地位得以巩固，斯商情可安，浮言可息，商协之攻击可以告止，即外间之觊觎亦不致发生。不惟全国各商会之幸，抑亦全国商民之幸也"。② 后来还有些商会对修正商会法提出了不少具体的建议和意见。例如上海总商会对商会法的修改提出了以下五个方面的意见。（1）名称。旧商会法规定于地方最高行政长官所在地及工商业总汇之各大商埠设立总商会，余概称为商会，其华侨中华总商会及中华商会亦照该法办理，是项名称沿用已久，此次拟订草案，似应仍照旧称，以免纷更。（2）组织。旧商会法系用会长制，照现在趋势，自应改用委员制。惟主席委员宜定为1人，以期办事方面得以敏捷处理。如国民政府及省政府均仅设主席1人，亦不必仍有主席团名目。（3）会员资格。除年龄应有限制及其他消极资格外，应照旧制略为推广，不必限于公司行号之经理人，并应采取男女平等原则，不论性别。（4）选举。采用连记投票法进行，分业选举制度，应视各地情形而定，条文内可酌设任意规定。（5）整理条文。此须拟订商会法草案，事关法律适用，须有严确规定。所有各项条文，拟请由法律专家整理文字，以免前后文冲突或将来解释纷歧之弊。③

20世纪20年代商会法的修订不仅具有不同于以往的复杂动因，

---

① 马敏等主编《苏州商会档案丛编》第3辑上册，第303页。
② 马敏等主编《苏州商会档案丛编》第4辑上册，第462~463页。
③ 《总商会条陈商会法意见》，《申报》1928年5月20日，第4张第14版。

而且其修订进程明显受到当时政治形势发展变化的影响。南京国民政府建立之后，国民党中央鉴于"军政时期"的结束与"训政时期"的开始，着手考虑制定新时期民众运动的任务，以及民众团体之组织原则及系统，其中也包括商会与商民协会组织系统的规定与安排。国民党中央执行委员会常务委员会议决通过的"民众团体组织原则及系统"，强调"民众团体本来是民众一方面为维护其特殊利益，实现其特殊要求所组织，同时又为谋民族的国家的共同利益而组织的。……民众团体本有两种使命，其一为破坏的，其二为建设的。在军政时期，民众团体的使命在向军阀政府及反动势力作政治的斗争。训政时期开始以后，民众已有了组织的自由，和参与政治的地位，已可以向革命政府提出其要求使订定于国法，其使命便一变而为发展产业及提高文化，并协助国民政府整个的计划和一致的步骤之下，从事于革命的建设"。[①] 从"革命的破坏"转变为"革命的建设"之后，尤其是在发展产业方面，以经济职能为主的商会与以政治职能为主的商民协会相比较，显然可以发挥更加突出的作用，这对商会自然是非常有利的。不仅如此，国民党当时确立的民众团体三个组织原则，对商会的存在与发展也很有利。第一，"凡利益不同而义务各异的民众应使其分别组织"；第二，"民众团体应各保其完整一贯的系统"；第三，"民众团体应加设或改设担负建设工作的机关"。按照"分别组织"和"保其完整一贯的系统"这两个原则，商会当然不应该被取消。

关于商人组织的原则与系统，在此前纷争较大的主要是商会与商民协会应否并存的问题，以及商民协会的成分，即店员是否纳入其中的问题。经过讨论与研究，国民党中央确定，商民协会与商会明显存在差异，不应该合并。"商民协会和商会之所以不同者，在前者以中

---

① 《国民党中央民众训练部制定之民众团体组织原则及系统》（1928 年 10 月），载中国第二历史档案馆编《中华民国史档案资料汇编》第 5 辑第 1 编《政治》（3），江苏古籍出版社，1994，第 1~2 页。

小商人为重心，后者以大商人为重心，大商人和中小商人的分别，并不是社会阶级的不同，而是营业范围大小的差别。"此外，由大商人组织的商会和中小商人组织的商民协会，对国民党有着不同的意义与作用，"前者为本党经济政策之所在，后者为本党革命力量之所存"。按照上述原则，国民党中央规定的商人组织方案为：（1）商民协会以中小商人为会员，接受国民党的领导；（2）在大工商业区，商民协会内各业会员，得发起各业公会，各业大工商业者得加入之；（3）各业公会得合组商会，商会得合组总商会；（4）总商会、商会受政府的管理，其任务专在发展工商业及国际贸易。[①]

根据 1928 年 10 月公布的上述国民党中央民众训练委员会制定之民众团体组织原则及系统，不仅是商民协会，商会和总商会按照规定也均得以继续存在。这个民众团体组织原则虽然不是由政府颁布的法规，但在当时国民党"以党治国"的体制之下，仍可以说在某种程度上对此前的第一次商会存废之争暂时做了一个结论。但仍有商会进一步阐明："商民协会条例与商会权限上组织上颇多抵触，而中央党部所议商人组织原则上并多歧说之点，亟应明白规定，以免纷扰。"[②]

此外，上述商会与总商会之组成方式，也与原有商会的组织系统存在较大的差异。因此，一部分商会对这些规定依然提出了修改意见，并且继续要求政府制订和颁布新商会法。实际上，国民党制定的这一新政策也确有相互矛盾之处，例如民众团体组织原则及统系议决案规定：商民协会以中小商人为会员，受党的领导；在大工商业区商民协会内各业会员得发起各业公会，各业大工商业者得加入之；各业公会得合组商会，商会得合组总商会；总商会、商会受政府的管理，

---

① 《国民党中央民众训练部制定之民众团体组织原则及系统》（1928 年 10 月），载中国第二历史档案馆编《中华民国史档案资料汇编》第 5 辑第 1 编《政治》（3），第 8 页。

② 《总商会之提案·请国府修正商会法从速颁布以便遵循》，《益世报》1928 年 10 月 25 日，第 3 张第 10 版。

其任务专在发展工商业及国际贸易。根据这一规定，一方面商民协会的各业会员可以建立同业公会，另一方面各业公会可以组织商会，而各商会又联合组织总商会，这就容易导致商民协会与商会成员之间出现重叠和纠缠不清的结果。为此，全国商联会曾经呈文国民政府从三个方面提出了具体的修改意见。其一是针对"各业公会得合组商会"之规定，说明由于除繁盛城市商埠各业能自成一业，自组公会外，其余偏僻地方一业或无几号，不能组织公会者居大多数，即使是繁盛城市商埠，以个人或一商号成为商会会员者亦不在少数。如依此限制，"至原有商人集团之总商会、商会因此停办，似非训政时期所宜"。其二是针对"商会得合组总商会"之规定，指出以往之商会，虽有总商会、商会之名目，但相互平等，"并无阶级之分"，只是职员数额有所区别。"今若由商会以合总商会，则总商会显为商会之上级机关，商会显为总商会下级机关。阶级太明，斗争易起，不但非商人所素习，且亦非商人所素愿。"其三是针对在大工商业区，商民协会内各业会员得发起各业公会，各业大工商业者得加入之条文，详细阐明"依此条文解释，则是总商会应由商会合组，商会应由各业公会合组，且各业公会则应由商民协会会员发起。简言之，则商会基本组织全在商民协会会员。是则纳总商会、商会于商民协会之中，置总商会、商会于商民协会之下。……于理论既有扞格，于事实亦万分难行"。在进行了以上比较充分的阐述之后，全国商联会在呈文中建议对相关条文做如下修改："商民协会由商人总会、店员总会、摊贩商会组织之"，"各同业公会或各商店代表，得合组总商会及商会"。①

针对国民党中央民众训练部制定之民众团体组织原则及系统中所

---

① 《全国商会呈请国府修正商人组织原则及系统》，载上海市工商业联合会等编《上海总商会组织史资料汇编》下册，第602~603页。

谓商民协会以中小商人为重心，商会以大商人为重心的说法，也有商会表达了不同意见，认为："商会会员，向无阶级，即总商会与商会之间，亦同无隶属关系，以故数十年来，隐符平等之原则。今强分之曰：商会以大商人为重心，商民协会以中小商人为重心，试问大商人以何项资格为标准？中小商人以何身份为界限？强分阶级，引起斗争，前途危害，殊有不可胜言者。"①

应该说明的是，国民党中央执行委员会常务委员会议决通过的"民众团体组织原则及系统"，实际上成为当时国民政府工商部制订商会法的主要依据或参照原则，因而商会对其提出修改意见和建议是非常有必要的。即使国民党中央对已经公布的民众团体组织原则不做修改，但在制订商会法的过程中对商会的意见加以酌情考虑，也可谓达到了目的。

工商部在《商会法草案要点说明》中指出："起草新商会法有一前提应最先决定者，即商会与商民协会应否并存是也。查商会与商民协会之存立，在今日已为公认之事实，新商会法对于此种事实自应加以注意。"② 工商部长孔祥熙也曾说明："查商人团体之组织，依据本党民众联合之事实，虽只有商民协会而无商会，但第一次全国代表大会公布之对外政纲，已明白确定商会为各省职业团体之一。"③ 更重要的依据，则是上述 1928 年 7 月国民党中央常务委员会第 155 次会议通过的民众团体组织原则及系统议决案，也已确定"将商民组织分为两种，一为商民协会，一为商会，而以商会代表大商人，商民协会代表中小商人"，并且认定"商会为本党经济政策之所在，商民协会为本

---

① 《总商会之提案·请国府修正商会法从速颁布以便遵循》，《益世报》1928 年 10 月 25 日，第 3 张第 10 版。

② 《商会法草案要点说明》，中国国民党中央委员会党史史料编纂委员会收藏档案，政 4/54 - 1。

③ 《工商部长孔祥熙呈国民政府文》（1929 年 1 月），中国国民党中央委员会党史史料编纂委员会收藏档案，政 4/54 - 3。

党革命力量之所存"。这就使商会得以存在并使制订新商会法有了比较充分的依据。

但是，如上所述，商会与商民协会究竟包括哪些成员以及商会的组织方式仍然存在争议，尤其是商会有不同的意见。据《申报》报道，孔祥熙此前在无锡参观考察时，"有人询及商协与商会之关系"，孔即回答说："现在商会多依旧制，其分子为团体。商民协会则用新制，其分子为个人。即使并存，亦属无妨。"对于孔祥熙的这一说法，上海特别市商民协会表示异议，认为"各地商会虽有团体会员，如公所、公会、会馆之代表，然实居少数，其大多数之会员，均属个人。各商会均有会员名册，不难考查"。上海商民协会还认为孔祥熙的说法"与中央通过之条例不符，特致函询问"。孔在复函中说："鄙人谈话，仅就现在之事实而言，至将来办法，自应以国府明文颁布之各项条例为准，此时固无从悬拟也。"① 而工商部在制订商会法时，基本上也是沿用了孔祥熙的这一说法。

从后来的实际情况看，工商部在制订商会法时还是参考了商会提出的意见。具体而言，工商部主要在以下四个方面表述了略有不同的看法："本党既不愿见民众有阶级分化之倾向，则不宜强分商人为大与中小之两级，一也；本党革命力量之最后表现，即为国民生计之改善，而经济政策实为改善国民生计之主要原动力，似不宜视革命力量与经济政策为截然无关之二物，二也；同是商人团体，一则受党的领导，一则受政府的管理，一若在今日党治之下，党与政府判若鸿沟也者，与中央最近议决民众团体一律同时应受党的训练与政府管理之原则，亦有不符，三也；商会由各业公会组织，而各业公会须由商民协会内各业会员发起，是商会究为业的集团乎？抑为人的集团乎？性质未明，易滋混淆，四也。"工商部基于上述原则与具体考虑，确定"商民协会为商人的集

---

① 《商业团体会员资格之讨论》，《申报》1928年9月30日，第4张第16版。

团，认业商的自然人为会员，以图谋商人之福利为目的"；"商会为商业的集团，认同业公会或商业的法人为会员，以图谋商业之发展为目的。此原则一经确定，则商民协会固可由商人总会、店员总会、摊贩总会联合组织，但其组织分子则完全为商界的自然人，与商会之以业为组织单位者迥有不同"。① 很显然，从上述商会法要点说明中可以看出，工商部制订商会法时在很大程度上接受了商会提出的修改建议。

1928 年 8 月下旬，工商部工商法规讨论委员会在沪举行，其中议程之一为审查商会法草案，并起草审查报告交大会讨论通过。当时，全国商会临时代表大会也在沪同时举行，获悉工商法规委员会最后一天将讨论商会法案，全国商联会即致函该会："闻商会法草案，贵会定于本日下午四时，作最后之讨论。查商会法为商会根本大法，关系重大，敝会决议公举代表陈述意见，恳请延期，先将草案即饬廿份，以便先行研究，将其所得到会陈述，希即允如所请。"② 稍后工商部将相关提案送交全国商联会，商联会专门组织的工商法规研究委员会进行了细致讨论。除此之外，工商部工商法规委员会还议决商会法草案中有关商民协会会员组织同业公会，同业公会组织商会，商会组织总商会的规定，提请中央重新审议。因为"商会组织应以工商同业公会为基础，则工商同业公会条例，尤应先行颁布，以示准绳"。③ 中央政治会议议决将商会法、同业公会法连同工厂法、消费合作社条例等交付审查，并指定胡汉民、戴季陶、王宠惠、孙科、陈果夫、孔祥熙为审查员，孔为召集人。审查之后，中执会呈中央第 35 次常务会议通过，交立法院审议，并派人赴立法院参与审查，以使其能够在立法院顺利获得通过。

后来，胡汉民曾就商会法原则中商会由同业公会、商业的法人、

---

① 《商会法草案要点说明》，中国国民党中央委员会党史史料编纂委员会收藏档案，政 4/54 - 1。

② 《全国商会第九、十两次大会记》，《申报》1928 年 10 月 26 日，第 4 张第 13 版。

③ 《工商部长孔祥熙呈国民政府文》（1929 年 1 月），中国国民党中央委员会党史史料编纂委员会收藏档案，政 4/54 - 3。

别无同业之商店三类单位组成之规定，提出四个问题请审查委员会给予明确解释。这四个问题是：（1）商会组织之单位，是否以同业公会为原则，商业的法人与别无同业之商店为例外；（2）一区域内是否仅限于一个商业公会；（3）商业的法人如合原则之条件，是否必须组织同业公会；（4）别无同业之商店，能否附合类似或一部分相同之业而组织同业公会。① 审查委员会分别对四个问题进行了如下解释，并在中央政治会议上获得通过。第一，商会为商业的集团，即以业为组织单位，自应以同业公会为原则；第二，一区域内应限一个同业公会，两个以上有发生冲突之虞；第三，商业的法人虽合原则的条件，其愿组织同业公会与否，完全属于自由，不能加以强迫；第四，别无同业之商店，不必组织类似或一部分相同之同业公会，因为其区分比较复杂，易发生纠纷。② 由此可以看出，当时的国民党中央对新商会法的制订还是比较重视的，并且也在一定程度上参考了商会提出的修改建议。

由上可知，在此次商会法修订过程中，不仅政府相关部门反复进行了多次讨论，商会也曾发表过不少相关意见和建议，并产生了一定的影响。类似的情况，在清末《商会简明章程》和民初《商会法》制订的过程中均未有过。但是，也不能说国民党与国民政府对商会提出的建议都能予以接受。例如工商部初拟之商会法原则草案第 2 章第 5 条中，规定"不设总商会，一概冠以地域名称"。对此规定，许多商会都表达了不同意见，1928 年全国商联会成立的工商法规研究委员会，在第一次会议上"报告大会交到孔部长提案四件"，逐一讨论之后，认为"惟总商会一总字，须待工商部解决。各委员讨论结果，议决电请工商部保留"。③ 随后，全国商联会又致电工商部进一步予以阐

---

① 胡汉民：《关于商会法四问题请予明确之解释》，中国国民党中央委员会党史史料编纂委员会收藏档案，政 4/54 - 11。

② 《关于商会法四问题解释报告书》，中国国民党中央委员会党史史料编纂委员会收藏档案，政 4/54 - 12。

③ 《工商法规研究会初议纪》，《申报》1928 年 11 月 1 日，第 4 张第 14 版。

述："查总商会、商会，原无阶级之分，不过繁盛都会、商埠职员规定多，其余职员规定少，以此分别而已。稽之世界各国，均有总商会、商会两种，我国不宜独异。若以为有总须有分，则尤不然。证诸总领事、领事，亦有总无分，未闻以此而生阻碍。自清末创立商会以来，历三十年，习惯已久，外对友邦，内在国民，均有种种重大关系，案经大会一致表决，仍用总商会、商会名义，合电请求即予规定于商会法中。"①

至 1929 年初，上海总商会仍坚持认为总商会之设实有必要，并向中央政治会议、国民政府工商部发出快邮代电阐明其意见。上海总商会指出：

> 一总字之存废，诚无关乎宏旨，惟天下事之最难轻废者，莫如名。名废则信不立，言不顺，而事不成。上海之有总商会，创立最夙，历史最久。仍岁以来，国家每有大事，故对外宣传，以上海总商会为最肯努力而有效。……今若去一总字，即译名不能无所变更，一变更则最为外人认识之信用，倏焉消灭于无形，于将来对外宣传，必生不良之影响，不可谓非绝大之损失。况乎上海特别市管辖区域，跨有数县市，内商会不止一所，如果不加总字，何足以示分别。而本会组织，几乎包含全市重要商业公团而无遗，对于其他商会，精神物质恒有联络，无总合之名，内有其实。即他处省会总商会，对于各该省内商会，亦各有此种关系，已成不争之事实。最近并已奉有工商部颁发总商会关防启用未久，尤未便遽改名称，招致疑惑，恐多窒碍。为此，再四筹维，敬贡一得，电恳钧座鉴核，请予改正商会法草案，依照前章分设总商会、商会，仍准沿用总商会名称。②

---

① 《全国商联会之两要电》，《申报》1928 年 11 月 3 日，第 4 张第 14 版。

② 《上海总商会快邮代电》（1929 年 1 月 26 日），中国国民党中央委员会党史史料编纂委员会收藏档案，政 4/54－10。

工商部似乎也一度表示愿意接受商会的这一意见，考虑修改为可以设立总商会，只不过要求"凡称总商会，必须电主管机关核定"。①但后来正式颁布的商会法，却依然只有商会、全省商联会、中华民国商联会，仍无总商会之名称。②

另外，全国商联会还曾于1928年底呈文国民政府，对工商部工商法规讨论委员会讨论的商会法草案提出如下意见："商会职务，应别为专章，不应规定于第一章总则之内"；全国商联会的成立，须有各省商会联合会五分之一以上方得发起，有过半数之加入方得成立，此规定"在理论上本无可非议，惟在事实上则多扞格不通，因全国二十八省，现仅有九省之省商联会成立，若依照规定施行，则全国商联会不知何年月日方得正式成立"；关于商会与官署之间的公文程式，在商会法中也应有明确规定。③但全国商联会的这些意见，工商部基本上未予采纳。

三　商会存废之争

尽管新商会法的修订未接受商会的许多建议，其正式颁布也为时较晚，但上述商会法的制定过程及官方的相关各项解释，就足以表明当时国民党与国民政府保留商会的态度和政策，应该从根本上可以结束商会存废问题的争执，但事实上却并未形成这一结果。对当时的商会而言，新商会法的即将颁布无疑是一个福音，商民协会则仍然有所

---

① 《商会法原则》，中国国民党中央委员会党史史料编纂委员会收藏档案，政4/54-8。关于公文程式，当时的商会均坚持仍照旧商会法执行，即总商会对于中央各部及各省政府行文用呈，对于省政府以下各官厅，皆用公函。

② 国民党后来之所以坚持不设总商会，主要原因还是认为设总商会容易导致"阶级之分"，希望以此避免出现像以前上海总商会那样的状况。王均安曾解释新商会法的此条规定说："旧时有总商会之名称，本法因商会并无阶级之分，已将此种名称取销，故商会之名称，只须冠以地域名称即可。例如上海之商会，则称为上海特别市商会，杭州之商会，则称为杭州市商会。"见王均安编著《商会法、工商同业公会法释义》，世界书局，1929，第15页。

③ 《全国商会呈国府文》，《益世报》1928年12月13日，第2张第6版。

不满。一部分商民协会和地方党部坚持认为，商民协会与商会二者只能保留其一，商会应予取消。下引上海《民国日报》发表的一篇采访陈德征①的报道，即反映了当时的这一现状：

> 记者问：先生为此次工商法规讨论委员之一，对于商会存废问题，有何高见？
>
> 陈氏答：中央新颁商民协会组织条例中，只有商人总会、店员总会、摊贩总会之规定，故商会之名称应根本废除。但为顾全本党第一次全国代表大会宣言及第二次全国代表大会商民运动决议案中，有商会名称之字样起见，则在未经第三次全国代表大会正式议决将商会字样明令取消以前，不妨沿用商会二字，但其性质应规定等于商民协会组织条例中之商人总会，并须直接受各该地最高党部之指导。②

显而易见，在陈德征看来，商会应该"根本废除"，只不过是暂时能够继续存在，而且性质应等同于商民协会组织条例中所说之商人总会。俟不久之后举行第三次全国代表大会将商会明令取消后，即不复再有商会之名称。在回答讨论中的商会法及此后的商会时，陈德征也有意识地以商人总会法和商人总会名称替代商会法与商会，似乎商会被取消只不过是时间问题，不会有什么其他的疑问。他同时还向记者说明，"此次大会仅系讨论性质，盖法规定由中央颁布，工商部仅可贡献法规草案"，其用意在于表示工商法规讨论委员会通过的商会法草案并不能作为定论。在国民党"三大"召开前后，许多商民协会和地方党部继

---

① 陈德征是上海特别市党部负责人之一，后曾担任上海市教育局局长。当时是工商法规讨论委员会委员，后来力主取消商会，并在国民党第三次代表大会上提出取消商会的提案，引发更为激烈的第二轮商会存废之争。

② 《陈德征对于工商法规之意见》，《民国日报》（上海）1928年8月27日，第2张第4版。

续强烈要求取消商会，由此掀起了新一轮的商会存废纷争。

1929 年 3 月国民党"三大"举行，江苏、安徽、浙江、福建、河北五省党部（有的记载为四省，漏掉了河北），以及南京、上海、天津三特别市之党部，根据各所在省市之党代表大会决议，向大会提出了统一商人组织、取消全国商会的议案。上海市党部提交的议案认为："第二次全国代表大会对商民运动决议案，以商会被商棍所操纵，定为暂存公团，而另组商民协会以为商人集合之法团。暂存两字当含时间性及应付当时环境之意义。盖以彼时吾党势力仅及两粤，反动势力正浓，划除非易。今则训政开始，农运工运业经统一，独商民组织被因袭的特殊势力分歧掣肘，至今犹有名目繁多、诡计百出之患。"基于上述三方面原因，"吾党同志应于第三次全国代表大会完成第二次全国代表大会议决之使命，将全国所有一切商会、商界联合会以及全国商会联合会，迅予解散，以便集中商民力量，使站在同一战线上，共同努力国民革命，并得发展工商事业，以抗帝国主义之经济侵略，臻党国于富强之域"。①

在上海总商会和全国商联会的联络与领导下，全国各地总商会、商会联合会函电纷驰，坚决反对取消商会。许多县商会也公开表示，一定要坚决联合起来，共同力争，誓达目的。从保存下来的天津商会档案中，即可看出从 1929 年 3 月 25 日至 5 月 4 日，仅天津地区即有青县、乐亭县、交河县、涿鹿县、玉田县、易县、肃宁县、涞水县、河间县、安国县、高邑县、赤城县、盐山县、迁安县、蠡县莘桥镇、周口镇、邢台县等近 20 个县镇商会，先后向国民党"三大"、南京中央执委会以及天津总商会致函，要求据理力争，一致进行，"誓不达到取消此项提案之目的不止"。② 设在上海的全国商联会总事务所还推

---

① 《陈德征潘公展请解散各地商会案》，《新闻报》1929 年 3 月 22 日，引自上海市工商业联合会等编《上海总商会组织史资料汇编》下册，第 604 页。

② 《各地商会抗议国民党三全大会取消商会函电辑要》，载天津市档案馆等编《天津商会档案汇编（1928～1937）》上册，天津人民出版社，1996，第 481～489 页。

举代表，赴南京向国民党第三次全国代表大会请愿，并先后呈交了两份请愿书。由于各方面争议太过激烈，国民党第三次全国代表大会最终并未对有关取消商会、统一商民组织的提案形成任何决议，只是根据大会提案审查委员会的建议，决定移交中央执行委员会酌情核办。经过此次纷争，商会进一步意识到敦促国民政府颁布商会法，对于确定商会合法性的重要意义。上海总商会于1929年4月上旬致电各省商会联合会、全国各总商会，阐明："商会法前经工商部在沪所设工商法规讨论委员会拟定草案，由部提呈行政院咨请立法院核议，并奉中央政治会议议决商会法原则各在案，敝会现即拟呈请政府迅速颁布该法，俾资全国遵循，并请贵会根据上述经过，一致呈请，尤所企盼。"

国民党"三大"未对取消商会的提案做出决议，似乎使新一轮商会存废纷争不了了之，但商民协会与商会之间的矛盾并未得到解决。1929年5月下旬，天津特别市商民协会得知天津总商会获得政府新颁发的印信，立即致函河北省工商厅表示"不胜诧异"，并说明："现代之民众团体，本中央颁布之条例，凡未经各级党部指导之团体，不得自由成立，然本革命之精诚。各种商会为一班土豪劣绅及买办者所占驻，均在打倒之列，何以工商部竟公然颁发印信？查军阀时代过去之历史，各种商会未有不与官府勾结而压迫民众者，并且团体之结合，必定有组织，识［试］问该商会有何组织，有何根基，而竟由几个买办者操纵之团体而能有成立之可能乎！敝会有领导民众之责，难安缄默，用特函询，至请查照，迅予撤销。"① 由此可见，在商民协会看来国民党"三大"虽未通过取消商会的议案，但商会"均在打倒之列"是没有疑义的，同时也不应该承认其继续存在的合法性，而由政府颁

---

① 《津商民协会主席雷厚生请速予撤销津商会印信函》（1929年5月27日），载天津市档案馆等编《天津商会档案汇编（1928~1937）》上册，第472页。

发新印信即无异于承认商会存在的合法性，所以必须"迅予撤销"。河北省工商厅收到天津市商民协会的这一函件后，转而呈请国民政府工商部核示究应如何答复。工商部批曰："查商会印信应否撤销，关系商会之存废问题。至废除商会之议，前经三全大会提案未决，而商会法亦正在立法院审查之中，凡此重大问题，自应静候中央解决。在未奉中央明令以前，仰仍遵照旧章办理，俾维现状，而利进行。"①

1929 年 4 月下旬，在上海还发生了总商会因会客室被占以及会所被砸，而被迫"闭门"停止办公的风潮，由此引发的矛盾冲突也更加激烈。南京中央政府特派中央委员叶楚伧调查这次纠纷，他在接受记者采访时说："对于总商会此次闭门之举不无遗憾。以余居住上海二十年之历史，从未见总商会有闭门及停止办公之举动。今不幸而发生如此现象，实足使中国商业史上多一残痕。"至于如何解决商民协会与商会之间的冲突，叶楚伧表示："据日来观察所得，大抵赞成统一商人意志，统一商人组织，此旨与中央若合符节，将来彻底解决，总不出此范围。但恐非短时间内所能办到耳。"② 这番话可以说透露了日后中央政府从根本上解决此次纠纷的思路，即统一商人组织，消除商界内部分歧。发生在上海的这次冲突，实际上在某种程度上也促进了新商会法的颁布。

国民党中央先是采取了一种过渡性的措施，即成立上海特别市商人团体整理委员会，要求上海现有各商会以及商民协会均一律停止活动，听候整理。上海商民协会乐观地认为"此次中央整理商人团体，完全为集中力量、统一组织起见，实与商民协会迭次主张相同"。③ 但随后公布的商整会组织大纲规定：上海商整会代行原上海商民协

---

①　《天津特别市政府公函》，载天津市档案馆等编《天津商会档案汇编（1928~1937）》上册，第 472 页。

②　《叶楚伧调查两会纠纷事毕返京》，《新闻报》1929 年 4 月 30 日，引自上海市工商业联合会等编《上海总商会组织史资料汇编》下册，第 620 页。

③　《两商业团体会议结束》，《申报》1929 年 5 月 9 日，第 4 张第 14 版。

会、上海总商会、闸北商会、南市商会等会之职权。第三条的内容是："上海商人团体之整理，限本年九月一日前完成之。如有困难情形不能如期完竣时，得呈准中央延长之。"第四条明确规定："整理完成之团体，定名为上海特别市商会。"① 根据上述规定，对上海三个商会及商民协会等商人团体经过整理之后，重新建立的统一商人团体为上海特别市商会，而不是上海商民协会，实际上也就意味着要保留商会而取消商民协会。虽然5月23日国民党中常会对这份大纲又重新进行了修正，议决通过并正式公布了修订的新大纲，而且全部删除了"上海特别市商会"字样，改以"统一团体"作为替代，但反映了起初国民党中央整理上海商人团体的意图及初步设想。

在对上海商人团体进行整理的同时，国民党中央和国民政府也并没有停止有关商会法的审议程序，这自然对上海商整会的有关商人团体整理工作会有一定影响。1929年6月中旬，商整会提交的会务报告除叙述其开展会务情况和接收上海四商人团体经过，最后还说明："至关于商人团体整理本身问题，现商会法原则四条已由中央政治会议通过，本市商人团体整理登记条例、登记表式亦交由设计委员会从事起草，一俟登记科负责委员经全体会议推定后，即可着手办理。同时希望中央早颁法令，则本会进行更有遵循也。"② 可见，上海商整会希望中央政府能够尽早颁布商会法等相关法令，以便使其得以遵循办理有关商人团体的理事工作。

1929年6月17日，国民党中央三届二中全会通过了《人民团体组织方案》。该方案明确指出：人民团体除地方自治团体另案规定外，分职业团体及社会团体二种，"职业团体为农会、工会、商

---

① 《沪商整会组织大纲昨日中常会通过》，《申报》1929年5月14日，第2张第7版。
② 《商整会发表会务报告》，《申报》1929年6月19日，第4张第14版。

会等"，"社会团体为学生团体、妇女团体，以及慈善团体、文化团体等"。① 在这个最新的方案中，所谓职业团体只有农会、工会、商会三种，并没有将商民协会列入，这已经在很大程度上显示了商民协会的最终命运。戴季陶后在 9 月 2 日国民党中央第 32 次常务会议的临时会上解释说："二中全会所规定之人民团体组织方案，其目的有二：第一，未经成立各种人民团体之地方，其组织时有所依据；第二，已经组织之人民团体未能健全者，其整理或改组时，有一定之办法。"② 很显然，新通过的《人民团体组织方案》，是国民党中央确定的成立新民众团体以及整理、改组原有旧民众团体的主要依据，各类商人团体当然也包括在内。

1929 年 7 月，国民政府加快了审议新商会法的进程。20 日，立法院第 35 次会议即议决通过了商会法修正案。8 月 15 日，国民政府正式公布了《商会法》，要求各地原有商会于法公布之日起，在 6 个月之内进行改组。不仅如此，戴季陶还曾在国民党中央第 32 次常务会议的临时会上，提出商会组织之原则及新商法运用方法要点案，顺利获得通过。他在该提案中对新商会法中的有关三个问题做了具体说明，其中第三个问题是："新商会法规定商会之组织基础，在于商店及同业公会，而不以自然人为组织之基础，其立法之意义，全系根据中国旧有之习惯，纠正从前北京所发布之个人自由入会制度之缺点，同时亦以解除数年来各地幼稚的商民运动之纠纷。"这显然指的是商民协会与商会之间的种种纠纷。戴还进一步指出："盖商会之目的，在于图工商业之发展，并非为各个商人解决何种私人问题而设，其性质与现今各地之所谓商民协会者迥殊，观乎德、奥、日本等国之正名

---

① 《人民团体组织方案》，载中国第二历史档案馆编《中华民国史档案资料汇编》第 5 辑第 1 编《政治》(2)，第 134 页。

② 《商会组织之原则及新商法运用方法要点》，《中央周报》第 67 期，1929 年 9 月 16 日，第 23 页。

为商业会议所，其意已自明了。"① 这也更加表明戴季陶乃至国民党中央改变了原有对待商会与商民协会的态度，商民协会的最终结局由此也再见端倪，其维系的时间已不可能太久。

到1930年2月7日，国民党中央执行委员会第70次常务会议即通过决议，撤销商民协会组织条例，各地商民协会一律限期结束。中执会随后致函国民政府："查商民协会原为军政时期应时势之需要而设，现在训政开始，旧有人民团体组织多不适用，曾经本会先后决议交由立法院从事修订。现查立法院制定之新商会法及工商同业公会法，业经政府明令公布；此后商人团体之组织，自应遵照新颁法令办理。所有十七年颁布之商民协会组织条例着即撤销，各地商民协会应即限期结束。"② 这个结果，与国民党最初推行商民运动时制定的以商民协会取代商会的方略显然是完全相反的。

四　新商会法要点

新商会法共计9章44条，第一章为"总则"，明确规定"商会为法人"，"以图谋工商业及对外贸易之发展，增进工商业公共之福利为宗旨"。具体职能包括：筹议工商业之改良及发展事项；关于工商业之征询及通报事项、关于国际贸易之介绍及指导事项、关于工商业之调处及公断事项、关于工商业之证明及鉴定事项、关于工商业统计之调查编纂事项；另得设办商品陈列所、商业学校或其他关于工商业之公共事业，但须经该管官署之核准；遇有市面恐慌等事，有维持及请求地方政府维持之责任；有关工商业之事项，建议于中央或地方行政

---

① 《商会组织之原则及新商法运用方法要点》，《中央周报》第67期，1929年9月16日，第24页。
② 《撤销十七年颁布之商民协会组织条例并限期结束各地商民协会》，《中央党务月刊》第19期，1930年，"公文"第21页。

官署。^① 以上有关商会性质及职责的重要规定，与清末民初的商会规章相比较并无根本改变，只是更加全面和具体。^②

　　新商会法对设立商会的规定为："各特别市县及各市均得设立商会，即以各该市县之区域为其区域，但繁盛之区镇亦得单独或联合设立商会。"商会之设，"须由该区域内五个以上之工商同业公会发起之，无工商同业公会者，须由商业的法人或商店五十家以上发起，但旅外华商设立商会时不在此限"。此外，"为图谋增进工商业公共之福利起见，同一省区域内之商会，得联合组织全省商会联合会，各省商会联合会及特别市商会联合组织中华民国商会联合会"。以上规定，保留了全国商会、各省商会联合会、各市县商会三级组织网络，但取消了总商会名称。

　　关于商会会员，主要分公会会员和商店会员两种，前者由同业公会举派"会员代表"，每个公会举派 1 人，但至多不得逾 21 人；后者称"商店会员"，每店举出 1 人。凡被剥夺公权、有反革命行为、受破产之宣告尚未复权、无行为能力者，均不得充任商会会员代表。^③会员代表拥有表决权、选举权及被选举权。不难看出，新商会法对会员规定的不同之处，一是团体会员仅限于同业公会，二是"有反革命行为者"不能担任会员，可谓首次从政治上对会员资格进行了限制，这一规定在清末民初均不曾有过，体现了当时政治因素对商会的一定影响。

---

　　① 新商会法参见马敏等主编《苏州商会档案丛编》第 4 辑上册，第 50～55 页。以下不再一一作注。
　　② 王均安编著之《商会法、工商同业公会法释义》阐明："本法规定商会为法人者，即付与商会得为权益主体之资格也。"另还认为新商会揭明了商会之宗旨，而"旧商会法并无是条，本法为确定商会之宗旨计，故明白规定之"。见该书第 4、1 页。
　　③ 王均安曾解释新商会法此条规定说："商会最为人所诟病之点，即在会员代表之不整，故本法特以明文限制上列四项之人，不得为会员代表也。"他还说明被剥夺公权者，具体是指被剥夺担任公务员之资格、依法律所定之选举人及被选举人资格、入军籍资格、任官立公立学校教职员资格、任律师资格等。见王均安编著《商会法、工商同业公会法释义》，第 23 页。

关于商会职员，新商会法规定不再设立正副会长及会董，会董改为执行委员和监察委员，由会员大会就会员代表选任之，执行委员至多不超过 15 人，监察委员不超过 7 人；在执行委员中互选常务委员，从常务委员中选举 1 人任主席；执行委员和监察委员之任期均为四年，每两年改选半数，不得连任；委员均为名誉职，就任后于 15 日内呈报特别市政府或呈由地方主管官署转呈省政府转报工商部备案。

1929 年 11 月 13 日，国民政府工商部公布《商会法施行细则》44 条，对相关具体问题进行了补充规定与说明。其中较重要的条款有：《商会法》所称之地方主管官署，在市为市政府，在县为县政府；发起成立商会时，应呈明地方主管官署（在特别市为社会局），如同时有两组以上发起，由地方主管官署核定之；商会执行委员及监察委员由会员大会于代表中用无记名连举法选任，不得按业摊派或分业自选，得票最多数者当选，选举时区镇商会由县政府，商会由市政府，特别市商会由社会局，全省商会联合会由工商所，全国商联会由工商部"派员莅场监督"；商会得依章程另选候补委员，遇有缺额依次递补，其任期以补足前任任期为限，人数不得逾委员名额之半；各商会对于官署有所陈请时，均适用公文程式条例人民对于官所公署之规定，商会、全省商联会、全国商联会及同业公会彼此往来用函，分事务所对官所之关涉事项，由所属之商会行之。[①]

新商会法的颁布以及撤销商民协会命令的施行，最终结束了延续多年的商会与商民协会之间的纷争，也使工商界内部两大阵营围绕"革命"与"反革命"的你死我活的斗争趋于平息，重新恢复至以往的常态。尤其是商会面临"反革命"指控以及被取消的严重政治危机，历经多年努力抗争，终于以新商会法颁布而重新获得了法令认可的社会地位，得以继续存在并发挥重要作用。而自成立之初即号称最

---

① 马敏等主编《苏州商会档案丛编》第 4 辑上册，第 56~58 页。

具"革命"性并始终试图取代商会的商民协会，最后反而被国民党明令取消。曾支持商民协会取代商会的国民党上海市第九区党部，对新商会法十分不满，强烈要求国民党中央明令予以取消："按该法原则与商民协会组织条例，显相抵触，至将来商会与工商同业公会成立后，商民协会能存在乎？抑取消乎？更不得而知。即或继续存在，则商民团体，势必复杂而无系统，同时使一般普通商人，彷徨歧途，而莫知所适从。设如取消商协组织，则不特专替大商人造成有把持会务、垄断小商人之机会，且亦违背中央议决案。"① 但对于商会而言，这当然是求之不得的最好结局。湖南全省商会联合会致工商部长孔祥熙的快邮代电，不无感激地表示："新商会法已于本年八月十五日奉国民政府明令公布，商人团体之根本组织既经确定，举凡近数年来各地商民协会与商会之纠纷，均可迎刃而解，湘省商人，群深庆慰。"②纵观整个近代中国商会法的发展演变历史，以新订商会法决定商会生存发展命运的这一独特作用与影响，唯有在 20 世纪 20 年代的商会法修订与颁行中有所体现，可谓充分反映了国民革命前后的时代特征与历史特点。

正因如此，商会对于新商会法的实施较为积极，全国商联会还成立了"实施新商会法指导委员会"，其职责为："一、指导全国各省商联会及各商会依法改组之，二、依新商会法拟定组织方案，呈请工商部归纳在商会法施行细则之内。"具体内容包括依法改组程序、各商会依法改组完竣日期、全国及各省商联会召集代表大会之方案及日期、商会候补执监委员额数之规定、商会职员之选举等。③ 在后来颁布的《商会法施行细则》中，这些内容基本上均纳入了。

① 《九区党部呈请取消商会法与同业公会法》，《民国日报》（上海）1929 年 8 月 6 日，第 2 张第 2 版。
② 《湖南全省商联会快邮代电》，台北中研院近代史研究所档案馆藏档案，17–23。
③ 《实施新商会法指委会简章》，《申报》1929 年 10 月 17 日，第 4 张第 13 版。

对于新颁商会法中的一些新规定，曾任上海总商会会董和执行委员会主席委员的赵晋卿（字锡恩）也给予了肯定。例如商会由五个以上工商同业公会发起成立，团体会员也主要限于同业公会，赵晋卿认为之所以做出这样的规定，"盖采吾国固有之公所会馆制度精神，由同业公司行号成立公会，复由同业公会合组各地商会，如治宫室然，公司行号则群材也，公会为栋宇之任，而商会则构成大厦焉。用能身之使臂，臂之使指，互相维系，蔚成健全之工商业组织。故此次制定之新法，渊源吾国固有习惯，实为立法上之一进步。而其他规定之商会职务，亦颇与现今经济趋势相吻合。本此制度精神，发挥光大，必能使吾国工商业日渐发达，挽救贸易之逆势，而增进公共之福利"。①

不过，仍有商会对新商会法表达了不满意见。例如上海"代行旧日四商会之职权"的商整会，曾就新商会法中的两大问题向工商部提出了修正建议。一是针对商会执行委员至多15人，监察委员不逾7人的规定，商整会认为名额太少，将会造成诸多不利影响。首先，"商会既以业团为基体组织，必使各业所举出之代表咸有与闻会务之机会，庶足以鼓励其为公团服务之兴味，而会务亦日臻于健全。吾国商人习性每以不与闻公务为高，是以股份有限公司之组织失败恒十居八九，而关于政治之运用，民权之训练尤属缺乏素养。正宜宽其执行委员名额，使各业一经选出代表加入商会，均有被选为执行委员之机会，以会商公共事务之练习，为他日自治人才之养成"。其次，执监委员名额太少，难以应对繁复之会务。"即就前总商会而论，所设分股委员会为数多至八、九，每股委员视其事务之繁简以为衡，至少须三人或五人，多至九人，如仅有执行委员十五人，实属不敷配置。若勉就十五人之定额以为支配，则名为分股，无异总揽，仍蹈务广而荒

---

① 《商会法、工商同业公会法诠释·序》，商务印书馆，1930，第 2 页。赵晋卿后还曾担任南京国民政府工商部商业司司长，以及工商部驻沪办事处处长、工商访问局局长。

之弊，未收各专一事之益。殊虑不足以应付复杂之环境，而会务转有废弛之虑。"最后，工商同业公会为数甚多，而执监委员名额太少，导致绝大多数同业公会难有代表当选。尤其是上海工商同业公会"为数将二百，执行委员任期四年，每两年改选半数，任期既较旧商会法为长，而名额较旧商会法最高限度仅及四分之一。是此十分之九之同业公会平时缴纳会费及每年一次会员大会外，几与商会毫无关系"。上海商整会还特别指出："夫此次改订商会法之宗旨，实有鉴于以往之组织散漫而欲加以改革。综括改革之要义，大致不外两端，一曰集中势力，一曰严密组织。若照上述之论断，则十分之九之同业公会几与商会全无关系，是团结力更为薄弱而组织亦金涣散，窃虑未足以仰副钧部革新商会法之盛意。"①

上海商整会提出的第二个修正建议，是希望在新商会法或工商同业公会法中增加相关条文，明定商会与工商同业公会之间的特殊关系。由于"此次新商会法重要之点有与旧商会法完全不同者，即商会之设立，须由该区域内五个以上之工商同业公会发起。是工商同业二会为商会之基本组织，其关系至为深切。则工商同业二会法内自宜保持其一贯之精神，将工会与商会关系详为规定，以免事实上仍打成两撅，乃查阅此次所颁布工商同业公会法全文，对于商会竟似绝无关系"。此外，"工商同业公会既为商会之基本会员，其地位实与从前不同。依此理论，其入会乃当然的、义务的，而非可任意加入，或任意退出，殆为最明显之事。兹于此点亦绝无规定，深虑流弊所至，不免使商会组织根本摇动，即使弊不至此，亦恐商会徒具形骸。其不能包含全市各种商业团体成为伟大巩固之组织，隐然为商业势力之中心，殆可断言"。②

---

① 本段中的引文均出自《商整会呈请修正商会法》，载上海市工商业联合会等编《上海总商会组织史资料汇编》下册，第 646～647 页。

② 《商整会呈请修正商会法》，载上海市工商业联合会等编《上海总商会组织史资料汇编》下册，第 647 页。

关于公文程式之规定，许多商会原已明确提出具体建议，但未被采纳。新商会法颁布后，各商会对此仍多有意见，有的指出："行文程序须呈由所在地县市政府核转，缩小商会之范围，减削商会之权限，举军阀时代尚不肯为者，而我青白旗帜下竟然为之，核与民主集权主义显有不合。"[①] 还有商会认为公文程式的这一改变，"于商事前途，大有障碍"，必须"全国商会群起力争，以维原有名分与地位。惟兹事体大，为全国商会本身利害之所关，请一致协争，以达最后修正之目的"。[②] 全国商联会则对《商会法施行细则》中的有关条文规定，包括第 5 条"发起人之责任终止于商会核准之日"，第 9 条"公会会员举派代表超过一人以上时，应就所雇商业使用人较多之商店中举派之"，第 11 条"商店会员应以在本区域内设有商店曾经依法注册者为准"，第 15 条另选候补委员，递补前不得列席会议，第 19 条商会改组或改选"由现任职员负责办理，如届期不能完成即不得继续行使职权"等，向工商部提出存在八大窒碍，"应需增删修改"，"以期便于实际援用，而免扞格之虞，为特详具理由，备文呈请伏乞钧部察核，准予分别修正，照令公布，以资依据，而利推行，不胜感幸之至"。[③]

《商会法》及其施行细则颁布后，尽管商会提出了一些修正意见，但并不容易被工商部采纳，特别是这两个法规经历了较为漫长的反复讨论方始出台，如果颁行伊始即做较多修改，官府自然会感到脸上无光。[④] 工商部即曾就上海"商整会前因商会法对于执监委员人数，规

---

① 《吉林总商会列举新商会法应修改之三点》，《法律评论》第 8 卷第 8 期，1930 年。

② 《地方通信·苏州》，《申报》1930 年 2 月 7 日，第 3 张第 11 版。

③ 《全国商联会呈请修正商会法窒碍》，《申报》1930 年 1 月 25 日，第 5 张第 17 版。

④ 国民政府对新商会法的制订颁布尽管十分慎重，但仍出现不应有的失误。例如第 12 条"商会的法人或商店别无同业或虽有同业而无同业公会之组织者"，其中"商会的法人或商店"在字面上令人费解，有商会提出"会"字是否有误，请求鉴核。国民政府文官处呈请立法院审核，得到的答复是："查商会法第十二条商会的法人或商店，其会字系业字缮写之误"，"自应通饬更正"。《交通部训令》，《交通公报》第 79 期，1929 年 9 月 26 日。类似这样的失误，在正式颁布的政府法规中照理是不应该出现的。

定太少，不敷办公"之意见做出如下批示："查来呈第一点，关于执行委员名额一节，商会法之于执监委员，原不取分业代表主义，执监委员之任务，在一整个的力量，发展全体之利益，与旧商会之会董制不同。第二点，关于工商同业公会与商会之关系，查工商同业公会为组织商会之重要份子，就情理而论，商会实由公会所产生，故本部不取商会认定主义。事关变更立法原则，所请转呈一节，碍难照准。"①许多商会提出保留总商会名称与执行旧公文程式的要求，也都未能如愿。为数甚少之能够得到工商部批准修改的是《商会法》第 42 条，即"本法施行前已成立之商会联合会应于本法施行后六个月内依本法改组之"，全国商联会认为诸事繁杂，各商会难以在规定的时限内全部完成改组，希望能够宽限时限。1930 年 2 月，工商部同意报请行政院转立法院审核批准"商会改组期，延长八个月，截至本年十月十五日为止"。②同年 4 月，行政院发布第 896 号训令，宣布将《商会法》第 42 条做如下修改："本法施行前已成立之商会及商会联合会，应于本法施行后一年内依本法改组之。"③按此新规定，商会改组限期截止于 1930 年 8 月 15 日。但至 7 月仍有不少商会未完成改组，全国商联会遂又向工商部呈请于原定期限再展缓半年，但立法院认为："改组期限前经本院修正商会法第四十二条予以延展，在该项延展期内，纵或尚有少数事实未及依法改组，亦尽可依照同法第六第七等条规定之设立程序办理，似未便牵就事实，再三修改条文，致损法律之确定性，所请再行展期六个月之处，应无庸议。"④稍后，实业部又发布训令称："各省市县镇商会依法如限改组者固有，而迄未改组者仍称总商会及会长董事制者尚多，未免玩视法令，殊有未合。现各地未有改

①　《修改商会法之部批》，《申报》1930 年 4 月 8 日，第 4 张第 13 版。
②　《商会法略有修改》，《申报》1930 年 2 月 14 日，第 2 张第 8 版。
③　《商会法修正》，《益世报》1930 年 4 月 14 日，第 1 张第 4 版。
④　《修正商会法第四十二条改组期限一年六个月及同业公会法改组期限案合并审查报告》，《立法院公报》第 21 期，1930 年 9 月。

组之旧商会，既已逾期，现任职员即不得行使职权，亟应依据商会法第六第七两条规定之设立程序及修正商会法施行细则第十条之规定办理。"①

另一修改之处，是缘于华侨联合会曾电请工商部修正《商会法施行细则》第41条，即"本法施行前成立之旅外中华总商会均依本法改称某埠华商商会"，希望"仍准各中华总商会沿用旧称"。因海外华商会同时还须向居留地政府申请立案，在当时的情形下，如果"更换会名，重新立案，势必多方挑剔，不给'准'字，新者难以成立，旧者将劝解散，旅外侨商，更无团结之可能"。② 后经国民政府国务会议讨论通过，决定将《商会法施行细则》第41条全部删除，由工商部"令仰知照"。③

新商会法颁布之后，国民党浙豫沪等地党部还曾对新拟订的商会法和工会法未明确规定国民党党部的领导权力提出质疑，并对训政时期不能明定党对工会和商会的指导组织之权表示反对，认为"工会法精神形式绝对脱离本党之关系，不合者一；以训政时期之法律而必力避党治之明文，不合者二；党政机关对于工会之关系无明文规定，纠纷势所难免，不合者三"。④ 这表明国民党内部不少人认为地方党部对整顿改组之后商会、工会等民众团体的领导指挥权力未载入章程而有所不满，其与过去有关论著所得出的结论不无出入。戴季陶后来也针对当时有些地方党部批评新商会法未明确规定商会必须接受国民党领导指挥的说法加以解释，说明"制定法规其权责属于政府，现在各种尚未制定颁行而已成立未成立之各项人民团体，既不能一日失其指导，而监督指挥更不可无具体之方法，故先定此一般的方案，以示规

---

① 《安徽省政府建设厅训令》，《安徽建设公报》第641号，1931年2月，"命令"第5页。
② 《华侨联合会电请修正商会法》，《申报》1930年11月4日，第3张第10版。
③ 《商会法施行细则删去第四十一条之令文》，《工商半月刊》第2卷第18期，1930年9月。
④ 《浙豫沪等省市党部对工商会法意见要点》（手抄稿），中国国民党中央委员会党史史料编纂委员会收藏档案，政4/53-7。

模，俾在法规未制定颁行之期间，党部之指挥，政府之监督，人民之行动，皆有明白之分际与方针。即对法律规程已经颁布施行之时，亦易有保育指导之效，故其性质实系一大体之方案，而并无精密之条文也。关于商会之组织必须单行之法律，此属当然之事，至其文上未曾涉及党部之指导，亦为法律当然之形式。盖本党对于人民团体之扶植指导检举非法等，皆系促进法治运动。法律之政治手段，亦为训政时期中本党对于政治上所应有之责任。……新商会法第二章第六条之规定与组织方案并无抵触，法律明文上不明定党之关系，系属通例，不独本法为然也"。当然，此时的戴季陶也不会据此否认国民党对商会、工会等民众团体具有领导权力，只不过是认为在训政时期此条已无须载入相关法规，是不言自明之理。按照他的解释，国民党"对于人民团体之法律行为有决定之效力，不论法律之规定如何，皆可运用"。①另外，国民党中央先前制定的《民众团体组织原则及系统》规定："党既是代表民众领导民众的，则党对于民众团体是领导的关系，不是命令的关系。以党治国，是以党透过政府而实施政策，并不是党直接去命令民众或统治民众。所以党对民众团体，不是上级管理的关系，乃是骨干核心的关系。"②尽管如此，这样的规定与早期国民党领导民众运动时的做法仍然是有所不同的。

还需要指出的是，根据新商会法的规定，商会虽由会长制改为委员制，设立执行委员和监察委员，但并非由官府指派，"由会员大会就代表中用无记名选举法选任"，"以得票数最多数者为当选"，为显示公正而具权威性，选举时由所在地政府派员"莅场监督"。商会的经费也是自行筹措，非由官府划拨。其事务费"由会员比例于其所派

① 《商会组织之原则及新商法运用方法要点》，《中央周报》第 67 期，1929 年 9 月 16 日，第 23～24 页。
② 《国民党中央民众训练部制定之民众团体组织原则及系统》（1928 年 10 月），载中国第二历史档案馆编《中华民国史档案资料汇编》第 5 辑第 1 编《政治》（3），第 134 页。

代表之人数及资本额负担之"，事业费"由会员大会议决筹集之"。商会之设立与解散，同样取决于工商业者自身的决定，而不是取决于官府意志。如"商会之设立须由该区域内五个以上之工商同业公会发起之，无工商同业公会者，须由商业的法人或商店五十家以上发起"；"商会之解散须经会员代表四分之三以上之出席，出席代表三分之二以上之同意方得决议"，只是成立后需经由地方主管官署转呈省政府核准，并转报工商部备案，解散时亦需经工商部核准，此与以往的规定并无不同。① 上述情况表明，商会依照新商会法改组之后仍基本上保留了独立民间工商团体的性质。

除此之外，改组后商会自身的感受如何，也能够从一个侧面反映当时的情况。天津商会在 1931 年 7 月底曾对该商会的发展历史有如下描述：

> 总观天津市商会，可分三时期：一为创立期、一为危急期、一为建设期。自成立伊始，迄于民初之间，可称创立期。此期间正值清之末叶，官商皆称有感于商情之凋敝，故皆能励精图治，俾期挽救。……自叶、卞两君总理会务，迄于张仲元君入职一年以后，可称危急期。此期为军阀割据时代，商会处于官民之中，所受刺激最弥，官府挟威勒款，民方则力尽筋疲，商会无日不在风雨飘摇之中。……自十七年（1928 年）至于今日，可称建设期。此期为已出危急期，而从事建设也。自入建设期以来，先时为筹备改组市商会之一切手续，自改组而后，今尚不及半载，已着手分科，并派员赴南洋考察商业，提倡国际贸易以及筹设商业夜校、周刊等事，其一种焕发精神，迥非昔比矣。②

---

① 本段引文均引自《商会法施行细则》，载马敏等主编《苏州商会档案丛编》第 4 辑上册，第 56～58 页。

② 《天津市商会的历史沿革》，载天津市档案馆等编《天津商会档案汇编（1928～1937）》上册，第 2～3 页。

不难看出，天津商会并未感受到改组之后其已丧失原有独立性与自主性，甚或完全处于"屈从政府意志的附属地位"，与此相反，而是视之为进入成立以来最好的"建设期"。当时虽然改组时间并不长，但得以独立自主地开展一系列颇具成效的活动，故而感到"焕发精神，迥非昔比"。

也曾有学者指出商会经过整顿和改组之后，出现了过去所没有的新气象，应该予以肯定。其理由是商会及下属各同业公会"经改组后确立了得到国家认可的在工商界中的垄断的、绝对的代表性地位。全国商联会、各省商联会、各地商会、各基层同业公会及各商店（或公司、行号）形成了一个自上而下行使权力的等级结构。商会及同业公会的主要成员由旧式会长、会董（或行董）制改为新式主席、委员制，采用了比较先进和民主的选举及会议制度，内部职能机构也在各主要成员的努力下日臻规范和完善"。因此可以说，"改组后的中国商会制度进一步与国际商会制度接轨，完成了一次具有重大历史意义的现代化变革"。[①] 这一评价与其他结论截然不同，但似乎又有些过高。实际上，在商民协会出现之前，商会早就已经在工商界中确立了无可争议的代表性地位，在清末民初即已具有"登高一呼，众商皆应"的重要影响。民国初年全国商联会成立之后，商会也已形成了全国商会、各省商联会、各地商会之间自上而下行使权力的等级结构。只有同业公会的正式建立稍晚，在当时不可能明确纳入这个等级结构之中。至于具有近代特征的民主选举及会议制度，在清末民初的绝大多数商会中实际上也已基本确立。因此，认为商会经过整顿改组之后完成了一次具有重大历史意义的现代化变革的结论，尚缺乏令人信服的史实依据。

---

① 张志东：《国家社团主义视野下的制度选择：1928～1931年的国民党政府、商会与商民协会，天津的个案研究》，"国家、地方、民众的互动与社会变迁国际学术研讨会"论文，2002年8月，上海。

在整个近代中国商会法的发展演变进程中，20 世纪 20 年代商会法的修订与颁行具有非常突出的鲜明特点，从一个侧面体现了国民革命前后的政治生态特征，对商会生存与发展所产生的影响也至关重要，因而一直受到社会舆论的关注。

就动因而言，清末《商会简明章程》的制定颁行，是清政府在推行"新政"，实施振兴工商、奖励实业的背景下，为了"通官商之邮"和发展民族工商业而采取的一项重要经济改革举措；民初的《商会法》，在很大程度上也是民国北京政府致力于实业团体兴盛和社会经济发展的重要措施，起主导作用的都是经济因素。而 20 年代新商会法的修订颁布，政治因素则明显起主导作用。国民党在推行商民运动之初，即认定商会是"不革命"甚至是"反革命"的旧式商人团体，并力图动员中小商人成立革命的新式商人团体商民协会，在条件成熟的情况下取代商会。当商民协会与商会不断发生矛盾冲突，而商会又一时难以取消之际，国民党决定采取"颁布适宜的商会组织法，以改善其组织"的策略。面临被取消这一严重生存危机的商会，在不断申诉其"革命"历史并自身进行改革的同时，也反复推动国民党修订颁布新商会法，希望以此确定自身的合法社会地位，安全渡过前所未有的政治危机。南京国民政府建立后，国民党宣布从"革命的破坏"进入"革命的建设"新时期，随着政治形势的发展演变，国民党对待商会的政策也发生改变，起初是希望商会与商民协会并存，但在两个商人团体无法并存，必须二者选其一的情况下，国民党最终选择了商会，颁布了新商会法，取消了商民协会，由此出现了与国民党开展商民运动初期所定方略完全不同的结局。

出于上述原因，20 年代商会法的修订过程也最为漫长，前后历经三年多时间，其主要缘由也是上述国民党对待商会的认识以及所采取的政策有一个发展变化的过程。因修订时间较长，商会也得以对商会法的修订不断提出意见和建议，在某种意义上可以说商会对商会法的修订有较深程度的参与。这些意见和建议，有的是出于有利于商会运行发展的一般性理由，但更多的是为了维护商会作为独立民间工商团体的性质及其社会地位，有着明显的自身动机与立场。而国民党出于各方面考虑，选择性地接受了商会的部分建议，同时拒绝了商会反复提出的部分要求，由此反映出国民革命前后政府与商会之间的特殊互动机制。

第十四章

国家与社会的互动关系

近代中国市民社会的雏形自清末初始形成之后，与传统中国强国家弱社会的状况相比较，社会与国家两方面均已出现明显的变化，开始建构一种新的互动关系。从国家的方面看，一方面，清末民初的国家已在一定程度上依赖社会实现新的动员与整合，因而对社会给予了某些扶植，由此成为独立的市民社会雏形能够孕育萌生的一个重要因素；另一方面，由于近代中国始终未能实现国家政治制度与经济制度的根本变革，无法对社会的发展提供真正的制度性保障，加之统治者出于维护自身统治地位的目的，担心社会获得充分发展，权力进一步扩张，危及其统治地位，因而国家在对社会予以扶植的同时，又加以各种限制，甚至在其力量比较强大时即对其进行扼杀。

从社会的方面分析，近代中国的市民社会在清末萌生出雏形后，已取得了相当一部分自治权利，而且在一定程度上发挥了制衡国家的功能与作用，并在民初获得了进一步发展。但是，近代中国的市民社会始终面临一个不愿真正放弃已有权力的国家政权，无论是 20 世纪初推行"新政"的清政府，还是民初由袁世凯建立的北京政府，无不如此。蒋介石上台之后，更是实行独裁统治，对市民社会肆意摧残。

更重要的是，近代中国的市民社会始终发展不充分，可以说一直未真正脱离清末民初的雏形状态，形成一个十分完善的市民社会。同时，近代中国的市民社会自始至终在很大程度上存在对国家的特殊依赖性，相对于近代欧洲的市民社会而言，自身的实力依然比较有限，因此难以与国家持久地抗衡，也无力抵御国家的侵蚀，最终也就难以摆脱被国家强制扼杀的厄运。

下面将对上述近代中国社会与国家的互动关系做具体的考察和分析。

一 国家对社会的保护与限制

无论是在清末还是在民初，国家对社会予以一定的扶植和保护，这是市民社会的雏形在近代中国特定历史条件下得以孕育产生的一个重要因素。但是也要看到，清末民初的国家之所以对社会予以扶植和保护，其主要目的不是酝酿一个与之对抗的独立民间社会，而是在面临各方面危机的情况下，调整社会整合方式以便应付新的局势。从某种意义上也可以说，是国家政权为了维护自身统治地位所采取的一种新举措。

具体说来，在清末，国家改变以往的政策对社会予以一定的扶植，主要是出于以下几方面的原因。其一是甲午战后西方列强对中国的侵略和渗透日益加深，不仅使中国面临着前所未有的民族危机，也使清王朝的统治遭遇更为严重的挑战。在此情况下，清朝统治者从上到下比较普遍地意识到，不改变沿袭已久的统治方式，大清帝国将难以为继，而扶植民间社会的发展，正是清朝统治者挽救民族危机的措施之一。其二是为了借民间社会的力量，一方面维护中国的利权，抵御西方列强的经济渗透，推动民族工商业的发展；另一方面寻求新的经济资源，缓解自身经济危机。甲午战后清政府所遭遇到的最大困境之一，即是利权的大量丧失与财政的极度拮据，而过去所采取的发展官办和官督商办企业的方式，已为事实证明非但不能奏效，反而造成了诸多负面影响。因此，清政府不得不改弦易辙，转而鼓励商人设立商会等新型社团组织，发展商办企业。其三是在资产阶级革命派和立宪派等政治力量的强大压力之下，清政府不得不实行某些政治改革。包括预备立宪、地方自治在内的一系列改革措施由此得以相继推行，其结果即在客观上产生了拓展社会活动空间、促进市民社会的雏形孕育萌生的作用。上述各方面的具体情况，本书第三章实际上已做了较多的说明，在这里无须再展开论述。

需要考察的是，近代中国市民社会的雏形生成之后，国家与社会保持着怎样的互动关系。概而言之，清末的基本情况是国家对社会既保护又限制。从实际情况看，扶植与保护方面的影响更为突出，限制方面的效能及后果在当时虽也不无影响，但较诸扶植保护方面的影响而言显然处于次要位置。

清政府之所以继续对社会予以一定的保护，是因为独立自治的市民社会雏形产生之初，并未对清朝的统治构成直接威胁。虽然从长远后果看，市民社会的形成与发展，将日益削弱国家的统治权力，并使国家在许多方面受到过去所没有的制衡与限制，但从清末短时期的影响看，市民社会在某些方面的自治活动却有利于维持处在风雨飘摇之中的清朝统治，成为补充清朝官方统治日趋式微，以及官府整合社会的权威急剧丧失的一种新的重要方式。换言之，清政府此时在维持其统治地位，推行许多改革措施的过程中，都对民间社会存在一定的依赖性。

当时的清政府正推行具有明显近代化特征的"新政"改革，这种新性质的改革与封建社会的旧式改革迥然不同，它的实施需要民间社会的参与。清朝统治者对此虽无全面认识，但多少也从直观上有所感受。所以，在许多方面的改革，尤其是在经济改革方面，清政府十分强调官与商的合作，希望借民间商人的力量振兴实业。此外，清政府在其他许多方面，包括维持税收、稳定市面、拓展贸易等，也不同程度地依赖于市民社会的运作。正因为如此，清政府仍然在一定程度上对民间社会采取了扶植和保护的政策。

另外，如同本书第十一章各节的论述，在清末的最后五六年间，随着各地商办地方自治团体和其他民间组织的诞生，市民社会已在许多方面代行国家对地方的管理职能。特别是在上海等工商业较为发达、市民社会的力量相对而言也较为雄厚的通商大埠，这方面的情况更为突出。可以说，在这些城市中，无论是市政的建设与管理，还是卫生与消防的保护，以及民办教育的发展，都在很大程度上得力于市民社会各团体组织积极开展的一系列自治活动。从另一方面看，这也正是国家在一定程度上依靠市民社会实现社会新整合的具体表现。由此可以说明，为什么在清王朝日趋衰败的清末之际，地方公益事业及有关的各项事务却会以前所未有的新趋向获得发展；同时，这一事实还可证明，当国家处于衰败状态而无力行使其管理社会的职能时，由市民社会在某些方面取代国家行使管理地方的职权，不仅能够使地方继续保持一种稳定而有序的状态，甚或还可以使地方事务的发展显示出勃勃的生机，取得过去所没有的新成效。这对当时资源控制和权威效能都已出现严重危机的清政府来说，至少在短时期内是有利无害的。

不难设想，如果在清朝中央政府统治危机日趋深重，而且面临西方列强蚕食鲸吞危急状况的同时，地方也愈益动荡不安，陷于一片混乱之中，无疑将会加剧清王朝乃至整个国家的分崩离析。很显然，市民社会通过地方自治而实现的新整合，帮助处于内忧外患困境中的国家找到了社会动员的一个新的平衡支撑点。

当时清政府从事的振兴实业的经济改革更主要是依靠市民社会团体，尤其是商会这样以经济职能为主的新式社团，才得以在社会基层贯彻实施。20 世纪初的清朝统治者，面临着"库储一空如洗，无米何能为炊"的困境，也意识到"如不设法经营，大局日危，后患何堪设想"。[①] 同时，清朝统治者还认识到只有通商惠工，振兴实业，才能阜财利民，达到既裕度支又兴国势的目的。而实业的振兴，则依赖于商的支持与配合，"非设立商会不为功"，由此方可"上下一心，官商一气，实力整顿，广辟利源"。[②] 不难看出，清政府也将振兴实业的经济改革寄希望于商会这样的商办民间团体。

商会成立后，在许多方面也确实承担了振兴实业的职能。本书第六章论述的商会开展的联络工商、调查商情、兴办商学等一系列活动，都对推动实业的发展产生了明显的积极作用。除此之外，商会还承担了协助创设工矿、航运企业及组织各种股份公司的职责。根据清朝商部的有关规定，凡设有商务总会之处，商人如欲创办企业或公司，均须首先呈报商会，然后由商会报请官府批准注册立案给予保护。可以说，在振兴实业的过程中，商会起着"通官商之邮"的重要纽带作用。

清政府有关工商实业的政策法令和具体事务，大都也是经商会转饬各业商人贯彻执行。例如商部创办《商务官报》，即札文各地商务总会，称"商会为枢纽之地，将来该报行销，全赖该总、协理等首先提倡"，"随时劝谕各商，广为购阅，俾该报得以风行，本部有厚望焉"。[③] 1905 年，商部为劝谕华商参加外国商品博览会，拟定了《出洋赛会章程》，也将该章程札发各地商会，由商会广为劝导，以资提倡。在劝办实业学堂的过程中，商部同样在很大程度上依赖各地商会"实力经营，广为提倡，俾学堂林立，人才日出，庶几工业商业日有起色"。[④]

---

① 朱寿朋编《光绪朝东华录》（五），第 5117 页。
② 《商部劝办商会谕帖》，《东方杂志》第 1 年第 2 期，1904 年 4 月 10 日。
③ 《苏州商会档案》第 94 卷，第 5 页，苏州市档案馆藏。
④ 《苏州商会档案》第 43 卷，第 11 页，苏州市档案馆藏。

　　至于倡导改良工艺、推广销路等直接与工商业发展紧密相关的事项，商部更经常通过商会督促商人进行。例如，中国所产蔗糖受英、美和日本糖厂倾挤，在国内外的销路日趋缩减，商部遂札饬各产糖区的商会，请"转知各糖商，详细劝导，体察地方情形，设法改良……以图进步而辟利源"。① 为提高茶叶质量，保护在国外的市场，商部也曾多次转请各地商务总会"传知茶业各董，认真整顿以冀销场畅旺，挽回华茶利权"。② 上海商务总会采取积极措施，劝导茶业各商筹集资本，设立专营茶叶出口贸易的裕生华茶公司。商部接受上海商务总会的要求，札饬驻各国商务随员，俟该公司货到时请代为照料。③

　　在清末，遇有较为严重的金融风潮和市面危机时，官府单方面往往无力挽救，大多也依赖商会设法予以缓解。本书第六章第四节已对商会如何缓解金融风潮和维持市面的情况做了较为详细的论述，这里不再重复。事实表明，自从商会成立，每当遇有金融风潮和市面危机，官府都无不借助商会予以维持，勉力渡过危机。这主要是因为商会在广大商人中具有较高的声誉，以及官府所不具备的特殊权威及职能，受到商人的信任，故而在这方面也能够产生比较突出的积极影响。

　　在税收方面，清朝地方政府也常常依靠商会加以维持。清末之际，由于清政府从中央到地方都出现了极为严重的财政困难，因而加征各种名目的捐税在各地显得格外引人注目。毫无疑问，加征捐税势必损害商人的切身经济利益。所以，各地都不断发生商人抗捐抗税的斗争，官商关系紧张。在商人抗捐抗税以及官府施加高压的过程中，商会一方面注意维护商人的利益，另一方面又从中斡旋调停，疏通和

　　① 《商部札天津商务总会劝导糖商种蔗制糖设法改良文》，载甘厚慈辑《北洋公牍类纂》第21卷《商务二》，收入沈云龙主编《近代中国史料丛刊三编》第86辑，第1611页。
　　② 《农工商部札天津商务总会传知茶业认真整顿文》，载甘厚慈辑《北洋公牍类纂》第21卷《商务二》，收入沈云龙主编《近代中国史料丛刊三编》第86辑，第1620页。
　　③ 《要批一览表》，《商务官报》第6期，1906年6月23日。

缓解官商之间的紧张关系。

在清末的江南商业重镇苏州，各业商人不堪名目繁多的捐税苛累，不断发起抗捐抗税斗争，而几乎每次捐税抗争又都是通过苏州商务总会的调停，使官与商双方均做出一定让步，最后得以缓解。例如，苏州酒业商人承担的酒捐，在 1895 年为酿酒用米 1 石认捐钱 150 文，1899 年增至 300 文，1904 年又加至 450 文，10 年之中增加了两倍；加上米价暴涨，一些酒铺不得不宣告闭歇。而官府又将闭歇户的酒捐强令其他酒商匀摊。酒业商人遂联合抵制。经苏州商务总会多次斡旋，官府同意减去一半匀摊数额。[1] 苏州洋广货业商人也曾因官府大量加落地捐，掀起大规模的抗捐斗争。苏州商务总会又出面请官府减少加征数额，同时劝导洋广货商人"勉力报效，以尽义务"。[2] 这场大规模的抗捐事件，最终以官府减免加征捐额而告结束。又如，花树业的捐税，经商务总会调停得以减免三成；牙税原拟加征十倍，也因有商务总会斡旋而减少五成。其结果是不仅缓解了捐税抗争以及由此而趋于紧张的官商关系，也使官府的税收有所增加，同时又在一定程度上减少了商人的捐税负担。

正是出于上述各方面原因，清政府对商会等具有市民社会特征的民间商人团体采取了一定的保护政策。清朝的商部以及后来由工、商二部改组而成的农工商部，一直鼓励各地商人设立商会和其他各种社团。农工商部还曾明文指出：地方官府对商会虽"无直接管理之权"，但有"提倡尽保护之责"。[3]

不过，也要看到，当时的清政府虽然鼓励商人成立商会以及其他各种民间团体，并给予一定的保护，但始终对商会与其他商办团体怀有某种疑虑和戒备心理。具体来说，清朝统治者所担忧的是商办民间

①　《苏州商会档案》第 292 卷，第 7、10 页，苏州市档案馆藏。
②　《苏州商会档案》第 112 卷，第 7 页，苏州市档案馆藏。
③　《苏州商会档案》第 37 卷，第 12 页，苏州市档案馆藏。

团体的活动与权限越出其预定的范围，对其统治造成干扰和威胁。因此，清政府在一定程度地实施鼓励和保护商办民间团体政策的同时，又从许多方面予以限制，力图控制商人社团的活动范围与权限。

例如，清朝商部即试图禁止商会过问商务之外的国家内政外交等政治事务。在1904年部颁《商会简明章程》中对此已有规定，后又于1906年札饬各地商会，要求各商会"凡所论断，一以商情利弊为宗旨，不得涉及商界以外之事"，而且三令五申，表示"界限本极分明，一丝不容稍溢"，务须"恪遵定章，认真经理"。① 又如，清政府在倡办民间自治团体、实行地方自治的同时，也试图对地方自治予以一定的监督和控驭。清政府制定颁行的《城镇乡地方自治章程》即规定城镇乡自治职，各以该管地方官监督之；地方官有权"令其报告办事成绩，征其预算、决算表册，随时亲往检查"，有权"申请督抚，解散城镇乡议事会、城镇董事会及撤销自治职员"。② 在立法和监督行政方面，清政府更唯恐民间自治团体掌握有关的实际权力。显而易见，清政府一方面鼓励实行地方自治，另一方面又害怕自己的权力因此而受到削弱，希望使地方自治在不危及其统治地位的前提下进行，使之仅仅起到"补官治之不足"的作用。

在清政府的限制之下，即使是像上海城厢内外总工程局那样比较完备的商办自治机构，也难以完全拥有各个方面的自治权。总工程局的领袖总董和办事总董，虽由总工程局议事会自行公举，但仍须报官府审核。总工程局裁判所享有的司法权也很有限，凡重大案件都必须送交县衙审理。总工程局的议事会虽具有一定的立法权，但其所制定的规章多系"本局各项章程及规则"，仅有少数地方治安方面的条例，

---

① 《农工商部颁发商会集议事由报告式札饬苏商总会》（1907年5月28日），载章开沅等主编《苏州商会档案丛编》第1辑，第34页。

② 《宪政编查馆奏核议城镇乡地方自治章程并另拟选举章程折附清单》（光绪三十四年十二月二十七日），载故宫博物院明清档案部编《清末筹备立宪档案史料》下册，第739～740页。

对于清朝上海地方当局则只有提出建议的权利。议事会所谓监督行政权，也主要是限于对总工程局的参事会，规定参事会不得独断擅行，必须随时接受议事会的监督和调查。对于清朝的上海地方政府，则不仅无监督其行政之权，反而在某些方面还要受官府的监控。

然而也应注意，清政府限制商会与其他商办民间社团措施中的某些规定，实际上并未产生明显的实际作用。例如，清朝商部规定，商会不得过问商务以外的政治事务，商会却根本没有受此限制，在清末的历次政治运动中都极为活跃。正如本书第七章所论述的那样，1905年，商会曾发起并领导了全国规模的抵制美货运动，随后又领导商人从事收回利权运动，反对清政府出卖铁路主权，1910年，商会还响应立宪派的号召，派代表参加国会请愿运动，并向清政府递交数份请愿书，敦促清廷速开国会，施行宪政。武昌起义爆发后，许多商会更是转向革命力量一边，脱离清朝的反动统治，加速了清王朝的灭亡。这些事实表明，商会并不受清政府的直接控制，是具有独立性和自主权的商办民间社团。

以上是清末的基本情况。在民国初期，袁世凯窃取辛亥革命的胜利果实组建北京政府之后，逐步采取种种手段削弱其对手革命派的力量，从各方面扩大自己的实力；在鼓励和保护民间社团发展方面，总体看来也明显不及清末推行"新政"时期的清政府。但是，袁世凯为了笼络人心，巩固自己的统治地位，也未有意识地大力限制已有民间社团的扩展。同时，袁世凯政府要想继续推行发展实业的政策，仍然必须依赖广大工商业者的支持和协助。所以，不仅全国性的商会组织——中华全国商联会得以在民国初年成立，而且出现了为数众多的民间实业团体，使市民社会的雏形在民初获得了进一步的扩展。

然而，一旦袁世凯的统治地位得到巩固，如果民间社团因其发展与活动对他的统治形成某些障碍，马上就会受到种种限制，难以顺利地发展。1913年的"二次革命"期间，上海商团尚未像辛亥革命时期那样，对革命党人予以大力支持，而是对"二次革命"基本持观望甚至反对态度，但袁世凯在绞杀革命力量之后，仍以上海商团的李平书、叶惠钧等领导人曾与革命派合作而发出通缉令，迫使李、叶逃亡大连和日本。不久，上海商团这一在全国相对来说力量最为雄厚的民间准军事商人团体，也在袁世凯的授意之下被勒令解散。随后，袁世凯政府又试图对商会的发展予以限制。1914 年颁布的《商会法》即意欲取消全国商联会，并强令各地的商务总会和商务分会在六个月之内进行改组，规定各省只能在省城设立总商会一处，各县也只能设立一个商会。其目的显然是减少商会的数目，限制商会的进一步发展。虽然在全国各地商会的强烈反对和坚决抵制之下，袁世凯政府的这一计划未能实现，但它足以表明袁世凯政府并非真正主张保护和发展民间社团。事实上，袁世凯对待民间社团的政策及态度，仅仅是从维护其统治地位的目的出发。有关这方面的详细情况，因本书第十二章已做了比较全面的论述，这里不再重复。

二　社会对国家的回应与制衡

考察社会与国家的互动关系，除了从国家的层面分析国家如何对待社会，控制国家政权的统治者如何认识社会的作用，以及其对社会的态度和所采取的政策外，还应该从社会的层面分析社会对国家做出了怎样的回应，采取了哪些回应方式，具体说来，即是社会在多大程度上从正面应对和支持了国家，又在多大程度上对国家给予了某种制衡和限制。

应该说，在 20 世纪初清政府推行"新政"改革之初，新兴的工商业者作为市民社会成员中的主体，绝大多数对清政府的一系列改革措施做出了比较积极的回应。而在之前，官与商之间的互动关系并不协调，甚至可以说是趋于紧张。这是因为在 19 世纪后半期几十年的洋务运动中，清政府通过所谓"官督商办"和"官商合办"的方式创办许多近代工矿企业，名义上是奉行"赖商为承办，赖官为维持"的原则，① 并声称"有言必信，有利必让，使商人晓然知官场之不骗我也"，② 但实际上在企业中官却凌驾于商之上，大肆排斥和压抑商股，侵夺商权，使商人的切身经济利益受到严重损害，也使官与商之间的矛盾趋于激化，直至最后决裂。曾经参与经营"官督商办"企业的郑观应后来愤怒地表示："名为保商实剥商，官督商办势如虎，华商因此不及人，为丛驱爵成怨府。"③ 郑观应的这几句话，形象地道出了 19 世纪末广大工商业者对官府的不满与愤慨。

不过，近代中国商人因其所面临的客观环境险恶，处境艰难，而自身的经济实力又有限，难以完全依靠自身的力量抵御外国资本的倾轧，仍希望国家能够真正实行保护和发展民间工商业的政策。因此，当 20 世纪初清政府推行振兴实业的经济改革时，大多数商人经过一段时间的观望之后，依然做出了积极的回应。

例如，1904 年清朝商部倡导设立商会，希望通过创办商会达到"去官与商隔膜之弊"的目的。起初，尚有一部分地区的商人对清政府的这一举措表示怀疑，但不久之后即纷纷响应。有的还表示："朝廷轸念时局，洞烛外情，特设商务专部。……大部又奏请特派参议大员驰赴行省，劝设商会，以期内外上下联成一气，实行保护商人、振兴实业政策，务俾商业进步，日有起功，以与各国争衡，驰逐于商战之中，庶国计因之而益巩固，此诚富强之至计焉。"④ 正是由于各地商

---

① 《整顿招商局事宜折》（1877 年 12 月 29 日），载《李文忠公全书》第 30 卷，第 31 页。

② 《收南洋大臣曾国藩信一件函述船局不宜停止等情由》（同治十一年正月二十八日），载中研近代史研究所编《海防档》（乙）《福州船厂》（上），台北：中研院近代史研究所，1957，第 326 页。

③ 郑观应：《商务叹》，载赵靖、易梦虹主编《中国近代经济思想资料选辑》中册，第 109 页。

④ 《苏州商会档案》第 391 卷，第 15 页，苏州市档案馆藏。

人的积极响应，此后几年间全国各地的商会如雨后春笋般相继成立。到 1911 年，短短七年时间，除西藏等个别边远地区外，全国已有 50 余处成立了商务总会，880 余地设立了商务分会，另还成立了为数更多的商务分所。毫无疑问，如果没有广大商人的积极回应，商会绝不可能在短时期内达到如此普及的程度。

此外，清政府在推行"新政"之初，为了促进实业的发展，提出了"收回利权"的口号，同样得到了商会和广大工商业者的支持。以往的有关论著大都只强调清政府出卖利权，从实际情况看，近代中国的大量利权之所以旁落外人之手，清政府确实有不可推卸的主要责任，但也要看到"新政"初期清政府确实曾经提出收回利权。其原因很简单：大量利权的丧失，不仅严重阻碍了民族工商业的发展，而且对清王朝维护自己的统治地位同样甚为不利。因为利权丧失对于清朝统治者来说，既是严重的经济问题，也是不容忽视的政治问题。其不但会导致清朝内帑空虚，财政更为拮据，而且必然会加深民族危机，从而引起社会骚动和政局不稳，形成威胁清朝统治的危险因素。此外，清朝统治者既然已幡然醒悟，决意以实施振兴民族工商业的改革维持自己的统治，自然也会认识到如果不改变利权不断丧失的局面，"日复一日，驯自利权坐失，听命外人，商业决无复振之望"。[①] 因此，清朝统治者也呼吁"力保利权"，并反复表示要"兴商务而挽回利权"以及"兴工艺、回利权"。

于是，在 1904 年前后，官与商合作开展的收回利权运动在全国许多地区兴起。连《外交报》第 134 期转载的日本东京《日日新闻》所刊《论中国时局》一文也惊讶地叙述道："北京及各省，于外人所图之业，辄起而拒之，即所已允，亦欲决意收回。"正是由于得到商会和广大工商业者的支持，收回利权运动才获得了比较明显的成效，

---

① 《请设上海商业会议公所折》（1902 年 9 月），载盛宣怀《愚斋存稿》第 7 卷，第 36 页。

不少先前被西方列强攫取的铁路修筑权与矿山开采权，相继得以收回。为推动中国铁路建设的发展，清政府还制定颁布了《铁路简明章程》，鼓励民间人士集股创办铁路公司，承办铁路，并规定华商凡有独立资本50万两以上，"查明路工实有成效者"，即由商部"专折请旨给予奖励"。对此，商会及其工商业者也积极予以响应。从1903年至1911年，全国即有16个商办铁路公司先后创立，分布于许多省份，集股达5977万元，修筑铁路422公里。① 虽然已经建成的铁路仍很有限，但毕竟开了中国商人自建铁路之先河。

不仅如此，前面我们还提到清政府的振兴实业政策及其有关的具体措施，在"新政"初期大多也得到商会和商人的支持。《国风报》曾在第1年第1号发表一篇题为《中国最近五年间实业调查记》的文章，该文描述当时官与商共谋实业振兴的情况说："我国比年鉴于世界大势，渐知实业为富强之本，朝野上下，汲汲以此为务。于是政府立农工商部，编纂商律，立奖励实业宠以爵衔之制，而人民亦群起而应之……不可谓非一时之盛也。"② 可以说，清政府发展实业的许多具体措施，如果没有商会的响应和支持，将难以顺利实施，有的即使得以实施也难以取得应有的成效。

例如，清政府商部、农工商部为促进工商业的发展，都曾提出仿照西方资本主义国家的成例，举办各种形式的劝工会、劝业会以及类似于博览会性质的商品赛会。这一举措对于加强工商业者之间的交流，增进工商业者的竞争与创新意识，振兴中国的实业，确实具有不可忽视的重要影响。但是，这一活动如无商人的积极参与将根本无法开展。揆诸有关史实，即可发现清末之际在各省举办的这项活动，大都有当地商会或商人的协助。尤其是规模较大者，更离不开商会的支

---

① 宓汝成编《中国近代铁路史资料》第3册，第1149～1150页。

② 茶匦：《中国最近五年间实业调查记》，《国风报》第1年第1号，1910年2月20日，第87～88页。

持，有的甚至主要系商会出面承办。

1910 年在南京举办的一次名为南洋劝业会的盛会，称得上是有清一代规模最大的全国性商品博览会。此会系由担任两江总督的端方奏请清廷批准举办。当时在清朝统治集团中较为开明的端方，深知如此大规模的劝业会如果没有商会及商人的支持和参与，势将无法进行，遂在奏折中提出由官与商共同合作举办这次劝业会，获清廷允准。上海、南京和苏州等地的商务总会，从各方面对劝业会的举办给予了很大支持，不仅承担设法筹集一半的开办经费，具体数额初定为 25 万元，后又增至 35 万元，而且派出专人担任劝业会的董事和坐办，负责具体的筹备工作。与此同时，其他许多省份的商会也积极予以配合，包括奉、直、豫、秦、湘、鄂、滇、蜀、粤等省的 10 余个商会，都先期在本省举办出品协会征求赛品，择其优者运往南洋劝业会参赛。两江所属各府州则举办了 30 余次物产会，陈展和选拔当地土特产品。甚至连海外泗水、三宝垄、爪哇、巴达维亚、新加坡等地的中华商务总会，都曾举办若干出品协会。

在众多商会的支持与配合下，南洋劝业会经过近一年时间的筹备，于 1910 年 6 月在南京正式开幕，展期近半年。会场占地 700 余亩，场面甚为繁盛，设有农业、医药、教育、工艺、武备、机械、美术等 9 个展览馆和 1 个劝工场。另设暨南馆 1 所，陈列南洋各地侨商之出品；参考馆 3 所，展出外国商品。此外还有 3 个专门实业馆及 3 个特别馆，包括江宁缎业馆、湖南瓷业馆、博山玻璃馆和浙江渔业公司的水产馆等。据不完全统计，全部参赛陈列物品计分 24 部，420 类。其规模之大和种类之多，实属空前。展出期间，许多报刊竞相报道，参观者达 20 余万人次，就连日本和美国也先后派出实业代表团赴会参观考察。时人比喻此次盛会为"全国之大钟表也，商人之大实业学校也，商品之大广告场也，输运本国货以向外国之轮船、铁道也"。有的在参观之后，还发出"一日观会，胜于十年就学"这样的感慨。① 这种感慨尽管有所夸张，但也表明南洋劝业会确实产生了较大的影响。

在南洋劝业会开幕前一年举办的武汉劝业奖进会，虽由湖北地方官府出面经办，但也同样离不开商会和商人的配合。例如，查验所有参赛物品的审查员，即是由商会选派经验丰富的商董 20 人充任，其中，武昌商务总会推选 8 人，汉口商务总会推选 12 人。两个商务总会的总理还亲自担任审查长，负责分门别类考核物品，整理会场内一切事务。可以说，没有商会的大力支持，武汉劝业奖进会难以顺利举办。此次劝业奖进会虽属地方性的商品赛会，但规模也比较可观。展品分为天产部、工艺部、美术部、教育部、古物部 5 大部类，另还设有直隶、湖南、上海、宁波 4 馆及汉阳钢铁厂、陆军工作厂、枪炮厂、实习工厂、劝工院等 7 个特别展览室。开幕之后，"观者络绎不绝，途之为塞"。其影响如时人所称："吾国自通商以来，因循苟且，墨守旧章，以致利权外溢，商务日形衰败。今兹武汉劝业奖进会成立，立吾国地方赛会之始基，开吾国实业竞争之先河，其物品制造虽无东西各国之精良，然初次创办，其罗列森布之物品，即有如斯之盛，亦可为中国实业前途贺。"② 同时，武汉劝业奖进会的举办，对随后创设的南洋劝业会也具有先导借鉴作用。《东方杂志》所载有关南洋劝业会的文章即指出："武汉奖进会先南洋劝业会而成立，应推为劝业会之先导。"③

民初的一两年，社会与国家基本上保持着较好的互动关系。前已提及，袁世凯组建的北京政府，起初仍在经济上继续推行发展实业的政策，由此得到工商业者的支持和拥护。1912 年全国工商会议在北京

---

① 《南洋劝业会纪事第二》，《东方杂志》第 6 年第 4 期，1909 年 3 月 25 日。
② 《武汉劝业奖进会笔记》，《湖北教育官报》临时增刊之三，宣统二年（1910），第 150 ~ 151 页。
③ 《记事：南洋劝业会纪事第九》，《东方杂志》第 6 年第 11 期，1909 年 10 月 25 日，第 356 页。

的成功举行，即是当时社会与国家相互合作，共谋实业振兴的具体表现。因此，可以说在这一时期社会与国家在经济上有着比较密切的关系。北京政府采取了一系列保商和振商措施，许多地方政府也积极扶持工商，为工商业的发展提供便利条件。江苏、浙江、山东以及云南诸省，都制订了发展实业的具体计划，兴办了各种试验场、劝业场、陈列所和模范工厂。湖南、福建、安徽、江苏等省，还设立了"实业"、"劝业"、"矿业"等银行，大量向工商企业放款。作为市民社会主体的工商业者，在这一时期投资兴办实业的热情也十分高涨。据《中华民国三年第三次农商统计表》记载，从1912年至1914年的3年间，全国共设有各类工厂3927家（包括少量手工工场），平均每年设厂1309家。这一发展速度，较诸清末平均每年设厂（场）约800家，显然又有了进一步增长。能取得这样的成绩，虽有多方面的原因，但社会与国家之间在经济上保持某种程度的良性互动关系，无疑是其中的一个重要因素。

在此期间，社会与国家不仅在经济上保持着比较密切的关系，在政治上也似乎在一定程度上趋于一致。这从商会、商团等市民社会团体在"二次革命"前后与袁世凯政府保持一致的政治态度即可证实。本书在第七章第三节已说明，袁世凯政府在1913年为筹集军费绞杀革命派的武装，不经国会同意，即以办理善后为名，与英、法、德、俄、日五国银行团签订善后借款合同，总额多达2500万英镑。以革命党人为主体组成的国民党当时尚在国会中占优势，遂以借款合同未经国会通过，属于非法而不予承认。但是，许多商会及实业团体却纷纷公开表示支持袁世凯政府签订借款合同。全国16个省份的商会还派代表赴京斡旋调停，表面上是调和政争，实际上是站在袁世凯一边，迫使国民党议员妥协让步。袁世凯密谋刺杀革命派领导人宋教仁的"宋案"发生后，以孙中山为首的革命派发动"二次革命"，用武力讨伐袁世凯。许多商会又站在袁世凯一边，从各方面对"二次革命"予以抵制，其表现与辛亥革命时期对待革命派的态度形成了鲜明对照。商会和商团正是由于在一定程度上支持袁世凯镇压了"二次革命"，才获得了袁世凯的通令嘉奖。

然而，也不能简单地依据上述几方面的情况即轻易断定，清末民初社会与国家之间已真正建立了十分健全的良性互动关系机制。事实上，社会与国家在此期间也存在比较激烈的矛盾，有时甚至达到无以弥合的程度。此外，社会对国家不仅仅是做出正面的积极回应，在一定程度上也发挥了制衡国家的作用。

例如，在对待清朝中央政府和各地方政府加征税收的问题上，虽然如前所述商会经常在官府与商人之间起调停作用，但也对各种苛捐杂税的不断增加颇为不满，有时还领导商人予以抵制，使清政府加征税收的计划不能付诸实施。仍以清末苏州的情况为例，前面我们提到苏州商务总会曾多次为税收的加征斡旋于官、商之间，使商人的抗捐抗税未演化成大规模的官商冲突。其具体办法是，一方面说服官府减少加征的税额，另一方面劝导商人勉力承担一部分增加的捐税。在当时的历史条件下，这一方法往往能够使官与商双方都能勉强接受。但从保存下来的苏州商会档案资料中，我们也发现苏州商务总会曾经领导商人抵制官府加征税收，使官府的加税计划归于流产。

1906 年 9 月，由于"苏省财政支绌万分"，江苏巡抚饬令在酱坊业加征酱缸捐。酱业商人以营业疲敝，捐税已重，请求宽免，但遭官府拒绝；后又提出将酱缸捐减半，官府仍不为所动，并拟强行吊取酱商账簿，"以为抗捐逞刁者戒"。酱业商人遂群起抵制，并联名禀文两江总督和商部，控告苏州地方当局的抑勒行径。对酱业商人的此次抗捐之举，苏州商务总会给予了大力支持，首先是应酱商的要求致电商部，阐明抑勒酱缸捐使"商界哗然，商不堪命"，请求商部"赐电苏抚，俯体商艰，毋任强勒，以安生业"；接着，又致函上海商务总会，请将酱业公禀录送各报刊登，"俾商界咸得披览，以免地方官筹款用此强硬手段，我商人万不甘受其压力也"。① 上海商务总会也积极配合，不仅应允照办，而且表示"必代为披沥上诉，以仰体执事分别办理各尽义务之意"。② 这场抗捐之争持续年余，苏州官府经办加征酱捐的筹款所始终顽固地拒绝接受商人的要求；商人则拒不从命，苏州商务总会也一直支持商人进行抵制。1907 年 10 月，筹款所实施高压手段，饬提酱业商董数人解县讯究，以示恐吓。酱业商人更为愤慨，坚持不予妥协，表示"将董事管押可也，严惩可也，而独不能认捐"。苏州商务总会也致电两江总督，要求"电赐筹款所勿事骚扰，顾全商命"。③ 与此同时，上海酱业商人也"复行抵抗"。最后，经过商人的反复抗争及商会的大力支持，两江总督和江苏巡抚不得不于 1908 年同意将议收酱捐"一律蠲免，以存大体"。④

上述事实表明，作为市民社会团体的商会，在税收问题上确实发挥了一定的制衡官府的作用。此对保护广大商人的经济利益，促进工商业的发展不无裨益。地方官府对商会的这种表现虽颇为不满，但也无可奈何。苏州筹款所就曾指责苏州商务总会代酱商向两江总督和商部禀控，是"未加考察，遽为代陈"，有意"朦禀列宪"，认为"商会之设，亦以通上下之情，非以掣官吏之肘"。⑤ 然而，尽管地方当局啧有烦言，但对苏州商务总会也不敢采取制裁措施。

类似的情况在清末并不鲜见。1907 年，清朝度支部看到各地税章

---

① 《苏商总会为筹款所抑勒酱捐饬吊账簿致商部电稿》（1907 年 6 月 5 日）、《苏商总会为酱业抗捐公禀录送各报刊登致上海商会函》（1907 年 6 月 9 日），载章开沅等主编《苏州商会档案丛编》第 1 辑，第 1062 页。

② 《上海商会复函》（1907 年 6 月 12 日），载章开沅等主编《苏州商会档案丛编》第 1 辑，第 1063 页。

③ 《潘廷枞致尤先甲密函》（1907 年）、《苏商总会为请饬筹款所勿事骚扰致江督电稿》（1907 年），载章开沅等主编《苏州商会档案丛编》第 1 辑，第 1076、1077 页。

④ 《江督端方陈奏复查明牙税酱捐情形妥筹办理折》（1908 年），载章开沅等主编《苏州商会档案丛编》第 1 辑，第 1079 页。

⑤ 《长元吴三县为验缸、缴捐事致酱董照会》，载章开沅等主编《苏州商会档案丛编》第 1 辑，第 1065 页。

繁杂和商人抗捐抗税此起彼伏，奏准仿行西方国家流行的印花税法，但由于其主旨仍在于罗掘钱财以缓解其入不敷出的窘困，实质上依然是税上加税。各地商会原以为实行印花税可免除其他各种苛捐杂税，减轻商人的负担，对此表示欢迎。但当 1909 年度支部拟定的印花税则、章程及试行办法下发之后，不少商会马上知悉清政府所谓试行印花税的个中奥妙，随即领导商人进行抵制。苏州商务总会发动下属 25 个行业接连投书各级官府，说明"印花税继起，是不啻一货而纳子口、厘捐、落地之外，又加十重税则矣！如此琐碎烦苛，实于商家命脉有所窒碍"。[①] 同时，苏州商务总会还将各业要求缓办印花税的理由书汇编成册，广为宣传，坚决反对试行印花税。因许多地区的商会及商人强烈抵制，谘议局也认为印花税当时不宜施行，再加上一些督抚要员相继奏请缓办印花税，清王朝最后不得不准允暂缓推行。

民国初期，商会与其他实业团体在税收方面对官府的制衡作用也时有反映。1914 年，江苏省财政厅拟从次年起并征产销税。上海总商会马上致电北京政府财政部和农商部，要求"从速取消，以顺舆情"。财政部回电声称："事关整顿税务，岂容商民干预"，指责上海总商会"遽行电阻，希图破坏"；并威胁说"如再有会议阻抗情事，即唯该会是问"。[②] 消息传出，其他各工商团体也纷纷集会抗议政府的专权独断行径。上海总商会并未屈服，与此同时又应各业商人的吁请，抵制加征特种营业税、洋货落地税以及货物税附加二成，迫使官府改变原定加征计划，同意暂缓实行。

由于类似的情况在当时日趋普遍，1916 年北京政府财政部在对江苏盐城商会减轻厘捐的要求下达批复时，恼羞成怒地说："厘税为国家正供，税率轻重，捐则疏密，当事者自有权衡，岂容商会出面干

---

① 《苏商总会汇编苏城各业缓办印花税理由书》（1909 年），载章开沅等主编《苏州商会档案丛编》第 1 辑，第 1135 页。

② 《再志产销并征问题》，《申报》1914 年 7 月 1 日，第 10 版。

预。……近日商会等遇事辄电部控诉，此风断不可长。"同时，财政部还饬令江苏财政厅"劝诫各商会勿再有此等举动，致干驳诘"。①上海总商会则在《申报》上刊登一封公函，针锋相对地表示："今日之财政，取之尽锱铢，用之如泥沙，向请平旦无良，商民已毋庸负疚，矧夫部有所委托，商会惟力是视；商会有所请愿，大部惟力是施。钳其口可使之不开，能强其心使之不冷乎？"② 由此可见，商会始终坚持了其在税收方面制衡国家、抑勒滥征的特殊作用。

在内政外交方面，包括商会在内的一些市民社会团体，在清末民初也在一定程度上发挥了制衡国家的作用，尽管其效果不及上述抵制加征税收那样充分和明显。

例如，1905 年商会发起和领导全国规模的抵制美货运动，即是市民社会团体以新的斗争方式，敦促清政府拒绝美国政府强制中国继续签订限制和迫害华工的苛约。这场影响深远的反帝爱国运动虽以抵制洋货的方式出现，但与以往的盲目排外有着明显的不同。它不仅是具有近代意义的民族主义运动，也是市民社会团体干预国家外交，从一个侧面制衡清政府外交政策的具体表现。商会领导人在斗争中提出清政府与美国政府所签条约，必须交商人公阅并由全体国民公认，才能签字画押，更是直言不讳地反映了市民社会团体要求改变中国以往"无论内政外交，向任执事独断独行，国民纤介不得预闻"的状况。同时，商会中人也自觉地意识到："此次抵制禁约，是我四百兆同胞干预外交之第一起点。"③ 不难看出，当时的市民社会成员对这场运动所具有的制衡国家的重要意义，已有比较深刻的认识。正是由于市民社会团体的干预和制衡，再加上各阶层民众的大力声援与支持，清政府最终拒绝了美国政府继续签订迫害华工条约的横蛮要求。美国政府

① 《财政部不许商会直接请愿》，《申报》1916 年 2 月 15 日，第 10 版。
② 《财政部不许商会直接请愿之反动》，《申报》1916 年 2 月 17 日，第 10 版。
③ 《苏州商会档案》第 295 卷，第 14 页，苏州市档案馆藏。

也不得不做出某些让步，只是单方面通过了经修订的有关条款，并对以前的疯狂排华政策进行了一定的修改。因此，市民社会团体这次干预和制衡国家的行动，可以说在很大程度上产生了积极的实际作用。

在清末维护利权的斗争中，市民社会团体同样发挥了类似的作用。清政府在推行"新政"的初期，也曾提出维护利权的口号，并与市民社会团体共同努力，收回了一部分被西方列强攫取的铁路修筑权和矿山开采权。但不及数年，清政府屈服于列强的种种压力，同时也为了获取列强的贷款缓解财政危机，又强行要求商办铁路公司接受外国的贷款，使商办铁路在原料采购、工程技术人员的设置等许多方面，再度受到列强的控制。于是，商会领导商人进行了大规模的抵制，公开抗拒清廷的一道道圣旨和上谕，强烈要求清政府收回成命，拒绝列强的奴役性贷款，维护铁路商办。

这一斗争在当时产生了一定的成效。例如，江苏和浙江境内的苏杭甬铁路从英商手中收回修筑权后，即由两省商人设立商办铁路公司动工修建。但清政府在英方的威胁之下，又与英国签订了带有各种奴役性附加条件的借款合同，随后即强行要求江浙两省商办铁路公司接受这一贷款。如果是在以往，只要政府已在合同文本上签字画押，则根本无更改的可能，只能照此施行。但当时市民社会的雏形已经产生，情况已与以往明显不同。清廷的谕旨下达后，江浙两省的商会坚决表示"力拒外款"，并发动股东和广大商人进行了不懈的抵制，使过去具有绝对权威的朝廷谕旨难以贯彻执行。虽然清政府采取了高压政策，将商办浙江铁路公司的总理汤寿潜革职，"不准干预政事"，但两省的商会和商人非但仍不妥协，而且更为激愤，有些地区甚至"声言若不收回成命，必暴动云"。① 清政府鉴于两省的拒款保路运动无法平息，只得再次与英方协议，将贷款移作他用，苏杭甬铁路则仍然维

① 宓汝成编《中国近代铁路史资料》第 2 册，第 866 页。

持商办。显而易见，如果没有市民社会团体发挥制衡作用，清政府的态度绝不会轻易出现这一变化。

民国初期，市民社会在内政外交方面，仍在一定程度上发挥了制约国家的作用。本书第十二章论述的围绕着修订《商会法》有关条款问题，商会与政府持续进行的多年抗争，即可谓这方面的一个典型事例。这场抗争最终以北京政府的让步和商会取胜而告结束，表明民初的市民社会团体在内政方面对国家的制衡功能，较诸清末又获得了进一步的增强。

1915 年 12 月，袁世凯公然冒天下之大不韪，宣布废除共和制度，复辟帝制。社会各界人士对此表示强烈反对。许多省份的商会和其他工商团体也表示反对，并从各方面支持护国讨袁战争。护国军在云南首举义旗之后，云南总商会即公开表示："吾滇全省商民，无不馨香顶祝，协力赞助，期早成大功，庶几刷新政治，浃洽商情。"[1] 其他各省的商会，也相继表明反对袁世凯复辟帝制的态度。结果，袁世凯陷入孤家寡人的困境，慌忙于 1916 年 3 月宣布取消帝制。在此之后，已认清袁世凯真实面目的商会及其所属商人，还公开要求袁世凯退位，声言"袁一日不退位，商务一日无起色"。在全国工商界颇具影响的上海总商会，也通电国务院及各省军政长官，要袁下台，引起舆论的关注。《民国日报》发表时评说："南京会议大唱留袁之声，而总商会忽有此电，大势所趋，必非武人所能抗。"[2] 不久，已失去民心，被弄得焦头烂额的袁世凯，就在全国人民的一片唾骂声中忧郁而死。

20 世纪 20 年代初，由商会发起的废督裁兵运动，在某种意义上也可视为市民社会团体在内政方面制衡国家的具体表现。尤其是上海总商会后来又将废督裁兵运动引向深入，提出了裁减军队、整理财

① 《对内文告：滇商会致电武昌商会》，载中国国民党中央委员会党史史料编撰委员会编《护国军纪事》第 2 册，1970，第 18 页。
② 《时评三：总商会亦劝退矣》，《民国日报》1916 年 5 月 23 日，第 11 版。

政、制定宪法三大措施，以此作为约束各派军阀、监督财政以及限制军阀干政的重要方式，产生了比较广泛的影响。1922 年 5 月，全国商联会和全国各省教育会在上海发起召开的"国是会议"，同样是市民社会在政治上制衡国家的一次重要行动。应该特别指出的是，这次行动的参加者更为广泛，包括商会、教育会、银行公会、律师公会、报界联合会和工会，几乎包容了当时具有一定影响的全部市民社会团体，其目的就是"合全国有力团体，解决国家之根本问题"。① 1923年，上海总商会在各民间团体的支持下，为反对直系军阀曹锟在北京发动政变，宣告成立史无前例的民治委员会，更可称为市民社会制衡国家的高潮。作为市民社会团体的上海总商会，敢于公开否认摄政内阁及曹锟的候选总统资格，也不承认北京政府具有代表国家的资格，而且试图通过成立民治委员会代行国家的权力。这种现象无论在此前还是此后，都未曾发生，因而完全可以说是近代中国历史上的市民社会在政治上制衡国家的高峰。有关这方面的详细情况，本书在第七章第四节中已做了比较充分的介绍和说明。

至于外交方面对国家的制衡作用，在民初各类市民社会团体所开展的活动中也同样有所体现。例如，1915 年袁世凯为了取得日本对其复辟帝制的支持，意欲接受日本提出的将中国变为日本附属国的"二十一条"。消息传出，商会及许多工商团体立即表示抗议。各省商会不仅发动了大规模的抵制日货运动，而且坚决反对袁世凯政府的卖国行径，表示绝不承认亡国的"二十一条"。又如，1919 年的五四运动期间，为支持爱国学生反对巴黎和会将德国所占青岛和山东主权转让给日本，要求政府罢免曹汝霖、陆宗舆、章宗祥等亲日派官员，停止镇压学生的爱国行动并释放被关押的学生，许多商会与其他民间团体以不同方式向政府施加压力，积极投身于这场爱国运动。尤其是一些

① 《国是会议今日行开会式》，《申报》1922 年 5 月 7 日，第 13 版。

商会组织的抵制日货与罢市抗税斗争，波及全国许多地区，产生了广泛而深远的影响，对政府形成了一种不容忽视的约束力。有的商会还公开致电北京政府，要求"急以明令惩免曹、陆、章及保护学生，以谢国人"。① 天津总商会更是限定时间，逼使北京政府对这两项要求做出明确答复，否则将坚持罢市，誓不妥协。最后，北京政府害怕持续罢市将会引发更为严重的后果，不得不在商会等工商团体和各界民众的强烈呼吁下，应允了上述要求；同时，未敢在巴黎和会中有关青岛的和约上签字。

在此后的华盛顿会议期间，全国商联会和全国教育联合会等民间团体，又积极敦促政府利用这一时机，维护并收回中国的主权。在华盛顿会议召开之前，全国商联会和教联会分别举行代表大会，后又组织商教联席会议，讨论有关的提案及具体事宜，并发表了对内和对外宣言，要求根据国际平等原则，废除不平等条约，无条件交还青岛，维护中国的独立。② 此外，商教联席会议还推举余日章、蒋梦麟二人作为商教两界代表，列席华盛顿会议。于是，在市民社会团体和各界民众的一致要求及有力推动下，中国政府代表不敢拂逆民意，在华盛顿会议上据理力争，终使日本应允撤出军队，交还山东主权。后又促使华盛顿会议签订了有关中国问题的《九国公约》，在表面上承认中国的主权和领土完整。

在力争中国关税自主的过程中，商会等民间工商团体发挥了比较突出的作用。在华盛顿会议前后，全国商联会和教联会即向北京政府联合提出了这一要求，上海总商会还曾组织修改税则委员会，着手调查各类货物的价格及税率，后又不断阐明关税自主的重要性和必要性，使政府对此也予以重视。1922 年 9 月，北京政府成立关税研究

---

① 《津商会要求北京政府明令惩免曹陆章及保护学生以救危局电》（1919 年 6 月 10 日），载天津市档案馆等编《天津商会档案汇编（1912～1928）》第 3 册，第 4725～4726 页。
② 《商教联合会对外宣言》，《顺天时报》1921 年 10 月 16 日，第 3 版。

会，全国商联会和各省商会均派代表参加，在北京多次召开有关会议，商讨收回关税自主权问题。1925 年 8 月，北京政府通知西方各国派代表于 10 月来京举行关税特别会议。会前，西方列强和北京政府都各自为其利益盘算，暗地开展各种活动。西方列强要求中国以首先裁撤厘金税为条件，其目的不外乎继续保持不平等的协定关税制度。北京政府虽也希望收回关税自主权，但又担心废除厘金将大量减少税收来源，因而其态度并不是很坚决。为了防止北京政府妥协，商会及各民间团体先后举行集会和发布通电，表达决心收回关税主权的民意和坚定态度。在关税特别会议举行的同时，全国商联会还特意召开专门讨论关税自主的临时大会，向北京政府及各国代表郑重宣告："我全国商界所主张者，关税自主，总以获得吾国关税一切完全自主为目的"；"不论如何牺牲，宜据理力争到底"。① 市民社会团体的这一态度与表现，既是北京政府与各国进行关税自主谈判的一大后援，也迫使北京政府在谈判中据理力争。经过反复的谈判交涉，终于达成协议，各国原则上同意中国关税自主，于 1929 年 1 月 1 日在废除厘金的同时正式施行。

从以上几个方面的论述可以看出，清末民初的市民社会确实对国家发挥了一定的制衡作用，并大都产生了积极的影响。不过，在肯定其制衡作用的同时，也不能过分夸大近代中国一直处于雏形状态的市民社会在这方面的功能。如果全面考察有关的史实，我们还可发现，近代中国的市民社会在其他许多重大问题上，虽也有制约国家的愿望与要求，并采取了一些实际行动，但难以产生实际影响。

例如，在清末，为推动清政府加快宪政改革的步骤，立即召开国会实行君主立宪制，作为市民社会团体的商会，也积极加入国会请愿

---

① 《中华全国商会联合会第五届纪事录》，《议案录》第 1～2 页，转引自虞和平《商会与中国早期现代化》，第 364～365 页。

运动的行列，并向清政府递交了三份请愿书，情辞恳切地从各方面阐明迅速召开国会的重要性和必要性，要求清政府顺从民意，缩短"预备立宪"的期限。然而，商会所施加的这种压力并未对清政府起到明显的制约作用。清朝统治者虽然将"预备立宪"的期限缩短了几年时间，但仍顽固地拒绝立即召开国会，坚持按其原定计划实施宪政改革，并声称不得再行请愿，否则将进行镇压。对清政府这种愚顽颟顸的态度，商会也无可奈何。

又如，在清末维护利权的斗争中，商会及广大商人为收回铁路修筑权做出了艰苦的努力，后又为抵制西方列强的奴役性贷款，维护铁路商办，与清朝统治者进行了直接的抗争，曾取得比较明显的成效。但是，市民社会最终仍无法在铁路商办的问题上，对清政府真正产生最大限度的制约和影响。1911 年 5 月，清王朝仅凭一纸上谕，即违背自己制定的商律，宣布铁道干路国有政策，规定除支路仍准华商集股修筑外，前所批准的各商办干路一律取消，由国家收回，并严厉表示："如有不顾大局，故意扰乱路政，煽惑抵抗，即照违制论。"① 实际上，清政府实施所谓"干路国有"政策，仍是为了以路权作抵押对外借债。随后，清政府即与四国银行团签订借款合同，从而使得路权再次落入外人之手。商会和商人虽洞悉清王朝实行"干路国有"政策的目的，也深知其所造成的严重危害，并且竭力进行了抗争，但最后仍无法迫使清政府改变这一政策。

近代中国的市民社会之所以对国家的制衡功能仍显得较为有限，有客观和主观两方面的原因。从客观条件看，是由于近代中国始终没有建立起类似西方那样真正能够制约政府的国会，因而市民社会根本无法全面限制政府的独断专行。在清末，连形式上的国会也不曾建

---

① 《遵筹川粤汉干路收回办法折》（1911 年 6 月），载盛宣怀《愚斋存稿》第 17 卷，第 26 页，收入沈云龙主编《近代中国史料丛刊续编》第 13 辑，台北：文海出版社，1975。

立，仍然是由清朝最高统治者实行专制统治，后虽设立资政院和谘议局，但无立法和监督行政的实际权力，更无弹劾政府之权。所谓民意对于清朝统治者而言，也不过是可听可不听的耳边风，无足轻重，需要时可将其作为装饰门面的标签，不需要时则置若罔闻，而市民社会却对此无能为力。民初尽管从形式上看设立了国会，但未能真正发挥应有的作用，在很大程度上不过是一种装饰品。市民社会团体在国会中所占有的议席少得可怜，根本谈不上拥有发言权和影响力。民国初年第一届国会选举时，所定议员选举法对于商人极为不利，实际上是将商人排斥在选举人范围之外。同时，按选举法的规定，只给学会等少数民间社团分配了少量的议员名额。虽然商会和其他工商团体曾就扩大工商界的选举权及增加议员席位问题，向国务院和参政院呈递请愿书，但屡遭拒绝。1914 年初，袁世凯解散国会，召开约法会议修订《临时约法》，商会又提出增加商界议员席位。此次抗争虽取得一定成效，使全国商联会获得四位议员名额，但仍为数甚少。

另一方面，即使商会和其他民间团体拥有一些议员席位，也不能使国会发挥应有的作用。因为近代中国的所谓国会，基本上都是徒有其名，而无其实，在很大程度上可以说是被国家统治者控制的御用工具，不仅不能发挥制约统治者专横独断的功能，而且经常被统治者用于谋一己之私利。袁世凯在民初即是利用国会翻云覆雨，强奸民意，达到自己不可告人的目的。因此，民国时期的中国尽管从表面上看已经有了国会，但实际上仍然是专制独裁统治。而在一个实行专制独裁统治的国家中，市民社会根本不可能在各方面真正充分发挥制衡国家的作用。

从主观方面分析，清末民初的市民社会在制衡国家的过程中，所采取的手段和方法也存在较大的局限性，不能真正达到有效制约统治者的目的。从前面的有关论述已可看出，在清末民初，市民社会制衡国家的主要方式，除在对外的反帝爱国运动中采取抵制洋货和罢市的斗争手段外，在对内的政治和经济问题上，一般都不外乎上书请愿和集会抗议，或者通过创办自己的报刊向国家施加一定的舆论压力。但这些方式都不足以对国家形成不可抵御的约束力，更不能从根本上危及其统治地位，因而也无法使之不得不接受市民社会的要求，对一些重大的政策和措施做出调整修改。

对于清末民初以商会和其他工商团体为主体而组成的市民社会而言，如果能够采取拒纳捐税和罢市的斗争方式，将会对统治者形成更为致命的威胁和打击，也是制衡国家更为有效的具体行动。在近代西方的许多国家中，拒纳捐税常常是工商界制约统治者，使其不得不接受工商界要求的一种有效手段。而在近代中国，一些商会的成员虽也意识到这一斗争手段的影响与作用，但很少真正使用。尽管抗捐抗税的事件在清末民初也并不少见，却只是限于抵制政府加征捐税，而不是将其作为制衡国家的一种斗争方式。即使是限于抵制政府加征捐税，也往往只是发生在某个地区的一个或是几个行业，从未形成全国范围各业商人的共同联合行动，因而对统治者的制约力仍比较有限。

从有关的史料中，可以发现清末民初的市民社会在多次制衡政府的斗争中，都有人提出过联合全国商民拒纳捐税，最终却均未付诸实施。例如，1910 年商会为促使清政府速开国会，实行君主立宪制，加入国会请愿运动的行列。被推举为上海商务总会请愿代表的沈缦云，在天津商务总会举行的欢迎大会上发表演说时即指出："商民请愿，非速开国会不可。如再不允，则由全国商界结合团体，不尽税厘义务。"[①] 然而，这一斗争方式并没有获得更多商会和商人的赞同。从实际情况看，除了上书请愿之外，当时的商会并未领导全国商人采取其

---

① 《各省商会国会请愿代表沈懋昭等呈代奏书》，《大公报》1910 年 6 月 30 日，第 6 版。

他任何行动。所以，尽管商会代表不辞辛劳稽首君门，呈递的三份请愿书也无不竭诚吁请清政府"速开国会，以振商业，而维商情"，[①]清朝统治者却不为所动，并未感受到多大的压力，依然拒绝了工商界的要求。又如，1912年商会和其他工商团体在争取扩大工商界的议员选举权及席位的过程中，也一度宣称："如参议院不听此要求，决定全国工商各界今后无论国家、地方各捐税，一概不纳，必以达到目的为止。"[②] 其言辞可谓甚为坚决，但其行动却十分软弱。后来的事实证明，商会并未真正采取这一斗争方式，所提要求也遭到拒绝。

综上所述，近代中国的市民社会虽然发挥了一定的制衡国家的积极作用，但由于受客观条件限制和主观努力不够，所起的作用仍比较有限。因此，我们既应充分肯定市民社会在这方面的积极影响，同时也要看到其所存在的局限性，对其制衡作用不能估计过高，否则难免失之偏颇。

三　社会终被国家扼杀

由于近代中国的市民社会只能在某些方面对国家进行有限的制约，而不能在各方面真正有效地制衡国家，也就难以维持其自身的顺利发展。因为在这样一种互动关系机制下，只有国家采取扶植社会的政策，社会才能获得扩展的机遇；而一旦国家对社会予以侵蚀甚或扼杀，社会最终将难以进行持续的抵御。所以，近代中国市民社会的发展，不仅取决于社会自身，而且在很大程度上取决于国家对社会采取何种政策。

---

① 《奏折：江苏苏州商务总会代表杭祖良、上海商务总会代表沈懋昭请速开国会书》，《时报》1910年7月21日，第5版。
② 《工商界之要求选举权热》，《时报》1912年11月5日，第3版。

与此紧密相关的另一个明显特点是，当国家能力下降，未能建立起强有力的集权统治时，社会往往能够获得发展；而当国家能力增强，政府的统治比较稳固时，社会的发展反而受到削弱，不仅对国家的制衡作用更为有限，而且其独立性难以继续维持。商会作为近代中国市民社会中最具影响力的团体之一，其命运即是如此。正如章开沅教授在为虞和平《商会与中国早期现代化》一书撰写的序言中所说："中国商会稍能奋发有为并体现独立品格的岁月，多半是在中央政府衰微或统一的政治中心已不复存在的时期，及至相对稳定与统一的中央政府建立以后，它反而堕为附庸，湮没独立品格，很难有大的作为。前者如清末立宪运动时期、北洋军阀混战时期，商会在经济、政治、文化生活中，均曾扮演过相当积极的角色；后者如南京国民政府成立以后，曾经对辛亥革命、肇建民国乃至所谓国民革命有所贡献的商会，反而只能仰承政府的鼻息，甚至连仅仅具有象征意义的商团武装也被解除了。这是由于中央集权乃是中国的传统政治体制，统治者着意加强归于一统的各级政府，却无意（甚至害怕）扶植各种社会团体的独立、健康发展。"①

清末之际商会得以诞生和发展，正值清政府统治权威急剧下降，控制能力日趋丧失的危急时刻。清政府试图以推行"新政"改革来扭转这种不利的局面，而"新政"的实施，需要社会的认同与支持，因此清政府在很大程度上采取了扶植社会发展的政策。此外，当时的清朝中央政府已明显处于江河日下的衰败困境，无力对社会进行直接而有效的控制。民国初期，袁世凯虽然组建了中央政府，在表面上实现了全国的统一，但实际上仍面临比较强大的对立面，即以孙中山为首的资产阶级革命派在许多方面的制约，其统治地位也并不十分稳固。因而，袁世凯政府一方面无力全面控制市民社会团体，只是试图通过

---

① 虞和平：《商会与中国早期现代化》，"序言"，第 8 页。

颁布新的《商会法》限制商会的发展，但未能奏效；另一方面，袁世凯在与资产阶级革命派较量时，也需要在一定程度上借用市民社会团体的特殊影响。在镇压"二次革命"的过程中，狡猾的袁世凯即利用商会、商团等市民社会团体，在经济上和政治上对革命派施加种种压力，使"二次革命"很快归于失败。所以，民国初期市民社会的雏形仍在清末的基础上获得了一定的发展。1916年袁世凯死后，中国陷入军阀混战状态，连统一的中央政府也难以建立，就更谈不上对市民社会进行全面的控驭。虽然这一时期市民社会的雏形在某些地区也遭到军阀一定程度的摧残，但整体说来仍显得比较活跃，并且出现了由市民社会团体召开"国是会议"和组建民治委员会等前所未有的非凡之举。但是，当1927年蒋介石上台，建立了统一的南京国民政府，实行国民党一党专制也即蒋介石个人的独裁统治之后，原本并不是很强大的市民社会雏形，即开始遭受厄运。

国民党政权建立后，首先是取消地方自治，强令解散各种民间自治团体，苏州为数甚多的市民公社，在1928年3月均被撤销；旋即又采取种种措施，加强对民间社会团体的监督和控制，力图使民间团体丧失原有的独立性与自主权，成为其御用的工具。当时，国民党政府率先试图控制的是市民社会团体中最具影响的商会，而在商会中又是首先对准了素有中国"第一商会"之称，在全国林林总总的商会中具有领袖群伦地位的上海总商会。当然，近代中国的市民社会雏形，特别是其中最具影响力的商会这一团体，从清末开始酝酿萌生直至发展到20世纪20年代，尽管还称不上具有非常强大的实力，但颇具规模，影响不可小视，也不会心甘情愿或是轻而易举地接受国民党政府的控驭。对于国民党政府的控制，上海总商会进行了数年的抗争，但由于市民社会自身具有的各种局限，无力抵御国家的侵蚀，最终仍未能摆脱在某些方面被国民党政府控制的结局。

在国民党政府建立之前，上海总商会自身的内部帮派矛盾趋于公开化。1926 年换届改选后，总商会由与直系军阀孙传芳关系密切的中国通商银行经理、招商局董事傅筱庵（宗耀）担任会长。傅筱庵同时将其通商银行和招商局的一批亲信也拉入总商会会董领导层。原总商会会董冯少山等人曾指控并要求查究傅筱庵"选举舞弊"，但未获结果，遂愤而退出总商会，另行组织了一个名为沪商正谊社的团体。是年 7 月，正当国民革命军挥师北伐节节取胜，攻入孙传芳控制的江西境内之际，刚刚登上总商会会长宝座的傅筱庵先是调集招商局的轮船为孙传芳提供军运，支持军阀抗拒国民革命军，后又以上海总商会的名义发布通电，表面上呼吁"和平"，实则要求国民革命军撤回广东。这一事件造成了两方面的后果：其一是加剧了上海总商会的分化，使得原属上海总商会的许多工商团体，经虞洽卿、王一亭等人的倡导，在 1927 年初另行成立上海商业联合会，致使上海总商会在工商界的威望与影响急剧下降；其二是使上海总商会背上了支持军阀、反对革命的不光彩名声，为国民党政府随后整顿上海总商会提供了口实。

1927 年 4 月，国民党中央政治会议上海临时分会下令通缉傅筱庵，同时发布第 1 号训令，宣告"上海总商会现任职员非法产生，不亟彻底澄清，无以副商界期望"，着令该会全体职员一并解职，另指派财政部次长钱新之、国民党中央政治部上海办事处主任潘宜之、外交部长郭泰祺以及虞洽卿、冯少山、王一亭等上海工商界的代表，联合组成上海总商会接收委员会，办理上海总商会领导层的重新改选事宜。[1] 接收委员会随后召集上海总商会会员紧急大会，推选冯少山等 35 人为上海总商会临时委员会委员，负责维持现状和办理改选。

国民党政府此次对上海总商会的整顿，尚未使上海总商会完全丧失原有的独立性。因为总商会并非真正由国民党政府直接接收，只是将原有正副会长和会董解职，在改选之前仍由 35 名商董组成总商会

---

① 　上海市档案馆编《一九二七年上海商业联合会》，上海人民出版社，1983，第 20 页。

的临时委员会管理会务。临时委员会则依然按照以往的惯例，领导总
商会从事各项活动，甚至继续干预政治事务，因而引起国民党当局对
上海总商会乃至全国其他商会的忌恨，意欲将商会全部解散。1927 年
11 月，国民党上海特别市党部转发国民党中央商人部通告，向上海总
商会发出威胁说："旧有商会组织不良，失却领导商人之地位，本部
拟于第三次全国代表大会时提出议案，请求撤销全国旧商会，以商民
协会为领导之机关。"① 所谓商民协会，乃是在国民党当局直接扶植和
支持下，由一部分中小商人在各地组成的团体。

这不仅关系到上海总商会的命运，而且直接涉及全国商会的存
废。上海总商会针对国民党上海市党部所谓商会"失却领导商人之地
位"的言论，马上严词进行反驳。同时，为了联合各省商会共同力
争，上海总商会还向全国各地的总商会发出通电，提出于当年的 12
月 15 日在上海召开各省商会联合大会，专门讨论商会的存废问题，
得到各地商会的响应和支持。

12 月中旬，各省商会联合大会在沪如期举行。由于这次会议事关
商会的存亡绝续，不仅各省商会都非常关注，共有百余名代表出席，
连国民党当局也甚为重视，对商会的动向予以密切关注，蒋介石、戴
季陶、孔祥熙等一大批国民党要员都亲临会场。蒋介石还亲自在会上
训话，要求商会放弃独立自主的活动，接受国民党政府的"指导"。
但上海总商会领导人冯少山却在大会发言中，对国民党政府试图以御
用的商民协会取代商会的阴谋，进行了含沙射影的反击。会议期间，
上海总商会还提出议案，阐明"商民不能过问捐税，则中饱无从剔
除"，要求将捐税"统交商会保管"，这与国民党政府的设想完全相
左。另外，大会发表的宣言，也仍号召"商人积极参预政治，以符合
全民政治之实际"，这显然又是针对蒋介石的专制独裁统治，继续宣

---

① 转引自徐鼎新、钱小明《上海总商会史（1902~1929）》，第 390 页。

传"全民政治"，维护商会的合法独立地位。①

在上述第一阶段有关商会存废问题的争论中，一方面由于商会的抵制，另一方面由于国民党内部高层之间对于是否取消商会意见不一，未能制定统一的政策，再加上其他方面的一些原因，所以这一时期的商会尚得以保存。特别是 1929 年国民党政府工商部颁布修订后的《商会法》及《商会法施行细则》，又从法律上肯定了商会的地位。所以，从表面上看第一阶段的争论是以商会的获胜而暂告结束。但是，这一局面并未能维持多久。

在此期间，上海总商会仍积极为商请命，干预国民党政府的有关政策，并要求参与政治。1928 年 12 月，国民党政府财政部宣布将已经决定的裁厘日期推延，并对 16 种产品征收特种消费税。上海总商会旋即邀请所属各团体集议讨论，认为此举系变相征收厘税，表示坚决反对；接着，以上海总商会暨 80 多个工商团体的名义致电国民党政府，表明其态度；另又发表《反对特种消费税宣言》，公开指责国民党政府强行征收特种消费税这一"恶税"，系"压迫民族，阻害民生，剥夺民权"的行径，表示要"誓死力争"。② 1928 年 10 月，上海总商会还要求国民党政府批准全国商联会选派五名代表，列席立法院会议并阐述工商界的意见。国民党上海市党部对总商会的这一要求加以指责和警告，总商会则声称党部无权管辖商会，上海市党部更为恼怒，声称商会"非特无诚意接受，反以商会是否应受党部管辖，全国商联会是否应受上海特别市党部之警告为言，其抗反党国，逆迹昭彰"。③

上海总商会这种桀骜不驯的态度与行动，自然为实行集权统治和一党专政的国民党政府所不容。因此，在 1929 年 3 月 15 日至 28 日举

---

① 　徐鼎新、钱小明：《上海总商会史（1902~1929）》，第 392~393 页。
② 　《反对特种消费税宣言》，《商业月报》第 9 卷第 2 号，1929 年 2 月。
③ 　《陈德征潘公展请解散各地商会案》，《新闻报》1929 年 3 月 22 日。

行的国民党第三次全国代表大会上，上海市党部的执行委员陈德征、潘公展再次提出废除商会，引起了上海和全国各地商会及工商团体的反对。特别是上海的工商各团体，意识到"商人现处于危难地位，应有互相协助之决心"，遂立即举行联席会议，商讨对付办法，决定除致电国民党"三大"会议主席团要求"俯察商情，予以维持"外，另选派代表赴南京递交一份《全国商会请愿书》，对各种诽谤商会的言论力予反驳，阐明商会系商民正当组织，"妄言废弃归并，必致动摇全国内外人心，影响国家根本"。^① 由于商会与其他工商团体的强烈反对，加之国民党内部宁桂集团的冲突导致"三大"会议中断，解散各级商会的议案未在这次会上通过。但是，国民党上海当局并未就此善罢甘休，又在同年 5 月召开的国民党上海市执委会第 17 次常会上，议决呈请国民党中央解散上海总商会，并通缉会长冯少山。不久，国民党政府即以"把持商运，破坏革命"的罪名，下令通缉冯少山和总商会常务委员石芝坤。与此同时，国民党第三届中央执行委员会第七次常务会议还通过了统一上海特别市商人团体组织案，并成立了商人团体整理委员会，下令上海总商会暨县商会、闸北商会以及商民协会等团体"一律停止工作，听候整理"，^② 由商人团体整理委员会负责登记商会及商民协会会员，草拟统一团体之章程，筹备统一团体组织程序。

经过一年多的强行整顿，上海总商会以及其他民间工商团体都遭到国民党当局的沉重打击。在此之前，上海的商人团体共有 257 个，其中隶属总商会者 77 个，隶属南市商会（即县商会）者 32 个，隶属闸北商会者 3 个，隶属商民协会者 71 个，未隶属上述各系统的商人团体有 56 个，此外还有国货联合团体和商人同乡团体 18 个。整理之

① 《商人讨论商会存废问题》，《工商半月刊》第 1 卷第 8 号，1929 年 4 月 15 日。
② 《商整会明日成立》，《申报》1929 年 5 月 24 日，第 13 版。

后，获国民党当局承认的团体仅为 170 个，其余均被取消。[①] 尤其是像上海各马路商界总联合会及其下属的各马路商界联合会这样颇具影响的商人团体，也在这次整顿中被取消。上海各马路商界总联合会成立于 1919 年 10 月，简称"商总联会"，系由各马路商联会共同组织而成。前此的各马路商联会，也是商人以所在马路为区域成立的民间团体，最初始于南京路，不久扩展至许多街区。商总联会设立后，其实力日益扩大，到 1919 年底即拥有 34 个分会，成为另一个具有相当影响的上海商人团体。但即使是具有如此实力和影响的团体，也被国民党政府勒令取消了。

　　民间商人团体数量的减少还只是表面现象。如果这些商人团体能够继续保持原有市民社会团体的独立自治特征，并仍然在某些方面一定程度地发挥制衡国家的作用，其后果将不会那么严重，至多只是市民社会的发展遭受暂时的挫折。问题在于，这些保留下来的商人团体，已在很大程度上丧失了独立自治的市民社会特征，在许多方面直接或间接受到国民党政府的监督控制。上海总商会原本是市民社会特征最为突出的商人团体，影响也最为显著，此次整顿后虽然于 1930 年 6 月 21 日成立了一个新的上海市商会（也是经过"整理"之后在全国最早成立的新商会），名义上仍有商会存在，但与原来的上海总商会完全不能同日而语。在上海市商会的成立大会上，原总商会成员所占代表名额不及 1/3。国民党曾明确宣称，"曾勾结反革命派，破坏本党者"，一律不得为会员。也就是说，凡不听从国民党控制者，均不得进入新成立的商会。而与国民党关系密切，听从其指挥的王延松、骆清华等一批人，并非真正代表上海的工商界，却在国民党的有意安排下得以把持上海市商会的领导权。由这样一批人控制的上海市

---

　　① 据《上海总商会史（1902～1929）》和《旧中国民族资产阶级》两书所述，此次整顿前的上海商人团体为 261 个，但与各类团体相加的数字不符。本书所记总数为 257 个，系按以上两书所列各类商人团体的具体数字相加得出。

商会，自然难以完全保持前此上海总商会那样的独立自主性及显著影响，也很难像以往那样具有市民社会的特征。

上海是近代中国相对说来市民社会最为活跃的地区，但同时又是国民党政府的重点整顿对象，故而上海的市民社会所遭受的摧残更为严重。不仅如此，其他地区的民间商人团体也都不同程度地受到打击，其结果可以说与上海的商人团体大同小异，丧失了原有的市民社会特征。当时，国民党政府对民间商人团体的整顿，并不限于上海一地，而是在全国范围内普遍进行，甚至连海外华商组织的中华商会也不例外。因此，整个近代中国的市民社会在国民党政府的专制统治摧残下，从此都陷于一蹶不振的境地。

到1933年6月底，全国21个省市向国民党政府实业部备案的工商同业公会共计4185个。商会经过整顿之后，数量较前大为减少。据全国商联会1930年10月报告的国内外商会数，国内共有2246个，国外的中华商会也有50个。整顿之后的商会数，截至1933年8月底，国内正式向实业部备案的仅407个，海外的中华商会23个；暂准备案的，国内商会为173个，海外23个。[1] 与整顿以前的商会数相比，减少了2/3还多。

与此同时，国民党为实行"一党专政"和"以党治国"，还竭力限制人民集会、结社、言论和出版自由。1930年7月，国民党中央常务会议又发布了《修正人民团体组织方案》，严格规定任何民间团体"不得有违反三民主义之言论及行为"，必须"接受中国国民党之指导，遵守国家法律，服从政府命令"；还对民间团体的集会做出了强制性的规定："除例会外，各项会议，须得当地高级党部及主管官署之许可，方可召集。"[2] 于是，从表面上看，在此之后

---

① 转引自黄逸峰等《旧中国民族资产阶级》，第371～372页。
② 转引自黄逸峰等《旧中国民族资产阶级》，第372页。

虽然还存在一部分民间团体，但实际上其言论和行动都受到国民党政府的控制，很难像过去那样在许多方面发挥民间团体制衡政府的作用。

例如，1931 年 12 月，上海各业公会代表因对国民党控制下的上海市商会强烈不满，举行联席会议讨论对付办法，即"突有公安局武装警士多人莅场包围，强制干涉，据言系奉市商会所指派，逮捕开会之主动者而来，并迫令不得私自集会"。① 又如，1930 年 7 月间，全国商联会曾两次呈请举行全国会员代表大会，并一度获国民党政府工商部准允，但国民党中央党部却从中干涉，借口全国商联会的要求与《修正人民团体组织方案》不符，强行将工商部批准原案也予撤销，使全国商联会代表大会流产。② 既然连自行召集会议的自主权都无法获得保障，更何谈独立开展各项活动，对政府予以制约。

在此之后，有些地区的商人也一度做出有限的抗议，但在国民党政府的高压之下未能获得明显的效果。1931 年 12 月，上海各业公会曾联名发表《对于上海市商会问题重要宣言》，公开抨击上海市商会自 1929 年以后被国民党庇护的"独裁余孽之少数无赖商蠹盘踞"，"把持商运，包办选举，强奸会员意志，阿谀宁府权要，勾结党棍，排斥异己"，并宣告"以后对于上海市商会之接收与改组，倘未经我各业公会代表大会合法议决之许可，以任何之名义与行动，概予绝对否认"。③ 这篇宣言的言辞颇为激烈，不仅将矛头直指国民党把持的上海市商会，而且对国民党的"一党专政"表示了强烈的不满，因此在国民党当局的阻挠下无法公开见诸报端，并招致镇压。前述上海各业

---

① 《上海市各业公会为上海市商会非法压迫事敬告各界》，《上海钱业公会档案》第 27 卷，转自黄逸峰等《旧中国民族资产阶级》，第 373 页。
② 《全国商联会请求召集大会被驳》，《工商半月刊》第 2 卷第 15 号，1930 年 8 月 1 日。
③ 《上海市各业公会代表联席会议对于上海市商会问题重要宣言》，油印稿，原件无日期，据考查，应为 1931 年 12 月 20 日前后，上海市商会档案，第 146 卷，转引自徐鼎新、钱小明《上海总商会史（1902～1929）》，第 399 页。

公会代表联席会议被军警强行解散，即是出于这一原因。随后各业公会又散发《告各界人士书》，控告国民党当局"摧残我民主精神，剥夺我民权自由"，但只会引起国民党当局更深的忌恨和进一步的镇压，难以像以往那样达到制约政府的作用。

综上所述，由于国民党南京国民政府建立之后，采取强制手段对市民社会团体进行整顿和改组，并对保存下来的民间团体实施监督与控制，这些团体大都丧失了原有的市民社会特征。因此，近代中国自清末萌生发展而形成的市民社会雏形，受到极为严重的摧残，可以说已遭到国家的强制性扼杀。如同一位深入研究过江浙财阀与国民党政府之间相互关系的美国学者就上海的情况所说的那样："对上海资本家来说，国民党统治的第一年是一个灾难。……他们在 1927 年以前十年中在上海所享有不受政治控制的局面，因近似'恐怖的统治'而突然结束了。"① 令人遗憾的是，近代中国的市民社会在当时尚未发展到能够真正抵御国家强制扼杀的程度，只能步步退缩而最终遭到扼杀。

---

① 帕克斯·M. 小科布尔：《江浙财阀与国民政府（1927～1937）》，蔡静仪译，南开大学出版社，1987，第 26 页。

第十五章

社会自身的缺陷

近代中国市民社会的雏形在清末萌发产生，并在民初获得一定发展，后却遭受严重摧残而一蹶不振，直至最终被无情扼杀，其主要原因固然是国家在政治方面发生变化，即本书上一章所述国民党政府建立后改变清末民初在一定程度上扶植民间社会发展的政策，转而对民间社会团体实行严格的控制，推行"以党治国"和"一党专政"的统治方略，使市民社会失去了赖以生存发展的活动空间和独立自主权；另一方面，也与市民社会的雏形自身所具有的一系列缺陷，存在十分密切的关系。如果近代中国的市民社会不存在这些缺陷，能够获得非常迅速和充分的发展，实力也十分强大，将不至于被国家所强制扼杀。换言之，当市民社会的发展已达到相当的程度时，即使国家意欲对市民社会进行控制和扼杀，也不可能如愿以偿，相反还会使自身陷于芒刺在背的窘境。因为在市民社会非常强大的国度，一旦国家与社会的关系趋于紧张，国家得不到社会在各方面的支持，就无法实行有序的社会动员与整合，其统治地位也会相应地趋于崩溃。但是，近代中国的情况却并非如此。下面，我们将对近代中国市民社会雏形所具有的一系列难以克服的缺陷进行论述，从另一个方面探讨市民社会遭到扼杀的原因。

一 独立性不强

在前面的一些有关章节中，我们依据各种史料和史实，论述过清末民初的商会以及其他许多市民社会团体均具有比较明显的独立性。但是另一方面也应看到，与近代西方许多国家的市民社会相比较，其独立性又显得不是那么突出。这主要是因为近代中国资本主义经济的发展，在很大程度上依赖于国家政策的转变及保护，市民社会团体的产生，也并非单纯通过市民自身的经济实力和政治意识发展到相应的程度，在完全不依赖国家的情况下自发地形成。与此相反，绝大多数的市民社会团体，是在国家统治者的支持和保护之下才得以诞生。即使是影响最为显著的商会这一市民社会团体，也同样如此。

设立商会的呼吁在近代中国见诸舆论，并不是在商会正式诞生的20世纪初，而是在19世纪末，但由于当时得不到清朝统治者的支持，一直未能付诸实现。

早在19世纪末，一些维新派思想家就已提出商人宜联结团体，成立商会。1896年，陈炽在其撰写的《续富国策》一文中，呼吁立商部、设商会，以"恤商情、振商务、保商权"。① 与此同时，康有为更屡次提出兴商学、办商报、设商会的条陈，并在《公车上书》中特别强调"各直省设立商会……上下通气，通同商办，庶几振兴"。② 汪康年也曾阐明："宜立商会及商务报，以兴商务……以集商议，以重商权。"③ 除维新派思想家之外，工商界也有代表人物在19世纪末已提出成立商会主张。如张謇曾专门撰写《商会议》一文，不仅

---

① 陈炽：《创立商部说》，《续富国策》卷四，载赵靖、易梦虹主编《中国近代经济思想资料选辑》中册，第84页。

② 康有为：《上清帝第二书》，载中国史学会主编《戊戌变法》第2册，第146页。

③ 《论华人宜速筹自相保护之法》，载《时务报》第52册，1898年2月21日，京华书局，1967，第3521页。

论述了设立商会的意义和作用，而且说明"各行省宜有总会，各府宜有分会"。① 另一位资本家吴桐林，于 1897 年在致汪康年的信函中也说："商务之兴，必须以国家准商民自立商会为始。商会既立，尤必准其设立公司，专利自立。""立总会于上海，设商报以通南北洋及中外各埠之情，兼之银行、邮政、矿务、铁路、船政诸端，赶紧兴办，上下一气，相与有成，商务日兴，国事之富强而随之矣。"②

由上可知，19 世纪末维新派思想家和工商界的代表人物都曾提出设立商会这一重要主张，但由于得不到朝廷的重视和支持，这一主张只能束之高阁，难以变成现实。因为当时的工商界尚未发展成为一支独立的阶级队伍，无法单纯依靠自身的力量成立商会，而清政府又在很大程度上仍沿袭抑商困商政策，对民间结社予以严密控制和约束。虽然在戊戌变法高潮的"百日维新"期间，光绪皇帝一度采纳康有为等维新派的建议，发布办商报、设商会的上谕，但光绪身居皇位并无实权，其谕令在各省难以得到贯彻实行，加之变法很快即告失败，因而商会在 19 世纪末终未能正式成立。

20 世纪初，工商界仍不断有人吁请设立商会，也因未能引起清政府的重视而继续停留于舆论呼吁阶段，迟迟不能付诸实施。直至 1901 年清政府开始推行"新政"，特别是 1903 年在经济方面由以往的重农抑商变为奖励工商，清朝统治集团内部的一些高官大吏为促进实业的发展，也纷纷提出应设立商会。1903 年清王朝新设置的商部，同样意识到振兴实业离不开商会，并专折上奏朝廷请准允各地商人创设商会，这才受到清朝最高统治者的关注与支持。随后，由商部拟定《商会简明章程》奏准颁行，倡导各地商人在省会城市及通商大埠设立商

---

① 中国史学会主编《戊戌变法》第 3 册，第 178～179 页。
② 转引自丁守和主编《辛亥革命时期期刊介绍》第 3 集，第 166～167 页。

务总会，在府厅州县设立分会。得到清政府的支持和倡导之后，商会的成立很快即从前此多年的舆论呼吁阶段进入具体实施时期，而且在很短的时间内商会便在全国各地相继设立，成为清末之际数量最多亦最为普及的新式商办民间社会团体。

显而易见，商会的诞生一方面是由于维新派和工商界人士的不断呼吁，出于发展工商实业的需要；但另一方面又在很大程度上依赖于清政府实业政策的变化，受制于统治者的态度是否转变与支持，否则商会仍将难以在清末的短时间内达到如此普及的程度。因此，商会在诞生过程中即对清政府存在一定的依赖性，这也可以说是商会独立性不强的一个具体表现。

在近代西欧一些资本主义较为发达的国家中，不仅商会设立的时间远远早于中国，而且最初大都系商人为了保护自己的利益，促进商业发展而自发地成立的，并非像中国这样必须依赖于国家的支持始得以创立。其创立与发展如同时人所介绍的那样："欧洲之中古，商事法律，缺而不完，商人惧保护之不周也，结成团体，以互相维持。至于近世，乃代国家分任其一部之职务焉。盖近世国法益密，凡商人之身体、财产、权利等，既借国家之权力为之护持，至于确固而不可移，而商人团体亦仍因而不废，俨然对于政府及他种团体，有代表商人及商业利益之资格。"① 不难看出，在西欧首先是商人自发组织起来成立商会，然后随着国家实施重商政策，开始受到保护而获得进一步发展。这是与西欧商人经济实力雄厚，独立自治的能力较强，以及城市脱离封建领主控制等特点相适应的。近代中国商人的力量相对西欧国家的商人来说要弱小得多，加之处在封建专制集权统治、自身政治地位极其低下的环境中，因而在成立商会的过程中，不得不依赖政府的支持。当时即有人指

---

① 杨志洵：《欧洲商会权限略说》，《商务官报》第 1 期，光绪三十二年（1906）四月五日。

出："吾不谓中国之不宜立商会，而惜中国商会不能如欧美之完备。""中国虽立商会，而事事皆仰成于官，断无能久之理。"①

　　正是由于在诞生的过程中即对清政府存在一定的依赖性，中国商会的独立性也就不如自发产生的西欧商会那样突出。因系清朝商部奏准各地商人成立商会，并且由商部制定了一个统一的《商会简明章程》，故而尽管各地商人可以根据当地实际情况另定详细章程，但不能违背部定章程的各项条款。按照商部的规定，各地的商人，包括海外华商凡设立商会，均须报经商部奏请清廷谕批，所拟章程更必须由商部严格审核。查《商务官报》各期"要批一览表"，即可发现有关各地商会所拟章程因不符部章而被驳回的记载屡见不鲜；有的甚至经过修订仍未获通过，如1906年江苏溧阳商务分会所拟章程报商部审批时，因多处与部章不合而被驳回修改，改毕再次送审，依然未获批准。商部的批示曰："查该分会此次改拟章程，详加批阅，前经本部指驳各条，均遵删削，惟第十八条仍不免有侵及官权之处，应即全条删去，以清权限。"② 除自行拟定的商会章程须报批外，各商会自行推举的总理、协理也必须上报商部批准之后，才能正式上任。对总理、协理的任职资格、职责与权限，商部也在其制定的《商会简明章程》中做了统一的规定。

　　如果违反上述规定，所办商会则无法获得合法的社团"法人"地位，不仅不能享受清政府的保护，还将受到惩处。例如，1906年江苏常州府靖江县商人禀请设立商务分会，因其所拟章程不合商部奏章定例，商部未予批准。当地商人在更改报批前即举定总理，并开始进行有关活动。商部闻讯后上奏朝廷，指责该处商董"竟于臣部未经札准之先即擅居总理"，"如此显违部章"，应即将有关人员全部革职，按

① 《商务：论商会依赖政府》，《东方杂志》第1年第5期，1906年5月25日。
② 《要批一览表》，《商务官报》第6期，1906年6月23日。

律惩处。清廷依允商部所请，并以靖江一地商务不发达为由禁止设立商会，强令将该地有关商务事项划归上海和苏州商务总会管辖。① 毫无疑问，这同样可视为商会独立性不强的具体体现。

不仅如此，在清末甚至曾出现过商部或农工商部罢免商会总理的事。1906 年底，农工商部以江苏常昭商务分会总理"巧立名目，希图敛费"为罪名，咨行江苏巡抚将其撤职。宣统年间，江西广信府玉山县商务分会总理与地方署衙发生矛盾，也被诬以苛敛营私，行贿把持，由农工商部罢免。江苏金坛商会总理则因所谓违反禁烟事，经苏省农工商务局禀请农工商部"息一儆百，以维禁令"，将其革职。② 不过，从有关史料看，类似罢免商会总理事件，主要发生于商务分会，次数不多，且往往遭到商会的强烈反对。另外，有些商会的领导人被撤职，也确实是因为徇私祖庇、拉帮结派及聚敛挥霍，为广大工商业者所不容，对此应做具体分析。

以上所述对政府存在一定程度的依赖性，以及由此带来的独立性不强这一缺陷，并不只是在商会中有所反映，其他许多民间社团也都不同程度地存在。例如商船公会和农会，也与商会一样，是经农工商部奏准，并拟定了《商船公会章程》和《农会简明章程》，然后倡导各地商人与其他各界人士成立的，否则同样难以创立。其报批手续的规定也与商会完全相同。至于商团、学务公所、教育会以及各地的民间地方自治团体，商部或农工商部虽未制定统一的章程，但也规定必须经官府批准和给予保护，方可正式成立。就连各业商人创办的新式消防社团，也无不须经官府批准才能立案。到民初，尽管清政府已被推翻，建立了中华民国，但这种状况仍无改变，有的规定甚至更为严格。

---

① 《苏州商会档案》第 68 卷，第 13 页，苏州市档案馆藏。
② 《苏州商会档案》第 95 卷，第 35 页，第 67 卷，第 48 页，苏州市档案馆藏。

独立性不强这一缺陷，严重地制约了近代中国市民社会自身的发展，也使之缺乏抗衡国家侵蚀和扼杀的实力。如同有的论者所说："在上述社会政治背景下所形成的中国式市民社会，自然不愿意与国家权力处于抗衡状态，而总是小心翼翼地寻求政治平衡，以期得到官方的认可与保护。"[1] 关于商会在 1928 年被国民党政府控制而失去市民社会团体特征的具体情况，上一章已有详述。实际上，民初即已有类似的现象产生，只不过不是产生于商会，而是影响远不及商会的农会。

在清末诞生的农会原本也是新式民间社会团体，其会员和领导层中有不少是商人，组织特点及制度特征与商会大体相似。但在辛亥革命后，农会的民间社团性质却在很大程度上发生了变化，其原因同样是由于对国家存在依赖性，在许多方面不得不受北京政府的制约。1912 年 9 月和 11 月，北京政府农林部重新颁布《农会暂行规程》、《全国农会联合会章程》和《农会规程施行细则》，将农会分为全国联合农会、省农会、府农会和市乡农会四种。全国联合农会由各省实业司或劝业道选派本署职员一人，加上农会推举的代表，由农林总长亲自召集组织，直接为北京政府所控制。每次开会的地点、时间和内容等，均由农林总长事先指定，所需经费也归农林部供给。[2] 各级农会的成立，则必须由该地主管官署核准，更改章程时未经审批无效，经费预算、各项活动也都要报经审核。"主管官署认为必要时，得检查农会之状况及文牍，并发监督上必要之命令"；还有权"取消其决议事件"，"解免其职员之职务"，"停止该会之事业"，甚至"解散全会另行组织"。[3] 按照这些规定，原本属于民间社团的农会，几乎等同

---

①　马敏：《官商之间：社会剧变中的近代绅商》，天津人民出版社，1995，第 289 页。

②　《全国农会联合会章程》，载阮湘编《中国年鉴》第一回，商务印书馆，1924，第 1190 页。

③　《农会暂行规程》，载阮湘编《中国年鉴》第一回，第 1187～1189 页。

于主管官署的下属机构，与清末的情况已大不相同。① 这些事实表明，独立性不强的缺陷，确实制约了近代中国市民社会的发展。

二　发展欠充分

本书前面的一些章节，论述了清末民初中国市民社会雏形的产生与发展。如果与以前的中国社会做一纵向比较，这一时期完全称得上是中国历史上民间社会获得空前发展的新阶段。其具体表现不仅反映在新式民间社团数量增多，而且体现于这些民间社团在社会生活中的影响日趋增强。但是，与近代西欧一些国家较为发达的市民社会进行横向比较，却不难发现近代中国的市民社会又体现出发展欠充分的缺陷。

近代中国的市民社会发展不充分，从目前看来可谓是中外学者众口一词的说法，事实也的确如此。有许多学者甚至就是因为近代中国的市民社会发展不充分，进而否认在中国近代史上曾经出现过与西方国家相似的市民社会。即使是一部分认为近代中国已经出现了公共领域和市民社会的学者，也无不同时强调市民社会在中国历史上的发展很不充分。至于近代中国市民社会发展欠充分主要体现在哪些方面，是由哪些原因造成的，则较少有人做比较深入和全面的探讨。本书前面的某些论述实际上已涉及这方面的内容，下面再归纳起来做一综合性的说明。

上节所述商会和其他许多市民社会团体对官府存在依赖性，以及与此相伴随的独立性不强的缺陷，实际上就是近代中国市民社会发展欠充分的具体表现之一，同时又是导致市民社会发展不充分的一个重

---

① 有关清末农会的详细情况，请参见拙文《辛亥革命前的农会》，《历史研究》1991 年第 5 期。

要因素。除此之外，近代中国市民社会发展欠充分的另一具体表现，是市民社会内部的组织系统仍相互分隔，难以形成比较强大的整体力量，采取协调一致的行动。

从有关史实看，在清末民初只有极个别地区的市民社会团体相互保持着比较密切的协调关系。例如，清末的苏州是以商务总会为中轴，形成了一个新式市民社会团体的网络。尽管苏州的其他许多商办民间团体就表面而言，在组织系统上并不直接隶属于苏州商务总会，但实际上与商会存在非常紧密的联系，有的甚至可以说是商会的外围组织。苏州商团的前身——苏商体育会，系由"商务总会发起集款创办"，遇事请示商会协商解决，听从商会的指挥。苏州的市民公社作为基层商办地方自治团体，也主动向商会表示，商会"综握商务机关，凡我商民均隶属之"。① 于是，苏州商务总会在整个工商界各团体中具有较高的权威性与较强的影响力，能够起到"登高一呼，众商皆应"的重要作用，并联合工商各业共同从事大规模的政治与经济活动。

但是，其他绝大部分地区的情况则并非如此。在许多地区，比较普遍的情况是各个新式市民社会团体处于互相分隔与对峙的状态，在某种程度上与传统的行会较为相似。即使是像上海这样市民社会团体相对而言比较发达的地区也不例外。清末的上海商务总会和民初的上海总商会，在全国工商界的号召力和影响力都堪称令人瞩目，然而在上海它却除了所属行业的团体之外，往往不能左右其他新式商人社团的态度与行动。有的商人团体，甚至是为了与商务总会相抗衡而成立的，如1919年出现的马路商界总联合会，即是许多商人对上海总商会表示不满而另行组织的团体，自然也不会接受上海总

---

① 有关这方面的详细情况，请参见拙文《清末苏州商会的历史特点》，《历史研究》1990 年第 1 期。

商会的指导。在地方自治方面颇具影响的民间团体——上海城厢内外总工程局，其领导成员中虽也有一部分上海商务总会的会董，但在组织上却几乎与上海商务总会没有任何联系，在行动上似乎也与上海商务总会未达成默契，各自独立开展有关的活动。遇有本属整个工商界共同关注而应采取集体行动的事件，也看不到商务总会与总工程局相互配合，协调磋商。上海的商团是另一个有影响的新式商办民间准武装团体，上海商务总会同样不能像苏州商务总会那样，直接指挥商团，令其与自己在行动上保持一致。只是由于上海商团联合会的会长系由总工程局的领袖总董李平书兼任，商团才在某种程度上为总工程局所左右，但这仅仅是受人事关系的影响，而不是相互之间在组织上有什么联系。

上海的这种情况，应该说在当时的全国各地具有普遍性。例如，在清末的广州，商务总会成立后，与"七十二行"、九大善堂以及粤商自治会等民间商人团体，在组织上均未建立任何固定的联系，也极少共同从事社会活动，相互之间未能构成一个市民社会的整体网络。不仅如此，广州的市民社会团体之间甚至常常出现较为严重的隔阂，不仅不能协调一致地共同行动，而且造成了相互之间的掣肘。

市民社会团体之间仍存在这种不应有的隔阂，在某种意义上可视为近代中国市民社会发展不充分的表现，同时也是其一大缺陷。它直接阻碍了市民社会有效地维护自身的利益，也限制了市民社会更为充分地发挥制衡国家的作用，尤其不利于市民社会在遭遇国家侵蚀之际，各个团体共同联合起来予以抵制。正因为如此，当国家试图对某个市民社会团体加以限制或控制时，只有这个团体孤军奋战，进行势单力薄的抵御，而不能形成市民社会的整体力量予以有力的反击。有的团体由于实力非常有限，连起码的抵制也难以进行，只能甘受国家的摆布。农会在民初被袁世凯政府剥夺其独立自主权而不能做出反抗，就是因为既未得到其他团体的声援，自身又无力抵御。即使是像商会这样具有相当实力和影响的民间团体，在遭受国家的侵蚀时能够做出有限的抵抗，最终也仍无法单靠自身的力量摆脱被国家扼杀的厄运。

另外，商会的组织系统也同样存在一定的缺陷。商会由各行帮和企业组织而成，但对各行帮和企业并无强制性的统辖权，在很大程度上各行帮和企业仍保持着自身的独立性，有时也出现与商会意见分歧而行动不一致的情况。如同有的论者所说："由于各商会由本地的各业行帮和企业自愿联合组成，商会对他们没有行政统制的权力，只能通过利益关系和思想认同实现领导功能，一旦发生利益和思想分歧，就难以形成统一的行动，这正是在有些政治和反帝运动中，某些行帮和企业不遵从商会的决议采取擅自行动的组织原因所在。"①

各地区商务总会与分会之间，按照清朝商部的规定，也并无实质性的统辖关系，而只是发挥联络作用，即所谓"总、分会之实质，在联络，不在统辖，非地方隶属政体可比"。② 由于并无实质性的隶属关系，虽然有些地区的商务总会与分会之间能够相互协调，但在另一些地区不协调的情况也时有发生，从而影响商会发挥整体力量的更大效能。

至于商务总会之间，更无统辖或隶属关系，虽在利益趋同以及共同关心的问题上尚能协调行动，但因无强制约束力也同样经常发生分歧，致使各商会之间行动失调。例如，1905年抵制美货运动兴起之后，当有些地区的商务总会仍领导商人坚持抵制时，另一些地区的商务总会却已妥协退缩。天津商务总会即率先张贴告示，认为继续抵制美货"于天津市面殊多未便"，宣布"凡有天津生意，一切照常交易，万勿为浮言所动，以期保全市面大局"。③ 对于天津商务总会的这种妥

① 虞和平：《商会与中国早期现代化》，第376页。
② 《苏州商会档案》第259卷，第48页，苏州市档案馆藏。
③ 《天津商务总会之传单》，《大公报》1905年6月22日，第3版。

协行动，其他商务总会均无权予以约束或制裁，由此带来相当大的负面影响，使抵制美货运动很快就在一些地区失去统一的行动步骤，不久即转入低潮。

全国商联会成立之后，尽管发挥了比较重要的作用，但实际上并未完全改变这种状况。因为全国商联会是一个松散的自愿联合体，对于各地的总商会只具有联络和协调功能，并无真正的统辖关系。它发出的号召，各总商会如表示认同才予以响应，如不认同也可以不予理睬，甚至采取完全相反的行动，而全国商联会对此却无可奈何，至多在舆论上加以批评。上述市民社会团体在组织系统上的这些缺陷，无疑都会影响市民社会的扩展，同时严重削弱其抗衡国家侵蚀的能力。

近代中国市民社会发展欠充分的另一个具体表现，是契约规则常常在无形之中遭到破坏。这也可以说是近代中国市民社会的缺陷之一。

前面我们在论述商会和其他民间团体的市民社会特征时，曾着重谈及其在职员选举、会议制度、财经制度等方面的契约规则与民主特点。这些都明确载入了各团体的章程，是各团体内部运作的基本原则，产生了十分重要的作用。但是，在具体实施的过程中，有的契约规则却未能真正得到切实的贯彻执行，并且在一定程度上影响到这些团体更为充分地发挥市民社会在各方面的应有作用。

例如，商会和其他民间团体几乎无一例外地规定领导人以无记名投票的民主方式推选，但不少社团又规定了候选人必须具备的种种资格，实际上做了相当的限制。商会即是参照商部奏准的章程，限定当选总理、协理和会董者须具有四个方面的条件：一是才品，即所谓"手创商业，卓著成效"；二是地位，必须是行号巨东或经理人，每年贸易往来为一方之巨擘；三是资格，须于该地设肆经商历五年以上，年届三旬；四是名望，即为各商推重，居多数者。这四方面的条件，只有那些实力雄厚的行帮中的富商大贾才能具备，因而一般中小商人根本不可能当选为领导人。这样，商会内部领导权力的分配，从表面上看是取决于民主选举的方式，实际上取决于各行帮资财的厚薄和捐款的多寡。

清末天津商务总会的领导成员中，粮食业和盐业的商董居主导地位。其原因在于天津系历代漕粮转运的中心，粮食业历史悠久，实力十分雄厚，是当时天津的第一大经济支柱，因此粮食业的许多商董凭借其经济实力在天津商务总会的领导层中身居要职。第一届天津商务总会选举的会董共计 30 名，其中仅粮食一业就多达 5 人，而其他许多行业则为空缺。盐业在清末的天津商业中也堪称发达，因为天津是长芦盐的集散地，盐商云集，也属商界的显赫集团，其著名商董王贤宾自天津商务总会成立起即出任总理，时间长达 7 年之久，直至 1911 年因受长芦盐务风潮牵连才卸任。

类似的情况并不限于少数商会，只是因各地商业中行业实力的大小不同而略显差异。在苏州，"出产以纱缎为大宗，而丝蚕次之；行店以钱业为大宗，而绸缎布匹次之"，① 故而这些行业在苏州商务总会中的势力和权力也格外显赫。据民国初年《苏州总商会同会录》记载，在其所属 30 多个主要行业的 720 户中，上列几个行业及其分支为数多达 15 个，共 237 户，占总数的 33%。总理、协理和会董的人员构成同样如此。苏州商务总会在清末所选的六届会董总共有 118 人次，其中，典业 33 人次，占总数的 28.0%；钱业 27 人次，占总数的 22.9%；绸缎业 22 人次，占总数的 18.6%；纱缎业 21 人次，占总数的 17.8%。六届总理、协理也全为绸缎业、钱业、典业和珠宝业等少数几个财大势众的行业所垄断。其中绸缎业商董尤先甲荣膺五届总理，钱业商董吴理杲曾出任协理，钱业另一商董倪思九也曾出任协

---

① 《苏州商会档案》第 391 卷，第 14 页，苏州市档案馆藏。

理。这两个行业总理、协理盟主地位只有第四届易手，为典业的张履谦和珠宝业的倪开鼎所占据。①

各地商会在这方面比较趋同的情况，是钱业、票号业和典当业等金融业的商董在领导成员中的势力都十分显赫，这同样也是由上述经济因素所决定，而不是真正民主选举的结果。因为无论是在哪个地区，这些行业的实力都相当雄厚。从某种意义上讲，当时的"商业盛衰，全视钱店之放款松紧为转移"。② 所以，这些行业的商董不仅在工商界占有举足轻重的地位，而且以其雄厚的经济实力跻身商会的领导层。我们从清末各期的《华商联合报》查到下列商务总会1909年所选会董的总人数和所属行业，即可窥其一斑。上海商会总共21人，其中钱业2人，票号业3人；杭州商会总共21人，钱业占7人，典当业2人；江宁商会共30人，钱业有5人，典当业有3人；九江商会共12人，其中钱业6人，典当业1人；吉林商会共28人，钱业即占12人。如果与其他行业相比较，这些行业的代表在会董中所占的比重无疑大大超出一般行业。

少数行业的商董凭借其雄厚的经济实力，长期垄断商会的领导职务，既容易使商会被这些行业所操纵，也有可能导致个别把持商会领导权的行帮头面人物破坏商会的契约规则和民主制度，专断擅行，不能真正代表和维护广大商人的意愿。例如据《华商联合报》第15期"海内外商会纪事"透露，长春商会久为行会帮董孙某所控制，他不仅独断专行，而且侵吞巨款，最终引起全体会员的愤慨。长春商会经集议决定将孙某逐出商会。会员觉得这是除了一大患，"人心为之大快"。上述情况还经常引起许多中小行业的商人对商会不满，造成削弱商会力量的不良后果。1909年，杭州一些行业的商人对商务总会为

① 以上数据根据苏州市图书馆所藏《苏州总商会同会录》中的相关数据计算而成。参见苏绍柄编《苏州总商会同会录》，1919。

② 《鸣呼武汉之钱业》，《民立报》1911年3月22日，第4页。

少数人所把持，"众商遇有下情，商会不能维持"的状况不满，另行商议成立商业会议所，使商会在工商界的号召力大为降低。[①] 遇有像抵制国家侵蚀与控制商会等需要全体商人共同抗争这样的紧急关头，商会则难以迅速有效地动员整个工商界作为自己的后盾。

契约规则与民主制度被无形破坏的现象，并不单单反映在商会中，在其他一些市民社会团体中同样不同程度地有所体现。例如，清末的苏州商团在章程中本也规定了民主选举领导人的方法及程序，但在具体执行的过程中却与商会大同小异，仍一直为苏州几个实力雄厚的行业商董所控制。通过查阅苏州档案馆保存的有关档案，可知苏州商团第一、三两届会长洪玉麟，是顺康钱庄经理、钱业巨商。第二届会长、第三届副会长邹宗淇，是纱缎业商董。另外几个担任议事员的尤先甲、杭祖良、吴理杲、彭福孙、张月阶，也分别是绸缎业、纱缎业、钱业、典当业商董，其他行业则始终无从问津。事实表明：作为新式市民社会团体的商会与商团，虽然制定了详细的契约规则和民主制度，但在具体操作过程中却缺乏严密的监督机制，因而难以切实执行。

以上仅仅是就商会、商团领导人选举的这一具体事例，说明清末民初的市民社会团体在实践中执行契约规则与民主制度并不是非常严密，这也可以看作近代中国的市民社会发展不充分和不完善的一种表现。这一缺陷进而又对市民社会的拓展在某些方面带来了一定的消极影响。

近代中国市民社会发展不充分的另一个具体表现，是生长发育不平衡，未能在全国范围内得到较为均衡的发展，尤其是在广阔的农村中几乎无任何影响。

这方面的缺陷，是中国幅员辽阔，各地区政治、经济的发展极不

---

① 《记事：杭州众商集议会缘起》，《东方杂志》第 6 年第 12 期，1909 年 11 月 25 日。

平衡，以及各地商人力量的强弱与思想意识的近代化程度都存在明显差异等多种因素造成的。众所周知，市民社会生长发育的基础，首先是近代资本主义经济的产生与发展，其次是资产阶级的形成。而在近代中国，资本主义经济的产生与发展在各地却极不协调。通商大埠由于最先受到西方资本主义器物与文化输入的影响，新兴的工商业产生较早，思想文化的变迁比较显著，资产阶级的力量相对而言也较强。许多内陆省份，特别是交通不便、经济文化十分落后的偏远地区，因迟迟未与资本主义发生直接联系，近代工商业的产生则为时很晚，有的地区甚至一直处于中世纪的落后状态。一部分内陆省份后来虽然产生了资本主义经济，但发展速度也十分缓慢，规模相当有限，始终远不及那些通商大埠。与此相应的结果，是这些地区新兴资产阶级的力量也非常弱小，思想意识的变化并不显著，在文化社会生活等各方面保留着许多封建传统的模式。

出于上述原因，近代中国的市民社会雏形也主要是萌生在那些资本主义经济和文化产生较早而且比较发达的通商大埠。相对于中国如此广阔的区域说来，通商大埠毕竟只是为数不多的大城市。在那些星罗棋布的中小城镇，市民社会可以说一直难以生长和发育。有的城镇虽然地处交通要道，经济的发展较诸其他城镇迅速，但也很难说形成了市民社会的雏形，至多只能称得上出现了市民社会的萌芽。因此，市民社会在近代中国始终未能得到比较充分的均衡发展，只局限于少数通商大埠，其所产生的辐射影响充其量也只能涉及周围的中等城市。

这一缺陷从通商大埠与其他城镇新式市民社会团体种类及数量的对照中，即可得到证实。从种类看，通商大埠的新式市民社会团体较诸一般中等城镇要多得多。在上海、广州、天津、苏州、武汉等通商大埠，清末即产生了商会、商团以及地方自治、文化教育、风俗改良和卫生消防等各类新式民间社会团体，并且已经渗透到社会生活的各个领域，发挥着相当重要的影响，在很大程度上成为地方政府管理社会所赖以依托的力量。而在其他许多城市中，新式市民社会团体的种类则很不齐全。即使有一部分类似的团体，其市民社会的特征也不如通商大埠的民间社团那样突出。商会在当时算是比较普及的新式社团，除在通商大埠设有商务总会外，府州县均设有分会，许多县镇还设有分所。但不少分会特别是县镇的分所，由于所在地区的资本主义不发达，商人的资产阶级化也不是很充分，思想意识无明显变化，大多缺乏创立新式民间社团的主创性。除极少数地区外，绝大部分只是遵照清政府的谕令而设立商务分会和分所，自然在各方面不及通商大埠的商务总会。许多府州县的自治公所，也同样存在这样的情况，与通商大埠的商办地方自治团体在性质上不无差异，所产生的影响也完全不能相提并论。

就是通商大埠之间的情况，也并不全然一致，同样受到所在地区资本主义的发展程度和商人力量强弱差别的制约。上海是近代中国资本主义最发达的地区，商人的力量和思想意识的变化也最为显著，与此相适应的结果即是上海的市民社会在近代中国也最为强盛。许多新式市民社会团体，都是首先诞生于上海，然后扩展至其他城市。不仅如此，上海的不少新式市民社会团体，在全国同类团体中的影响也最为突出。例如，清末的上海商务总会和民初的上海总商会，在全国的商会中一直都具有领袖群伦的地位，被誉为中国"第一商会"。另外，上海的一些新式市民社会团体，所取得的自治权利较诸其他地区的同类团体也更为全面。例如上海商人创办的地方自治团体——城厢内外总工程局，与其他地区的同类团体相比较，不仅内部设立的机构更完备，所掌握的自治权利也更加全面，其作用与影响自然为其他省区的商办自治团体所不及。如果近代中国的市民社会能获得均衡的发展，或者说其他省区的市民社会团体都能达到上海那样的程度，那么，中国市民社会的拓展无疑会更充分，实力也更强大，但事实却并非如此。

近代中国的市民社会发展不平衡亦即欠充分的突出表现之一，是仅仅局限于少数大商埠，在地域广阔的乡村仍基本上维持着传统的格局，可以说连市民社会的萌芽也不曾出现。之所以如此，仍然是因为近代中国的资本主义在广大农村的发展极其微弱，农村中没有产生新兴的资产阶级，自然也不可能带动农村社会发生明显的变化。在近代中国广阔的乡村社会中，很大程度上依然是传统宗族组织的一统天下。尽管到了近代，传统的宗族组织也在某些方面出现了值得重视的变化，但总体上仍未摆脱传统的窠臼，更无向市民社会转变的迹象。

需要说明的是，有的学者曾经指出，中国历史上自始至终未能解决农村贫困问题，也就是说中国农村的经济一直未获得正常和充分的发展，所以无法产生市民社会。中国是一个以农业人口为主的农业国家，如果"不从根本上解决中国农村问题，就无法建立起真正而稳定的市民社会"。[①] 从理论上看，这种说法应该是可以成立的。但如果强调农村问题不解决，中国就完全无产生市民社会之可能，则似乎有失公允。要是市民社会仅仅是建立在农村，则可以说农村问题不解决，确实不可能建立市民社会，但事实上市民社会一般是先诞生在城市。虽然农村的贫困落后会在一定程度上影响整个国民经济的发展，但城市经济的发展和社会的变迁，毕竟不完全取决于农村的状况。

揆诸中国的历史，即可发现近代中国的农村并无多大变化，但城市的资本主义经济却不断获得发展，资产阶级的力量随之壮大，而且在清末即已出现市民社会的雏形。这说明单就市民社会的产生而言，关键是看城市社会经济的发展程度以及与此相应的社会力量的成熟与

---

① 夏维中：《市民社会：中国近期难圆的梦》，《中国社会科学季刊》（香港）第 5 期，1993 年 11 月。

否，还要看国家是否让渡出建立市民社会所必需的独立社会活动空间，而不是从根本上取决于农村问题能否解决。不过，市民社会的雏形出现之后，如果农村的经济一直得不到变革，乡村社会仍处于一成不变的传统格局，使市民社会始终只是局限在城市，则势必影响市民社会的均衡发展，并严重制约市民社会的进一步发展壮大。近代中国的情况即是如此。

以上只是从几个方面简略地说明了近代中国的市民社会具有发展欠充分和不完善的重要缺陷。除此之外还有其他一些表现，因有的论者已做了论述，这里不再重复。显而易见，自身发展欠充分和不完善的市民社会，随时都面临着被国家侵蚀的危险；而尚处于雏形阶段的近代中国的市民社会，就更容易被国家强行扼杀。

三　政治权利有限

政治权利有限，也是近代中国市民社会雏形所具有的一大缺陷。

在前面的许多章节中，我们以不少的篇幅，论述清末民初的市民社会团体如商会和一些商办的地方自治团体，已取得了比较可观的自治权利。但是也要看到，这些自治权利并不全面，主要限于经济和地方性的公益事务；而在争取政治权利方面，市民社会所取得的成就却微不足道，特别是其在立法和监督政府行政方面的权利，更是微乎其微，几乎无影响可言。在立法方面，市民社会团体至多只有向政府提建议的权利。至于建议能否被采纳，完全取决于政府，市民社会既无权力也无足够的实力迫使政府接受建议。一个很明显的事例是清末的商会曾上书请愿，强烈要求清政府加快宪政改革的步伐，立即召开国会。但清政府置若罔闻，拒绝了商会的这一政治要求，商会却无法通过有效的途径迫使清政府改变这种冥顽的态度。

清末的一些市民社会团体对这种状况也曾表示强烈的不满，但始终无力使之改变。例如，清政府制定经济法规，往往是由不谙商情的少数官吏一手包办，从未事先与商人讨论磋商，因而不少经济法规的条款与商情不符，不仅不能起到保护工商业发展和维护商人利益的目的，而且产生了相反的阻碍作用。商会对此深为关注和不满，意识到单靠清政府不可能制定出行之有效的经济法规，但又无从改变商人不能参与制定经济法规的现状，遂由上海商务总会自行发起一次有全国各地商会共同参加的民间性质的商业立法活动。商会开展的这次自拟商法活动虽然卓有成效，拟出了一个商法草案，但由于商会的政治权利极为有限，不能使之很快付诸实施。所以，商法草案拟订之后，仍须报送清朝商部逐条严格审核并加以修改，直到清朝灭亡也未正式施行。

在监督政府行政方面，近代中国的市民社会团体也无任何实际政治权利。在从事地方自治的过程中，商办的地方自治团体本可借此机会，取得监督清朝地方政府的政治权利，但由于清王朝严格规定地方自治仅限于政治以外的地方公益事业，加之市民社会也未主动施加压力争取这方面的权利，故而地方自治始终只是在清政府规定的范围内进行，市民社会也未因此而取得监督地方行政的权利。上海商人创办的地方自治团体，尽管在当时所取得的自治权最为可观，但在政治方面也无所建树。至于对清朝中央政府，市民社会则更无监督权，完全由清朝统治者独断专行。不难想象，市民社会既然连监督政府行政的权利都不具备，也就更谈不上直接参与国家政治方面的决策。这种状况不仅在清末如此，即使在民国时期也无多大改观。因此可以说，近代中国的市民社会在政治方面的权利始终非常有限。

近代中国的市民社会之所以形成这一缺陷，既有市民社会自身的主观原因，也有近代中国国情特点的客观制约。

从市民社会的主观方面看，近代中国市民社会的政治文化素质仍较为低下。这方面的情况，虞和平先生通过考察商会这一最重要的市民社会团体，已做了比较充分的论述。在思想认识上，商会往往缺乏长远的政治眼光和明确的奋斗目标，只是出于某种感性认识，粗浅地意识到封建政治制度的缺陷，而且以其自身利益的得失作为衡量政治制度好坏的标准。这一政治取向直接限制和约束了商会的行为，常常导致商会采取短期的政治行为。在参政意识方面，商会虽不无要求和愿望，但尚未将参与国家政治视为自己的最高权利和义务，仍然在很大程度上受到"在商言商"这一传统观念的影响；参政的主要目的也是改善自己从事经济活动的社会环境，而不是出于对先进政治制度的追求，其参政行为也因此表现出被动性、临时性和不坚定性等特点。与此相应的是，在政治责任性方面，商会未将治理国家之事理直气壮地置于自己应尽的法定职责范围之内，主要只是限于协助政府促进工商业发展和保护工商业者的利益；除了提出在国会中增添商会代表的议员席位，在其他方面则很少提出扩大商会参与管理国家的政治权利要求，而且许多商会都将自身约束于"在商言商"的桎梏之中。在有限的参政范围内，商会为实现其目的所采取的行为方式，又主要是上书、请愿等对政府压力较小的合法形式，效果也并不十分显著；对政府能够造成较大压力的罢市与拒纳捐税等方式，商会却很少采用。这方面的情况，本书上一章也做过论述。商会政治文化素质较为低下的最后一个表现，是在参政能力方面往往显示出力不从心的状态。商会的领导人均为工商业者，他们大多经商有道，但严重缺乏政治方面的驾驭能力，更谈不上具有丰富的政治经验。即使历史赋予他们扩充自身政治权利的难得机遇，他们也很难把握住机遇实现既定的目标。上海总商会组织民治委员会试图建立"商人政府"的行动，不久即告夭折，就是这方面的很好例证。[①]

　　事实上，政治文化素质较为低下，并不是商会所独有的缺陷，其

---

① 　虞和平：《商会与中国早期现代化》，第381~385页。

他的商办市民社会团体也同样如此。因为近代中国商人政治思想的发展是有限的，由其组织的社团，在政治素质方面自然也不可能超越自身的思想认识水准。如果说商会尽管政治素质比较低下，但在参政议政和争取政治权利方面多少还有所作为，那么，其他民间团体显然还不如商会。虽然是商办的地方自治团体，在争取自治权方面做了一定的努力，与以前相比也取得了可观的成效，但在争取政治权利方面仍无明显的建树。至于其他团体，则基本上可以说没有产生什么影响。

中国的国情特点也在客观上制约了市民社会有效地争取其政治权利。这方面的情况，与西欧一些国家略做比较即不难理解。

首先是中国的城市不同于西方城市的传统特点，制约了中国的市民社会获取更广泛的政治权利。封建时代的西欧最初并不存在城市，主要是自给自足的封建庄园。手工业和商业逐渐发展之后，专司其职者聚居在某些交通便利之处，才逐渐形成工商业城市。城市兴起后，工商业者经过不断的武装斗争或用赎买的方式，摆脱封建领主的控制，取得了自治权。这些自治的城市选举市议会和其他公职人员，有自己的法院、武装、税收及财政系统，甚至能够单独宣战、铸造货币，颇似自治的独立城市共同体或城市共和国。在这种城市与农村对立并重的二元化结构下，诞生于城市之中的新兴商人，拥有一个范围比较宽阔的活动地盘，在经济上回旋余地比较大，较少受到旧势力的束缚，因此发展十分迅速；在政治上自治自立的趋向也比较突出，具有较高的政治素质。随着资本主义经济的进一步发展，商人的经济实力愈加增强，其政治势力也更加显著。在此特定历史条件下创立的市民社会，自然在经济实力和政治势力两方面都能够对国家形成较大的压力，取得比较突出的权利。

中国的情况则判然有别。作为一个古老的东方封建大帝国，中国的城市形成很早，但历来是封建主义统治的中心，毫无自治权可言。直到清末，尽管工商业获得较大发展，资产阶级业已产生，城市规模也因之扩大，但传统的城市格局却始终没有改变。各个城市既是工商荟萃的经济中心，又是封建统治的政治重心，为封建势力所牢牢控制。这种经济政治一元化的传统社会结构，必然大大限制中国商人从事各种活动，迫使其不得不周旋于旧势力的层层夹缝中，无法取得完全独立的自治权，也不可能像西欧一些国家的商人那样在政治上取得比较显著的政治权利。

例如，英国的商会即在经济和政治两方面都拥有相当可观的权利及影响。伦敦商会"在议院亦颇占势力，凡派伦敦港员，实此会操纵而左右之。且近伦敦之泰迷斯河（Thames）所有船坞及港岸颁定条例，彼亦有更改之权"。利物浦商会和曼彻斯特商会，"于英政府经营西非政策，殊有绝大影响。如管领保护地、建筑大铁路、订立总税则以及废去王家奈遮公司证书（Royal Niger Company Charter）、开放奈遮利亚为自由贸易地，皆此会左之功右之力也"。因此，英国商会"虽无行政权，而商人推之也至，服之也诚，政府视之也尤重。凡商务省与外务省皆保护之，扶助之，皇皇焉，汲汲焉，唯恐不及。有所不见则已，见必以告；有所不闻则已，闻必以达。然则商会力所不逮之处，皆由政府力所能逮之处以济之也。而商会之责任，遂愈重"。① 近代中国的商会则始终未曾像英国商会那样，取得如此显著的政治权利，并由此迫使国家对商会不可或缺的重要作用予以高度的重视，进而从各方面对商会给予真正的扶持和保护。

其次是中西方不同的政治结构，也在客观上限制了近代中国的市民社会在政治上取得应有的权利。考察西欧一些国家的政治发展史，可以看出英、法等国封建专制王权的建立，都不是在封建社会的初期，而是迟至封建社会的晚期。专制王权出现之后，为强化其统治，对付割据的领主，在财政上需要依赖新兴商人的支持，因而不得不

_____

① 章乃炜：《述英国商会》，《商务官报》第 21 期，1907 年 9 月 22 日。

实行有利于工商业发展的各项政策；另一方面，英、法等许多西欧国家王权集中的程度也远不及中国，与王权并存者，还有国会或三级会议等机构，能够对王权进行制衡。例如在英国，国王提出征税须得到国会批准，立法也要经国会通过之后，国王签署方能生效。尽管国会或三级会议时成摆设，但终究对王权有所限制，是商人同王权矛盾激化后用作自我保护的重要斗争武器。市民社会形成后，国会的作用更为突出，权力也更加显著，而市民社会又在国会中拥有相当大的势力，自然得以在很大程度上掌握立法和监督行政的政治权利。

中国的专制主义中央集权则早在公元前 2 世纪的秦汉时期即已确立，其体制之完整严密，皇权之高度集中，堪称世界封建社会政治史上的典型。在所谓"朕即国家"、上谕就是法律的专制集权统治下，长期以来根本不允许脱离国家直接控制、拥有独立自治权的民间组织存在。任何一个阶级或政治派别如果得不到专制政权的批准，也不可能公开成立享有合法社会地位的政党或社团，更谈不上能够从专制政权那里取得某些政治权利。到清末，专制政权虽然为应付新的局势，开始允许甚至倡导成立民间社团，但其主要目的在于借民间商人的力量振兴实业，并非主动将政治权利转让给市民社会。与此相反，清朝统治者仍牢牢将政治权力控制在自己手中。当然，专制政权在倡导成立民间社团的过程中，不得不让渡出某些独立社会活动的空间，但专制主义中央集权统治的格局在整体上并无改变。也就是说，专制政权依然控制着国家的全部政治权力，市民社会很难在争取政治权利方面有所作为。而且，当时的清朝统治者尤为担心满族皇室亲贵的政治权力在改革中丧失，千方百计地予以维持。因此，原本作为"预备立宪"第一个重要步骤于 1906 年进行的官制改革，却在具体实施过程中变成了清朝皇室大张旗鼓地排除异己，巩固其统治地位的机会。1911 年，清朝成立所谓"责任内阁"，皇室成员在内阁中占绝大多数，实际上是皇族内阁，引起舆论一片哗然。这些都表明，即使清王朝宣称在政治上进行"预备立宪"改革，也仍竭力维护过去一以贯之的专制集权统治。所以，市民社会也不可能借"预备立宪"改革之机，争取到多少政治权利。

另一个重要原因，是本书上一章已提到的中国不像西欧英、法等国那样，很早即有国会或三级会议等机构，因而中国的市民社会也缺乏行之有效的争取政治权利与制衡专制政权的斗争武器。清政府在1906年宣布进行政治改革，实施"预备立宪"，但直到1910年仍一再拒绝包括商会在内提出的速开国会的要求，并采取高压手段对国会请愿运动加以镇压。直到清朝被推翻，国会也未能召开。中华民国建立后，虽然有了国会，但市民社会基本上在其中没有明显的影响；而且国会本身也形同虚设，并无应有的实际作用，相反还成为独裁统治者和军阀利用的工具。在这种特殊的客观条件下，近代中国的市民社会要想争取政治权利更是十分困难。

正是由于上述主观与客观两方面的原因，近代中国的市民社会始终未能克服政治权利非常有限的严重缺陷。其结果是无法主动地协调市民社会与国家的互动关系，不能使两者之间的关系稳定地保持在良性互动的状态，而只能被动地取决于国家对市民社会采取何种政策，并被动地做出某些成效不大的应对举动。很显然，近代中国的市民社会缺乏政治权利的缺陷，一方面限制了市民社会自身的发展，使市民社会难以主动创造更有利于自身拓展壮大的环境与条件；另一方面也无力持久地抵御国家对市民社会的侵蚀。一旦专制独裁者的统治趋于强固，强行对市民社会予以扼杀，市民社会将无法通过有效的政治途径做出强硬的反抗，最终只能被迫接受国家的控驭，丧失市民社会应有的特征与影响。近代中国原本发展不充分和不完善的市民社会雏形，即未能避免这一结局。

四　内部派系纷争

　　内部的派系纷争，也是近代中国许多市民社会团体长期存在的缺陷之一。特别是商会作为市民社会中最有影响的团体，在这方面的表现尤为突出。下面，我们即主要对商会的这一缺陷略做论述。

　　中国历史上的商人很早即形成了行与帮，而且各自成立了公所、会馆等行帮性的行会组织。近代的商会虽然与旧的行会组织相比较，在性质上有着本质的不同，是统一联结工商各业的新式社会团体，但它本身也残留着一定的行帮性，与旧式公所、会馆等行会组织存在较为密切的联系。因为商会的组成，是以公所、会馆以及各种行帮组织为基础。它的成员主要是商人，而在其诞生之前绝大部分商人已被纳入各个公所、会馆等行帮组织，所以商会不得不对行会有所依赖。当时即有商会中人指出，商会"大都以各业公所、各客帮为根据"。[①]

　　商会成立之初，除较大工商企业系单个加入作为会员外，绝大多数商人主要是以所在的行与帮为单位，参加商会成为集体会员。许多商会规定，各行帮按每年缴纳会费的多寡推举不同数额的会员，因而直接列名为会员者都是各行帮的帮董，该行帮的一般商人则称作商会的会友，并同样享有相应的权利和义务。商会的会董甚至总理、协理等领导人，大多也是由各行帮声望素孚的著名商董担任。此外，商会在估量自身实力时，往往也以其包容的行帮数量作为主要依据。例如，苏州商务总会1906年发布的一份布告即声称："本会开办以来，已及经年，各商入会者，约有四十余帮，然未入会者，尚属不少，风

---

　　① 《苏州商务总会呈工商部条陈》（1912年6月5日），《苏州商会档案》，苏州市档案馆藏。

声所树，自当络绎而来。"①

由于商会内部残留着一定的行帮性，各行与各帮之间的此疆彼界难免也会不同程度地在其中有所反映。实力雄厚的大行业压抑小行业，本地商帮排挤外籍商帮的现象，也不可能完全避免。在有些地区，甚至出现少数行帮控制商会的情况，引起其他行帮的不满。于是，商会内部的派系纷争时有发生，并在很大程度上影响到商会充分发挥应有的作用。

上海商会在全国众多商会中居领袖地位，号称中国"第一商会"。从有关的一系列史实看，上海商会也确实曾在许多全国性的重大运动中，发挥了倡导者和联络者的中枢作用。但是，上海商会内部的派系纷争同样也相当严重。上海商会的派系之争与其他许多商会所不同的是，并非本地商帮与外籍商帮之间的争斗，而主要是几个实力雄厚的外籍商帮为争夺上海商会的领导权，相互之间明争暗斗。

上海被辟为通商口岸之前，商业贸易的发展在全国并不占重要地位，远不及苏州、杭州、南京等城市，其鼎盛时期也只不过赢得"小杭州"或者"小苏州"的称誉。上海本地的土著商人数量并不多，实力也比较有限。但在辟为通商口岸之后，由于具有临江濒海的优越地理位置，上海的商业贸易很快获得了迅速发展，一跃成为中国最大的进出口贸易中心和远东巨埠。然而，上海土著商人的力量却并未随着上海在全国商业贸易中地位的变化而相应地得到迅速增强。这主要是因为近代的上海是一个以移民为主体的新兴城市。自从上海开埠以后，各地的商人与各界人士纷纷移居上海，没过多久移民就已压倒当地的土著而成为上海人的主体。今天的所谓上海人，其实大部分并非祖籍在上海，而是上海移民的后裔。当年的上海移民中，虽然包括各色人等，但以商人居多。他们利用上海开埠后跃居中国进出口贸易中

---

① 《苏州商会档案》第67卷，第24页，苏州市档案馆藏。

心的各种有利机遇，苦心经营，很快即成为资财不薄的大商帮。因此，近代上海实力雄厚的行帮，都是外地的客帮商人，绝少上海土著商家。由于上海土著商人的实力与外籍商帮相比完全不成比例，所以在上海商会中的势力也非常弱小，根本不可能与外籍商帮相匹敌。

近代上海的外籍商帮中，包括全国许多地区的商人，但实力的大小也有差异。其中实力最为雄厚者，当首推江浙籍的商人。而江浙籍的商人中，又以宁波帮为魁首，实力与影响都堪称第一，为其他商帮所远远不及。江浙籍商帮之外，其次乃是闽粤帮，即福建、广东籍的商人，实力和影响不凡。另外，山西的票号业向称发达，因而山西籍的票号商也在近代的上海拥有一定实力，但与江浙帮和闽粤帮比较仍相形见绌。前面我们曾提及，商会虽然规定有民主选举制度，但权力的划分实际上仍以各商帮所拥有的实力为基础。所以，上海商会内部的派系纷争，主要是江浙帮（尤其是宁波帮）与闽粤帮之间的争斗。江浙帮由于实力较闽粤帮雄厚，在争斗中常占上风。

1904年上海商务总会成立后，江浙籍尤其是宁波帮商人即依靠其首屈一指的经济实力，在这个重要的新式社会团体中占据主导地位。这一特点通过清末上海商务总会的历任总理、协理人选，即可以明显地得到证实。荣膺第一任总理、协理者，即是浙江籍的严信厚和宁波帮的周晋镳。第二届协理为宁波帮首领朱葆三，第三届总理也系宁波帮的李云书。第四、五、六届总理则均由宁波帮的周晋镳连任。此外，李云书还曾担任第四届协理。第五届协理严子均，也是宁波帮的头面人物之一。由此可见，清末上海商务总会最高领导人的职位，几乎为宁波帮所垄断。这种状况自然会引起其他商帮的不满。其他商帮因经济实力不能与以宁波帮为主的江浙帮相抗衡而啧有烦言，但又无力改变现状。

只有经济实力相对而言比较雄厚的闽粤帮，能够利用有利时机偶尔对江浙帮在上海商务总会中的盟主地位发出挑战。江浙帮在上海商务总会第二届选举中未取得的总理位置，即是由闽粤帮的曾铸所占据。曾铸之所以能当选总理，是因为他在 1905 年的抵制美货运动中有杰出的表现，发挥了十分重要的作用，赢得了各个商帮的拥戴。本书第七章第一节已说明，正是当时担任商会会董的曾铸，在上海商务总会中率先提出抵制美货，并领衔向清朝商部和全国商会发出通电，在事实上成为抵制美货运动的领导人；而担任上海商务总会总理的江浙帮领袖严信厚和常川驻会会董周晋镳等人，却跋前疐后、顾虑重重，未能充分发挥应有的作用。于是，在同年 12 月间举行的上海商务总会换届选举中，福建籍的曾铸在各帮的拥护下当选为总理。这是上海商务总会第一次由非宁波帮商董出任总理这一最高领导职务，首次打破宁波帮势力对上海商务总会最高领导权的垄断。

但是，曾铸当选总理这一要职，并非意味着闽粤帮在上海商务总会中与宁波帮的派系之争，取得了最终的胜利。事实上，宁波帮只是遭遇暂时的微小失利。担任协理的朱葆三，也仍属宁波帮的头面人物。而且，在这一届总计 21 名会董（包括总理、协理）中，江浙籍商董即有 17 人，占总数的 81%，其中仅宁波帮的商董就有 11 人，占总数的 52.4%。闽粤帮商董除曾铸之外，则只有广东籍的徐润 1 人。[①]因此，江浙籍尤其是宁波帮的势力，仍然在上海商务总会的领导层中占绝对优势。闽粤帮的曾铸即使担任总理要职，也是孤军奋战，难有作为，无法左右在会董中占绝大多数的包括宁波帮在内的江浙籍商董，相反还在很大程度上受到江浙籍商董的制约。

正是因为宁波帮在上海商务总会中的势力并未真正削弱，闽粤帮的势力也未获得明显增长，所以宁波帮很快又从闽粤帮手中夺回了总理职务。1906 年 12 月上海商务总会换届改选时，宁波帮即推出自己

---

① 《上海商务总会第二届董事会构成表》（1906 年），载徐鼎新、钱小明《上海总商会史（1902～1929）》，第 89 页。

的新领袖李云书出任总理。这一要职此后几乎一直由宁波帮商董继任，其他商帮均难以问津。

内部的这种派系之争，对于上海商务总会联合各商帮充分发挥整体力量的作用不无消极影响，同时也对上海商务总会协调各商帮开展大规模的政治经济活动时常产生掣肘。由于上海商务总会在全国的商会中居领袖地位，其内部派系之争所造成的意见不一，又间接地影响到全国商会协调一致的共同行动。

例如，在抵制美货的过程中，全国各地的商会都将上海视作这场运动的中心，并以上海商务总会作为联络中枢。但上海商务总会领导层内部的意见却很不一致，并没有充分发挥联络中枢的应有作用。虽不能说这种局面全是派系之争所造成，但商帮派系隔阂所产生的负面影响仍不容忽略。因抵制美货的发起者是闽粤帮的曾铸，后又由曾铸领衔向全国发布通电，其声誉由此鹊起而颇受称道。担任上海商务总会总理的宁波帮商董内心不免多少有些嫉妒，宁波帮的会董也心存疑虑。因此，他们虽然表面上并不反对抵制美货，但与曾铸显然是貌合神离，态度与行动也不积极，很少直接以上海商务总会的名义通电全国商会采取共同行动。

实际上，当时只是年近六旬，仅担任上海商务总会会董的曾铸勉为其难地承担了领导抵制美货运动的重任。为了取得担任总理和驻会会董严信厚、周晋镳等宁波帮领袖的支持，曾铸曾经向他们写一专函，情辞恳切地希望他们在当时万众一心的形势下，不计较个人得失，积极投身于抵制美货运动。① 即便如此，也未产生明显的效果。这样，势必对抵制美货运动产生严重的消极影响。正如有的论者所说，运动兴起之后，"举国商民把领导和推进运动的希望，倾注于

———
① 《曾铸答本埠商务总会严小舫、徐雨之、周金箴三观察》，载苏绍柄辑《山钟集》第4册，第474~475页。

上海商务总会，可是上海商务总会的领导却显得苍白无力”。由于
曾铸“在一些重大问题上与当时上海商务总会的领导人并不完全协
调一致，以致他只能以个人或连同一批‘沪商’出面发出函电，表
示政见主张，而不能名正言顺地使用‘上海商务总会’的名义，这
就不能不减弱了对上海以至全国商界的号召力，而使当时实际上居
于运动领导地位上的曾少卿感到左右牵制，力不从心”。① 可以说，
上海商务总会领导层因商帮派系隔阂而意见不一，没有在抵制美货
运动中更为充分地发挥领导和协调作用，是这场运动很快即转入低
潮的一个重要原因。

　　在此之后，上海商会内部的派系之争仍经常发生。1910 年底，严
重的金融危机激起民变，威胁到清朝的统治。清政府为转移民众视
线，归咎于上海商务总会维持不力，将连任三届总理的宁波帮领袖周
晋镳当作替罪羊予以撤换。当时，社会舆论也对宁波帮控制的上海商
会不无微词，影响到宁波帮的声誉。结果在次年 2 月的商会改选中，
宁波帮不得不第二次让出了上海商务总会总理这一头把交椅，由年迈
的江西籍汇业商董陈润夫出任总理。这是宁波帮在上海商会中再次遇
到的小小挫折。但与第一次受挫一样，宁波帮的势力并未因此而削
减，很快又在下一轮的争斗中取胜。

　　1911 年 11 月初，上海宣告独立，脱离清朝统治。随后不久，
一批江浙籍的商人即在商界发起取消现有上海商务总会和成立新商
会的动议，其理由是现有商会系经清政府商部批准立案，脱离清朝
统治之后当应取消。从表面上看这一理由似乎可以成立，但实际上
此项行动的背后隐藏着江浙籍尤其是宁波帮商人夺回商会最高领导
权的目的。从由其发起集议而新成立的上海商务公所选举的领导
人，即可洞悉个中奥妙。担任商务公所会长的朱葆三以及两名副会

---

① 徐鼎新、钱小明：《上海总商会史（1902～1929）》，第 84～85 页。

长林莲荪、贝润生，都是江浙籍的商董，其中朱、林二人更是宁波帮的活跃人物。当时，贝润生还是上海商务总会的协理，林莲荪也是会董。他们将担任商会总理但不属江浙籍的陈润夫弃之不顾，参与另行组织商务公所并在其中出任重要职务，显然欲使上海商务总会领导层的派系之争公之于众，同时也将上海商务总会变成一个四分五裂、徒有其名的空壳。

在上海商务总会和商务公所并存一段时间以后，经工商界多次讨论，于1912年3月组成新的上海总商会。在总商会的领导层中，仍然是江浙籍商人特别是宁波帮商人占主导地位。不仅宁波帮的周晋镳再次当选为总理，当选为协理的王一亭也属江浙籍，而且在31名会董中江浙籍商人多达28名，其中宁波帮占9人；闽粤帮则只有2人入选会董；另让陈润夫保留了会董位置。[①] 显然，新的上海总商会的领导层，是以江浙籍商人为主体，以宁波帮为核心而形成的。

民国建立以后，闽粤帮和其他商帮也曾数次向垄断上海总商会领导权的江浙籍商人发起挑战。五四运动期间，仍由宁波帮控制的上海总商会因"佳电"风波声誉扫地，正副会长朱葆三和沈联芳被迫引咎辞职。1920年8月，群龙无首的上海总商会进行换届改选，一批年老的江浙籍会董落选，广东帮的新领袖冯少山等人当选为会董，并与同籍的霍守华等人组织了旅沪各同乡会联合会，大力开展"国民自决"运动，一时显得非常活跃。1923年，上海总商会组织民治委员会，冯、霍等人也当选为常务委员。但此后不久，实力雄厚的宁波帮再度控制了上海总商会的实际领导权，将冯少山等一批非江浙籍人士排挤出了总商会的领导层。冯少山、霍守华等人愤而退出总商会，另外组织沪商正谊社与总商会对抗。

---

① 《上海总商会第一届董事会表》（1912年），载徐鼎新、钱小明《上海总商会史（1902~1929）》，第186页。

1927 年，国民党政府强行整顿上海总商会，成立上海总商会临时委员会。冯少山、霍守华等广东帮人士利用这一时机控制了临时委员会的相当权力，冯本人不仅跻身于国民党指定的上海总商会七名接收委员之列，担任了上海总商会临时委员会的常务委员和执行委员，而且将其领导的正谊社的一些骨干成员安插进临时委员会。在临时委员会的委员中，原本也有一些江浙籍的资本家，但他们为抵制冯少山等广东帮的夺权而提出辞职，冯少山求之不得地很快予以同意，使江浙籍商帮的势力在总商会大为削减，广东帮与江浙帮的矛盾也愈益尖锐化、公开化。

当时，上海总商会正面临被国民党政府强行控制的威胁，各帮商人本应联合起来共同予以抵制。但由于上海总商会内部派系纷争趋于激烈，不仅不能联合各帮力量一致行动，反而造成内部分裂，互相牵制，明显地削弱了总商会抵御国民党控制的力量。以虞洽卿为首的一批江浙籍资本家，在辞去上海总商会临时委员会委员的职务后，转而担任实际上由国民党控制并与总商会作对的上海商民协会各业指导员，其影响自然可想而知。尽管冯少山领导的上海总商会也曾对国民党的控驭进行了一定的抵制，但由于得不到实力雄厚的江浙籍资本家的大力支持，最终难以奏效。由此可见，上海总商会内部商帮派系纷争的这一缺陷在当时产生了相当明显的消极影响。

类似于上海总商会这样的情况，在全国各地的许多商会和其他市民社会团体中，也不同程度地存在。连全国商联会这一具有重要作用和影响的全国性商会组织，从其诞生之日起也始终存在南北派系的纷争。1912 年全国商联会正式成立时，南北两大商会派系争论不休的焦点，是商联会的总机关究竟应该设在何处。其核心问题实质上也是争夺商联会的领导权，因为位于商联会的总机关所在地的商会，实际上往往也是全国各地商会的联络中心，享有其他商会所不具有的号召力。

以上海总商会为首的南方各省商会，力主将商联会的总机关设在上海，其理由是"上海为南北各省之总枢纽，其交通便利之处，甲于天下"；以北京商务总会为首的北方各省商会则认为"北京地处中央，凡有直接政府事件，就近地核办，似较远隔数千里之程途诸多便利"，主张将商联会的总机关设在北京。① 最后，在南北双方争议不决的情况下，达成一个相互妥协的折中方案，即在上海设立商联会总事务所，在北京设立商联会总部。尽管达成了这样的妥协，但其结果仍妨碍了商联会充分发挥应有的作用。正如有的论者曾指出的那样："一个组织设两个机构，且相隔千里之外，其不利统一之处，显而易见。"②

在此之后，南北派系的商会又多次在全国商联会会长的人选问题上发生争论和冲突。在 1914 年举行的全国商联会第一次大会上，由于南方各省商会极力拥戴，上海总商会的正副会长周晋镳和贝润生得以当选为全国商联会的正副会长，兼任全国商联会总事务所的干事长，实际上由上海总商会控制了全国商联会的主要领导权。可以说，在第一轮的纷争中南方诸省商会占了优势。但是，北方各省的商会，特别是北京商会也在全国商联会中拥有一定的势力和影响。因为全国商联会的另两位副会长向瑞琨和胡瑞霖都在北京，而且商联会的机关报——《中华全国商会联合会会报》，也系在北京创办，并由胡瑞霖担任主笔，所以，在当时的全国商联会内部仍存在南北派系的对峙，意见不一的情况也时有出现。

与此同时，北方一些商会对南方的上海总商会控制全国商联会正副会长的重要职务，一直耿耿于怀而颇为不满。于是，1916 年在北京

---

① 《华商联合会天津代表郑虞裳杨志青报告全国华商联合会会议进行情况》（1912 年 11 月 21 日至 24 日），载天津市档案馆等编《天津商会档案汇编（1903～1911）》上册，第 296 页。

② 虞和平：《商会与中国早期现代化》，第 377 页。

举行的全国商联会第二次大会选举时，即发生了北方商会为争夺会长一职而大闹会场的闹剧。据 1916 年 9 月 19 日《大公报》报道，北方商会由直隶高阳县商会代表出面，事先多方活动，试图使该会会董杨木森当选。但杨仅为一县级商会的会董，声望与影响均有限，尽管得到北方许多商会的支持，也难以如愿。正式选举的结果，仍然是南方武昌总商会会长吕遂先以多于杨木森三票而当选为全国商联会的会长。随后，高阳县商会和北方一些商会的代表强词夺理，宣称选举权资格分配不合理，不承认选举结果，要求重新进行选举，而且在会上态度极为粗鲁，严重破坏会场秩序。南方许多商会的代表对此甚感愤怒，"当场声明此种不正当之议会，不规则之举动，实属无法办理，我等即日返省"。

这场纷争使全国商联会内部南北派系之间的隔阂愈益突出，直接影响了此次大会对其他一些有关重要问题的讨论。会后，全国商联会上海总事务所为表示抗议，"愤而自请取消"，直至 1921 年才予以恢复。当时，全国商联会北京总部乘机设立评议会接管总事务所有关事务。"从表面观之，商联会的两个总机构合而为一，南北组织分离现象消失，但在实质上南北隔阂加深，尤其是上海总商会对商联会抱冷淡态度，也很少参与商联会的活动。"[1] 由此对全国商联会所导致的消极影响，更是显而易见。

在这之后的历次全国商联会大会上，南北派系几乎每次都为会长的选举发生争执，并经常出现为谋取会长职位而不顾契约规章所定的民主选举制度，采用不正当的手段进行"违法"选举的情况。1922 年全国商联会举行第四次大会之前，南北派系甚至为开会地点大加争吵，其目的仍是便于本方取得会长位置。作为全国各地商会领导机构的全国商联会，担负着协调和指导全国众多商会各项行动的重要职

---

① 虞和平：《商会与中国早期现代化》，第 378 页。

责，自身却不断地陷于如此严重的派系之争，意见难以统一，又怎能充分发挥其应有的功能和作用呢？

综上所述，处于雏形阶段的近代中国市民社会确实存在比较严重的缺陷，这些缺陷从多方面制约着市民社会从雏形向完善阶段的发展。有些外国学者对此也不无认识。例如戴维·斯特兰德即曾指出，在民国时期，尽管由精英主宰的社团能够在不同军阀统治期间确保城市日常生活的运转，但是，派系斗争和依附权贵的趋势、攀爬高位、近代的和帝国晚期的社团中间半官方作用的盛行，所有这些不断削弱着公众领域的自治。讲到底，不仅公民社会缺乏摆脱民国政府而自治的法律保障，而且，这个社会的相当部分继续依赖国家的庇护来保证社会单个成员的安全和发展。① 另有一些外国学者，或许会因为这些比较严重的缺陷，否认近代中国曾经出现过市民社会，因为这些缺陷在近代西欧国家的市民社会中大多是不存在的。但是，我们认为，市民社会并非西欧一种发展模式，中国式的市民社会自有不同于西欧的特点；而上述各种缺陷，正是中国式市民社会所具有的重要特点。

---

① 戴维·斯特兰德：《人力车的北京：20 世纪 20 年代的市民与政治》（*Rickshaw Beijing: City People and Politics in the 1920s*），伯克利，1989，第157页，转引自汪熙、魏斐德主编《中国现代化问题：一个多方位的历史探索》，复旦大学出版社，1994，第366~367页。

第十六章

市民社会的作用与影响

．

作为全书的最后一章，本章拟结合近代中国市民社会雏形所具有的特点，对市民社会的作用与影响，从几个方面进行综合性的概述，并由此对中国早期现代化的成败原因做出一些新的分析。

一　市民社会的作用

关于市民社会的作用问题，虽未集中进行讨论，但在中外学者的一些有关论著中已多有阐述，而且涉及许多方面的内容，可见这一问题引起了学者的重视。

西方学者主要根据西方市民社会发展的经验、历史特点及思想历史的遗产，比较强调市民社会制衡与对抗国家的作用，并认为这方面的作用是市民社会所独具的最为重要的功能。

实际上，这种观点最早可以追溯到早期西方强调个人政治自由和批判专制的近代政治自由主义思想，以及主张经济自由发展、不受国家干预的自由主义经济思想。后来在霍布斯、洛克、卢梭等近代自由主义政治哲学家的思想中，国家受制于社会的观点得到了明显的强化。特别是洛克关于"市民社会先于或外于国家"的思想颇具代表性与影响力，以至于逐渐形成了近代西方洛克学派的市民社会理论，不仅与黑格尔学派倡导"国家高于市民社会"的市民社会理论双锋对峙，而且对后来及当代市民社会理论发展的影响更为显著。

洛克学派市民社会理论的核心是，依据"市民社会先于或外于国家"以及国家权力源于人民的前提，推断出市民社会决定和制约国家的结论。也就是说，国家所具有的权力由社会赋予，"国家之于市民社会，只具工具性的功用，是手段而非目的。这就意味着，作为手段的国家原则上是不能渗透市民社会的"；另一方面，"倘若国家违背契约而滥用权力侵吞市民社会，后者就可以依凭主权收回曾让渡的权力，可以不再服从国家，直到推翻它，建立新的政权"。① 洛克学派的这一理论，在西欧一些国家的资产阶级革命过程中，似乎又从实践的层面获得了现实经验的支持，由此进一步取得更多人的认同与支持。

黑格尔学派"国家高于市民社会"的理论，原本也在学理界有一定的影响。其核心是市民社会虽系独立的体系，但同时又是一个私欲之间无休止的冲突场所，具有自身所无法克服的种种缺陷，这些缺陷只有通过国家才能得到有效的调适，因而国家高于市民社会。不难发现，这种理论为国家干预或统制市民社会的合法性提供了依据。但是，在后来的实践层面上，黑格尔学派的市民社会理论却遭遇严重的挑战，也受到人们的质疑。在 20 世纪的许多国家中，国家干预市民社会所带来的各种负面影响，以及市民社会通过自身发展及制衡国家而引起民主政治的演进，似乎使人们有理由相信，国家对市民社会的干预与统制，只会造成相反的恶果，而市民社会对国家的制衡，则是维护民主政治的有效途径。

---

① 邓正来：《市民社会与国家——学理上的分野与两种架构》，《中国社会科学季刊》（香港）总第 3 期，1993 年 5 月，第 66 页。

我们认为，无论是从经验历史还是思想历史的发展看，制衡国家确实是市民社会所具有的一种独特的重要功能与作用。不仅西方国家的市民社会如此，东方国家的市民社会恐怕也不例外；而且，非但近代的早期市民社会具有这一重要作用，时下和将来相当长一段时间内的市民社会的这一功能也仍然不会消失。但是应该指出，这只是市民社会众多功能中的一个功能。另外，这一功能是否可以简单而笼统地被看作市民社会最重要的功能，则不能不分国别、不分时段地统而论之。由于不同国家之间国情和制度的极大差异，以及市民社会产生方式与发展程度的不同，在某些国家中，或许可以认为制衡和对抗国家是市民社会最重要的作用。但另一些国家中的市民社会在这方面所发挥的作用却并不是十分突出，而是在其他一些方面发挥的功能更为显著。即使是同一个国家的市民社会，在不同的阶段所发挥的主要作用也经常存在明显的差别，并非一以贯之地以制衡与对抗国家作为最重要的功能。

同时，市民社会对国家的制衡与对抗，也并非无限度的、随意性的行为，否则，就将导致无政府的混乱状态。这种混乱状态的蔓延，实际上也不利于市民社会自身的发展。如同爱德华·希尔斯所言："尽管相对于国家的自主是市民社会的特征之一，但这种自主远不是完全的。市民社会在法律所设定的框架内运作。……市民社会是这样一个社会，在那里法律既约束国家，也约束公民。"① 也就是说，市民社会发挥制衡国家这一功能时，同样也基本上是在现行法律允许的范围内，按照市民社会的契约规则进行，而不是随心所欲地恣意妄为。具体而言，当国家对市民社会进行超常干预和侵蚀，或是在政治、经济等方面独断专行，拂逆民意之际，市民社会应对国家发挥必要的制

---

① 爱德华·希尔斯：《市民社会的美德》，李强译，载邓正来、J. C. 亚历山大编《国家与市民社会：一种社会理论的研究路径》，第46页。

衡作用，"成为保障自由和防止权威倒退至极权政制的最后屏障"。[①]
但是，如果国家在法律允许的范围内正常运作，则市民社会不仅不应
对国家予以制衡，而且应该与国家合作，致力于政治、经济和文化的
发展。

因为市民社会除制衡国家的功能之外，另一个主要的作用即是在
多维向度与国家达成"良性的结构性互动关系"，亦即在相互制约和
相互推动的同构互融作用体制下，共同致力于加快现代化的进程，这
无论对市民社会的发展，还是对国家进一步高效率的正常运转，都不
无裨益。特别是在后发—外生型现代化的国家中，市民社会的这一作
用显得尤为突出。或许可以这样说，在西方一些原生型现代化的国家
中，市民社会更多的是发挥制衡国家的功能，与国家的对抗性也比较
明显。而后发—外生型现代化国家中的市民社会，虽也具有制衡国家
的功能，而且同样产生了比较重要的影响，但相对而言这方面的功能
并不占主导地位，其更突出的作用是与国家的互补性，弥补国家在某
些方面功能的欠缺和不足。之所以有如此差异，与西方原生型现代化
国家市民社会的发展比较充分、实力更强大及其政治制度等各方面的
特点，也有非常密切的关系。

上述洛克学派与黑格尔学派的市民社会理论，或者单纯强调市民社
会制约和决定国家，国家只不过充当"守夜人"的角色；或者偏重于
国家至上独尊，认为"国家高于社会"。实际上，洛克学派和黑格尔学
派的市民社会理论，都只是涉及了"市民社会与国家"这一合体的两
个面中的一个面，而且是在不同程度上将市民社会与国家置于相互对抗
的前提下，分别从各自所在的现实环境演绎出的理论。虽然在当时均不
乏合理性，但现在看来，证诸后发—外生型现代化国家的发展历史，却

---

① 邓正来、景跃进：《建构中国的市民社会》，《中国社会科学季刊》（香港）总第1
期，1992 年 11 月。

又都不无偏颇或片面之处。其共同的缺陷，即是忽略了市民社会与国家之间，除了对抗的关系之外，有时还可以在一定程度上确立互补和互利的关系。而且，在一些后发——外生型现代化的国家中，市民社会在这方面所发挥的功能与作用，与制衡和对抗国家的影响相比较更为显著。

以上主要是从市民社会与国家的关系这一层面，对市民社会的功能与作用做了一些简略的论析。下面，我们进一步就某些具体的方面，对这一问题再予以说明。

在政治方面，市民社会的作用与影响也十分突出，大致可以做如下概括：市民社会既是建立民主政治的基础与必要条件，又是维护民主政治的屏障与堡垒。

有的学者将上述市民社会在政治方面的第一个作用，称作"积极意义"，将第二个作用称作"消极意义"。积极意义表现在：一方面市民社会的发展培育了新兴的多元利益集团，这些利益集团成长到一定的阶段，便会以各种不同的方式要求在政治上表达它们的利益，而这种欲望和活动乃是建立民主政治的强大动力。"在这一意义上，市民社会为民主政治奠定了坚实的社会基础。"另一方面，在民主政治尚未确立之前，市民社会还可以通过各种非官方安排的渠道，对国家的决策施加较大的影响，使之向民主决策迈进。所谓"消极意义"，则是指前面已提到的市民社会所具有的制衡国家在政治上倒行逆施，破坏民主政治的重要功能与作用。①

关于市民社会对建立民主政治所具有的重要作用，马克思也进行过比较全面的论述。在马克思的著作中，市民社会是"出现频率最高、也最重要的术语之一"。② 中译本马克思著作中的"市民社会"和"资产阶级社会"，在其德文原著中其实是同一个词。对于市民社会在这方面

---

① 邓正来、景跃进：《建构中国的市民社会》，《中国社会科学季刊》（香港）总第 1 期，1992 年 11 月。

② 俞可平：《马克思的市民社会理论及其历史地位》，《中国社会科学》1993 年第 4 期。

的作用，马克思从市民社会与政治国家分离导致社会制度的根本变化，阐明了代议民主制只有在市民社会与政治国家真正分离时才能产生和存在。他将市民社会和政治社会视作一对历史与分析的范畴，有时又将市民社会简称社会，将政治社会称作政治国家，或简称国家。他认为在私人与阶级利益产生后，社会就已在逻辑上分离为市民社会和政治国家两大领域。不过，在前资本主义的社会现实中，市民社会与政治国家实际上是重合的。因为市民社会的全部权力被国家剥夺，由此完全被政治国家所淹没与统摄，显示不出其与国家之间的明确界限，也就谈不上建立民主代议制度。随着资本主义市场经济的发展和政治革命的发生，市民社会才在现实中实现了与政治国家的真正分离，从而为代议民主制的产生创造了必需的条件。根据俞可平先生的分析与归纳，马克思主要是在《黑格尔法哲学批判》一文中，从市民社会与政治国家的分离，促使社会从等级制发展到代表制，导致了立法、司法、行政三权分立以及确立人权和公民权，并且使公民权成为人权的一部分等三个方面，具体而详尽地阐述了市民社会对建立代议民主制所产生的决定性影响。①

简单地说，市民社会之所以成为建立民主政治的基础，在于民主政治不可能是空中楼阁或无源之水，它有赖以生存的根基。而伴随着市民社会的形成，产生了建立民主政治所必需的物质基础、阶级基础与政治文化基础，从而为民主政治的确立提供了应有的条件，使之有可能成为现实。因此在这个意义上可以说，没有市民社会就没有近代的民主政治。这一结论，已为西方近代历史的发展所证实。有的学者甚至认为，当代中国民主政治的建设，同样也离不开市民社会的形成与发展。因为单靠市场经济的发育推进民主政治的进程，将是一个漫长的自然过程，并不完全适合于中国的实际情况。"一个积极而又不失稳妥的出路是有意识地培植、扶持社会主义市民社会，在这一丰润

---

① 俞可平：《马克思的市民社会理论及其历史地位》，《中国社会科学》1993 年第 4 期。

的土壤上生长出社会主义新型政治文化。"① 这当然只是一种假设，能否行得通有待于将来的实践检验。还有学者指出，"中国市民社会的发展成熟必将推动中国政治的全面转型"，其具体表现是政治关系的变革、政治结构的调整和政治文化的重构。② 但是，从目前中国政治发展的实际情况看，或许是由于中国的市民社会仍处于建构阶段，远远谈不上发展成熟，故而在这些方面的影响与变化还不是十分突出。尽管如此，历史的经验依然值得参考与借鉴。

在促进经济发展方面，市民社会也具有不可忽略的重要作用与影响。考察有关史实即不难发现，市民社会与经济发展之间存在互为因果和互相促进的密切关系。就近代西方的情况而言，资本主义经济发展到一定程度，为市民社会的产生奠定了经济基础，成为市民社会的一个首要前提条件。如同马克思所阐明的那样，市民社会与政治国家在现实中的分离，是资本主义市场经济的产物。"在生产、交换和消费发展的一定阶段上，就会有相应的社会制度、相应的家庭、等级或阶级组织，一句话，就会有相应的市民社会。"③ 另一方面，市民社会形成之后，又极大地促进了资本主义市场经济的进一步发展。在某种意义上可以说，资本主义市场经济的契约规则，也就是作为市民社会最大特征的契约制度在经济领域中的具体体现。当国家不再直接干涉经济领域的具体事务之后，即主要是市民社会承担了在经济方面培育市场、发展经济机制等自治性管理。就此而言，市场经济的发展又离不开市民社会。这方面的事实在西方国家资本主义市场经济的发展过程中多有反映。马克思所称之"16 世纪以来就作了准备、而在 18 世纪大踏步走向成熟的'市民社会'"，④ 在时间上正与资本主义市场经

---

① 戚珩：《关于"市民社会"若干问题的思考》，《天津社会科学》1993 年第 5 期。

② 郭定平：《我国市民社会的发展与政治转型》，《社会科学》1994 年第 12 期。

③ 马克思：《马克思致帕·瓦·安年科夫》，载《马克思恩格斯选集》第 4 卷，人民出版社，1995，第 532 页。

④ 马克思：《〈政治经济学批判〉导言》，载《马克思恩格斯选集》第 2 卷，第 1 页。

济的发育、生长和成熟相同步。这绝非偶然的历史现象，而是市场经济发展孕育市民社会，市民社会又推动市场经济发展这一互为因果及互相促进关系的集中表现。

鉴于历史的经验，有的学者认为当代中国社会主义市场经济的发展，同样也在很大程度上有赖于市民社会的建构。因为"在计划经济体制解体亦即国家放弃用行政手段组织经济活动的过程中，市民社会能积极主动地承担起培育市场和发展商品经济的历史任务，并在这一进程中造就一大批独立自主的从事商品经济活动的市场主体"。① 就时下中国市场经济的发展与市民社会雏形逐渐显现的影响等具体情况看，这方面的作用确实也已开始在许多方面有所反映。

除上述政治和经济方面的作用外，市民社会的正常运作对于保持整个社会在自治体制下稳定而有序的发展，也具有相当重要的影响。

市民社会之所以在这方面也能产生作用，首先是因为健全而成熟的市民社会，也可以说是一个契约高度发达的自治社会，它建立了一整套人人共同遵守的契约性规则，保障了人们在社会中的权利与义务相对平等，成为社会在有序状态下循环运转的中轴，从而能够在很大程度上排除宗族社会之间因亲情或血缘等各种关系引发的种种冲突，使社会处于稳定的发展态势。其次，市民社会系社会的独立自主生存模式，它不仅自身具有相对稳定和完善的机制，而且培育了市民的高度自治能力，使其能够在面临动荡时也保持一定的稳定性。最后，市民社会内部生活的非政治化特点，还可以使社会较少受到政治变化的各种影响，或者在很大程度上减弱政治变动给社会造成的震荡，使社会趋于相对稳定。

不仅如此，市民社会所具有的其他各种功能，也有利于社会的稳定有序发展。如同有些学者所论述的那样，市民社会的政治吸收功能，"能

---

① 邓正来、景跃进：《建构中国的市民社会》，《中国社会科学季刊》（香港）总第 1 期，1992 年 11 月。

够在广泛的社会和政治动员的情况下，迅速吸收社会所释放的能量"；市民社会的价值导向功能，也即"市民社会的运作及其价值系统往往能起导向作用"；市民社会的利益表达功能，则使市民社会在"自身利益表达的同时往往能代表和整合社会整体利益，这种重合对于一个社会的稳定极其重要"。因而，市民社会称得上是社会调控和政治稳定的最佳机制。①

以上主要从正面对市民社会的作用与影响做了简略的说明，在其他许多方面，市民社会或许还会有一些积极的影响，因这些问题不是本书所重点讨论的范围，故不再详述。需要强调指出的是，只有十分健全和发达的市民社会，才能在上述各方面比较充分地发挥应有的积极作用与影响，否则将仍然存在诸多缺陷。另外，市民社会的影响也并非全然体现在正面，它也有一定的负面影响。尤其是不健全和不成熟的欠发达型市民社会，不仅不能充分发挥应有的积极作用，而且会在某些方面产生负面效应，不能把握推动政治和经济发展的良好机遇。这种情况在近代中国即时有发生。即使是较为发达的市民社会，有时也会因为过于强调自身的特殊利益，而与国家的普遍利益发生冲突。同时，市民社会内部也并非每个人的权利与义务都完全均等，实质上同样存在比较明显的差别。因此，并不能将市民社会看作只有积极作用而无消极影响的人间天堂。

二　市民社会的软弱与中国早期现代化的成败

从上节的论述可以看出，市民社会各方面的积极作用，都与现代化的进程紧密相连。因此，市民社会的形成，其正面作用的发挥，对于现代化的发展有着至关重要的影响。具体就近代中国的情况而言，早期的现代化（本书前面也称近代化）虽然从 19 世纪中叶已开始启

---

① 　戚珩：《关于"市民社会"若干问题的思考》，《天津社会科学》1993 年第 5 期。

动，并在 20 世纪前半期获得一定的发展，但最终却未能取得成功。近代中国的现代化何以未能取得成功？今后应该怎样发展中国的现代化？这些一直是引起人们思考的重大课题。而且，中外学者已就这一问题从各方面进行了一系列有益的探索。可以肯定，近代中国早期现代化的失败，并非某一方面的原因所致，而是多方面因素的制约所造成的，其中包括政治、经济与文化等各个方面的多重影响。这些方面的具体影响，中外学者也分别进行过比较详细的分析。但是，从市民社会的角度论述近代中国现代化成败的成果尚不多见，只有近年来的少数论文开始略有涉及。实际上，市民社会的软弱以及发展不充分，也是近代中国的现代化未能取得成功的重要原因之一；另外，近代中国现代化的有限发展，同样也与市民社会的萌生存在不可分割的联系，因而应该进一步从市民社会的角度探讨近代中国现代化的成败，从中找出值得借鉴的经验与教训。

在具体分析市民社会的软弱为什么会导致近代中国的现代化失败之前，首先应该指出，尽管近代中国的市民社会发展不充分，甚至严格地说来一直是处于市民社会的雏形阶段，但它对近代中国现代化的进程也产生过比较明显的积极影响。本书前面已经提到，近代中国现代化的发展道路与西方原生型现代化国家有着显著的不同，属于后发—外生型现代化类型，是在自身资本主义经济孕育极不充分、无法从内部产生激发现代化的足够经济原动力的情况下，由于西方资本主义列强的侵略，面临着空前未有的民族危机，为着救亡图存的根本目的，不得不向西方国家学习，致力于现代化的发展。近代中国现代化的启动肇始于军事工业，主要是国家采取的有组织、有计划的自强御侮举措。当时，新兴的工商业者没有发展成为独立的阶级队伍，无论是政治还是经济方面其力量都非常有限，市民社会的雏形更是尚未形成，因而不可能在启动中国现代化的过程中发挥作用，只能由国家扮演现代化的发起者和组织者的重要角色。不过，现代化启动之后的进一步发展，却离不开民间力量的大力协助。仅就现代化重要内容的工业化而言，军事工业并未在其中占主导地位，更重要的显然是民用工业，也即资本主义市场经济的发展。另外，不论是原生型的现代化还是后发—外生型的现代化，虽然相互之间的发展道路存在明显差异，但都离不开民间力量和民营工商业，只是所起作用的大小有所差别而已。所谓民间力量，即主要指市民社会。

从近代中国的具体情况看，在工业化启动阶段市民社会的雏形未萌发时，仅限于片面畸形地发展军事工业；而在市民社会的雏形初始形成的 19 世纪末 20 世纪初，民营工业则获得了两次发展高潮，很快即超过官办和官督商办企业成为工业化的主导，同时还出现了振兴实业的热潮。这种情况与前述马克思所说西方国家市民社会的成长与资本主义经济发育成熟相同步，也是十分吻合的，它说明近代中国市民社会的雏形同样也在经济现代化的过程中发挥了一定的作用。本书在前面的第六章和第十二章中，以商会这一近代中国的典型市民社会团体为例，不仅具体论述了市民社会自身为推动经济现代化发展所采取的一系列措施，而且阐明了国家制定的许多经济改革政策与措施，只有通过市民社会的经济团体发挥桥梁联结作用才能真正得以贯彻实施。由此也表明，近代中国的市民社会雏形萌生之后，也已成为经济现代化进程中不可或缺的一支重要力量。

此外，近代中国城市现代化的发展，在某种意义上也离不开市民社会雏形的努力。事实表明，在近代中国相对而言现代化发展较快的城市，主要是通商大埠。而这些通商大埠的市民社会雏形，相对说来在全国也萌发较早并且发展比较迅速，所产生的作用自然会更加突出。例如，在许多通商大埠中，近代城市市政设施的创立，城市面貌的改变，在很大程度上都得力于市民社会团体的努力。尤其是上海作为往日并不十分起眼的"小杭州"或"小苏州"，在近代一跃成为中国第一大商埠和远东的国际大都会，并非像过去一些城市那样是因其政治地位的变化，而完全是由经济的迅速发展所致，所以市民社会在其间所发挥的作用也更为显著。上海的第一个具有近代特征的准市政机构——上海城厢内外总工程局，也不是由官方设立的，而是具有市民社会特点的商办民间团体。总工程局安排的拆除旧城墙，修筑桥梁、码头、道路，创办自来水厂等措施，都使上海城区的面貌发生了前所未有的改观。有关这方面的详细情况，请参阅本书第十一章第二节。

但是，近代中国的市民社会始终处于发展不充分的雏形阶段，因而难以像西方的市民社会那样，在推动现代化的进程方面发挥更加突出的作用。

在政治现代化的过程中，市民社会是建立民主政治的基础，对于政治现代化的发展有着举足轻重的作用。然而，中国的市民社会却未能充分发挥这一作用。换言之，近代中国市民社会由于发展不充分，未能为政治现代化奠定良好的基础，使得政治现代化进程既缓慢又一波三折。

与此同时，近代中国市民社会的诸多缺陷，又使其无法在政治上充分发挥制衡国家的应有功能，也就难以起到推进和维护民主政治的作用。近代中国作为一个被客观条件所限定，不得不走后发—外生型现代化道路的封建国家，其政治的现代化必须相应进行较大规模的政治体制与社会结构的转换，也使得政府在这一转型过程中陷入难以摆脱的两难困境。一般说来，类似于近代中国这样的国家，实现政治体制与社会结构的转换，可以通过改革与革命两种方式进行。其与西方国家所不同的是，由于经济基础和阶级基础十分薄弱，加之传统封建文化根深蒂固，革命的局限性较大，在短时期内难以达到这一效果，而且，革命的爆发也是政府所最为担忧的事件。改革虽不失为一种有效的方式，并在某些国家取得了成功，但同样面临着许多无法克服的困难，往往使政府陷入两难困境。因为在一个传统的封建国家进行具有现代化性质的政治改革，原有政权的合法权威性很容易在改革中急剧流失，难以像以往那样掌握对社会政治力量及社会资源的严密控制权，导致社会失序和政治危机。另一方面，国家政权在进行政治改革的过程中碰到类似的情况时，为了扭转困局，常常会自觉或不自觉地向传统回归，使政治改革前功尽弃，政治现代化也因此而遭受顿挫，正如有的学者所言："政治变革导致权威的合法性危机，进而引起社会结构的解体、普遍的失范、甚或国家的分裂；作为对这种失序状态的回应和补救，政治结构往往向传统回归，借助军事力量并利用原有的或改造过的象征性符号系统来解决合法性危机的问题，这又使政治结构转型胎死腹中。"①

防止政治向传统回归以及随之必然造成的政治结构转型的流产，这一历史使命理应由市民社会承担。如前所述，这实际上也是市民社会所具有的主要功能之一。因为市民社会可以通过其独有的在政治上制衡国家的功能，有效地阻止这种人为的政治倒退。令人遗憾的是，在近代中国，政治结构向传统回归的现象时有发生，而市民社会的不成熟和发展不充分，却使其在这方面的制衡功能与作用未能充分地得以发挥，无法真正有效地阻止这种政治倒退。不仅如此，市民社会团体有时还受其特殊利益的制约，对政治倒退不仅未发挥制衡与阻止作用，反而还在某种程度上持容忍态度，甚至给予一定的支持。民国初年袁世凯破坏约法和国会，大肆绞杀民主制度，商会、商团等市民社会团体却不置一词地保持缄默，沉醉于恢复经济的发展。当资产阶级革命派为维护民主政治而以武力讨袁，发动"二次革命"后，商会与商团等民间商人团体更是公开予以反对，帮助袁世凯政府很快将"二次革命"镇压下去。这些事实表明，近代中国的市民社会确实未能充分发挥其应有的维护与加速政治现代化进程的作用。

---

① 邓正来、景跃进：《建构中国的市民社会》，《中国社会科学季刊》（香港）总第 1 期，1992 年 11 月。

在推动经济现代化的发展方面，市民社会本应是当时确立资本主义经济体制和促进经济迅速增长的主体。然而，在近代中国，市民社会的雏形虽然对经济现代化的发展起了比较重要的作用，但未能真正有效地独立承担这一重任，充分发挥其应有的独特功能。有关的具体表现，在下述几个方面都有所反映。

首先，近代中国的市民社会雏形，在经济上与外国资本主义和本国的封建统治势力存在比较密切的联系，因而无力改变中国经济现代化的发展仍在很大程度上受制于外国资本及本国政府控制干预的局面，只能任其缓慢畸形地在双重夹缝中艰难地向前迈进。所以，中国的经济现代化一直没有走上自由而正常的发展道路，最终也就难以取得成功。

其次，近代中国发展欠充分的市民社会，不仅自身无法决定经济现代化的发展方向，而且在政府制定有关经济政策与具体计划的过程中，无权参与其间，不能最大限度地施加各种压力和影响，使政府按照市民社会的意愿，制定出真正有利于经济崛起及现代化腾飞的方略。无论是在清末还是在民国时期，即使政府推行严重阻碍经济现代化发展的错误决策，市民社会尽管啧有烦言也无力加以阻止。例如，清朝政府在清末一举扼杀商办铁路，强制实行"铁路国有"政策，随即大肆举借外债，出卖铁路主权，使中国刚刚起步的民营铁路事业一蹶不振。对于清政府的这一倒行逆施的行为，当时的许多市民社会团体虽也加以反对，但最终无力改变既成事实，不可能迫使清政府收回成命。这样，近代中国的经济现代化自然也难以获得顺利的发展。

最后，近代中国处于雏形状态的市民社会，其萌生与发展始终局限于那些通商大埠；而在广大的乡村，一直未能萌发市民社会的因素，都市中的市民社会在乡村基本上没有发挥任何实际作用与影响。因此，近代中国经济现代化的发展在地域广阔的乡村微乎其微，成为制约整个中国经济迅速跃进的一个重要原因。虽然工业化是经济现代化的龙头，但由于中国是一个农业大国，农业经济在整个国民经济中占据重要地位，因而农业现代化问题不解决，就谈不上实现经济现代化。由此可以毋庸置疑地断定，近代中国的市民社会既然不能改变乡村的封建小农经济面貌，促进农村资本主义的迅速发展，自然也不可能承担实现近代中国经济现代化的重任。

除上述几个方面的原因外，从总体上看，近代中国的市民社会也未能持续地与政府建立起良性的结构性互动关系。这虽然并非市民社会一个方面的因素所致，与政府采取的相关政策也密不可分，但近代中国市民社会发展不充分所造成的诸多局限，亦使其自身无力根据各种实际情况灵活地调适与国家的关系。在近代中国这样一个对外面临西方列强的侵略，对内时常碰到封建传统的束缚，资本主义发展困难重重的国度，要想使现代化建设取得成功，无论单靠国家制定政策，还是仅仅依赖社会的努力，都难以达到预期的目标。只有国家与社会紧密地协调配合，"在自上而下与自下而上、由外而内与由内而外这些众多向度和层面的交互中，才能使中国现代化摆脱两难困境，走出恶性循环，才能为实现现代化目标动员起充足的社会资源"。[1]

然而，在近代中国，出于国家和社会两方面的原因，市民社会与国家之间除了短时间内一度为振兴实业进行过有限的合作，绝大多数时间处于矛盾和冲突之中，尤其是在发展民主政治的过程中双方的矛盾更为激烈，由此从各方面严重消耗了国家和社会致力于现代化建设的能力，无法有效地联合动员所有社会资源为实现现代化而共同努力，从而使原本艰难的中国早期现代化更加步履维艰，难以取得

---

①　邓正来、景跃进：《建构中国的市民社会》，《中国社会科学季刊》（香港）总第 1 期，1992 年 11 月。

成功。

以上主要是就近代中国的市民社会雏形与早期现代化成败的联系，做了非常简略的说明。需要指出的是，历史的经验教训确实值得重视，但我们也不能采取化约论的思维方式，以此简单地推论出中国将来建构的市民社会同样不可能实现现代化的宏图伟业。近代中国的市民社会之所以未能发挥其应有的功能与作用，是因为发展不充分，自身具有诸多无法克服的缺陷，从而严重地制约了它在中国早期现代化过程中完成历史和时代所赋予的这一重大使命。如果中国将来建构的市民社会发展较为充分，克服了近代中国市民社会雏形的一系列缺陷，从理论上看很有可能在现代化建设的过程中发挥更为突出的积极作用，甚或从根本上解决中国现代化长期以来悬而未决的难题，使之走向成功。

不过，对于当下不少学者充满自信心地断定将来中国现代化目标的最终实现，关键是取决于市民社会的建构这一结论，目前恐怕仍需持谨慎的态度。从学理层面上讲，这个结论在很大程度上应该说是可以成立的，但是，在实践操作的过程中，很可能会碰到这样或那样难以预料的具有中国特色的矛盾和问题。且不说在中国具体的国情之下，能否建构起发展充分而成熟的市民社会，即使得以建构也未必就能正常发挥其应有的功能与作用。中国有足够的事实表明，在其他国家和地区被证明是行之有效的东西，一旦用之于中国即改模走样，不能产生应有的积极作用与影响。因此，对于市民社会这个目前在普通中国人看来仍较陌生的事物，我们不仅需要从学理上对其正面功能与影响做系统的论述，而且应该充分地预测和估计到将来实践操作的复杂性。否则，一般民众在对其期望值过高的情况下，很容易因一时受挫而感到失望乃至弃之如敝屣。类似的情况，在中国历史上并不少见。

最后还应该强调指出，本书的主旨不在于从历史引申出时下和将来中国现代化的走向，也不具有像某些西方学者那样所带有的强烈"目的论"倾向，而仅仅是对近代中国历史上的市民社会雏形做一实证性的研究与探讨。或许可以说与另一部分持严谨学术态度的西方学者一样，"在运用'市民社会/公共领域'模式研究中国史的过程中，最重要的关怀相对来讲并不在于中国将如何发展，而在于描述中国在历史上是如何发展的以及解释中国在历史上为什么会如此发展及其结果"。[①] 当然，历史是一面蕴含着丰富内容的明镜。后世的人们可以通过这面明镜，从纷繁复杂的历史事件和现象中吸取若干有益的经验教训，这对将来的发展无疑会有所裨益。

---

① 邓正来：《〈市民社会的研究〉序言》，《中国书评》（香港）总第 7 期，1995 年 9 月。

参考文献

一　中文部分

《大公报》

《大汉报》

《东方杂志》

《工商半月刊》

《广州民国日报》

《华商联合报》

《华商联合会报》

《汇报》

《江南商务报》

《岭东日报》

《民国日报》（上海）

《民立报》

《农商公报》

《七十二行商报》

《商务官报》

《商业月报》

《上海总商会月报》

《申报》

《神州日报》

《时报》

《时事汇报》

《时事新报》

《苏报》

《益世报》

《预备立宪公会报》　　　　　《中国新闻》

《浙江潮》　　　　　　　　　《中华全国商会联合会会报》

《中国商会联合会会报》　　　《中央周报》

《云南杂志》

陈旭麓等主编《辛亥革命前后》（盛宣怀档案资料选辑之一），上海人民出版社，1979。

戴执礼编《四川保路运动史料》，科学出版社，1959。

甘厚慈辑《北洋公牍类纂》，1907 年铅印本。

故宫博物院明清档案部编《清末筹备立宪档案史料》，中华书局，1979。

广东谘议局编印《广东谘议局编查录》，1910，广东省立中山图书馆藏。

国家档案局明清档案部编《戊戌变法档案史料》，中华书局，1958。

国家档案局明清档案部编《义和团档案史料》，中华书局，1959。

江苏省博物馆编《江苏省明清以来碑刻资料选集》，三联书店，1959。

李华编《明清以来北京工商会馆碑刻选编》，文物出版社，1980。

宓汝成编《中国近代铁路史资料》第 1～3 册，中华书局，1963。

彭泽益编《中国近代手工业史资料》第 1～4 卷，三联书店，1957。

彭泽益编《中国工商行会史料集》上、下册，中华书局，1995。

阮湘编《中国年鉴》第一回，商务印书馆，1924。

商务印书馆编译所编《大清光绪新法令》，商务印书馆，1910。

上海社会科学院历史研究所编《辛亥革命在上海史料选辑》，上海人民出版社，1981。

上海市档案馆编《一九二七年上海商业联合会》，上海人民出版社，1983。

上海市工商行政管理局、上海市纺织品公司棉布商业史料组编《上海市棉布商业》，中华书局，1979。

上海市工商业联合会等编《上海总商会组织史资料汇编》，上海古籍出版社，2004。

沈家五编《张謇农商总长任期经济资料选编》，南京大学出版社，1987。

舒新城编《中国近代教育史资料》第1~3册，人民教育出版社，1980。

《苏州商会档案》，苏州市档案馆藏。

《苏州商团档案》，苏州市档案馆藏。

苏州市档案馆编《苏州市民公社档案选辑》，《辛亥革命史丛刊》第4辑，中华书局，1982。

天津市档案馆等编《天津商会档案汇编（1903~1911）》上、下册，天津人民出版社，1989。

天津市档案馆等编《天津商会档案汇编（1912~1928）》第1~4册，天津人民出版社，1992。

天津市图书馆等编《袁世凯奏议》第1~3册，天津古籍出版社，1987。

徐有朋编《袁大总统书牍汇编》，广益书局，1914。

严中平等编《中国近代经济史统计资料选辑》，科学出版社，1957。

杨逸编《上海市自治志》，出版地及出版者不详，1915。

姚文楠等编《上海县续志》，文庙南园志书局，1918年刻本。

宜昌商务会编《宜昌商务会报告书》，1913年铅印本，湖北省图书馆藏。

章开沅、刘望龄、叶万忠主编《苏州商会档案丛编》第1辑，华中师范大学出版社，1991。

赵靖、易梦虹主编《中国近代经济思想资料选辑》，中华书局，1982。

中国第二历史档案馆编《中国国民党第一、二次全国代表大会会议史料》，江苏古籍出版社，1986。

中国第二历史档案馆等编《中华民国商业档案资料汇编》第1卷上、下册，中国商业出版社，1991。

中国人民政治协商会议广东省委员会文史资料研究委员会编《广东辛亥革命史料》，广东人民出版社，1981。

中国人民政治协商会议湖北省暨武汉市委员会等编《武昌起义档案资料选编》，湖北人民出版社，1981。

中国人民政治协商会议全国委员会文史资料研究委员会编《辛亥革命回忆录》（三），中华书局，1961。

中国史学会主编《戊戌变法》，《中国近代史资料丛刊》，神州国光社，1953。

中国史学会主编《辛亥革命》，《中国近代史资料丛刊》，上海人民出版社，1957。

中研院近代史研究所编印《矿务档》，1960。

朱寿朋编《光绪朝东华录》，中华书局，1958。

朱宗震、杨光辉编《民初政争与二次革命》，《中华民国史资料丛稿》，上海人民出版社，1983。

曹允源编《吴县志》，1933年铅印本。

贺长龄编《皇朝经世文编》，道光六年（1826）铅印本。

介北逸叟编《癸丑祸乱纪略》，有益斋，1913。

李华兴、吴嘉勋编《梁启超选集》，上海人民出版社，1984。

李平书：《且顽老人七十岁自叙》，中华书局，聚珍仿宋排印本，出版年不详。

刘锦藻编《清朝续文献通考》，商务印书馆，1955。

墨悲编《江浙铁路风潮》，台北：出版者不详，1968 年影印本。

荣孟源、章伯锋：《近代稗海》第 3 辑，四川人民出版社，1985。

沈桐生辑《光绪政要》，崇文堂，1909 年铅印本。

盛宣怀：《愚斋存稿》，沈云龙主编《近代中国史料丛刊续编》第 13 辑，台北：文海出版社，1975。

苏绍柄辑《山钟集》，鸿文书局，1906。

天津历史博物馆等编《五四运动在天津》，天津人民出版社，1979。

张存武编《光绪三十一年中美工约风潮》，台北：中研院近代史研究所，1966。

张孝若编《张季子九录》，中华书局，1931。

中国人民政治协商会议上海市委员会文史资料工作委员会编《辛亥革命七十周年》，上海人民出版社，1981。

中国社会科学院近代史研究所等编《孙中山全集》第 2 卷，中华书局，1982。

中国社会科学院近代史研究所近代史资料编辑组编《五四爱国运动》，中国社会科学出版社，1979。

戴逸主编《简明清史》第 1 册，人民出版社，1980。

戴逸主编《简明清史》第 2 册，人民出版社，1984。

邓正来、杰弗里·亚历山大主编《国家与市民社会：一种社会理论的研究路径》（增订版），上海人民出版社，2006。

杜恂诚：《民族资本主义与旧中国政府（1840～1937）》，上海社会科学院出版社，1991。

段本洛、张圻福:《苏州手工业史》,江苏古籍出版社,1986。

方汉奇:《中国近代报刊史》,山西人民出版社,1981。

富永健一:《社会结构与社会变迁:现代化理论》,董兴华译,云南人民出版社,1988。

戈公振:《中国报学史》,三联书店,1955。

贺跃夫:《晚清士绅与近代社会变迁:兼与日本士族比较》,广东人民出版社,1994。

胡绳:《从鸦片战争到五四运动》上、下册,人民出版社,1981。

黄苇:《上海开埠初期对外贸易研究》,上海人民出版社,1961。

黄逸峰、姜铎、唐传泗等:《旧中国民族资产阶级》,江苏古籍出版社,1990。

黄逸平:《近代中国经济变迁》,上海人民出版社,1992。

金观涛、刘青峰:《开放中的变迁:再论中国社会超稳定结构》,香港:香港中文大学出版社,1993。

利玛窦、金尼阁:《利玛窦中国札记》,何高济等译,中华书局,1983。

罗荣渠:《现代化新论:世界与中国的现代化进程》,北京大学出版社,1993。

马敏:《官商之间:社会剧变中的近代绅商》,天津人民出版社,1995。

马小泉、王杰、周洪宇等:《强权与民声——民初十年社会透视》,河南大学出版社,1991。

孟正夫:《中国消防简史》,群众出版社,1984。

彭泽益:《十九世纪后半期的中国财政与经济》,人民出版社,1983。

汤忘钧:《戊戌变法史》,人民出版社,1984。

汪熙、魏斐德主编《中国现代化问题:一个多方位的历史探索》,

复旦大学出版社，1994。

王德昭：《清代科举制度研究》，香港：香港中文大学出版社，1982。

王汉昌、林代昭：《中国古代政治制度史略》，人民出版社，1985。

魏永理：《中国近代经济史纲》上册，甘肃人民出版社，1983。

吴晗、费孝通：《皇权与绅权》，天津人民出版社，1988。

帕克斯·M. 小科布尔：《江浙财阀与国民政府（1927~1937）》，蔡静仪译，南开大学出版社，1987。

徐鼎新、钱小明：《上海总商会史（1902~1929）》，上海社会科学院出版社，1991。

许涤新、吴承明主编《中国资本主义发展史》第1卷，人民出版社，1985。

虞和平：《商会与中国早期现代化》，上海人民出版社，1993。

章开沅：《辛亥革命与近代社会》，天津人民出版社，1985。

章开沅、林增平主编《辛亥革命史》第1~3册，人民出版社，1980~1981。

章开沅、罗福惠主编《比较中的审视：中国早期现代化研究》，浙江人民出版社，1993。

张玉法：《清季的立宪团体》，台北：中研院近代史研究所，1971。

张仲礼：《中国绅士——关于其在19世纪中国社会中作用的研究》，李荣昌译，上海社会科学院出版社，1991。

中共中央马克思恩格斯列宁斯大林著作编译局编《列宁选集》，人民出版社，1995。

中共中央马克思恩格斯列宁斯大林著作编译局编《马克思恩格斯选集》，人民出版社，1995。

中国孙中山研究学会编《孙中山和他的时代：孙中山研究国际学术讨论会文集》（全3册），中华书局，1989。

中华书局编辑部编《纪念辛亥革命七十周年学术讨论会论文集》（全3册），中华书局，1983。

中华书局编辑部编《辛亥革命与近代中国》（上、下），中华书局，1994。

中南地区辛亥革命史研究会等编《纪念辛亥革命七十周年青年学术讨论会论文选》上、下册，中华书局，1983。

朱英：《辛亥革命时期新式商人社团研究》，中国人民大学出版社，1991。

朱英：《中国早期资产阶级概论》，河南大学出版社，1992。

朱英：《晚清经济政策与改革措施》，华中师范大学出版社，1996。

白吉尔：《辛亥革命时期的中国资产阶级》，黄庆华译，中国社会科学院近代史研究所编《国外中国近代史研究》第2辑，中国社会科学出版社，1981。

白吉尔：《辛亥革命前夜的中国资产阶级》，黄庆华译，中国社会科学院近代史研究所编《国外中国近代史研究》第4辑，中国社会科学出版社，1983。

毕建宏：《清代州县行政研究》，《中国史研究》1991年第3期。

仓桥正直：《清末商会和中国资产阶级》，丁明炤译，中国近代经济史丛书编委会编《中国近代经济史研究资料》，上海社会科学院出版社，1984。

陈宝良：《明代的社与会》，《历史研究》1991年第5期。

陈嘉明：《黑格尔的市民社会及其与国家的关系》，《中国社会科学季刊》（香港）总第4期，1993年。

邓正来：《市民社会与国家：学理上的分野与两种架构》，《中国社会科学季刊》（香港）总第 3 期，1993 年。

邓正来：《中国发展研究的检视：兼论中国市民社会研究》，《中国社会科学季刊》（香港）总第 8 期，1994 年。

邓正来：《〈市民社会的研究〉序言》，《中国书评》（香港）总第 7 期，1995 年。

邓正来、景跃进：《建构中国的市民社会》，《中国社会科学季刊》（香港）总第 1 期，1992 年。

丁日初：《辛亥革命前的上海资本家阶级》，中华书局编辑部编《纪念辛亥革命七十周年学术讨论会论文集》上册，中华书局，1983。

丁又：《1905 年广东反美运动》，《近代史资料》1958 年第 5 期。

傅筑夫：《中国工商业的"行"及其特点》，《中国经济史论丛》下册，三联书店，1980。

郭定平：《我国市民社会的发展与政治转型》，《社会科学》1994 年第 12 期。

郝庆元：《津门工商史迹谈荟》，《天津史研究》1986 年第 1 期。

蒋庆：《儒家文化：建构中国式市民社会的深厚资源》，《中国社会科学季刊》（香港）总第 3 期，1993 年。

蒋慎吾：《上海市政的分治时期》，《上海通志馆期刊》第 2 卷第 4 期，1913 年 4 月。

景跃进：《"市民社会与中国现代化"学术讨论会述要》，《中国社会科学季刊》（香港）总第 5 期，1993 年。

林增平：《中国民族资产阶级形成于何时》，《湖南师院学报》1980 年第 1 期。

鲁品越：《中国历史进程与市民社会之建构》，《中国社会科学季刊》（香港）总第 8 期，1994 年。

E. 罗兹：《1895～1911 年的广州商人组织》，《辛亥革命史研究会通讯》1982年第11期。

戚珩：《关于"市民社会"若干问题的思考》，《天津社会科学》1993年第3期。

秦苍力：《上海消防发展简史》，《上海消防》1981年第1期。

邱捷：《辛亥革命时期的粤商自治会》，《近代史研究》1982年第3期。

邱捷：《辛亥革命前资本主义在广东的发展》，《学术研究》1983年第4期。

沈渭滨、杨立强：《上海商团与辛亥革命》，《历史研究》1980年第3期。

苏州市档案馆编《中华全国商会联合会缘起》，《历史档案》1982年第4期。

孙海泉：《论清代从里甲到保甲的演变》，《中国史研究》1994年第2期。

王笛：《试论清末商会的设立与官商关系》，《史学月刊》1987年第4期。

王笛：《关于清末商会统计的商榷》，中国近代经济史丛书编委会编《中国近代经济史研究资料》第7辑，上海社会科学院出版社，1987。

王宏钧等：《广东佛山资本主义萌芽的几点探讨》，《中国历史博物馆馆刊》1980年第2期。

魏斐德：《清末与近代中国的市民社会》，谢毅译，汪熙、魏斐德主编《中国现代化问题：一个多方位的历史探索》，复旦大学出版社，1994。

吴承明：《中国行会史研究的几个问题》，《历史研究》1988年第6期。

夏维中：《市民社会：中国近期难圆的梦》，《中国社会科学季刊》（香港）总第 5 期，1993 年。

萧功秦：《市民社会与中国现代化的三重障碍》，《中国社会科学季刊》（香港）总第 5 期，1993 年。

徐鼎新：《旧中国商会溯源》，《中国社会经济史研究》1983 年第 1 期。

徐万民、徐博东：《江南商务报》，丁守和主编《辛亥革命时期期刊介绍》第 2 集，人民出版社，1982。

徐勇：《中国古代乡村行政与自治二元权力分析》，《中国史研究》1993 年第 4 期。

杨念群：《近代中国研究中的"市民社会"：方法及限度》，《二十一世纪》（香港）总第 32 期，1995 年。

杨念群：《"市民社会"研究的一个中国案例：有关两本汉口研究著作的论评》，《中国书评》（香港）第 5 期，1995 年。

虞和平：《试论辛亥革命后的实业救国热潮》，《贵州社会科学》1983 年第 2 期。

虞和平：《华商联合报和华商联合会报》，丁守和主编《辛亥革命时期期刊介绍》第 3 集，人民出版社，1983。

虞和平：《中华全国商会联合会会报》，丁守和主编《辛亥革命时期期刊介绍》第 5 集，人民出版社，1987。

虞和平：《近代商会的法人社团性质》，《历史研究》1990 年第 5 期。

俞可平：《马克思的市民社会理论及其历史地位》，《中国社会科学》1993 年第 4 期。

张亦工、徐思彦：《20 世纪初期资本家阶级的政治文化与政治行为方式初探》，《近代史研究》1992 年第 2 期。

朱英：《辛亥革命时期的苏州商团》，《近代史研究》1986 年第 5 期。

朱英：《从清末商会的诞生看资产阶级的初步形成》，《江汉论坛》1987 年第 8 期。

朱英:《清末苏州商会的历史特点》,《历史研究》1990 年第 1 期。

朱英:《辛亥革命前的农会》,《历史研究》1991 年第 5 期。

朱英:《论清末的经济法规》,《历史研究》1993 年第 5 期。

朱英:《关于中国市民社会的几点商榷意见》,《中国社会科学季刊》（香港）总第 7 期,1994 年。

二　外文部分

Duara, P. , *Culture, Power and the State: Rural North China, 1900 – 1942*, Standford: Standford Press, 1988.

Rankin, M. B. , *Elite Activism and Political Transformation in China: Zhejiang Province, 1865 – 1911*, Standford: Standford University Press, 1986.

Rowe, W. T. , *Hankow: Commerce and Society in A Chinese City, 1796 – 1889*, Standford: Standford University Press, 1984.

Rowe, W. T. , *Hankow: Conflict and Community in A Chinese Gity, 1796 – 1895*, Standford: Standford University Press, 1989.

Rowe, W. T. , "The Public Sphere in Modern China," *Modern China*, 16. 3 (1990) .

Rowe, W. T. , "The Problem of 'Civil Society' in Late Imperial China, " *Modern China*, 19. 2 (1993) .

Strand, D. , *Rickshaw Beijing City People and Politics in the 1920s*, Berkeley: University of California Press, 1989.

Wakeman, F. , "The Civil Society and Public Sphere Debate, " *Modem China*, 19. 2 (1993) .

Wiliam, S. G. , ed. , *The Chinese City Between Two Worlds*, Standford: Standford University Press, 1974.

索 引 *

A

安徽商务研究进行会　431

安平水会　423

B

巴黎和会　220，221，225，532，533

罢市风潮　223，224

百日维新　551

半日学堂　174，426

保安会（社）　244～246，252，
　253，382，384，386

保长　17，18

C

---

　　* 本索引以人物、历史事件、社团组织、章程法规、典章制度为主，书中有专章专节介绍者一般不予收录。此外，全书中出现次数过多的词目，如"市民社会"、"商会"等，亦未收录。

G

H

Z

原版审读报告

冯天瑜

　　有着悠久、深厚的宗法传统与专制政治传统的中国，"家"与"国"两个层面都呈现出强势和显性状态，介于二者之间的"民间社会"却长期未能获得健全发展，偶成声势的也只是"秘密社会"。缺乏一个有着独立文化品格的"市民社会"，正是传统中国难以自动走出中世纪的原因所在。直至19世纪末以降，在新的世界条件下，随着近代工商业的勃兴，这种"市民社会"方艰难地在中国得以生长发育，其间，商会又是构成"市民社会"的中坚力量。因此，考察近代中国商会的成长史，是真切认识中国近代转型进程的关键之一。朱英君近十年来敏锐而执着地用心于此，确乎是一个富于睿智的抉择。

　　笔者略知，朱英君与其师友从苏州商会等个案研究入手，在详尽占有商会档案等原始材料的基础上，不断拓宽与加深近代中国商会的研究。本书则是朱英君从商会个案研究向商会综合研究推进的实绩。

　　十余年来，有关近代中国商会的课题日渐受到海内外中国近代史学界的关注，但拓展此项研究的深度与广度，不仅有赖资料的开掘，还需要理论与方法的指引。朱君不唯在钩沉史料方面用力较多，而且运用"社会—国家"理论架构，对近代中国商会的产生、发展特征及一系列自治活动展开论析，对以往商会研究中的某些不确之论给予修正，从多角度、多层次考察近代商会，使其历史成因和文化品格在娓娓陈述中得以彰显。

本书的价值还在于，通过商会的具体考辨，将思索的领域深入中国近代转型期的社会与国家相互关系这一重要课题。本书揭示了近代中国社会与国家的互动关系，对昔日研究一味侧重国家而忽略社会的偏颇有所救正，并在方法上弥补了以往注重经验分析而忽视实证研究的缺陷。本书的又一可贵之处在于，矫正了西方学者研究中国近代公共领域和市民社会过程中忽略商会的偏颇，并对西方学者流行的某些观点做出具有说服力的回应。

本书研究社会与国家的功能分工，探索国家与社会如何建立良性互动关系，而这正是传统中国较为欠缺资源的处所。本书从近代中国积累的实际经验出发做出的理性思考，可为当下中国正在进行的改革提供借鉴，因而其现实意义正与其学术价值同在。

1997 年 5 月 24 日

于武汉大学寓所

原版后记

由于身体状况不佳，加之经常有其他临时性应急任务，在本书的写作过程中，我一直担心能否按计划顺利完成这项自认为较具学术价值的工作。现在终于得以完成，尽管并非十分令人满意，但总算是如愿以偿，也尽了自己力所能及的一份力量。

《中国社会科学季刊》（香港）的主编邓正来先生在写给我的信中，曾说我是采用市民社会理论"分析中国历史的中国学者第一人"。对于这个誉称，我愧不敢当。但从目前的情况看，有关中国市民社会的实证性研究，特别是从历史角度进行较为系统和具体的翔实研究，中国学者的已有成果确实为数很少，甚至在某种程度上几乎可以说是空白。拙著作为这方面研究的一种初步尝试，充其量只能称得上是引玉之砖。可以相信，随着市民社会问题日益受到更多学者的重视，以及研究工作的不断深入拓展，定会有比拙著的见解更加高明也更加扎实的研究成果问世。

对于我来说，完成本书的写作也只是在近代中国市民社会这一新的研究领域中迈出了第一步，而绝非研究的结束。另外，本书虽已出版，但笔者仍存在某些困惑。如同有的学者所说，中国学者目前所从事的有关近代中国以及当代的市民社会研究，都是以西方先验的历史和由西方历史演绎出的理论，作为一种主要的参照系。事实的确如此。我一直在思考这样的问题，能否不以西方先验的历史和由西方历史演绎出的理论作为参照系，而另行创造一种不同于西方市民社会理念的新理论框架研究中国的市民社会。近几年来，罗荣渠先生对现代化的研究做过类似的有益探索；但具体就市民社会的研究而言，要做这方面的创新似乎极为不易，风险也很大。因为市民社会概念的内涵尽管迄今仍有一些争议，但作为一种已初步定型的理论，在国际学术界已大体上有了共识。虽然原有的理论并非不能创新，但如果完全将西方的市民社会理论撇开，另外构建一种新的市民社会的理论，不仅笔者现在无此能力，而且恐怕在国际学术界看来根本不再是与市民社会相关涉的理论。所以，笔者在本书中对这一问题采取了回避的态度，没有进行阐述，但这并不意味着笔者未曾思考过这个问题。今后，笔者仍将在这方面进行一些探索，同时，也寄希望于各相关学科的学者在不久的将来能够共同解决这一难题。

另一个比较重要的问题，是西方的市民社会理论能否真正适用于分析中国的历史和现实。目前，对这一问题提出质疑的主要还是一部分西方学者，中国学者似乎并无多大疑义，但也不能说都表示赞成。本书是运用市民社会理论考察近代中国历史的一次不成熟的尝试，对其可行性和必要性在书中的第一章已有所阐述，并在具体的论述中尽量注意近代中国不同于西方国家的历史特点，避免完全用西方的理论硬套中国历史，而是从中国的实际国情特点出发进行实证性的研究，同时对市民社会的理论在某些方面也有所修正。但这样的研究范式是否取得成功，能否得到更多学者的认同，我自己并无确切把握，需要得到国内外学术界的共同检验。因此，我诚恳地期待着国内外学者对拙著在各方面提出批评和指正，以便使中国市民社会的研究能够在短时期内向纵深发展。

　　我在写作本书的过程中，曾得到不少朋友的帮助和鼓励。1993年8月，以前素不相识的邓正来先生主动邀请我参加由上海历史学会、《中国社会科学季刊》（香港）在上海联合举办的"市民社会与中国现代化"学术讨论会，使我对市民社会理论有了初步的了解。后来我又多次与邓正来、景跃进等诸位先生就有关具体问题交换意见，从中获益匪浅。不仅如此，邓正来先生还将他与 J. C. 亚历山大主编的《市民社会的研究》一书的清样先期惠寄于我，使我得以参考和借鉴更多外国学者的有关论述。还有其他许多朋友，以不同的方式为我撰写本书提供了种种帮助，在此一并表示衷心的感谢。

　　另应特别指出，此项研究得到了国家教委的资助，被列入国家教委"八五"人文社会科学重点规划项目。如果不是获得这一资助，笔者将难以进行有关资料的搜集，也难以顺利完成本书的写作。同时，我校科研处的有关同志也一如既往地对我从事这项研究给予了宝贵的支持。多年来凡遇有困难，他们都像知心朋友一样非常热情地尽力帮助解决，使我十分感动，在此很难用文字表达我的感激之情。

　　本书写成之后能够顺利出版，则主要是得到了我校出版社的鼎力相助。我起初在与出版社总编辑王先霈教授进行意向性的商谈时，即获大力支持；后又相继得到社长朱峰、政史编辑室主任李良明以及其他许多同志的热情帮助，从而使本书列入出版计划，并很快与读者见面。从本书的出版可以看出，我校出版社在扶持学术著作的出版和推动学术研究的发展等方面，确实做出了相当大的努力。本书是我短短两三年时间内在学校出版社出版的第二部学术著作。因此，至少就我个人而言，我能够在学术研究中不断地取得进展，离不开学校出版社的宝贵支持与帮助。

　　最后还应感谢业师章开沅教授和学术之友邓正来先生，他们在百忙之中拨冗为拙著撰写序言，对我所从事的这项研究工作给予了充分的肯定，同时也指出了今后应该进一步努力的方向。

1996 年春节

于华中师范大学寓所

修订本后记

承蒙社会科学文献出版社的厚爱，本人这部 20 年前问世的著作得以出版修订本，在此表示衷心感谢。

在撰写拙著修订本的后记时，内心可谓诸多感慨，希望能够与对本书有兴趣的专家与读者分享。

首先是感叹光阴似箭，人生无常。无论做何事，要想持之以恒，具有一个健康良好的身体十分重要。20 年前拙著问世时本人刚好 40 岁，对于一般人而言这个年龄正是年富力强之际，而我却因身体底子太差，体重一直未能达标，加之长期唯一所做之事就是伏案阅读和写作，没有任何体育锻炼或其他活动，甚至很少与人交往，以至于积劳成疾，身体处于极度糟糕状态。起初是失眠越来越严重，经常发生双眼暂时发黑现象，接着频繁出现大脑缺血、高度眩晕乃至休克症状，虽四处寻医问药，遍访中西医，最后还一度住院治疗，但始终无从查明病因，也无明显治疗效果。当时，真有万念俱灰之感，时常处于煎熬之中，以为自己不仅无法再继续从事学术研究，连过正常人的生活也是可遇而不可求。后在住院时经一位医生劝诫，选择打乒乓球作为锻炼身体的运动项目，坚持至今，各种令人烦恼的症状竟然神奇地不治而愈，从而不仅得以继续从事学术研究达 20 年之久，又出版了数部学术专著，在海内外发表多篇论文，而且扮演了所谓"双肩挑"角色，先是担任华中师大历史文化学院院长近四年，随后又出任教育部人文社会科学重点研究基地——中国近代史研究所的所长长达 16 年之久。如今虽已年届花甲，但仍无什么器质性病变，尚可继续从事学术研究，可见健康的身体对于一个人的事业是多么重要，需要格外予以珍惜和保护。20 年前曾为拙著作序的邓正来教授，年龄并不大，却因患病已于数年前去世，实在令人惋惜。

其次是感慨学海无涯，书山有路。业师章开沅先生有一句名言：历史是已经画上句号的过去，史学是永无止境的远航。随着岁月年轮的增长以及个人学术研究的进展，作为章门弟子，在这方面的体会和感悟也越来越深刻。在另一部拙著《近代中国商会、行会及商团新论》（中国人民大学出版社，2008）的绪言中，曾说明"本人的学术研究生涯起始于 1980 年代中期的近代中国商会研究，在参与整理苏州商会档案之前，我对商会几乎是一无所知，某次偶然的机会碰到著名历史学家林增平先生，向他请教有关商会的一些问题。林先生在回答了我提出的问题之后，再三说明商会是一个很有发展前景的重要研究课题，够我研究一辈子，并希望我努力钻研做出成绩。转眼之间已过去了 25 年，和蔼可亲的林先生也已逝世多年，但他当时对我的解惑和鼓励仍犹在眼前，难以忘怀。在我 20 余年致力于探讨商会史的学术研究生涯中，尽管已取得了一些研究成果，但同时也深深感受到商会史研究依然存在着不少薄弱环节，还需要付出更多的努力使之向纵深扩展"。现在距离我写下这段话又过了八年，但这一感受依然十分强烈。不仅近代史的研究还有许多问题尚未进行深入探讨，即使是商会史研究也有不少空白需要填补，只是个人已时常感到精力体力之不济，不敢再制订宏大的研究计划，衷心希望中青年学者在商会史研究领域潜心钻研，取得超过前辈学者的更多更好成果。

再次是感慨时过境迁，难以坚守。这里所说的主要是现在学术环境的明显改变对学者产生的极大冲击，导致多数学者难以坚守真正无功利之学术探讨。本人是所谓"文革"之后恢复高考而幸运考上大学的 77 级大学生，本科毕业后又再次幸运地考上研究生，师从章开沅先生攻读硕士学位。1984 年研究生毕业后即留校从事科研与教学工作。在 80 年代乃至 90 年代本书初版时，学术环境与现在有很大不同，当时并没有什么学术指标、论著定量以及年度考核等要求，国家也没有进行学位点和学科评估，印象中似乎也无各级各类人才称号的评选，因此，从事学术研究可以较少受到这些因素的影响，能够有较为充足的时间专心按照自己的兴趣进行专题探讨，慢慢将学术研究变成自己的爱好，甚至是生活方式，这是现在所不能比的。记得在某次学术访谈时本人曾不无切身体验地说："要想把学问做好，就要把学问作为自己的爱好，不是为了任何其他的个人功利性目的，这样做出来的才是真正的学问。"然而，在现在学术届从行政的学术环境中，要想做到这一点却十分困难。也唯其如此，在如此环境下如果能够抵制各种非学术因素的影响与诱惑，坚守学术，不为其他，若干年后必然会有较大学术成就。

最后，还有一点感悟是最好不要成为所谓"双肩挑"人员，因为一旦出任学术领导，即使再超脱也不得不考虑本单位的各种评估排名，也就不得不想方设法去争取获得更多的科研项目，出版和发表更多的论著，取得更多的省部级科研奖项，国家需求与社会服务之类也不能忽略，这些都是名目繁多的各级各类评估的重要指标。于是，个人不仅无法将做学问作为爱好，专心致志而又悠闲自在地从事自己喜好的课题研究，而且不得不经常在研究所全体人员会议上强调课题、成果和获奖的重要性。在近 20 年里，本人正是处于这样一种矛盾困惑的状态之中无法自拔，感到十分难受。

另外需要说明的是，这本 20 年前出版的拙著受到当时国内外学术界对公共领域和市民社会研究的影响，作为一个尝试，希望透过对商会这一新式商人社团的探讨，对近代中国的公共领域和市民社会做一实证性探讨。该著出版后，突破了史学界而受到政治学界、社会学界乃至经济学界一些学者的注意。有朋友希望我能利用这一丰富而难得的历史素材，结合现实对中国的公共领域和市民社会问题做进一步考察，但我此后却很少再就这个问题发表论著。其原因在本书初版后记中已有部分说明。经过近 20 年的时间回头再看，这部著作仍显得比较粗糙，还存在这样或那样的缺陷。但在当时的情况下，或许因为是国内史学界较早提出"社会与国家"的理论分析框架，尤其是较早将其运用于实证性专题研究之中，所以仍受到一些关注。在此之前的 1995 年，马敏出版的专著《官商之间：社会剧变中的近代绅商》，也较早通过对近代绅商的考察和分析，就清末民初的市民社会和公共领域问题提出了独到看法。有学者认为马敏的这部专著与拙著的出版，再加上王笛在《历史研究》杂志 1996 年第 1 期发表的论文《晚清长江上游地区公共领域的发展》，"标志着（国内）近代中国市民社会研究的正式展开"，特别是"通过对商会的具体考察，论证了中国近代市民社会的存在及其特点，他们的研究，超越了考察商会的性质和作用的一般套路，使人们从这个熟悉了多年的社会团体中，发现其内蕴着多种与欧洲资本主义曙光初现时相仿的社会因素。他们的研究得到学术界的认同，不仅是历史学界，一些当代中国社会学的学者，当他们从历史上寻找曾经存在的市民社会时，多举近代商会为例"（闵杰：《近代中国市民社会研究 10 年回顾》，《史林》2005 年第 1 期）。同时，还有学者将我和马敏两人称为中国学者研究近代市民社会的"商会派"和"实证派"代表（张志东：《中国学者关于近代中国市民社会问题的研究：现状与思考》，《近代史研究》1998 年第 2 期）。

其实，我认为自己在中国近代市民社会的研究方面并无什么明显的建树，尤其是在市民社会理论的探讨方面谈不上有所贡献，只是较早地借鉴市民社会的理论提出了"社会与国家"这一研究近代商会的新理论框架，使商会史研究的视野更加开阔，同时为以"社会与国家"的新理论架构探讨中国近代历史上的具体问题率先做出了尝试。这一尝试虽然不能说完全取得了成功，但为后来相关研究的发展起到了抛砖引玉的作用。因此，我可能更看重的是拙著对推动市民社会从理论层面的争议到实证专题研究的开展所产生的微薄作用。因为继拙著出版之后，近代史学界不断出现运用"社会与国家"或者"国家与社会"的理论框架，考察和分析中国近代历史上各方面具体问题的新成果，从而使市民社会研究在整体上日益明显地呈现出从理论争议转向专题研究的发展趋向。

时过 20 年之后重新出版这部著作，当有不少可修改完善的工作需要做，但因时间匆忙以及其他一些原因来不及处理。只是当初在这部著作中所论述的某些观点与结论，例如国民党建立南京国民政府之后改组商会的影响，经过其后不断深入研究已进行自我修正，故而在修订本中做了某些必要的修改。另外，20 年前本书出版时尚未对 20世纪 20 年代国民革命运动时期的商民运动与商会存废纷争进行探讨，忽略了对这一重要中间时段的详尽考察，导致对其后南京国民政府改组商会的分析不无偏差。为弥补这一缺陷，修订本增写了第十三章"商会存废纷争"。20 年前出版的学术著作因对注释的要求不像现在这样严谨，有的并不完整，但现在要予以补充也存在困难，只好采取其他方式进行技术性处理，还请读者见谅。

2016 年国庆节

于华中师范大学寓所

图书在版编目（CIP）数据

转型时期的社会与国家：以近代中国商会为主体的
历史透视／朱英著 . -- 修订本 . -- 北京：社会科学文
献出版社，2018.9
（社科文献学术文库 . 文史哲研究系列）
ISBN 978 - 7 - 5201 - 1755 - 5

Ⅰ.①转… Ⅱ.①朱… Ⅲ.①商会 - 商业史 - 研究 -
中国 Ⅳ.①F729

中国版本图书馆 CIP 数据核字（2017）第 273326 号

社科文献学术文库 · 文史哲研究系列
转型时期的社会与国家（修订本）
——以近代中国商会为主体的历史透视

著　　者／朱　英

出 版 人／谢寿光
项目统筹／宋荣欣
责任编辑／邵璐璐　陆　彬

出　　版／社会科学文献出版社 · 近代史编辑室（010）59367256
　　　　　地址：北京市北三环中路甲 29 号院华龙大厦　邮编：100029
　　　　　网址：www.ssap.com.cn
发　　行／市场营销中心（010）59367081　59367018
印　　装／三河市东方印刷有限公司

规　　格／开　本：787mm × 1092mm　1/16
　　　　　印　张：43　字　数：570 千字
版　　次／2018 年 9 月第 1 版　2018 年 9 月第 1 次印刷
书　　号／ISBN 978 - 7 - 5201 - 1755 - 5
定　　价／268.00 元

本书如有印装质量问题，请与读者服务中心（010 - 59367028）联系